Markus Bauder, Volker Holzer, Thomas Paaß, Christian Seifritz

Holzer Stofftelegramme
Industriekauffrau/-mann

Betriebswirtschaft, Steuerung und Kontrolle
Baden-Württemberg

12. Auflage

W0194213

Bestellnummer 14940

■ Bildungsverlag EINS
westermann

Die in diesem Produkt gemachten Angaben zu Unternehmen (Namen, Internet- und E-Mail-Adressen, Handelsregistereintragungen, Bankverbindungen, Steuer-, Telefon- und Faxnummern und alle weiteren Angaben) sind i. d. R. fiktiv, d. h., sie stehen in keinem Zusammenhang mit einem real existierenden Unternehmen in der dargestellten oder einer ähnlichen Form. Dies gilt auch für alle Kunden, Lieferanten und sonstigen Geschäftspartner der Unternehmen wie z. B. Kreditinstitute, Versicherungsunternehmen und andere Dienstleistungsunternehmen. Ausschließlich zum Zwecke der Authentizität werden die Namen real existierender Unternehmen und z. B. im Fall von Kreditinstituten auch deren IBANs und BICs verwendet.

Die in diesem Werk aufgeführten Internetadressen sind auf dem Stand zum Zeitpunkt der Drucklegung. Die ständige Aktualität der Adressen kann vonseiten des Verlages nicht gewährleistet werden. Darüber hinaus übernimmt der Verlag keine Verantwortung für die Inhalte dieser Seiten.

service@westermann.de
www.westermann.de

Bildungsverlag EINS GmbH
Ettore-Bugatti-Straße 6-14, 51149 Köln

ISBN 978-3-427-**14940**-8

westermann GRUPPE

© Copyright 2019: Bildungsverlag EINS GmbH, Köln
Das Werk und seine Teile sind urheberrechtlich geschützt. Jede Nutzung in anderen als den gesetzlich zugelassenen Fällen bedarf der vorherigen schriftlichen Einwilligung des Verlages.

Vorwort

Dieses Buch gewährleistet ein systematisches **Fitnesstraining für Unterricht + Klassenarbeit + Prüfung.** Die Stoffinhalte und deren Reihenfolge entsprechen grundsätzlich den **Lehrplänen für BADEN-WÜRTTEMBERG.**

Alle Kapitel der BWL sowie viele Kapitel der Steuerung und Kontrolle bestehen jeweils aus:

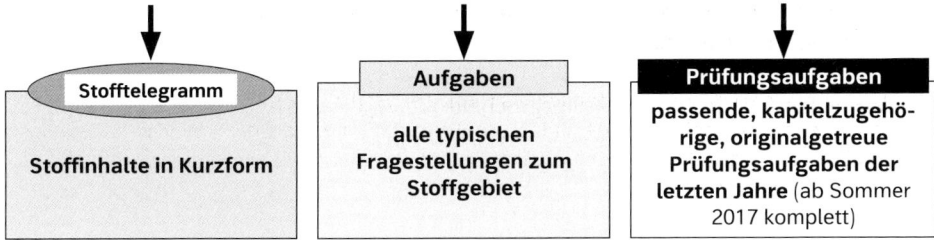

Stofftelegramm	Aufgaben	Prüfungsaufgaben
Stoffinhalte in Kurzform	alle typischen Fragestellungen zum Stoffgebiet	passende, kapitelzugehörige, originalgetreue Prüfungsaufgaben der letzten Jahre (ab Sommer 2017 komplett)

Einsatzmöglichkeiten:
- systematische **Nachbearbeitung** eines Stoffgebietes
- eigenverantwortliche **Kontrolle** anhand der Übungsaufgaben in Kombination mit dem Lösungsbuch
- gezielte Vorbereitung auf **Klassenarbeit und Abschlussprüfung**
- **Übungsphasen** während des Unterrichts
- Sammlung von **Hausaufgaben**

Das **Lösungsbuch (Bestell-Nr. 14945)** mit ausführlichen Antworten ist getrennt erhältlich.

Verfasser und Verlag wünschen Ihnen viel Erfolg beim Lernen, in der Klassenarbeit und Prüfung. Wir freuen uns, wenn das vorliegende Buch für Sie eine entscheidende Hilfe darstellt.

Inhaltsverzeichnis

Betriebswirtschaft – Geschäftsprozesse

Steuerung und Kontrolle

Prüfungsaufgaben komplett Sommer 2017 bis Sommer 2019

1 Kundenaufträge bearbeiten

1.1 Begriffe und Grundsätze der Organisation

Stofftelegramm

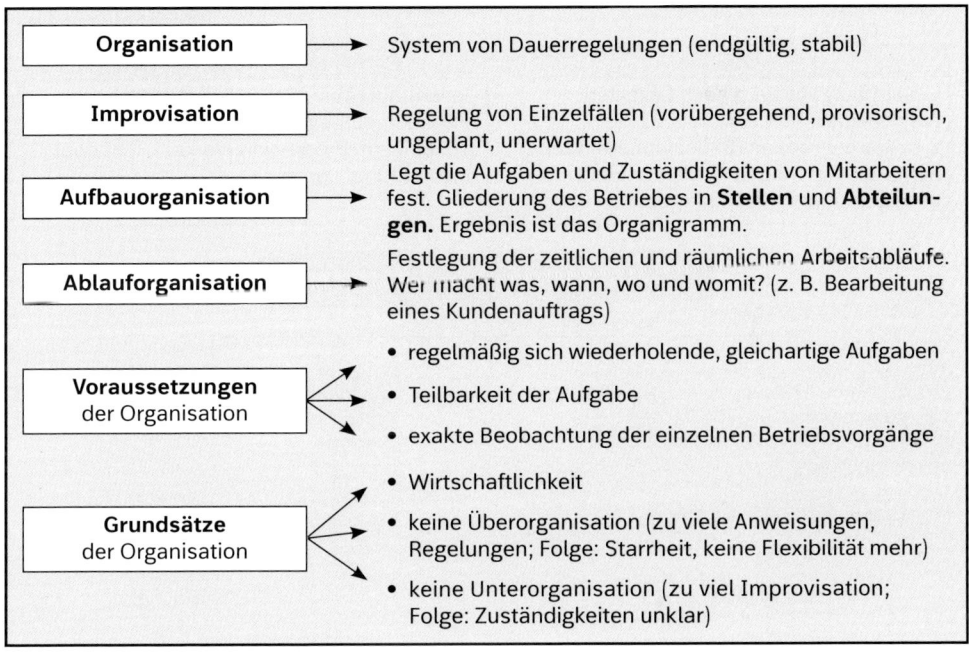

1.2   Aufbauorganisation

Stofftelegramm

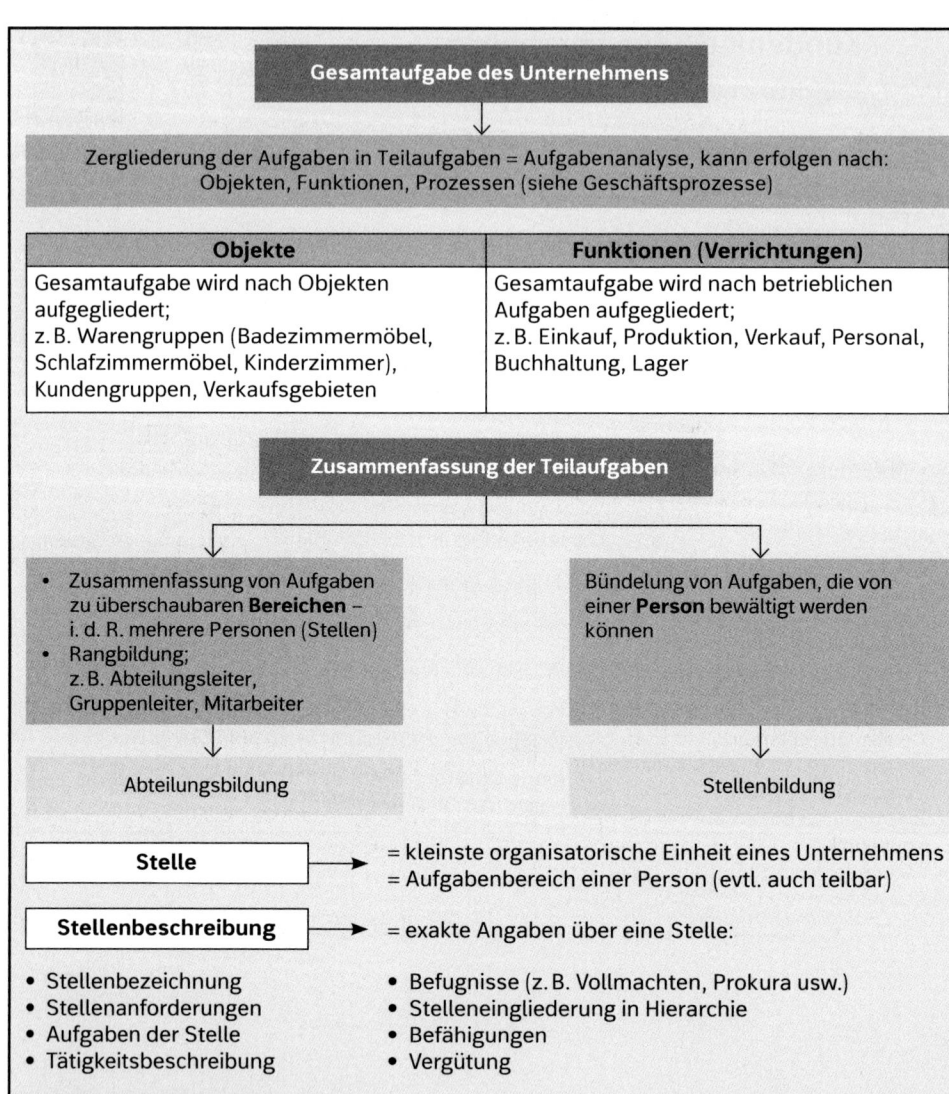

Gesamtaufgabe des Unternehmens

↓

Zergliederung der Aufgaben in Teilaufgaben = Aufgabenanalyse, kann erfolgen nach:
Objekten, Funktionen, Prozessen (siehe Geschäftsprozesse)

Objekte	Funktionen (Verrichtungen)
Gesamtaufgabe wird nach Objekten aufgegliedert; z. B. Warengruppen (Badezimmermöbel, Schlafzimmermöbel, Kinderzimmer), Kundengruppen, Verkaufsgebieten	Gesamtaufgabe wird nach betrieblichen Aufgaben aufgegliedert; z. B. Einkauf, Produktion, Verkauf, Personal, Buchhaltung, Lager

Zusammenfassung der Teilaufgaben

- Zusammenfassung von Aufgaben zu überschaubaren **Bereichen** – i. d. R. mehrere Personen (Stellen)
- Rangbildung; z. B. Abteilungsleiter, Gruppenleiter, Mitarbeiter

↓

Abteilungsbildung

Bündelung von Aufgaben, die von einer **Person** bewältigt werden können

↓

Stellenbildung

Stelle ➤ = kleinste organisatorische Einheit eines Unternehmens
= Aufgabenbereich einer Person (evtl. auch teilbar)

Stellenbeschreibung ➤ = exakte Angaben über eine Stelle:

- Stellenbezeichnung
- Stellenanforderungen
- Aufgaben der Stelle
- Tätigkeitsbeschreibung

- Befugnisse (z. B. Vollmachten, Prokura usw.)
- Stelleneingliederung in Hierarchie
- Befähigungen
- Vergütung

Vorteile der Stellenbeschreibung:
- jeder Mitarbeiter kennt seine Aufgaben, Zuständigkeits- und Verantwortungsbereiche → keine Zuständigkeitsstreitigkeiten
- erleichterte Stellenausschreibung
- schnelle Einarbeitung neuer Stelleninhaber
- Grundlage für Personalentwicklungsplanung
- Basis für Lohn- und Gehaltseinstufung

| Organigramm | → | zeigt die vollständige Aufbaustruktur des Unternehmens; z. B. Stellen, Gruppen, Abteilungen |

Leitungs-Weisungssysteme

Beziehungen zwischen Vorgesetzten und Untergebenen
= System von Über- und Unterordnung; z. B.
Geschäftsleitung – Abteilungsleitung – Gruppenleitung – Mitarbeiter – Azubi

---

Einliniensystem

Jede Stelle bezieht Weisungen von nur einer übergeordneten Stelle (Instanz).

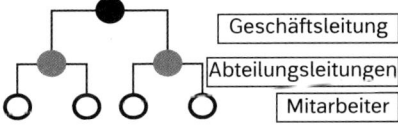

Geschäftsleitung
Abteilungsleitungen
Mitarbeiter

Vorteile
- eindeutige Anordnungsbefugnisse
- keine Kompetenzschwierigkeiten
- leichte Kontrolle

Nachteile
- Überlastung der Geschäftsleitung, ggf. Gefahr von Fehlentscheidungen aufgrund fehlender Detailkenntnisse/ Spezialisierung
- Informationsverluste aufgrund langer Kommunikations-/Instanzenwege
- Gefahr der Bürokratisierung, z. B. Betonung des hierarchischen Denkens

---

Stabliniensystem

Zuordnung von Stabsstellen (beraten + informieren, keine Weisungsbefugnis; z. B. Rechtsabteilung)

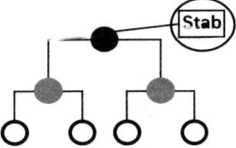

Vorteile
- Vorteile des Einliniensystems
- Entlastung Geschäftsleitung
- Entscheidungsverbesserung

Nachteile
- Reibereien zwischen Stab und Linie
- hohe Kosten
- Trennung von Verantwortung (Linie) und Entscheidungsvorbereitung (Stäbe)

1.3   Ablauforganisation

Stofftelegramm

Festlegung der zeitlichen und räumlichen Arbeitsabläufe. Wer macht was, wann, wo und womit?
1. Ermittlung der Arbeitsschritte und Zeiten für diese Arbeitsschritte.
2. Festlegung der Reihenfolge
3. Die Darstellung von funktionsorientierter Ablauforganisation kann mithilfe von Arbeitsablaufdiagrammen erfolgen, s. u.
4. Analyse der Arbeitsabläufe → Aufdeckung von Schwachstellen
   • Aufdecken unnötiger Bearbeitungs- und/oder Wartezeiten
   • lange Wegstrecken
   • unnötige Doppelarbeiten
5. Optimierung der Arbeitsabläufe:
   • Streichen von unnötigen Prozessschritten
   • Änderung der Reihenfolge
   • Zusammenfassen von Aufgaben
   • Verlagern von Aufgaben (Outsourcing)
   • Automatisieren von Aufgaben

Arbeitsablaufdiagramm									
Abteilung:		Lager				Datum:	20.05.20..		
Arbeitsfolge:		Lieferung annehmen				START:	Ware ist im Lager eingetroffen		
						ENDE:	Ware ist eingelagert		
	Ablaufschritt	Bearbeitung	Transport	Kontrolle	Warten	Lagerung	Weg in m	Zeit in Min.	Bemerkung/ evtl. Verbesserungsvorschlag
Nr.	Symbole	○	⇨	▭	D	▽			
1	Lieferung prüfen							10	Lieferschein/ Bestellung
2	Ware annehmen							15	
3	Wareneingang melden							5	Wareneingangsschein
4	Ware auspacken							120	
5	Ware exakt prüfen							40	Stichproben; Mängel melden
6	Lagerort vergeben							5	
7	Ware einlagern							120	
8	...								
Gesamt								315	

Zeitanalyse des Ist-Ablaufs					
	Ablaufschritt	Bearbeitung	Transport	Kontrolle	Warten	Lagerung
	Symbole / Gesamt	○	⇨	▭	D	▽
Zeit in Min.	**315**	145	120	50		

1.4 Geschäftsprozesse

Stofftelegramm

Definition „Geschäftsprozess"

Geschäftsprozess = logische Folge
- zusammenhängender,
- abgeschlossener,
- wiederholbarer Tätigkeiten,

die zur Erfüllung einer betrieblichen Aufgabe (zur Zielerreichung) notwendig sind. Geschäftsprozesse bringen dem Kunden einen Nutzen.

Merkmale von Geschäftsprozessen

- Geschäftsprozesse = **Vielzahl** von **betrieblichen Tätigkeiten**, die durch **Verzweigungen** und **Bedingungen** miteinander verknüpft sind
- Geschäftsprozesse = **ziel- und ergebnisorientiert** (Leistung muss mess- und kontrollierbar sein)
- Ein **Kerngeschäftsprozess** besteht aus einer Vielzahl von **Subprozessen** (Teilprozessen).
- Geschäftsprozesse haben eine Ereignis-, Funktions-, Organisations- und Informations**sicht**.
- Ein Geschäftsprozess beginnt und endet mit mindestens einem Ereignis (**Start-, Endereignis**).
  - Auf ein Ereignis folgt eine Funktion oder ein Operator.
  - An einer Funktion hängt ein Informationsobjekt.

Ziele und Vorteile der Prozessorientierung

- Erhöhung der **Kunden-, Lieferanten- und Mitarbeiterzufriedenheit**
- **Generalisten** betreuen Gesamtprozess (Kunde hat nur einen Ansprechpartner)
- **Qualitätsverbesserungen** in allen Bereichen
- **Veranschaulichung** komplexer Sachverhalte (grafische Darstellung mit Prozessketten)

Beispiele für Geschäftsprozesse

- Angebotserstellung
- Auftragsvergabe
- Beschaffung
- Mahnwesen

- Personaleinstellung
- Zahlungsabwicklung
- Fakturierung
- Eingangsrechnungsbearbeitung

- Rechnungsbuchung
- Rechnungskontrolle
- Anfrageprüfung
- Produktionsplanung ...

Voraussetzungen der Prozessorientierung

- Anpassung der gesamten Organisation an teamorientierte Strukturen: Anstelle der **funktionsorientierten Organisation** (Einkauf, Produktion, Verkauf, Personalwesen ...) muss die **prozessorientierte Organisation** (Prozessverantwortliche arbeiten funktionsübergreifend) eingeführt werden.

- leistungsfähige EDV, insbesondere Schnittstellenproblematik beachten = hoher Aufwand

---

Symbole für Geschäftsprozesse

Symbole	Erklärungen	Beispiele
Funktion	**Was soll gemacht werden?** Funktion = Tätigkeit, die von einer Organisationseinheit vollzogen wird Formulierung: Substantiv + Verb **Bsp.:** *Ware prüfen, Angebote vergleichen*	Rechnung entgegennehmen + Eingang notieren
Ereignis	**Was hat sich ereignet, ist gemacht worden?** • Ereignis = Zustand • Ein Ereignis stößt i. d. R. eine Tätigkeit (Funktion) an. • Ein Ereignis kann auch das Ergebnis einer Tätigkeit (Funktion) sein. • Ein Ereignis ist nie eine Entscheidung. Entscheidungen treffen = Funktionen Formulierung: Substantiv + Partizip **Bsp.:** *Bestellung ist geschrieben und versandt, Anfrage ist erstellt, Lieferer hat gezahlt*	Rechnung ist eingetroffen
Organisationseinheit	**Welche Stelle soll etwas machen?** • Organisationseinheiten = **betriebliche Stellen** oder Abteilungen, die Tätigkeiten (Funktionen) verantwortlich ausführen • Wichtig: **Stellenbeschreibungen** • Stellen werden durch einzelne Personen oder Teams besetzt. Organisationseinheiten sind daher keine Orte oder Personen.	Einkaufsstelle Vertrieb
Informationsobjekt	**Welche Informationen unterstützen die Tätigkeiten bzw. werden durch diese erstellt?** Ein Informationsobjekt wird zur Ausführung einer Funktion benötigt oder ist das Ergebnis einer Funktion. **Bsp.:** *Begleitschreiben, Bestellungen, Angebot*	Bestellung

Symbole	Erklärungen	Beispiele
Prozessweg-weiser	Teilprozess/Unterprozess: Prozesswegweiser Verbindung von einzelnen Geschäftsprozessen möglich.	TP 2 Angebotsvergleich und Bestellung
Kontrollfluss	Zeigt die möglichen Durchgänge der EPK. Sollte i.d.R. so angeordnet sein, dass er von oben nach unten verläuft.	
Informationsfluss ← —— ——→ ←——→	**Wie verläuft der Datenfluss zwischen Informationsobjekt und Funktion?**	Die Pfeilrichtung gibt an, ob: • ← —— Lesen (Angebote lesen) • ——→ Schreiben (Angebote mit Eingangsstempel versehen) • ←——→ Lesen und Schreiben (Angebote mithilfe einer Tabellenkalkulation vergleichen)

Logische Verknüpfungsoperatoren

Symbole	Erklärungen	Beispiele
(OR)	**Logisches ODER** Die eine Möglichkeit schließt nicht automatisch die andere aus. Wenn man die Wahl zwischen dem Kauf eines Mountainbikes oder eines Rennrades hat, kann man das Mountainbike **oder** das Rennrad oder beide wählen.	Kundengespräch + Entscheidung → OR → Mountainbike / Rennrad
(XOR)	**Logisches ENTWEDER ... ODER** Nur eine Möglichkeit ist gegeben.	Lagerbestand prüfen → XOR → Bestand ausreichend / Best. nicht ausreichend
(AND)	**Logisches UND** Beide Möglichkeiten müssen zutreffen Nur wenn die Kapazität **und** der Lagerbestand ausreichen, können wir dem Kunden zusagen.	Kapazität reicht / Lagerbestand reicht → AND → Kunde zusagen

Beispiel Prozessstruktur „Auftragsabwicklung"

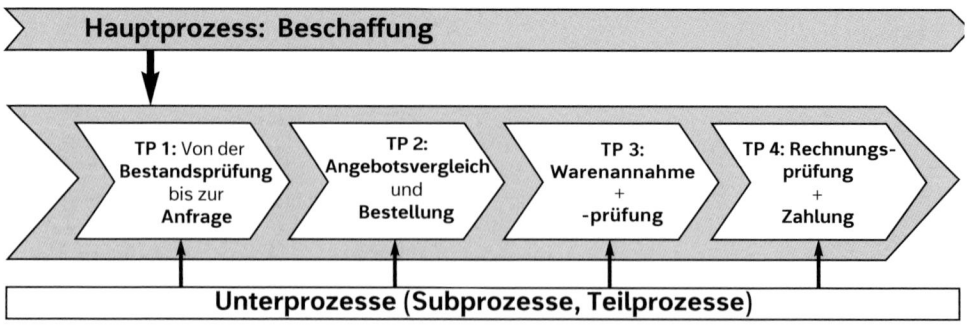

Hauptprozess: Beschaffung

TP 1: Von der **Bestandsprüfung** bis zur **Anfrage**

TP 2: **Angebotsvergleich** und **Bestellung**

TP 3: **Warenannahme** + **-prüfung**

TP 4: Rechnungsprüfung + **Zahlung**

Unterprozesse (Subprozesse, Teilprozesse)

Teilprozess 2: Angebotsvergleich und Bestellung

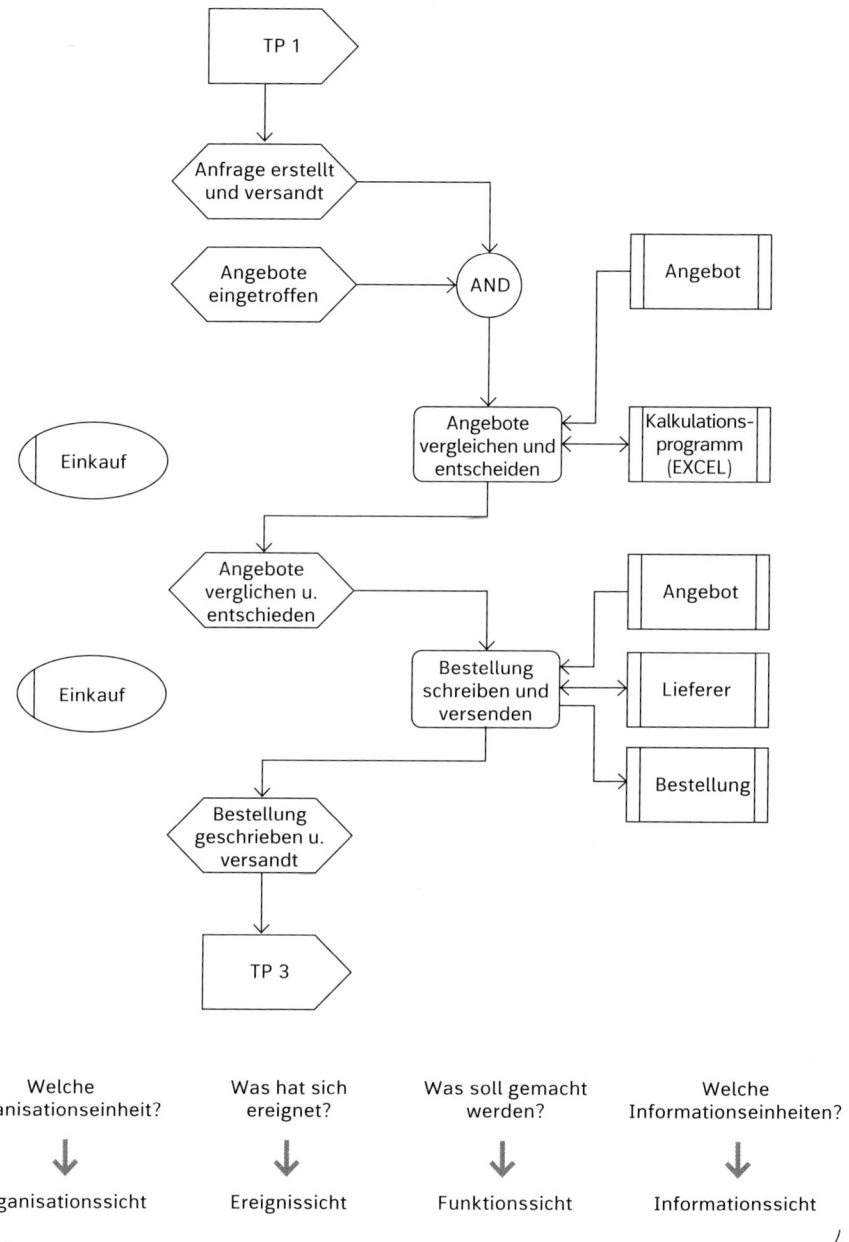

Welche Organisationseinheit?	Was hat sich ereignet?	Was soll gemacht werden?	Welche Informationseinheiten?
↓	↓	↓	↓
Organisationssicht	Ereignissicht	Funktionssicht	Informationssicht

vier Sichten auf einen Geschäftsprozess

1.5   Willenserklärungen und Rechtsgeschäfte

Stofftelegramm

Willenserklärungen (WE)

- begründen rechtliche Wirkungen → notwendig zur Entstehung von Rechtsgeschäften
- mündlich, schriftlich, schlüssiges Handeln, evtl. Schweigen

Rechtsgeschäfte

Einseitige Rechtsgeschäfte	Mehrseitige Rechtsgeschäfte
nur eine Willenserklärung einer Partei notwendig	mindestens zwei übereinstimmende Willenserklärungen notwendig

Antrag ──── + ──── **Annahme**

erste Willenserklärung	zustimmende Willenserklärung

a) Empfangsbedürftige WE:	**a) Einseitig verpflichtende Verträge:**
Erst rechtswirksam, wenn der Empfänger die Willenserklärung erhalten hat.	Nur eine Partei ist zu einer Leistung verpflichtet.

Beispiele: • Kündigung
        • Vollmachtserteilung
        • Mahnung
        • Rücktrittserklärung
	Beispiele: • Schenkungsvertrag
	        • Schuldanerkenntnis
	        • Schuldversprechen
	        • Bürgschaft

b) Nicht empfangsbedürftige WE:	**b) Mehrseitig verpflichtende Verträge:**
Sind bereits mit Abgabe rechtswirksam.	mehrere Parteien zur Leistung verpflichtet

Beispiele: • Testament
        • Auslobung (§ 657 BGB): öffentliche Belohnung Versprechen für bestimmte Handlung
	Beispiele: • Kaufvertrag • Ehevertrag
	        • Pachtvertrag • Mietvertrag
	        • Arbeitsvertrag
	        • Ausbildungsvertrag usw.

Aufgaben

1. Welche Konsequenz haben Willenserklärungen im kaufmännischen Sinne?

2. Wie können Willenserklärungen abgegeben werden?

3. Wie nennt man Willenserklärungen, die zu einem Vertrag führen?

4. Nennen Sie je ein Beispiel für die Abgabe einer Willenserklärung durch
    a) schlüssiges Handeln,   b) Schweigen.

5. Welche Arten von Rechtsgeschäften liegen bezüglich der erforderlichen Willenserklärungen vor?

   a) Kündigung   d) Arbeitsvertrag   g) Bürgschaft
   b) Schenkung   e) Testament   h) Schuldversprechen
   c) Kaufvertrag   f) Anfechtung

6. a) Die Kündigungsfrist des Angestellten Schlampp beträgt sechs Monate zum Quartalsende. Der Arbeitgeber schickt das Kündigungsschreiben (Kündigung zum 31.12.) am 30.06. per Post an Schlampp ab, der es am 01.07. in seinem Briefkasten vorfindet. Ist die Kündigung rechtzeitig erfolgt? Begründung.

   b) Wie wäre Fall a) zu beantworten, wenn Schlampp kündigen will und das Kündigungsschreiben bereits am 28.06. abschickt, die Post den Brief am 30.06. um 10:00 Uhr in den Briefkasten des Arbeitgebers wirft und dieser aufgrund einer Geschäftsreise den Brief erst am 02.07. öffnet?

7. Der 98-jährige Gustav Hämmerle hat sein Testament handschriftlich erstellt, ohne jemanden darüber zu informieren. Liegt ein Rechtsgeschäft vor? Begründung.

1.6   Form der Rechtsgeschäfte

Stofftelegramm

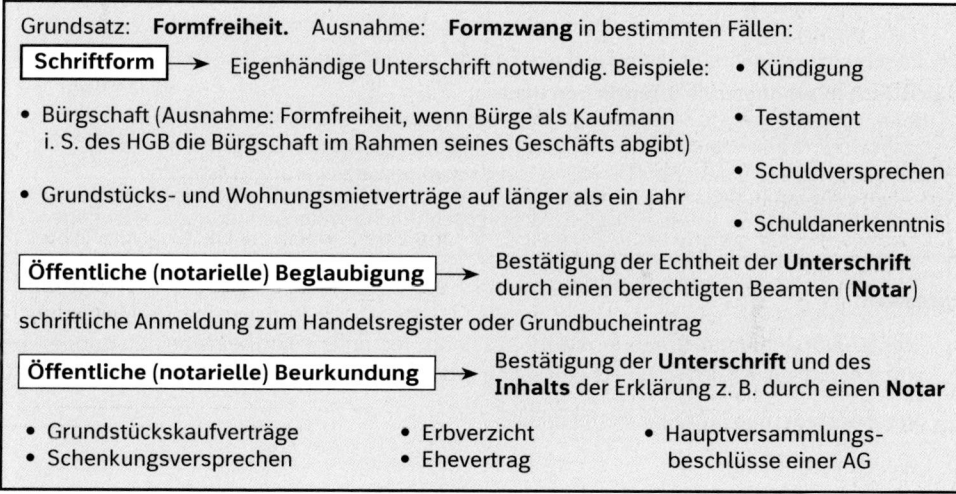

Grundsatz: **Formfreiheit.** Ausnahme: **Formzwang** in bestimmten Fällen:

Schriftform ➔ Eigenhändige Unterschrift notwendig. Beispiele: • Kündigung

- Bürgschaft (Ausnahme: Formfreiheit, wenn Bürge als Kaufmann i. S. des HGB die Bürgschaft im Rahmen seines Geschäfts abgibt)

- Grundstücks- und Wohnungsmietverträge auf länger als ein Jahr

          • Testament
          • Schuldversprechen
          • Schuldanerkenntnis

Öffentliche (notarielle) Beglaubigung ➔ Bestätigung der Echtheit der **Unterschrift** durch einen berechtigten Beamten (**Notar**)

schriftliche Anmeldung zum Handelsregister oder Grundbucheintrag

Öffentliche (notarielle) Beurkundung ➔ Bestätigung der **Unterschrift** und des **Inhalts** der Erklärung z. B. durch einen **Notar**

- Grundstückskaufverträge   • Erbverzicht   • Hauptversammlungs-
- Schenkungsversprechen   • Ehevertrag   beschlüsse einer AG

Aufgaben

1. In welcher Form können Rechtsgeschäfte fixiert werden?

2. Warum ist die Formfreiheit die übliche und ausreichende Form bei Rechtsgeschäften?

3. Warum ist bei bestimmten Rechtsgeschäften Formzwang notwendig?

4. Welche Form ist die beweissicherste? Begründung.

5. Welche Konsequenz ergibt sich für ein Rechtsgeschäft, das nicht in der vorgeschriebenen Form abgeschlossen wurde?

6. Welche Formvorschriften gelten bei folgenden Rechtsgeschäften?

a) Grundstückskauf
b) Kauf eines Fließbands für 2 Mio. EUR
c) Anmeldung zum Handelsregister
d) Testament
e) Schenkungsversprechen

f) Hauptversamml.beschluss einer großen AG
g) Bürgschaft, die ein Kaufmann i. S. des HGB im Rahmen seines Handelsgewerbes abgibt
h) Bürgschaft eines Privaten
i) Schuldanerkenntnis
j) Kündigung

1.7   Rechtsfähigkeit und Geschäftsfähigkeit

Stofftelegramm

| Rechtsfähigkeit | → | **Fähigkeit von Personen, Träger von Rechten und Pflichten zu sein** |

Natürliche Personen:
- Alle natürlichen Personen (Menschen) sind rechtsfähig.
- Rechtsfähigkeit ab Geburt bis Tod

Juristische Personen des Privatrechts:
- Kapitalgesellschaften (AG, GmbH, eG):
  - Entstehung durch Eintrag im Handelsregister (AG, GmbH) bzw. Genossenschaftsregister
  - Der Eintrag im Handels- bzw. Genossenschaftsregister ist konstitutiv.

- Eingetragene Vereine: Entstehung durch Eintrag im Vereinsregister (konstitutiv)

Juristische Personen des öffentlichen Rechts:
- Bund, Länder, Kreise, Gemeinden
- gesetzliche Krankenkassen
- Universitäten
- Industrie- und Handelskammern
- Berufsgenossenschaften
- Landesversicherungsanstalten

| Geschäftsfähigkeit | → | Fähigkeit, rechtsgeschäftliche Willenserklärungen abzugeben |

Aufgaben

1. Der 99-jährige Gustav Gregorius stirbt. In seinem Testament sind seine beiden Hunde, vier Katzen und seine Kuh Isolde als glückliche Erben eingesetzt. Nehmen Sie Stellung.

2. Was versteht man unter Rechtsfähigkeit?

3. Wer ist rechtsfähig?

4. Erklären Sie die Begriffe natürliche und juristische Person.

5. In welchen Fällen handelt es sich um eine juristische Person?

a) Gemeinde Eierbach
b) Vorstandsmitglied einer AG
c) OHG
d) GmbH

e) Einzelunternehmung
f) AG
g) eingetragener Verein
h) KG

i) Universität
j) Steuerberater
k) IHK

6. Wer vertritt juristische Personen des Privatrechts?

1.8 Eigentum und Besitz

Stofftelegramm

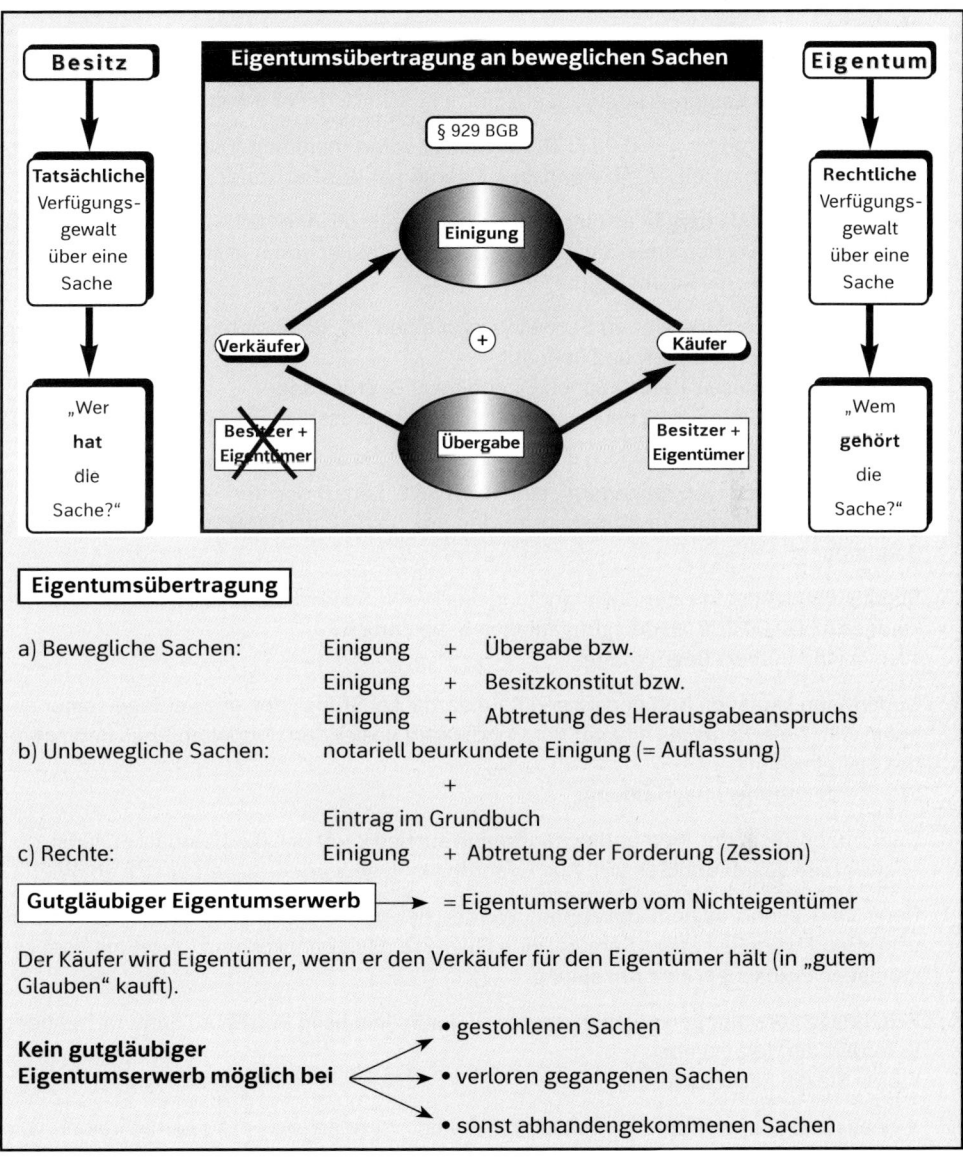

Eigentumsübertragung

a) Bewegliche Sachen: Einigung   +   Übergabe bzw.

                                    Einigung   +   Besitzkonstitut bzw.

                                    Einigung   +   Abtretung des Herausgabeanspruchs

b) Unbewegliche Sachen: notariell beurkundete Einigung (= Auflassung)

                                    +

                                    Eintrag im Grundbuch

c) Rechte: Einigung   + Abtretung der Forderung (Zession)

Gutgläubiger Eigentumserwerb ⟶ = Eigentumserwerb vom Nichteigentümer

Der Käufer wird Eigentümer, wenn er den Verkäufer für den Eigentümer hält (in „gutem Glauben" kauft).

Kein gutgläubiger Eigentumserwerb möglich bei

- gestohlenen Sachen
- verloren gegangenen Sachen
- sonst abhandengekommenen Sachen

Aufgaben

1. Definieren Sie kurz die Begriffe Eigentum und Besitz.

2. Wie wird Eigentum an beweglichen bzw. unbeweglichen Sachen üblicherweise übertragen?

3. A unterschreibt am 15.07. einen Kaufvertrag über eine Stereoanlage, die erst am 30.07. lieferbar ist. Den Kaufpreis begleicht er sofort mit Scheck. Ist er damit Eigentümer?

4. A kauft ein Rennrad für 1.500,00 EUR, welches er sofort mitnimmt. Die Zahlung soll innerhalb von 14 Tagen erfolgen. Ab wann ist A Eigentümer des Fahrrads?

5. Maier verkauft und übergibt an Flegel einen PC. Flegel soll innerhalb von vier Wochen zahlen. Nach acht Wochen steht die Zahlung noch aus. Maier verlangt daher den PC wieder zurück. Klären Sie die Rechtslage.

6. Maier verkauft und übergibt an Schweinberger einen PC, den Letzterer noch vor Zahlung an Schmidt weiterveräußert und übergibt.
   a) Wer ist nach diesen Transaktionen Eigentümer? Begründung.
   b) Wie wäre die Situation zu beurteilen, wenn Schmidt wusste, dass Schweinberger den PC noch nicht bezahlt hat?

7. Lötterle leiht sich von Schnaufer eine wertvolle Lederhose für einen Faschingsball. Noch nüchtern verkauft und übergibt er das Prachtstück an Bayer. Wer ist Eigentümer? Begründung.

8. Stiehler entwendet in einer Buchhandlung das Werk „So wird man reich", liest es und verkauft es für 30,00 EUR an den gutgläubigen Sepp Ehrlich.
   Wer ist Eigentümer? Begründung.

9. Gudermann kauft von Raff den jungen Rauhaardackel Stupsi, den er zwei Tage später abholen will. Zwischenzeitlich bietet der Hundenarr Drexler den doppelten Preis und nimmt das Tier gleich mit.
   Wer ist Eigentümer? Begründung.

10. Gudermann sucht den Tierhändler Kauffmann auf und kauft den Rauhaardackel Hopsi, den er zwei Tage später abholen will. Aus Erfahrung klug geworden, sichert er sich ab. Wie?

11. Hans Klau stiehlt seinem Bekannten Werner Reich einen 500-Euro-Schein, bucht anschließend beim Reisebüro Samurai eine Flugreise nach Bangkok und leistet mit dem gestohlenen Geldschein eine Anzahlung.

    Reichs Nachforschungen ergeben, dass sich der Schein beim Reisebüro Samurai befindet. Er fordert die Herausgabe.
    Klären Sie die Rechtslage.

12. K beabsichtigt, von V ein Grundstück zu kaufen. V erklärt sich mit dem Schreiben vom 10.05. einverstanden, der Kaufvertrag wird in Anwesenheit beider Vertragsparteien am 30.05. vor dem Notar beurkundet. Die Umschreibung im Grundbuch erfolgt am 20.07.
    a) Wann wurde der Kaufvertrag rechtswirksam abgeschlossen?
    b) Wann wurde K Eigentümer?

1.9 Der Kaufvertrag

Stofftelegramm

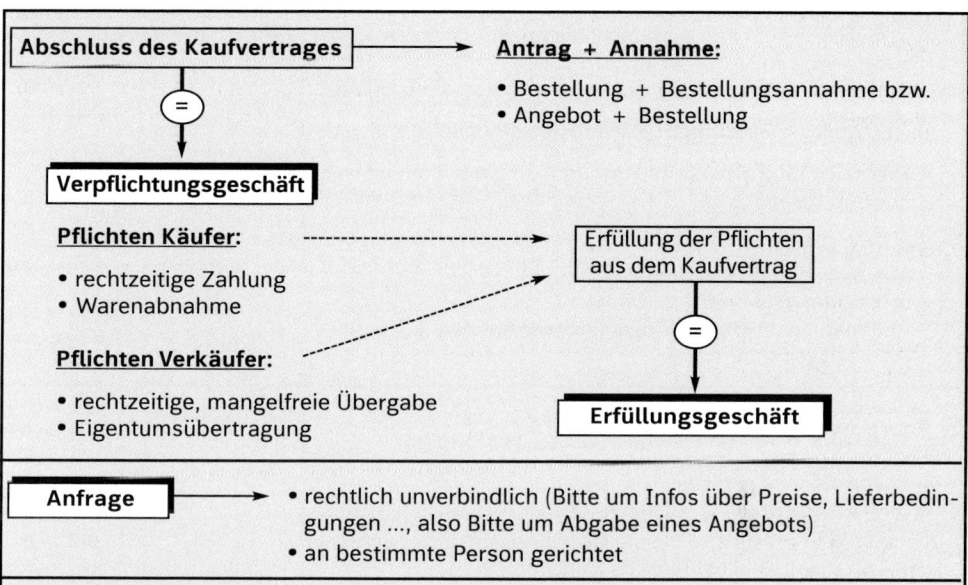

Abschluss des Kaufvertrages ──────▶ **Antrag + Annahme:**

(=)

• Bestellung + Bestellungsannahme bzw.
• Angebot + Bestellung

Verpflichtungsgeschäft

Pflichten Käufer: ─────────────▶ Erfüllung der Pflichten
aus dem Kaufvertrag

• rechtzeitige Zahlung
• Warenabnahme

Pflichten Verkäufer:

(=)

• rechtzeitige, mangelfreie Übergabe
• Eigentumsübertragung

Erfüllungsgeschäft

Anfrage ──────▶ • rechtlich unverbindlich (Bitte um Infos über Preise, Lieferbedingungen ..., also Bitte um Abgabe eines Angebots)
• an bestimmte Person gerichtet

Angebot (Bestellung)

• **Inhalt**
  – Art: Bezeichnung des Produkts, z. B. Laserdrucker Brother HL-2240D
  – Menge: genaue Definition; 1 Stück, 1.000 Liter, 5 Tonnen usw.
  – Preis: Preise (Nettopreise) mit und ohne Abzüge (Bruttopreise), Steuer
    a) Abzüge: Rabatte (unabhängig von der Zahlungsfrist)
      - Mengenrabatt (je größer die Menge, desto kleiner der Preis)
      - Treuerabatt (langjährige Kunden)
      - Sonderrabatt (meist einmalig – z. B. Lagerräumungsrabatt)
      - Wiederverkäuferrabatt (Weiterverkäufer)
    b) Bonus: nachträglich gewährter Preisnachlass, z. B. Rückvergütung aufgrund des Überschreitens bestimmter Umsatzgrenzen
  – Lieferungsbedingungen: Warenschulden sind Holschulden = Käufer zahlt Frachtkosten, Verpackungskosten
  – Zahlungsbedingungen: Geldschulden sind Schickschulden = Käufer zahlt z. B. Überweisungsgebühr
    Skonto: Preisnachlass für die schnelle Zahlung des Geldschuldners
  – Leistungsort und Gerichtsstand: siehe Erfüllungsort (s. u.)

- **Bindung**:
  a) **Gesetzliche Bindungsfrist:**
    - Anwesende: solange das Gespräch dauert
    - Abwesende: bis im Normalfall die Antwort erwartet werden kann (briefliches Angebot ca. 1 Woche)

    Grundsatz: Antwort auf mindestens gleich schnellem Weg!

  b) **Vertragliche Bindungsfrist:** befristetes Angebot, z. B. „gültig bis ...“

  c) **Freizeichnungsklauseln:** Einschränkung der Bindung, z. B.
    - „Preis freibleibend"   – „solange Vorrat reicht"   – „unverbindlich"

- **Bindung erlischt:**
  - Ablehnung durch Empfänger
  - verspätete Annahme
  - Abänderung durch Empfänger (= neuer Antrag)
  - rechtzeitiger Widerruf

Anpreisung

- an Allgemeinheit gerichtet

- gilt nicht als Angebot

- Beispiele:
  - Schaufensterauslagen
  - Zeitungsinserate
  - Rundfunk- und Fernsehwerbung ...

Erfüllungsort   ➤ = Ort der Pflichterfüllung durch Käufer (Geldschuldner) bzw. Verkäufer (Warenschuldner)

Gesetzlicher Erfüllungsort: Wohn-(Geschäfts-)Sitz des „Schuldners"

- Erfüllungsort für die Zahlung: Sitz des Geldschuldners (Käufers)
- Erfüllungsort für die Lieferung: Sitz des Warenschuldners (Verkäufers)

Bedeutung des Erfüllungsortes für die Geldschuld:
- fristgemäß überweisen (Dauer des Geldtransfers ist zu berücksichtigen)
- Gefahr und Kosten der Zahlung trägt Käufer (Geldschuld = Schickschuld)
- Erfüllungsort bestimmt Gerichtsstand bei HGB-Kaufleuten: Zahlungsklage somit am Sitz des Käufers

Bedeutung des Erfüllungsorts für die Warenschuld:
- Gefahrübergang: Bis zur fristgemäßen Übergabe an Transportunternehmen oder den Käufer trägt Verkäufer Gefahr und Kosten des Transports (Versendungskosten: Verpackung, Transport), danach Käufer;
  Ausnahme: Verbrauchsgüterkauf (vgl. nächste Seite unten)

- Gerichtsstand: Erfüllungsort bestimmt Gerichtsstand bei HGB-Kaufleuten; Klage wegen Warenmängel somit am Sitz des Verkäufers

Lieferung mit eigenem Lkw: Verkäufer trägt Transportgefahr – unabhängig vom Erfüllungsort.

Zusendung unbestellter Ware = Antrag (Angebot)

- **Kaufvertrag** entsteht, wenn der Käufer seine Annahme erklärt, den Kaufpreis zahlt oder die Ware in Gebrauch nimmt.
- **Stillschweigen** des Empfängers bedeutet:
  – Bestehende Geschäftsverbindung: Schweigen = Annahme
  – Fehlende Geschäftsverbindung: Schweigen = Ablehnung
  – Privatmann: (Verstoß gegen UWG!) Schweigen = Ablehnung

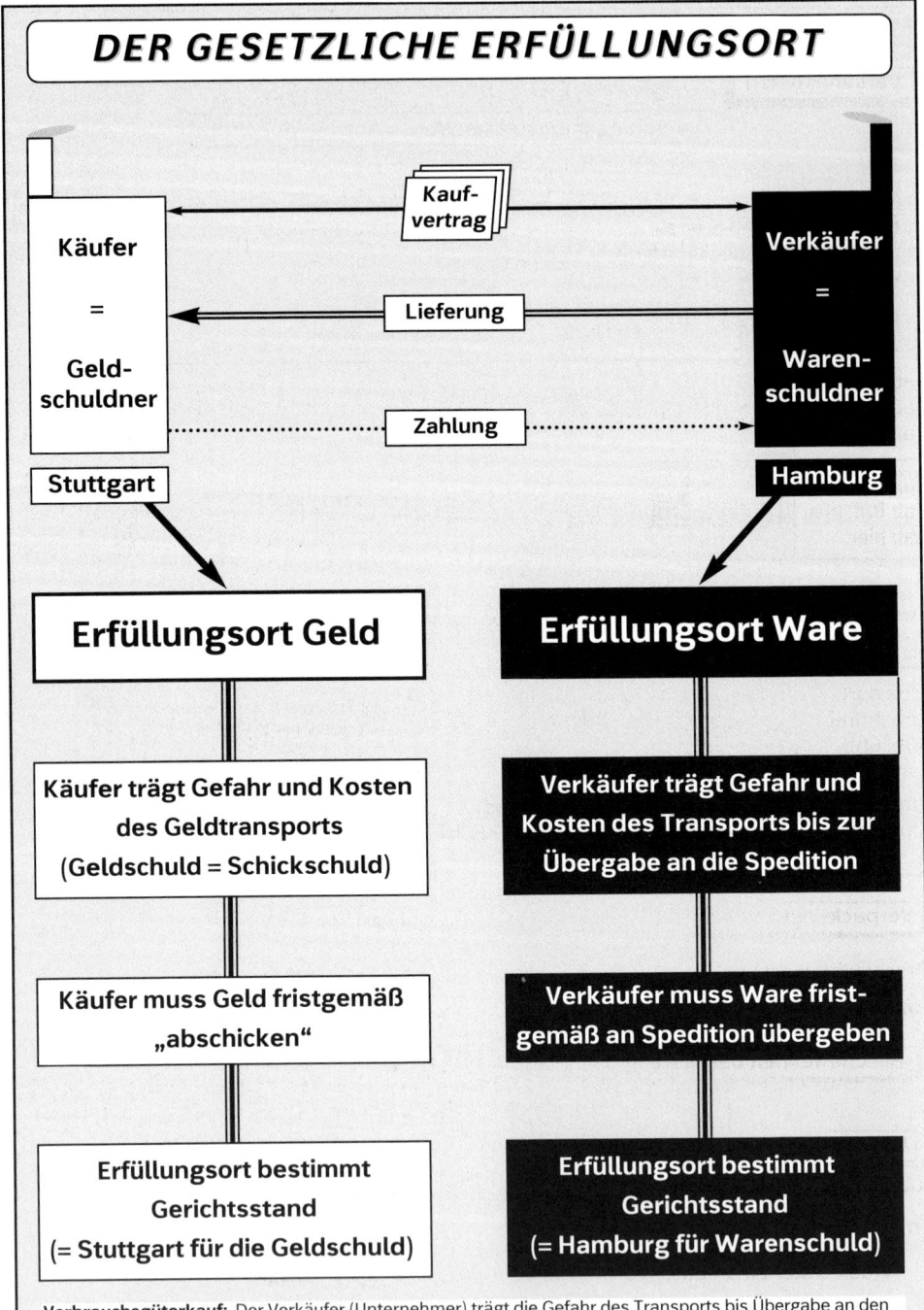

DER GESETZLICHE ERFÜLLUNGSORT

Käufer

=

Geld-schuldner

Stuttgart

Verkäufer

=

Waren-schuldner

Hamburg

Kauf-vertrag

Lieferung

Zahlung

Erfüllungsort Geld

Käufer trägt Gefahr und Kosten des Geldtransports (Geldschuld = Schickschuld)

Käufer muss Geld fristgemäß „abschicken"

Erfüllungsort bestimmt Gerichtsstand (= Stuttgart für die Geldschuld)

Erfüllungsort Ware

Verkäufer trägt Gefahr und Kosten des Transports bis zur Übergabe an die Spedition

Verkäufer muss Ware frist-gemäß an Spedition übergeben

Erfüllungsort bestimmt Gerichtsstand (= Hamburg für Warenschuld)

Verbrauchsgüterkauf: Der Verkäufer (Unternehmer) trägt die Gefahr des Transports bis Übergabe an den Käufer (Verbraucher) – vgl. § 474 Abs. 2 BGB in Verbindung mit § 447 BGB.

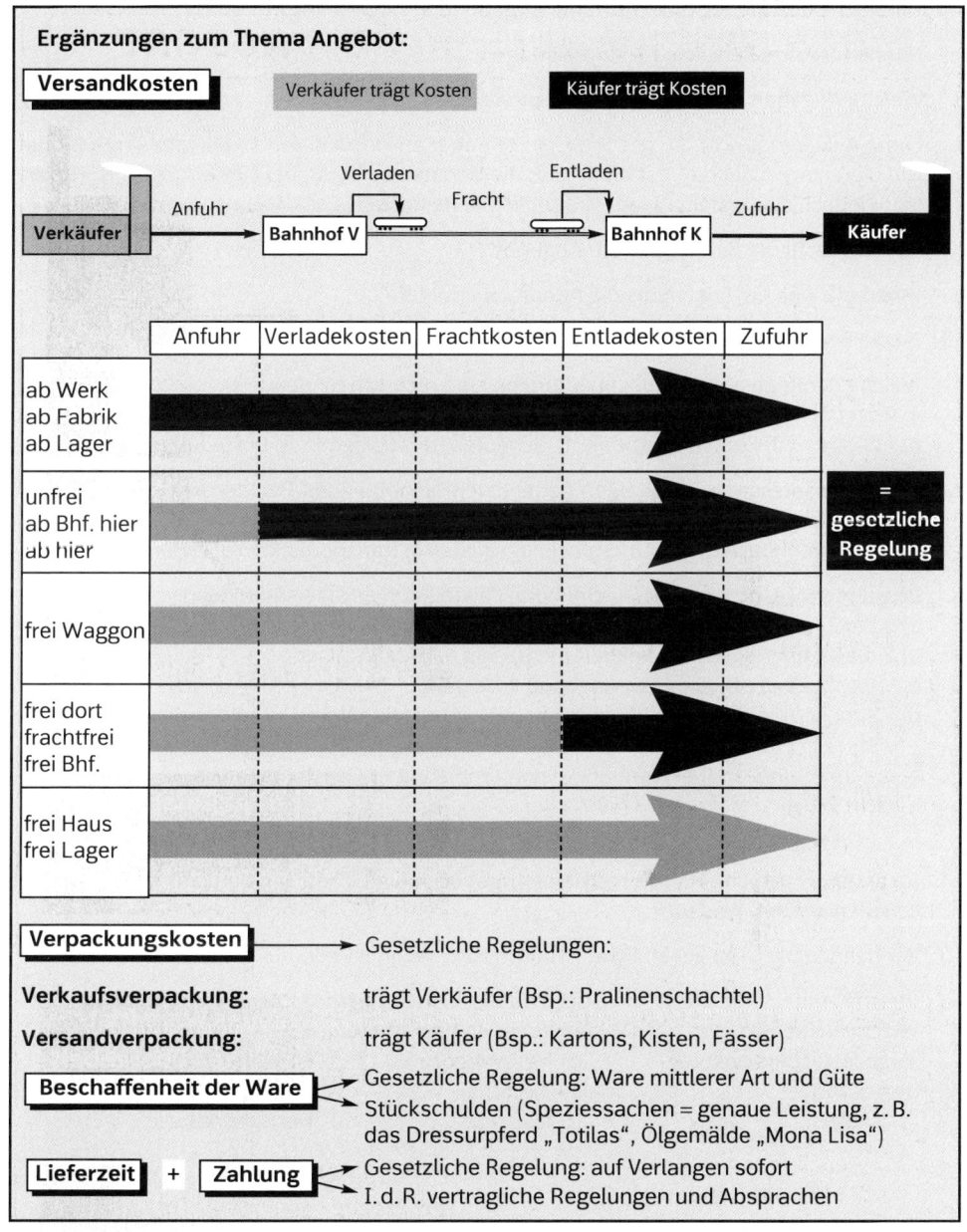

Ergänzungen zum Thema Angebot:

Versandkosten — Verkäufer trägt Kosten | Käufer trägt Kosten

Verladen | Entladen

Verkäufer — Anfuhr → Bahnhof V — Fracht → Bahnhof K — Zufuhr → Käufer

	Anfuhr	Verladekosten	Frachtkosten	Entladekosten	Zufuhr	
ab Werk ab Fabrik ab Lager						
unfrei ab Bhf. hier ab hier						= gesetzliche Regelung
frei Waggon						
frei dort frachtfrei frei Bhf.						
frei Haus frei Lager						

Verpackungskosten ——→ Gesetzliche Regelungen:

Verkaufsverpackung: trägt Verkäufer (Bsp.: Pralinenschachtel)

Versandverpackung: trägt Käufer (Bsp.: Kartons, Kisten, Fässer)

Beschaffenheit der Ware → Gesetzliche Regelung: Ware mittlerer Art und Güte
↘ Stückschulden (Speziessachen = genaue Leistung, z. B. das Dressurpferd „Totilas", Ölgemälde „Mona Lisa")

Lieferzeit + Zahlung → Gesetzliche Regelung: auf Verlangen sofort
↘ I. d. R. vertragliche Regelungen und Absprachen

Aufgaben

1. Was versteht man unter Verpflichtungs- und Erfüllungsgeschäft?

2. Wie entsteht ein Kaufvertrag?

3. Welche Pflichten entstehen bei Abschluss des Kaufvertrages?

4. Unterscheiden Sie rechtlich Anfrage, Angebot und Anpreisung.

5. Nennen Sie drei Beispiele für Anpreisungen.

6. Welche Angaben sollte ein Angebot enthalten?

7. Firma A sendet am 14.06. per Telex ein Angebot an Firma B. Am 17.06. gibt Firma B brief-lich die entsprechende Bestellung auf, die bereits am 18.06. bei Firma A eintrifft. Firma A lehnt jedoch die Bestellung ab. Klären Sie die Rechtslage.

8. Wann erlischt die Bindung an ein Angebot?

9. Innerhalb welcher Frist muss die Annahme erfolgen?

10. Ist die Bestellung rechtlich ein Antrag oder eine Annahme?

11. Welche der folgenden Willenserklärungen sind rechtlich bindend?
    a) Angebot   c) Bestellung   e) freibleibendes Angebot g) Anpreisungen
    b) Anfrage   d) Fernsehwerbung f) Schaufensterauslagen   h) Bestellungsannahme

12. Welche gesetzlichen Regelungen gelten, wenn in folgenden Punkten keine vertraglichen Vereinbarungen getroffen wurden?
    a) Beschaffenheit der Ware b) Verpackungskosten c) Transportkosten d) Lieferzeit e) Zahlung

13. Begründen Sie, ob bzw. wie in folgenden Fällen Kaufverträge entstehen.
    a) V (Verkäufer) macht ein Angebot, K (Käufer) bestellt zu spät.
    b) V macht ein Angebot, K bestellt rechtzeitig mit Änderungen.
    c) V macht ein freibleibendes Angebot, K bestellt.
    d) V sendet an die ihm unbekannte Firma K unbestellte Ware. K meldet sich nicht und be-wahrt die Ware auf.
    e) V sendet unbestellte Ware an seinen langjährigen Geschäftspartner K. K meldet sich nicht.
    f) V sendet unbestellte Ware an Privatmann K, der stillschweigt.

14. Josef Hektik verschickt ein briefliches Angebot. Am gleichen Tag bemerkt er, dass er sich verkalkuliert hat. Was tun?

15. Wo befindet sich der gesetzliche Erfüllungsort? Welche Bedeutung hat er?

16. Geschäftssitz: Verkäufer V. in Leipzig, Käufer K. in Stuttgart.
    Welche Versandkosten trägt V. bei folgenden Vereinbarungen?
    a) gesetzliche Regelung   d) frei Waggon   g) ab Werk
    b) frei dort   e) frachtfrei   h) unfrei
    c) ab hier   f) frei Haus   i) frei Bahnhof

1.10 Störungen bei der Vertragserfüllung

Stofftelegramm

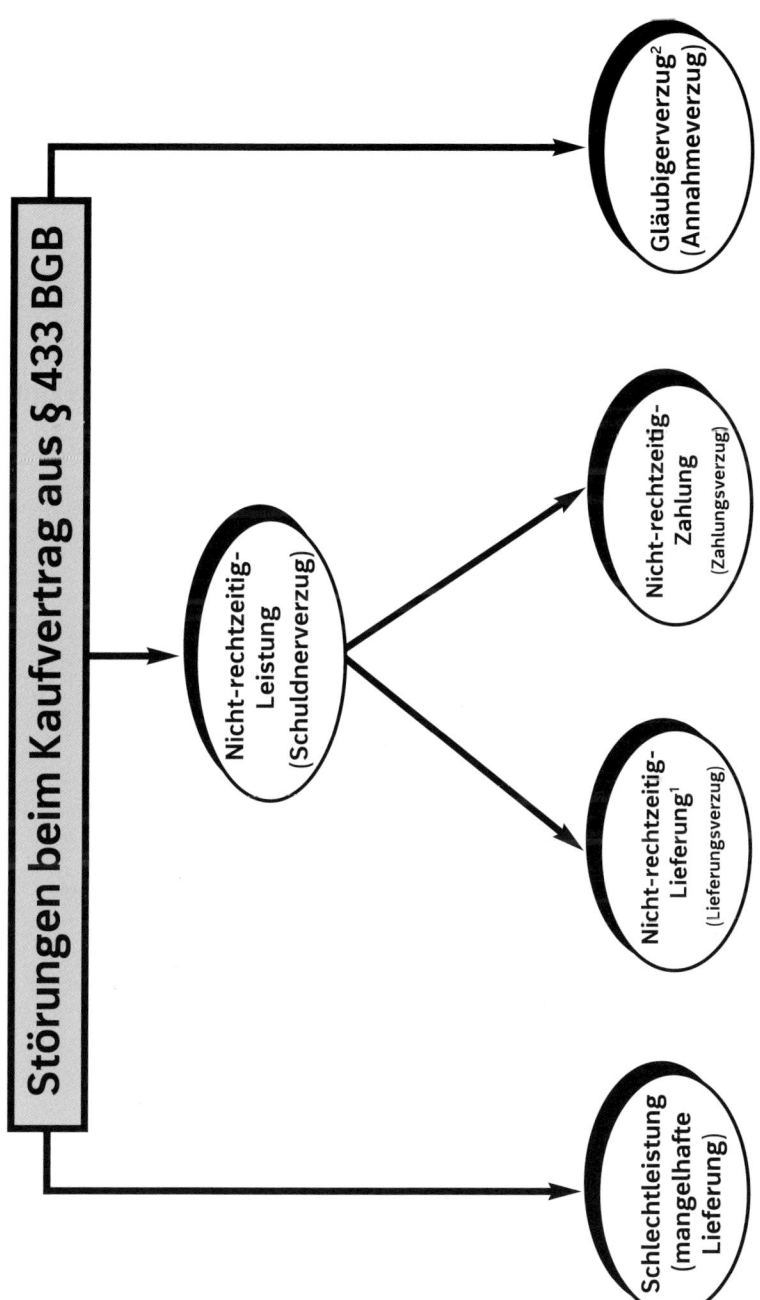

1 Ist in Kap. 3 „Beschaffungsprozesse" Thema, wird aber hier mit behandelt.
2 Nicht Gegenstand des Lehrplans.

1.10.1   Mangelhafte Lieferung (Schlechtleistung)

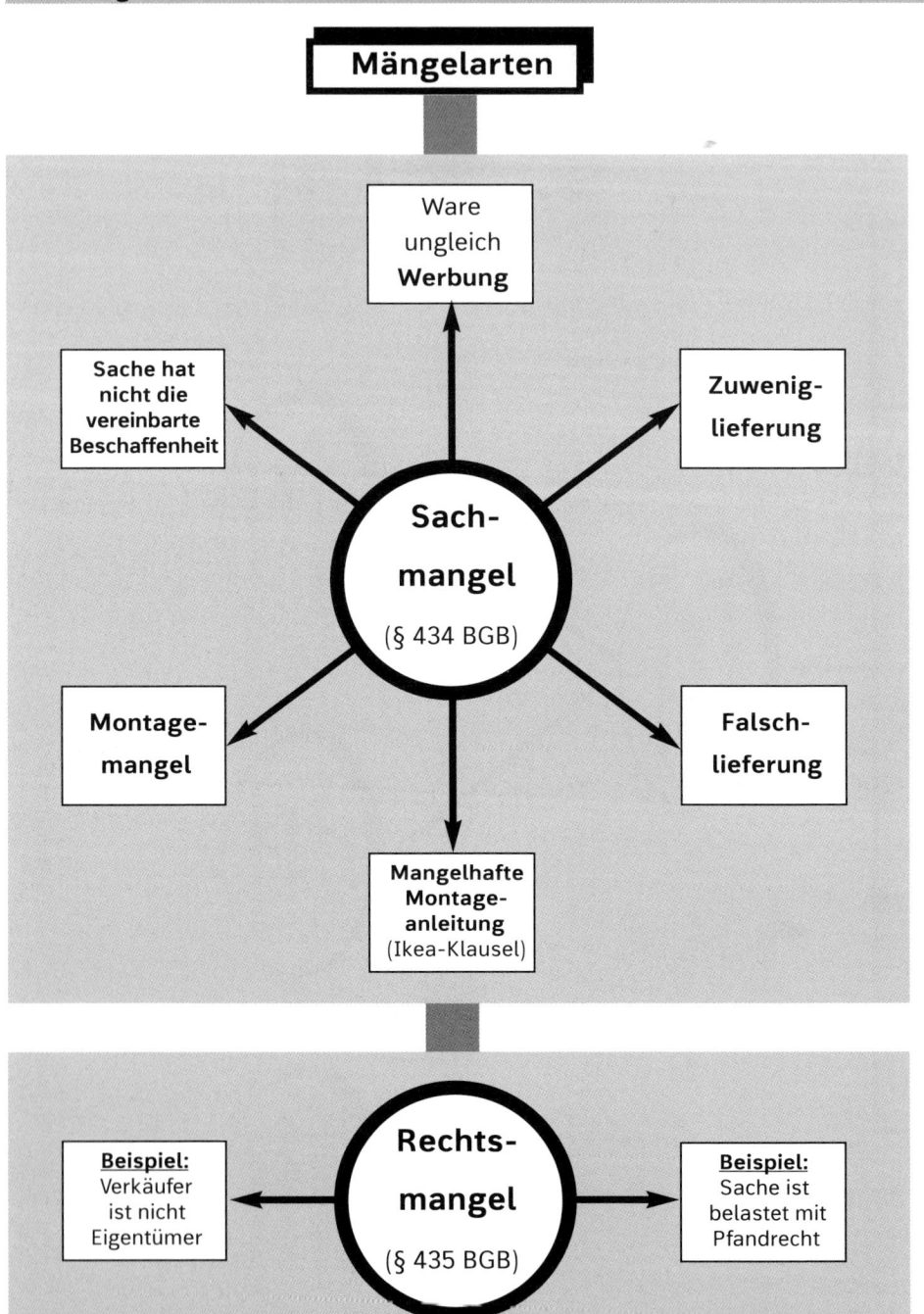

– Rechte des Käufers gemäß § 437 ff. BGB –

vorrangig

Nacherfüllung §439 BGB

- auch bei **geringfügigen Mängeln**
- **verschuldensunabhängig**
- § 439 Abs. 3 BGB: Verkäufer kann Nachbesserung und/oder Neulieferung verweigern, wenn **unverhältnismäßig hohe Kosten** anfallen würden.
- § 440 BGB: Nacherfüllung fehlgeschlagen nach **zwei erfolglosen Nachbesserungsversuchen**
- § 275 BGB: Anspruch auf Leistung entfällt, soweit diese **unmöglich**

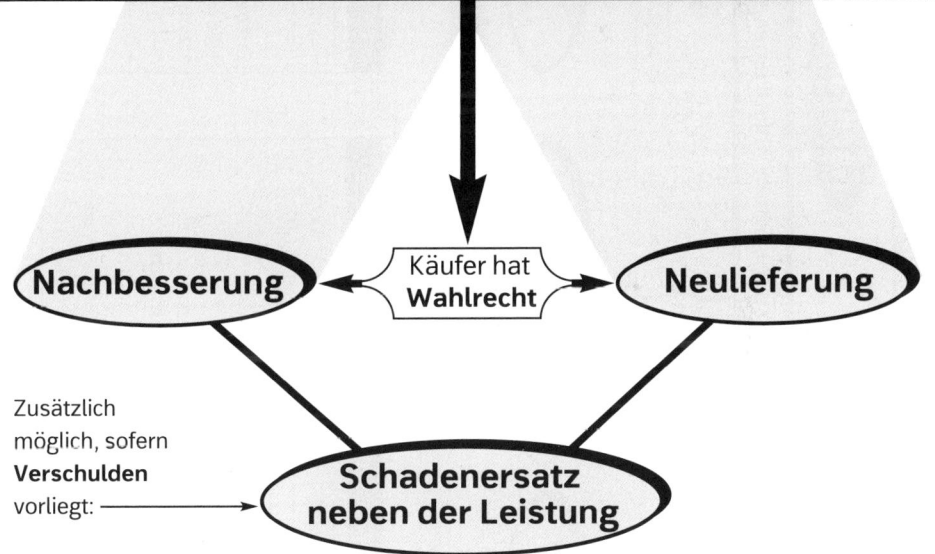

Nachbesserung ← Käufer hat **Wahlrecht** → **Neulieferung**

Zusätzlich möglich, sofern **Verschulden** vorliegt: → **Schadenersatz neben der Leistung**

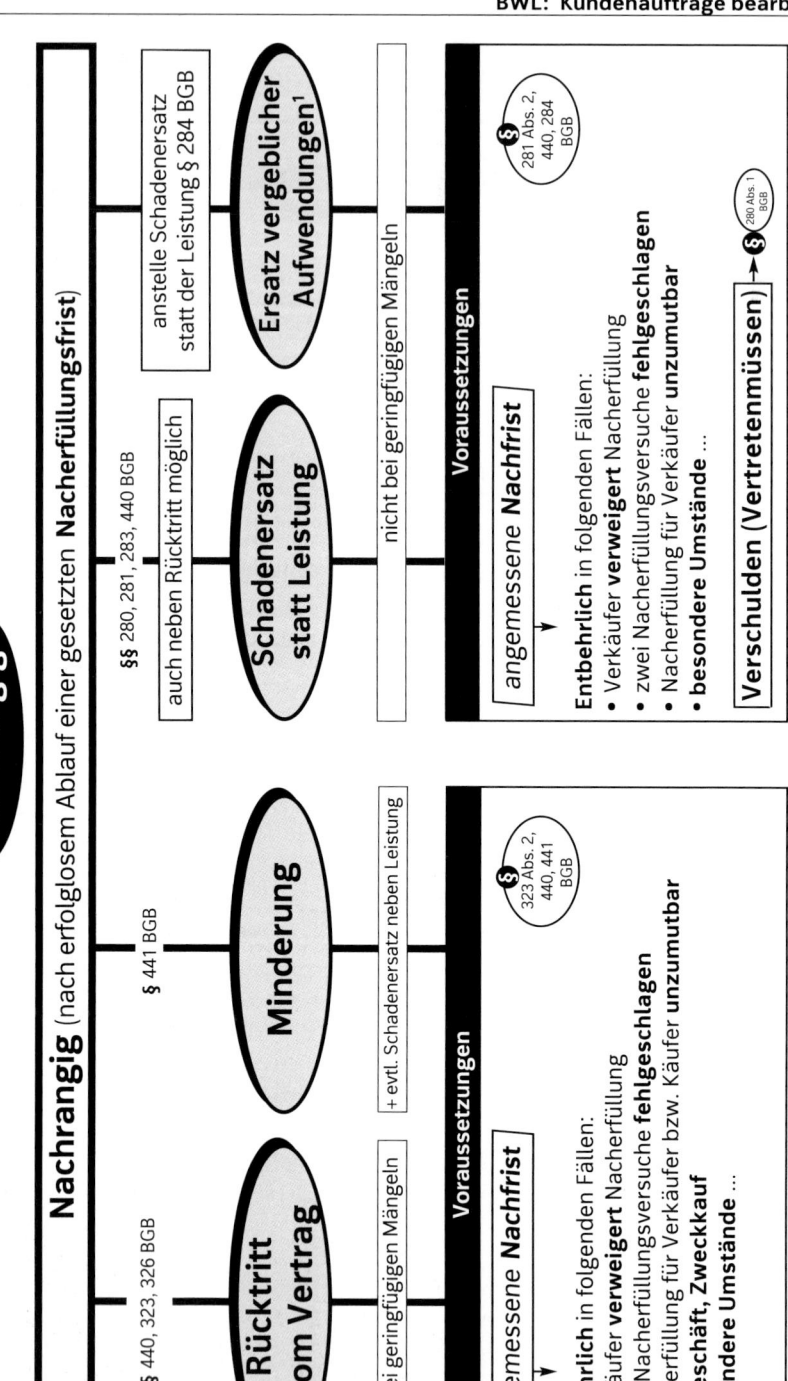

Die mangelhafte Lieferung (Schlechtleistung) – Rechte des Käufers –

nachrangig

Nachrangig (nach erfolglosem Ablauf einer gesetzten Nacherfüllungsfrist)

§§ 440, 323, 326 BGB

§ 441 BGB

§§ 280, 281, 283, 440 BGB

anstelle Schadenersatz statt der Leistung § 284 BGB

Rücktritt vom Vertrag

nicht bei geringfügigen Mängeln

Minderung

+ evtl. Schadenersatz neben Leistung

§ 323 Abs. 2, 440, 441 BGB

Schadenersatz statt Leistung

auch neben Rücktritt möglich

nicht bei geringfügigen Mängeln

Ersatz vergeblicher Aufwendungen[1]

nicht bei geringfügigen Mängeln

§ 281 Abs. 2, 440, 284 BGB

Voraussetzungen

angemessene **Nachfrist**

Entbehrlich in folgenden Fällen:
- Verkäufer **verweigert** Nacherfüllung
- zwei Nacherfüllungsversuche **fehlgeschlagen**
- Nacherfüllung für Verkäufer bzw. Käufer **unzumutbar**
- **Fixgeschäft, Zweckkauf**
- **besondere Umstände …**

Voraussetzungen

angemessene **Nachfrist**

Entbehrlich in folgenden Fällen:
- Verkäufer **verweigert** Nacherfüllung
- zwei Nacherfüllungsversuche **fehlgeschlagen**
- Nacherfüllung für Verkäufer **unzumutbar**
- **besondere Umstände …**

Verschulden (Vertretenmüssen) → § 280 Abs. 1 BGB

---

[1] Zum Beispiel Zinsen für Überbrückungskredit, Mietaufwendung Fahrzeugleihe.

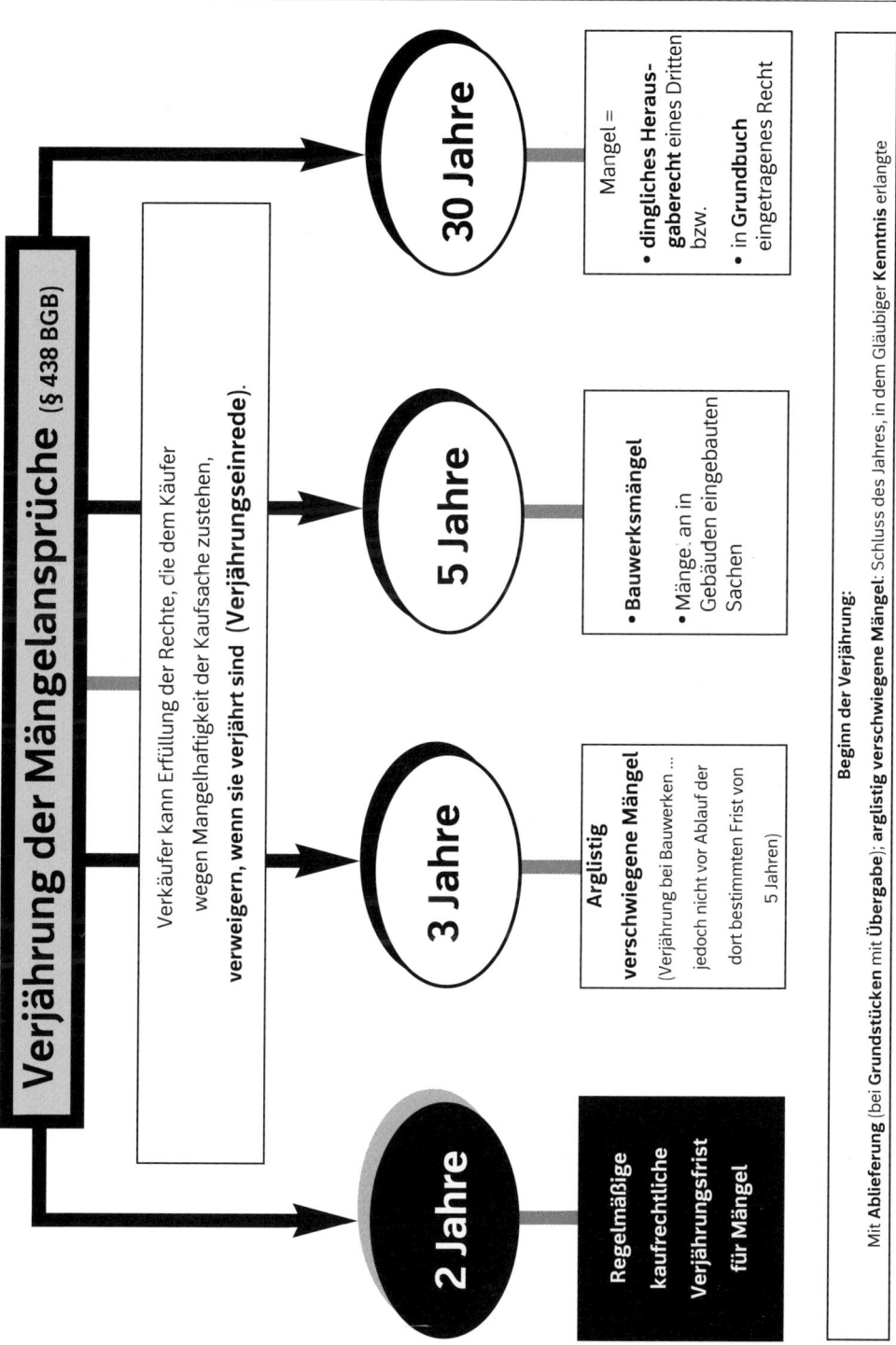

Verjährung der Mängelansprüche (§ 438 BGB)

Verkäufer kann Erfüllung der Rechte, die dem Käufer wegen Mangelhaftigkeit der Kaufsache zustehen, verweigern, wenn sie verjährt sind (**Verjährungseinrede**).

30 Jahre

Mangel =
- **dingliches Herausgaberecht** eines Dritten bzw.
- in **Grundbuch** eingetragenes Recht

5 Jahre

- **Bauwerksmängel**
- Mängel an in Gebäuden eingebauten Sachen

3 Jahre

Arglistig verschwiegene Mängel
(Verjährung bei Bauwerken ... jedoch nicht vor Ablauf der dort bestimmten Frist von 5 Jahren)

2 Jahre

Regelmäßige kaufrechtliche Verjährungsfrist für Mängel

Beginn der Verjährung:

Mit **Ablieferung** (bei Grundstücken mit **Übergabe**); arglistig verschwiegene Mängel: Schluss des Jahres, in dem Gläubiger **Kenntnis** erlangte

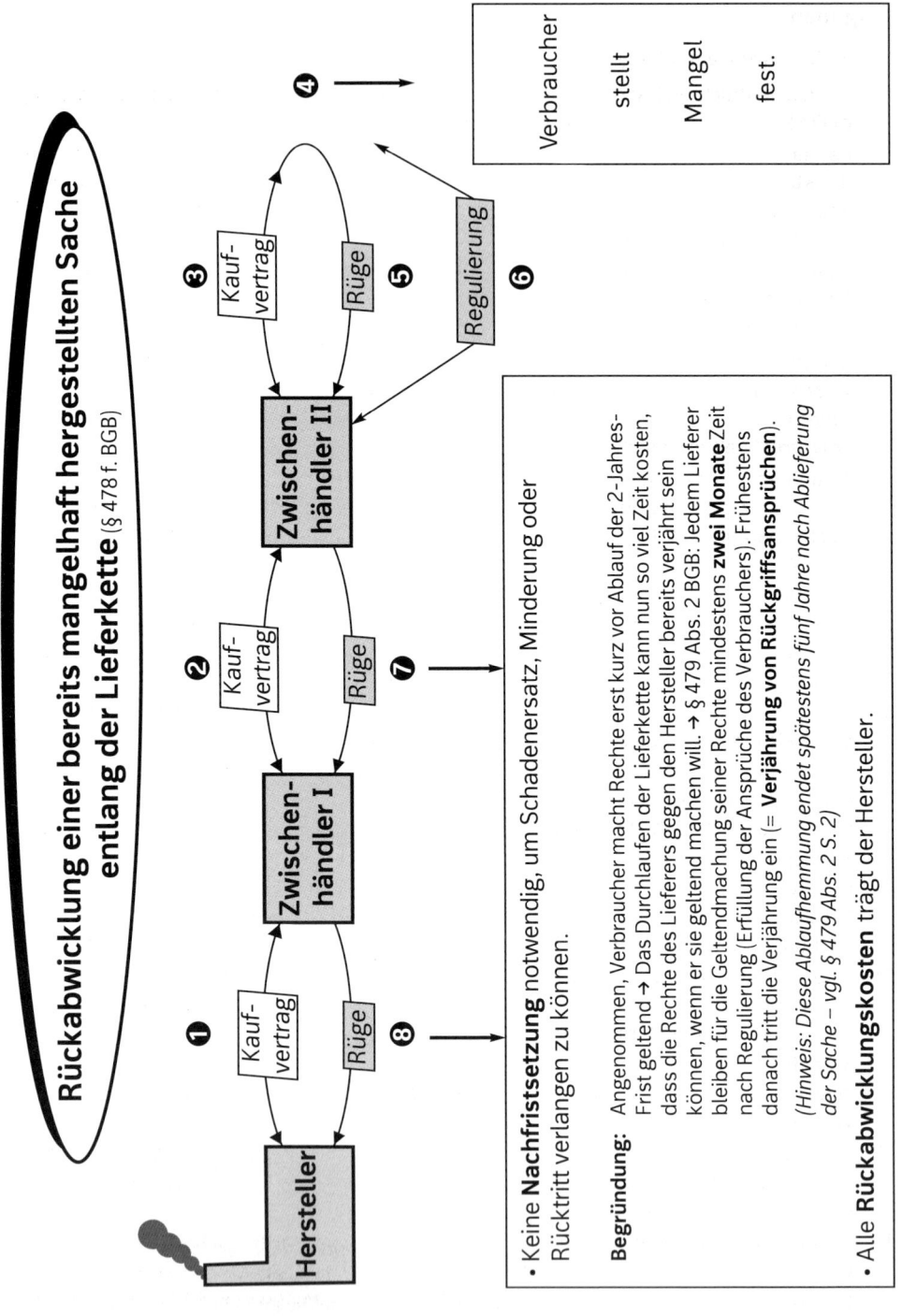

Aufgaben

1. Welche Arten von Mängeln gibt es?

2. a) Welche Pflichten hat der Käufer (Kaufmann i. S. des HGB) bei mangelhafter Lieferung?
   b) Ein Käufer versäumt, rechtzeitig zu rügen. Folgen?

3. Käufer K kauft von Händler V einen Neuwagen. Vier Wochen nach Übergabe funktioniert die **Klimaanlage** auf langen Fahrten nicht ordnungsgemäß. Der Mangel war für V trotz intensiver Prüfung des Pkw nicht zu erkennen. Welche Rechte kann K gegen V geltend machen und welche Voraussetzungen sind dabei zu beachten?

4. K kauft von V ein Videogerät. Beim Anschluss an sein Fernsehgerät stellt K **kleinere Farbflecken** fest, die auch V nicht aufgefallen waren.
   Kann K Nachbesserung und/oder Neulieferung verlangen? Begründung.

5. K kauft von V einen Neuwagen. Nach einigen Wochen stellt K **erhebliche Mängel** fest. Außerdem ist ihm durch die Mängel ein **Schaden** in Höhe von 200,00 EUR entstanden. Unter welchen Voraussetzungen kann K im Normalfall das Recht **„Schadenersatz statt Leistung"** geltend machen?

6. K kauft von V einen neuen Pkw (Marke „X") des Produzenten P, der in **Werbebroschüren** mit dem Slogan „Mit durchschnittlich fünf Litern pro 100 km sind Sie bei X dabei" wirbt. Nach Übergabe stellt K fest, dass der tatsächliche Verbrauch des „X" bei sieben Litern liegt. Welche Rechte stehen K zu?

7. Der normalgewichtige K kauft von V das neue Mountainbike „Biky". Schon des Öfteren gab es Reklamationen bei V hinsichtlich Bruch von „Biky"-Pedalen. Bei seiner ersten Ausfahrt des K bricht ein **Pedal**, K stürzt und verletzt sich. Ein Taxi bringt ihn ins nächste Dorf zum Arzt. **Taxikosten**: 40,00 EUR; **Arztkosten**: 70,00 EUR. Welche Rechte kann K geltend machen?

8. K kauft von V ein Fitnessgerät für den Selbstaufbau. Aufgrund der fehlerhaften **Montageanleitung** baut K das Gerät falsch zusammen. Welche Rechte kann er geltend machen?

9. V verkauft einen 30 Jahre alten Ohrring aus „echtem Gold" an K. K entdeckt später, dass der Ring nicht aus Gold, sondern nur aus vergoldetem Messing war. V konnte hiervon nichts wissen. Welche Rechte stehen K zu?

10. K (Privatmann) kauft von Händler V ein neues Motorrad. Drei Monate nach Übergabe streikt der Motor. Es ist nicht feststellbar, ob der Mangel aufgrund eines Materialfehlers bereits bei **Übergabe** programmiert war oder auf **fehlerhafte Bedienung** des K zurückzuführen ist. Kann K Gewährleistungsrechte geltend machen?

11. K kauft am 10. Mai 2002 von V einen Rasenmäher, der am gleichen Tag geliefert wird. Infolge eines Produktionsfehlers versagt am 10. November 2003 der Motor. K verlangt einen neuen Rasenmäher, V beruft sich auf **Verjährung**. Klären Sie die Rechtslage.

12. K kauft am 10. Mai 2002 von V eine Maschine, die am gleichen Tag geliefert wird. V verschweigt **arglistig** einen Mangel. K entdeckt den Mangel am 10. Juli 2005 und macht Gewährleistungsansprüche geltend. Rechtslage?

13. Am 10. Mai 2002 lässt K von V eine Dachsanierung durchführen. Am 20. Mai 2007 stellt K erhebliche Mängel – bedingt durch fehlerhafte Sanierungsarbeit – fest. Sind seine Mängelansprüche **verjährt**? Begründung.

14. Privatmann K kauft von Händler V einen Gebrauchtwagen. Vertraglich wird vereinbart, dass die Mängelgewährleistungsansprüche gemäß § 437 BGB ein Jahr nach Ablieferung verjähren. Nach 15 Monaten stellt K einen Mangel fest. Sind seine Gewährleistungsansprüche **verjährt**?

1.10.2   Nicht-rechtzeitig-Lieferung

Stofftelegramm

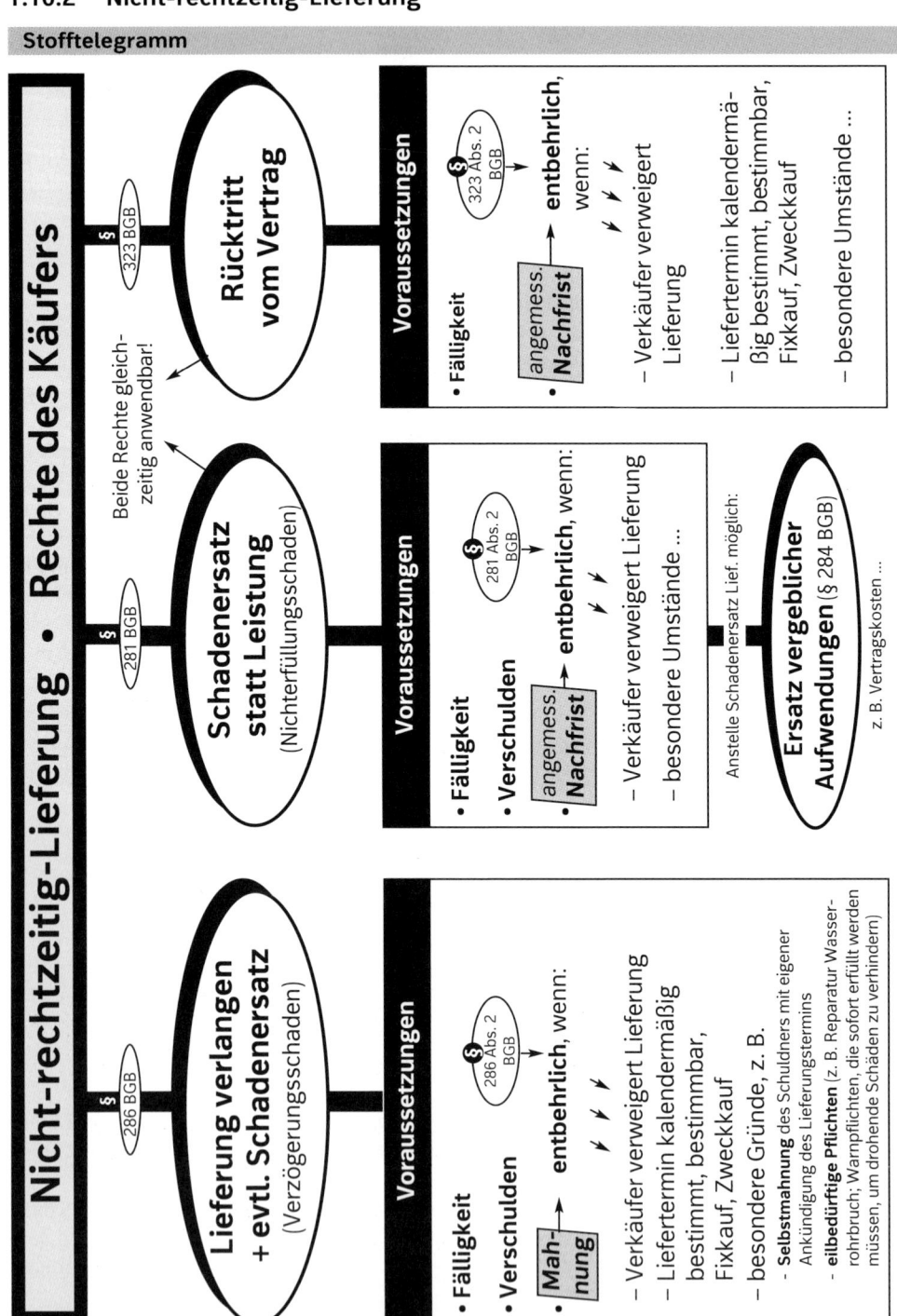

Nicht-rechtzeitig-Lieferung • Rechte des Käufers

§ 286 BGB

Lieferung verlangen + evtl. Schadenersatz
(Verzögerungsschaden)

Voraussetzungen

- **Fälligkeit**
- **Verschulden**
- **Mah-nung** → entbehrlich, wenn: § 286 Abs. 2 BGB
  - Verkäufer verweigert Lieferung
  - Liefertermin kalendermäßig bestimmt, bestimmbar, Fixkauf, Zweckkauf
  - besondere Gründe, z. B.
    - **Selbstmahnung** des Schuldners mit eigener Ankündigung des Lieferungstermins
    - **eilbedürftige Pflichten** (z. B. Reparatur Wasserrohrbruch; Warnpflichten, die sofort erfüllt werden müssen, um drohende Schäden zu verhindern)

§ 281 BGB

Schadenersatz statt Leistung
(Nichterfüllungsschaden)

Voraussetzungen

- **Fälligkeit**
- **Verschulden**
- **angemess. Nachfrist** → entbehrlich, wenn: § 281 Abs. 2 BGB
  - Verkäufer verweigert Lieferung
  - besondere Umstände ...

Anstelle Schadenersatz Lief. möglich:

Ersatz vergeblicher Aufwendungen (§ 284 BGB)

z. B. Vertragskosten ...

§ 323 BGB

Rücktritt vom Vertrag

Beide Rechte gleichzeitig anwendbar!

Voraussetzungen

- **Fälligkeit**
- **angemess. Nachfrist** → entbehrlich, wenn: § 323 Abs. 2 BGB
  - Verkäufer verweigert Lieferung
  - Liefertermin kalendermäßig bestimmt, bestimmbar, Fixkauf, Zweckkauf
  - besondere Umstände ...

abstrakt		konkret
Schaden umfasst auch den entgangenen Gewinn	**Schadenersatz-berechnung**	Schaden eindeutig berechenbar (z. B. bei Deckungskauf)

Eine Schadenersatzberechnung ist umgehbar, wenn von vorneherein eine **Vertragsstrafe (Konventionalstrafe)** vereinbart wird.

Aufgaben

1. V liefert nicht rechtzeitig. Welche **Rechte** hat der Käufer und welche **Voraussetzungen** sind zu beachten?

2. K verlangt aufgrund Nicht-rechtzeitig-Lieferung des V weiterhin Lieferung sowie Ersatz des **Verzögerungsschadens**. Wann kann K auf eine Mahnung verzichten?

3. K verlangt aufgrund Nicht-rechtzeitig-Lieferung des V **Schadenersatz statt Leistung.** Wann kann K auf Setzung einer angemessenen **Nachfrist** verzichten?

4. K möchte aufgrund Nicht-rechtzeitig-Lieferung des V vom Vertrag **zurücktreten**. Wann kann er auf Setzung einer **Nachfrist** verzichten?

5. K möchte seine Rechte aufgrund Nicht-rechtzeitig-Lieferung des V geltend machen und verlangt nach Ablauf einer angemessenen Nachfrist **Rücktritt vom Vertrag und Schadenersatz statt Leistung.** Ein Verschulden des V liegt vor. Kann K beide Rechte gleichzeitig geltend machen? Begründung.

6. Käufer K vereinbarte im Kaufvertrag mit Verkäufer V die Lieferung von zehn PCs. Ein Liefertermin wurde nicht vereinbart. Nachdem V mit einem anderen Käufer einen höheren Preis ausgehandelt hat, weigert er sich, die Lieferung vorzunehmen. Kann K seine erlittene **Gewinneinbuße** von V ersetzt verlangen? Begründung.

7. Der Inhaber einer Pizzeria P entdeckt um 15:00 Uhr einen **Wasserrohrbruch**, der zur Überschwemmung eines Teils des Restaurants führte. Telefonisch teilt er dem Klempner X mit, dass er um 18:00 Uhr öffnen müsse, um nicht Umsatzeinbußen zu erleiden. Klempner X sagt sofortige Reparatur zu. Ärgerlicherweise erscheint X erst um 19:00 Uhr. **Entgangener Gewinn** für die Pizzeria: 1.000,00 EUR. P verlangt **Schadenersatz**. Rechtslage?

8. Unternehmer K hat mit Verkäufer V einen **Just-in-time-Vertrag** geschlossen. V muss demzufolge zu bestimmten Zeitpunkten liefern, um die Produktion nicht zu gefährden. Als eine Lieferung ausbleibt, kommt es zum vorübergehenden Produktionsstillstand. Kann K ohne Nachfristsetzung **Schadenersatz statt Leistung** verlangen? Begründung.

9. Händler V verkauft telefonisch einen Anzug des ehemaligen Beatles-Schlagzeugers Ringo Starr für 5.000,00 EUR. K möchte den Anzug am nächsten Morgen abholen. Der nicht im Laden tätige Sohn des Händlers holt ohne zu fragen am Abend den Anzug aus dem verschlossenen Schrank im Laden und nimmt ihn auf eine 14-tägige Reise nach Mallorca mit. K setzt V eine Nachfrist von acht Tagen und verlangt bei ergebnislosem Ablauf **Schadenersatz statt Leistung** in Höhe von 3.000,00 EUR, weil er den Anzug einem Beatles-Fan zum Preis von 8.000,00 EUR versprochen habe. Zusätzlich **trete er vom Vertrag zurück**. V ist nicht einverstanden und besteht weiterhin auf Abnahme und Zahlung. Rechtslage?

10. K bestellt bei V 50 Kisten Champagner. V liefert nicht. Zwischenzeitlich sind die Champagnerpreise stark gefallen. K deckt sich daher bei X erheblich preisgünstiger ein und informiert V. Letzterer verlangt Abnahme und Zahlung, weil K keine Nachfrist gesetzt habe. Rechtslage?

11. Was versteht man unter a) abstraktem, b) konkretem Schaden?

12. Wie kann die Schadensberechnungsproblematik umgangen werden?

13. Was versteht man unter einer Konventionalstrafe?

1.10.3   Nicht-rechtzeitig-Zahlung

Stofftelegramm

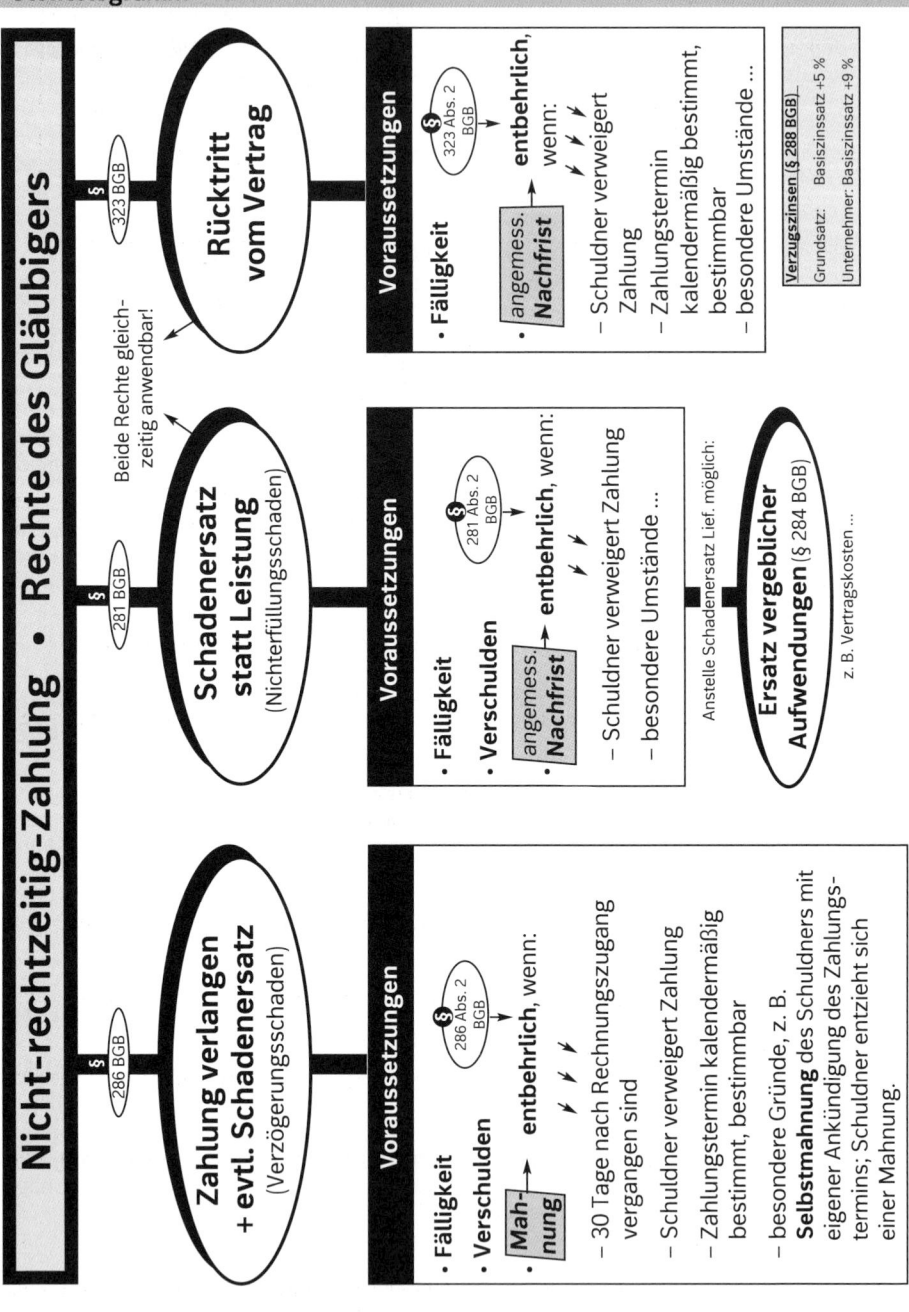

• Fälligkeit der Leistung → Zeitpunkt, ab dem ein Käufer die Leistung verlangen kann

Der Zeitpunkt der Leistung ist kalendermäßig ...	Beispiele	Verzug automatisch ...
bestimmt	• Kaufpreis zahlbar bis zum 20.05.20.. • Kaufpreis zahlbar im Juni 20..	• mit Ablauf des 20.05.20.. • mit Ablauf des Monats Juni 20..
berechenbar	Kaufpreis zahlbar innerhalb von 15 Tagen nach Rechnungsdatum (01.01.20..)	mit Ablauf des 16.01.20..
		Verzug **nicht** automatisch ...
nicht bestimmt/ berechenbar	• zahlbar sofort • zahlbar ab 15.05.20.. • zahlbar 14 Tage nach Rechnungserhalt	• Fälligkeit + Zugang der Rechnung + **Mahnung** • Fälligkeit + Zugang der Rechnung automatisch nach 30 Tagen

• Verschulden des Verkäufers:
  – vorsätzliches Handeln – Verkäufer will die Rechtsverletzung
  – fahrlässiges Handeln – Verkäufer lässt die erforderliche Sorgfalt außer Acht
  – kein Verschulden bei höherer Gewalt (z. B. Schneesturm, Streik, Blitzeinschlag)

Aufgaben

1. Käufer K zahlt nicht rechtzeitig.
   Welche **Rechte** hat der Verkäufer und welche **Voraussetzungen** sind zu beachten?

2. Privatmann Wetzel kauft von Privatmann Bauer ein Auto.
   Wie viel Prozent **Verzugszinsen** kann Bauer verlangen, wenn Wetzel nicht rechtzeitig zahlt?

3. Privatmann Wetzel kauft von Firma Schnorr ein Fernsehgerät.
   Wie viel Prozent **Verzugszinsen** kann Firma Schnorr verlangen, wenn Wetzel nicht rechtzeitig zahlt?

4. Firma Schnorr kauft bei der „Elek-GmbH" zehn Fernsehgeräte.
   Wie viel Prozent **Verzugszinsen** kann die Elek-GmbH verlangen, wenn Firma Schnorr nicht rechtzeitig zahlt?

5. Die Elek-GmbH liefert an Firma Schnorr zehn Fernsehgeräte. Firma Schnorr erhält die Rechnung am **10.01.**
   a) Es wurde **kein Zahlungsziel** vereinbart.
      Ab wann befindet sich Firma Schnorr in Verzug, wenn **keine Mahnung** versandt wurde?
   b) Es wurde **kein Zahlungsziel** vereinbart.
      Ab wann befindet sich Firma Schnorr in Verzug, wenn am 20.01. eine **Mahnung** versandt wurde?
   c) **Zahlungsziel:** Zahlung bis spätestens 24.01.
      Ab wann befindet sich Firma Schnorr in Verzug?

6. Die Elek-GmbH liefert an **Privatmann** Wetzel ein Fernsehgerät. Wetzel erhält die Rechnung am 10.01. Es wurde **kein Zahlungsziel** vereinbart.
   Ab wann befindet sich Wetzel in Verzug?

1.11   Verjährung

Stofftelegramm

Hinweis: Laut Lehrplan ist nur die regelmäßige Verjährungsfrist zu behandeln.

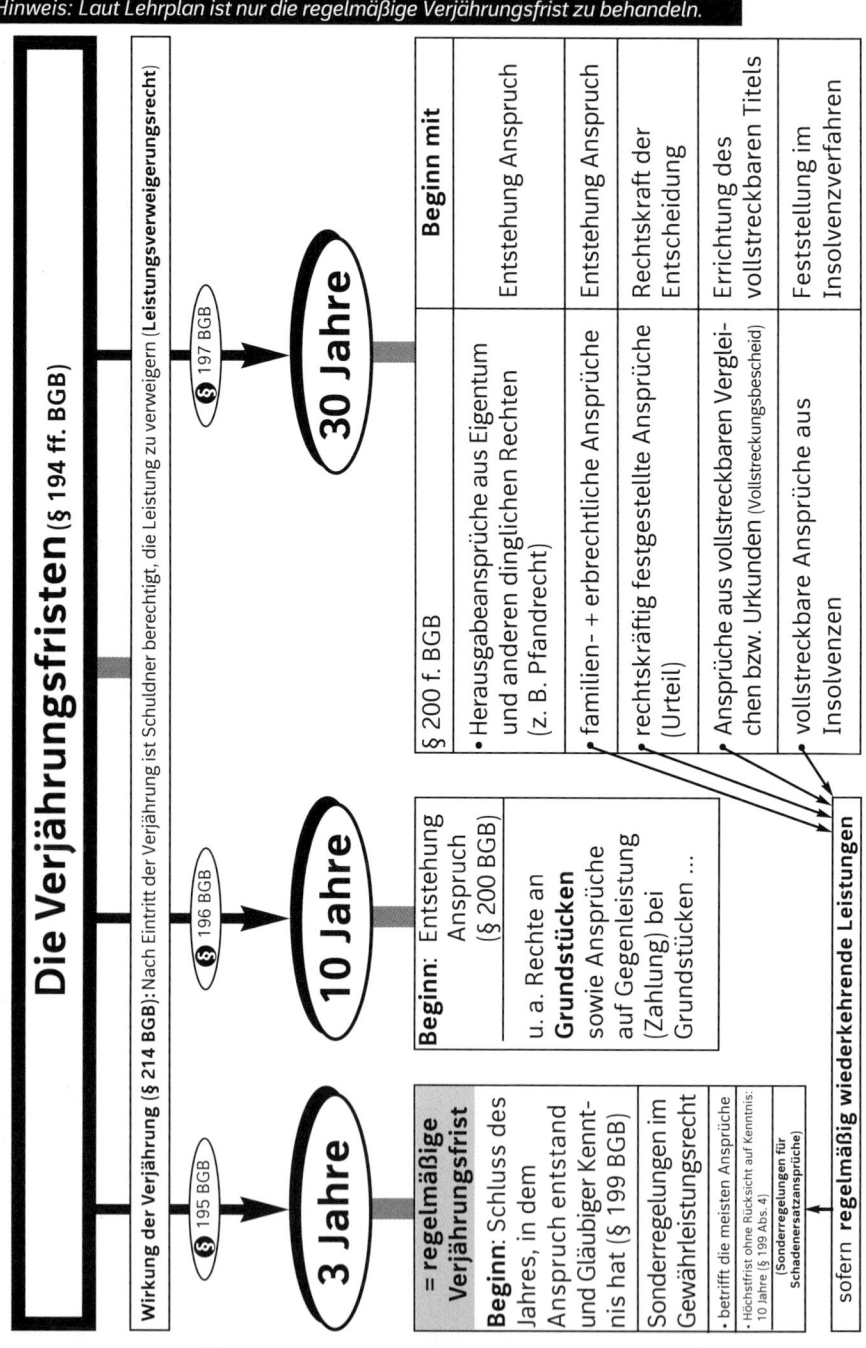

Die Verjährungsfristen (§ 194 ff. BGB)

Wirkung der Verjährung (§ 214 BGB): Nach Eintritt der Verjährung ist Schuldner berechtigt, die Leistung zu verweigern (**Leistungsverweigerungsrecht**)

3 Jahre (§ 195 BGB)

= regelmäßige Verjährungsfrist

Beginn: Schluss des Jahres, in dem Anspruch entstand und Gläubiger Kenntnis hat (§ 199 BGB)

Sonderregelungen im Gewährleistungsrecht

- betrifft die meisten Ansprüche
- Höchstfrist ohne Rücksicht auf Kenntnis: 10 Jahre (§ 199 Abs. 4)

(Sonderregelungen für Schadenersatzansprüche)

10 Jahre (§ 196 BGB)

Beginn: Entstehung Anspruch (§ 200 BGB)

u. a. Rechte an **Grundstücken** sowie Ansprüche auf Gegenleistung (Zahlung) bei Grundstücken ...

30 Jahre (§ 197 BGB)

§ 200 f. BGB

	Beginn mit
Herausgabeansprüche aus Eigentum und anderen dinglichen Rechten (z. B. Pfandrecht)	Entstehung Anspruch
familien- + erbrechtliche Ansprüche	Entstehung Anspruch
rechtskräftig festgestellte Ansprüche (Urteil)	Rechtskraft der Entscheidung
Ansprüche aus vollstreckbaren Vergleichen bzw. Urkunden (Vollstreckungsbescheid)	Errichtung des vollstreckbaren Titels
vollstreckbare Ansprüche aus Insolvenzen	Feststellung im Insolvenzverfahren

sofern **regelmäßig wiederkehrende Leistungen**

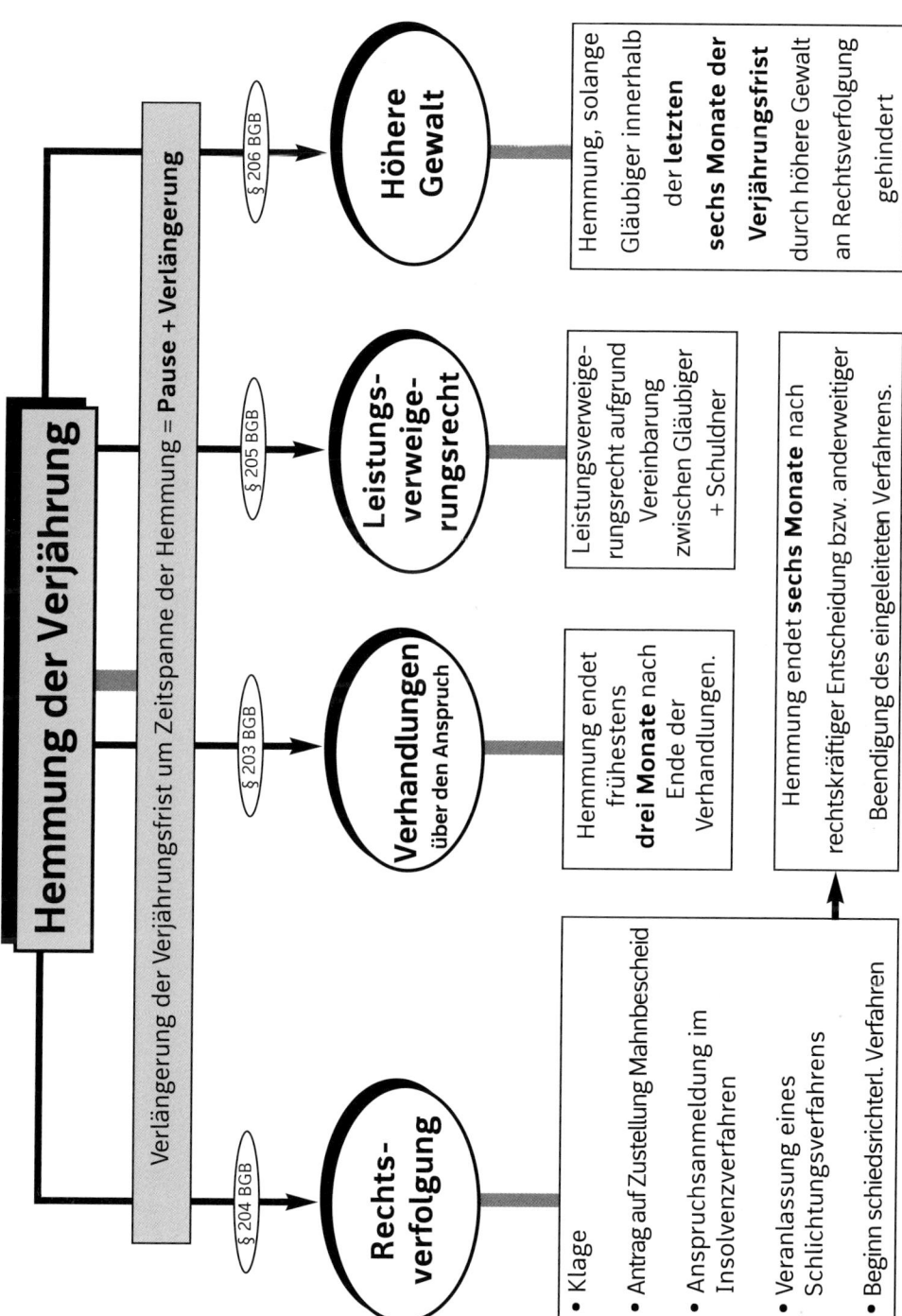

Hemmung der Verjährung

Verlängerung der Verjährungsfrist um Zeitspanne der Hemmung = **Pause + Verlängerung**

§ 204 BGB

Rechts-verfolgung

- Klage
- Antrag auf Zustellung Mahnbescheid
- Anspruchsanmeldung im Insolvenzverfahren
- Veranlassung eines Schlichtungsverfahrens
- Beginn schiedsrichterl. Verfahren

§ 203 BGB

Verhandlungen über den Anspruch

Hemmung endet frühestens **drei Monate** nach Ende der Verhandlungen.

Hemmung endet **sechs Monate** nach rechtskräftiger Entscheidung bzw. anderweitiger Beendigung des eingeleiteten Verfahrens.

§ 205 BGB

Leistungs-verweige-rungsrecht

Leistungsverweige-rungsrecht aufgrund Vereinbarung zwischen Gläubiger + Schuldner

§ 206 BGB

Höhere Gewalt

Hemmung, solange Gläubiger innerhalb der **letzten sechs Monate der Verjährungsfrist** durch höhere Gewalt an Rechtsverfolgung gehindert

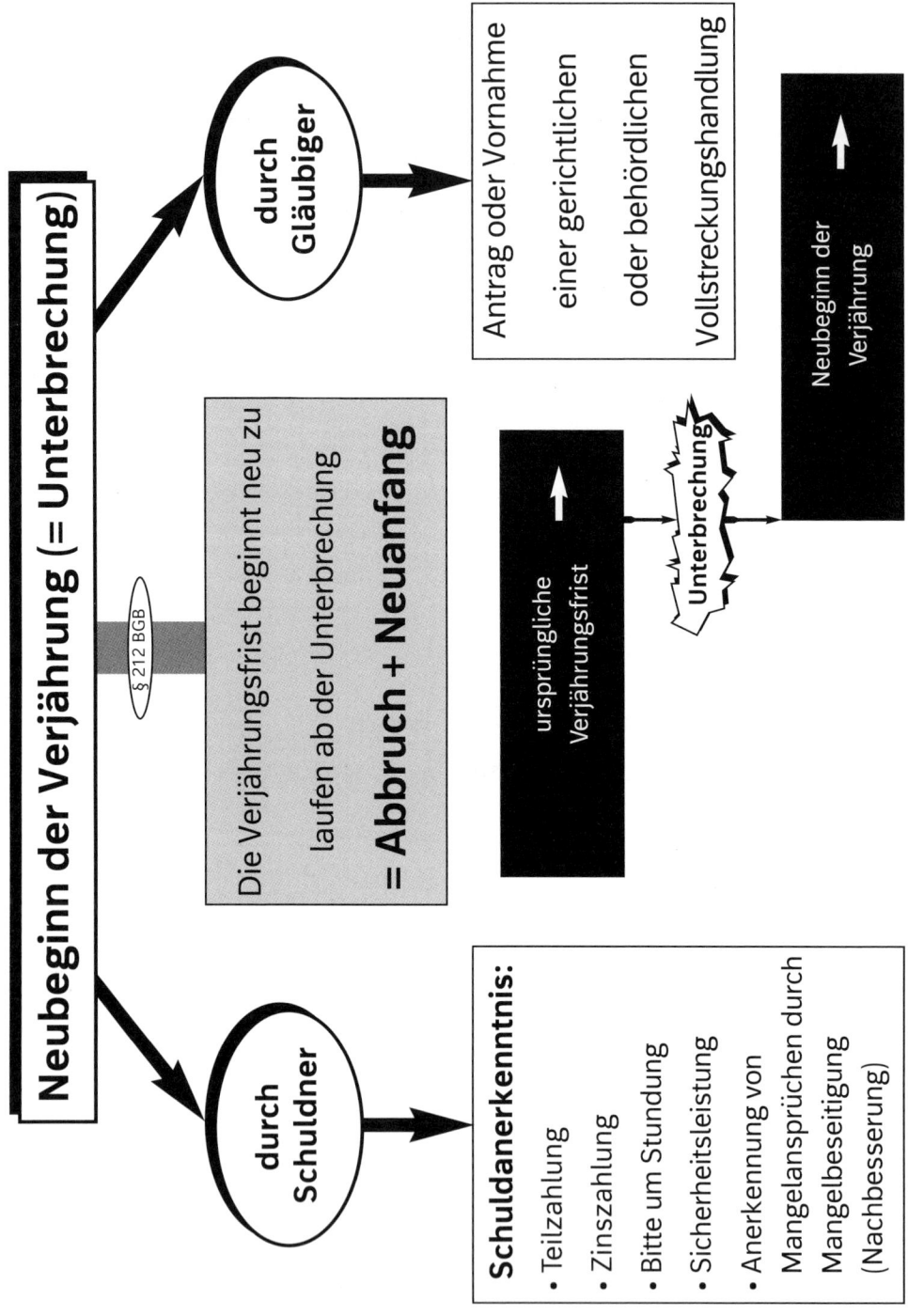

Neubeginn der Verjährung (= Unterbrechung)

durch Gläubiger

Antrag oder Vornahme einer gerichtlichen oder behördlichen Vollstreckungshandlung

§ 212 BGB

Die Verjährungsfrist beginnt neu zu laufen ab der Unterbrechung

= Abbruch + Neuanfang

ursprüngliche Verjährungsfrist

Unterbrechung

Neubeginn der Verjährung

durch Schuldner

Schuldanerkenntnis:
- Teilzahlung
- Zinszahlung
- Bitte um Stundung
- Sicherheitsleistung
- Anerkennung von Mangelansprüchen durch Mangelbeseitigung (Nachbesserung)

Aufgaben

1. a) Welche Verjährungsfristen gelten für welche Forderungen?
    b) Wann beginnen die Verjährungsfristen jeweils zu laufen?

2. Was bedeutet **Neubeginn** der Verjährung? Nennen Sie zwei Beispiele.

3. Was bedeutet **Hemmung** der Verjährung? Nennen Sie zwei Beispiele.

4. K kauft von V am 20.02.2017 einen Ferrari. Wann ist die Forderung verjährt?

5. • V liefert an K eine Spezialmaschine.
    • Fälligkeit des Kaufpreises: 10.06.2017

    Am 20.12.2020 (kurz vor Ende der Verjährungsfrist) hat K immer noch nicht bezahlt. K und V beginnen mit Verhandlungen über die Zahlungsmodalitäten, weil hierüber noch diverse Unklarheiten bestehen. Am 20.03.2021 bricht V die Verhandlungen ab und verlangt sofortige Zahlung. K verweigert die Zahlung und beruft sich auf Verjährung.

    Klären Sie die Rechtslage.

6. Welche Wirkung hat die Einreichung des Antrags auf Mahnbescheid auf die Verjährung?

7. Welche Wirkung haben folgende Aktionen auf die Verjährung?
    a) Antrag auf Zwangsvollstreckung
    b) Veranlassung eines Schlichtungsverfahrens
    c) Zinszahlung des Schuldners
    d) Bitte um Stundung durch den Schuldner
    e) Klageeinreichung
    f) Höhere Gewalt verhindert Rechtsverfolgung
    g) Teilzahlung des Schuldners
    h) Antrag und Zustellung des Mahnbescheids

1.12   Eigentumsvorbehalt

Stofftelegramm

Eigentumsvorbehalt	• Lieferer behält sich Eigentum bis zur vollständigen Bezahlung der Ware vor. • Käufer wird Besitzer, Verkäufer bleibt Eigentümer bis zur vollständigen Zahlung. • Vertragsklausel: „Die Ware bleibt bis zur vollständigen Zahlung unser Eigentum."
Eigentumsvorbehalt erlischt, wenn ...	... Ware vollständig bezahlt ist ... Veräußerung der Ware an gutgläubigen Dritten ... Verarbeitung, Verbrauch oder Zerstörung der Ware ... Verbindung der Ware mit unbeweglicher Sache (z. B. Gebäude)
Verlängerter Eigentumsvorbehalt	• Forderungsabtretung bei Weiterverkauf der Ware durch Käufer • Bei Weiterverarbeitung: Sicherungsübereignung des hergestellten Gegenstandes an den Lieferer
Erweiterter Eigentumsvorbehalt	Der Eigentumsvorbehalt bezieht sich auf **alle Lieferungen** an einen Käufer.

Aufgaben

1.   a) Was versteht man unter Eigentumsvorbehalt?
     b) Wann erlischt der Eigentumsvorbehalt?

2.   Erklären Sie: a) verlängerter,   b) erweiterter Eigentumsvorbehalt.

3.   a) Weshalb bietet der einfache Eigentumsvorbehalt bei Rohstofflieferungen keine ausreichende Sicherheit für den Lieferer?
     b) Welche günstigeren Alternativen bieten sich an? Begründung.

1.13   Das außergerichtliche Mahnverfahren

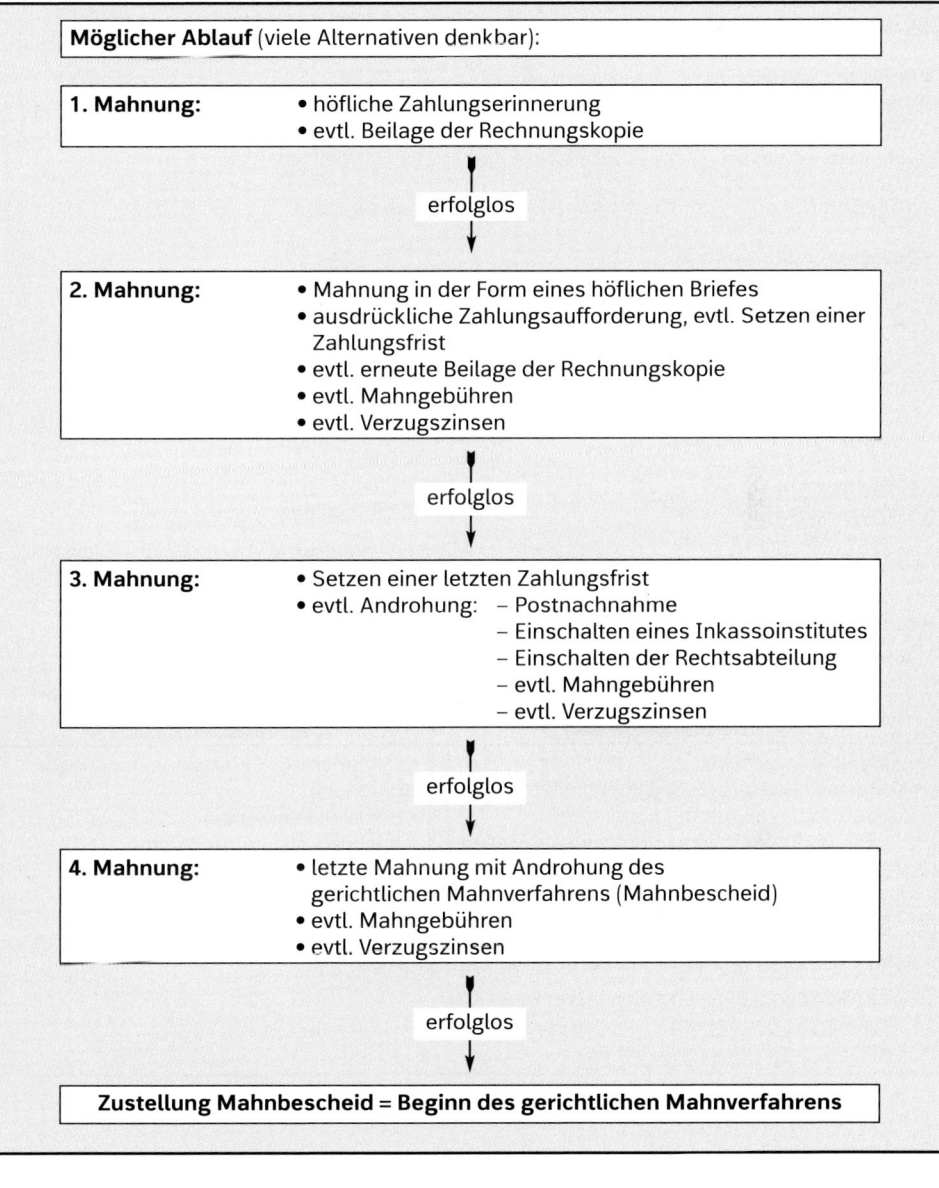

Möglicher Ablauf (viele Alternativen denkbar):

1. Mahnung:
- höfliche Zahlungserinnerung
- evtl. Beilage der Rechnungskopie

erfolglos

2. Mahnung:
- Mahnung in der Form eines höflichen Briefes
- ausdrückliche Zahlungsaufforderung, evtl. Setzen einer Zahlungsfrist
- evtl. erneute Beilage der Rechnungskopie
- evtl. Mahngebühren
- evtl. Verzugszinsen

erfolglos

3. Mahnung:
- Setzen einer letzten Zahlungsfrist
- evtl. Androhung: – Postnachnahme
  – Einschalten eines Inkassoinstitutes
  – Einschalten der Rechtsabteilung
  – evtl. Mahngebühren
  – evtl. Verzugszinsen

erfolglos

4. Mahnung:
- letzte Mahnung mit Androhung des gerichtlichen Mahnverfahrens (Mahnbescheid)
- evtl. Mahngebühren
- evtl. Verzugszinsen

erfolglos

Zustellung Mahnbescheid = Beginn des gerichtlichen Mahnverfahrens

1.14   Abwicklung eines Kundenauftrags

Abwicklung eines Kundenauftrags (Handelswaren)

- **Anfragebearbeitung:**
  - Anfrage ist rechtlich unverbindlich
  - Wollen wir liefern? (Kunde kreditwürdig? Evtl. Bonitätsprüfung)
  - Können wir liefern? (Verfügbarkeitsprüfung, Art der Handelsware, Liefertermin ...)

- **Angebot:** Näheres zum Thema Angebot vgl. BWL Kapitel 1.9.

- **Bestellung des Kunden**
  Grundsätzlich zu prüfen:
  - KV zustande gekommen?   1. WE = 2. WE?
                              Angebot = Bestellung?
  - Kundenbonität (z. B. offene Posten in der Buchhaltung)
  - Verfügbarkeit (Bestellmenge – verfügbarer Lagerbestand = Nettobedarf)
  - Lieferzeit (Beschaffungszeit + Versand) = Auftragszeit
  - Wiederbeschaffungszeit
  - Übereinstimmung von Angebot und Bestellung

- **Kundenauftrag erfassen:**
  - Vergabe Auftragsnummer
  - Kundennummer aus Kundendatei heraussuchen bzw. neue Kundennummer vergeben
  - Erfassung der Auftragsdaten im Einzelnen (Liefertermin ...)

- **Auftragsbestätigung**

- **Versandvorbereitung, Fakturierung**

Versandvorbereitung	**Fakturierung**
• Lieferschein erstellen • Kommissionierung (Zusammenstellen best. Artikel) im Lager anhand Lieferschein • Versandauftrag für Versandabteilung erstellen • Versandpapiere erstellen (Versandabteilung) • Auslieferung	• Fakturierung = Erstellung Ausgangsrechnung • Basis = Lieferschein • Buchung als offener Posten (Debitor = Forderung)

- **Zahlungseingang prüfen (Sicherung der Liquidität):**
  - Soll (Rechnung) mit Ist (Kontoauszug) vergleichen
  - Abgleich der Beträge (Kontoauszug und Rechnung)
  - Skontoabzug prüfen (Frist, Betrag)

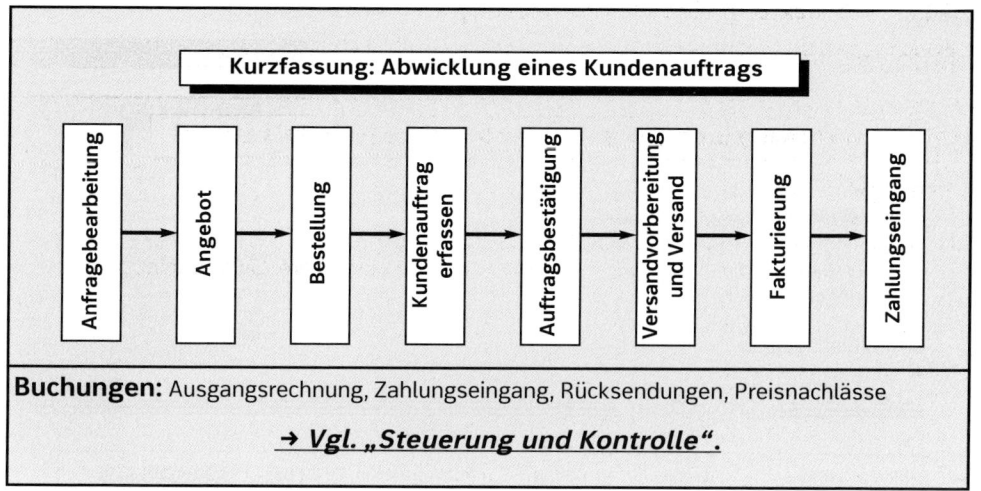

Buchungen: Ausgangsrechnung, Zahlungseingang, Rücksendungen, Preisnachlässe

→ *Vgl. „Steuerung und Kontrolle".*

1.15 Prüfungsaufgaben

Prüfungsaufgaben Sommer 2008 (Aufgabe 2, teilweise)

(Folgende hier nicht abgedruckte Gesetzestexte lagen bei: §§ 433, 434, 437, 439–441 BGB, § 377 HGB)

2. Es liegt Ihnen beiliegendes Wareneingangsprotokoll vor (**Anlage**).

2.1 Welche Mängelarten werden aus diesem Protokoll ersichtlich (**Anlage**)?

2.2 Welche Rechte stehen dem Käufer bei Schlechtleistung grundsätzlich zu?

2.3 Zeigen Sie bei der Inanspruchnahme der Rechte eine praktikable Vorgehensweise auf.

2.4 Bei der Anzeige der Sachmängel wird eine Kopie des Prüfprotokolls beigefügt. Der Verkäufer unterstellt, die BADWO GmbH hätte ihre Prüf- und Rügepflicht verletzt.

Nehmen Sie dazu Stellung.

Anlage

Sartorius AG

Sartorius AG, Bahnhofstr. 69, 72372 Hechingen

Firma
BADWO GmbH
Industriegebiet Obere Heide

88348 Bad Saulgau

❖ Gießereitechnik
❖ Antriebstechnik
❖ Getriebe und Winden
❖ Automation
❖ Gleitlager
❖ Maschinenbauelemente
❖ Stahlprofile
❖ Schwimmbadtechnik
❖ Zubehör

=========== **Lieferschein** ===========

| KD-Nr. 45632 | Lieferschein-Nr. 07454 | Auftragsdatum 23.02.08 | Datum 25.03.08 |

Artikel-Nr.	Artikel-Bez.	Bestellte Menge	Gelieferte Menge	Festgestelle Besonderheiten
342321	Schwimmer	2.500 St.	2.500 St.	–
453242	Füllrohre 25 mm	1.000 St.	980 St.	
434432	Dichtungsringe Polyethylen 50 %	10.000 St.	10.000 St.	Polyethylen 20 % geliefert

Wareneingangsstempel Stelle II 2A

Datum: *26.03.2008*

Wareneingangsstempel Stelle II 2A

Datum: *14.04.2008*

Prüfungsaufgaben Sommer 2010 (Aufgabe 1, teilweise)

(Folgende Paragrafen lagen der Prüfung bei: §§ 323, 437, 439, 441 BGB, § 377 HGB)

Sie sind im Rahmen Ihrer Ausbildung unter anderem in der Einkaufsabteilung und der Geschäftsbuchführung der LaSo GmbH eingesetzt. Die LaSo GmbH mit Sitz in Balingen verkauft Werkzeuge und Gegenstände des täglichen Gebrauchs an Wiederverkäufer. Ein Teil des Sortiments wird bei der LaSo GmbH aus Zukaufteilen montiert, die übrigen Artikel sind Handelswaren.

2.   Die LaSo GmbH bestellte bei der Höchster KG Ulm 5.000 Stück LED-Leuchteinheiten (**Anlage 2**) und erhielt daraufhin eine Auftragsbestätigung (**Anlage 3**). Die Lieferung der Höchster KG traf am 30.03.2010 bei der LaSo GmbH ein und wurde umgehend eingelagert.

2.1   Erläutern Sie, wodurch der Kaufvertrag zwischen der LaSo GmbH und der Höchster KG geschlossen wurde.

      Welcher Preis ist Vertragsbestandteil geworden (Begründung)?

2.2 Wo (örtliche Zuständigkeit) müsste die Höchster KG gegebenenfalls auf Zahlung des Kaufpreises klagen?

4. Sie erhalten am 22.04.2010 von der Wareneingangskontrolle eine Übersicht mangelhafter Lieferungen (**Anlage 5**).

4.1 Welche rechtlichen Voraussetzungen müssen erfüllt sein, damit die LaSo GmbH vom Kauf der 20 Grillwagen zurücktreten kann?

4.2 Beurteilen Sie die Chance für die LaSo GmbH, vom Vertrag zurücktreten zu können.

4.3 Machen Sie einen begründeten Vorschlag, wie im Fall der Gartenpflegesets vorgegangen werden sollte.

Anlage 2

GmbH

Werkzeuge und Teile

LaSo GmbH * Im Industriegebiet 11 * 72336 Balingen

Kurt Höchster KG
Elektronik
Donautalstraße 100
89079 Ulm

Name:	Röder
Telefon:	07433 121-121
Fax:	07433 121-123
E-Mail:	b.roeder@laso.com
Internet:	www.laso.com
Bank:	Raiba Zollernalb
BLZ:	653 912 61
Konto:	127 444 000
IBAN:	DE97 6539 1260 0243 478

Bestellung

Sehr geehrte Damen und Herren,

Datum: 25.03.2010

wir nehmen Bezug auf Ihr verbindliches Angebot vom 09.03.2010 und bestellen zu den dort genannten Konditionen:

Artikel-Nr.	Bezeichnung	Stückpreis in Euro	Menge	Bestellwert in Euro
24-1366	Leuchteinheit LED	5,20	5.000 St.	26.000,00
			19 % USt.	4.940,00
			Bruttobetrag	**30.940,00**

Zahlungsbedingungen: 8 Tage 3 % Skonto oder 30 Tage Ziel
Lieferungsbedingung: frei Haus

Für eine rasche Lieferung der bestellten Artikel bedanken wir uns.

Mit freundlichen Grüßen

LaSo GmbH

i. A. Röder

Handelsregister: AG Balingen HR-B 966   Geschäftsführerin: Klara Neu   Finanzamt Balingen
Geschäftszeiten: Mo–Fr 08:00–16:00 Uhr   Steuer-Nr.: 2863/00874
                                                                          USt-IdNr.: DE 164 089 989

Anlage 3

Kurt Höchster KG Elektronik

Höchster KG * Donautalstraße 100 * 89079 Ulm

LaSo GmbH
Werkzeuge und Teile
Im Industriegebiet 11
72336 Balingen

Name:	Holzwalt
Telefon:	0731 19 99 89
Fax:	0731 19 99 80
E-Mail:	holzwalt@hoechster.de
Internet:	www.hoechster.de

Datum: 29.03.2010

Auftragsbestätigung

Sehr geehrte Damen und Herren,

vielen Dank für Ihre Bestellung, die wir wie folgt ausführen werden:

Artikel-Nr.	Bezeichnung	Stückpreis in Euro	Menge in Stück	Bestellwert in Euro
24-1366	Leuchteinheit LED	5,60	5.000	28.000,00
		19 % USt.		5.320,00
		Bruttobetrag		33.320,00

Wir weisen Sie darauf hin, dass es sich bei dem von Ihnen genannten Preis um einen zeitlich begrenzten Aktionspreis handelte. Ihre Bestellung kann deshalb nur zum regulären Preis ausgeführt werden.

Mit freundlichen Grüßen

Kurt Höchster KG

i. A. Holzwalt

Geschäftszeiten: Mo – Fr 08:00 – 16:00 Uhr

Finanzamt Ulm
Steuer-Nr.:   93815/08152
USt-IdNr.:   DE 173 966 645

Anlage 5

Zusammenstellung von Beanstandungen der Wareneingangskontrolle:

Bestellt	Geliefert	Lieferdatum	Bemerkungen
20 St. Grillwagen Edelstahl Nr. 4662-Si, hellsilber eloxiert	20 St. Grillwagen Edelstahl Nr. 4662-Sg, silbergrau eloxiert	20.04.2010	Mängelrüge 21.04.2010
50 Gartenpflegesets „Premium", Nr. 34200	45 Gartenpflegesets „Premium", Nr. 34200	12.04.2010	Mängelrüge 21.04.2010
3 St. Marktschirme Nr. SAN-879-XXL	3 St. Marktschirme Nr. SAN-879-XXL	22.04.2010	Mängelrüge 22.04.2010 Der Spannmechanismus der Schirme funktioniert nicht. Schirme defekt!

Anlage 7: Auszug aus dem BGB

§ 323 Rücktritt wegen nicht oder nicht vertragsgemäß erbrachter Leistung
(1) Erbringt bei einem gegenseitigen Vertrag der Schuldner eine fällige Leistung nicht oder nicht vertragsgemäß, so kann der Gläubiger, wenn er dem Schuldner erfolglos eine angemessene Frist zur Leistung oder Nacherfüllung bestimmt hat, vom Vertrag zurücktreten.
(2) Die Fristsetzung ist entbehrlich, wenn

1. der Schuldner die Leistung ernsthaft und endgültig verweigert,
2. der Schuldner die Leistung zu einem im Vertrag bestimmten Termin oder innerhalb einer bestimmten Frist nicht bewirkt und der Gläubiger im Vertrag den Fortbestand seines Leistungsinteresses an die Rechtzeitigkeit der Leistung gebunden hat oder
3. besondere Umstände vorliegen, die unter Abwägung der beiderseitigen Interessen den sofortigen Rücktritt rechtfertigen.

(3) Kommt nach der Art der Pflichtverletzung eine Fristsetzung nicht in Betracht, so tritt an deren Stelle eine Abmahnung.
[...]

§ 437 Rechte des Käufers bei Mängeln
Ist die Sache mangelhaft, kann der Käufer, wenn die Voraussetzungen der folgenden Vorschriften vorliegen und soweit nicht ein anderes bestimmt ist,
1. nach § 439 Nacherfüllung verlangen,
2. nach den §§ 440, 323 und 326 Abs. 5 von dem Vertrag zurücktreten oder nach § 441 den Kaufpreis mindern und
3. nach den §§ 440, 280, 281, 283 und 311a Schadensersatz oder nach § 284 Ersatz vergeblicher Aufwendungen verlangen.

§ 439 Nacherfüllung[1]
(1) Der Käufer kann als Nacherfüllung nach seiner Wahl die Beseitigung des Mangels oder die Lieferung einer mangelfreien Sache verlangen.
(2) Der Verkäufer hat die zum Zwecke der Nacherfüllung erforderlichen Aufwendungen, insbesondere Transport-, Wege-, Arbeits- und Materialkosten, zu tragen.

---

[1] *Alte Fassung, seit dem 01.01.2018 liegt eine neue Fassung vor.*

(3) Der Verkäufer kann die vom Käufer gewählte Art der Nacherfüllung unbeschadet des § 275 Abs. 2 und 3 verweigern, wenn sie nur mit unverhältnismäßigen Kosten möglich ist. Dabei sind insbesondere der Wert der Sache in mangelfreiem Zustand, die Bedeutung des Mangels und die Frage zu berücksichtigen, ob auf die andere Art der Nacherfüllung ohne erhebliche Nachteile für den Käufer zurückgegriffen werden könnte. Der Anspruch des Käufers beschränkt sich in diesem Fall auf die andere Art der Nacherfüllung; das Recht des Verkäufers, auch diese unter den Voraussetzungen des Satzes 1 zu verweigern, bleibt unberührt.
[...]

§ 441 Minderung
(1) Statt zurückzutreten, kann der Käufer den Kaufpreis durch Erklärung gegenüber dem Verkäufer mindern. Der Ausschlussgrund des § 323 Abs. 5 Satz 2 findet keine Anwendung.
(2) Sind auf der Seite des Käufers oder auf der Seite des Verkäufers mehrere beteiligt, so kann die Minderung nur von allen oder gegen alle erklärt werden.
(3) Bei der Minderung ist der Kaufpreis in dem Verhältnis herabzusetzen, in welchem zur Zeit des Vertragsschlusses der Wert der Sache in mangelfreiem Zustand zu dem wirklichen Wert gestanden haben würde. Die Minderung ist, soweit erforderlich, durch Schätzung zu ermitteln.
[...]

Anlage 8: Auszug aus dem HGB

§ 377 HGB
(1) Ist der Kauf für beide Teile ein Handelsgeschäft, so hat der Käufer die Ware unverzüglich nach der Ablieferung durch den Verkäufer, soweit dies nach ordnungsmäßigem Geschäftsgange tunlich ist, zu untersuchen und, wenn sich ein Mangel zeigt, dem Verkäufer unverzüglich Anzeige zu machen.
(2) Unterlässt der Käufer die Anzeige, so gilt die Ware als genehmigt, es sei denn, dass es sich um einen Mangel handelt, der bei der Untersuchung nicht erkennbar war.
(3) Zeigt sich später ein solcher Mangel, so muss die Anzeige unverzüglich nach der Entdeckung gemacht werden; anderenfalls gilt die Ware auch in Ansehung dieses Mangels als genehmigt.
(4) Zur Erhaltung der Rechte des Käufers genügt die rechtzeitige Absendung der Anzeige.
[...]

Prüfungsaufgaben Sommer 2013 (Aufgabe 1)

Die LaSo GmbH ist ein mittelständisches Unternehmen, das sich auf die Endmontage sowie den Handel von Werkzeugen und Gebrauchsteilen spezialisiert hat. Sie sind für die Auftragsabwicklung im Verkaufsinnendienst zuständig. Zu Ihren Kunden gehören u. a. Handwerker, Fachmärkte sowie Baumärkte. Die LaSo GmbH setzt eine Integrierte Unternehmenssoftware ein. Die Ablauforganisation der LaSo GmbH ist nach dem Konzept der Geschäftsprozesse gegliedert.

1.1   Aufgrund einer Anfrage der Bau und Ausbau GmbH erstellten wir ein Angebot über 100 Stative Flutlichtstrahler (**Anlage 1**). Daraufhin meldet sich Herr Eckert, Einkäufer der Bau und Ausbau GmbH, und fordert, unter Hinweis auf Konkurrenzangebote unser Angebot zu verbessern. Zur Vorbereitung des Telefonats mit Herrn Eckert notieren Sie sich drei Argumente, welche die Attraktivität unseres Angebotes bestätigen.

1.2   Am 02.04.2013 ist eine Bestellung der Bau und Ausbau GmbH per Fax eingetroffen (**Anlage 2**). Erläutern Sie dem Ihnen zugewiesenen Auszubildenden, welche Sachverhalte Sie grundsätzlich prüfen, bevor Sie eine Bestellung als Kundenauftrag erfassen.

Zeigen Sie bei den sich hier abzeichnenden Schwierigkeiten die Lösungsvorschläge auf, wie Sie den Auftrag dennoch ausführen könnten. Verwenden Sie hierzu die **Anlagen 2, 3** und **4**.

1.3   Erklären Sie dem Auszubildenden, weshalb in diesem Fall eine Auftragsbestätigung rechtlich erforderlich ist.

1.4   Welches Feld in der Artikelkarte ändert sich, wenn der Auftrag im System erfasst wurde? Wie viel Stative würden Sie in dieser Situation bestellen? Begründen Sie Ihre Entscheidung **(Anlage 4)**.

1.5   Die Lieferung wird dem Kundenwunsch entsprechend gemäß unserem Angebot **(Anlage 1 und 3)** ausgeführt. Über die bestellte Menge wurde am 18.04.2013 eine Ausgangsrechnung mit der Rechnungsnummer 37244 zugesandt. Stellen Sie die Debitorenbuchung dar, die bei der Fakturierung vom System erstellt wird.

1.6   Sie werden für zwei Tage pro Woche der Abteilung Rechnungswesen zugeordnet. Im Zuge des anstehenden Qualitäts-Audits werden dort die Abläufe in ereignisgesteuerten Prozessketten (EPK) abgebildet.

1.6.1 Sie vervollständigen die EPK zur Zahlungsüberwachung um die fehlenden Elemente a–e **(Anlage 5)**.

1.6.2 Die Arbeitsanweisung zur Funktion „Abweichung prüfen" enthält bislang keine Toleranzgrenzen, außerhalb welcher der Sachbearbeiter reagieren soll. Sie schlagen mögliche Grenzen vor und begründen diese stichwortartig. Berücksichtigen Sie dabei, dass die Kosten für den Teilprozess „Abweichung Zahlungsbedingungen" bei 96,00 EUR pro Vorgang liegen.

1.6.3 Sie zeigen mit einem Buchungssatz, wie der Zahlungsausgleich vom System erfasst wird **(Anlage 6**, vgl. 1.5).

1.7   Die LaSo GmbH hat eine Mängelrüge von der Bau und Ausbau GmbH erhalten **(Anlage 7)**.

1.7.1 Prüfen Sie den geltend gemachten Gewährleistungsanspruch dieses Kunden.

1.7.2 Formulieren Sie eine Antwort-E-Mail unter Berücksichtigung der langjährigen Geschäftsbeziehungen.

Anlage 1

GmbH

LaSo GmbH
Werkzeuge und Teile

LaSo GmbH, Im Industriegebiet 11, 72336 Balingen

Bau und Ausbau GmbH
Postfach 8573

74080 Heilbronn

Kundennummer: 24006
Lieferschein-Nr.:
Rechnungs-Nr.:
Auftrags-Nr.:

Ihr Zeichen	Ihre Nachricht vom	Unser Zeichen	Unsere Nachricht vom	Telefondurchwahl	Name	Datum
AE	25.03.2013	HS		–121	Hr. Schleck	28.03.2013

Angebot Nr. 21005

Sehr geehrte Damen und Herren,

vielen Dank für Ihre Anfrage. Wir bieten Ihnen freibleibend an:

Art.-Nr.	Beschreibung	Menge	Einheit	VK-Preis	Rabatt	MwSt. %	Betrag
221075	Stativ Flutlichtstrahler (Farbe: rot)	100	Stück	19,90 EUR	20 %	19	1.592,00 EUR
				Netto-Betrag			1.592,00 EUR
				19 % USt.			302,48 EUR
				Brutto-Betrag			1.894,48 EUR

Lieferbedingungen:	Frei Haus
Zahlungsbedingungen:	3 % Skonto innerhalb von 14 Tagen, 60 Tage Ziel
Verpackung:	inklusive
Voraussichtliche Lieferung bis:	18.04.2013

Wir freuen uns auf die Zusammenarbeit mit Ihnen.
Mit freundlichem Gruß

LaSo GmbH
i. A. Horst Sehleels

Geschäftsräume	Kontakt		Bankverbindung	
Im Industriegebiet 11	Tel:	+49 7433 121-121	Bank:	Sparkasse Zollernalb
72336 Balingen	Fax:	+49 7433 121-123	Bankort:	Balingen
Geschäftsführer Gerd Hall	E-Mail:	info@laso.com	BLZ:	663 512 60
Amtsgericht Stuttgart HRB 39432	Internet:	www.laso.com	Konto-Nr.:	24 999 111

Anlage 2

Bau und Ausbau GmbH
Postfach 8573

71106 Magstadt

LaSo GmbH
Im Industriegebiet 11

72336 Balingen

02.04.2013

Bestellung, Ihr Angebot 21005 vom 28.03.2013

Sehr geehrte Damen und Herren,

bitte liefern Sie uns zum 15.04.2013

Artikelnr.	Artikel	Preis/Stück	Preis gesamt
221075	100 Stativ Flutlichtstrahler (Farbe: Rot)	15,92 EUR	1.592,00 EUR
zzgl. USt.			302,48 EUR
			1.894,48 EUR

Lieferbedingung: frei Haus verpackt
Zahlung: 14 Tage 3 % Skonto, 60 Tage rein netto.
Für eine zuverlässige und fristgerechte Lieferung bedanken wir uns im Voraus.

Mit freundlichen Grüßen

Eckert

A. Eckert

Kalenderübersicht: 03.04.2013–18.04.2013															
Arbeitstage: Montag–Freitag															
3.	4.	5.	6.	7.	8.	9.	10.	11.	12.	13.	14.	15.	16.	17.	18.
Mi	Do	Fr	Sa	So	Mo	Di	Mi	Do	Fr	Sa	So	Mo	Di	Mi	Do

Anlage 3

Anlage 4

Lager
- Lager
  - Artikel
  - Lagerhaltungsdaten
  - Berichte
  - Inventur
  - Bewertung

| Allgemein | Fakturierung | Beschaffung | Planung | Außenhandel |

Nr. . . . . 221075 [...] ✎   Lagerbestand 65

Beschreibung . . . . . . Stativ Flutlichtstrahler   Menge in Bestellung . . 0

Basiseinheitencode . . . . STÜCK [↑]   Menge in Fertigung 0

Menge in Auftrag 0

Lager
- Lager
  - Artikel
  - Lagerhaltungsdaten
  - Berichte
  - Inventur
  - Bewertung
  - Historie

| Allgemein | Fakturierung | Beschaffung | Planung | Außenhandel |

Lagerabgangsmethode . . Durchschnitt [▼]   Produktbuchungsgruppe . . HW [↑]

MwSt.-Produktbuchungs... UST19 [↑]

EK-Preis (neuester) 9,95   Lagerbuchungsgruppe . . . HW [↑]

Einstandspreis 9,95

Einstandspreis (durchsc... 9,95

VK-Preis 19,90

VK-Preis/DB - Berechnung . DB = VK - EP [▼]

Handelsspanne 50

Gemeinkostensatz EUR . . 0,00

Gemeinkostensatz % . . . 0

Lager
- Lager
  - Artikel
  - Lagerhaltungsdaten
  - Berichte
  - Inventur
  - Bewertung
  - Historie

| Allgemein | Fakturierung | Beschaffung | Planung | Außenhandel |

Beschaffungsmethode . . . . Einkauf [▼]

Einkauf   **Produktion**

Kreditorennr. . . . . . . 44006 [↑]   Produktionsart . . . . . Lagerfertigung [▼]

Kreditoren-Artikelnr. . . . 81505   Arbeitsplannr. . . . . . . [↑]

Einkaufseinheitencode . . STÜCK [↑]   Bauk.-Stücklistennr. . . . [↑]

Beschaffungszeit . . . . 10T   Losgröße 0

Losgrößenrundungsfaktor . 0

Buchungsmethode . . . . Manuell [▼]

Lager
- Lager
  - Artikel
  - Lagerhaltungsdaten
  - Berichte
  - Bewertung
  - Historie

| Allgemein | Fakturierung | Beschaffung | Planung | Außenhandel |

Wiederbeschaffungsverf... Bestellpunkt [▼]   Bedarfszusammenfassung . [ ]

Lagerbestand berücksich... ☐   Meldebestand 25

Lagerhaltungsdaten vorh... ☑   Sicherheitsbestand 5

Optimale Bestellmenge . . 125

Maximalbestand 0

Anlage 5

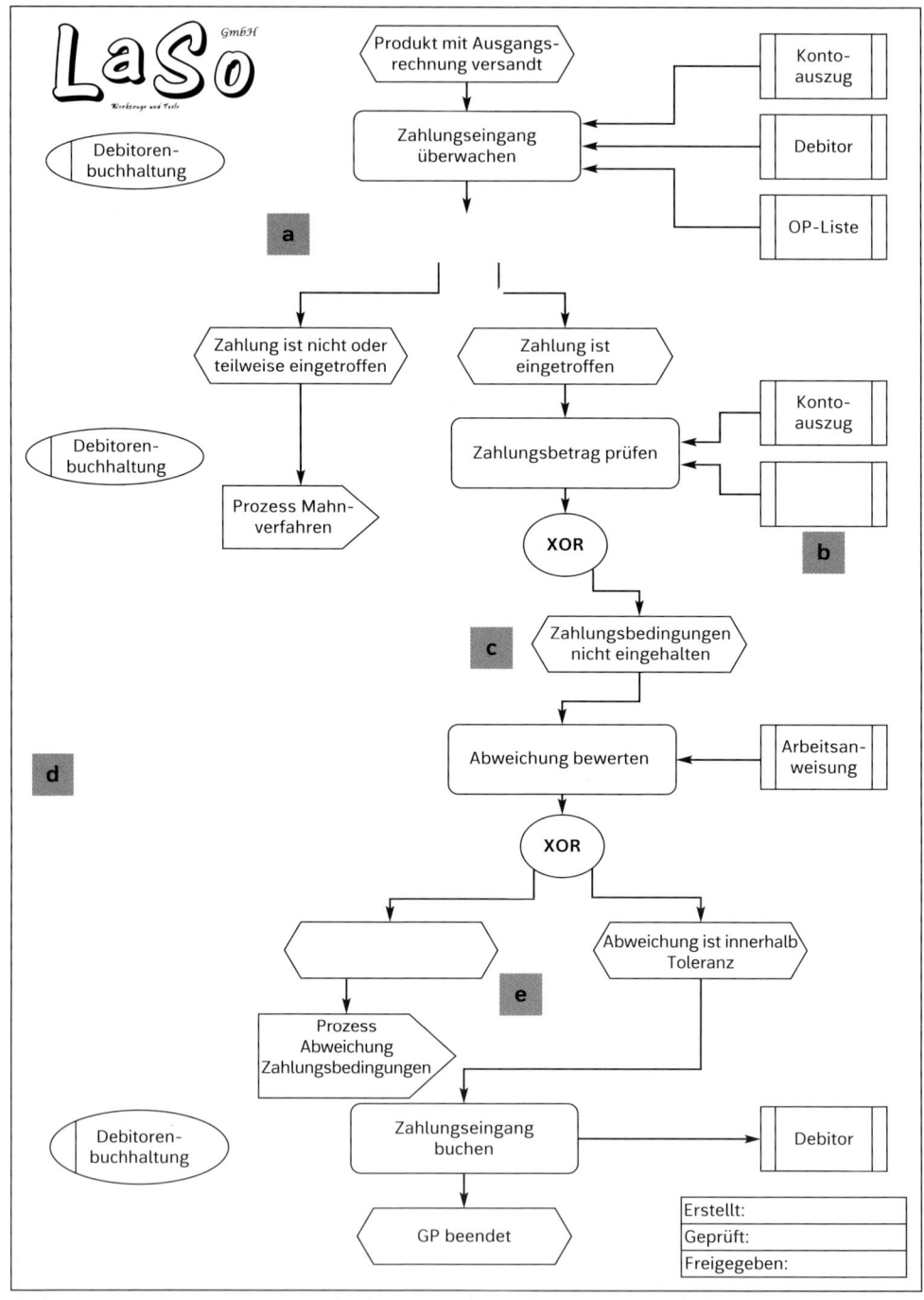

Anlage 6

Tag	Text	Wert	Belastung	Gutschrift
	Auszug 1		**Konto**	**24999111**
	Ater Kontostand		EUR	8.456,00
19.04.	Ulmer Metallbau GmbH KD 94255 RG 4433	19.04.	5.714,12	
21.04.	Georg Liebherr KD 1244 RG 39123	21.04.	2.925,60	
30.04.	Bau und Ausbau GmbH, Magstadt KD 24006 RG 37244	30.04.		1.837,65
	Neuer Kontostand	**30.04.**		**1.653,93**
*******	Kreditlimit	20.000,00		
*******	Zinssatz	10,75%		

Anlage 7

Bau und Ausbau GmbH
Postfach 8573
71106 Magstadt

LaSo GmbH
Im Industriegebiet 11

72336 Balingen

02.05.2013

Mängelrüge

Sehr geehrte Damen und Herren,

vielen Dank für Ihre Lieferung von Stativen Art.-Nr. 221075 am 18.04.2013.

Unsere Überprüfung ergab folgende Beanstandung:

Statt der bestellten 100 Stative mit der Art.-Nr. 221075 (Farbmerkmal: Rot) lieferten Sie alle Stative in einer blauen Ausführung.

Wir sind bereit, die gelieferten blauen Stative gegen einen Preisnachlass in Höhe von 20 % zu behalten. Wir bitten um schnelle Bearbeitung unserer Reklamation.

Mit freundlichem Gruß

Eckert

A. Eckert

Prüfungsaufgaben Sommer 2014 (Aufgabe 2)

Die LaSo GmbH mit Sitz in Balingen ist ein mittelständischer Endmontage- und Handelsbetrieb für Werkzeuge und Teile. Der wertmäßig größere Teil des Sortiments wird aus eingekauften Komponenten selbst hergestellt. Abgerundet wird das Sortiment durch Handelsware. Dabei handelt es sich um einfache Werkzeuge für den Einsatz im professionellen Bereich oder für anspruchsvolle Privatkunden. Die Wettbewerbslage ist gekennzeichnet durch starke Konkurrenten. Dem Unternehmen ist es aber gelungen, durch Prozessoptimierungen den Umsatz in gleicher Höhe zu halten. Dennoch ist die Liquiditätslage angespannt.

Sie sind in der Abteilung V-BW (Verkauf Baden-Württemberg) für die Bearbeitung von Kundenaufträgen zuständig.

2.1 Sie erhalten eine telefonische Anfrage der Friedrich Kunst e. K. Für eine Sonderaktion ab dem 13.05.2014 benötigt die Firma 600 Schraubendreher-Sets. Bei diesem Kunden stellten wir in letzter Zeit verspätete Zahlungseingänge fest. Aufgrund der langjährigen Geschäftsbeziehungen soll diese Anfrage ernsthaft geprüft werden.

- Bereiten Sie den telefonischen Rückruf mit dem Kunden vor. Grundlage für dieses Gespräch sind die Informationen aus der integrierten Unternehmenssoftware (IUS) (**Anlage 1**).

- Notieren Sie stichwortartig, welche Aspekte bei diesem Gespräch zu klären sind, damit diese Anfrage zu einem Auftrag führen kann. Formulieren Sie jeweils einen Lösungsvorschlag.

2.2 Sie haben sich mit der Friedrich Kunst e. K. geeinigt, den Auftrag über 600 Schraubendreher-Sets angenommen und bestätigt. Nach der Auftragserfassung in der IUS wird vom System ein Bestellvorschlag erzeugt (**Anlage 2**).

Prüfen Sie diesen und erläutern Sie das hierfür angewandte Bestellverfahren, die Bestellmenge und das Bestelldatum.

2.3 Der Auftrag an den Kunden Friedrich Kunst e. K. wird termingetreu mit Lieferschein ausgeliefert und die Rechnung am selben Tag verschickt.

Notieren Sie die Buchungssätze, die vom IUS-System der LaSo GmbH in der Finanz- und in der Lagerbuchhaltung automatisch erstellt werden.

2.4 Aus unserem Kontoauszug geht hervor, dass unser Kunde Friedrich Kunst e. K. eine fällige Rechnung vom 22.04.2014 über 9.139,69 EUR bezahlt hat.

Prüfen Sie den Zahlungseingang unter Verwendung der **Anlagen 1** und **3**. Erstellen Sie den Buchungssatz für diesen Zahlungseingang.

2.5 Aufgrund des schlechten Zahlungsverhaltens mehrerer Kunden haben Sie nach Rücksprache mit der Buchhaltung die Aufgabe, die Offene-Posten-Liste zu prüfen. Hierbei stoßen Sie auf die Rechnung unseres Kunden Stefan Kurz GmbH über 35.600,00 EUR, die seit dem 03.03.2014 fällig ist. Der Kunde hat auf die zwei bisherigen Mahnungen nicht reagiert.

Formulieren Sie am 06.05.2014 die 3. Mahnung, in der Sie den fälligen Rechnungsbetrag einschließlich der vertraglichen Verzugszinsen von 6,0 % p. a. fordern und auf weitere Schritte hinweisen.

Für Ihre internen Aufzeichnungen vermerken Sie den Verjährungstermin für diese Forderung unter Angabe der Rechtsgrundlagen (**Anlage 4**).

2.6 In den letzten Wochen gingen Beschwerden der Kunden ein über die verzögerte Auslieferung von Bestellungen sowie Abweichungen von Rechnungsbeträgen und Lieferscheinen.

Die Abteilungsleiterin Frau Graf bittet Sie, den Arbeitsablauf „Kommissionierung von Aufträgen" zu analysieren und mögliche Verbesserungen zu formulieren.

Vervollständigen Sie das Arbeitsablaufdiagramm (**Anlage 5**) um die fehlenden Ablaufarten und Verbindungslinien.

Zur Analyse des Ist-Zustands addieren Sie die Zeiten für Bearbeitung, Transport usw. Verwenden Sie dafür die Tabelle in **Anlage 6**.

Lagerarbeiter Hartwig Wicker schlägt vor, Schritt 10 so zu ändern, dass zusätzlich die Lagerabgänge in der lUS erfasst werden sowie die Ausgangsrechnung über die lUS ausgedruckt und der Sendung beigelegt wird. Bewerten Sie diesen Vorschlag. Begründen Sie Ihre Einschätzung.

Schlagen Sie zwei Arbeitsschritte vor, auf die verzichtet werden kann, und begründen Sie Ihre Auswahl.

Anlage 1: Informationen aus der IUS

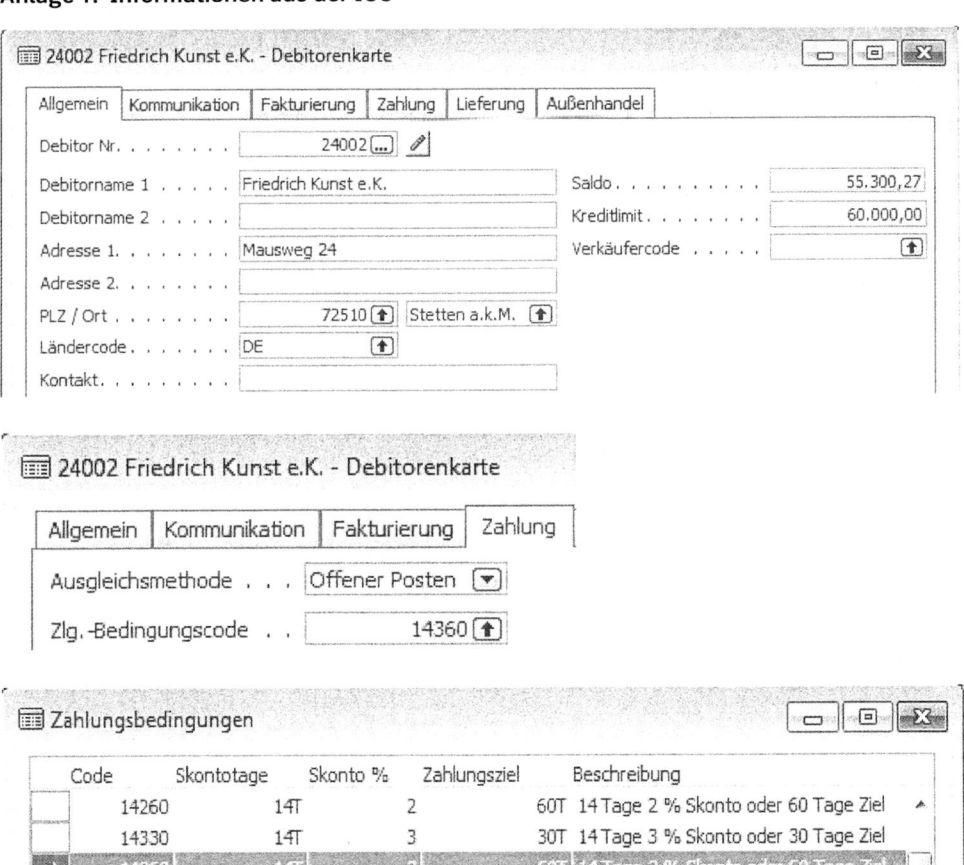

Anlage 2: Auftrags- und Bestelldaten aus der IUS

LaSo GmbH * Im Industriegebiet 11 * 72336 Balingen

LaSo GmbH
Werkzeuge und Teile

Friedrich Kunst e. K.
Mausweg 24
72510 Stetten a. k. M.
Deutschland

Name:
Telefon: 07433 121-121
Telefax: 07433 121-123
E-Mail: info@laso.com
Internet: www.laso.com

Bank: Sparkasse Zollernalb
BLZ: 553 512 60
Konto: 24 999 111
IBAN: DE47 6535 1260 0024 9991 11

Kunden-Nr.:   24002
Bestell-Nr.:
Datum: 06.05.2014

Auftragsbestätigung Nr. 22017

Sehr geehrte Damen und Herren,

wir bestätigen Ihren Auftrag über folgende Artikel:

Artikel-Nr.	Bezeichnung	Menge	Einheit	Preis	Rabatt %	MwSt. %	Betrag
221036	Schraubendreher-Set	600	Stück	22,40	10	19	12.096,00

Netto-Betrag	12.096,00
19 % MwSt.	2.298,24
Brutto-Betrag	14.394,24

Zahlungsbedingungen: 14 Tage 3 % Skonto oder 60 Tage Ziel
Lieferbedingung: frei Haus
Liefertermin: 13.05.2014

Ihren Auftrag werden wir sorgfältig ausführen.

Mit freundlichen Grüßen

LaSo GmbH

i. A.

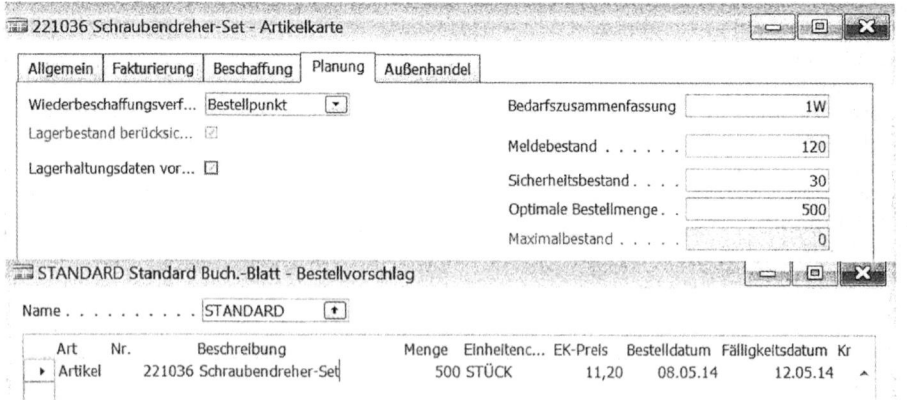

Anlage 3: Kontoauszug

Bankauszug					
Konto: 24999111	Datum 07.05.2014		Auszug: 45	Blatt: 1	
Nr	Datum	Text	Wert	Betrag in €	
1	7.5.	Friedrich Kunst e.K. Rechnung vom 22.04.	7.5.	8.865,50	+

Kontoinhaber			
LaSo GmbH	Alter Kontostand	30.4.	1.099,41 +
Im Industriegebiet 11			
72336 Balingen	Neuer Kontostand	7.5.	9.964,91 +

Anlage 4: Auszug aus dem Bürgerlichen Gesetzbuch

§ 194 Gegenstand der Verjährung
(1) Das Recht, von einem anderen ein Tun oder Unterlassen zu verlangen (Anspruch), unterliegt der Verjährung.
(2) Ansprüche aus einem familienrechtlichen Verhältnis unterliegen der Verjährung nicht, soweit sie auf die Herstellung des dem Verhältnis entsprechenden Zustands für die Zukunft oder auf die Einwilligung in eine genetische Untersuchung zur Klärung der leiblichen Abstammung gerichtet sind.

§ 195 Regelmäßige Verjährungsfrist
Die regelmäßige Verjährungsfrist beträgt drei Jahre.

§ 199 Beginn der regelmäßigen Verjährungsfrist und Verjährungshöchstfristen
(1) Die regelmäßige Verjährungsfrist beginnt, soweit nicht ein anderer Verjährungsbeginn bestimmt ist, mit dem Schluss des Jahres, in dem
1. der Anspruch entstanden ist und
2. der Gläubiger von den Anspruch begründenden Umständen und der Person des Schuldners Kenntnis erlangt oder ohne grobe Fahrlässigkeit erlangen müsste.
(2) Schadensersatzansprüche, die auf der Verletzung des Lebens, des Körpers, der Gesundheit oder der Freiheit beruhen, verjähren ohne Rücksicht auf ihre Entstehung und die Kenntnis oder grob fahrlässige Unkenntnis in 30 Jahren von der Begehung der Handlung, der Pflichtverletzung oder dem sonstigen, den Schaden auslösenden Ereignis an.
(3) Sonstige Schadensersatzansprüche verjähren
1. ohne Rücksicht auf die Kenntnis oder grob fahrlässige Unkenntnis in zehn Jahren von ihrer Entstehung an und
2. ohne Rücksicht auf ihre Entstehung und die Kenntnis oder grob fahrlässige Unkenntnis in 30 Jahren von der Begehung der Handlung, der Pflichtverletzung oder dem sonstigen, den Schaden auslösenden Ereignis an.
Maßgeblich ist die früher endende Frist.
(3a) Ansprüche, die auf einem Erbfall beruhen oder deren Geltendmachung die Kenntnis einer Verfügung von Todes wegen voraussetzt, verjähren ohne Rücksicht auf die Kenntnis oder grob fahrlässige Unkenntnis in 30 Jahren von der Entstehung des Anspruchs an.
(4) Andere Ansprüche als die nach den Absätzen 2 bis 3a verjähren ohne Rücksicht auf die Kenntnis oder grob fahrlässige Unkenntnis in zehn Jahren von ihrer Entstehung an.
(5) Geht der Anspruch auf ein Unterlassen, so tritt an die Stelle der Entstehung die Zuwiderhandlung.

Anlage 5: Arbeitsablaufdiagramm

ARBEITSABLAUFDIAGRAMM							
ABTEILUNG:	**V-V**					DATUM:	**13.4.2009**
ARBEITS-FOLGE:	**Aufträge kommissionieren**		START:	**Kommissionierauftrag geht ein**			
			ENDE:	**Auftrag ist verschickt**			
		Symbole					
Nr.	Ablaufschritt	O	⇨	▭	D	▽	Zeit in Min.
1.	Kommissionierliste über integrierte Unternehmenssoftware (IUS) ausdrucken	X					5
2.	Lagerhaltigkeit der Artikel an IUS prüfen						7
3.	Rollbehälter aus Ladezone holen		X				2
4.	Artikel gemäß Kommissionierliste von Lagerplätzen holen und in Rollbehälter legen						20 (Durch- schnittswert)
5.	Rollbehälter zu Versandleiter bringen		X				2
6.	Versandleiter prüft Inhalt			X			10
7.	Rollbehälter zurück an Sammelplatz stellen		X				2
8.	Rollbehälter zu Verpackungsplatz bringen						2
9.	Auftrag verpacken	X					6
10.	Lieferschein über IUS ausdrucken und in Paket einlegen	X					1
11.	Paket verschließen, Transportetiketten ausdrucken und aufkleben						3
12.	Rollbehälter in Ladezone		X				2
13.	E-Mail-Nachricht an Buchhaltung: Erfassung der Lagerabgänge und Rechnungsstellung	X					2
14.	Ablage Kommissionierliste					X	1

Anlage 6: Analyse des Ist-Ablaufs

Ablaufart	Bearbeitung O	Transport ⇨	Kontrolle ▭	Warten D	Ablage ▽	Summe
Zeit in Min.						

Prüfungsaufgaben Winter 2015/2016 (Aufgabe 1)

Sie sind in der Auftragssachbearbeitung des Werkzeugherstellers Moser AG in Schwäbisch Hall beschäftigt. Das Unternehmen arbeitet mit einer integrierten Unternehmenssoftware (IUS). Die Geschäftsleitung der Moser AG hat Ihnen eine Artvollmacht erteilt, mit welcher Sie alleinverantwortlich Kaufverträge bis zu einer Höhe von 50.000,00 EUR mit Kunden abschließen können. Kreditlimitüberziehungen der Kunden dürfen nur von der Abteilungsleiterin Frau Jäckel genehmigt werden. Zurzeit arbeitet die Auszubildende Frauke Weber in Ihrem Bereich.

1.1 Ihnen liegt eine Anfrage der Kundin Bau und Ausbau GmbH vor. Bei der Erstellung des Angebots erscheint am Bildschirm die Aufforderung „Kreditlimit prüfen" (**Anlage 1**).
 • Beschreiben Sie Ihre Vorgehensweise, wie Sie in dieser Situation reagieren.
 • Unterbreiten Sie zwei Vorschläge, wie der Auftrag dennoch ausgeführt werden kann.

1.2 Am 28.10.2015 senden Sie der Kundin Bau und Ausbau GmbH ein Angebot per Fax zu (**Anlage 2**). Noch am selben Tag meldet sich Herr Nolte von der Bau und Ausbau GmbH telefonisch und bedankt sich für die Zusendung des Angebots. Er würde das Angebot annehmen, wenn er auf die Kerzenschlüssel lang (Art.-Nr.-2210002) einen Rabatt in Höhe von 10 % erhalten würde.

 Prüfen Sie rechnerisch anhand der Artikelkarte (**Anlage 3**), ob Sie dem Wunsch des Kunden entsprechen können, wenn Sie einen Handlungskostenzuschlag von 50 % auf den Einstandspreis der Handelsware kalkulieren und mindestens einen Gewinnzuschlag von 15 % erreichen müssen. Die sonstigen Angebotsbedingungen bleiben gleich (**Anlage 2**).

1.3 Sie erhalten am 30.10.2015 eine Bestellung der Bau und Ausbau GmbH mit 10 % Rabatt auf Kerzenschlüssel lang. Auf Wunsch der Abteilungsleiterin akzeptieren wir diese Änderung. Sie ändern das in der IUS vorliegende Angebot ab und wandeln es in einen Auftrag um.

 Begründen Sie, was Sie in diesem Fall tun müssen, damit ein rechtsgültiger Kaufvertrag zustande kommt.

1.4 Die Auszubildende Weber möchte von Ihnen wissen, welche vertraglichen Verpflichtungen die Moser AG mit dem Abschluss des Kaufvertrages zu erfüllen hat. Beantworten Sie die Frage unter Nennung der jeweiligen Paragrafen (**Anlage 4**).

1.5 Zur Auslieferung der Handelswaren an die Bau und Ausbau GmbH am 04.11.2015 öffnen Sie in der IUS den Auftrag, aktualisieren die Kopfzeilen, kontrollieren den gewährten Zeilenrabatt von 10 % für die Kerzenschlüssel lang und aktivieren den Befehl „liefern und fakturieren".
 • Nennen Sie die Dokumente, die daraufhin mit der IUS erzeugt werden können.
 • Erstellen Sie die beiden Buchungssätze (mit Kontonummern, Kontobezeichnungen, Beträgen), die von der IUS bei bestandsorientierter Buchung automatisch erzeugt werden (**Anlage 3**).
 • Beschreiben Sie, welche Felder sich durch diese Buchungen in der Artikelkarte des Kerzenschlüssels lang (Art.-Nr. 2210002) verändern.

1.6 Am 04.11.2015 wurde die beauftragte Ware an die Bau und Ausbau GmbH ausgeliefert. Hierzu geht am 05.11.2015 eine Reklamation bei der Moser AG ein (**Anlage 5**).

- Prüfen Sie die Kundenreklamation in sachlicher und rechtlicher Hinsicht unter Nennung der jeweiligen Paragrafen.
- Formulieren Sie anschließend mit Datum 05.11.2015 eine angemessene Antwort-E-Mail an die Bau und Ausbau GmbH.

1.7   Der Kontoauszug der Moser AG weist einen Zahlungseingang der Kundin Bau und Ausbau GmbH aus (**Anlage 6**).

Prüfen und buchen Sie den Zahlungseingang.

1.8   Frau Jäckel hat Ihnen bei der Kurzeinweisung einen Standardprozess für Kundenauftrags-bearbeitung im Bereich Handelsware für Stammkunden gegeben (**Anlage 7**).

1.8.1 Erklären Sie der Auszubildenden Frau Weber die Bedeutung der Ereignisgesteuerten Pro-zessketten (EPK) und beschreiben Sie ihr dabei die verwendeten grafischen Symbole.

1.8.2 Kreditlimitüberschreitungen müssen von Frau Jäckel gesondert genehmigt werden. Wird die Genehmigung nicht erteilt, dann kommt der Teilprozess „Ablehnung" zur Anwendung. Ergänzen Sie den Kundenauftragsbearbeitungsprozess um die Kreditlimitprüfung. Verwen-den Sie hierzu die entsprechenden Symbole und die erforderlichen Operatoren (**Lösungs-blatt – Anlage 8**).

Anlage 1

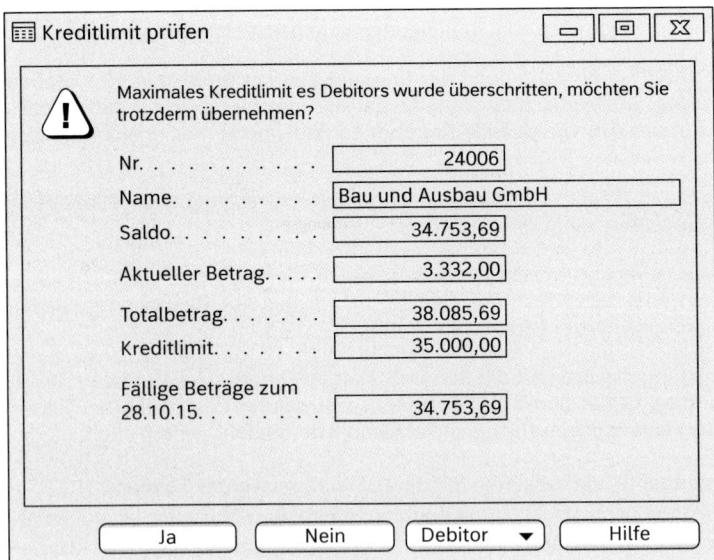

Anlage 2: Angebot (Auszug)

Datum: 28.10.2015

Angebot Nr. 21001

Sehr geehrte Damen und Herren,

vielen Dank für Ihre Anfrage. Die gewünschten Artikel bieten wir Ihnen wie folgt freibleibend an:

Artikel-Nr.	Bezeichnung	Menge	Einheit	Preis	Rabatt %	MwSt. %	Betrag
221002	Kerzenschlüssel lang	100	Stück	19,00		19	1.900,00
221003	Kerzenschlüssel mittel	300	Stück	3,00		19	900,00

Netto-Betrag in Euro	**2.800,00**
19 % MwSt.	532,00
Brutto-Betrag in Euro	**3.332,00**

Zahlungsbedingungen: 14 Tage 3 % Skonto oder 60 Tage Ziel
Lieferbedingung: frei Haus
Voraussichtliche Lieferung bis: 04.11.2015

Wir freuen uns auf Ihren Auftrag.

Mit freundlichen Grüßen

Anlage 3: Artikelkarten Kerzenschlüssel

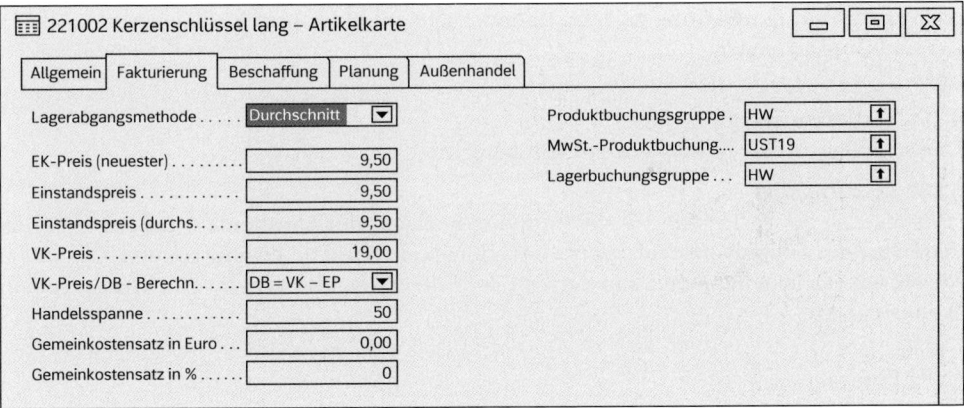

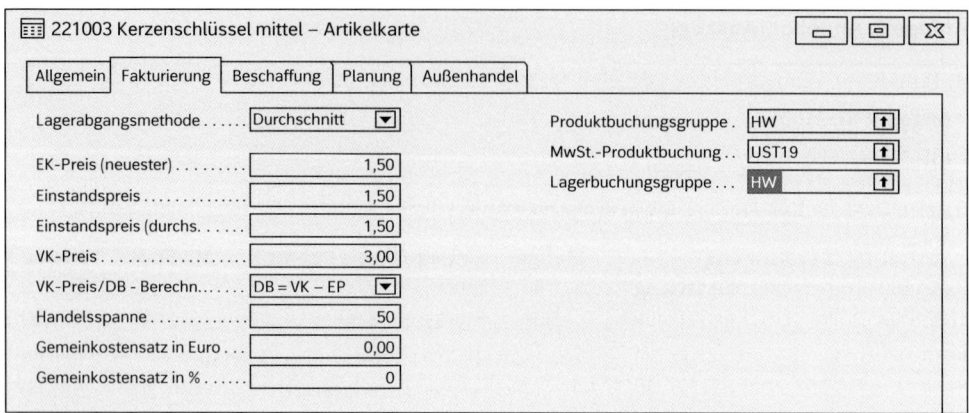

Anlage 4: Gesetzestexte

Auszug aus dem BGB

§ 145 Bindung an den Antrag

Wer einem anderen die Schließung eines Vertrags anträgt, ist an den Antrag gebunden, es sei denn, dass er die Gebundenheit ausgeschlossen hat.

§ 242 Leistung nach Treu und Glauben

Der Schuldner ist verpflichtet, die Leistung so zu bewirken, wie Treu und Glauben mit Rücksicht auf die Verkehrssitte es erfordern.

§ 243 Gattungsschuld

(1) Wer eine nur der Gattung nach bestimmte Sache schuldet, hat eine Sache von mittlerer Art und Güte zu leisten.

[...]

§ 266 Teilleistungen

Der Schuldner ist zu Teilleistungen nicht berechtigt.

§ 269 Leistungsort

(1) Ist ein Ort für die Leistung weder bestimmt noch aus den Umständen, insbesondere aus der Natur des Schuldverhältnisses, zu entnehmen, so hat die Leistung an dem Ort zu erfolgen, an welchem der Schuldner zur Zeit der Entstehung des Schuldverhältnisses seinen Wohnsitz hatte.

[...]

§ 271 Leistungszeit

(1) Ist eine Zeit für die Leistung weder bestimmt noch aus den Umständen zu entnehmen, so kann der Gläubiger die Leistung sofort verlangen, der Schuldner sie sofort bewirken.

(2) Ist eine Zeit bestimmt, so ist im Zweifel anzunehmen, dass der Gläubiger die Leistung nicht vor dieser Zeit verlangen, der Schuldner aber sie vorher bewirken kann.

§ 433 Vertragstypische Pflichten beim Kaufvertrag

(1) Durch den Kaufvertrag wird der Verkäufer einer Sache verpflichtet, dem Käufer die Sache zu übergeben und das Eigentum an der Sache zu verschaffen. Der Verkäufer hat dem Käufer die Sache frei von Sach- und Rechtsmängeln zu verschaffen.

[...]

§ 434 Sachmangel
[...]
(3) Einem Sachmangel steht es gleich, wenn der Verkäufer eine andere Sache oder eine zu geringe Menge liefert.

§ 439 Nacherfüllung
(1) Der Käufer kann als Nacherfüllung nach seiner Wahl die Beseitigung des Mangels oder die Lieferung einer mangelfreien Sache verlangen.
[...]

§ 440 Besondere Bestimmungen für Rücktritt und Schadensersatz[1]
Außer in den Fällen des § 281 Abs. 2 und des § 323 Abs. 2 bedarf es der Fristsetzung auch dann nicht, wenn der Verkäufer beide Arten der Nacherfüllung gemäß § 439 Abs. 3 verweigert oder wenn die dem Käufer zustehende Art der Nacherfüllung fehlgeschlagen oder ihm unzumutbar ist. Eine Nachbesserung gilt nach dem erfolglosen zweiten Versuch als fehlgeschlagen, wenn sich nicht insbesondere aus der Art der Sache oder des Mangels oder den sonstigen Umständen etwas anderes ergibt.

Auszug aus dem HGB

§ 377 Untersuchungs- und Rügepflicht
(1) Ist der Kauf für beide Teile ein Handelsgeschäft, so hat der Käufer die Ware unverzüglich nach der Ablieferung durch den Verkäufer, soweit dies nach ordnungsmäßigem Geschäftsgang tunlich ist, zu untersuchen und, wenn sich ein Mangel zeigt, dem Verkäufer unverzüglich Anzeige zu machen.
(2) Unterläßt der Käufer die Anzeige, so gilt die Ware als genehmigt, es sei denn, daß es sich um einen Mangel handelt, der bei der Untersuchung nicht erkennbar war.
[...]

---

[1] *Alte Fassung, seit dem 01.01.2018 liegt eine neue Fassung vor.*

Anlage 5

Bau und Ausbau GmbH

Bau und Ausbau GmbH, Postfach 8573, 71106 Magstadt

Werkzeugfabrik Moser AG   Magstadt, 05.11.2015
Industriestraße 27 – 33
74668 Schwäbisch Hall

REKLAMATION

Unsere Referenznummer: 37221   Lieferdatum/Uhrzeit: 04.11.2015
Ihre Auftragsnummer: 22020   Spedition: Wachser
Ihre Lieferscheinnummer: 87345   Name des Fahrers: Herr Förster

Fehlerbeschreibung

Position	Artikelnummer	Menge	Fehlercode	Fehlerart
01	221002	100	003	falscher Artikel geliefert

Anstatt des Artikels 221002 wurden kurze Kerzenschlüssel (Art.-Nr. 221001) geliefert.

Sehr geehrte Damen und Herren,

leider ist Ihnen bei Ihrer Lieferung der oben genannte Fehler unterlaufen. Wir treten bezüglich der oben genannten Position vom Kaufvertrag zurück und bitten um Gutschrift von 1.710,00 EUR zzgl. 19 % USt. 324,90 EUR, insgesamt brutto 2.034,90 EUR.

Freundliche Grüße

Kazenmaier

Anlage 6

Bankauszug   P-Bank Schwäbisch Hall

Konto:	61720091		Datum 09.11.2015	Auszug: 10	Blatt: 1

Nr	Buch	Wert	Buch-Nr	Vorgang / Buchungsinformation	Kontokorrent	Betrag in €	
1	10.11.	10.11.	15245	Gutschrift	Bau und Ausbau Auftr.-Nr. 22020	3.012,72	+
2							
3							
4							
5							
6							
7							
8							
9							
10							
11							
12							

Kontoinhaber

Moser AG
Industriestraße 27 – 33
74668 Schwäbisch Hall

Alter Kontostand	104.586,45	+
Neuer Kontostand	107.599,17	+

Anlage 7

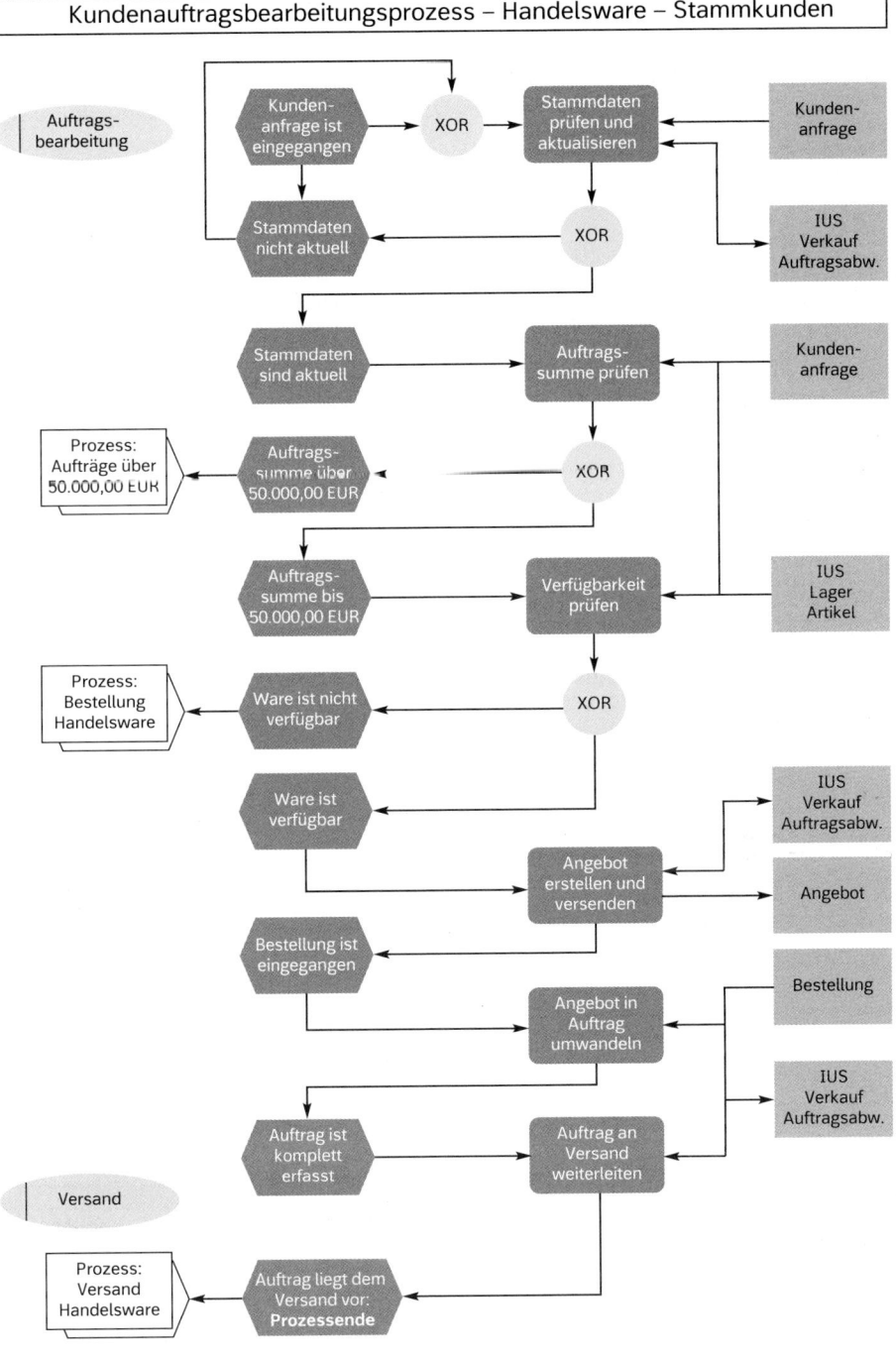

Kundenauftragsbearbeitungsprozess – Handelsware – Stammkunden

Anlage 8

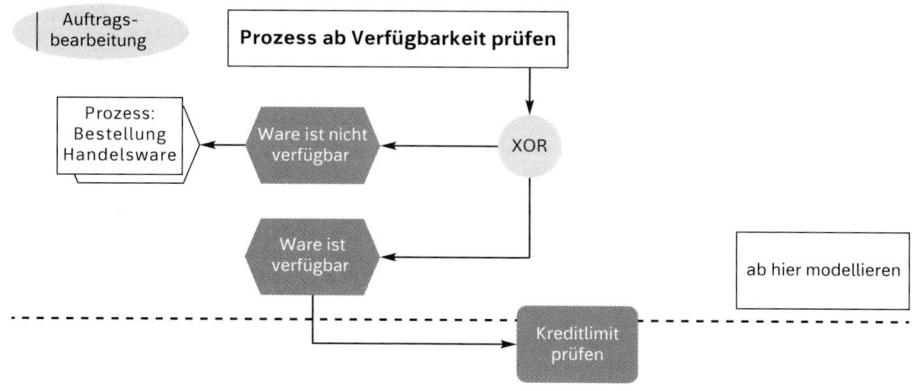

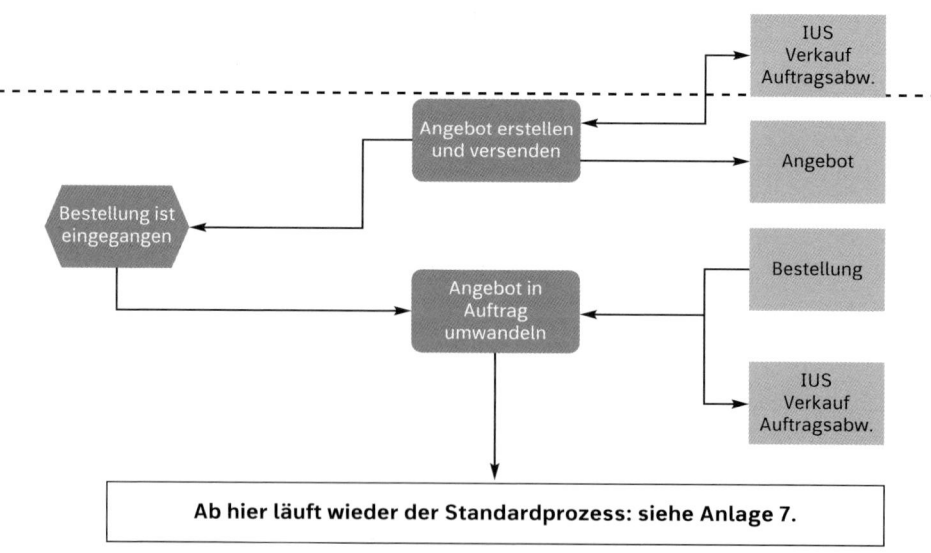

2 Leistungserstellungsprozesse

2.1 Aufgaben, Ziele und Schnittstellen der Produktionswirtschaft

Stofftelegramm

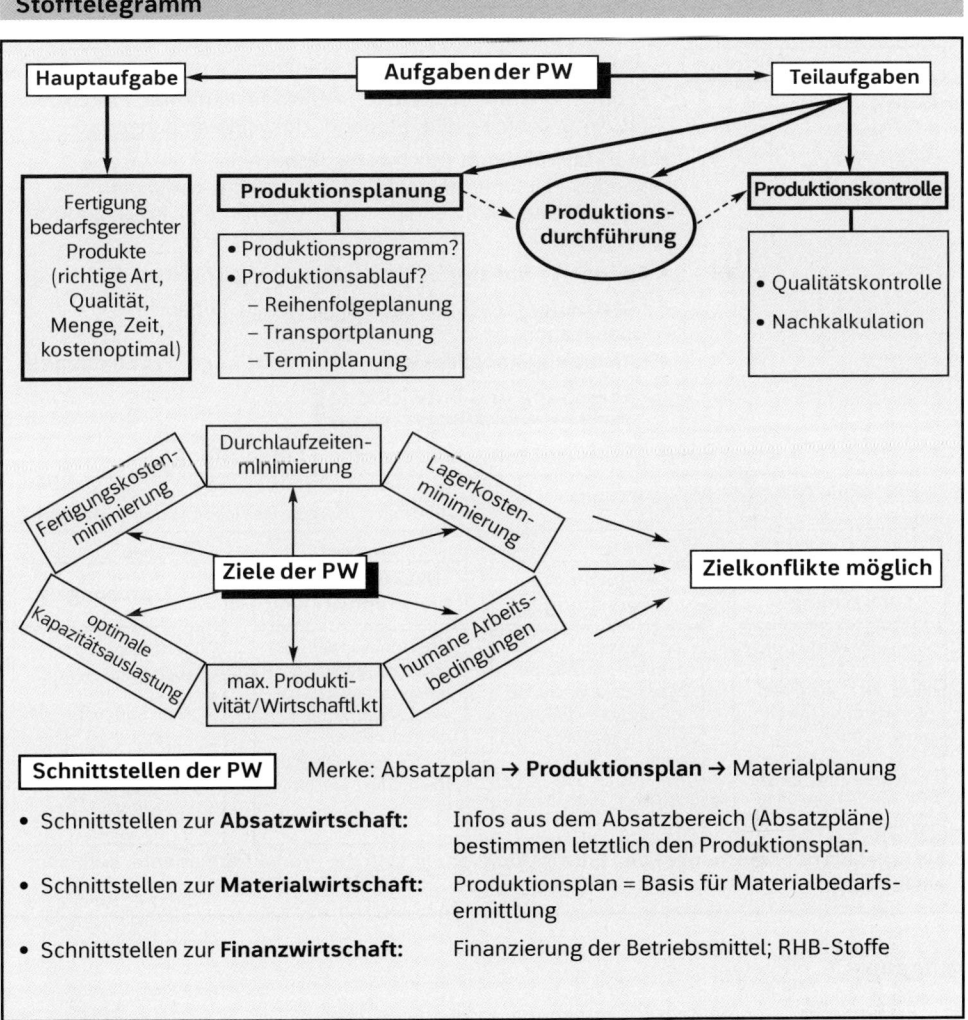

Schnittstellen der PW   Merke: Absatzplan → **Produktionsplan** → Materialplanung

- Schnittstellen zur **Absatzwirtschaft:**   Infos aus dem Absatzbereich (Absatzpläne) bestimmen letztlich den Produktionsplan.

- Schnittstellen zur **Materialwirtschaft:**   Produktionsplan = Basis für Materialbedarfsermittlung

- Schnittstellen zur **Finanzwirtschaft:**   Finanzierung der Betriebsmittel; RHB-Stoffe

Aufgaben

1. Nennen Sie die Hauptaufgabe und die drei Teilaufgaben der Produktionswirtschaft.

2. Nennen Sie fünf Ziele der Produktionswirtschaft.

3. Beschreiben Sie zwei mögliche Zielkonflikte innerhalb der Produktionswirtschaft.

4. Beschreiben Sie drei Schnittstellen der Produktionswirtschaft mit anderen Funktionen.

5. Wovon ist der Produktionsplan in erster Linie abhängig?

2.2   Produktionsprogramm – Forschung und Entwicklung

Stofftelegramm

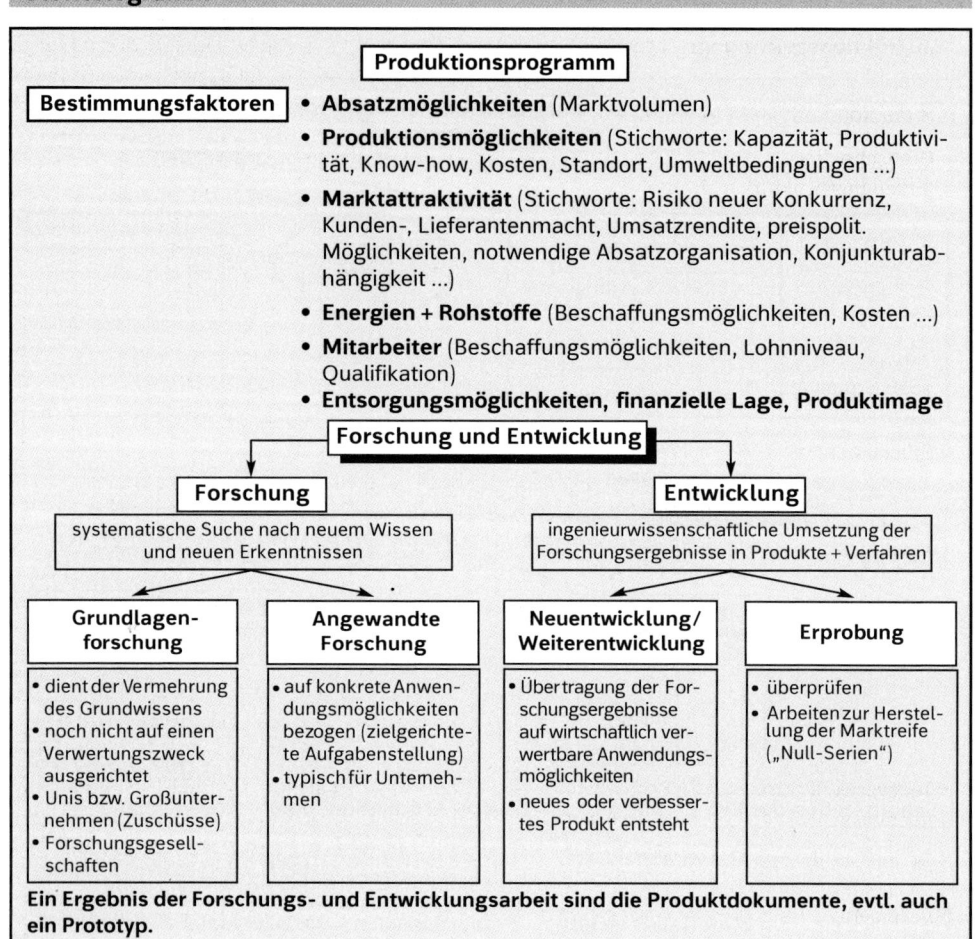

> ### Produktionsprogramm
>
> **Bestimmungsfaktoren**
> - **Absatzmöglichkeiten** (Marktvolumen)
> - **Produktionsmöglichkeiten** (Stichworte: Kapazität, Produktivität, Know-how, Kosten, Standort, Umweltbedingungen ...)
> - **Marktattraktivität** (Stichworte: Risiko neuer Konkurrenz, Kunden-, Lieferantenmacht, Umsatzrendite, preispolit. Möglichkeiten, notwendige Absatzorganisation, Konjunkturabhängigkeit ...)
> - **Energien + Rohstoffe** (Beschaffungsmöglichkeiten, Kosten ...)
> - **Mitarbeiter** (Beschaffungsmöglichkeiten, Lohnniveau, Qualifikation)
> - **Entsorgungsmöglichkeiten, finanzielle Lage, Produktimage**
>
> ### Forschung und Entwicklung
>
> | Forschung | Entwicklung |
> |---|---|
> | systematische Suche nach neuem Wissen und neuen Erkenntnissen | ingenieurwissenschaftliche Umsetzung der Forschungsergebnisse in Produkte + Verfahren |
>
> | Grundlagen-forschung | Angewandte Forschung | Neuentwicklung/ Weiterentwicklung | Erprobung |
> |---|---|---|---|
> | • dient der Vermehrung des Grundwissens
 • noch nicht auf einen Verwertungszweck ausgerichtet
 • Unis bzw. Großunternehmen (Zuschüsse)
 • Forschungsgesellschaften | • auf konkrete Anwendungsmöglichkeiten bezogen (zielgerichtete Aufgabenstellung)
 • typisch für Unternehmen | • Übertragung der Forschungsergebnisse auf wirtschaftlich verwertbare Anwendungsmöglichkeiten
 • neues oder verbessertes Produkt entsteht | • überprüfen
 • Arbeiten zur Herstellung der Marktreife („Null-Serien") |
>
> **Ein Ergebnis der Forschungs- und Entwicklungsarbeit sind die Produktdokumente, evtl. auch ein Prototyp.**

Aufgaben

1. Erklären Sie kurz die Begriffe Forschung und Entwicklung.

2. Beschreiben Sie kurz die beiden grundsätzlichen Arten der Forschung und Entwicklung.

2.3 Produktdokumente

Stofftelegramm

Konstruktionszeichnung: grafische Darstellung der Produkte in verschiedenen Ansichten, auch 3-D in Form von Gesamt- und Einzelteilezeichnungen

Aus der Konstruktionszeichnung werden folgende Dokumente abgeleitet:

- Grafischer Baum: Zeigt den logischen Aufbau der Produkte aus Einzelteilen und
  (Erzeugnisstruktur)   Baugruppen

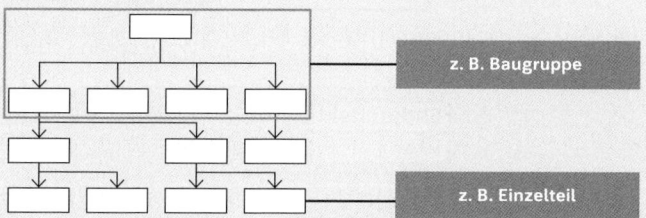

- Stücklisten: Verzeichnisse über die in der Zeichnung enthaltenen Teile. Aus der Konstruktionsstückliste (Basisstückliste) werden je nach Bedarf (Einkauf, Kalkulation, Materialdisposition, Lager, Produktion, Fremdbezug, Eigenfertigung) durch Stücklistenauflösung folgende Stücklisten erstellt:
  - Mengenübersichtsstückliste (Vorkalkulation, Materialdisposition, Fremdbedarfslisten)
  - Strukturstückliste (zeigt den strukturellen Aufbau eines Produkts nach konstruktiv zusammengehörenden Baugruppen)
  - Baukastenstückliste (Gesamtstruktur wird in einstufige Strukturen zerlegt)
- Teileverwendungs- Die Sichtweise auf das Produkt ändert sich von unten nach oben.
  nachweis: Frage: In welchen Teilen, Baugruppen wird die gerade betrachtete Komponente verwendet? Wichtig bei Lieferproblemen. Kann das Produkt noch fertig produziert werden?

Aus Zeichnungsdaten, Stücklistendaten und Betriebsdaten werden Arbeitspläne erstellt.

Arbeitspläne: Zeigen die Reihenfolge der Arbeitsschritte für ein Produkt. Grundlage ist der Basisarbeitsplan. Dieser gibt für die Herstellung eines Produkts an,
  - in welcher Reihenfolge,
  - an welchem Ort,
  - welche Tätigkeit,
  - bei welcher Vergütung (Lohngruppe),
  - in welcher Zeit durchgeführt wird.

Zeitberechnung aus dem Arbeitsplan heraus:

Herstellungszeit = Rüstzeit + Bearbeitungszeit · Menge

Basiert der Arbeitsplan auf Dezimalminuten, ist die Basis 100.

1 Std. = 100 Dezimalminuten

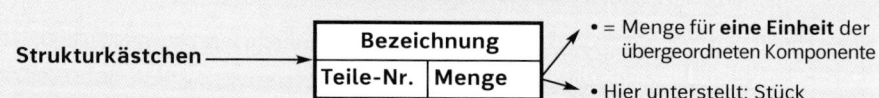

Beispiel (anonymes Produkt):
Erzeugnisstruktur → Stücklisten

Erzeugnisstruktur

Strukturkästchen ⟶

Bezeichnung	
Teile-Nr.	Menge

● = Menge für **eine Einheit** der übergeordneten Komponente

↘ ● Hier unterstellt: Stück

Strukturstufe: Gibt über die Anzahl der Ebenen, aus denen ein Erzeugnis besteht, Auskunft.
Wichtig: Die oberste Erzeugnisebene hat immer die Strukturstufe 0.

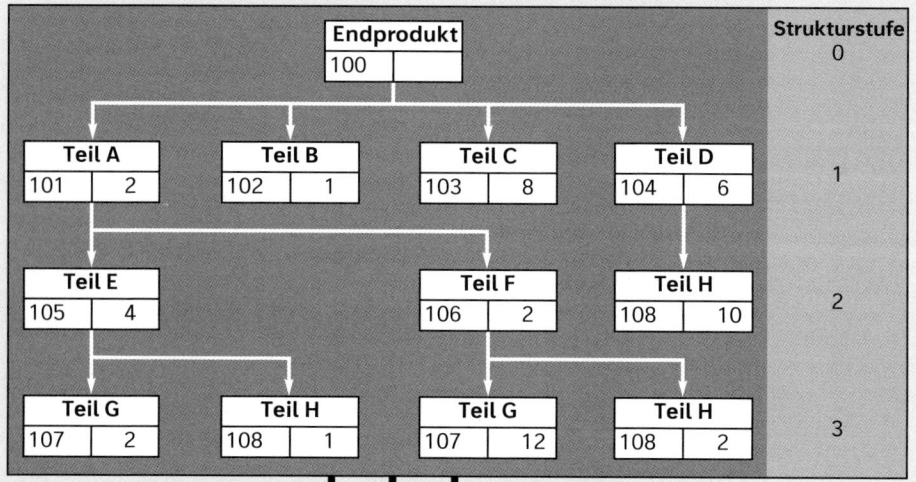

Erläuterungen: • Für den Zusammenbau des Endproduktes werden in der Strukturstufe 1 die Teile A (2 Stück), B (1 Stück), C (8 Stück) und D (6 Stück) benötigt.

                 • **Eine** Mengeneinheit von Teil A (Strukturstufe 1) setzt sich wiederum zusammen aus den Teilen E (4 Stück) und F (2 Stück) der Strukturstufe 2.

Strukturstückliste

Bezeichnung: Endprodukt
(z. B.Tisch)

Teile-Nr.: 100

Strukturstufe 1	2	3	Teile-Nr.	Bezeichnung	Menge je Einheit	Gesamtmenge	(Rechenweg)
x			101	A	2	2	
	x		105	E	4	8	(4 · 2)
		x	107	G	2	16	(2 · 4 · 2)
		x	108	H	1	8	(1 · 4 · 2)
	x		106	F	2	4	(2 · 2)
		x	107	G	12	48	(12 · 2 · 2)
		x	108	H	2	8	(2 · 2 · 2)
x			102	B	1	1	
x			103	C	8	8	
x			104	D	6	6	
	x		108	H	10	60	(10 · 6)

Baukastenstückliste

- Zerlegung der Gesamtstruktur in einstufige Strukturen
- Die Menge bezieht sich auf eine Einheit des übergeordneten Erzeugnisses.

Baukastenstückliste		
Teile-Nr.:	105	
Bezeichnung:	Teil E	
Teile-Nr.:	**Bezeichnung**	**Menge**
107	Teil G	2
108	Teil H	1

Baukastenstückliste		
Teile-Nr.:	100	
Bezeichnung:	Endprodukt	
Teile-Nr.:	**Bezeichnung**	**Menge**
101	Teil A	2
102	Teil B	1
103	Teil C	8
104	Teil D	6

Baukastenstückliste		
Teile-Nr.:	101	
Bezeichnung:	Teil A	
Teile-Nr.:	**Bezeichnung**	**Menge**
105	Teil E	4
106	Teil F	2

Baukastenstückliste		
Teile-Nr.:	104	
Bezeichnung:	Teil D	
Teile-Nr.:	**Bezeichnung**	**Menge**
108	Teil H	10

Baukastenstückliste		
Teile-Nr.:	106	
Bezeichnung:	Teil F	
Teile-Nr.:	**Bezeichnung**	**Menge**
107	Teil G	12
108	Teil H	2

Teile-Nr.: 100

Mengenübersichtsstückliste

Bezeichnung:
Endprodukt (z. B. Tisch)

- Jedes Teil wird nur einmal mit seiner kumulierten Menge aufgeführt.

- Der logische Aufbau des Erzeugnisses wird nicht dargestellt.

Teile-Nr.	Bezeichnung	Kumulierte Menge
101	A	2
102	B	1
103	C	8
104	D	6
105	E	8
106	F	4
107	G	64
108	H	76

2.4   Bedarfsarten und Bedarfsermittlung

Stofftelegramm

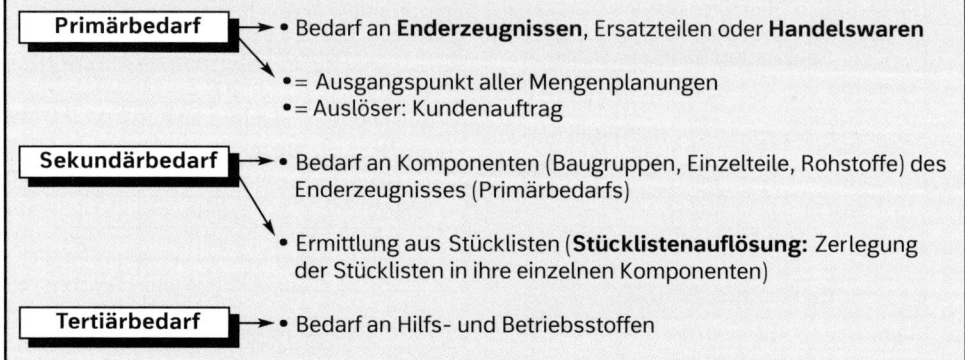

Primärbedarf ➤ • Bedarf an **Enderzeugnissen**, Ersatzteilen oder **Handelswaren**

     • = Ausgangspunkt aller Mengenplanungen
     • = Auslöser: Kundenauftrag

Sekundärbedarf ➤ • Bedarf an Komponenten (Baugruppen, Einzelteile, Rohstoffe) des Enderzeugnisses (Primärbedarfs)

     • Ermittlung aus Stücklisten (**Stücklistenauflösung:** Zerlegung der Stücklisten in ihre einzelnen Komponenten)

Tertiärbedarf ➤ • Bedarf an Hilfs- und Betriebsstoffen

Die Lagerbestandsführung rechnet mit Beständen, die
• tatsächlich auf Lager sind,
• bestellt, aber noch nicht geliefert wurden,
• reserviert sind, aber noch nicht entnommen wurden.

Bestandsarten im Lager	Erklärung
Effektiver Lagerbestand (ELB)	... tatsächlich körperlich im Lager vorhanden.
Sicherheitsbestand (SB)	... dient dem Ausgleich von Unsicherheiten in der • Beschaffung (Lieferengpässe), • Produktion (Produktionsfehler), • im Absatz (Verkaufsschwankungen). Wird i. d. R. für den „normalen" Verbrauch nicht eingeplant.
Reservierter Bestand (RB)	... ist tatsächlich im Lager, aber schon für bestehende Aufträge verplant.
Verfügbarer Lagerbestand (VLB)	... steht sicher für die Produktion zur Verfügung. Formel: $VLB = ELB - SB - RB$
Bestellbestand (BB)	... ist tatsächlich noch nicht im Lager, steht aber mit hoher Wahrscheinlichkeit zur Verfügung und kann verplant werden, da er schon bestellt wurde. Fremdbauteile und Handelsware = Lieferanten Eigenbauteile = eigene Produktion
Disponierbarer Lagerbestand (DLB)	... kann mit hoher Wahrscheinlichkeit für die Produktion verwendet werden. Formel: $DLB = ELB - SB - RB + BB$ $DLB = VLB + BB$

Von einem Fremdbauteil sind folgende Bestandswerte gegeben:

Effektiver Lagerbestand 100 Stück, Sicherheitsbestand 20 Stück, Reservierter Bestand 40 Stück, Bestellbestand 20 Stück.

Aufgabe:

1. Berechnen Sie den Verfügbaren LB (VLB) und den Disponierbaren LB (DLB).
2. Stellen Sie den Sachverhalt grafisch dar.

Lösung:

1. VLB = ELB – SB – RB   DLB = ELB – SB – RB + BB
    VLB = 100 – 20 – 40   DLB = 100 – 20 – 40 + 20
    VLB = 40 Stück   DLB = 60 Stück
                                   Alternativ:
                                   DLB = VLB + BB
                                   DLB = 40 + 20
                                   DLB = 60 Stück

Durch entsprechendes Umstellen der Formeln sind auch andere Lagerbestände berechenbar.

2.

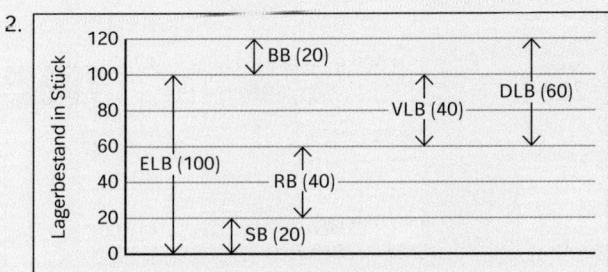

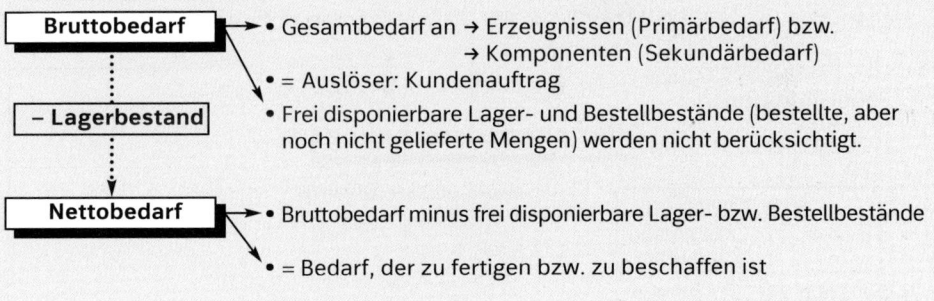

Bruttobedarf ➤ • Gesamtbedarf an → Erzeugnissen (Primärbedarf) bzw.
                                     → Komponenten (Sekundärbedarf)
                   • = Auslöser: Kundenauftrag

– Lagerbestand • Frei disponierbare Lager- und Bestellbestände (bestellte, aber noch nicht gelieferte Mengen) werden nicht berücksichtigt.

Nettobedarf ➤ • Bruttobedarf minus frei disponierbare Lager- bzw. Bestellbestände

                  • = Bedarf, der zu fertigen bzw. zu beschaffen ist

Bruttobedarfsrechnung

Beispiel: Bruttobedarf des Endprodukts = Kundenauftrag über 50 Stück
               Berechnen Sie den Bruttobedarf für alle Teile des Endproduktes

Strukturkästchen →

Bezeichnung	
Teile-Nr	Menge laut Stückliste
	Bruttobedarf

Bruttobedarf = Nettobedarf[1] übergeordnete Komponente · Stücklistenmenge untergeordnete Komponente

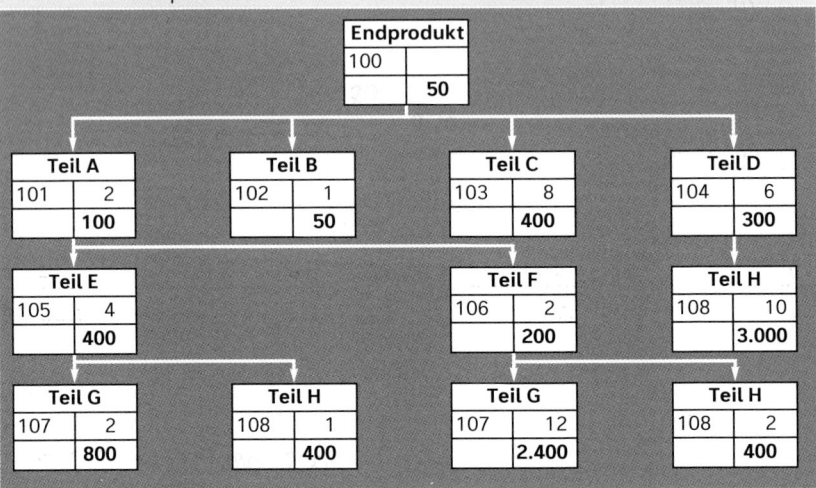

Erläuterungen: • Bruttobedarf Teil G (links): $50 \cdot 2 \cdot 4 \cdot 2 = \textbf{800}$ (bzw.: $400 \cdot 2$)
                  • Bruttobedarf Teil H (rechts ganz unten): $50 \cdot 2 \cdot 2 \cdot 2 = \textbf{400}$ (bzw.: $200 \cdot 2$)

Strukturkästchen
↓

Nettobedarfsrechnung

Bezeichnung	
Teile-Nr.	Menge laut Stückliste
disponierter Lagerbestand	Bruttobedarf
	Nettobedarf

Disponierte Lagerbestände:

Endprodukt:	0
Teil A:	30
Teil B:	10
Teil C:	150
Teil D:	60
Teil E:	80
Teil F:	40
Teil G:	200
Teil H:	700

Formeln:
Bruttobedarf, z. B. Endprodukt = Bestellung, Produktionsauftrag, hier 50 Stück
Nettobedarf, z. B. Endprodukt = Bruttobedarf – disponierbarer Lagerbestand
               $50 = 50 - 0$
Bruttobedarf, z. B. Teil A   = Nettobedarf[1] übergeordnete Komponente · Stücklistenmenge untergeordnete Komponente
               $100 = 50 \cdot 2$

---

[1] In diesem Fall entspricht der Nettobedarf der übergeordneten Komponente dem Bruttobedarf, weil kein disponierbarer Lagerbestand vorhanden ist.

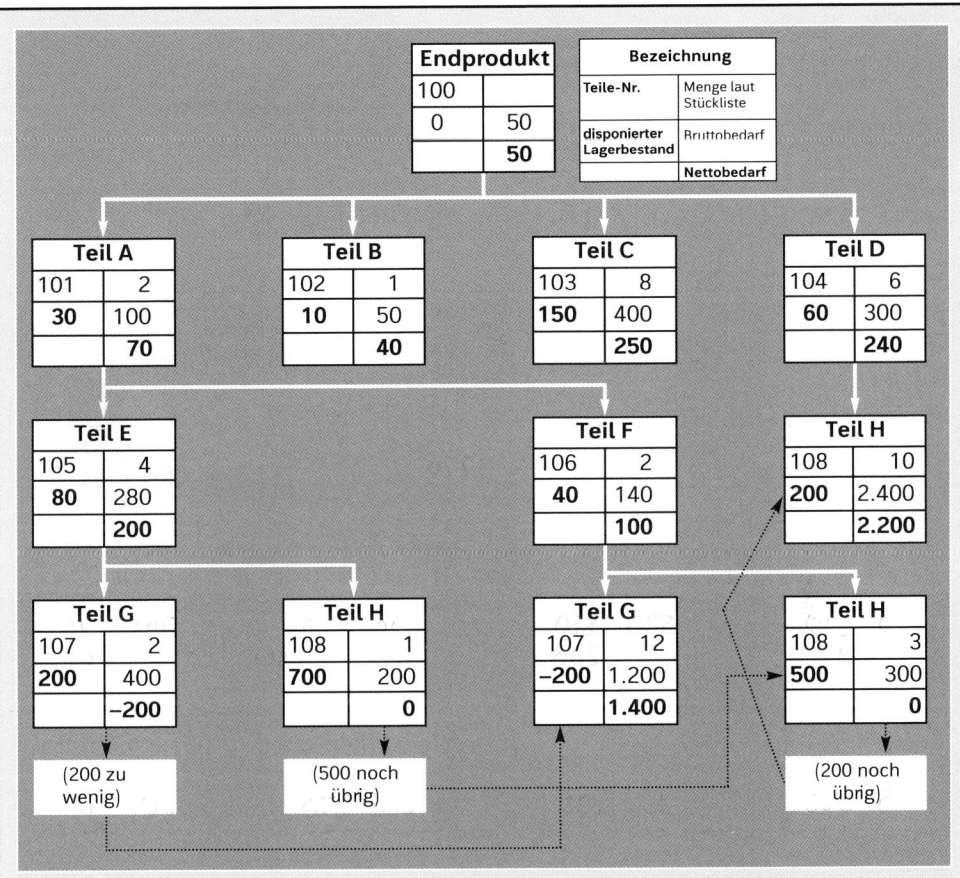

Erläuterungen:

- Allgemeine Formel:

  Bruttobedarf = Nettobedarf übergeordnete Komponente · Stücklistenmenge untergeordnete Komponente
  Nettobedarf = Bruttobedarf – disponierbarer Lagerbestand

- Nettobedarf Teil **H** (Mitte unten):

  200 – 700 = **–500**, also 0 → übrig somit noch 500

- Nettobedarf Teil **H** (rechts unten):

  300 – 500 (von H links) = **–200**, also 0 → übrig: 200

- Nettobedarf Teil **H** (neben Teil F):

  2.400 – 200 = **2. 200** (= **endgültiger Nettobedarf** H)

- Nettobedarf Teil **G** (links unten):

  400 – 200 = **–200** zu wenig, diese müssen z. B. bestellt werden

- Nettobedarf Teil **G** (unterhalb von F):

  1.200 – – (also +) 200 = **1.400** (= **endgültiger Nettobedarf** G)

Aufgabe

Vervollständigen Sie die Nettobedarfsrechnung.

Disponierte Lagerbestände: Endprodukt: 80

Teil A:	120	Teil D:	700	Teil G:	600	Teil J:	10
Teil B:	590	Teil E:	160	Teil H:	1.500	Teil K:	1.190
Teil C:	490	Teil F:	190	Teil I:	810	Teil L:	600

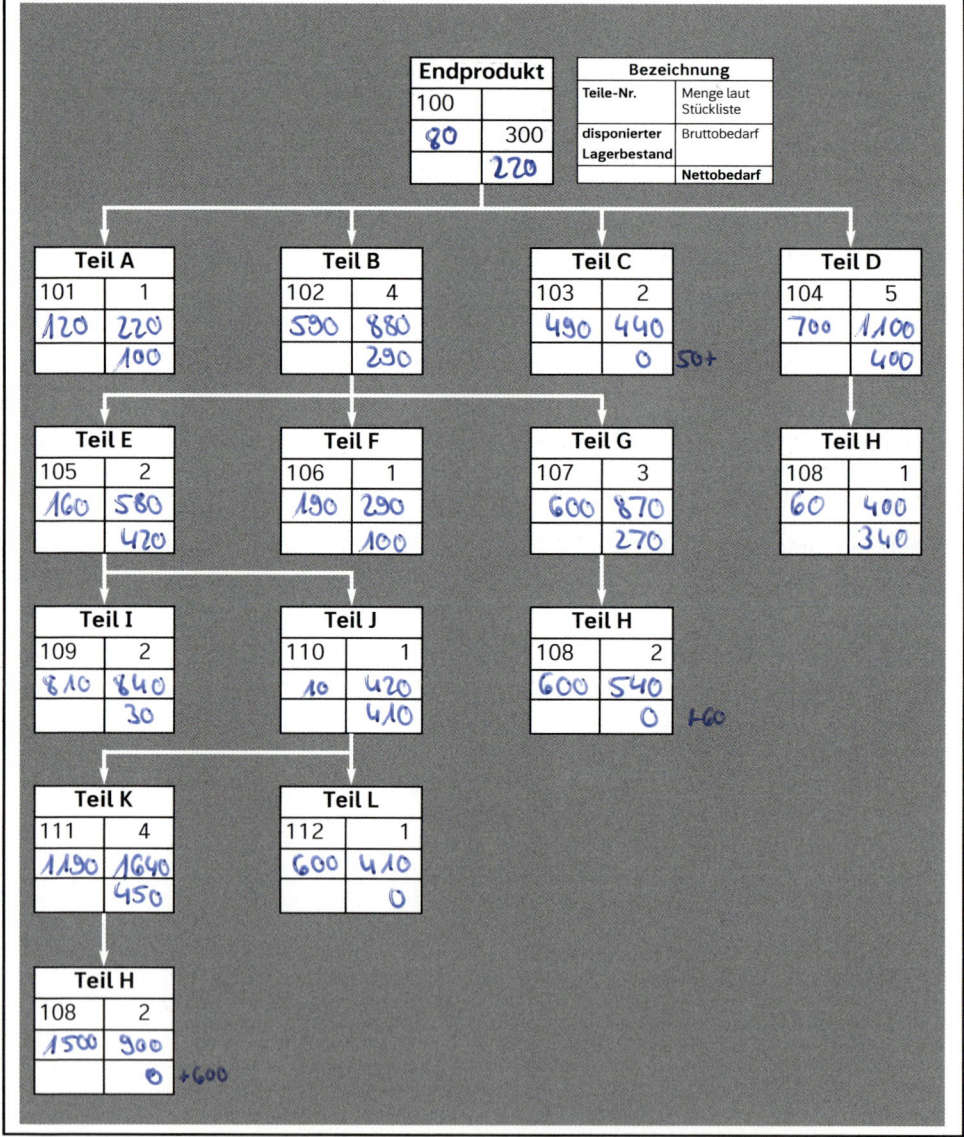

2.5 Produktion und Umwelt

Stofftelegramm

Auf Umweltverträglichkeit ist auf allen Stationen, die ein Produkt durchläuft, zu achten:

| Produktplanung | umweltfreundliche (recyclinggerechte) Werkstoffauswahl

| Forschung + Entwicklung |
- umweltfreundliche Materialauswahl (Recycling ...)
- Schonung von Ressourcen und Energien
- Vermeidung von Abfällen und Emissionen

| Fertigung |
Umweltfreundliches Produzieren:
Gesetze beachten: Bundes-Immissionsschutzgesetz, Kreislaufwirtschafts- und Abfallgesetz, Wasserhaushaltsgesetz ...

| Vorteile umweltverträglicher Produktion | **Werbewirksam:** Werbung mit Umweltzeichen wie Grüner Punkt, Umweltengel, „Öko-Produkte", „Bio-Produkte" ..., freiwillige Teilnahme an Umweltprüfungen

2.6 Qualitätsmanagement (QM)

Stofftelegramm

- **Qualität:** bestimmte Eigenschaften eines Produkts betreffend

  – Gebrauchsnutzen – Ausstattung – Kundendienst – Zuverlässigkeit
  – Haltbarkeit – Gesetzeskonformität – Ästhetik – Normgerechtigkeit

- **Aufgaben des QM:** Planung + Sicherstellung + Kontrolle + Verbesserung der Qualität

- **Ziele des QM:** – Kundenzufriedenheit – Rentabilität
  – Umwelt- und Sozialverträglichkeit – Gesetzeskonformität

- **Was leistet QM?**
  – Formulierung der Qualitätspolitik des Unternehmens
  – Festlegung von Qualitätszielen
  – Einrichtung und Unterhaltung eines Systems der Qualitätssicherung
  – Bereitstellung der notwendigen Arbeitsmittel und Arbeitsplätze
  – Fixierung der Verantwortlichkeiten
  – Dokumentation der Ziele und Aufgaben des QM-Systems in einem **Qualitätsmanagementhandbuch**

- **Auditierung:** unabhängige Betriebsprüfung durch akkreditierte Zertifizierungsgesellschaften (z. B. TÜV Cert., DEKRA AG, VDE-Prüf- und Zertifizierungsinstitut): Entsprechen die qualitätsbezogenen Aufschriften, Tätigkeiten und Ergebnisse den Anforderungen?

- **Zertifizierung:** Folge eines erfolgreichen Audits: Ausstellung eines **Zertifikats,** welches die Einführung eines QM-Systems und dessen wirksamen Einsatz z. B. nach DIN 9000 ff. bestätigt.

- **Total-Quality-Management (TQM):**
  - Alle („Total") Unternehmensbereiche (Mitarbeiter) werden in die Qualitätsgestaltung einbezogen.
  - Der Qualitätsbegriff: ganzheitl. und kundenorientiert (zufriedene Kunden durch Qualität)
  - Qualität steht im Mittelpunkt
  - Verankerung im Unternehmensleitbild
  - Qualität = übergeordnetes Unternehmensziel
  - Qualitätsprämien an Mitarbeiter
  - Prämien für Verbesserungsvorschläge

- **Formen der Qualitätskontrolle:**
  - Voll- bzw. Stichprobenkontrolle
  - Eingangs-, Zwischen-, Endkontrolle

- **Arten der Qualitätskontrolle:**
  - Direkt: Kontrolle der Werkstoffe, des Produktionsablaufes und der Fertigprodukte
  - Indirekt: Kontrolle der Betriebsmittel und Arbeitskräfte

Aufgaben

1. Nennen Sie drei Qualitätsmerkmale.

2. a) Nennen Sie Aufgaben und Ziele des Qualitätsmanagements.
   b) Was leistet Qualitätsmanagement?

3. Erklären Sie die Begriffe Auditierung und Zertifizierung.

4. Was versteht man unter „Total-Quality-Management"?

5. Nennen Sie drei Qualitätsmerkmale.

2.7   Abwicklung eines Kundenauftrags

Stofftelegramm

• **Anfragebearbeitung:** – Anfrage: Vgl. Kap. 1.
– Wollen wir liefern? (Kunde kreditwürdig?)
– Können wir liefern? (Produktart, Lieferungstermin …)

• **Angebot:**   Vgl. Kap. 1.

• **Kundenauftragerfassen:**   – Vergabe Auftragsnummer
– Kundennummer aus Kundendatei heraussuchen bzw.
– neue Kundennummer vergeben
– Erfassung der Auftragsdaten im Einzelnen (Liefertermin …)

• **Auftragsbestätigung**

• **Fertigungsplanung:**

Fertigungsplanung

Ablaufplanung

Arbeitsplan → = Grundlage für gesamte Ablaufplanung

• In welcher Zeit fertigen?
• Womit fertigen?
• Wo fertigen?
• Wer fertigt?
• Wie fertigen?
• Was fertigen?

→ **Reihenfolgeplanung**

→ **Transportplanung**

→ **Terminplanung**

Bedarfsplanung
(Bereitstellungsplanung)

→ **Betriebsmittelplanung**

→ **Materialplanung**

→ **Personalplanung**

• **Fertigungssteuerung:**   **Fertigungssteuerung**

= laufende Steuerung des Fertigungsprozesses: Fertigungsprozess vorbereiten, lenken, überwachen

Auftragsumwandlung mit Losgrößenbildung	Terminplanung	Maschinenbelegung	Werkstattsteuerung
= Zusammenfassung mehrerer Aufträge Folge: höhere Losgröße → Rüstkosten/St. sinken → Lagerkosten steigen	Abstimmung von Aufträgen mit Betriebsmitteln, Arbeitskräften und Terminen; anschauliche Darstellung wechselseitig abhängiger Abläufe	**Maschinenbelegungsplan:** Festlegung, zu welchen Zeiten die Maschinen beansprucht werden. **Ziel:** optimale Kapazitätsauslastung	Konkrete Erteilung von Fertigungsaufträgen an einzelne Werkstätten. Vorher: Bereitstellung der erforderlichen Werkstoffe und Betriebsmittel. Belege: Materialentnahmescheine, Lohnscheine …

2.7.1   Optimale Losgröße

Stofftelegramm

Fertigungslos (Serie, Auflage) = Menge, die ohne Umrüsten der Anlage gefertigt werden kann

Lagerhaltungskosten	**Rüstkosten**
(auflagevariable Kosten = mengenabhängig)	(auflagefixe Kosten = mengenunabhängig)
• Kapitalbindungskosten	• Personalkosten für das Einrichten der
• Abschreibungen auf die Lagertechnik und	Maschine
-einrichtung	• Miete/Abschreibungen für die ruhenden
• Mietkosten	Anlagen und Maschinen
• Personalkosten	• Energiekosten für die Betriebsbereitschaft

Gesamtkosten = Lagerhaltungskosten + Rüstkosten

Gesucht:
• Minimum der Gesamtkosten oder
• der Schnittpunkt zwischen Lagerhaltungskosten und Rüstkosten

Tabellarische Lösung der **Optimalen Losgröße**

Gegeben:
Gesamtbedarf: 45.000 Stück
Listenpreis: 12,00 EUR/Stück
Rüstkosten: 300,00 EUR je Fertigungslos
Lagerkostensatz in %: 25 pro Jahr

Los-größe in Stück	Auflagen-häufigkeit (Loswech-sel)	Rüstkosten	Durch-schnittlicher Lagerbe-stand (LB) in Stück	Lagerwert	Lagerkosten	Gesamtkosten
1.000	45	13.500,00 EUR	500	6.000,00 EUR	1.500,00 EUR	15.000,00 EUR
2.000	22,5[1]	6.750,00 EUR	1.000	12.000,00 EUR	3.000,00 EUR	9.750,00 EUR
3.000	15	4.500,00 EUR	1.500	18.000,00 EUR	4.500,00 EUR	9.000,00 EUR
4.000	11,25	3.375,00 EUR	2.000	24.000,00 EUR	6.000,00 EUR	9.375,00 EUR
5.000	9	2.700,00 EUR	2.500	30.000,00 EUR	7.500,00 EUR	10.200,00 EUR
6.000	7,5	2.250,00 EUR	3.000	36.000,00 EUR	9.000,00 EUR	11.250,00 EUR
7.000	6,43	1.928,57 EUR	3.500	42.000,00 EUR	10.500,00 EUR	12.428,57 EUR
8.000	5,63	1.687,50 EUR	4.000	48.000,00 EUR	12.000,00 EUR	13.687,50 EUR

Formeln:	Auflagenhäufigkeit =	Gesamtbedarf : Losgröße in Stück
	Rüstkosten =	Auflagenhäufigkeit · Rüstkosten je Fertigungslos
	durchschnittlicher LB in Stück =	Losgröße in Stück : 2
	Lagerwert =	durchschnittlicher LB in Stück · Listenpreis
	Lagerkosten =	Lagerwert · Lagerkostensatz in %
	Gesamtkosten =	Rüstkosten + Lagerkosten

Die optimale Losgröße ist nicht realisierbar, wenn:
• Lager zu klein
• Kunde nur gewisse Mengenstückelungen abnimmt, die nicht mit unserer Losgröße übereinstimmen
• Maschinenkapazitäten anderweitig benötigt werden

---

[1] *Sollten keine ganzen Werte als Ergebnis herauskommen, kann mit diesen weitergerechnet werden. In der Praxis macht z. B. ein 0,5 Loswechsel keinen Sinn.*

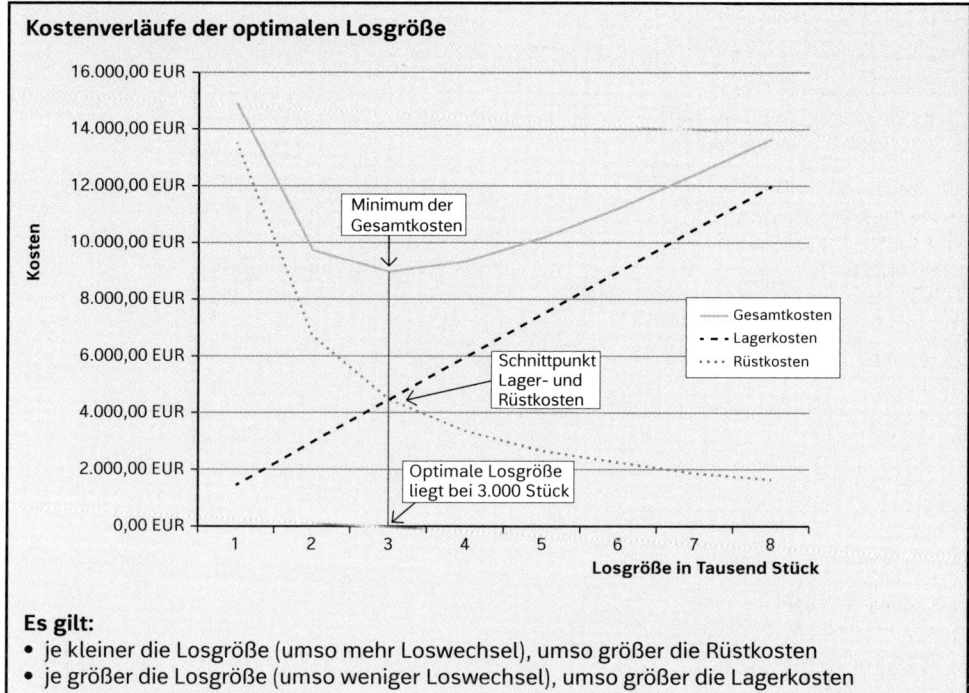

Kostenverläufe der optimalen Losgröße

Es gilt:
- je kleiner die Losgröße (umso mehr Loswechsel), umso größer die Rüstkosten
- je größer die Losgröße (umso weniger Loswechsel), umso größer die Lagerkosten

2.7.2   Terminplanung

Stofftelegramm

Aufträge/Fertigungsmengen werden mit ihren jeweiligen Endterminen auf die bestehenden Kapazitäten (Maschinen, Personal, Werkstoffe) geplant.

- Fertigungszeit (Herstellzeit):   Dauer für die Herstellung von Eigenteilen
  Dauer = Nettobedarf : Fertigungsmenge/Tag
- Wiederbeschaffungszeit: Dauer für die Wiederbeschaffungszeit von Fremdteilen

| Mittelfristige retrograde Terminierung kombiniert mit der Brutto-Nettobedarfsrechnung |

= Rückwärtsrechnung → vom spätestmöglichen Endtermin aus

Beispiel: Ein Kundenauftrag über 500 Stück liegt vor. Dieser soll am Betriebskalendertag[1] (BKT) 200 zur Auslieferung spätestens fertiggestellt sein. Die Fertigungs- und Wiederbeschaffungszeiten liegen vor (**Anlage 1**). Brutto- und Nettobedarfe liegen vor. Wann müssten Teil B und C spätestens bestellt werden, damit der Kundenauftragstermin eingehalten werden kann?

---

[1] BKT basieren auf einer Anpassung des „normalen" Kalenders an die Bedürfnisse des Betriebs und zeigen die tatsächlich möglichen Produktionstage. Es werden z. B. Wochenenden, Feiertage, Betriebsferien berücksichtigt.

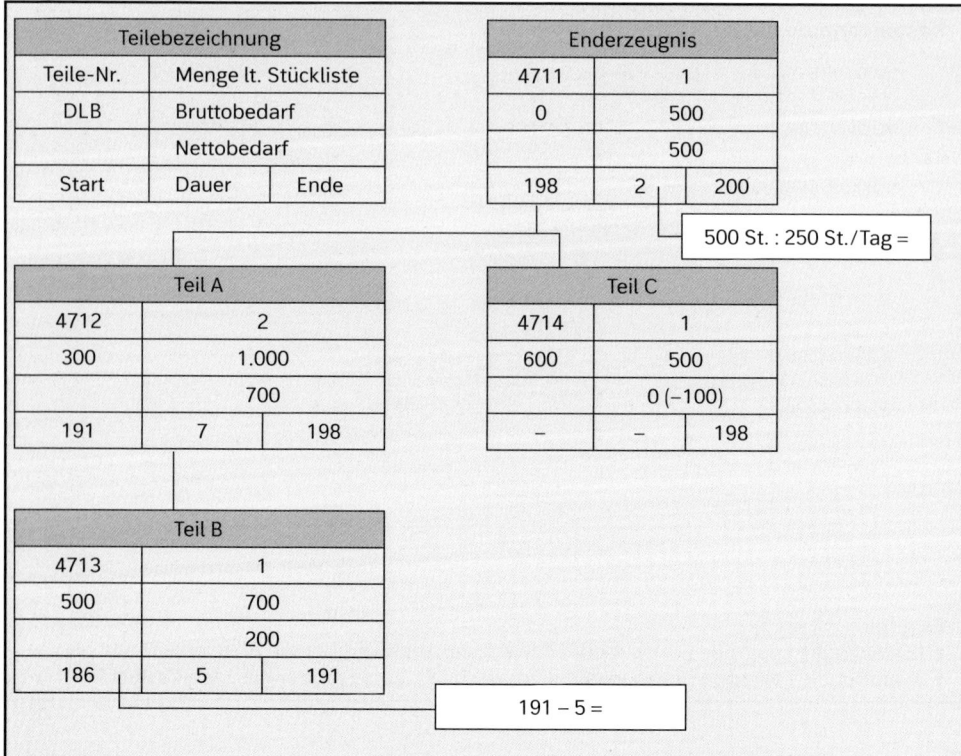

Teilebezeichnung			Enderzeugnis		
Teile-Nr.	Menge lt. Stückliste		4711	1	
DLB	Bruttobedarf		0	500	
	Nettobedarf			500	
Start	Dauer	Ende	198	2	200

500 St. : 250 St./Tag =

Teil A			Teil C		
4712	2		4714	1	
300	1.000		600	500	
	700			0 (–100)	
191	7	198	–	–	198

Teil B		
4713	1	
500	700	
	200	
186	5	191

191 – 5 =

Anlage 1

Teile-Nr.	Bezeichnung	Fertigungs/Wiederbeschaffungszeiten
4711	Enderzeugnis	250 St./Tag
4712	Teil A	100 St./Tag
4713	Teil B	5 Tage
4714	Teil C	10 Tage

- Teil B muss spätestens zum BKT 186 mit der Menge 200 bestellt werden.
- Teil C muss nicht bestellt werden, da der Nettobedarf 0 ist. Es sind noch ausreichend Teile für den Auftrag vorhanden.

Bündelung von Bedarfen zu Losen im Rahmen der Terminplanung (Optimale Losgröße – Wagner-Whitin-Algorithmus)

Es liegen drei Kundenaufträge mit den Mengen und Terminen für unser Fertigerzeugnis vor. Dies führt zu folgender Bedarfsreihe:

	Bedarf 1	Bedarf 2	Bedarf 3
Menge in Stück	2.000	3.000	2.400
Datum	01.01.	31.01.	25.02.
Tage	30	25	

Aus fertigungstechnischer Sicht stellt sich die Frage, ob gewisse Bedarfe nicht zu einem Fertigungslos zusammengefasst werden können (Suche nach der günstigsten Kombination).

Gesucht: Minimum der Gesamtkosten, Schnittpunkt von Lagerkosten und Rüstkosten

Gesamtkosten = Lagerkosten + Rüstkosten

Gegeben:	
Rüstkosten	3.000,00 EUR
Preis je Stück	60,00 EUR
Lagerkostensatz	24 %

	Bedarf 1	Bedarf 2	Bedarf 3
Menge	2.000	3.000	2.400
Datum	01.01.	31.01.	25.02.
Tage	30	25	

				Rüstkosten	Lagerkosten	Gesamtkosten
Alt. 1	2.000	3.000	2.400	9.000,00 EUR	0,00 EUR	9.000,00 EUR
Alt. 2	2.000 + 3.000	–	2.400	6.000,00 EUR	3.600,00 EUR	9.600,00 EUR
Alt. 3	2.000	3.000 + 2.400	–	6.000,00 EUR	2.400,00 EUR	8.400,00 EUR
Alt. 4	2.000 + 3.000 + 2.400	–	–	3.000,00 EUR	8.880,00 EUR	11.880,00 EUR

Erläuterungen:	
Lagerkosten pro Stück und **Jahr**	= Preis je Stück · Lagerkostensatz
14,40 EUR	= 60,00 EUR · 24 %
Lagerkosten pro Stück und **Tag**	= Lagerkosten pro Stück und Jahr : 360
0,04 EUR	= 14,40 EUR : 360
Lagerkosten	= Lagerkosten pro Stück und Tag · Lagerdauer in Tagen · Menge

Erläuterungen:

Alt. 1:	Jeder Bedarf wird zum jeweiligen Zeitpunkt gefertigt. Es fallen dreimal Rüstkosten an und keine Lagerkosten.			
	Rüstkosten:		3 · 3.000,00 EUR	= 9.000,00 EUR
	Lagerkosten:			– EUR
	Gesamtkosten:			= 9.000,00 EUR
Alt. 2:	Bedarf 1 und 2 werden zum Termin von Bedarf 1 gefertigt, Bedarf 3 zu seinem Termin. Es fallen zweimal Rüstkosten an und einmal Lagerkosten.			
	Rüstkosten:	Bedarf 1 + 2 und Bedarf 3	2 · 3.000,00 EUR	= 6.000,00 EUR
	Lagerkosten:	Bedarf 2	0,04 EUR pro Stück · 30 Tage · 3.000 Stück	= 3.600,00 EUR
	Gesamtkosten:			= 9.600,00 EUR
Alt. 3:	Bedarf 1 wird zu seinem Termin gefertigt. Bedarf 2 und 3 werden zum Termin von Bedarf 2 gefertigt. Es fallen zweimal Rüstkosten an und einmal Lagerkosten.			
	Rüstkosten:	Bedarf 1 und Bedarf 2 + 3	2 · 3.000,00 EUR	= 6.000,00 EUR
	Lagerkosten:	Bedarf 3	0,04 EUR pro Stück · 25 Tage · 2.400 Stück	= 2.400,00 EUR
	Gesamtkosten:			= 8.400,00 EUR
Alt. 4:	Alle drei Bedarfe werden zum ersten Termin gefertigt. Es fallen einmal Rüstkosten an und zweimal Lagerkosten.			
	Rüstkosten:	Bedarf 1 + 2 + 3	1 · 3.000,00 EUR	= 3.000,00 EUR
	Lagerkosten:	Bedarf 2	0,04 EUR pro Stück · 30 Tage · 3.000 Stück	= 3.600,00 EUR
		Bedarf 3 (30 + 25 = 55 Tage)	0,04 EUR Pro Stück · 55 Tage · 2.400 Stück	= 5.280,00 EUR
	Gesamtkosten:			= 11.880,00 EUR

Kapazitätsbelegung und Kapazitätsabgleich

- **Kapazitätsbelegung:**
  Fertigungslose werden auf das Arbeitssystem Maschinen/Mitarbeiter verteilt.

- **Kapazitätsabgleich:**
  Kapazitätsbedarf   =   Kapazitätsangebot
  (Summe aller Fertigungsaufträge)   =   (Summe aller Maschinen und Mitarbeiter)

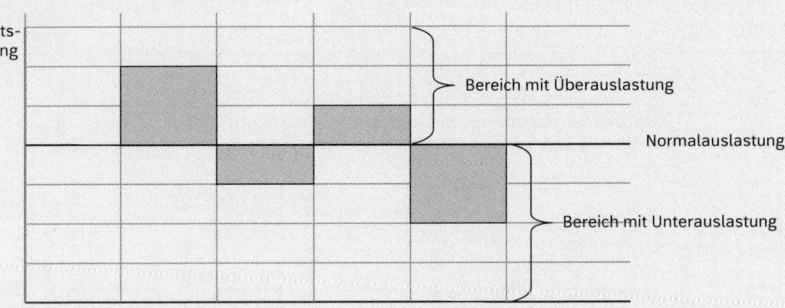

Folgen der Überauslastung	Folgen der Unterauslastung
• Überstunden • gestresste Mitarbeiter • Überbeanspruchung der Maschinen • Fehler durch ungenaues Arbeiten	• Fixkosten werden nicht gedeckt • Kurzarbeit • Entlassungen
= Ziel des Betriebs: Nahe der **Normalauslastung** arbeiten = Kapazitätsabgleich	

- **Kurzfristige Maßnahme:**
  - kurzfristige Auswärtsvergabe = Fremdbetrieb
  - zeitliche Verlagerung = Fertigung zu einem späteren Zeitpunkt
  - technische Verlagerung = Verlagerung auf eine andere freie Maschine
- **Mittelfristige Maßnahme:** (Anpassung der Kapazitäten)
  - Überstunden
  - zusätzliche Schichten
  - Kurzarbeit
  - Leiharbeit
- **Langfristige Maßnahme:** (Ausweitung der Kapazitäten)
  - Erweiterungsinvestitionen
  - Einstellung von Mitarbeitern

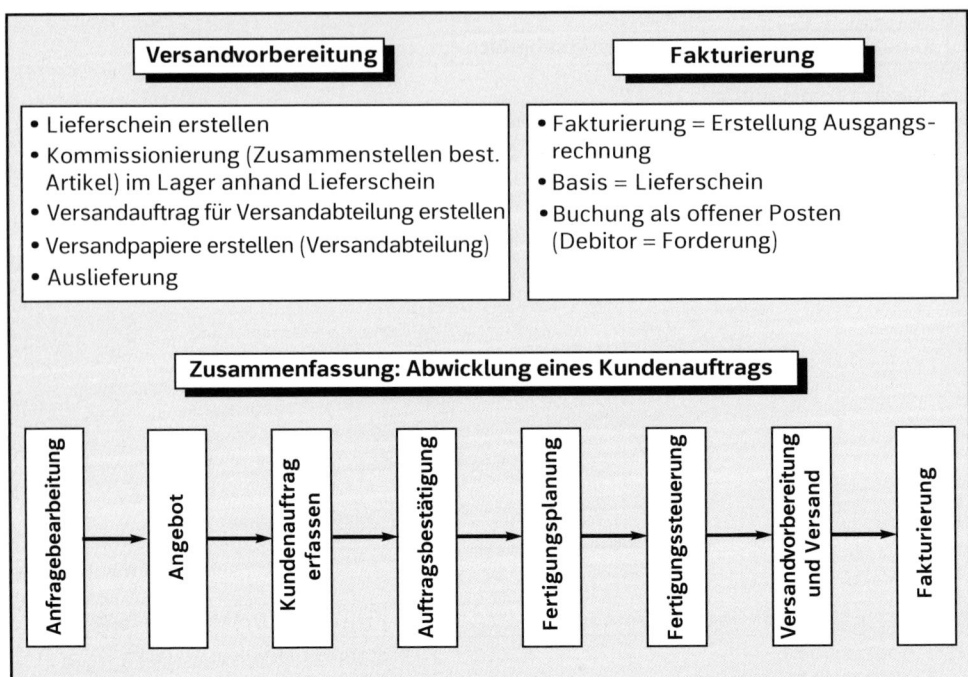

Aufgaben

1. Nennen Sie die Bereiche der **Fertigungsplanung.**

2. a) Welche Bereiche umfasst die **Ablaufplanung?**
    b) Was beinhaltet der **Arbeitsplan** und welche Bedeutung hat er?

3. Welche Bereiche umfasst die **Bedarfsplanung?**

4. Erklären Sie kurz den Begriff **Fertigungssteuerung.**

5. Nennen Sie vier Bereiche der **Fertigungssteuerung** und beschreiben Sie diese kurz.

6. Was versteht man unter **Laufkarte?**

7. Nennen Sie stichwortartig anfallende Aufgaben der
    a) Versandvorbereitung,
    b) Fakturierung.

8. Notieren Sie stichwortartig in einer Reihenfolge die Aufgaben im Zusammenhang mit der Abwicklung eines Kundenauftrags.

2.8   Fertigungsverfahren

Stofftelegramm

Unterscheidungsmerkmal: Menge gleichartiger Erzeugnisse

	Einzelfertigung	Serienfertigung	Massenfertigung
Merkmal	• jedes Produkt ist anders • sukzessiv oder simultan	begrenzte Herstellung gleichartiger Produkte (Groß-, Kleinserie)	unbegrenzte Herstellung gleicher Produkte
Beispiele	• Bauunternehmen • Schiffsbau	• Autoproduktion • Fertighausproduktion	• Zigaretten • Zement • Glühbirnen
Produktunter-schiede	erheblich	von Serie zu Serie groß, innerhalb der Serie keine	keine
Qualifizierung Arbeitskräfte	vielseitige Fähigkeiten	• Kleinserie: Vielseitigkeit! • Großs.: leicht anlernbar	leicht anlernbar
Fertigungs-organisation	• Handarbeit • Werkstattfertigung	• Kleinserie: Werkstattfert. • Großserie: Reihen-, Fließfertigung	Fließfertigung
Stückkosten	relativ hoch	• sinken mit steigender Auflage; • optimale Losgröße!	sinken mit steigender Stückzahl (Gesetz der Massenproduktion)
Diverses	Sonderwünsche des Kunden möglich	Sonderwünsche des Kunden in Grenzen berücksichtigungsfähig	keine Sonderwünsche möglich

Sortenfertigung	• aus demselben Ausgangsmaterial werden auf einer Produktionsanlage Produkte mit nur geringen Unterschieden erstellt • Übergang zur Serien- und Massenfertigung fließend Beispiele: Herrenanzüge, Schrauben verschiedener Größen, Schokolade
Partiefertigung	Verwendung qualitativ verschiedener Rohstoffe Beispiele: Tee, Wein, Tabak aus verschiedenen Ländern
Chargenfertigung	Die Qualität des Endproduktes wird durch das (oft nicht exakt beherrsch-bare) Mischungsverhältnis, das von Charge (= Ladung) zu Charge unter-schiedlich sein kann, bestimmt. Beispiele: Schmelzprozesse im Hochofen, Brauereien, Molkereien
Kuppelproduktion	Anlässlich der Produktion des Hauptproduktes fallen automatisch Kuppelprodukte (verbundene Produkte) an. Beispiel: Gasproduktion (gleichzeitig fallen Koks, Teer und Ammoniak an)

Unterscheidungsmerkmal: Fertigungsorganisation (Organisationstypen)

Werkstättenfertigung

- **Begriff:** Zusammenfassung von Maschinen und Arbeitskräften mit gleichartigen Arbeitsverrichtungen in Werkstätten. Zweckmäßig, wo Maschinenanordnung nach dem Arbeitsablauf nicht möglich ist.

- **Voraussetzungen:** Universalmaschinen, qualifizierte Arbeitsplätze

- **Vorteile im Vergleich zur Fließfertigung:**

  - Bearbeitung von Sonderwünschen möglich
  - anpassungsfähig bei Änderungen (Universalmaschinen!)
  - abwechslungsreichere Tätigkeiten (mehr Erfolgserlebnisse)

- **Nachteile im Vergleich zur Fließfertigung:**

  - längere Transportwege, mehr Beförderungsmittel nötig
  - langsamere Durchlaufzeiten
  - hohe Lohnkosten (Fachkräfte)
  - hohe Lagerkosten (Zwischenlager!)
  - hoher Planungsaufwand

Reihenfertigung (Straßenfertigung)

- **Begriff:**
  - Betriebsmittel in Reihenfolge des Arbeitsablaufes hintereinander angeordnet
  - keine zeitliche Bindung zwischen den Arbeitsvorgängen
  - Zwischenlager (Vorratspuffer)

- **Vorteile gegenüber der Werkstättenfertigung:**

  - übersichtlicher
  - Transportwege kürzer
  - schnellerer Durchlauf
  - weniger Planung notw.
  - leistungsfähigere Spezialmaschinen einsetzbar
  - niedrigere Lohnkosten (leicht anlernbare Kräfte)

- **Nachteile gegenüber Werkstättenfertigung:**

  - weniger anpassungsfähig bei Änderungen (Spezialmasch.)
  - weniger abwechslungsreiche Tätigkeiten für Arbeitskräfte

- **Vorteile gegenüber der Fließfertigung:**

  Arbeitskräfte können in Grenzen das Arbeitstempo selbst bestimmen (keine zeitliche Bindung)

- **Nachteile gegenüber der Fließfertigung:**

  - Zwischenlagerkosten
  - evtl. Wartezeiten, da keine exakte zeitliche Abstimmung
    → längere Durchlaufzeiten
  - geringerer Spezialisierungsgrad

Gruppenfertigung (= Inselfertigung)

- **Begriff:**
  - Kombination von Werkstatt- und Reihen- bzw. Fließfertigung
  - Anordnung der Werkstätten (Inseln) nach dem Flussprinzip

- **Vorteile gegenüber der Werkstättenfertigung:**

  - Transportwege kürzer
  - geringere Rüst- und Umstellungskosten
  - übersichtlicher

- **Nachteil gegenüber der Werkstättenfertigung:** etwas unelastischer

Fließfertigung	• **Begriff:**	– Reihenfertigung mit exakter zeitlicher Festlegung des Arbeits- ablaufes (taktgebunden) – Taktzeit = Produktionszeit für ein Stück – keine Puffer, pausenlose Produktion – Fließfertigung + mechanische Fördermittel („Band") = Fließ- bandfertigung
	• **Vorteile:**	– ideal für Großserien- und Massenproduktion – keine Zwischenlagerkosten – kurze Durchlaufzeiten (kostenoptimal) – Leistungssteigerung durch Spezialisierung – Übersichtlichkeit
	• **Nachteile:**	– geringe Anpassungsfähigkeit an Änderungen – hohes Unternehmerrisiko (Nachfrage sinkt: Stückkosten steigen) – hoher Kapitaleinsatz, somit hohe Zinsbelastung (Fixkosten!) – Produktionsstopp bei Störung (Gegenmaßnahme: „Springer") – eintönige Arbeiten (Gesundheitsprobleme, wenig Erfolgserleb- nisse)
Baustellen- fertigung	• **Begriff:**	Die Fertigung ist an einen bestimmten Ort gebunden (Bau- bzw. Fertigungsstelle)
	• **Beispiele:**	Haus-, Straßen-, Brückenbau

Aufgaben

1. Nennen Sie die Fertigungsarten, unterschieden nach der
   a) Menge gleichartiger Erzeugnisse,   b) Fertigungsorganisation,   c) Produktionstechnik.

2. Unterscheiden Sie zwischen Einzel-, Serien- und Massenfertigung hinsichtlich Produkt-
   unterschiede, Arbeitskräftequalifizierung, Stückkosten und Kundensonderwünsche.

3. Erklären Sie kurz folgende Fertigungsarten und nennen Sie je zwei Beispiele:
   a) Sortenfertigung   c) Chargenfertigung
   b) Partiefertigung   d) Kuppelproduktion

4. a) Unterscheiden Sie die Begriffe Reihen- und Fließfertigung.
   b) Nennen Sie Vor- und Nachteile der Reihenfertigung im Vergleich zur Fließfertigung.

5. a) Unterscheiden Sie zwischen Gruppen- und Werkstättenfertigung.
   b) Nennen Sie Vor- und Nachteile der Gruppenfertigung im Vergleich zur Werkstättenferti-
      gung.

6. Welche Vor- und Nachteile hat die Werkstättenfertigung im Vergleich zur Fließfertigung?

7. Erklären Sie den Begriff Baustellenfertigung. Zwei Beispiele.

8. a) Wann entscheidet sich ein Betrieb für Werkstättenfertigung?
   b) Beurteilen Sie die Werkstättenfertigung unter den Aspekten Beschaffung und Absatz.
      Begründungen.

9. Ergänzen Sie die fehlenden Wörter:
   Von der Fertigungsseite her betrachtet kann umso ... (a) ... produziert werden, je höher die
   Auflage ist. Aus ...(b)... Gründen und wegen der ...(c)... besteht aber in kaum einem Betrieb

die Möglichkeit, die Auflagen beliebig groß festzusetzen. Die wirtschaftlichste Auflage eines zu fertigenden Erzeugnisses bezeichnet man auch als ...(d)... .

10. Die Firma Moppel & Co., Heidelberg, produziert Kunststoffbälle in verschiedenen Größen und Farben. Die Produkte werden in der Reihenfolge der vorzunehmenden Arbeiten von Maschinen in jeweils größeren Mengen einer Ballgröße gefertigt. Der Arbeitsfluss ist zeitlich nicht gebunden. Die Farbbesprühung erfolgt am Schluss des Fertigungsprozesses.

    a) Welche Fertigungsart wird angewendet hinsichtlich der Menge gleichartiger Erzeugnisse und der Fertigungsorganisation? (Begründungen)

    b) Welche Kosten bestimmen die Losgröße eines Erzeugnisses?

    c) Wie verhalten sich diese Kosten – bezogen auf ein Stück – bei Erhöhung der Losgröße?

11. a) Die Schreckschraub AG stellt im Werk I Schrauben verschiedener Größen her. Welche Fertigungsart hinsichtlich der Menge gleichartiger Erzeugnisse liegt vor?

    b) Im Werk II werden Motoren in Fließfertigung bearbeitet. Nennen Sie die entscheidenden Merkmale der Fließfertigung.

    c) Nennen Sie zwei Vorteile der Fließfertigung.

    d) Die Schreckschraub AG hat ihr Produktionsprogramm um die Produktion von Werkzeugen erweitert. In der neu eingerichteten Fertigungshalle befinden sich – jeweils zusammenhängend angeordnet – Fräsmaschinen, Bohrmaschinen, Drehbänke usw. Welcher Organisationstyp liegt vor?

2.9   Kosten und Beschäftigungsgrad – Produktionscontrolling

Stofftelegramm

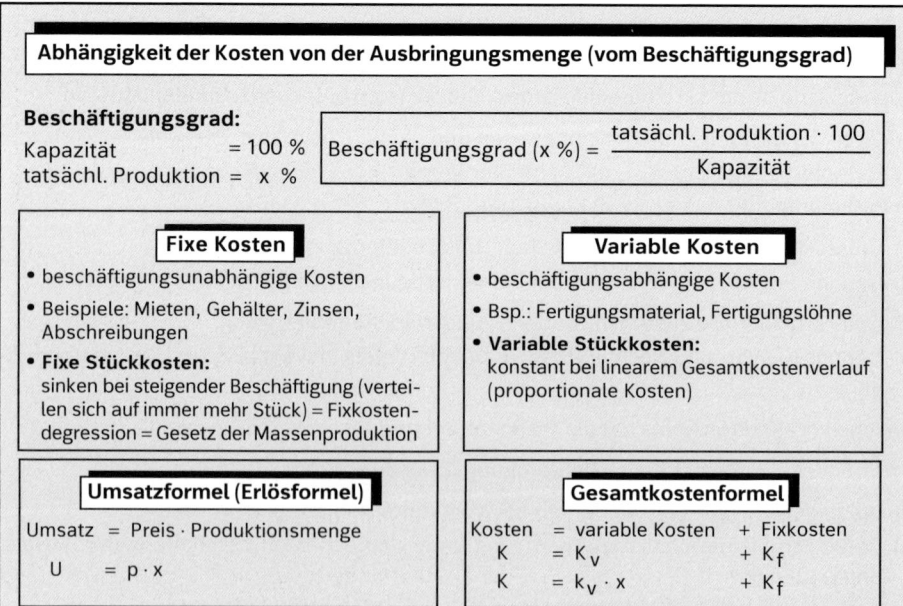

Abhängigkeit der Kosten von der Ausbringungsmenge (vom Beschäftigungsgrad)

Beschäftigungsgrad:
Kapazität   = 100 %
tatsächl. Produktion = x %

$$\text{Beschäftigungsgrad } (x\,\%) = \frac{\text{tatsächl. Produktion} \cdot 100}{\text{Kapazität}}$$

Fixe Kosten
- beschäftigungsunabhängige Kosten
- Beispiele: Mieten, Gehälter, Zinsen, Abschreibungen
- **Fixe Stückkosten:**
  sinken bei steigender Beschäftigung (verteilen sich auf immer mehr Stück) = Fixkostendegression = Gesetz der Massenproduktion

Variable Kosten
- beschäftigungsabhängige Kosten
- Bsp.: Fertigungsmaterial, Fertigungslöhne
- **Variable Stückkosten:**
  konstant bei linearem Gesamtkostenverlauf (proportionale Kosten)

Umsatzformel (Erlösformel)

Umsatz = Preis · Produktionsmenge

$U\quad = p \cdot x$

Gesamtkostenformel

Kosten = variable Kosten + Fixkosten
$K\quad = K_v \qquad\qquad + K_f$
$K\quad = k_v \cdot x \qquad\quad + K_f$

Gewinnformel

Gewinn = Umsatz − Kosten

Gewinn = $p \cdot x \quad - (k_v \cdot x + K_f)$

Nutzenschwelle (Gewinnschwelle)

Umsatz = Kosten

$p \cdot x \quad - k_v \cdot x + K_f \qquad x = K_f : (p - k_v)$

Gewinnmaximum ⟶ an der **Kapazitätsgrenze**

Kritische Menge

Produktionsmenge, ab der ein Produktionsverfahren (z. B. kapitalintensiv) kostengünstiger wird als ein anderes Produktionsverfahren (z. B. lohnintensiv).

Hier gilt:

Kosten (Verfahren I) = Kosten (Verfahren II)

$k_v \cdot x + K_f \qquad = \quad k_v \cdot x + K_f \qquad x = ...$

Rationalisierung und Kostenstruktur

Mehr Maschinen – weniger menschl. Arbeit (Substitution arbeitsintensiver Verfahren durch anlageintensive Verfahren); <u>Folge:</u> Fixkosten steigen, variable Stückkosten sinken. Ab bestimmter Produktionsmenge (kritische Menge) wird anlageintensives Verfahren kostengünstiger.

Wichtig somit bei anlageintensiven Verfahren: **hohe Stückzahlen!**

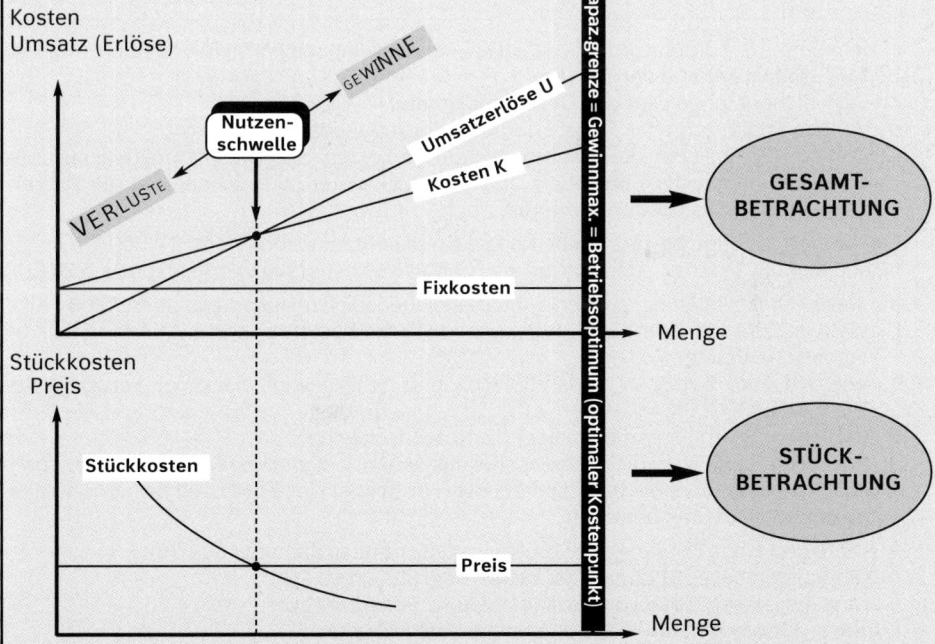

Produktionscontrolling: • Planung, Steuerung und Überwachung der Produktion
• Schwerpunkte = Kosten, Produktivität, Wirtschaftlichkeit und Qualitätsmanagement

Aufgaben

1. Die Kapazität eines Betriebes beträgt 60.000 Stück, die tatsächliche Produktion 50.000 Stück. Ermitteln Sie den Beschäftigungsgrad.

2. Erklären Sie die Begriffe fixe und variable Kosten und nennen Sie je zwei Beispiele.

3. Erklären und begründen Sie das Gesetz der Massenproduktion.

4. Die AUMO GmbH in Stuttgart produziert Spezialautos. Kosten- und Erlössituation: Fixkosten 20.000,00 EUR; variable Kosten je Stück 1.000,00 EUR; Preis 2.000,00 EUR

   a) Ergänzen Sie die Tabelle.

Prod.-menge in Stück	Fix-kosten in Euro	Variable Kosten in Euro	Gesamt-kosten in Euro	Stück-kosten in Euro	Umsatz-erlöse in Euro	Gewinn (Verlust) in Euro
5	20.000,00					
10						
15						
20						
25						
30						
35						
40						
45						
50						

   b) Berechnen Sie die Nutzenschwelle (Gewinnschwelle) mit Formeln und überprüfen Sie Ihr Ergebnis anhand der Tabelle.
   c) Bei welcher Menge liegt das Gewinnmaximum?
   d) Welche Spalte zeigt das Gesetz der Massenproduktion?
   e) Zeichnen Sie ins obere Koordinatensystem die Kosten- und Umsatzfunktion, ins untere Koordinatensystem den Preis und die Stückkosten. Bezeichnen Sie die Nutzenschwelle und das Gewinnmaximum.

5. Ein Betrieb erzeugt bei normaler Kapazitätsausnutzung monatlich 12.000 Stück bei 60.000,00 EUR Gesamtkosten, wovon ein Fünftel fixe Kosten sind. Verkaufspreis: 6,20 EUR.

   a) Welcher Beschäftigungsgrad entspricht einer monatlichen Ausbringung von 7.200 Stück?
   b) Wie viel Euro betragen Gewinn, fixe und variable Kosten insgesamt und je Stück bei Vollbeschäftigung?
   c) Wie viel Euro betragen Gesamtgewinn und Stückgewinn bei einer Fertigung von 9.000 Stück?
   d) Bei welcher Fertigungsmenge liegt die Nutzenschwelle?
   e) Wie verschiebt sich die Nutzenschwelle, wenn Gesamtkosten und Verkaufspreis gleich bleiben, aber die fixen Kosten zwei Fünftel der Gesamtkosten bei normaler Kapazitätsausnutzung betragen?

6. Ausbringung eines Betriebes bei 100%iger Kapazitätsauslastung: 800 Stück.
   Gesamtkosten bei 80 % Kapazitätsauslastung: 88.000,00 EUR
   Gesamtkosten bei 90 % Kapazitätsauslastung: 96.000,00 EUR
   Ermitteln Sie die variablen Stückkosten und die Fixkosten.

7. Prod.verfahren I: Variable Stückkosten   200,00 EUR   a) Wo liegt die kritische Menge?
                      Fixkosten   10.000,00 EUR   b) Bei welchen Produktionsmen-
   Prod.verfahren II: Variable Stückkosten   300,00 EUR   gen ist Verfahren I, bei welchen
                      Fixkosten   8.000,00 EUR   Verfahren II günstiger?

## 2.10	Rationalisierung

Stofftelegramm

Rationalisierung	=	Maßnahmen zur Verbesserung der Arbeitsabläufe zum Zweck der Steigerung der Wirtschaftlichkeit und Produktivität.

Anlässe der Rationalisierung	• Erhaltung der internationalen (globalen) Wettbewerbsfähigkeit • Arbeitskräftemangel: Übertragung von Routinearbeiten auf Maschinen • starker Preiswettbewerb → Kostensenkung notwendig • Übertragung unangenehmer Arbeiten auf Maschinen • momentane Produktivität unbefriedigend • neue Fertigungstechnologien wurden entwickelt • Ersatz veralteter Produktionstechnik ...

Ziele der Rationalisierung	• Verbesserung der Betriebsabläufe • Verbesserung der Arbeitsbedingungen • Erhöhung der Produktivität • Erhöhung der Wirtschaftlichkeit • Erhöhung der Rentabilität	• Kostensenkung • Qualitätsverbesserung • Ertragssteigerung • humanere Arbeitsbedingungen • Umweltverträglichkeit

Einzelmaßnahmen der Rationalisierung	**Ersatz unwirtschaftlicher Anlagen (Trend zur Automation)** **Automation:** Einsatz von sich selbstständig steuernden Maschinen (Teilautomation) und evtl. sich zusätzlich kontrollierenden Maschinen (Vollautomation) → Kosten- und Umweltvorteile, höhere Leistungsfähigkeit ...

Standardisierung

Normung:	**Typung:**	**Spezialisierung:**	**Baukastensystem:**
Vereinheitlichung v. Einzelteilen (z. B. Gewindegrößen) und nicht zusammengesetzten Endprodukten (z. B. Filme, Flaschen) Zuständig: **D**eutsches **I**nstitut für **N**ormung**(DIN)**	Vereinheitlichung ganzer zusammengesetzter Produkte (z. B. Fertighaus, Auto)	Produktionsprogramm auf wenige Produktarten beschränken	• Genormte Einzelteile werden zu verschiedenen Typen zusammengesetzt. • Folge: Kundenwünsche durch verschiedene Zusammensetzung der einzelnen Baugruppen berücksichtigungsfähig

Vorteile:	**Nachteile:**
• Kostensenkung (Produktion größerer Mengen) • Ersatzteilbeschaffung erleichtert • Konstruktionen erleichtert • Verkleinerung Lager (weniger Teile) • kürzere Lieferzeiten • erleichterter Einkauf und Verkauf • geringeres Absatzrisiko	• weniger Produktvielfalt • Kreativitätsbeschränkung • weniger Auswahlmöglichkeiten des Käufers (vgl. jedoch Baukastensystem!) • krisenanfällig bei Wandel der Verbraucherwünsche

Arbeitsteilung

Artteilung (= Arbeitszerlegung):	Jede Teilarbeit wird von einer anderen Arbeitskraft ausgeführt.
Mengenteilung:	Alle Mitarbeiter machen dieselben Arbeitsgänge.

Ganzheitliche Rationalisierungskonzepte

Industrie 4.0

- **Industrie 4.0** = computerunterstütztes integriertes Produktionssystem = höchste Automationsstufe: Alle Fertigungs-, Materialbereiche und Verwaltung sind untereinander durch ein einheitliches Computersystem verbunden – zentrale Datenbank.

- Ein komplexes Computerprogramm plant, steuert und überwacht alle betrieblichen Prozesse vom Kundenauftrag bis zur Auslieferung und Fakturierung.

- **PPS** = computergestützte Produktionsplanung und -steuerung (= Software-System)

- **Vorteile:** – hohe Flexibilität in jeder Hinsicht
  – zeit- und kostensparend (Produktionszeiten kürzer, bessere Kapazitätsauslastung)
  – weniger Störungen im Fertigungsablauf
  – Stärkung der Marktstellung (Kundenwünsche besser berücksichtigt, Termintreue, höhere Produktqualität, schnellerer Service ...)

Schlanke Fabrik („Lean Production" bzw. „Lean Management")

Stichworte zur „Schlanken Fabrik":

- Unternehmen ist eine **Sinngemeinschaft** der dort arbeitenden Menschen.
- Menschen sollen sich mit dieser Sinngemeinschaft **identifizieren** und sich **gemeinsam** um das Wohlergehen des Unternehmens bemühen.
- Der arbeitende **Mensch** ist im **Mittelpunkt**; er soll seine Kräfte optimal entfalten können.
- Jede Art von **Verschwendung** ist zu **vermeiden** (keine unnötigen Lagerbestände, optimal ausgenutzte Kapazitäten, wenig Ausschuss, keine Fehler aufgrund mangelnder **Motivation** bzw. mangelnder **Identifikation** mit den Unternehmenszielen).
  → „**Abspecken**" dieser Verschwendung! Unternehmen muss „**schlank**" („**lean**") werden! (z. B. Abbau von Instanzen in der Verwaltung, Bildung dezentraler Unternehmenseinheiten mit eigener Verantwortung, Bildung effizienter Teams)
- Entscheidend ist **Teamarbeit** (Gruppenarbeit): Die **Gruppe** arbeitet kreativer, produktiver, flexibler als der Einzelne.
- Jeder Einzelne übernimmt ein hohes Maß an **Eigen- und Teamverantwortung.**
- Ziel: optimales **Zusammenwirken** von Mensch, Organisation und Maschinen
- **Kommunikation** zwischen den Teams – keine Konkurrenz
- Anwendung des **Just-in-time**-Systems = **JIT**
- **Just-in-Sequence (JIS)** = Systemlieferant liefert direkt auf dem Werksgelände des Herstellers in die Produktionssequenz (z. B. Autositz in das entsprechende Auto).
- Anwendung des **Qualitätsmanagements**
- Kontinuierlicher, das ganze Unternehmen betreffender Verbesserungsprozess = „**KVP**" („**Kaizen**": kontinuierliches Verbessern der Prozesse in kleinen Schritten)
- Bei allen Mitarbeitern ist ein grundlegender **Bewusstseinswandel** notwendig.

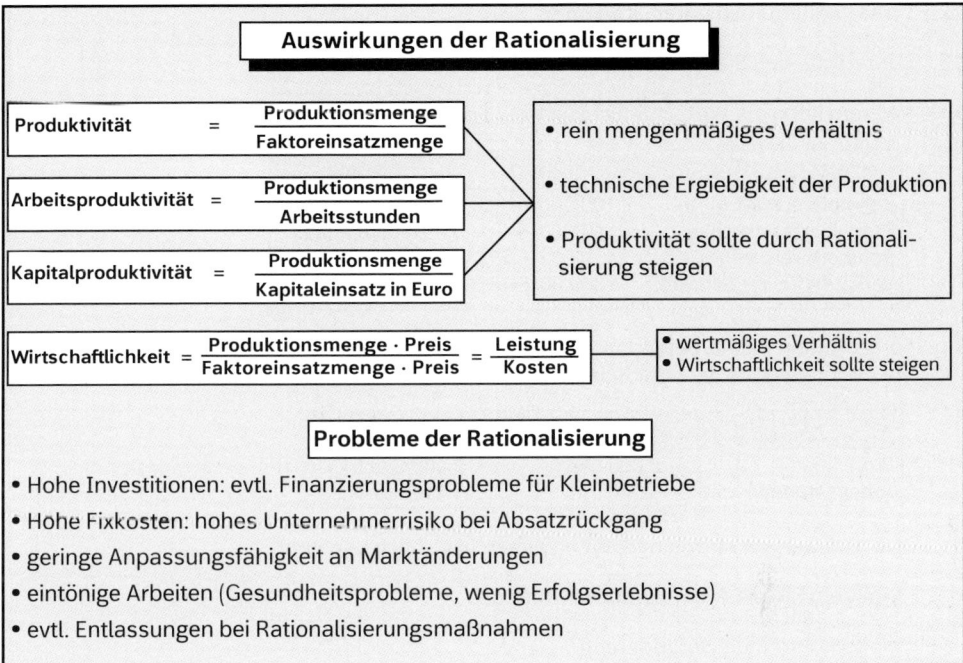

Auswirkungen der Rationalisierung

$$\text{Produktivität} = \frac{\text{Produktionsmenge}}{\text{Faktoreinsatzmenge}}$$

$$\text{Arbeitsproduktivität} = \frac{\text{Produktionsmenge}}{\text{Arbeitsstunden}}$$

$$\text{Kapitalproduktivität} = \frac{\text{Produktionsmenge}}{\text{Kapitaleinsatz in Euro}}$$

- rein mengenmäßiges Verhältnis
- technische Ergiebigkeit der Produktion
- Produktivität sollte durch Rationalisierung steigen

$$\text{Wirtschaftlichkeit} = \frac{\text{Produktionsmenge} \cdot \text{Preis}}{\text{Faktoreinsatzmenge} \cdot \text{Preis}} = \frac{\text{Leistung}}{\text{Kosten}}$$

- wertmäßiges Verhältnis
- Wirtschaftlichkeit sollte steigen

Probleme der Rationalisierung

- Hohe Investitionen: evtl. Finanzierungsprobleme für Kleinbetriebe
- Hohe Fixkosten: hohes Unternehmerrisiko bei Absatzrückgang
- geringe Anpassungsfähigkeit an Marktänderungen
- eintönige Arbeiten (Gesundheitsprobleme, wenig Erfolgserlebnisse)
- evtl. Entlassungen bei Rationalisierungsmaßnahmen

Aufgaben

1. a) Was versteht man unter **Rationalisierung**?
   b) Nennen Sie je drei Anlässe und Ziele der Rationalisierung.

2. Nennen Sie je vier Vor- und Nachteile der **Automation**.

3. Wann ist es sinnvoll, bestimmte Fertigungsbereiche zu automatisieren?

4. Unterscheiden Sie: **Normung, Typung und Spezialisierung**.

5. a) Was versteht man unter **Baukastensystem**?
   b) Welchen Vorteil hat das Baukastensystem für den Kunden?

6. Nennen Sie fünf Vorteile und drei Nachteile der **Standardisierung**.

7. Erklären Sie die **Art- und Mengenteilung** im Zusammenhang mit der Arbeitsteilung.

8. Nennen Sie zwei **ganzheitliche Rationalisierungskonzepte**.

9. Erklären Sie den Begriff „**Rechnergesteuerte Fabrik**".

10. Welche entscheidenden Vorteile verspricht man sich bei Einführung des CIM-Konzeptes (der **rechnergesteuerten Fabrik**)?

11. Beschreiben Sie stichwortartig die „**Schlanke Fabrik**" („**Lean Production**" bzw. „**Lean Management**").

12. Was versteht man unter „Kaizen"?

13. Unterscheiden Sie **Produktivität** und **Wirtschaftlichkeit**.

14. Warum kann die Wirtschaftlichkeit trotz Konstanz der Produktivität steigen?

15.

	Jahr 1	Jahr 2
Rohstoffverbrauch	100.000 m	120.000 m
Produzierte Schränke	50.000 Stück	70.000 Stück
Rohstoffpreis je m	2,00 EUR	3,00 EUR
Verkaufspreis je Schrank	300,00 EUR	300,00 EUR

a) Ermitteln Sie für beide Jahre die Produktivität und Wirtschaftlichkeit.
b) Beurteilen Sie die ermittelten Kennzahlen.

16.

	Monat 1	Monat 2
Produktion	2.000 Stück	2.400 Stück
Arbeitsstunden	3.840 Std.	4.416 Std.

Der Einsatz von Maschinen, Werkzeugen usw. blieb konstant.

Ermitteln Sie die Arbeitsproduktivitäten.

Worauf beruht die Veränderung?

17. Nennen Sie mehrere, sich evtl. aus Rationalisierungsmaßnahmen ergebende Probleme.

2.11   Prüfungsaufgaben

Prüfungsaufgaben Winter 2008/2009 (Aufgabe 1, teilweise)

Die Ernst Broog GmbH ist ein Unternehmen der Büromöbelindustrie, das sich auf die Herstellung und den Vertrieb von Produkten für den schulischen Einsatzbereich spezialisiert hat.

1.   Für den Artikel Stell-Pinnwand Nr. 4001 liegt Ihnen der Strukturbaum vor (**Anlage**).

1.1   • Erläutern Sie, wie der disponierbare Lagerbestand berechnet wird.
      • Worin unterscheidet sich der disponierbare vom verfügbaren Lagerbestand?

1.2   Es liegt ein Auftrag über 1.200 Stellwände vor.

      Führen Sie im Strukturbaum die Brutto- und Nettobedarfsrechnung für die Baugruppe 4002 Korkrahmen durch. Geben Sie die zu beschaffenden Mengen an.

1.3   Erstellen Sie die Baukastenstückliste für die Baugruppe 4001 Stellwand.

2. Aus der Anlage können die Herstell- bzw. Wiederbeschaffungszeiten für die Baugruppen bzw. Fremdbauteile entnommen werden.

2.1 Führen Sie auf Grundlage der angegebenen Herstell- bzw. Wiederbeschaffungszeiten die Terminplanung für den Korkrahmen im Strukturbaum durch. Gehen Sie davon aus, dass der Auftrag zum Betriebskalendertag 240 fertiggestellt sein muss.

2.2 Wann sind die Aluprofile 4013 und 4014 spätestens zu bestellen, damit der Auftrag rechtzeitig fertiggestellt werden kann?

3. Für das Fertigungsbauteil „4007 Alurahmen" ergeben sich bei derzeitigem Auftragsbestand insgesamt folgende Bedarfe:

Zum 01.10.08:   1.000 Stück
Zum 31.10.08:   1.500 Stück
Zum 25.11.08:   1.200 Stück

Verrechnungspreis je Stück   20,00 EUR
Lagerkostensatz   54 %
Rüstkosten   2.000,00 EUR

Die drei Bedarfe sollen gegebenenfalls zu Fertigungslosen gebündelt werden.

3.1 Wann ist allgemein die optimale Losgröße gegeben?

3.2 Zeigen Sie vier Möglichkeiten auf, wie man die Bedarfe kombinieren kann, und berechnen Sie jeweils die Gesamtkosten.

4. Die Broog GmbH möchte ermitteln, ab welcher Produktionsmenge sie die Gewinnzone erreicht. Bei voller Auslastung können 1.000 Arbeitstische hergestellt werden.

Die Gesamtkosten betragen monatlich:
bei einer Produktion von 600 Tischen 150.000,00 EUR
bei einer Produktion von 800 Tischen 180.000,00 EUR

(Annahme: nur absolut fixe Kosten und proportional variable Kosten)
Der Nettoverkaufspreis je Tisch beträgt 350,00 EUR.

4.1 Wie viel Euro betragen die variablen Stückkosten?

4.2 Berechnen Sie die fixen Gesamtkosten je Monat.

4.3 Berechnen Sie den Break-even-Point und stellen Sie diesen Sachverhalt in einer Skizze grafisch dar.

4.4 Welchem Beschäftigungsgrad entspricht der Break-even-Point?

6. Im Rahmen des Produktions-Controllings sollen für den Monat Oktober folgende Kennzahlen berechnet werden:
• Produktivität,
• Wirtschaftlichkeit und
• Rentabilität.

6.1   Berechnen Sie diese Kennzahlen auf der Basis der folgenden Angaben:

Ausbringungsmenge	1.000 Stück
Geleistete Arbeitsstunden	3.200 Stunden
Gesamtkosten	280.000,00 EUR
Umsatzerlöse	350.000,00 EUR
Eingesetztes Kapital	750.000,00 EUR

6.2   Wie können Sie diese Kennzahlen positiv beeinflussen? Zeigen Sie der Broog GmbH für jede Kennzahl eine konkrete Maßnahme auf.

Anlage

Auszüge aus den Artikelkarten

Teile-Nr.	Bezeichnung	Herstell- bzw. Wiederbe-schaffungszeit in Tagen
4001	Stellwand	500 St./Tag
4002	Korkrahmen	190 St./Tag
4003	Ständer links	300 St./Tag
4004	Drehschrauben	6
4005	Ständer rechts	300 St./Tag
4006	Korkplatten à 20 m²	12
4007	Alurahmen	200 St. /Tag
4008	Stahlrohr	10
4009	Fußteil links	8
4010	Schrauben	3
4011	Stöpsel	7
4912	Fußteil rechts	8
4013	Aluprofil 1,50 m	15
4014	Aluprofil 1,20 m	15

Erzeugnisstruktur

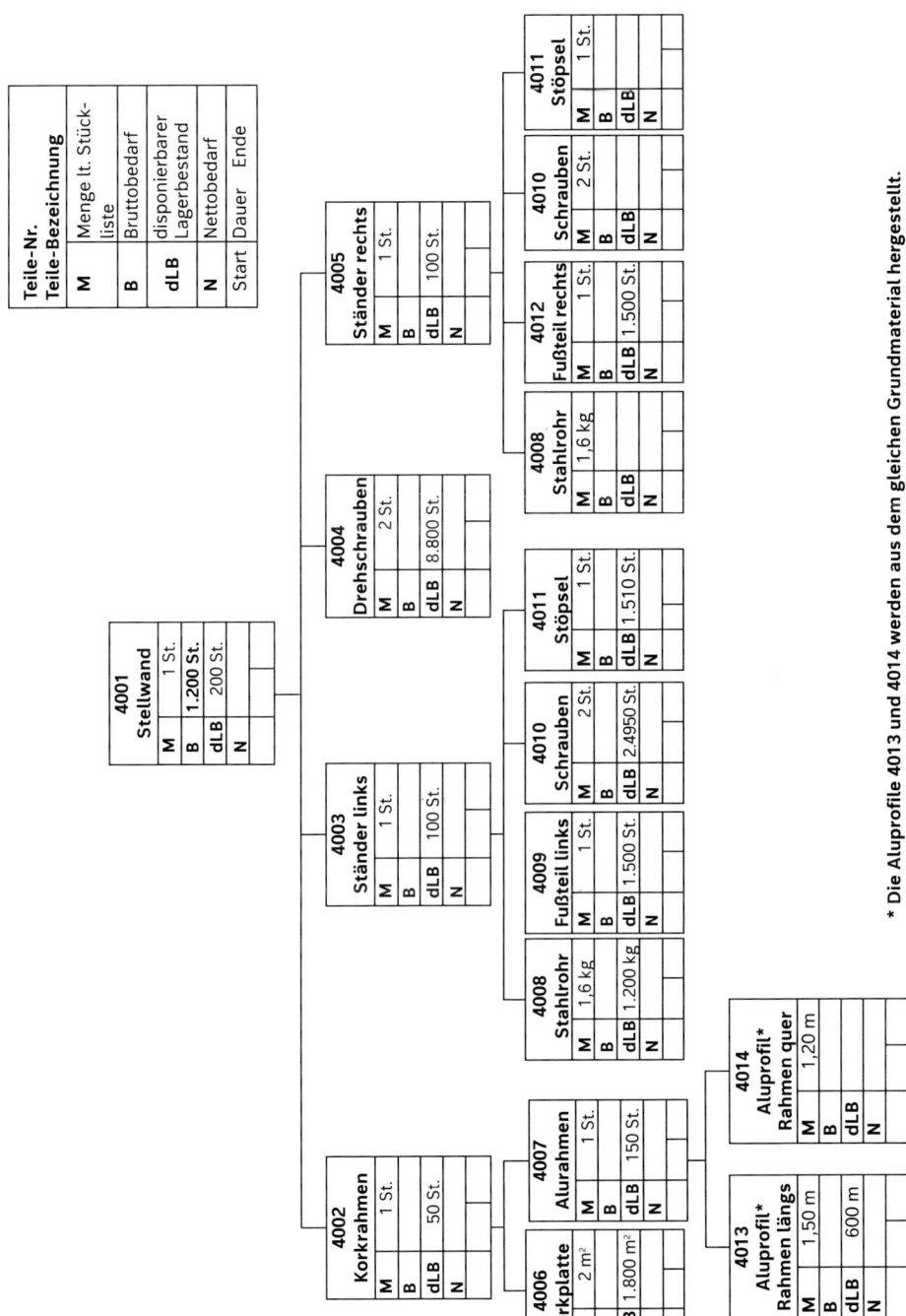

* Die Aluprofile 4013 und 4014 werden aus dem gleichen Grundmaterial hergestellt.

Prüfungsaufgaben Winter 2009/2010 (Aufgabe 2)

Die Schneider GmbH, Reutlingen, ist ein mittelständisches Unternehmen und hat sich auf die Herstellung von Scheren spezialisiert. Das Produktionsprogramm besteht aus Scheren für Garten, Haushalt und Büro.

1.   Sie sind Mitarbeiter der Produktionsplanung. Für die „Büroschere aus Stahl", Artikelnummer 5000, liegt Ihnen die Erzeugnisstruktur vor (**Anlage 1**).

1.1   Aus wie vielen Baustufen (Ebenen) besteht die Büroschere 5000 (**Anlage 1**)?

1.2   Für die Herstellung der Büroschere müssen auch Teile fremdbezogen werden. Nennen Sie die Artikelnummern der Fremdbezugsteile und begründen Sie mithilfe der **Anlagen** Ihre Auswahl.

1.3   Erläutern Sie, was man unter einem Baukasten versteht. Wie viele Baukästen liegen für den Artikel „Büroschere aus Stahl", Artikelnummer 5000, vor?

1.4   Erstellen Sie die Strukturstückliste für die Büroschere (**Anlage 2**).

1.5   Erläutern Sie, zu welchem Zweck die Schneider GmbH die Strukturstückliste erstellt.

1.6   Bei der Schneider GmbH geht ein Auftrag über 4.000 Büroscheren, Artikelnummer 5000, ein.

      Welche Mengen Granulat und Flachstahl müssen bestellt werden? Führen Sie die Bedarfsrechnung durch (**Anlagen 1** und **3**).

1.7   Der Auftrag über 4.000 Büroscheren wird gefertigt und muss laut Auftragsbestätigung zum 220. Betriebskalendertag fertiggestellt sein.

1.7.1 Erklären Sie, was man unter Rüstzeit versteht, und geben Sie ein Beispiel dafür an.

1.7.2 Berechnen Sie unter Verwendung der **Anlage 4** die Fertigungszeit für 4.000 Büroscheren, wenn alle Zubehörteile jeweils als Lose zu 4.000 Stück gebündelt werden.

      An welchem Betriebskalendertag muss spätestens mit der Produktion begonnen werden?

Hinweise:
Die Rohstoffe (Flachstahl und Granulat) befinden sich bereits auf Lager.
Die Stanzteile links und rechts werden zeitgleich gefertigt.
Die Kunststoffgriffe links und rechts werden ebenfalls zeitgleich gefertigt.
Die Fertigung der Stanzteile erfolgt zeitgleich mit der Fertigung der Kunststoffgriffe.
Alle sonstigen Arbeitsgänge werden nacheinander durchlaufen.
Die tägliche Arbeitszeit im Zweischichtbetrieb beträgt 16 Stunden.

1.7.3 Beschreiben Sie neben der Auftragszeitermittlung zwei weitere betriebliche Aufgaben, für die man die Arbeitspläne benötigt.

2.   Die Schneider GmbH sieht sich wegen der großen Konkurrenz gezwungen, den Verkaufspreis für die Büroschere auf 6,00 EUR pro Stück zu senken. Die Unternehmensleitung wendet sich deshalb an die Kostenrechnung.

Es liegen folgende Daten vor:

Monat	Erzeugte und verkaufte Menge in Stück	Gesamtkosten in Euro
Juli	6.000	36.000,00
August	10.000	52.000,00
September	12.000	60.000,00

Die monatliche Kapazität des Unternehmens liegt bei 12.000 Stück.

2.1   • Unterscheiden Sie die Begriffe fixe und variable Kosten.
       • Geben Sie für jede Kostenart zwei eindeutige Beispiele an.

2.2   Wie viele Büroscheren müssen verkauft werden, damit das Unternehmen bei einem Preis von 6,00 EUR/Stück die Gewinnzone erreicht?

2.3   Ermitteln Sie das monatliche Gewinnmaximum.

       (Falls in 2.2 kein Ergebnis ermittelt werden konnte, rechnen Sie alternativ mit monatlichen Fixkosten in Höhe von 14.000,00 EUR und variablen Kosten in Höhe von 3,60 EUR/ Stück.)

2.4   Stellen Sie die Gesamtkosten und die Erlöse in einer Skizze dar und kennzeichnen Sie die Gewinnschwelle sowie das Gewinnmaximum.

2.5   Die Geschäftsleitung erwartet eine Umsatzrentabilität von 5 %.

       Ermitteln Sie, bei welcher Stückzahl dies erreicht wird.

2.6   Die Absatzprognose für das vierte Quartal ist stark rückläufig. Deshalb wird über eine kurzfristige Preissenkung nachgedacht.

       Machen Sie einen begründeten Vorschlag, wie hoch der Preis für eine Büroschere mindestens sein sollte.

3.   Die Geschäftsleitung überlegt, die Büroschere aus Stahl fremdzubeziehen. Ein ausländischer Lieferant bietet sie für 5,80 EUR an.

3.1   Bei welchen Absatzmengen wäre es sinnvoll, die Büroschere bei gleichbleibender Kostensituation (vgl. 2) nicht mehr selbst zu fertigen? Rechnerischer Nachweis.

3.2   Nennen Sie vier weitere Kriterien, welche die Geschäftsleitung bei der Entscheidung über Eigenfertigung oder Fremdbezug prüfen sollte.

4.   Die Geschäftsleitung möchte die Eigenfertigung beibehalten. Unterbreiten Sie zwei Vorschläge, wie über Rationalisierungskonzepte Kosten gesenkt werden könnten, um die Beschäftigung langfristig zu sichern.

Anlage 1: Erzeugnisstruktur „Büroschere aus Stahl"

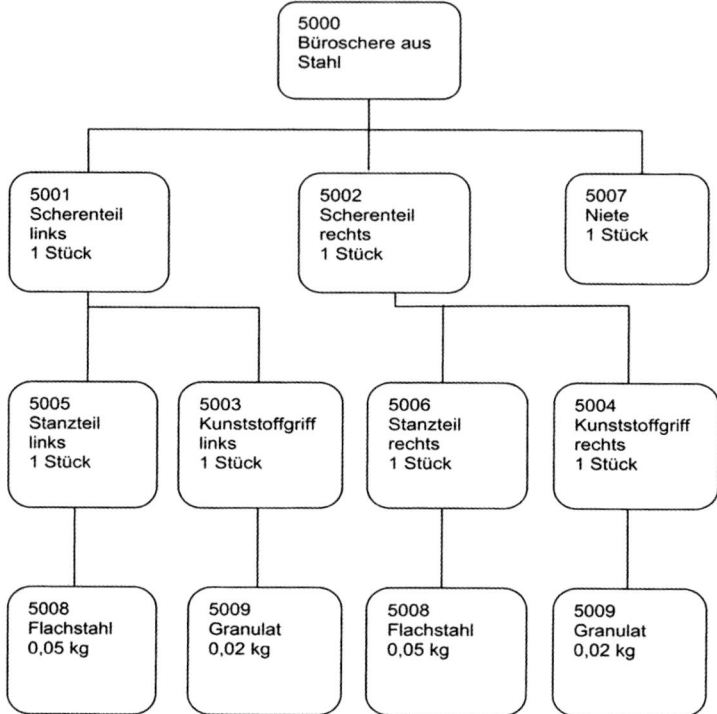

Anlage 2

Strukturstückliste: Büroschere aus Stahl 5000				
Baustufe				Art.-Nr.	Komponentenbezeichnung	Menge/Einheit

Anlage 3

Lagerhaltungsdaten					
Artikel-nummer	Beschreibung	Lagerbestand	Sicherheits-bestand	Menge in Bestellung	Menge in Fertigung
5000	Büroschere aus Stahl	500 Stück	0	0	0
5001	Scherenteil links	0	0	0	0
5002	Scherenteil rechts	0	0	0	0
5003	Kunststoffgriff links	0	0	0	0
5004	Kunststoffgriff rechts	0	0	0	0
5005	Stanzteil links	0	0	0	0
5006	Stanzteil rechts	0	0	0	0
5007	Nieten	1.500 Stück	250 Stück	0	0
5008	Flachstahl	75 kg	15 kg	0	0
5009	Granulat	25 kg	10 kg	0	0

Anlage 4

Arbeitsplan: 5000 Büroschere aus Stahl				
Arbeits-gang-Nr.	Art	Nr.	Rüstzeit in Min.	Bearbeitungszeit in Min.
10	Scherenteile zusammenstecken und nieten	710	5	0,3
20	Schere verpacken	900	5	0,2

Arbeitsplan: 5002 Scherenteil rechts				
Arbeits-gang-Nr.	Art	Nr.	Rüstzeit in Min.	Bearbeitungszeit in Min.
10	Griff auf Scherenteil rechts aufziehen	635	0	0,1
20	Namenszug einstempeln	640	10	0,1

Arbeitsplan: 5001 Scherenteil links				
Arbeits-gang-Nr.	Art	Nr.	Rüstzeit in Min.	Bearbeitungszeit in Min.
10	Griff auf Scherenteil links aufziehen	630	10	0,1

Arbeitsplan: 5004 Kunststoffgriff rechts				
Arbeits-gang-Nr.	Art	Nr.	Rüstzeit in Min.	Bearbeitungszeit in Min.
10	rechten Griff spritzen	625	5	0,5
20	entgraten	315	5	0,5

Arbeitsplan: 5006 Stanzteil rechts				
Arbeits-gang-Nr.	Art	Nr.	Rüstzeit in Min.	Bearbeitungszeit in Min.
10	rechtes Teil stanzen	205	5	0,2
20	härten	325	5	0,4
30	schleifen	305	5	0,5

Arbeitsplan: 5003 Kunststoffgriff links				
Arbeits-gang-Nr.	Art	Nr.	Rüstzeit in Min.	Bearbeitungszeit in Min.
10	linken Griff spritzen	620	5	0,5
20	entgraten	310	5	0,5

Arbeitsplan: 5005 Stanzteil links				
Arbeits-gang-Nr.	Art	Nr.	Rüstzeit in Min.	Bearbeitungszeit in Min.
10	linkes Teil stanzen	200	5	0,2
20	härten	320	5	0,4
30	schleifen	300	5	0,5

Prüfungsaufgaben Sommer 2013 (Aufgabe 2)

Die ArteK KG in Schramberg ist ein bekannter Hersteller von Sitzmöbeln und Gartenmöbeln. Zurzeit stehen für Aufträge noch freie Kapazitäten zur Verfügung. Das Unternehmen hat soeben eine unternehmensübergreifende Software eingeführt.
Nach Abschluss Ihrer Ausbildung sind Sie in der Abteilung Auftragsbearbeitung der ArteK KG tätig.

2.1   Die Abteilung Arbeitsvorbereitung ist zurzeit arbeitsmäßig überlastet. Deshalb sollen Sie anhand der vorliegenden Erzeugnisstruktur des neu entwickelten Barhockers „Exclusive" **(Anlage 1)** alle erforderlichen Baukastenstücklisten erstellen, die im neu eingeführten DV-System erfasst werden müssen. Verwenden Sie dazu die **Anlage 2.**

2.2   Am 03.05.2013 erhalten Sie per E-Mail die Bestellung der Holtin GmbH **(Anlage 3)**. Bevor Sie den Auftrag im System erfassen, ermitteln Sie rechnerisch, ob für die Fertigung der Gartentische „Summer" eine Zusammenfassung beider Lose (Lieferungstermine) sinnvoll wäre. Die auflagefixen Kosten betragen 100,00 EUR, die Herstellkosten pro Stück: 75,00 EUR. Die Lagerhaltungskosten belaufen sich auf 24 % p. a.

2.3   Unter dem Datum 03.05.2013 haben Sie den Auftrag über die Barhocker „Exclusive" mit dem gewünschten Lieferdatum 16.05.2013 im System erfasst. Um den von der Software berechneten Planungsvorschlag zu prüfen, führen Sie manuell eine Brutto- und Nettobedarfsrechnung für den vorliegenden Kundenauftrag durch. Von den einzelnen Komponenten sind teilweise Bestände auf Lager. Die Mengenangaben in der Erzeugnisstruktur sind in Stück angegeben und beziehen sich auf eine Einheit der nächsthöheren Baustufe. Tragen Sie Ihre Ergebnisse in **Anlage 1** ein.

2.4   Der vom DV-System erstellte Planungsvorschlag für die Barhocker „Exclusive" gibt als Bestelldatum (Starttermin) der Stahlrohre Artikel-Nr. 25011 den 30.04.2013 an. Ihr Abteilungsleiter möchte von Ihnen wissen, ob und ggf. unter welchen Umständen Sie diesen lukrativen Kundenauftrag termingerecht ausführen können.

2.5   Nach der Fertigstellung der Barhocker „Exclusive" veranlassen Sie Lieferung und Fakturierung dieses Teilauftrags. Stellen Sie den Buchungssatz auf, den das DV-System automatisch erstellt. Beschreiben Sie, welche Veränderungen die Auslieferung der Barhocker in der Artikelkarte hervorruft.

2.6   Aufgrund geringfügiger Sachmängel bei den Barhockern „Exclusive" erteilen Sie dem Kunden eine Gutschrift über 2 % des Warenwerts zuzüglich Umsatzsteuer.

Notieren Sie den Buchungssatz, den das System mit der Erfassung der Gutschrift erzeugt.

2.7   Unser Außendienstmitarbeiter teilt uns mit, dass die Konkurrenz einen Gartentisch für 99,00 EUR anbietet, der unserem Modell „Summer" sehr ähnelt. Die Kollegen aus dem Controlling haben auf der Basis des Konkurrenzpreises unser Produkt zu den bisherigen Konditionen neu kalkuliert (**Anlage 4**).

Beurteilen Sie die wirtschaftliche Situation, wenn wir unseren Verkaufspreis auf Konkurrenzniveau senken.

Zur Absicherung unserer Marktsituation sollen alle Funktionsbereiche (Materialwirtschaft, Produktion, Marketing und Personal) einen Beitrag zur Kostensenkung leisten. Für die nächste Bereichsleitersitzung formulieren Sie jeweils zwei konkrete Vorschläge pro Funktionsbereich.

Formulieren Sie drei Argumente, die unseren höheren Verkaufspreis rechtfertigen.

Anlage 1

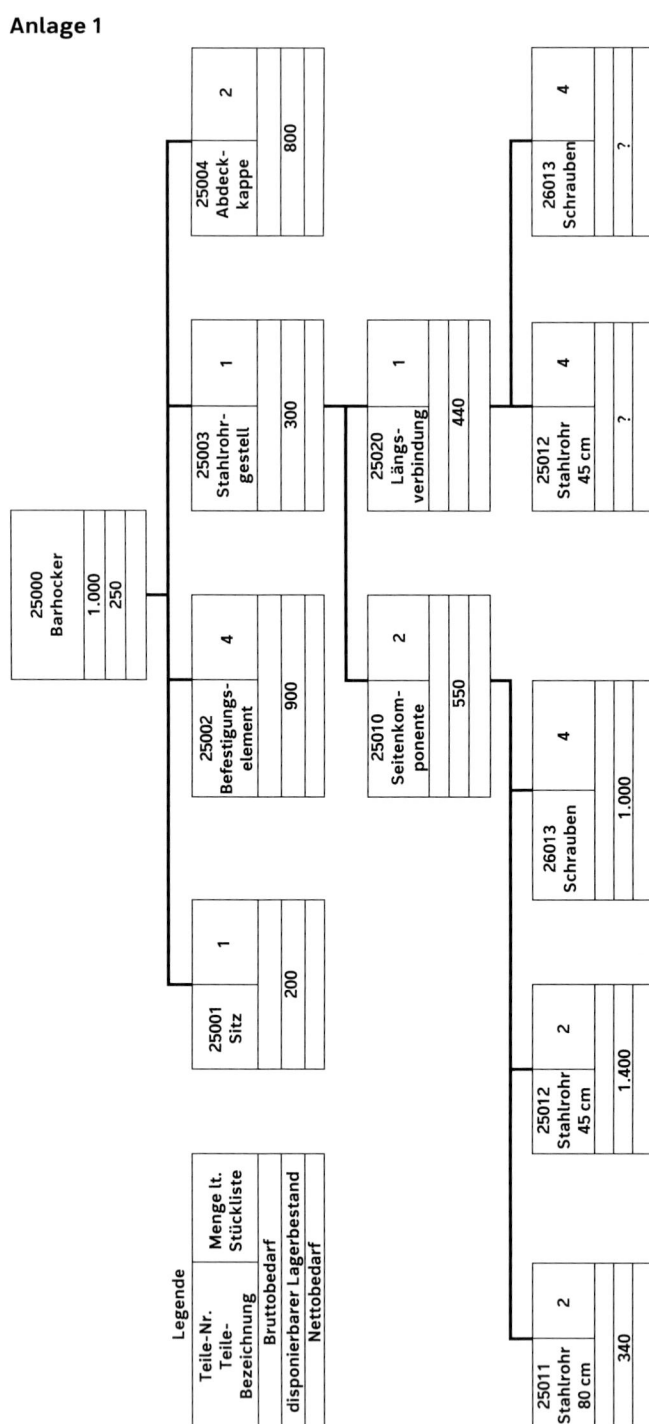

Anlage 2

Baukastenstückliste	Artikelnummer:	Bezeichnung:	
Artikelnummer	Komponentenbezeichnung	Menge	Mengeneinheit

Baukastenstückliste	Artikelnummer:	Bezeichnung:	
Artikelnummer	Komponentenbezeichnung	Menge	Mengeneinheit

Baukastenstückliste	Artikelnummer:	Bezeichnung:	
Artikelnummer	Komponentenbezeichnung	Menge	Mengeneinheit

Baukastenstückliste	Artikelnummer:	Bezeichnung:	
Artikelnummer	Komponentenbezeichnung	Menge	Mengeneinheit

Anlage 3

Von: Hubert Gramsch <hubert.gramsch@holtin.com> 03.05.2013   11:23 Uhr **Betreff: Bestellung** Sehr geehrte Damen und Herren, hiermit bestellen wir folgende Positionen: Artikel-Nr. 25000 Barhocker „Exclusive" 1.000 Stück zu je 89,00 EUR zur Lieferung am 16.05.2013 Artikel-Nr. 78000 Gartentisch „Summer" 110 Stück zu je 149,00 EUR zur Lieferung am 21.05.2013 Artikel-Nr. 78000 Gartentisch „Summer" 90 Stück zu je 149,00 EUR zur Lieferung am 17.07.2013 Wie telefonisch besprochen nehmen wir den gewährten Zusatzrabatt in Höhe von 15 % in Anspruch. Alle Beträge zuzüglich 19 % USt. Mit freundlichen Grüßen Holtin GmbH i. A. Hubert Gramsch

Anlage 4

	Bisherige Kalkulation		Neue Kalkulation	
Herstellkosten		75,00 EUR		75,00 EUR
Verwaltungsgemeinkosten	12 %	9,00 EUR	12 %	9,00 EUR
Vertriebsgemeinkosten				
Selbstkosten		84,00 EUR		84,00 EUR
Gewinn	37,20 %	31,25 EUR	−8,83 %	−7,42 EUR
Barverkaufspreis		115,25 EUR		76,58 EUR
Kundenskonto	1 %	1,27 EUR	1 %	0,84 EUR
Vertriebsprovision	8 %	10,13 EUR	8 %	6,73 EUR
Zielverkaufspreis		126,65 EUR		84,15 EUR
Kundenrabatt	15 %	22,35 EUR	15 %	14,85 EUR
Listenverkaufspreis		149,00 EUR		99,00 EUR

Prüfungsaufgaben Winter 2014/2015 (Aufgabe 1)

Die Bite GmbH in Rastatt ist ein mittelständisches Unternehmen aus der Möbelbranche und stellt u. a. hochwertige Tische in verschiedenen Ausführungen her.

Ihr Vorgesetzter Peter Müller, Abteilung Produktionsplanung, bittet Sie als neuen Mitarbeiter für das Erzeugnis Tisch AS2 um Unterstützung bei folgenden Aufgaben.

1.1
- Erfassen Sie alle erforderlichen Baukastenstücklisten mit der Bezeichnung und der Mengenangabe (**Anlagen 1** und **2**).
- Erstellen Sie die Strukturstückliste, die sich aus der vorliegenden Erzeugnisstruktur ergibt, auf dem Lösungsblatt (**Anlage 3**).
- Begründen Sie den Sinn der Strukturstückliste für die Produktionsplanung.

1.2   Die Bite GmbH produziert nach dem Baukastenprinzip.

Erläutern Sie drei damit verbundene Vorteile.

1.3   Es liegt eine Kundenbestellung über 50 Tische AS2 vor.
- Ermitteln Sie im Arbeitsplan die Auftragszeit für die Baugruppen B1, B2 und B3 und berechnen Sie die Gesamtauftragszeit für diese Bestellung (**Anlage 4**).
- Erklären Sie die Begriffe „Rüstzeit" und „Ausführungszeit".

Derzeit ist unsere Fertigungskapazität auch ohne diese Kundenbestellung voll ausgelastet. Schlagen Sie zwei Maßnahmen vor, wie Sie diese Tische dennoch termingerecht herstellen können.

1.4   Berechnen Sie den Nettobedarf an Scharnieren (T7) für die oben genannte Bestellung über 50 Tische AS2 bei einem verfügbaren Lagerbestand von 20 Stück und einem Bestellbestand (Menge in Bestellung) von 60 Stück. Für die Baugruppen B1, B2 und B3 sind keine Lagerbestände vorhanden.

1.5   Herr Müller überlegt, ob es kostengünstiger ist, die Baugruppe B2 alternativ von einem Zulieferer fertigen zu lassen. Er beauftragt Sie, die kritische Menge zu berechnen. Die relevanten Daten entnehmen Sie der Aufstellung aus dem Controlling (**Anlage 5**).
- Skizzieren Sie die Kostenverläufe und unterbreiten Sie ihm aufgrund Ihrer Berechnungen einen Vorschlag.
- Erläutern Sie anhand von zwei Beispielen, welche weiteren Überlegungen bei der Entscheidung Eigenfertigung bzw. Fremdbezug berücksichtigt werden sollten.

1.6   Die Baugruppe B1 wird bisher in Serie mit der Losgröße 600 gefertigt (**Anlage 5**).
- Ermitteln Sie in einer übersichtlichen Tabelle die optimale Losgröße. Gehen Sie dabei von 1 bis 5 Fertigungslosen aus.
- Geben Sie eine Handlungsempfehlung mit Begründung ab.

Anlage 1: Teileliste

Tisch AS2

Bezeichnung

	Bezeichnung
E(Erzeugnis)	E1 = Tisch AS2
B(Baugruppen)	B1 = Schublade
	B2 = Plattenaufsatz
	B3 = Schiebevorrichtung
T(Einzelteile)	T1 = Schraube
	T2 = Tischbein
	T3 = Verstrebung
	T4 = Schubladenboden
	T5 = Schubladenseitenwand
	T6 = Schubladenrückwand
	T7 = Scharniere
	T8 = Mengeneinheit Leim
	T9 = große Tischplatte
	T10 = kleine Tischplatte
	T11 = Halterung

Anlage 2: Erzeugnisstruktur

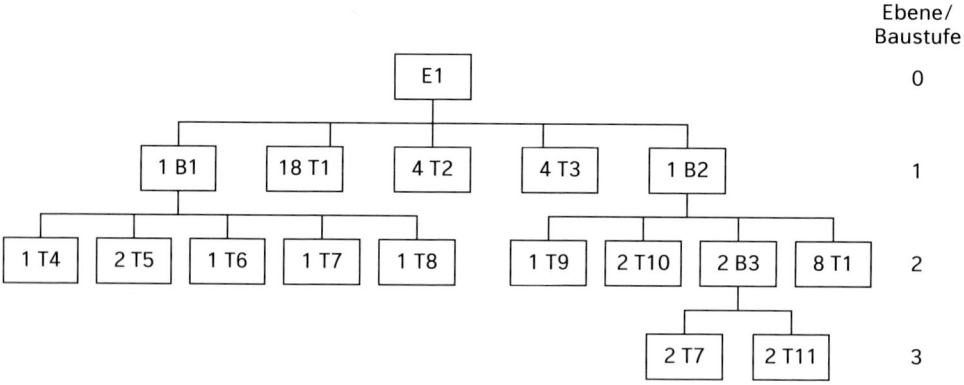

Legende:

2	T7

Menge   Baugruppen-Nr /
(Stück) Teile-Nr.

Hinweis: Die Mengenangaben beziehen sich immer nur auf die nächste Ebene bzw. Baustufe.

Anlage 3: Strukturstückliste AS2

Ebene bzw. Baustufen			Bezeichnung	Menge/Einheit

Anlage 4: Auftragsarbeitspläne für B1, B2 und B3

Baugruppe B 1		Arbeits-platz	Rüstzeit in Min.	Ausfüh-rungszeit in Min.	Ausfüh-rungszeit in Min. für 50 Tische	Auftrags-zeit in Min.
T4	Schubladenboden aussägen	010	25	3		
T5	2 Schubladenseitenwände aussägen	012	25	2		
T6	Schubladenrücken aussägen	015	25	2		
T7	2 Scharniere stanzen	018	50	0,5		
T8	leimen	200	25	4		

Baugruppe B 2

T9	große Tischplatte aussägen	011	25	8		
T10	2 kleine Tischplatten aussägen	013	25	5		
T1	8 Schrauben anbringen	210	12,5	2		

Baugruppe B 3

T7	2 Scharniere stanzen	300	50	0,5		
T11	2 Halterungen anbringen	220	12,5	1		

	Gesamte Auftragszeit in Min.		
	Gesamte Auftragszeit in Std.		

Anlage 5: Aufstellung aus dem Controlling

Baugruppe B2

Eigenproduktion:	fixe Kosten	7.000,00 EUR
	variable Stückkosten	250,00 EUR
Fremdbezug:	Bareinkaufspreis/Stück	400,00 EUR
	Transportkosten/Stück	5,00 EUR

Baugruppe B1

Lagerhaltungskostensatz:	20 %
Herstellkosten je Stück	250,00 EUR
Auflagefixe Kosten:	1.500,00 EUR
Gesamtmenge pro Jahr:	600 Stück

Prüfungsaufgaben Sommer 2016 (Aufgabe 1, teilweise)

Die Bergmann GmbH in Ravensburg stellt Fahrräder her und legt besonderen Wert auf Qualität, Termintreue sowie eine umweltschonende Produktion. Ein großer Teil der Komponenten wird von spezialisierten Zulieferern bezogen. Der zunehmende Kostendruck zwingt das Unternehmen zur Suche nach weiterem Optimierungspotenzial für seine Beschaffungs- und Produktionsprozesse. Sie sind in der Dispositionsabteilung beschäftigt und haben die folgenden Aufgaben zu erfüllen.

1.1   Der Bergmann GmbH liegt eine telefonische Kundenanfrage über 170 Kinderräder (Artikelnummer 25000) vor. Die Verkaufsabteilung möchte noch heute, am 85. Betriebskalendertag, von Ihnen wissen, ob aus Sicht der Dispositionsabteilung eine Lieferung bis zum 104. Betriebskalendertag möglich ist.
- Führen Sie im Strukturbaum mithilfe der **Anlagen 1, 2** und **3** die Brutto- und Nettobedarfsrechnung durch.
- Ermitteln Sie die Herstellungszeit für die Alustangen (25020) mithilfe des Arbeitsplanes und führen Sie die Terminplanung für die Kundenanfrage über 170 Kinderräder (Artikelnummer 25000) durch.
- Begründen Sie, ob der gewünschte Liefertermin eingehalten werden kann.

Anlage 1

Baustufen / Ebenen　　0　　1　　2　　3

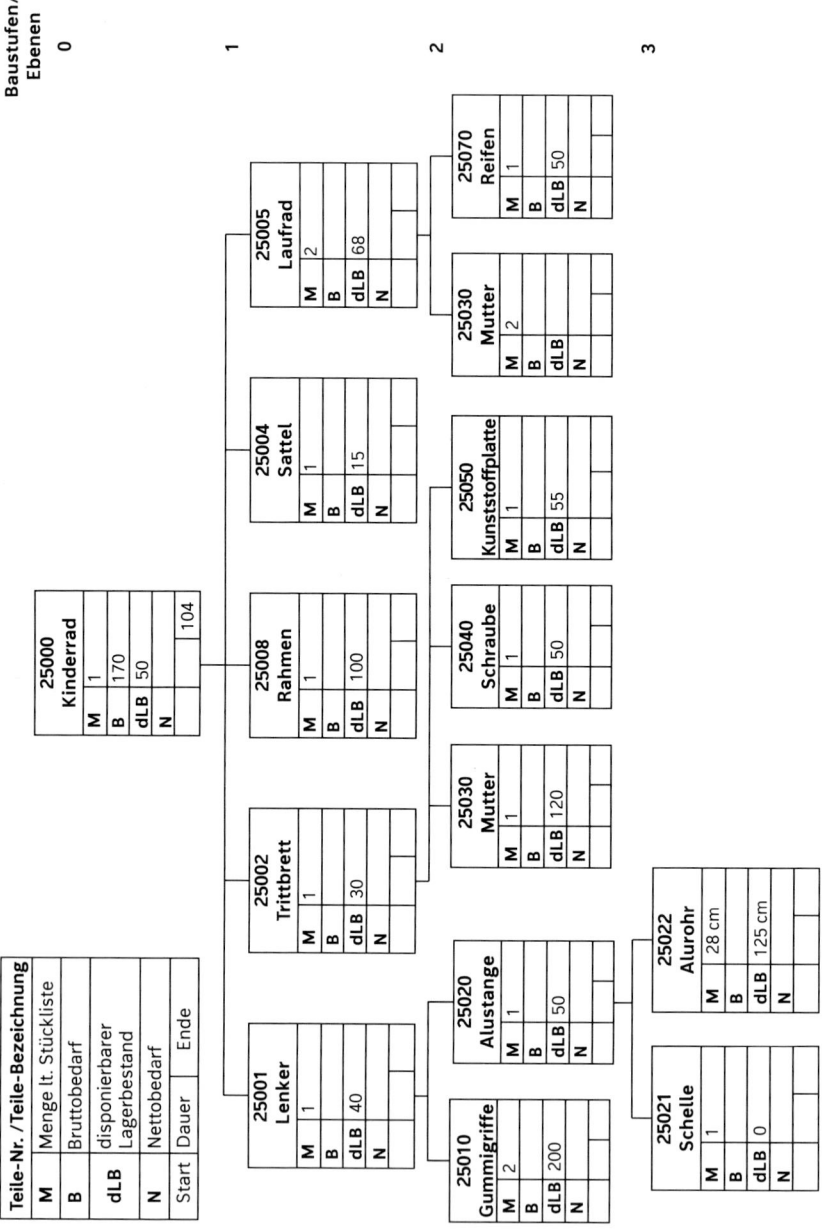

Teile-Nr. / Teile-Bezeichnung	
M	Menge lt. Stückliste
B	Bruttobedarf
dLB	disponierbarer Lagerbestand
N	Nettobedarf
Start	Dauer	Ende

25000 Kinderrad
M	1
B	170
dLB	50
N				104

25001 Lenker
M	1
B	
dLB	40
N	

25002 Trittbrett
M	1
B	
dLB	30
N	

25008 Rahmen
M	1
B	
dLB	100
N	

25004 Sattel
M	1
B	
dLB	15
N	

25005 Laufrad
M	2
B	
dLB	68
N	

25010 Gummigriffe
M	2
B	
dLB	200
N	

25020 Alustange
M	1
B	
dLB	50
N	

25030 Mutter
M	1
B	
dLB	120
N	

25040 Schraube
M	1
B	
dLB	50
N	

25050 Kunststoffplatte
M	1
B	
dLB	55
N	

25030 Mutter
M	2
B	
dLB	
N	

25070 Reifen
M	1
B	
dLB	50
N	

25021 Schelle
M	1
B	
dLB	0
N	

25022 Alurohr
M	28 cm
B	
dLB	125 cm
N	

Anlage 2: Auszug aus den Artikelkarten

Artikel-nummer	Bezeichnung	Herstell- bzw. Wiederbeschaffungszeit	Disponierbarer Lagerbestand
25000	Kinderrad	60 Stück/Tag	50 Stück
25001	Lenker	80 Stück/Tag	40 Stück
25002	Trittbrett	30 Stück/Tag	30 Stück
25003	Rahmen	5 Tage	100 Stück
25004	Sattel	10 Tage	15 Stück
25005	Laufrad	43 Stück/Tag	68 Stück
25010	Gummigriff	4 Tage	200 Stück
25020	Alustange	? Tage	50 Stück
25021	Schelle	6 Tage	0 Stück
25022	Alurohr	14 Tage	125 cm
25030	Mutter	6 Tage	120 Stück
25040	Schraube	3 Tage	50 Stück
25050	Kunststoffplatte	7 Tage	55 Stück
25070	Reifen	8 Tage	50 Stück

Anlage 3: Arbeitsplan Alustange

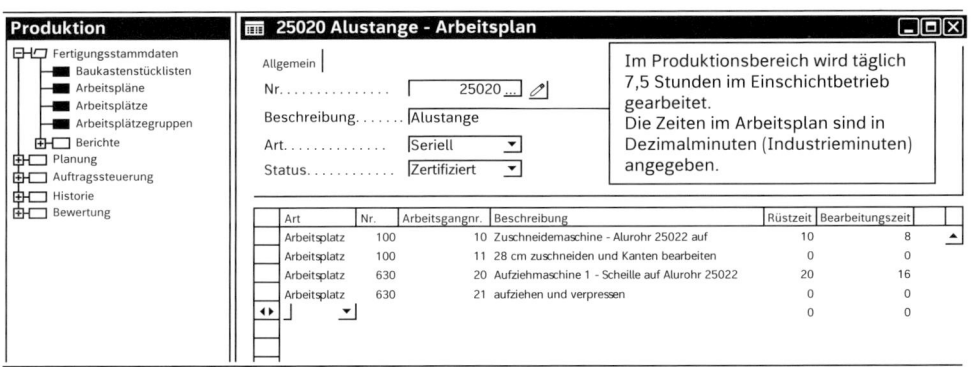

3   Beschaffungsprozesse

3.1   Aufgaben, Ziele und Schnittstellen der Beschaffung

Stofftelegramm

Aufgaben im Beschaffungsprozess

- Versorgung des Betriebes mit Werkstoffen (= Roh-, Hilfs-, Betriebsstoffe, Fremdbauteile), Handelswaren und Dienstleistungen
- Beschaffungsplanung
- Beschaffungsmarktforschung
- Angebotsvergleiche durchführen   • Lagerverwaltung/-optimierung
- Kaufverträge abschließen/kontrollieren   • ABC-Analysen
- Beschaffungslogistik: Planung und Steuerung des Material- und Informationsflusses

Ziele der Beschaffung

- „richtige(n)" Güter, Menge, Qualität, Zeit, Ort, Preis beschaffen
- Kostenminimierung: Beschaffungs-, Lager-, Fehlmengenkosten
- Sicherung der Produktions- und Lieferbereitschaft

Schnittstellen und Zielkonflikte	Absatzplan → Produktionsplan → Materialplanung
	Absatzprozesse → Produktionsprozesse → Beschaffungsprozesse

- Schnittstellen zu **Absatzprozessen:**   Infos aus dem Absatzbereich (Absatzpläne) bestimmen letztlich (über den Produktionsplan) den Materialbedarf.
- Schnittstellen zu **Produktionsprozessen:** Produktionsplan = Basis für Materialbedarfsermittlung
- Schnittstellen zu **Finanzprozessen:**   Finanzierung der Materialbeschaffung + Lagerhaltung
- **Zielkonflikte** zwischen Absatz-, Produktions-, Material- und Finanzierungsbereich möglich, z. B.:
  - Vorstellung Produktionsbereich: stets ausreichend hohe Lagerbestände
  - Vorstellung Finanzierungsbereich: geringe Lagerbestände (Lagerkosten! Kapitalbindung ...!)
  - Vorstellung Absatzbereich: stetige Lieferbereitschaft = hohe Fertigwarenlagerbestände

Werkstoffe, Handelswaren   Werkstoffe = Roh-, Hilfs- und Betriebsstoffe und Fremdbauteile

• **Rohstoffe:**	Hauptbestandteil des Produktes;	Beispiel: Holz bei Schrankproduktion
• **Hilfsstoffe:**	Nebenbestandteile des Produkts;	Beispiel: Leim bei Möbelproduktion
• **Betriebsstoffe:**	nicht Produktbestandteil;	Beispiele: Strom, Benzin, Schmiermittel
• **Fremdbauteile:**	unveränderte Produktbestandteile;	Beispiele: Schlösser, Beschläge
• **Handelsware:**	verkaufsfähige Produkte, die nicht selber hergestellt werden	Beispiele: Möbelpolitur, Fahrradkörbe, Fahrradhelme

---

Aufgaben

1.   Nennen Sie   a) fünf Aufgaben,   b) drei Ziele der Materialwirtschaft.
2.   Beschreiben Sie kurz die Schnittstellen der Materialwirtschaft zu den anderen Bereichen.
3.   Definieren Sie kurz: Roh-, Hilfs- und Betriebsstoffe, Werkstoffe, Fremdbauteile, Handelswaren.

3.2 Beschaffungsplanung

Stofftelegramm

Beschaffungsplanung → Mengen- und Zeitplanung: sind abhängig vom Produktions- und Absatzplan

Mengenplanung

- **Bedarfsmengen:** von den Betriebsabteilungen angeforderte Materialmenge innerhalb einer bestimmten Periode

- **Bestellmengen:** jeweils tatsächlich bestellte Menge

  – Hohe Bestellmenge: **geringe Beschaffungskosten** durch Mengenrabatte, günstige Liefer- und Zahlungsbedingungen, reduzierte Zahl der Bestellungen – jedoch **hohe Lagerkosten**

  – Geringe Bestellmengen: analog

Optimale Bestellmenge:

Lagerhaltungskosten	Bestellkosten
– Lagerunterhaltung (Miete, Kühlung), – Lagerverwaltung (Gehälter), – Kosten des Lagerrisikos (Schwund, Alterung), – Lagerzinsen	– Bearbeitung der Bedarfsmeldung, – Angebotseinholung, – Wareneingangsprüfung, – Rechnungsprüfung
steigen mit zunehmendem Lagervorrat.	fallen pro Bestellvorgang an.
→ mengenabhängig	→ mengen**un**abhängig

ZIEL: minimale Lagerhaltungskosten

→ kleine Bestellmengen

ZIEL: minimale Bestellkosten

→ große Bestellmengen

Optimale Bestellmenge:

Beschaffungsmenge, bei der die Summe aus Lagerhaltungs- und Bestellkosten am niedrigsten ist

= Minimum der Gesamtkosten
= Schnittpunkt von Lagerhaltungs- und Bestellkosten

Tabellarische Lösung der **Optimalen Bestellmenge**

Gegeben:
Gesamtbedarf: 45.000 Stück
Listenpreis: 12,00 EUR/Stück
Bestellkosten: 300,00 EUR pro Bestellung
Lagerkostensatz in %: 25 pro Jahr

Bestell-menge in Stück	Anzahl der Bestellun-gen	Bestellkosten	Durch-schnittlicher Lagerbe-stand (LB) in Stück	Lagerwert	Lagerkosten	Gesamtkosten
1.000	45	13.500,00 EUR	500	6.000,00 EUR	1.500,00 EUR	15.000,00 EUR
2.000	22,5[1]	6.750,00 EUR	1.000	12.000,00 EUR	3.000,00 EUR	9.750,00 EUR
3.000	15	4.500,00 EUR	1.500	18.000,00 EUR	4.500,00 EUR	9.000,00 EUR
4.000	11,25	3.375,00 EUR	2.000	24.000,00 EUR	6.000,00 EUR	9.375,00 EUR
5.000	9	2.700,00 EUR	2.500	30.000,00 EUR	7.500,00 EUR	10.200,00 EUR
6.000	7,5	2.250,00 EUR	3.000	36.000,00 EUR	9.000,00 EUR	11.250,00 EUR
7.000	6,43	1.928,57 EUR	3.500	42.000,00 EUR	10.500,00 EUR	12.428,57 EUR
8.000	5,63	1.687,50 EUR	4.000	48.000,00 EUR	12.000,00 EUR	13.687,50 EUR

Formeln:

Anzahl der Bestellungen = Gesamtbedarf : Bestellmenge in Stück
Bestellkosten = Bestellkosten pro Bestellung · Anzahl der Bestellungen
Durchschnittlicher LB in Stück = Bestellmenge in Stück : 2
Lagerwert = durchschnittlicher LB in Stück · Listenpreis
Lagerkosten = Lagerwert · Lagerkostensatz in %
Gesamtkosten = Bestellkosten + Lagerkosten

Die optimale Bestellmenge ist **nicht** realisierbar, wenn:
- Lager zu klein
- Geld nicht vorhanden
- Lieferant bietet nur vorgegebene Mengeneinheiten pro Verpackung an
- saisonale Unterschiede

Grafische Lösung der Optimalen Bestellmenge – Kostenverläufe

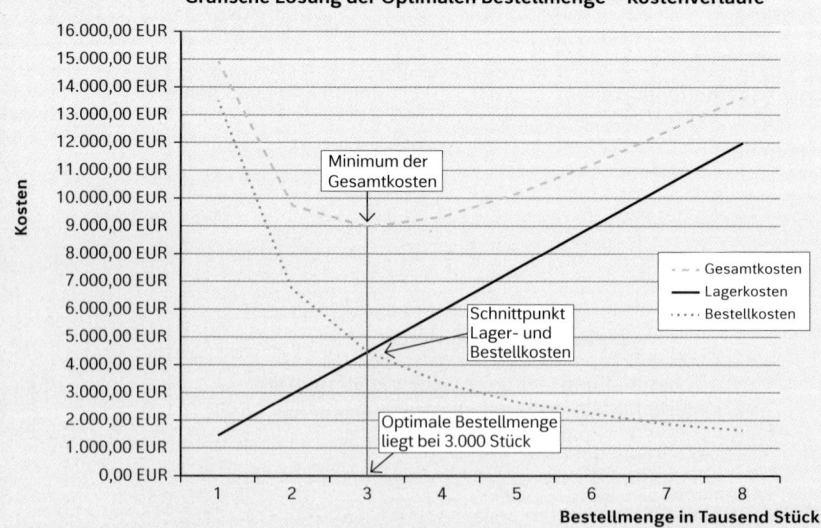

---

[1] *Sollten keine ganzen Werte als Ergebnis herauskommen, kann mit diesen weitergerechnet werden. In der Praxis macht z. B. eine 0,5 Bestellung keinen Sinn.*

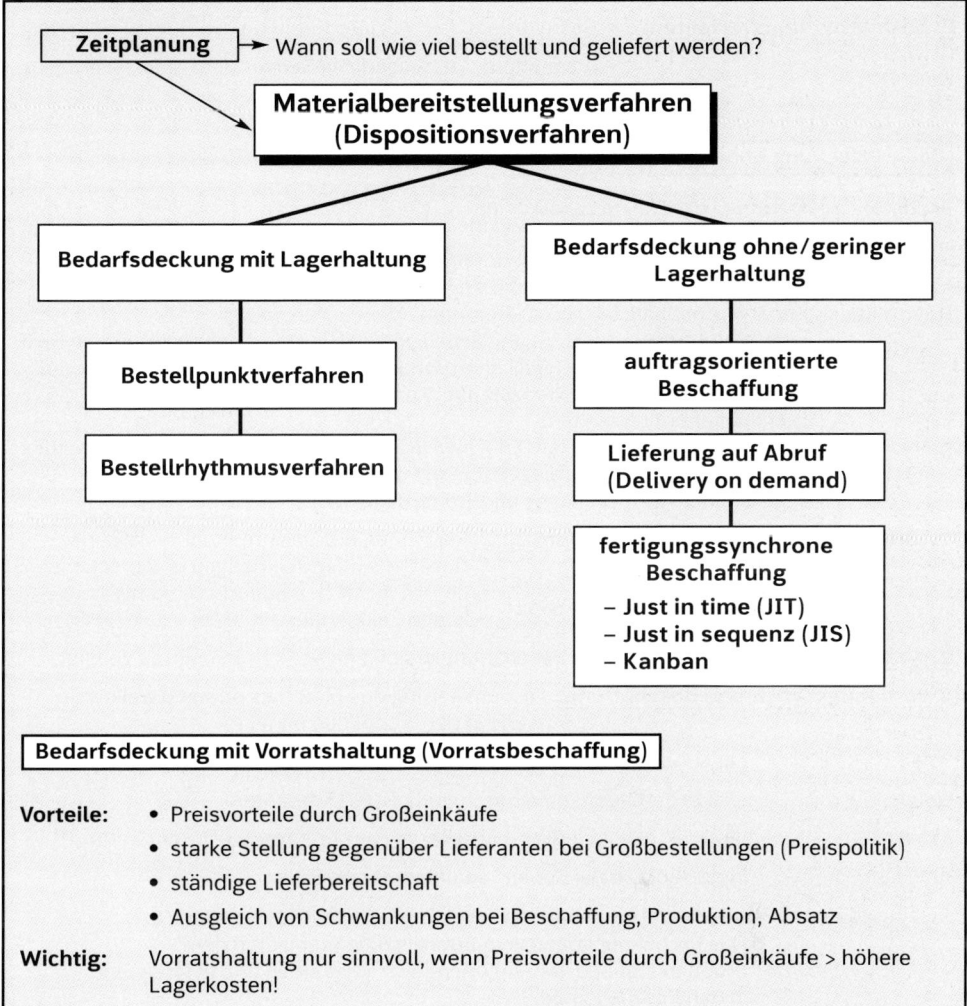

| Zeitplanung | → Wann soll wie viel bestellt und geliefert werden? |

Materialbereitstellungsverfahren (Dispositionsverfahren)

Bedarfsdeckung mit Lagerhaltung

- Bestellpunktverfahren
- Bestellrhythmusverfahren

Bedarfsdeckung ohne/geringer Lagerhaltung

- auftragsorientierte Beschaffung
- Lieferung auf Abruf (Delivery on demand)
- fertigungssynchrone Beschaffung
  - Just in time (JIT)
  - Just in sequenz (JIS)
  - Kanban

Bedarfsdeckung mit Vorratshaltung (Vorratsbeschaffung)

Vorteile:
- Preisvorteile durch Großeinkäufe
- starke Stellung gegenüber Lieferanten bei Großbestellungen (Preispolitik)
- ständige Lieferbereitschaft
- Ausgleich von Schwankungen bei Beschaffung, Produktion, Absatz

Wichtig: Vorratshaltung nur sinnvoll, wenn Preisvorteile durch Großeinkäufe > höhere Lagerkosten!

1. Bestellpunktverfahren: Bestellung erfolgt, wenn Meldebestand (= Bestellpunkt) erreicht.

Meldebestand = täglicher Verbrauch · Lieferzeit + Mindestbestand

Vorteile:
- gleichmäßigere Lagerhaltung, da nach Bedarf (Erreichen des Meldebestands) bestellt wird
- flexibler, da keine festen Lieferzeitpunkte
- geringere Lieferantenbindung

Nachteile:
- Meldebestandsüberwachung notwendig
- evtl. ungünstigere Konditionen, da geringere Lieferantenbindung
- unregelmäßige Bestellzeitpunkte

2. Bestellrhythmusverfahren:
- Bestellung zu festen Lieferterminen
- Anwendung: kontinuierliche Serien- oder Massenfertigung
- Beschaffung von C-Gütern

Bedarfsdeckung ohne/geringer Vorratshaltung

Vorteile:
- geringe bzw. keine Lagerkosten
- geringes bzw. kein Lagerrisiko
- geringe bzw. keine Kapitalbindung
- evtl. Preisvorteile durch langfristige Lieferverträge

Nachteile:
- starke Abhängigkeit vom Lieferanten
- Viele Lieferer sind evtl. zu unflexibel, um jeweils sofort liefern zu können (evtl. Lieferterminprobleme). Bei Lieferproblemen evtl. Produktionsstopp (Gegenmaßnahmen: Sicherheitsbestände, Konventionalstrafen vereinbaren, Ersatzlieferanten halten)
- evtl. hohe Einkaufspreise (Kauf jeweils kleiner Mengen), wenn keine langfristigen Lieferverträge vorliegen
- evtl. höhere Verpackungs- und Transportkosten

1. Lieferung auf Abruf (Delivery on demand): Bestellung des gesamten Jahresbedarfs. Geliefert wird in Teilmengen entsprechend des tatsächlichen Bedarfs zu vorher festgelegten Zeiten oder auf Abruf.

2. Auftragsorientierte Beschaffung: Beschaffung erst, wenn der Kundenauftrag vorliegt.

3. Fertigungssynchrone Beschaffung: Die Anlieferung des Materials erfolgt jeweils erst, wenn in der Produktion benötigt.

Folge:	Lagerhaltung entfällt (außer Sicherheitsreserve)
Notwendig:	exakte Fertigungsplanung, zuverlässige Lieferanten
Extremfall:	tägliche, evtl. stündliche Anlieferung auf Anforderung (**„Just in time"**)
Anwendung:	insbesondere bei Serien- und Massenfertigung
Just in sequenz:	Lieferer ist eingebunden in die Produktion des Herstellers. z. B.: Das Produktionsband vom Autositzzulieferer ist mit dem Produktionsband vom Autohersteller verbunden und liefert genau in den Produktionstakt. Voraussetzung: enge Vernetzung/Abstimmung der Partner
Kanban[1]:	selbststeuernder Beschaffungskreislauf auf Basis des Holprinzips (Pull-Prinzip) Grundlage: Tauschsystem von Behältern – leerer Behälter mit Material in der Produktion löst einen Beschaffungsprozess beim Lieferer aus. Folge: geringe Lagerhaltung Anwendung: interne und externe Lieferer

---

[1] *kanban = Karte (jap.)*

Aufgaben

1. Welche zwei Planungsbereiche umfasst die **Beschaffungsplanung?**

2. Unterscheiden Sie: **Bedarfsmenge – Bestellmenge.**

3. Zitat: „Das Problem der **optimalen Bestellmenge** resultiert aus entgegengerichteten Kostengrößen."
   a) Welche Kostengrößen sind gemeint?
   b) Wann ist die optimale Bestellmenge verwirklicht?

4. a) Täglicher Verbrauch: 600 Stück   Eiserner Bestand: 5.000 Stück
      Lieferzeit: 8 Tage   **Meldebestand?**

   b) Täglicher Verbrauch: 600 Stück   Meldebestand: 12.000 Stück
      Lieferzeit: 8 Tage   **Eiserner Bestand?**

   c) Meldebestand: 14.000 St.   Eiserner Bestand: 6.000 Stück
      Lieferzeit: 8 Tage   **Täglicher Verbrauch?**

   d) Meldebestand: 14.000 St.   Eiserner Bestand: 6.000 Stück
      Täglicher Verbrauch: 2.000 St.   **Lieferzeit?**

5. Nennen Sie die typischen **Beschaffungsalternativen.**

6. Erklären Sie kurz folgende Begriffe:
   • **Bestellpunktverfahren**
   • **Bestellrhythmusverfahren**
   • **Delivery on demand**
   • **fertigungssynchrone Beschaffung**

7. Nennen Sie Vor- und Nachteile
   a) des **Bestellpunktverfahrens** i. Vgl. zum **Bestellrhythmusverfahren,**
   b) der **fertigungssynchronen Beschaffung.**

3.3   ABC-Analyse

Stofftelegramm

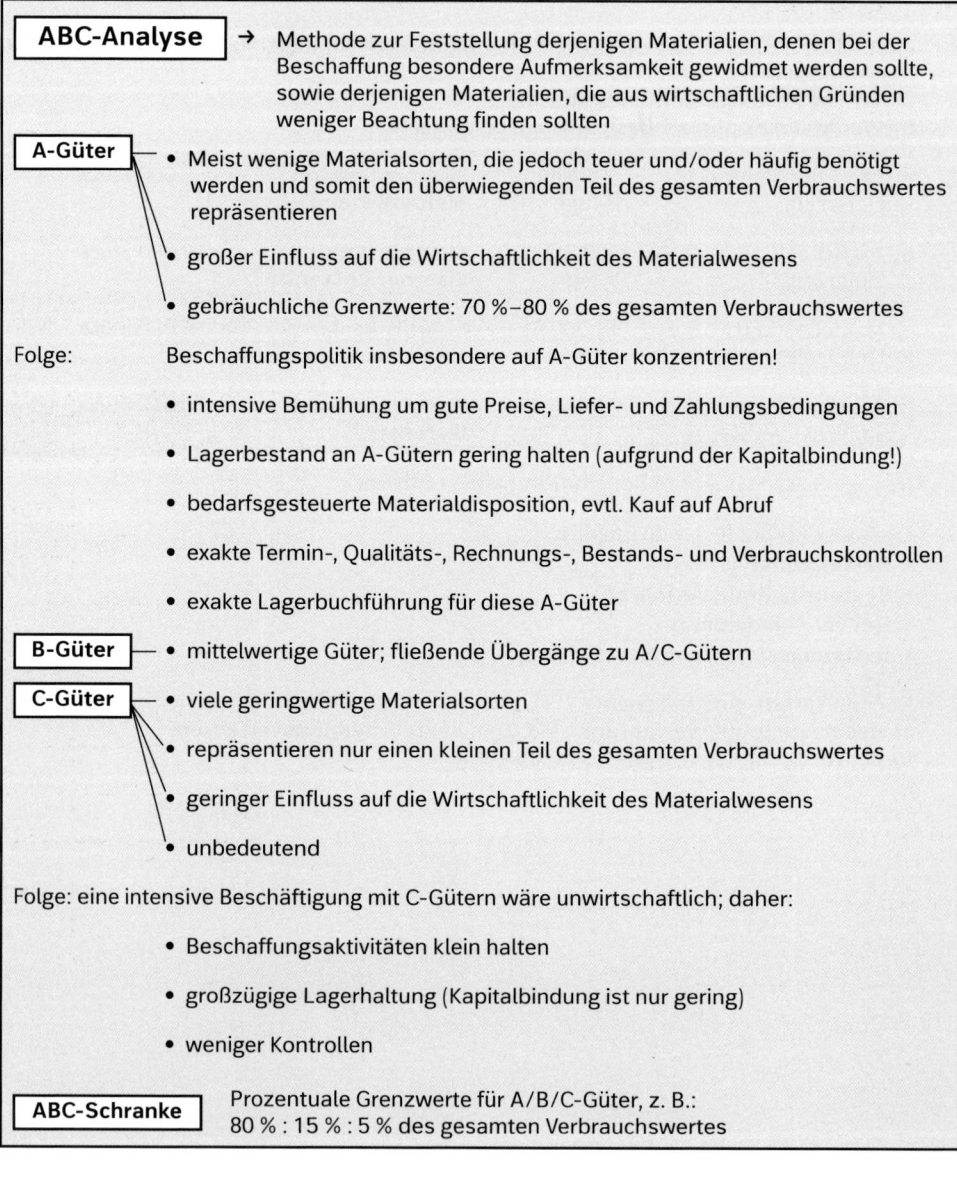

ABC-Analyse → Methode zur Feststellung derjenigen Materialien, denen bei der Beschaffung besondere Aufmerksamkeit gewidmet werden sollte, sowie derjenigen Materialien, die aus wirtschaftlichen Gründen weniger Beachtung finden sollten

A-Güter
- Meist wenige Materialsorten, die jedoch teuer und/oder häufig benötigt werden und somit den überwiegenden Teil des gesamten Verbrauchswertes repräsentieren

- großer Einfluss auf die Wirtschaftlichkeit des Materialwesens

- gebräuchliche Grenzwerte: 70 %–80 % des gesamten Verbrauchswertes

Folge: Beschaffungspolitik insbesondere auf A-Güter konzentrieren!

- intensive Bemühung um gute Preise, Liefer- und Zahlungsbedingungen

- Lagerbestand an A-Gütern gering halten (aufgrund der Kapitalbindung!)

- bedarfsgesteuerte Materialdisposition, evtl. Kauf auf Abruf

- exakte Termin-, Qualitäts-, Rechnungs-, Bestands- und Verbrauchskontrollen

- exakte Lagerbuchführung für diese A-Güter

B-Güter — • mittelwertige Güter; fließende Übergänge zu A/C-Gütern

C-Güter — • viele geringwertige Materialsorten

- repräsentieren nur einen kleinen Teil des gesamten Verbrauchswertes

- geringer Einfluss auf die Wirtschaftlichkeit des Materialwesens

- unbedeutend

Folge: eine intensive Beschäftigung mit C-Gütern wäre unwirtschaftlich; daher:

- Beschaffungsaktivitäten klein halten

- großzügige Lagerhaltung (Kapitalbindung ist nur gering)

- weniger Kontrollen

ABC-Schranke   Prozentuale Grenzwerte für A/B/C-Güter, z. B.: 80 % : 15 % : 5 % des gesamten Verbrauchswertes

Aufgaben

1. Definieren Sie den Begriff **ABC-Analyse**.

2. a) Was versteht man unter A-, B- und C-Gütern?

    b) Welche Konsequenzen ergeben sich aus der Feststellung, dass eine Materialart den A-Gütern zugeordnet wird?

3. **Rechenbeispiel zur ABC-Analyse:**

    a) Ergänzen Sie die Tabelle. ABC-Schranke: A: bis 85 %; B: 86 %–95 %; C: über 95 %

    b) Auf welche Artikel werden Sie Ihre Beschaffungsaktivitäten konzentrieren (Begründung)?

    c) Ergänzen Sie folgende Lücken: Anhand der obigen Tabelle wird festgestellt, dass nur ... % (A-Güter) unserer Güter einen Verbrauchswert von ... % des gesamten Verbrauchswertes ausmachen.

Art. Nr.	Verbrauch/Jahr in Euro	% der Gesamtmenge einfach	kumuliert	% des ges. Verbrauchswertes einfach	kumuliert	Gut? ABC
1	400.000,00	10	10	50	50	A
2	280.000,00	10	20	35	85	A
3	80.000,00	10	30	10	95	B
4	20.000,00	10	40	2,5	97,5	C
5	6.000,00	10	50	0,75	98,25	C
6	4.000,00	10	60	0,5	98,75	C
7	4.000,00	10	70	0,5	99,25	C
8	3.000,00	10	80	0,375	99,625	C
9	2.000,00	10	90	0,25	99,875	C
10	1.000,00	10	100	0,125	100,00	C
Σ	800.000					

3.4   Beschaffungsmarktforschung

Stofftelegramm

| **Beschaffungsmarktforschung** | Systematische Untersuchung der Beschaffungsmärkte (Marktanalysen/Marktbeobachtung → vgl. „**Absatzprozesse**") |

Preisplanung

- Ermittlung des maximal aufwendbaren Einkaufspreises (Rückwärtskalkulation: vom gegebenen Verkaufspreis rückwärts den Einkaufspreis ermitteln – vgl. „Steuerung und Kontrolle")
- Beobachtung der Preise, Liefer- und Zahlungsbedingungen

Bezugsquelleninformationen

- **Interne Bezugsquelleninformation:**   Verwendung von im Betrieb vorhandenen (internen) Bezugsquellen. Bsp.: Waren-, Liefererdateien, Außendienst

- **Externe Bezugsquelleninformation:**   – Messen, Ausstellungen
  – Internet
  – Fachzeitschriften
  – Prospekte
  – Bezugsquellenverzeichnisse („Wer liefert was?", „ABC der Deutschen Wirtschaft", Gelbe Seiten ...)

- **Lieferantencheckliste:**   – Fragen über alle wichtigen Einkaufsbedingungen
  – Zusendung an Lieferanten mit Bitte um Beantwortung
  – Vorteile: da einheitlicher Aufbau
  → Lieferantenvergleich einfacher

Aufgaben

1. a) Erklären Sie kurz den Begriff **Beschaffungsmarktforschung**.
   b) Welche zwei Bereiche umfasst die Beschaffungsmarktforschung?

2. Welche Aufgaben hat die Preisplanung?

3. Nennen Sie je drei interne und externe **Bezugsquellen**.

4. a) Was versteht man unter einer **Lieferantencheckliste**?
   b) Welchen Vorteil bietet die Arbeit mit derartigen Checklisten?

3.5   Angebotsvergleich

Stofftelegramm

Einzubeziehende Gesichtspunkte (Entscheidungskriterien) u. a.:

- Preis, Preisnachlässe
- Liefer- und Zahlungsbedingungen
- eventuelle Gegengeschäfte

- Qualität
- Zuverlässigkeit
- Risiko einer eventuellen Insolvenz

- Kundendienst
- Beratung

Bezugskalkulation: vgl. „Steuerung und Kontrolle" (Kostenträgerstückrechnung)

Rechnerischer Angebotsvergleich mit Bezugskalkulation:

		Lieferer A		Lieferer B
Einkaufspreis (Rechnungspreis)		1.500,00		1.450,00
– Lieferrabatt	10 %	150,00	0 %	0,00
Zieleinkaufspreis		1.350,00		1.450,00
– Liefererskonto	2 %	27,00	2 %	29,00
Bareinkaufspreis		1.323,00		1.421,00
+ Bezugskosten		50,00		90,00
Bezugspreis		**1.373,00**		**1.511,00**

Scoring-Modell (= Punktebewertungstabelle bzw. Entscheidungsbewertungstabelle):
Vorteil → Es werden nicht nur quantitative, sondern auch qualitative Faktoren berücksichtigt.

ausgewählte, für die Entscheidung bedeutende Kriterien

„Wichtigkeit" (Bedeutung)

Wie wird das Kriterium erfüllt?
5 Punkte = sehr gut
0 Punkte = sehr schlecht

Punkte · Gewichtung = gewichtete Punkte

Entscheidungs-kriterien	Gewichtung %	Lieferer A		Lieferer B	
		Punkte	gewichtete Punkte	Punkte	gewichtete Punkte
Preis	50	5	250	3	150
Qualität	20	2	40	5	100
Zuverlässigkeit	20	2	40	5	100
Kundendienst	10	4	40	5	50
Punktesumme	100		370		**(400)**

„Verlierer"   „Sieger"

Aufgaben

1. Welche Faktoren sind bei einem Angebotsvergleich in die Betrachtung miteinzubeziehen?

2. Folgende Daten sind gegeben:
   - Entscheidungskriterien: Preis, Zuverlässigkeit, Kundendienst, Beratung, Insolvenzrisiko
   - Gewichtung: 30 %,   25 %,   15 %,   10 %,   20 %
   - Punkte Lieferer A: 3,   4,   5,   4,   2
   - Punkte Lieferer B: 3,   3,   3,   5,   5

   Erstellen Sie einen Angebotsvergleich mithilfe des Scoring-Modells.

3.6   Überwachung der Beschaffung

Stofftelegramm

Warenprüfung (Wareneingangskontrolle)

- **Äußere Kontrolle der angelieferten Sendung:**
  - Begleitpapiere wie z. B. Lieferschein prüfen (bei Abweichungen: bestätigen lassen durch Überbringer)
  - äußere Verpackung prüfen (Bei Mängeln: bestätigen lassen)

- **Prüfung der angenommenen Sendung:**
  - unverzügliche Prüfung!
  - Bei Mängeln: unverzüglich rügen! = gesetzliche Vorschrift
  - Nur dann können die Rechte aus der mangelhaften Lieferung geltend gemacht werden.

Ermittlung der Bestellrückstände

- Bestellrückstandsliste

- Bei Rückständen: Rückstandsmeldung an Lieferer (evtl. Mahnung, um den Lieferer zur Lieferung zu bewegen)

3.7   Zahlungsabwicklung

Stofftelegramm

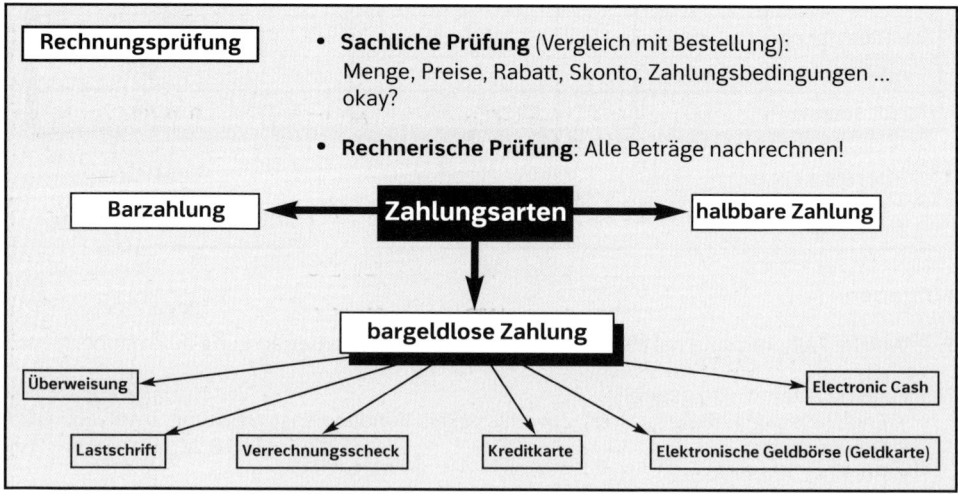

Überweisung

- **Einzelüberweisung:** Ein Betrag wird an einen Empfänger überwiesen.

- **Sammelüberweisung:** viele Beträge an verschiedene Empfänger mit nur einem unterschriebenen Überweisungsauftrag

  Vorteile: – Zeitersparnis (nur eine Unterschrift)
  – Geldersparnis (nur eine Buchungsgebühr)

- **Dauerauftrag:** Auftrag an Bank, regelmäßig wiederkehrende, gleichbleibende Zahlungen an Empfänger zu überweisen.
  Beispiele: Miete, Beiträge, Steuern, Tilgungsraten ...

  Vorteile: – kein Terminversäumnis
  – Arbeitsersparnis
  – Zahlungsempfänger muss nicht mahnen

- **Lastschriftverfahren:** Auftrag an Bank, vom Gläubiger angeforderte, regelmäßig wiederkehrende und meist schwankende Zahlungen an Empfänger zu überweisen

  a) <u>Einzugsermächtigungsverfahren:</u> Ermächtigung des Empfängers, die jeweilige Zahlung durch die Bank einziehen zu lassen

  Widerspruch innerhalb von sechs Wochen nach Belastung möglich, für den Zahler daher weniger riskant.

  Beispiele: – Rundfunkgebühren   – Versicherungsbeiträge
  – Fernmeldegebühren   – Forderungen aus Lief. und Leistungen

  b) <u>Abbuchungsverfahren:</u> Auftrag an Bank, vom Konto den vom Empfänger jeweils geforderten Betrag abzubuchen

  Nicht widerrufbar, für Zahlungsempfänger daher weniger riskant. Seltenes Verfahren.
  Beispiele: vgl. a)!

  Vorteile: – vgl. Dauerauftrag

  – keine Dauerauftragsänderungen notwendig bei Änderung der Zahlungsbeträge

Elektronische Zahlungsformen

- **Electronic Banking per Onlinedienst (Homebanking):**
  – Verbindung z. B. zum Onlinedienst (Provider) T-Online über Telefon → Bank anwählen ...
  – Notwendig: PC, Modem oder ISDN-Karte, Zugangssoftware bzw. bei mobilen Verbindungen über HSDPA, UMTS, EDGE oder GPRS.

- **Electronic Banking per Internet (Internetbanking, Directbanking):**
  – Einloggen direkt auf der Startseite (Homepage) der Bank   – an keinen Provider gebunden
  – weltweiter Kontozugriff möglich, auch von fremden PC   – multibankfähig

- **Vorteile:** – Kontozugriff „rund um die Uhr"
  – jederzeit Abfrage des aktuellen Kontenstands, Abruf von Kontoauszügen möglich
  – jederzeit Überweisungen + Lastschriften durchführbar, Daueraufträge ...

- **Nachteile:** – Datenschutzrisiken (Sicherungen notwendig)   – Missbrauchsgefahr durch Dritte
  – Virenrisiko   – Datenverlustrisiko

Aufgaben

1. a) Unterscheiden Sie: Einzel- und Sammelüberweisung.
    b) Welche Vorteile hat die Sammelüberweisung?

2. a) Unterscheiden Sie: Dauerauftrag und Lastschriftverfahren.
    b) Nennen Sie die Vorteile im Vergleich zur Einzelüberweisung.

3. Nennen Sie Vor- und Nachteile der elektronischen Zahlungsformen.

3.8   E-Business (Geschäfte im Internet)

Stofftelegramm

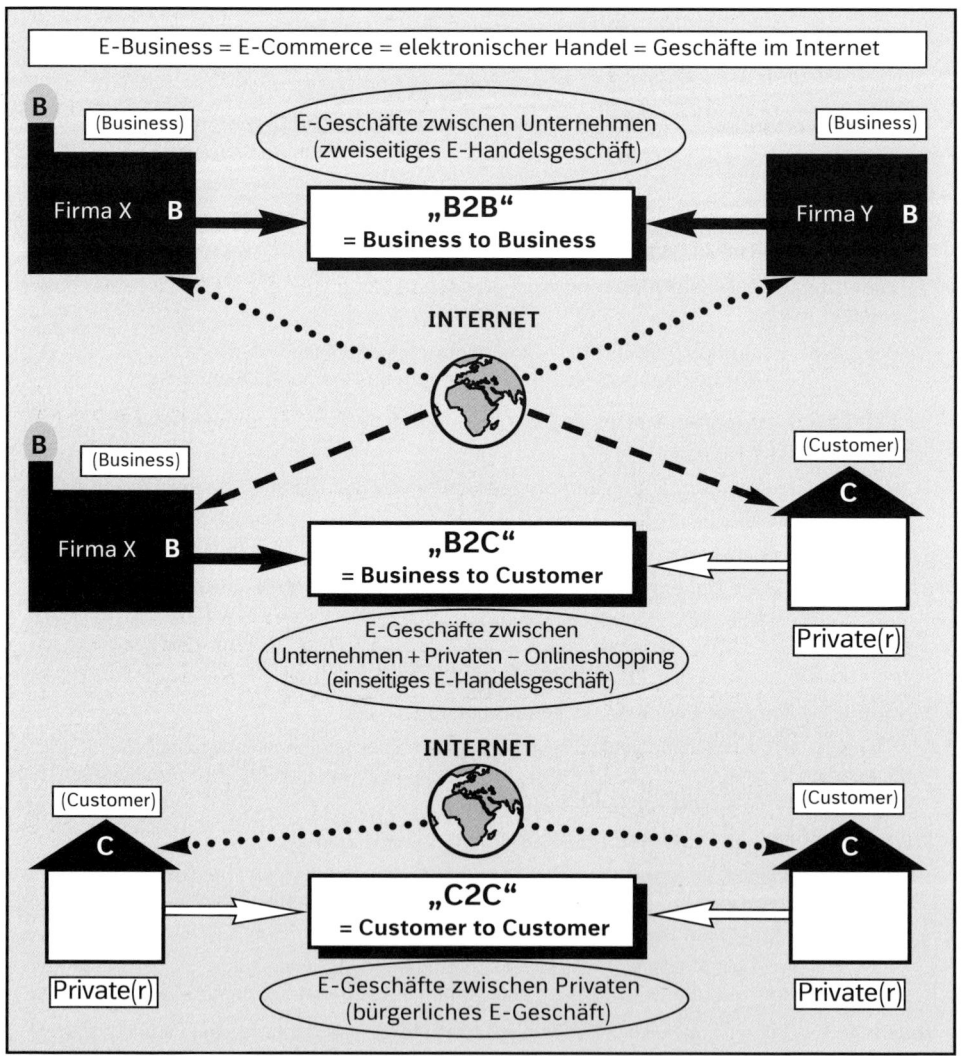

3.9   Lager – Grundlagen

Stofftelegramm

Zielkonflikte:
- zu hohe Bestände → hohe Kosten, hohe Kapitalbindung, Lagerrisiken
- zu niedrige Bestände → Gefährdung der Lieferbereitschaft, Produktionsausfälle

Funktionen (= Aufgaben) des Lagers:
- Sicherungsfunktion: Ausgleich von unerwarteten Schwankungen bei Beschaffung, Produktion und Absatz (Sicherheitsbestand)
- Mengenausgleichsfunktion: Mengenausgleich zwischen Beschaffung, Produktion, Absatz (z. B. durch Nachfrageschwankungen)
- Zeitüberbrückungsfunktion: Zeitausgleich zwischen Beschaffung, Produktion, Absatz (z. B. Witterungseinflüsse)
- Veredelungsfunktion: Verbesserung der Eigenschaften von Gütern, z. B. Trocknen von Holz, Reifen von Käse, Wein usw.
- Spekulationsfunktion: günstig einkaufen (z. B. Ausnutzen von Rabatten, Kauf zu einem günstigen Marktpreis) und teuer verkaufen (Verkauf zu einem hohen Marktpreis)

Lagerarten:
- Lager für Roh-, Hilfs- und Betriebsstoffe
- Lager für unfertige und fertige Erzeugnisse
- Zwischenlager (z. B. in der Produktion zwischen den Produktionsschritten)
- Handelswarenlager
- Versandlager
- Ersatzteillager
- Werkzeuglager
- Eigen- und Fremdlager (Wird das Lager selber oder durch einen Dienstleister bewirtschaftet?)
- zentrale und dezentrale Lager (Lagerstandort[e])
- offene Lager (ohne Witterungsschutz), z. B. Kies, Sand, Steine ...
- geschlossene Lager (mit Witterungsschutz und evtl. besonderen Eigenschaften: Kühlen, Trocknen)

Lagertechnik:
- moderne Informations- und Kommunikationssysteme (Rechnernetze, Funkverbindungen, Barcode, Scanner, Chipeinsatz) zur optimalen Bewirtschaftung (Stellplatzverwaltung, Wegoptimierung beim Ein-Auslagerungsprozess, Kommissionieroptimierung) des Lagers
- Fördertechnik, z. B. Stapler, Hubwagen, fahrerlose Transportsysteme
- Regalsysteme, z. B.:
  - Hochregallager mit/ohne Regalbediengeräten
  - Kragarmregale für Langgüter (Bretter, Rohre, Metallstäbe)
  - Paternostersysteme (Kleinteilelager)

Die Wahl des Lagers/der Lagertechnik hängt ab von:
- Unternehmensgröße
- Branche und Art der Lagergüter
- Produktionsstandort
- vorhandenen Transportmitteln
- Kundenkreis (Industrie, Handel, Endkunden ...)

Lagerrisiken:
- Schwund (Diebstahl, Lagerhandling)
- Verderb
- Lagergüter veralten (Geschmack der Kunden ändert sich, technische Änderungen)

Lagerplatzordnung:
- Festplatzsystem: Jedes Lagergut hat einen festen Platz.
- Freiplatzsystem: Unterbringung Lagergut am jeweils freien Platz ‡ chaotische Lagerung

Beispiel: computergesteuertes Hochregallager, in dem „chaotisch" gelagert wird

- **Voraussetzungen:**
  - hohe Ansprüche an die Lagerorganisation
  - Einsatz von EDV-Anlagen
  - hohe Anforderungen an die Lagertechnik

- **Vorteile:**
  - intensive Lagerraumnutzung, somit weniger Lagerraum nötig
  - weniger Lagerpersonal
  - kürzere Ein- und Auslagerungszeiten

- **Nachteile:**
  - Lagerplatz schwer auffindbar bei Computerausfall
  - bei Ausfall der Hebewerkzeuge ist Lagerentnahme schwierig
  - hohe Fixkosten

Aufgaben

1. Nennen Sie die Funktionen des Lagers.

2. Nennen Sie verschiedene Lagerarten.

3. a) Unterscheiden Sie die Begriffe zentrales und dezentrales Lager.
   b) Nennen Sie Vor- und Nachteile dieser Lagerarten.

4. a) Unterscheiden Sie die Begriffe Festplatzsystem und Freiplatzsystem (chaotisches Lager).
   b) Nennen Sie Vor- und Nachteile der chaotischen Lagerung.
   c) Nennen Sie die Voraussetzungen für eine chaotische Lagerung.

3.10 Lagerkosten und Lagerkennziffern

Lagerkosten

- Personalkosten (Löhne, Gehälter, Sozialversicherung usw.)
- Raumkosten (Miete, Abschreibungen, Reparaturkosten, Versicherungen, Grundsteuer)
- Kosten der Lagertechnik (Miete, Abschreibungen, Reparaturkosten für Regale, Stapler, Hubwagen, Hochregal usw.)
- Energiekosten (Heizung, Kühlung, Licht, Maschinenbetrieb)
- Risiko- und Versicherungskosten
- Kapitalbindungskosten (Verzinsung des im Lager gebundenen Kapitals)

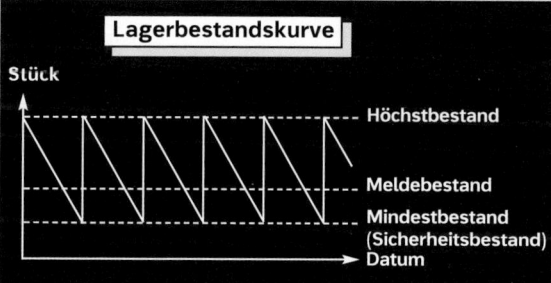

Lagerbestandskurve

Stück

Höchstbestand
Meldebestand
Mindestbestand
(Sicherheitsbestand)
Datum

$$\text{Meldebestand} = \text{täglicher Verbrauch} \cdot \text{Lieferzeit} + \text{Mindestbestand}$$

- UH erhöhen/verbessern:
  - Materialverbrauch erhöhen (Absatz steigern)
  - durchschn. LB senken (SB senken, Bestellverfahren ändern JIT)

- Erhöhung der UH bedeutet Senkung der durchschnittlichen Lagerdauer: Kapitalbedarf und Lagerkosten sinken, die Wirtschaftlichkeit steigt

- UH nur innerhalb einer Branche vergleichbar

Lagerkennzahlen

$$\text{durchschnittl. Lagerbestand} = \frac{AB + EB}{2} \quad \text{bzw.} \quad \frac{AB + 12\,EB}{13}$$

$$\frac{AB + \text{Quartalsendbestände}}{5}$$

Umschlagshäufigkeit (UH)

$$= \frac{\text{Lagerabgang (Materialverbrauch)}}{\text{durchschnittlicher Lagerbestand}}$$

durchschnittliche Lagerdauer

$$= \frac{360 \text{ Tage}}{\text{Umschlagshäufigkeit}}$$

Lagerzinssatz

$$= \frac{\text{Jahreszinssatz} \cdot \text{durchschnittl. Lagerdauer}}{360 \text{ Tage}}$$

Aufgaben

1. Nennen Sie vier Lagerkostenarten.

2. Unterscheiden Sie die Begriffe Eigen- und Fremdlager.

3. Warum ist ein eiserner Bestand (Mindestbestand) notwendig?

4. Erklären Sie den Begriff Meldebestand.

5. Welche Konsequenz hat das Überschreiten des Höchstbestandes?

6. Die Umschlagshäufigkeit eines Unternehmens ist im Vergleich zum Vorjahr gesunken.
   Nennen Sie Ursachen und Folgen.

7. Ermitteln Sie die Lagerkennzahlen:

   a) AB 01.01.:   10.000,00 EUR   Rohstoffeinsatz: 163.000,00 EUR
       EB 31.12.:   18.000,00 EUR   Marktzinssatz: 8 %

   b) AB 01.01.:   63.640,00 EUR   Rohstoffeinsatz: 2.084.760,00 EUR
       Summe Monatsendbestände: 888.480,00 EUR   Marktzinssatz: 10 %

   c) Bestände: 01.01.:   34.000,00 EUR   Rohstoffeinsatz (= Material-
                 31.03.:   49.300,00 EUR   verbrauch):   582.000,00 EUR
                 30.06.:   47.800,00 EUR
                 30.09.:   71.400,00 EUR   Marktzinssatz: 8 %
                 31.12.:   25.300,00 EUR

8. Entwicklung der Rohstoffbestände in einem Industriebetrieb:

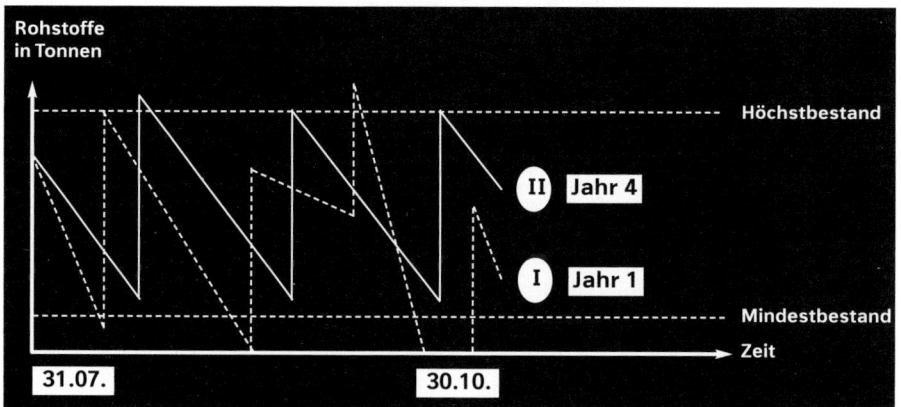

   a) Interpretieren Sie die abgebildeten Lagerbestandskurven.

   b) Berechnen Sie aus den folgenden Angaben die Umschlagshäufigkeit und die durch-
      schnittliche Lagerdauer der Rohstoffe:

      EB 31.12.01: 6,2 Mio. EUR; EB 31.12.02: 6,8 Mio. EUR; Jahreseinkäufe: 78,0 Mio. EUR

   c) Die Umschlagshäufigkeit der Rohstoffe wird für vergleichbare Betriebe mit 15 angege-
      ben. Vergleichen Sie den unter b) ermittelten Wert mit diesem Durchschnittswert und
      beurteilen Sie die Auswirkungen auf den Kapitaleinsatz, die Lagerkosten und den Ge-
      winn des Unternehmens.

9. Was versteht man unter durchschnittlicher Lagerdauer?

10. Welcher Zusammenhang besteht zwischen
    a) durchschnittlicher Lagerdauer und Lagerzinssatz?
    b) Umschlagshäufigkeit und Lagerzinssatz?

11. Wie wirkt sich eine Verringerung des durchschnittlichen Lagerbestandes auf die restlichen Lagerkennzahlen aus?

12. Bei Überprüfung der Lagerkennziffern für eine Rohstoffart stellen wir fest, dass sich die Zinslast für die Lagerbestände innerhalb eines Jahres von 3.430,00 EUR auf 4.150,00 EUR erhöht hat.
    a) Nennen Sie zwei mögliche Ursachen für diese Erhöhung.
    b) Es wurde mit folgenden Werten gerechnet:

AB:	216.800,00 EUR	Materialverbrauch:	1.661.600,00 EUR
EB:	198.600,00 EUR	Marktzinssatz:	16 %

    Welche Berechnungen führten zur Feststellung, dass sich die Zinsen auf 4.150,00 EUR erhöht haben?

3.11 Modernes Logistik-Konzept: Outsourcing – Systemlieferanten – Supply-Chain-Management (SCM)

Stofftelegramm

Outsourcing und Systemlieferanten

- **Outsourcing** = Ausgliederung bestimmter Aufgaben z. B. durch Inanspruchnahme eines Fremdanbieters

  Hauptmotive für Outsourcing: – Konzentration auf Kernkompetenzen
  – Reduzierung interner und externer Logistikkosten

  Beispiel: Verringerung der Fertigungstiefe, indem ganze Bauteile oder Systeme fortan von Fremdlieferanten (**Systemlieferanten**) bezogen werden, die bislang selbst produziert wurden = Outsourcing von Teilefertigung und Montagearbeiten

- **Systemlieferant:** – liefert nicht Einzelteile, sondern bereits fertig montierte Baugruppen, z. B. komplette Sitze für ein Automobil
  – erbringt hohe eigene Entwicklungsleistungen an den Systemen
  – verantwortliche Durchführung der Systemmontage
  – übernimmt somit einen Teil des Wertschöpfungsprozesses ...

- **Insourcing-Partner:** Stellen Teilkomponenten für komplexe Systeme selbst her **und** montieren diese Systeme z. B. direkt beim Abnehmer = aktive Einbindung des Lieferanten in den Produktionsprozess des Kunden. Beispiel: Sitzhersteller bei einem Autoproduzenten im Werk.

Supply-Chain-Management (SCM)   („supply chain" = Lieferkette)

- Verknüpfung des Wertschöpfungsprozesses des Herstellers mit dem des Lieferanten und des Kunden

- SCM = eine Art Partnerschaft mit den Lieferanten und Kunden

- Ziel: langfristige Zusammenarbeit mit einer geringen Anzahl von Lieferanten zwecks schneller und reibungsloser Auftragsabwicklung

- Vernetzung der vor- und nachgelagerten Produktionsstufen (Optimierung einer ganzen Kette)

- Der Informations- und Materialienfluss kennt keine innerbetrieblichen Grenzen mehr.

- Alle Prozesse der Versorgungskette werden einem gemeinsam definierten Ziel untergeordnet.

- Möglichkeiten: – gemeinsamer Zugriff auf das Produktionsplanungssystem
                    – nur noch einmalige Erfassung der Bestelldaten, Auftragserfassung, Faktura usw., die anschließend auf einer gemeinsamen Plattform zur Verfügung stehen
                    – Automatisierung und Konzentrierung der Rechnungsstellung und -prüfung
                    – gemeinsam abgestimmte Qualitätssicherung (kein doppelter Prüfungsaufwand mehr)
                    – Entwicklungspartnerschaften für neue/verbesserte Produkte

- Vorteile: – reduzierte Lagerbestände
                    – Senkung der Lagerkosten
                    – Reduzierung der Kapitalbindung
                    – Zeitersparnis bei der Wiederbeschaffung
                    – Optimierung der internen Lieferketten
                    – Steigerung der Lieferbereitschaft

- Notwendig: – Schulung der Kooperations- und Kommunikationsfähigkeit der Mitarbeiter
                    – laufende Überprüfung der Leistungsfähigkeit des SCM – ggf. Korrektur

Wichtige Hinweise

Folgende Themen werden aus praktikablen Gründen an anderer Stelle behandelt:

Themen	Behandelt in
„Schlechtleistung" und „Nicht-rechtzeitig-Lieferung"	BWL, Kapitel 1
Buchhaltungsthemen (Rechnungsbuchung mit Umsatzsteuer, Bezugskosten, Rücksendungen, Gutschriften, Skontoabzug und Zahlungsausgang)	Steuerung und Kontrolle

3.12   Prüfungsaufgaben

Prüfungsaufgaben Winter 2013/2014 (Aufgabe 2)

Die Schulmöbel OHG in Freiburg, ein mittelständisches Unternehmen mit 150 Mitarbeitern, stellt Arbeitstische für die Ausstattung von Klassenzimmern in Schulen her. Die dazugehörenden Stühle führt die Schulmöbel OHG als Handelswaren in ihrem Absatzprogramm. Die Abnehmer der Schulmöbel OHG sind Kommunen und Landkreise in der ganzen Bundesrepublik.

Eingeschränkt durch die allgemeine Haushaltslage der öffentlichen Schulträger ist die Schulmöbel OHG gezwungen, so kostengünstig wie möglich anzubieten. Gleichzeitig ist die Schulmöbel OHG mit ihrem Standort in Südbaden ihrem Leitbild (**Anlage 2**) verpflichtet. Die Geschäftsprozesse im Unternehmen sollen nachhaltig diese beiden Zielsetzungen verfolgen und auch daraufhin überprüft werden.

Für die nächste abteilungsübergreifende Wochenbesprechung sollen Sie als Mitarbeiter/-in des Beschaffungsbereiches die entsprechenden Vorbereitungen treffen. Bei dieser Sitzung soll u. a. über die Annahme eines Auftrages der Stadt Offenburg entschieden werden. Die Stadt Offenburg will zunächst 20 Klassenzimmer (jeweils 30 Schüler) der kaufmännischen Schule neu ausstatten und stellt in Aussicht, später die 15 weiteren Schulen neu zu möblieren.

2.1   Die Holzmüller GmbH als bisheriger Stuhllieferant hatte zunehmend Probleme, die vereinbarten Liefertermine einzuhalten, und kann bisher keine Umweltzertifizierung vorweisen. Aus diesen Gründen wurde bei der Schwarzwaldmöbel GmbH ein Angebot über 600 Stühle eingeholt. Dieses Angebot liegt nun vor (**Anlage 3**).
   - Führen Sie für die Beschaffung der gleichwertigen Stühle einen quantitativen Angebotsvergleich durch und stellen Sie diesen in einer übersichtlichen Form dar.
   - Formulieren Sie für die Besprechung einen Beschaffungsvorschlag unter Berücksichtigung zusätzlicher Kriterien (**Anlage 1–3**).

2.2   • Prüfen Sie die Auftragsbestätigung der Schwarzwaldmöbel GmbH aufgrund unserer Bestelldaten (**Anlage 3–5**).
   - Beschreiben Sie die rechtliche Bedeutung dieser Auftragsbestätigung unter Nennung der Paragrafen des BGB (**Anlage 9**).

2.3   Am 25.09.2013 sind die Stühle für die kaufmännische Schule in Offenburg noch nicht eingetroffen. Die telefonische Nachfrage am 26.09.2013 hat ergeben, dass die Schwarzwaldmöbel GmbH einen falschen Liefertermin disponiert hat.

   Schreiben Sie am 26.09.2013 eine E-Mail, in der Sie die Rechtslage gegenüber der Schwarzwaldmöbel GmbH aufzeigen und einen geeigneten Lösungsvorschlag unterbreiten (**Anlage 2–5**).

2.4   Am 18.10.2013 treffen die Stühle mit der Rechnung ein (**Anlage 6**).
   - Beschreiben Sie ausführlich, welche Punkte bei einer Eingangsrechnung zu prüfen sind.
   - Erstellen Sie die Buchungssätze, die bei Rechnungseingang (unter Verwendung der Kreditorennummer) und bei der Banküberweisung am 30.10.2013 erforderlich sind.

2.5   Auf den Wochensitzungen werden immer wieder Kostensenkungsmaßnahmen diskutiert. Sie haben den Auftrag, die Lagerbestände der Tischplatten für das erste Halbjahr 2013 zu untersuchen (**Anlage 7**).
   - Berechnen Sie die Umschlagshäufigkeit und bewerten Sie das Ergebnis anhand des angegebenen Branchenwertes von 8.
   - Beschreiben Sie das bisher angewandte Bestellverfahren und zeigen Sie dessen Nachteile auf. Schlagen Sie drei begründete Maßnahmen vor, wie unsere Umschlagshäufigkeit dem Branchenwert angenähert werden kann.

2.6   Mit der Berechnung der optimalen Bestellmenge kann ebenfalls ein Beitrag zur Kostensenkung im Beschaffungsbereich erreicht werden.

Ergänzen Sie die Skizze in **Anlage 8** (Lösungsblatt) und zeigen Sie den Zielkonflikt auf, der mit diesem Instrument gelöst werden kann.

Anlage 1: Auszüge aus der Unternehmenssoftware

Lager
- Lager
  - Artikel
  - Lagerhaltungsdaten
  - Berichte
  - Inventur
  - Bewertung

Allgemein | Fakturierung | Beschaffung | Planung | Außenhandel

Nr.	221081	Lagerbestand.	30
Beschreibung	Schulstuhl	Menge in Bestellung.	0
Basiseinheitencode	STÜCK	Menge in Fertigung.	0
		Menge in Auftrag.	0

Lager
- Lager
  - Artikel
  - Lagerhaltungsdaten
  - Berichte
  - Inventur
  - Bewertung
  - Historie

Allgemein | Fakturierung | Beschaffung | Planung | Außenhandel

Lagerabgangsmethode	Durchschnitt	Produktbuchungsgruppe.	HW
EK-Preis (neuester)	53,10	MwSt.-Produktbuchungs...	UST19
Einstandspreis		Lagerbuchungsgruppe.	HW
Einstandspreis (durchsc...			
VK-Preis	80,00		
VK-Preis/DB - Berechnung.	DB = VK - EP		
Handelsspanne	38,24606		

Lager
- Lager
  - Artikel
  - Lagerhaltungsdaten
  - Berichte
  - Inventur
  - Bewertung
  - Historie

Allgemein | Fakturierung | Beschaffung | Planung | Außenhandel

Beschaffungsmethode. Einkauf

Einkauf | **Produktion**

Kreditorennr.	44012	Produktionsart	Lagerfertigung
Kreditoren-Artikelnr.	44088	Arbeitsplannr.	
Einkaufseinheitencode.	STÜCK	Bauk.-Stücklistennr.	
Beschaffungszeit	14T	Losgröße.	0

Lager
- Lager
  - Artikel
  - Lagerhaltungsdaten
  - Berichte
  - Inventur
  - Bewertung
  - Historie

Allgemein | Fakturierung | Beschaffung | Planung | Außenhandel

Wiederbeschaffungsverf...	Bestellpunkt	Bedarfszusammenfassung.	1W
Lagerbestand berücksich...		Meldebestand	100
Lagerhaltungsdaten vorh...		Sicherheitsbestand	30
		Optimale Bestellmenge	200
		Maximalbestand	0

Einkauf
- Planung
- Bestellungsabwicklung
  - Kreditoren
  - Anfragen
  - Bestellungen
  - Reklam. / Gutschriften
  - Berichte
- Historie

Allgemein | Kommunikation | Fakturierung | Zahlung | Lieferung | Auße

Kreditor Nr.	44012
Kreditorname 1.	Holzmüller GmbH
Kreditorname 2.	
Adresse 1	Sägestraße 8
Adresse 2	
PLZ / Ort.	79183 Waldkirch
Ländercode.	DE

Allgemein | Kommunikation | Fakturierung | Zahlung

| Ausgleichsmethode | Offener Posten |
| Zlg.-Bedingungscode | 14230 |

Allgemein | Kommunikation | Fakturierung | Zahlung | Lieferung

Lagerortcode	ZENTRAL
Lieferbedingungscode.	FREI HAUS
Beschaffungszeit	14T
Basiskalendercode	KALENDER

Verkauf

- Planung
- Auftragsabwicklung
  - Debitoren
  - Angebote
  - Aufträge
  - Reklam. / Gutschriften
  - Berichte
- Periodische Aktivitäten
- Historie

Code	Skontotage	Skonto %	Zahlungsziel	Beschreibung
00000	0T	0	0T	Sofortige Zahlung netto Kasse
00030	0T	0	30T	30 Tage Zahlungsziel
00060	0T	0	60T	60 Tage Zahlungsziel
08230	8T	2	30T	8 Tage 2 % Skonto oder 30 Tage Ziel
08260	8T	2	60T	8 Tage 2 % Skonto oder 60 Tage Ziel
08330	8T	3	30T	8 Tage 3 % Skonto oder 30 Tage Ziel
08360	8T	3	60T	8 Tage 3 % Skonto oder 60 Tage Ziel
10230	10T	2	30T	10 Tage 2 % Skonto oder 30 Tage Ziel
10260	10T	2	60T	10 Tage 2 % Skonto oder 60 Tage Ziel
10330	10T	3	30T	10 Tage 3 % Skonto oder 30 Tage Ziel
10360	10T	3	60T	10 Tage 3 % Skonto oder 60 Tage Ziel
14230	14T	2	30T	14 Tage 2 % Skonto oder 30 Tage Ziel
14260	14T	2	60T	14 Tage 2 % Skonto oder 60 Tage Ziel
14330	14T	3	30T	14 Tage 3 % Skonto oder 30 Tage Ziel
14360	14T	3	60T	14 Tage 3 % Skonto oder 60 Tage Ziel

Anlage 2: Auszug aus dem Unternehmensleitbild der Schulmöbel OHG

Schonung natürlicher Ressourcen

Wesentliches Kriterium für die Entwicklung von langlebigen Möbeln ist nicht nur die Erfüllung hochster Qualitäts- und Ergonomie-Anforderungen, sondern auch die Berücksichtigung von umweltrelevanten Aspekten.

Schonung natürlicher Ressourcen: Unter dieser Vorgabe betrachten wir den gesamten Rohstoff- und Produktkreislauf – vom Eingangsmaterial über die Verarbeitung bis hin zur Auslieferung der Möbel beim Kunden. Unser Anspruch heißt, ökologische Belange von der Produktentwicklung bis hin zum Recycling so weit wie möglich zu berücksichtigen.

Um dies nachhaltig abzusichern, haben wir ein Umweltmanagementsystem nach DIN EN ISO 14001:2009 im Management und in allen betrieblichen Prozessen verankert. Durch diese Norm werden mögliche Umweltbelastungen genau erfasst und auf Basis der gewonnenen Daten die Umweltsituation des Unternehmens – unter regelmäßiger Prüfung – kontinuierlich verbessert [...].

Kunden- und Lieferantenbeziehung

Wir verpflichten uns gegenüber unseren Geschäftspartnern zu fairem und vertrauensvollem Miteinander. [...]

Anlage 3

Schwarzwaldmöbel GmbH

Schwarzwaldmöbel GmbH, Wolf-Hirt-Str. 4, 78120 Furtwangen

Schulmöbel OHG
Industriegebiet 11
79108 Freiburg

Ihre Zeichen	Ihre Nachricht v.	Unsere Zeichen	Unsere Nachricht v.	Telefon	Datum
Sg	22.08.2013	Se		07231 84739-18	30.08.2013

Angebot Schulstühle

Sehr geehrter Herr Stanger,

vielen Dank für Ihre Anfrage.
Gerne erfüllen wir Ihren Wunsch und bieten Ihnen den qualitativ hochwertigen Stuhl „Ergo"
an, der den neuesten ergonomischen und ökologischen Anforderungen entspricht:

Nr.	Beschreibung	Menge	Einheit	VK-Preis	Rabatt
1	Stuhl Ergo	600	Stück	63,50 EUR	15 %

Mindestabnahmemenge 500 Stück.
Die Lieferzeit beträgt eine Woche. Wir liefern die Ware frei Haus mit unserem Lkw.
Unsere Zahlungsbedingungen lauten:
Bei Zahlung innerhalb von 14 Tagen 2 % Skonto, innerhalb von 30 Tagen ohne Abzug.

Wir freuen uns auf Ihren Auftrag und sichern Ihnen eine reibungslose Abwicklung zu.

Mit freundlichen Grüßen

Schwarzwaldmöbel GmbH

Sebert

i. A. Sebert

Sitz der Gesellschaft:	Bankverbindung:	Amtsgericht Furtwangen	Geschäftsführerin:
Wolf-Hirt-Str. 4	Stadtsparkasse Furtwangen	HRB 7856	Bärbel Stein
78120 Furtwangen	BLZ 301 516 60	Steuernr.:	
Tel.: 07231 84739-18	Konto-Nr.: 37 8940 003	276/4451/4446	
www.schwarzwaldmoebel.de			
swm@tradecom.de			

Anlage 4: Bestellung der Schulmöbel OHG bei der Schwarzwaldmöbel GmbH

Einkauf
- ⊞ ☐ Planung
- ⊟ ☞ Bestellungsabwicklung
  - ☷ Kreditoren
  - ☷ Anfragen
  - ☷ Bestellungen
  - ☷ Reklam. / Gutschriften
  - ⊞ ☐ Berichte
- ⊞ ☐ Historie

Allgemein	Fakturierung	Lieferung	Außenhandel

Bestellung Nr.	41020		Buchungsdatum.	
Kreditor Nr.	44013		Bestelldatum	17.09.13
Kreditorname 1.	Schwarzwaldmöbel GmbH		Belegdatum	17.09.13
Kreditorname 2.			Liefertermin	24.09.13
Adresse 1	Wolf-Hirt-Str 4		Kred.-Rechnungsnr. . . .	
Adresse 2			Einkäufercode	
PLZ / Ort.	78120 Furtwangen			
Kontakt.				

Art Nr.	Kred.-Artikelnr.	Beschreibung		Menge	Einheitencode	EK-Preis o...	Rabatt %	Zeilenbetrag oh...	Bestelldatum
▸ A...	221111	Schulstuhl Ergo		680	STÜCK	63,50	15	32.385,00	17.09.13

Allgemein	Fakturierung	Lieferung	Außenhandel

Zahlung an Name 1. . . .	Schwarzwaldmöbel GmbH		Zlg.-Bedingungscode . . .	14230
Zahlung an Name 2			Fälligkeitsdatum	
Zahlung an Adresse 1 . . .	Wolf-Hirt-Str 4		Skonto %	2
Zahlung an Adresse 2. . .			Skontodatum	
PLZ / Ort.	78120 Furtwangen		EK-Preise inkl. MwSt. . . .	☐

Lieferung	Außenhandel

Zentrallager		Lagerortcode	ZENTRAL
		Lieferbedingungscode. . .	FREI HAUS
Im Industriegebiet 11		Beschaffungszeit	7T
72336 Balingen			

Anlage 5

Schwarzwaldmöbel GmbH

Schwarzwaldmöbel, Wolf-Hirt-Str. 4, 78120 Furtwangen

FAX

An

Schulmöbel OHG
Industriegebiet 11
79108 Freiburg

Auftragsbestätigung	Gesendet am:	17.09.2013
	Uhrzeit:	16:15
	Zahl der Seiten:	1

Sehr geehrter Herr Stanger,

vielen Dank für Ihre heutige Bestellung. Hiermit bestätigen wir Ihnen die Lieferung zum 24.09.2013.

Nr.	Beschreibung	Menge	Einheit	VK-Preis	Rabatt
1	Stuhl Ergo	600	Stück	63,50 EUR	15 %

Mit freundlichem Gruß

Schwarzwaldmöbel GmbH

Sebert

i. A. Sebert

Sitz der Gesellschaft:	Bankverbindung:	Amtsgericht Furtwangen	Geschäftsführerin:
Wolf-Hirt-Str. 4	Stadtsparkasse Furtwangen	HRB 7856	Bärbel Stein
78120 Furtwangen	BLZ 301 516 60	Steuernr.:	
Tel.: 07231 84739-18	Konto-Nr.: 378 940 003	276/4451/4446	
www.schwarzwaldmoebel.de			
swm@tradecom.de			

Anlage 6

Schwarzwaldmöbel GmbH

Schwarzwaldmöbel GmbH, Wolf-Hirt-Str. 4, 78120 Furtwangen

Schulmöbel OHG
Industriegebiet 11
79108 Freiburg

Eingangsstempel
18.10.2013

Bearbeitet: *schgm*

Ihre Zeichen	Ihre Nachricht v.	Unsere Zeichen	Unsere Nachricht v.	Telefon	Datum
Sg	17.09.2013	Se		0723 184739-18	17.10.2013

Lieferschein/Rechnung 2013723

Sehr geehrte Damen und Herren,

hiermit stellen wir Ihnen in Rechnung:

Art.-Nr.	Bezeichnung	Menge	Einheit	Einzelpreis	Rabatt	Betrag	Gesamtbetrag
62104	Stuhl Ergo	600	Stück	63,50 EUR	15 %	53,975 EUR	32.385,00 EUR
	Frachtkosten						- EUR
	Nettopreis						32.385,00 EUR
	Umsatzsteuer	19	%				6.153,15 EUR
	Bruttopreis						38.538,15 EUR

Lieferung frei Haus mit unserem Lkw.
Bei Zahlung innerhalb von 14 Tagen ab Rechnungsdatum 2 % Skonto,
30 Tage ohne Abzug.

Mit freundlichen Grüßen

Schwarzwaldmöbel GmbH

Sebert

i. A. Sebert

Sitz der Gesellschaft:
Wolf-Hirt-Str. 4
78120 Furtwangen
Tel.: 07231 84739-18
www.schwarzwaldmoebel.de
swm@tradecom.de

Bankverbindung:
Stadtsparkasse Furtwangen
BLZ 301 516 60
Konto-Nr.: 378 940 003

Amtsgericht Furtwangen
HRB 7856

Steuernr.:
276/4451/4446

Geschäftsführerin:
Bärbel Stein

Anlage 7

LAGER – DISPOSITIONSKARTE   **121**

Teile-Nr.:	321081	Jahr:	2013
Teilebezeichnung:	Tischplatten		
Einheit:	Stück	Mindestbestand:	70
ABC-Kennung	A-Gut	Höchstbestand:	190

Datum	Beleg	Zugang	Abgang	Lager-bestand	
01.01.	Übertrag			90	
02.01.	LS 001	100		190	
09.01.	ME 0008		60	130	
01.02.	LS 002	50		180	
01.03.	LS 003	10		190	
15.03.	ME 0034		40	150	
02.04.	LS 004	40		190	
09.04.	ME 0061		120	70	
02.05.	LS 005	120		190	
06.05.	ME 0062		20	170	
17.05.	ME 0074		40	130	
31.05.	ME 0078		20	110	
04.06.	LS 006	80		190	
06.06.	ME 0098		60	130	
13.06.	ME 0099		20	110	
25.06.	ME 0101		10	100	

Anlage 8

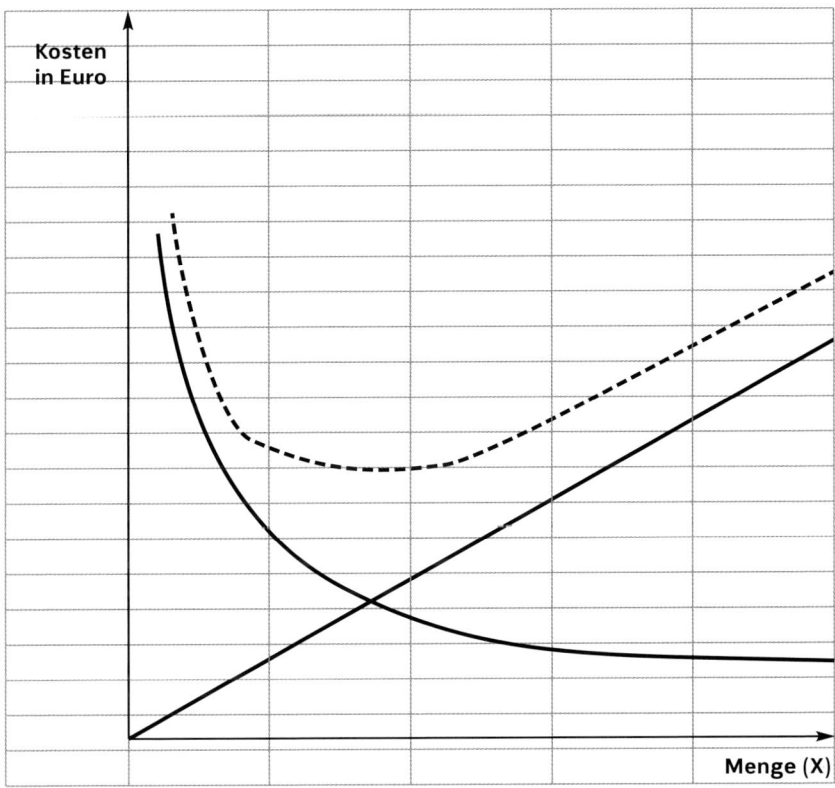

Anlage 9: Auszüge aus dem BGB

§ 145 Bindung an den Antrag
Wer einem anderen die Schließung eines Vertrags anträgt, ist an den Antrag gebunden, es sei denn, dass er die Gebundenheit ausgeschlossen hat.

§ 146 Erlöschen des Antrags
Der Antrag erlischt, wenn er dem Antragenden gegenüber abgelehnt oder wenn er nicht diesem gegenüber nach den §§ 147 bis 149 rechtzeitig angenommen wird.

§ 147 Annahmefrist
(1) Der einem Anwesenden gemachte Antrag kann nur sofort angenommen werden. Dies gilt auch von einem mittels Fernsprechers oder einer sonstigen technischen Einrichtung von Person zu Person gemachten Antrag.
(2) Der einem Abwesenden gemachte Antrag kann nur bis zu dem Zeitpunkt angenommen werden, in welchem der Antragende den Eingang der Antwort unter regelmäßigen Umständen erwarten darf.

§ 149 Verspätet zugegangene Annahmeerklärung
Ist eine dem Antragenden verspätet zugegangene Annahmeerklärung dergestalt abgesendet worden, dass sie bei regelmäßiger Beförderung ihm rechtzeitig zugegangen sein würde, und musste der Antragende dies erkennen, so hat er die Verspätung dem Annehmenden unverzüglich nach dem Empfang der Erklärung anzuzeigen, sofern es nicht schon vorher geschehen ist. Verzögert er die Absendung der Anzeige, so gilt die Annahme als nicht verspätet.

§ 150 Verspätete und abändernde Annahme
(1) Die verspätete Annahme eines Antrags gilt als neuer Antrag.
(2) Eine Annahme unter Erweiterungen, Einschränkungen oder sonstigen Änderungen gilt als Ablehnung verbunden mit einem neuen Antrag.

§ 286 Verzug des Schuldners
(1) Leistet der Schuldner auf eine Mahnung des Gläubigers nicht, die nach dem Eintritt der Fälligkeit erfolgt, so kommt er durch die Mahnung in Verzug. Der Mahnung stehen die Erhebung der Klage auf die Leistung sowie die Zustellung eines Mahnbescheids im Mahnverfahren gleich.
(2) Der Mahnung bedarf es nicht, wenn
1. für die Leistung eine Zeit nach dem Kalender bestimmt ist,
2. der Leistung ein Ereignis vorauszugehen hat und eine angemessene Zeit für die Leistung in der Weise bestimmt ist, dass sie sich von dem Ereignis an nach dem Kalender berechnen lässt,
3. der Schuldner die Leistung ernsthaft und endgültig verweigert,
4. aus besonderen Gründen unter Abwägung der beiderseitigen Interessen der sofortige Eintritt des Verzugs gerechtfertigt ist.
(3) Der Schuldner einer Entgeltforderung kommt spätestens in Verzug, wenn er nicht innerhalb von 30 Tagen nach Fälligkeit und Zugang einer Rechnung oder gleichwertigen Zahlungsaufstellung leistet; dies gilt gegenüber einem Schuldner, der Verbraucher ist, nur, wenn auf diese Folgen in der Rechnung oder Zahlungsaufstellung besonders hingewiesen worden ist. Wenn der Zeitpunkt des Zugangs der Rechnung oder Zahlungsaufstellung unsicher ist, kommt der Schuldner, der nicht Verbraucher ist, spätestens 30 Tage nach Fälligkeit und Empfang der Gegenleistung in Verzug.
(4) Der Schuldner kommt nicht in Verzug, solange die Leistung infolge eines Umstands unterbleibt, den er nicht zu vertreten hat.
[...]

Prüfungsaufgaben Sommer 2015 (Aufgabe 1)

Die Sidom Kerzenmanufaktur GmbH aus Walldürn fertigt seit über 35 Jahren verschiedene Kerzen. Ein großes Geschäftsfeld ist die Herstellung von Partykerzen. Kunden sind Händler aus ganz Deutschland. Die Auftragslage ist seit Jahren stabil. Zu Beginn der Grillsaison steigt die Anzahl der Bestellungen regelmäßig an. Für die Herstellung der Partykerzen werden u. a. die Komponenten „Wachs" und „Docht" benötigt. Momentan bestehen Lieferengpässe beim Artikel Nr. 9815 „Spezialdocht 21 cm weiß", sodass unsere Partykerze „Barbecue" nur in begrenzter Anzahl produziert werden kann. In diesem Jahr ist die Nachfrage so unerwartet hoch, dass einige Kunden derzeit nicht in vollem Umfang beliefert werden können. Davon betroffen ist auch unser langjähriger Kunde Schneider. Er möchte schnellstmöglich wissen, ob wir 1.000 Partykerzen „Barbecue" bis zum 05.06.2015 liefern können, da er sich andernfalls einen anderen Lieferanten suchen wird. Sie möchten den Kunden Schneider unter keinen Umständen verlieren. Ab Erhalt der Spezialdochte benötigen wir noch zwei Wochen für die Herstellung der Kerzen.

Sie sind Mitarbeiter im Einkauf und sehen sich mit folgenden Aufgaben konfrontiert.

1.1 Unser bisheriger Lieferant kann den Spezialdocht nicht fristgerecht in gewünschter Menge liefern. Beschreiben Sie Ihr Vorgehen, um in diesem Fall weitere Bezugsquellen zu ermitteln (vier Vorschläge).

1.2 Aufgrund Ihrer Lieferantenrecherche konnten Sie drei Angebote für die benötigten 1.000 Spezialdochte einholen. Führen Sie einen Angebotsvergleich unter Kostengesichtspunkten durch.

Nehmen Sie im Anschluss einen qualitativen Angebotsvergleich auch unter Berücksichtigung von ökologischen Gesichtspunkten vor. Erstellen Sie hierfür eine übersichtliche Entscheidungswerttabelle und entscheiden Sie sich begründet für einen Lieferanten. Verwenden Sie hierzu die **Anlagen 1–4**.

1.3 Sie erhalten vom Lager den in **Anlage 5** dargestellten Beleg mit der Bitte um Bearbeitung.
   • Bereiten Sie das Gespräch mit dem Lieferanten Dochito vor.
   • Notieren Sie, welche Rechte der Sidom Kerzenmanufaktur GmbH generell zur Verfügung stehen.
   • Erstellen Sie eine Mängelanzeige und formulieren Sie eine konkrete Forderung gegenüber Ihrem Lieferanten.

1.4 Buchen Sie die Rechnung vom 12.05.2015. Die Rechnung ist zur Zahlung noch nicht freigegeben.

Der Lieferant geht auf Ihre Forderung in der Mängelanzeige ein und sendet uns eine Gutschriftanzeige über 10 %. Buchen Sie diese Gutschrift.

1.5 Aus aktuellem Anlass werden Sie gebeten, die Lager-Dispositionskarte für die Dochte mit der Artikelnummer 9815 zu überprüfen (**Anlage 6**).
   • Beschreiben und beurteilen Sie das bisherige Bestellverfahren hinsichtlich der Eignung für die Bestellung unserer Dochte 9815.
   • Ermitteln Sie dazu den durchschnittlichen Lagerbestand pro Monat sowie den durchschnittlichen Monatsverbrauch jeweils für das zweite, dritte und vierte Quartal 2014.
   • Interpretieren Sie Ihre Ergebnisse.
   • Unterbreiten Sie einen begründeten Verbesserungsvorschlag hinsichtlich des Dispositionsverfahrens.

Anlage 1

Dochito GmbH

Dochito GmbH, Hauptstr. 12, 20459 Hamburg

Sidom Kerzenmanufaktur GmbH	Kundennummer: 43795
Bahnhofstr. 47	(bei Rückfragen bitte angeben)
74731 Walldürn	

Ihre Zeichen,	Ihre Nachricht	Unsere Zeichen,	Telefondurchwahl, Name	Datum
EH	04.05.2015	PB/KZ	- 232 Hr. Zimmermann	05.05.2015

Angebot

Sehr geehrte Damen und Herren,

wir bedanken uns für Ihre Anfrage und bieten an:

Nr.	Beschreibung	Menge	Einheit	VK-Preis pro Stück	Rabatt	MwSt.
1	Spezialdocht weiß 21 cm	1.000	Stück	0,66 EUR	15 %	19 %

Bei Teilnahme an unserem Logistiksystem EASY garantieren wir die Lieferung 3 Tage nach Auftragseingang. Der Versand erfolgt frei Haus.

Das Zahlungsziel beträgt 90 Tage. Bei Zahlung innerhalb von 14 Tagen gewähren wir 3 % Skonto.

Wir freuen uns auf Ihre Bestellung.

Mit freundlichem Gruß

Klaus Zimmermann

Klaus Zimmermann, Dochito GmbH

Geschäftsräume	Kontakt		Bankverbindung	
Hauptstr. 12	Tel:	+49 040 2323-0	Bank:	P-Bank Hamburg
20459 Hamburg	Fax:	+49 040 2323-00	Bankort:	Hamburg
Geschäftsführer: Frank Wintermantel	E-Mail:	dochito@t-online.de	BIC:	SKOXXES1HAM
Amtsgericht Hamburg HRB 92826	Internet:	www.dochito.de	IBAN:	DE29 2001 0020 1245 7700 43

Anlage 2

Wachswelt OHG

Wachswelt OHG, Wolf-Hirth-Str. 4, 75175 Pforzheim

Sidom Kerzenmanufaktur GmbH
Bahnhofstr. 47
74731 Walldürn

Ihre Zeichen, Ihre Nachricht v.	Unsere Zeichen, unsere Nachricht v.	Telefon	Datum
	Se	07231 84739-18	05.05.2015

Angebot

Sehr geehrte Damen und Herren,

vielen Dank für Ihre Anfrage.
Gerne erfüllen wir Ihren Wunsch und bieten Ihnen an:

Nr.	Beschreibung	Menge	Einheit	VK-Preis pro Stück	Rabatt	MwSt.
1	Spezialdocht weiß 21 cm	1.000	Stück	netto 0,57 EUR	5 %	19 %

Bei einer Abnahme von mindestens 100 Stück gewähren wir Ihnen einen Rabatt von 5 %.
Die Lieferzeit beträgt 3 Wochen. Versandkosten bei Abnahme bis 4.000 Stück 25,00 EUR.

Unsere Zahlungsbedingungen lauten:
Bei Zahlung innerhalb von 14 Tagen 2 % Skonto, innerhalb von 30 Tagen ohne Abzug.

Unsere Produkte entsprechen dem Ökotex-Standard 100. Außerdem handeln wir nach den
Vorschriften von 1907/2006 EG, Artikel 31. Der Nachweis der Einhaltung dieser Richtlinien
kann Ihnen gerne zugesandt werden.

Wir freuen uns auf Ihren Auftrag.

Mit freundlichen Grüßen

i. A. Seßert

Wachswelt OHG

Sitz der Gesellschaft:	Bankverbindung:	Amtsgericht Pforzheim	Geschäftsführerin:
Wolf-Hirth-Str. 4	Stadtsparkasse Pforzheim	HRA 7856	Bärbel Stein
75175 Pforzheim	BIC: SOLADES1PFZ		
Tel.: 07231 84739-0	IBAN: DE82 3015 1660 3700 8940 39		www.wachswelt.de

Anlage 3

Wachszieherei Kleber

Wachszieherei Kleber KG, Perlacherstr. 10 – 14, 80731 München

Sidom Kerzenmanufaktur GmbH
Bahnhofstr. 47
74731 Walldürn

Ihre Zeichen, Ihre Nachricht v.	Unsere Zeichen, unsere Nachricht v.	Telefon	Datum
	fg	089 184739-189	06.05.2015

Angebot

Sehr geehrte Damen und Herren,

vielen Dank für Ihre Anfrage.
Gerne erfüllen wir Ihren Wunsch und bieten Ihnen an:

Nr.	Beschreibung	Menge	Einheit	VK-Preis pro Stück	MwSt.
1	Spezialdocht 21 cm weiß	1.000	Stück	netto 0,54 EUR	19 %

Die Lieferzeit beträgt 5 Tage. Versandkostenpauschale 10,00 EUR/500 Stück.
Unsere Zahlungsbedingungen lauten:
Bei Zahlung innerhalb von 14 Tagen 3 % Skonto, innerhalb von 60 Tagen ohne Abzug.

Gerne würden wir Sie wieder als Kunden gewinnen. Durch die Umstellung unserer Produktion garantieren wir höchste Produktqualität.

Wir freuen uns auf Ihren Auftrag.

Mit freundlichen Grüßen

i. A. Franz Ganz

Wachszieherei Kleber KG

Sitz der Gesellschaft:	Bankverbindung:	Amtsgericht München	Geschäftsführerin:
Perlacherstr 10 – 14	Deutsche Bank München	HRA 7856	M. Schmitz
80731 München	BIC: XYZURRL2MUE		
Tel.: 089 184739-0	IBAN: DE29 3015 1660 2001 4358 88		E-Mail: info@wk.com

Anlage 4: Auszug aus der internen Lieferantendatei

Dochito GmbH

Mit diesem Unternehmen wurden noch keine Geschäftsbeziehungen unterhalten.
Es liegen auch keine Informationen von Geschäftspartnern vor.
Die Produktqualität der Dochito ist nach ISO zertifiziert.
Die Dochito gibt keine Informationen über die Einhaltung von Umweltstandards.

Wachswelt OHG

Es liegen Referenzen über die erstklassige Produktqualität und die absolute Termineinhaltung vor. Die Wachswelt OHG hat vor Kurzem ihre Produktion auf ein neues, besonders energie-sparendes Produktionsverfahren umgestellt und kann die Ökostandards nach EU-Richtlinien nachweisen.

Wachszieherei Kleber KG

Die Wachszieherei war bis vor fünf Jahren unser Stammlieferant. Damals tauchten vermehrt Qualitätsprobleme auf, die auch nach Beanstandung nicht auf Dauer behoben werden konn-ten. Durch Telefonate mit unseren Branchenkollegen haben wir erfahren, dass die Qualitäts-probleme durch die Umstellung auf ein neueres Produktionsverfahren beseitigt sein sollen.
Die Lieferbereitschaft war in der Vergangenheit zuverlässig.
Umweltstandards sind bei der Wachszieherei nach ISO zertifiziert.

Anlage 5

Dochito GmbH

Dochito GmbH, Hauptstr. 12, 20459 Hamburg

Sidom Kerzenmanufaktur GmbH
Bahnhofstr. 47
74731 Walldürn

Lieferschein/Rechnung

Kundennummer:	43795
Bestell-Nr.:	2386236
Rechnungs-Nr.:	15/46346

(bei Rückfragen bitte angeben)

Ihre Zeichen,	Ihre Nachricht	Unsere Zeichen,	Telefondurchwahl, Name	Datum
EH	08.05.2015	PB/KZ	-232 Hr. Zimmermann	12.05.2015

Lieferschein/Rechnung

Sehr geehrte Damen und Herren,

wir bedanken uns für Ihre Bestellung und liefern Ihnen wie vereinbart:

Pos.	Artikel	Menge	Preis (Stück)	Gesamtpreis
1	Spezialdocht 21 cm weiß	1.000	0,66 EUR	660,00 EUR
			Summe:	660,00 EUR
			– 15 % Rabatt	99,00 EUR
				561,00 EUR
			+ 19 % MwSt.	106,59 EUR
			Rechnungsbetrag	**667,59 EUR**

Das Zahlungsziel beträgt 90 Tage. Bei Zahlung innerhalb von 14 Tagen gewähren wir 3 % Skonto. Mit freundlichem Gruß

Klaus Zimmermann

Klaus Zimmermann, Dochito GmbH

Interner Vermerk:

Dochte werden in der Farbe Beige geliefert,
Verwendung möglich,
Neulieferung nicht möglich,

12.05.15

Gruß H. Meyer
(Einkauf Sidom)

Geschäftsräume	Kontakt		Bankverbindung	
Hauptstr. 12	Tel:	+49 040 2323-0	Bank:	P-Bank Hamburg
20459 Hamburg	Fax:	+49 040 2323-00	Bankort:	Hamburg
Geschäftsführer: Frank Wintermantel	E-Mail:	dochito@t-online.de	BIC:	SKOXXES1HAM
Amtsgericht Hamburg HRB 92826	Internet:	www.dochito.de	IBAN:	DE29 2001 0020 1245 7700 43

Anlage 6

LAGER-DISPOSITIONSKARTE					
Artikel-Nr.: 9815					
Artikelbezeichnung: Docht					
Zeitraum: 01.04.2014–30.04.2015			Durchschnittl. Lieferzeit:		1 Woche
Mindestbestand: 500			Verpackungseinheit:		500 Stück
Bestellvorgang: Monatlich			Einheit:		Stück

Datum	Beleg	Zugang	Abgang	Lager-bestand	Vormerk-bestand
01.04.2014	Übertrag			2.000	
05.04.2014	LS 0011	500		2.500	
10.04.2014	ME 0008		1.000	1.500	
20.04.2014	ME 0015		700	800	
02.05.2014	LS 0020	500		1.300	
10.05.2014	ME 0022		600	700	
19.05.2014	ME 0034		700	0	
05.06.2014	LS 0044	500		500	
15.06.2014	ME 0061		50	450	
30.06.2014	ME 0068		40	410	
03.07.2014	LS 0051	500		910	
11.07.2014	ME 0074		50	860	
29.07.2014	ME 0078		40	820	
05.08.2014	LS 0086	500		1.320	
16.08.2014	ME 0056		50	1.270	
02.09.2014	LS 0088	500		1.770	
20.09.2014	ME 0073		70	1.700	
04.10.2014	LS 0091	500		2.200	
10.10.2014	ME 0075		50	2.150	
15.10.2014	ME 0078		50	2.100	
29.10.2014	ME 0081		75	2.025	
03.11.2014	LS 0095	500		2.525	
10.11.2014	ME 0085		80	2.445	
02.12.2014	LS 0097	500		2.945	
12.12.2014	ME 0089		60	2.885	
05.01.2015	LS 0102	500		3.385	
12.01.2015	ME 0092		50	3.335	
25.01.2015	ME 0098		50	3.285	
04.02.2015	LS 0105	500		3.785	
20.02.2015	ME 0101		65	3.720	
01.03.2015	LS 0109	500		4.220	
12.03.2015	ME 0105		60	4.160	
01.04.2015	LS 0111	500		4.660	
02.04.2015	ME 0112		1.800	2.860	
12.04.2015	ME 0120		2.250	610	
15.04.2015	ME 0125		610	0	

Prüfungsaufgaben Sommer 2016 (Aufgabe 1, teilweise)

Die Bergmann GmbH in Ravensburg stellt Fahrräder her und legt besonderen Wert auf Qualität, Termintreue sowie eine umweltschonende Produktion. Ein großer Teil der Komponenten wird von spezialisierten Zulieferern bezogen. Der zunehmende Kostendruck zwingt das Unternehmen zur Suche nach weiterem Optimierungspotenzial für seine Beschaffungs- und Produktionsprozesse. Sie sind in der Dispositionsabteilung beschäftigt und haben die folgenden Aufgaben zu erfüllen.

1.2   Zur Optimierung der Einkaufsaktivitäten ist eine ABC-Analyse anhand der Daten des letzten Jahres durchzuführen. A-Güter haben einen Wertanteil von 75 %, B-Güter von 20 % und C-Güter von 5 %. Runden Sie Ihre Ergebnisse auf eine Nachkommastelle (**Anlage 4**).

       Geben Sie auf Basis Ihrer ABC-Analyse je drei Empfehlungen für die Beschaffung/Disposition der Fremdbezugsteile 40044 und 40045.

1.3   Die Geschäftsleitung beklagt die hohen Lagerkosten. Ihr Abteilungsleiter bittet Sie deshalb anhand der Lagerkarte des Artikels 40045, die Umschlagshäufigkeit zu ermitteln, diese Kennziffer zu beurteilen und drei Vorschläge zur Verbesserung der Wirtschaftlichkeit zu unterbreiten (**Anlage 5**).

1.4   Die Geschäftsleitung fordert weitere Kostensenkungspotenziale. Auf ihre Anfrage unterbreitet der neue Lieferant Metallbau Berger OHG für Artikel 40045 ein Angebot. Unser bisheriger Einstandspreis beträgt 300,00 EUR je Stück.
- Ermitteln Sie mithilfe einer Bezugskalkulation, in welcher Höhe der Bezug von Artikel 40045 über den neuen Lieferanten zu einem geringeren Bezugspreis führen würde (**Anlagen 5** und **6**).
- Berechnen Sie das Kostensenkungspotenzial pro Jahr.
- Die Metallbau Berger OHG bietet die Möglichkeit des Kaufs auf Abruf.
Erläutern Sie der Geschäftsleitung je zwei mögliche Vor- und Nachteile, die sich für die Bergmann GmbH ergeben könnten.

1.5   Die Bergmann GmbH erhält die Rechnung in **Anlage 7**. Buchen Sie den Rechnungseingang bestandsorientiert sowie die Zahlung am 04.05.2016.

Anlage 4: ABC-Analyse

Artikel-nummer	Jahresbedarf in Stück	Einstandspreis in Euro	Verbrauchswert in Euro	Wertanteil in %	Rang
40041	4.000	40,00			
40042	8.000	50,00			
40043	4.000	1,60			
40044	16.000	3,00			
40045	4.800	300,00			
40046	48.000	0,20			
40047	24.000	5,00			
40048	8.000	100,00			
Summe					

Rang	Artikel-nummer	Wertanteil in %	Wertanteil in % kumuliert	Einordnung ABC

Anlage 5

Lagerkarte

Bergmann GmbH			
Lagerort: **Artikelnummer:** **Artikelbezeichnung:** **Mengeneinheit:**	LB 3 40045 Alurahmen Stück		
	Zugang	Abgang	Bestand
31.12.2014			500
05.01.2015	1.500		2.000
13.01.2015	2.400		4.400
12.02.2015		500	3.900
27.03.2015		500	3.400
04.04.2015		400	3.000
15.05.2015		600	2.400
29.06.2015		400	2.000
12.07.2015	2.400		4.400
09.08.2015		600	3.800
05.10.2015		600	3.200
03.11.2015		600	2.600
12.12.2015		600	2.000
Endbestand lt. Inventur			2.000

Lagerkennziffern

	Vorjahr 2014
Durchschnittlicher Lagerbestand	3.260 Stück
Umschlagshäufigkeit	2,1
Durchschnittliche Lagerdauer	171 Tage

Anlage 6: Angebot

Metallbau Berger OHG – Metall nach Maß

Metallbau Berger OHG – Metall nach Maß
Seestr. 9, 78462 Konstanz

Name:	S. Staller
Telefon:	07798 2333425
Telefax:	07798 233423
E-Mail:	service@metallberger.de
Internet:	www.metallberger.de

Bergmann GmbH
Rennweg 12 – 14
88212 Ravensburg

Baden-Württemberg Bank
(BLZ 600 500 00) 2100011
IBAN: DE97 6005 0000 0002 1000 11
Swift-BIC: BAWUDEST

Kunden-Nr.:	240013
Bestell-Nr.:	
Auftrag-Nr.:	
Datum:	20.04.2016

Angebot Nr. 1992

Sehr geehrte Damen und Herren,

vielen Dank für Ihre Anfrage. Gerne bieten wir wie folgt an:

Artikel AR 45 (Alurahmen) zu 362,50 Euro je Stück.

Bei Abschluss eines Jahresvertrages gewähren wir Ihnen einen Rabatt von

> 10 % ab einer Jahresmenge von 3.000 Stück,
> 20 % ab einer Jahresmenge von 4.000 Stück,
> 25 % ab einer Jahresmenge von 5.000 Stück.

Ab einer Jahresabnahmemenge von 3.500 Stück liefern wir Ihnen jede gewünschte Menge zu Ihrem Wunschtermin, vorausgesetzt Sie fordern die jeweilige Liefermenge 36 Stunden vorher an.

Ab einer Jahresabnahmemenge von 1.500 Stück erfolgen die Anlieferungen ohne weitere Kosten.

Für die Zahlung der abgerufenen Teilmengen haben Sie jeweils 30 Tage Zeit.
Bei Zahlung innerhalb 10 Tagen gewähren wir 2 % Skonto.

Wir freuen uns auf Ihre Bestellung.

Mit freundlichen Grüßen

Metallbau Berger OHG
ppa. M. Staller

Anlage 7: Rechnung

Metallbau Berger OHG – Metall nach Maß

Metallbau Berger OHG – Metall nach Maß	Name: R. Ruff
Seestr. 9, 78462 Konstanz	Telefon: 07798 2333425
	Telefax: 07798 233423
	E-Mail: service@metallberger.de
Bergmann GmbH	Internet: www.metallberger.de
Rennweg 12 – 14	
88212 Ravensburg	Baden-Württemberg Bank
	(BLZ 600 500 00) 2100011
	IBAN: DE97 6005 0000 0002 1000 11
	Swift-BIC: BAWUDEST
	Kunden-Nr.: 240013
	Bestell-Nr.: RAHMENVERTRAG
	Auftrag Nr.: 22013
	Rechn. -Datum: 25.04.2016

Rechnung Nr. 26013

Sehr geehrte Damen und Herren,

aufgrund Ihres Auftrags stellen wir Ihnen folgende Artikel in Rechnung:

Artikel-Nr.	Bezeichnung	Menge	Einheit	Preis (in Euro)	Rabatt %	Betrag (in Euro)
200047	Alurahmen AR45	300	Stück	362,50	20	87.000,00
				Warenwert		87.000,00
				19 % MwSt.		16.530,00
				Rechnungsbetrag		103.530,00

Zahlungsbedingungen: 2 % Skonto innerhalb 10 Tagen oder 30 Tage Ziel
Lieferbedingung: Frei Haus

Wir bedanken uns für Ihren Auftrag.

Mit freundlichen Grüßen

Metallbau Berger OHG

i. A. R. Ruff

4 Absatzprozesse

4.1 Marketing – Marktorientierung – Marketingziele – Marktforschung – Marktkennzahlen – Marktsegmentierung

Stofftelegramm

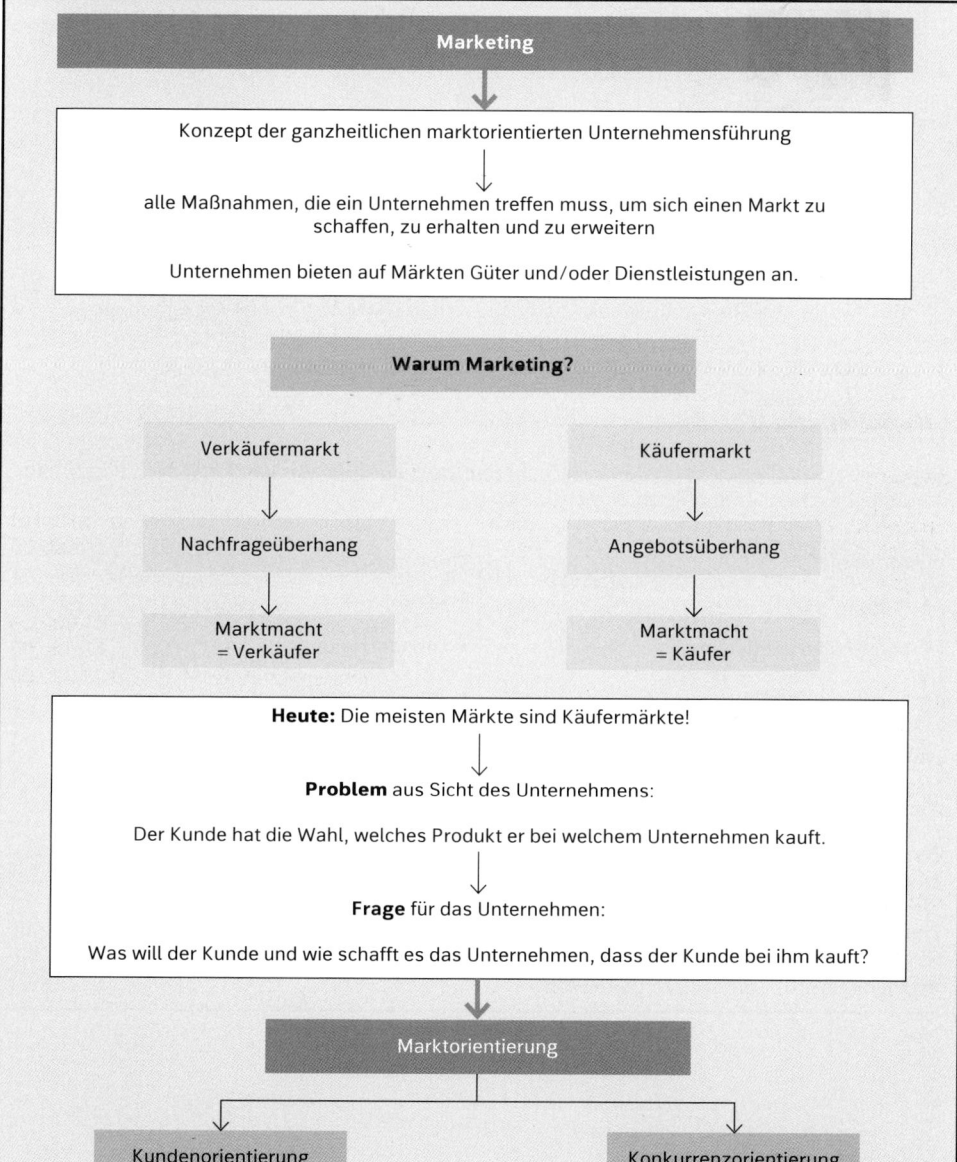

Marktorientierung

- Grundlage unternehmerischen Handelns: konsequente Ausrichtung (Orientierung) am Markt

- Entscheidend = **Kundenorientierung** („Der Kunde ist König!")

- **Konkurrenzorientierung:** Orientierung z. B. der Preispolitik usw. an den Konkurrenten.

- Orientierung an sonstigen Gegebenheiten: Beschaffungsmarkt, Konjunktur ...

- Beachte: Zunehmende **Internationalisierung** des Wettbewerbs (= **Globalisierung**):

  – Angebot auf internationalen Märkten, Wettbewerbsdruck steigt

  – evtl. Verlagerung von Arbeitsplätzen und Produktionsstätten ins kostengünstigere Ausland

  – Diskussionsthema „Wirtschaftsstandort Deutschland":
    Stichworte Lohn und Lohnzusatzkosten, ausländische lohngünstige Arbeitnehmer ...

  – Entwicklung zur Europäischen Wirtschafts- und Währungsunion ...

Marketingziele

Sollen die zukünftige Position des Unternehmens definieren. Diese soll durch den Einsatz aller absatzpolitischen Maßnahmen erreicht werden.

Qualitative Marketingziele	Quantitative Marketingziele
• Imagepflege	• Gewinnziele
• Marktrisiko verkleinern	• Umsatzziele
• Corporate Identity	• Absatzmengen
• Qualität	• Marktanteile
• Vertrauen	• Wachstumsziele

Ziele müssen operationalisiert (messbar gemacht) werden. Das heißt, sie bestehen aus einem Inhaltsteil, Verhaltensteil und Zeitbezug.

Zum Beispiel: Ein Unternehmen will seinen Marktanteil für ein bestimmtes Produkt im Inland um 5 % (Inhaltsteil) im nächsten Jahr (Zeitbezug) steigern. Hierzu werden die Ausgaben für Werbung um 10 % erhöht (Verhaltensteil).

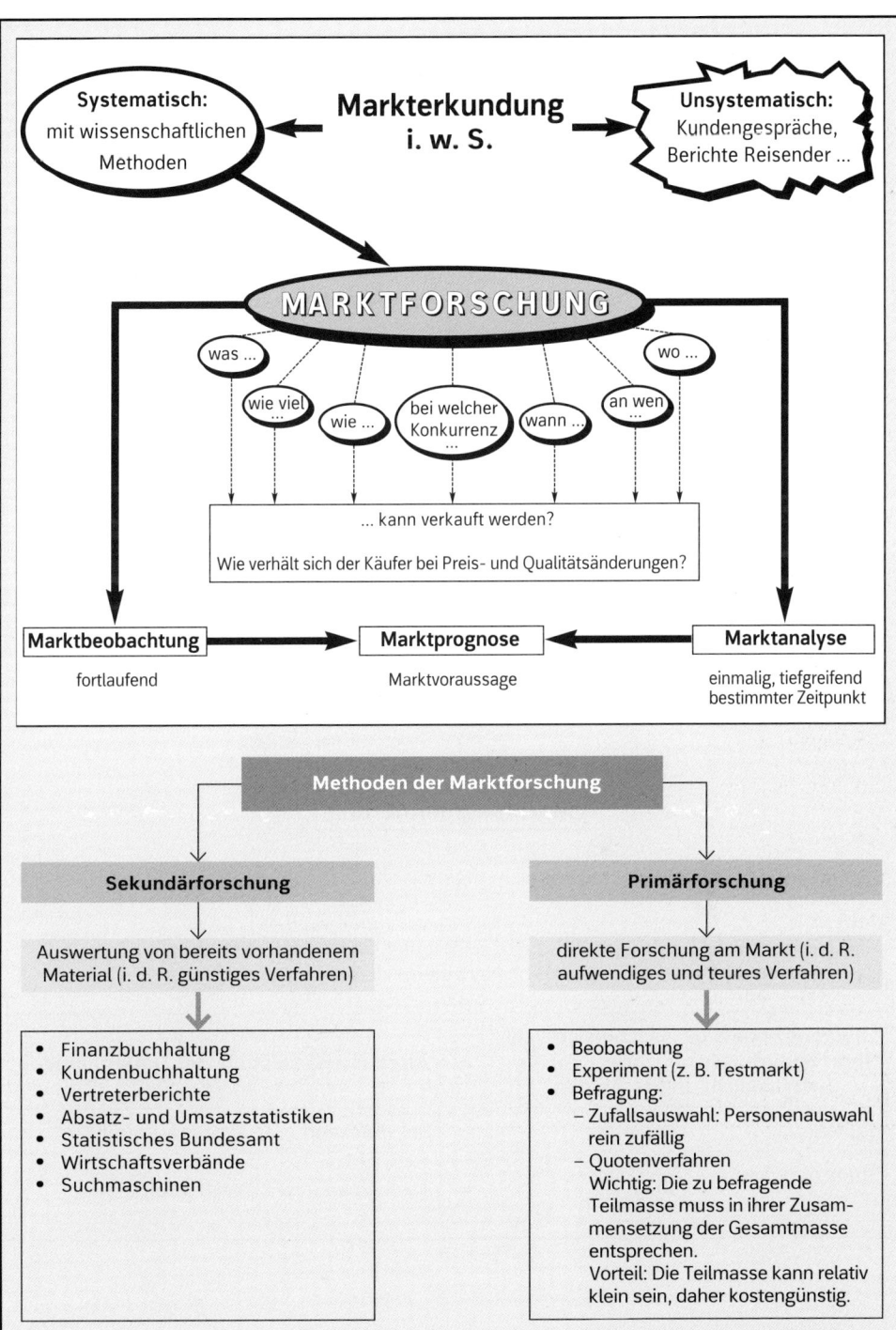

Systematisch:
mit wissenschaftlichen
Methoden

**Markterkundung
i. w. S.**

Unsystematisch:
Kundengespräche,
Berichte Reisender ...

MARKTFORSCHUNG

was ...

wie viel ...

wie ...

bei welcher
Konkurrenz ...

wann ...

an wen ...

wo ...

... kann verkauft werden?

Wie verhält sich der Käufer bei Preis- und Qualitätsänderungen?

Marktbeobachtung	Marktprognose	Marktanalyse
fortlaufend	Marktvoraussage	einmalig, tiefgreifend bestimmter Zeitpunkt

Methoden der Marktforschung

Sekundärforschung

Auswertung von bereits vorhandenem
Material (i. d. R. günstiges Verfahren)

- Finanzbuchhaltung
- Kundenbuchhaltung
- Vertreterberichte
- Absatz- und Umsatzstatistiken
- Statistisches Bundesamt
- Wirtschaftsverbände
- Suchmaschinen

Primärforschung

direkte Forschung am Markt (i. d. R.
aufwendiges und teures Verfahren)

- Beobachtung
- Experiment (z. B. Testmarkt)
- Befragung:
  – Zufallsauswahl: Personenauswahl
  rein zufällig
  – Quotenverfahren
  Wichtig: Die zu befragende
  Teilmasse muss in ihrer Zusam-
  mensetzung der Gesamtmasse
  entsprechen.
  Vorteil: Die Teilmasse kann relativ
  klein sein, daher kostengünstig.

Marktkennzahlen

Marktkennzahlen sind das Ergebnis der quantitativen Marktforschung und dienen der Einschätzung der Marktsituation eines Unternehmens. Beispielhaft werden hier dargestellt: Marktpotenzial, Marktvolumen, Absatzpotenzial, Absatzvolumen.

Betrachtungsgröße	Zusammenhang	
	Marktpotenzial	**Marktvolumen**
Gesamter Markt (alle Unternehmen einer Branche und einer bestimmten Produktgattung)	möglicher Gesamtabsatz bis zur vollständigen Sättigung des Marktes	tatsächlich realisierter Gesamtabsatz auf dem Markt
	Absatzpotenzial	**Absatzvolumen**
Einzelnes Unternehmen	möglicher Absatz eines Unternehmens	tatsächlich realisierter Absatz eines Unternehmens

$$\text{Marktanteil} = \frac{\text{Absatzvolumen} \cdot 100}{\text{Marktvolumen}}$$

$$\text{Sättigungsgrad des Marktes} = \frac{\text{Marktvolumen} \cdot 100}{\text{Marktpotenzial}}$$

Marktsegmentierung

= Aufteilung des Gesamtmarktes in gleichartige Teilmärkte (Segmente)

Ziel:
segmentspezifische Leistungen/Produkte zu erstellen und entsprechende Marketingprogramme zu entwickeln, um die Käufer besser zu erreichen

Käufergruppen, die sich hinsichtlich ihrer Bedürfnisse und ihres Kaufverhaltens nicht unterscheiden.	=	Angebotene Leistung des Unternehmens	
Käufergruppe	Bedürfnis	= Unternehmen	Leistung/Produkt
Studenten, Azubis	kostenloses Girokonto	= Bank, Sparkasse	Junges Konto

Kriterien der Marktsegmentierung	
Geografische Merkmale	In-/Ausland, Nord-Süd, Ost-West, Stadt-Land, Bundeslän- der, Nordeuropa, Südeuropa, Asien, Wohngebietstypen (ähnliche Bevölkerungsschicht, z. B. Neubaugebiete mit gehobenem Einkommen)
Sozioökonische Merkmale	Einkommen, Vermögen, Beruf, Ausbildung usw.
Demografische Merkmale	Geschlecht, Alter, Haushaltsgröße, Kinderanzahl usw.
Psychografische Merkmale	Lebensstil, Wertvorstellungen, Persönliche Einstellungen, Risikobereitschaft
Beobachtbare Merkmale	Verpackungsgröße, Markenprodukte, Kaufmengen, Kauf- rhythmus, Einkauf im Discounter, Fachgeschäft usw.

Aufgaben

1. Definieren Sie möglichst kurz folgende Begriffe:

   a) Marktorientierung
   b) Globalisierung der Märkte
   c) Absatzmarketing
   d) Marktforschung
   e) Marktanalyse

   f) Marktbeobachtung
   g) Marktprognose
   h) Sekundärforschung
   i) Primärforschung
   j) Teilmasse

   k) Gesamtmasse
   l) Zufallsauswahl
   m) Quotenverfahren

2. Welche Datenquellen werden bei der Sekundärforschung verwendet?

3. Die Brauer GmbH aus Kirchheim stellt qualitativ hochwertiges Bier für den regionalen Markt her. Zusätzlich im Produktportfolio sind hochwertige Fruchtsäfte von Streuobst- wiesen. Im vergangenen Geschäftsjahr wurden 5 Mio. EUR Umsatz in diesem Marktseg- ment von der Brauer GmbH erwirtschaftet. Die Wettbewerber erwirtschafteten im glei- chen Zeitraum in diesem Bereich 20 Mio. EUR Umsatz. Laut einer Einschätzung eines Marktforschungsinstitutes ist im Gesamtmarkt ein Umsatz von 50 Mio. EUR möglich.

   a) Berechnen Sie den Marktanteil und die Marktsättigung in Prozent.
   b) Welche marketingpolitischen Entscheidungen sollte die Brauer GmbH treffen?
   c) Wie wäre die Lage, wenn das Marktforschungsinstitut eine Entwicklung des Gesamt- marktes von 27 Mio. EUR für möglich hielte.

4.2   Absatzpolitische Instrumente

4.2.1   Produktpolitik

4.2.1.1   Produktpolitik i. w. S. – Produktlebenszyklus – Portfolio-Analyse

Stofftelegramm

Die Produktpolitik ist eine strategische (langfristige) Entscheidung des Unternehmens =

Welche Produkte/Dienstleistungen werden auf welchen Märkten angeboten?

Hilfsmittel für diese Entscheidung sind:
- Modell des Produktlebenszyklus
- Modell des Marktanteils-/Marktwachstumsportfolios

Produktlebenszyklus

Das Modell des Produktlebenszyklus geht davon aus, dass ein Produkt von seiner Markteinführung bis zum Ausscheiden aus dem Markt verschiedene Phasen durchläuft.

Messgrößen:	Gewinn, Umsatz
Ziele:	• Planung, Steuerung und Kontrolle des Produktlebenszyklus eines Produktes • Marktanteil steigern • Umsatz, Gewinn steigern • Produkt lange auf dem Markt halten
Maßnahmen:	Optimierung Marketing-Mix

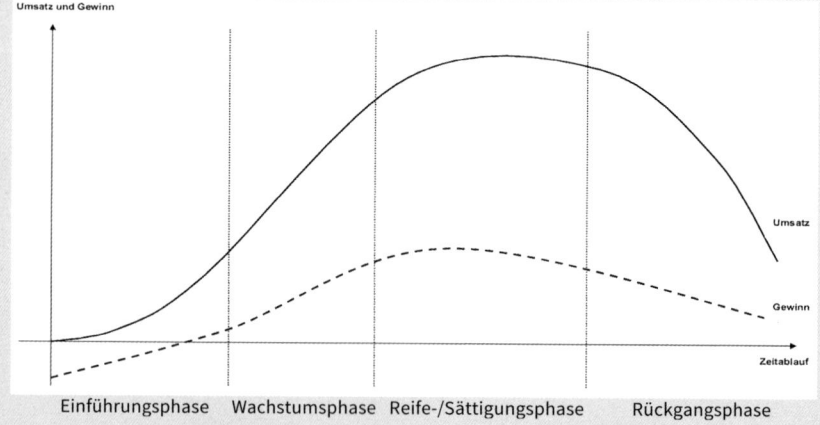

Umsatz- und Gewinnverlauf im Produktlebenszyklus (idealtypisch)

Umsatz und Gewinn

Umsatz

Gewinn

Zeitablauf

Einführungsphase   Wachstumsphase   Reife-/Sättigungsphase   Rückgangsphase

Produktlebenszyklus

Phasen\Merkmale	Einführungsphase	Wachstumsphase	Reife- und Sättigungsphase	Rückgangsphase
Absatzmenge	gering	schnell ansteigend	Rekordabsatz, Tendenz fallend	rückläufig
Begründung	Kunden müssen Produkt erst kennenlernen	Produkt wird bekannter und liegt im Trend	Produkt ist sehr bekannt und liegt absolut im Trend	• Kunden kaufen zunehmend neue/andere Produkte • technologischer Fortschritt • Präferenzen der Verbraucher ändern sich
Gewinn	negativ	steigend	hoch	fallend
Begründung	• hohe Werbekosten • geringe Absatzmenge	• Absatzmenge steigt • Fertigungskosten sinken • Deckungsbeiträge steigen	• Absatzmenge sehr hoch • Fertigungskosten sinken	• Absatzmenge sinkt • technologischer Fortschritt
Konkurrenten	keine bzw. wenige	Zahl der Konkurrenten nimmt zu	gleichbleibend, Tendenz fallend	Zahl der Konkurrenten nimmt ab
Begründung	• absolut neues Produkt • potenzielle Konkurrenz ist von neuem Produkt überrascht	• Marktpotenzial vorhanden • Nachahmer: Konkurrenz bringt ähnliches Produkt auf den Markt	• Marktpotenzial ausgeschöpft • erste Grenzanbieter verschwinden vom Markt	• Marktanteile schrumpfen • Grenzanbieter und weitere Anbieter verschwinden vom Markt
Marketing-investitionen	sehr hoch	hoch	sinkend	weiter sinkend
Marketingziele	• Produkt bekanntmachen • Erstkäufer sichern	Marktanteil steigern	Marktanteil sichern	Kostensenkung und „Gewinnmitnahme"

Portfolio-Analyse

- Portfolio-Analyse = Instrument der Unternehmensführung

- **Ziel** der Portfolio-Analyse: ausgewogene Zusammensetzung des Produktionsprogramms erreichen hinsichtlich Ertragskraft, Lebensalter, Marktposition, Konkurrenz und Risiken

  Dafür notwendig: Festlegung der Faktoren, die den langfristigen Unternehmenserfolg bestimmen, v. a. Marktanteil, Wachstumsrate und Ertrag.

- Vorgehensweise bei der Portfolio-Analyse → **Vier-Felder-Matrix** (vgl. Lebenszyklus):

1. Einführungsphase
(„Question Marks" = Fragezeichen):
- Produkte, deren Erfolg noch unsicher ist
- noch unbedeutender Marktanteil
- hohe Investitionen
- Ertrag noch relativ gering
- große Wachstumschancen
- Maßnahmen: Offensivstrategie; beobachten und fördern

2. Wachstumsphase
(„Stars" = Sterne):
- hoher Marktanteil
- hohe Investitionen
- stark steigende Gewinne
- starkes Wachstum
- Maßnahmen: Investitionsstrategie; fördern

3. Reifephase
(„Cash Cows" = Melkkühe):
- Produkte, die große finanzielle Mittel erwirtschaften
- hoher Marktanteil
- starker Rückgang der Investitionen
- hohe Gewinne
- geringes Wachstum
- Maßnahmen: Abschöpfungsstrategie; Position halten, melken

4. Sättigungsphase
(„Poor Dogs" = arme Hunde):
- stark zurückgehender Marktanteil
- keine Investitionen
- Tendenz zu Verlusten
- kein Wachstum mehr
- kurz: „Poor Dogs" = „arme Hunde", denen das baldige Ende droht
- Maßnahmen: Desinvestitionsstrategie; Elimination; Ersatz durch Produktinnovationen

- <u>**Wichtig:**</u> Das Unternehmen sollte darauf achten, dass stets genügend „Fragezeichen", „Stars" und „Melkkühe" vorhanden sind → ausgeglichenes Portfolio. Besonders stark ist auf genügend Produktnachwuchs (Fragezeichen) zu achten.

Portfolio-Analyse: Die Vier-Felder-Matrix

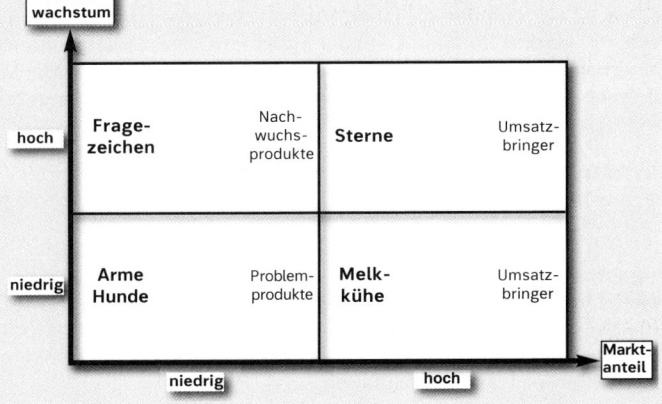

- Erhöhung des eigenen Marktanteils → Senkung der Stückkosten aufgrund der gestiegenen Stückzahl (Gesetz der Massenproduktion) → Gewinnerhöhung

- Betr. „Marktanteil": I. d. R. wird der **relative Marktanteil** angesetzt.

$$\text{relativer Marktanteil} = \frac{\text{eigener Marktanteil (z. B. 20 \%)}}{\text{Marktanteil des größten Konkurrenten (z. B. 40 \%)}}$$

$$\text{relativer Marktanteil} = \frac{\text{eigener Umsatz in Euro}}{\text{Umsatz des größten Konkurrenten in Euro}} = 0{,}5$$

Ist eigener Marktanteil höher als der des größten Konkurrenten → relativer Marktanteil > 1

Vorteile der Portfolio-Analyse

- anschaulich
- einfach zu handhaben
- Förderung des Zukunftsdenkens
- Erkennen von Chancen und Risiken

Nachteile der Portfolio-Analyse

- Die Marktanteilsmessung ist problematisch. (Wie viel Umsatz erzielt der Konkurrent?)
- Marktwachstumsprognosen schwierig
- Gefahr der Konzentration auf Wachstumsmärkte
- Produkte haben Wechselwirkungen und können nicht unabhängig betrachtet werden.

Strategien:
Es lassen sich aus der Portfolioanalyse vier Normstrategien ableiten.

- **Selektive Strategie/Offensivstrategie:**
  Diese eignet sich sehr gut für die „Question Marks". Durch geeignete Investitionen
  (Produkt, Werbung, Märkte, Verkauf) kann der Marktanteil verbessert werden und sich evtl.
  ein „Star" entwickeln. Wenn die Strategie nicht greift, wird das Produkt vom Markt
  genommen oder abgeschöpft. Die frei werdenden Mittel sind dann für andere Produkte
  und Märkte verfügbar.

- **Investitionsstrategie/Wachstumsstrategie:**
  Diese will die gewonnene Marktposition durch Investitionen ausbauen, die Marktführer-
  schaft sowie den Markt gegenüber Konkurrenten verteidigen.

- **Abschöpfungsstrategie:**
  Diese empfiehlt, die Einnahmenüberschüsse, die das Produkt erwirtschaftet, anderen
  Geschäftsbereichen/Produkten zuzuführen, und zu versuchen, die Marktposition durch
  gezielte Investitionen zu erhalten. Es werden keine weiteren Anstrengungen unternom-
  men, um den Marktanteil weiter auszubauen.

- **Desinvestitionsstrategie:**
  Das Produkt langsam vom Markt zu nehmen empfiehlt sich für Märkte/Produkte, die
  nicht mehr wachsen und wo die Marktanteile sinken („Poor Dogs"). Solange noch
  Synergieeffekte durch das Produkt für das Unternehmen erkennbar sind, kann es u. U. im
  Markt verbleiben – ansonsten wird es aus dem Produktportfolio entfernt.

Portfolio-Analyse: Beispiel zur Vier-Felder-Matrix

Produktgruppe	Umsatz (in Mio. Euro)	Relativer Marktanteil (gegeben)	Marktwachstum (gegeben)
(A) Ski/Skistöcke	10,0	1,2	4 %
(B) Snowboards	6,0	0,8	12 %
(C) Surfbretter	4,0	1,4	10 %
(D) Walking-Stöcke	2,0	0,2	14 %
(E) Wasserski	1,0	0,6	4 %
	23,0	X	X

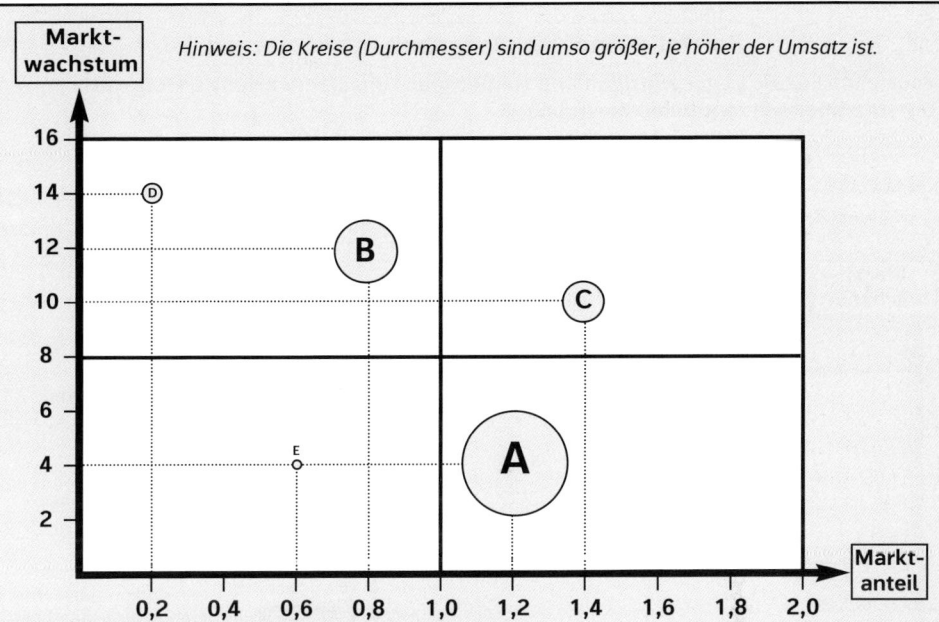

Bewertung: Es liegt ein **ausgeglichenes Portfolio** vor.

Begründung:

- C befindet sich im „Star-Bereich". Investitionsstrategie: Investieren, um als Marktführer mit dem Marktwachstum Schritt zu halten und Marktanteil auszubauen.
- B und D haben als Nachwuchsprodukte ein hohes Wachstumspotenzial. Offensivstrategie: Starke finanzielle Förderung, um aus den „Fragezeichen" einen „Stern" zu machen.
- A bringt als „Melkkuh" momentan die höchsten Umsätze. Abschöpfungsstrategie: Durch gezielte Erhaltungsinvestitionen so lange wie möglich die Marktposition verteidigen und Gewinne mitnehmen.
- E sollte möglicherweise eliminiert werden. Desinvestitionsstrategie: Das Produkt vom Markt nehmen, wenn es keine Gewinne mehr macht bzw. keine Synergien mehr bringt.

Portfolio-Analyse: Aufgaben mit Lösungen

Beurteilen Sie die gegenwärtigen und zukünftigen Umsatzerwartungen folgender Unternehmen mit folgenden Portfolios.

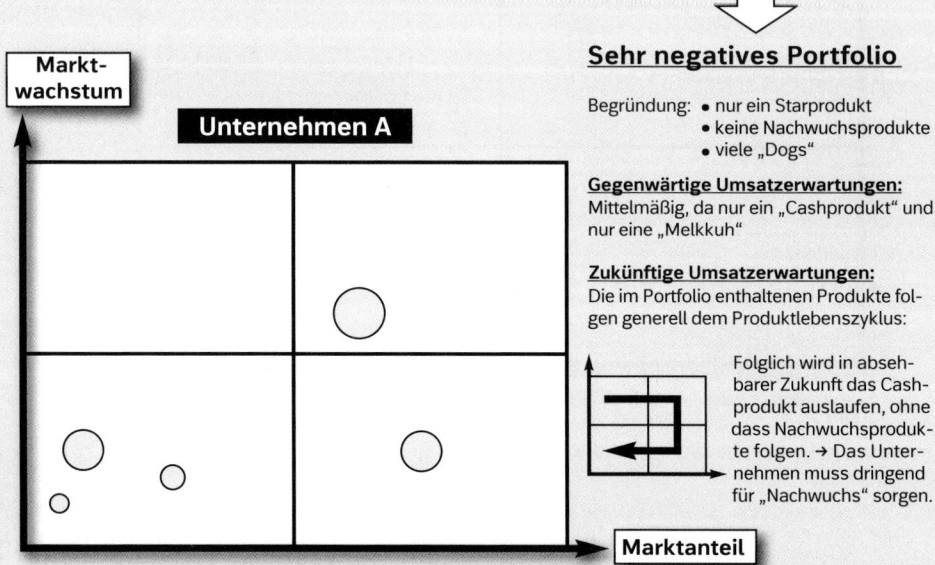

Lösung

Sehr negatives Portfolio

Begründung: • nur ein Starprodukt
• keine Nachwuchsprodukte
• viele „Dogs"

Gegenwärtige Umsatzerwartungen:
Mittelmäßig, da nur ein „Cashprodukt" und nur eine „Melkkuh"

Zukünftige Umsatzerwartungen:
Die im Portfolio enthaltenen Produkte folgen generell dem Produktlebenszyklus:

Folglich wird in absehbarer Zukunft das Cashprodukt auslaufen, ohne dass Nachwuchsprodukte folgen. → Das Unternehmen muss dringend für „Nachwuchs" sorgen.

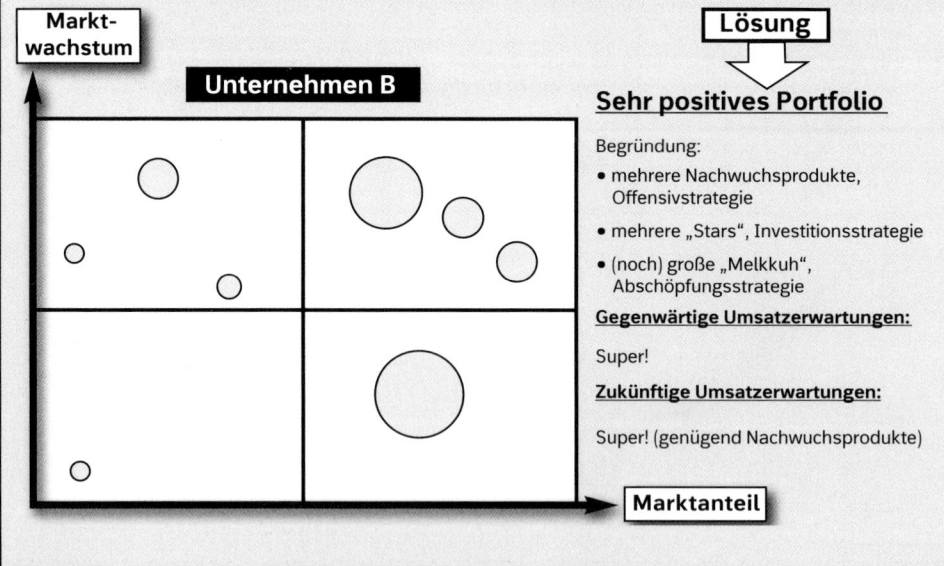

Lösung

Sehr positives Portfolio

Begründung:

• mehrere Nachwuchsprodukte, Offensivstrategie

• mehrere „Stars", Investitionsstrategie

• (noch) große „Melkkuh", Abschöpfungsstrategie

Gegenwärtige Umsatzerwartungen:

Super!

Zukünftige Umsatzerwartungen:

Super! (genügend Nachwuchsprodukte)

4.2.1.2 Produktpolitik i. e. S. – Produktionsprogramm – Sortimentspolitik – Sekundärdienstleistungen

Stofftelegramm

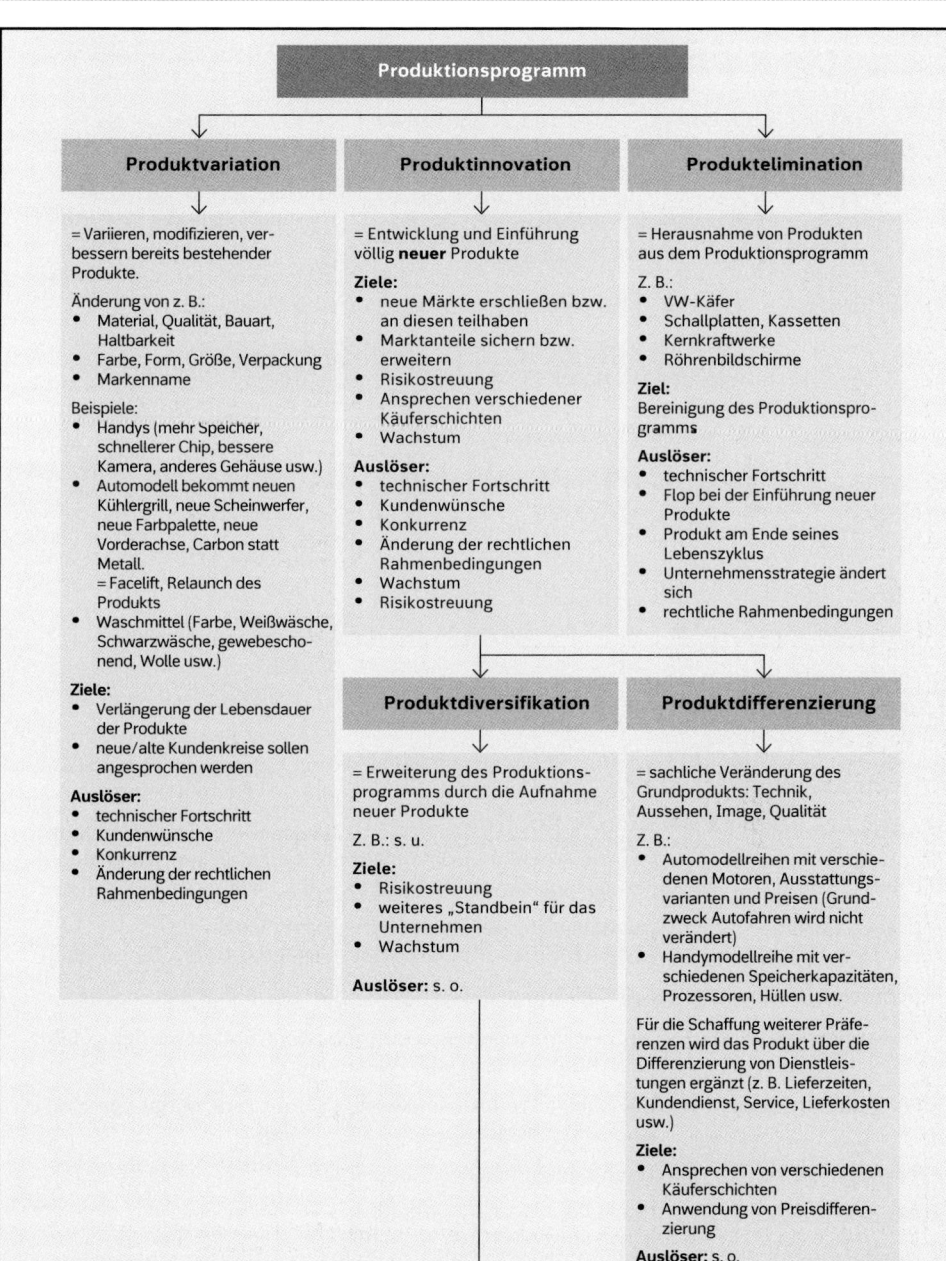

Produktionsprogramm

Produktvariation

= Variieren, modifizieren, verbessern bereits bestehender Produkte.

Änderung von z. B.:
- Material, Qualität, Bauart, Haltbarkeit
- Farbe, Form, Größe, Verpackung
- Markenname

Beispiele:
- Handys (mehr Speicher, schnellerer Chip, bessere Kamera, anderes Gehäuse usw.)
- Automodell bekommt neuen Kühlergrill, neue Scheinwerfer, neue Farbpalette, neue Vorderachse, Carbon statt Metall.
  = Facelift, Relaunch des Produkts
- Waschmittel (Farbe, Weißwäsche, Schwarzwäsche, gewebeschonend, Wolle usw.)

Ziele:
- Verlängerung der Lebensdauer der Produkte
- neue/alte Kundenkreise sollen angesprochen werden

Auslöser:
- technischer Fortschritt
- Kundenwünsche
- Konkurrenz
- Änderung der rechtlichen Rahmenbedingungen

Produktinnovation

= Entwicklung und Einführung völlig **neuer** Produkte

Ziele:
- neue Märkte erschließen bzw. an diesen teilhaben
- Marktanteile sichern bzw. erweitern
- Risikostreuung
- Ansprechen verschiedener Käuferschichten
- Wachstum

Auslöser:
- technischer Fortschritt
- Kundenwünsche
- Konkurrenz
- Änderung der rechtlichen Rahmenbedingungen
- Wachstum
- Risikostreuung

Produktdiversifikation

= Erweiterung des Produktionsprogramms durch die Aufnahme neuer Produkte

Z. B.: s. u.

Ziele:
- Risikostreuung
- weiteres „Standbein" für das Unternehmen
- Wachstum

Auslöser: s. o.

Produktelimination

= Herausnahme von Produkten aus dem Produktionsprogramm

Z. B.:
- VW-Käfer
- Schallplatten, Kassetten
- Kernkraftwerke
- Röhrenbildschirme

Ziel:
Bereinigung des Produktionsprogramms

Auslöser:
- technischer Fortschritt
- Flop bei der Einführung neuer Produkte
- Produkt am Ende seines Lebenszyklus
- Unternehmensstrategie ändert sich
- rechtliche Rahmenbedingungen

Produktdifferenzierung

= sachliche Veränderung des Grundprodukts: Technik, Aussehen, Image, Qualität

Z. B.:
- Automodellreihen mit verschiedenen Motoren, Ausstattungsvarianten und Preisen (Grundzweck Autofahren wird nicht verändert)
- Handymodellreihe mit verschiedenen Speicherkapazitäten, Prozessoren, Hüllen usw.

Für die Schaffung weiterer Präferenzen wird das Produkt über die Differenzierung von Dienstleistungen ergänzt (z. B. Lieferzeiten, Kundendienst, Service, Lieferkosten usw.)

Ziele:
- Ansprechen von verschiedenen Käuferschichten
- Anwendung von Preisdifferenzierung

Auslöser: s. o.

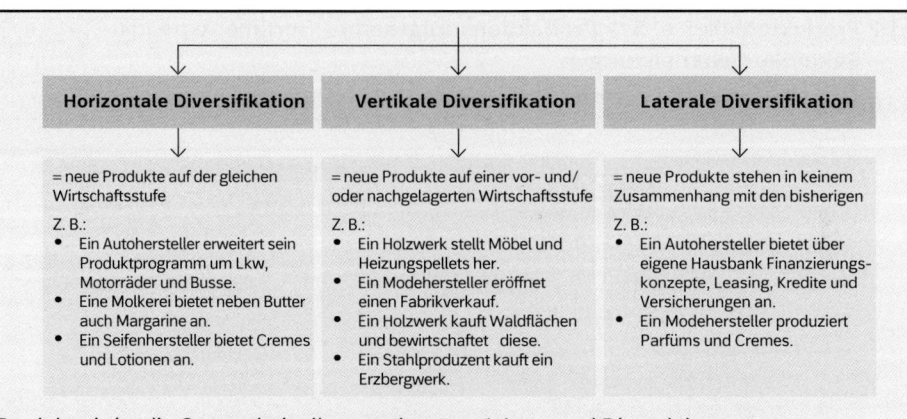

Produktmix ist die Gesamtheit aller angebotenen Waren und Dienstleistungen.

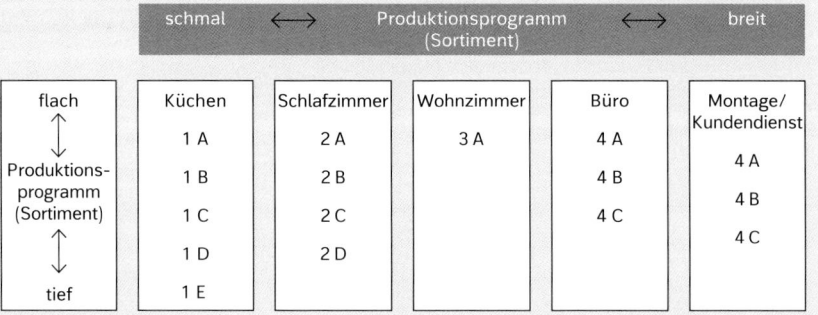

Sortimentspolitik

Sortiment = alle Produkte, Waren und Dienstleistungen, die ein Unternehmer (Produzent oder Händler) anbietet. (Sortiment i. e. S. ist nur auf den Handel bezogen!)

Sortimentspolitik: betrifft Zusammensetzung der gesamten angebotenen Produktpalette (Produktpolitik betrifft i. Gs. dazu die Produktinnovation, Produktvariation und -elimination). Die Begriffe Produkt- und Sortimentspolitik werden in der Literatur nicht einheitlich definiert!

- **Breites Sortiment:** Angebot vieler verschiedenartiger Produkte (Schlafzimmer-, Kinderzimmer-, Wohnzimmer-, Büromöbel)

- **Schmales Sortiment:** Spezialisierung auf wenige Produkte (z. B. nur Büromöbel)

- **Tiefes Sortiment:** nur wenige Produkte, jedoch zahlreiche Sorten werden geführt (z. B. Büromöbel in allen Variationen)

- **Flaches Sortiment:** nur wenige Produkte und wenige Sorten (z. B. Massenproduktion zweier Tischsorten)

- **Kernsortiment:** Hauptbestandteil des Sortiments

- **Randsortiment:** Ergänzung des Kernsortiments

- **Handelsware:** zugekaufte verkaufsfähige Produkte, z. B. Fahrradhersteller verkauft auch Fahrradlampen und Helme

---

Sekundärdienstleistungen

- **Kundendienst** = alle Zusatzleistungen, die freiwillig und evtl. sogar kostenlos beim Kauf erfolgen. Zweck: Stammkunden gewinnen, Ruf der Firma fördern ...

  Bereiche der Kundendienstpolitik: Information, Beratung und Unterstützung bei Einkauf, Schulung und Einweisung der Käufer, Transport und Installation, Reparaturservice, Ersatzteildienst, evtl. Entsorgung

- **Gewährleistung/Garantien**

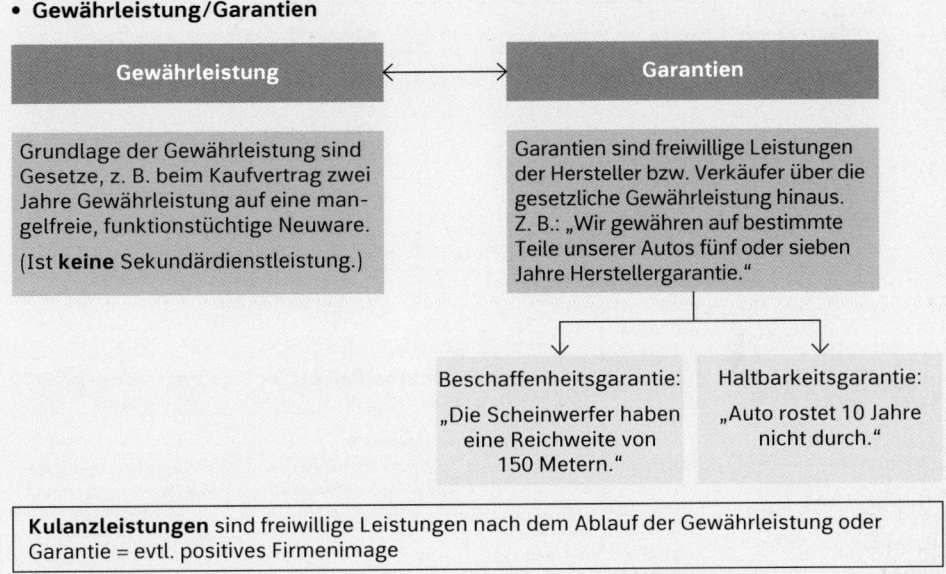

Gewährleistung ←——→ **Garantien**

Gewährleistung	Garantien
Grundlage der Gewährleistung sind Gesetze, z. B. beim Kaufvertrag zwei Jahre Gewährleistung auf eine mangelfreie, funktionstüchtige Neuware. (Ist **keine** Sekundärdienstleistung.)	Garantien sind freiwillige Leistungen der Hersteller bzw. Verkäufer über die gesetzliche Gewährleistung hinaus. Z. B.: „Wir gewähren auf bestimmte Teile unserer Autos fünf oder sieben Jahre Herstellergarantie."

Beschaffenheitsgarantie:

„Die Scheinwerfer haben eine Reichweite von 150 Metern."

Haltbarkeitsgarantie:

„Auto rostet 10 Jahre nicht durch."

Kulanzleistungen sind freiwillige Leistungen nach dem Ablauf der Gewährleistung oder Garantie = evtl. positives Firmenimage

4.2.2   Kontrahierungspolitik

Stofftelegramm

Die Kontrahierungspolitik umfasst:
- Preisstrategien
  - Hochpreisstrategie
  - Niedrigpreisstrategie
- Preispolitik
  - kostenorientierte Preisbildung
  - konkurrenzorientierte Preisbildung
  - nachfrageorientierte Preisbildung
- Konditionenpolitik
  - Lieferungsbedingungen
  - Finanzdienstleistungen

4.2.2.1 Preisstrategien

Stofftelegramm

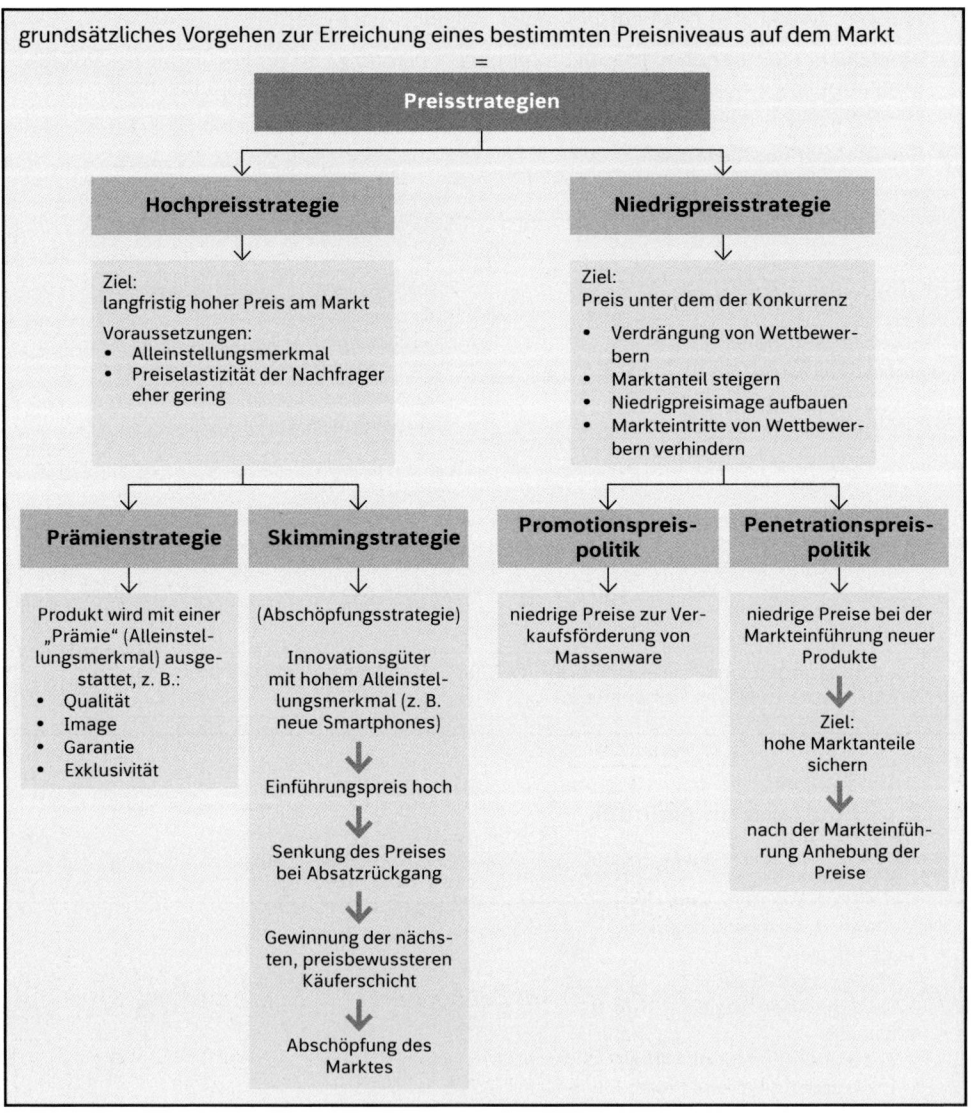

grundsätzliches Vorgehen zur Erreichung eines bestimmten Preisniveaus auf dem Markt
=

Preisstrategien

Hochpreisstrategie

Ziel:
langfristig hoher Preis am Markt

Voraussetzungen:
- Alleinstellungsmerkmal
- Preiselastizität der Nachfrager
  eher gering

Niedrigpreisstrategie

Ziel:
Preis unter dem der Konkurrenz

- Verdrängung von Wettbewer-
  bern
- Marktanteil steigern
- Niedrigpreisimage aufbauen
- Markteintritte von Wettbewer-
  bern verhindern

Prämienstrategie

Produkt wird mit einer „Prämie" (Alleinstellungsmerkmal) ausgestattet, z. B.:
- Qualität
- Image
- Garantie
- Exklusivität

Skimmingstrategie

(Abschöpfungsstrategie)

Innovationsgüter mit hohem Alleinstellungsmerkmal (z. B. neue Smartphones)

↓

Einführungspreis hoch

↓

Senkung des Preises bei Absatzrückgang

↓

Gewinnung der nächsten, preisbewussteren Käuferschicht

↓

Abschöpfung des Marktes

Promotionspreis-politik

niedrige Preise zur Verkaufsförderung von Massenware

Penetrationspreis-politik

niedrige Preise bei der Markteinführung neuer Produkte

↓

Ziel:
hohe Marktanteile sichern

↓

nach der Markteinführung Anhebung der Preise

4.2.2.2 Preispolitik

Stofftelegramm

= alle Entscheidungen, die den Preis beeinflussen

Kostenorientierte Preispolitik

= Preisermittlung auf Basis der Kosten, z. B. Voll- und/oder Teilkostenrechnung (vgl. Teil Steuerung und Kontrolle)

Kalkulationsbeispiel auf Basis der Vollkostenrechnung

	Materialeinzelkosten		10.000,00 EUR	
+	Materialgemeinkosten	20%	2.000,00 EUR	$= \dfrac{10.000,00 \cdot 20}{100}$
=	**Materialkosten**		12.000,00 EUR	
	Fertigungslöhne		5.000,00 EUR	
+	Fertigungsgemeinkosten	15%	750,00 EUR	
=	**Fertigungskosten**		5.750,00 EUR	
	Herstellkosten		17.750,00 EUR	
+	Vw- u. Vtsgemeinkosten	25%	4.437,50 EUR	
=	**Selbstkosten**		22.187,50 EUR	
+	Gewinnzuschlag	12%	2.662,50 EUR	
=	**Barverkaufspreis**		24.850,00 EUR	
+	Kundenskonto	3%	768,56 EUR	$= \dfrac{24.850,00 \cdot 3}{97}$
=	**Zielverkaufspreis**		25.618,56 EUR	
+	Kundenrabatt	10%	2.846,51 EUR	$= \dfrac{25.618,56 \cdot 10}{90}$
=	**Listenverkaufspreis**		28.465,06 EUR	

Konkurrenzorientierte Preispolitik

= Preise orientieren sich an den Preisen der Konkurrenz, insbesondere am Marktführer = Leitpreis, Branchenpreis

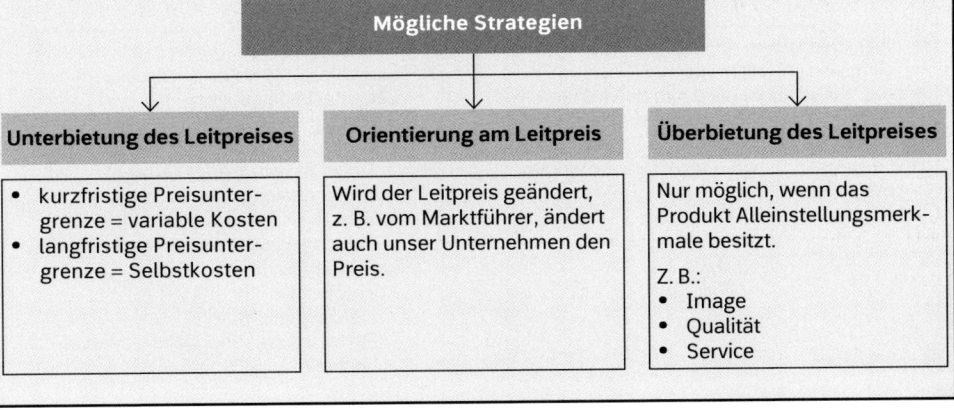

Mögliche Strategien		
Unterbietung des Leitpreises	**Orientierung am Leitpreis**	**Überbietung des Leitpreises**
• kurzfristige Preisuntergrenze = variable Kosten • langfristige Preisuntergrenze = Selbstkosten	Wird der Leitpreis geändert, z. B. vom Marktführer, ändert auch unser Unternehmen den Preis.	Nur möglich, wenn das Produkt Alleinstellungsmerkmale besitzt. Z. B.: • Image • Qualität • Service

Nachfrageorientierte Preispolitik

Vgl. hierzu auch unser Buch „Gesamtwirtschaft" (Thema: Preisbildung).
= Preisfestsetzung in Abhängigkeit von der Nachfrage (Zahl und „Macht" der Nachfrager).
Typisch: Käufermärkte → Angebotsüberschüsse → Käufer sind kritisch, wählerisch und preisbewusst.

Preisdifferenzierung: Das gleiche Produkt wird zu unterschiedlichen Preisen verkauft.
Preisdifferenzierung als Mittel, die Konsumentenrente auf Teilmärkten abzuschöpfen
* **Räumliche Preisdifferenzierung:** unterschiedliche Preise an verschiedenen Orten (z. B. Inlands-, Auslandsmarkt)
* **Zeitliche Preisdifferenzierung:** unterschiedliche Preise zu verschiedenen Zeiten (z. B. Sommer-, Winterpreise bei Ski ...)
* **Sachliche Preisdifferenzierung:** Angebot desselben Produktes mit unterschiedlicher Aufmachung zu unterschiedlichen Preisen (z. B. Angebot als Markenartikel und No-Name-Ware)
* **Persönliche Preisdifferenzierung:** unterschiedliche Preise für verschiedene Personen (z. B. Schülerermäßigungen ...)
* **Umsatzorientierte Preisdifferenzierung:** Mengenrabatte ...
* **Verwendungsorientierte Preisdifferenzierung:** Haushalts- und Gewerbetarife beim Strom ...

4.2.2.3 Konditionenpolitik

Stofftelegramm

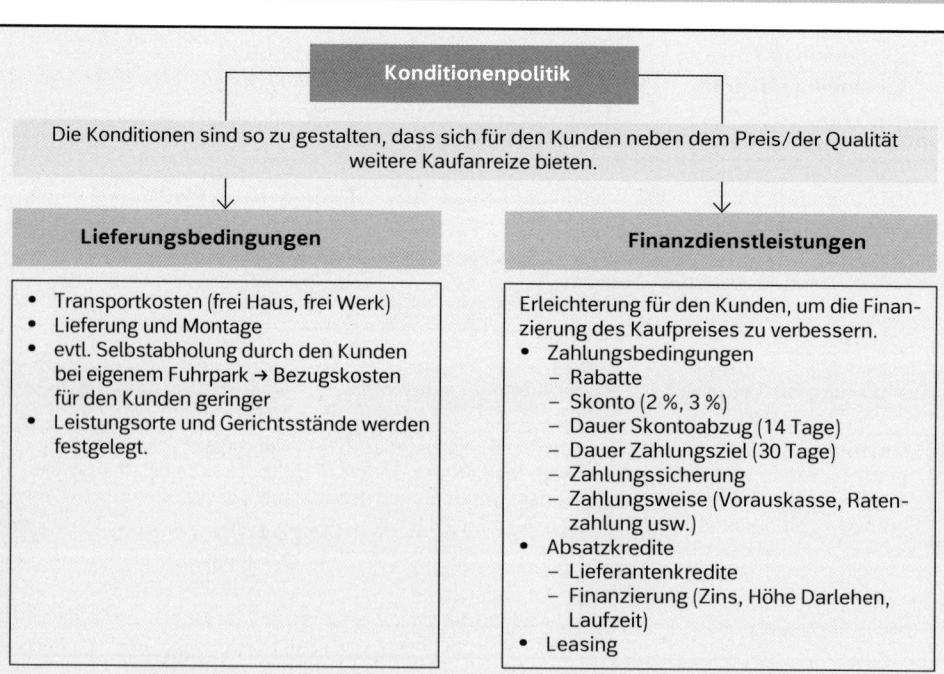

Konditionenpolitik

Die Konditionen sind so zu gestalten, dass sich für den Kunden neben dem Preis/der Qualität weitere Kaufanreize bieten.

Lieferungsbedingungen

* Transportkosten (frei Haus, frei Werk)
* Lieferung und Montage
* evtl. Selbstabholung durch den Kunden bei eigenem Fuhrpark → Bezugskosten für den Kunden geringer
* Leistungsorte und Gerichtsstände werden festgelegt.

Finanzdienstleistungen

Erleichterung für den Kunden, um die Finanzierung des Kaufpreises zu verbessern.
* Zahlungsbedingungen
  – Rabatte
  – Skonto (2 %, 3 %)
  – Dauer Skontoabzug (14 Tage)
  – Dauer Zahlungsziel (30 Tage)
  – Zahlungssicherung
  – Zahlungsweise (Vorauskasse, Ratenzahlung usw.)
* Absatzkredite
  – Lieferantenkredite
  – Finanzierung (Zins, Höhe Darlehen, Laufzeit)
* Leasing

4.2.3 Kommunikationspolitik

Stofftelegramm

= alle marketingpolitischen Maßnahmen, die das Unternehmen und seine Produkte in der Öffentlichkeit bekannt machen

Ziel der Werbung:
Botschaften zu den Kunden transportieren und bei diesen Bedürfnisse/Kaufwünsche wecken, welche dann auch zum tatsächlichen Kauf führen

Werbearten:
- Erhaltungswerbung = Kundenstamm erhalten
- Expansionswerbung = neue Kunden gewinnen
- Einführungswerbung = neue Produkte bekanntmachen

Stufenmodell der Werbung; „AIDA-Regel" besagt:
- **A**ttention: Werbung soll zunächst Aufmerksamkeit erzielen
- **I**nterest: Werbung soll Interesse wecken
- **D**esire: Werbung soll den Kaufwunsch auslösen
- **A**ction: Werbung soll zum Kauf (zur Handlung) führen

Werbeplan
... dient als Mittel für eine erfolgreiche/kontrollierbare Werbung

Werbeplan	
Inhalte	**Erläuterungen/Beispiele**
Werbeobjekt	Für welches Produkt oder welche Dienstleistung soll geworben werden?
Werbeziel **Was** soll mit der Werbung erreicht werden?	messbare (operationalisierte) Zielformulierung Beispiele: <ul><li>Einführung eines neuen Produktes im Jahr 20..</li><li>Gewinnung von 100 neuen Kunden im Jahr 20..</li><li>80 % der Bestandskunden zum Kauf animieren im nächsten Monat</li><li>verstärkter Umsatz (5 % mehr) bestimmter Waren in den nächsten drei Monaten</li></ul>
Werbebotschaft **Welche** Botschaft soll die Zielgruppe erhalten?	teilt den Kundennutzen des Werbeobjekts mit Beispiele: <ul><li>Name</li><li>Funktion</li><li>Marke</li><li>Qualität</li></ul>
Streukreis (Zielgruppe) **Wer** soll erreicht werden?	Die Zielgruppe sollte genau bestimmt werden. Die Werbemaßnahme sollte die ausgewählten Personen/Personenkreise erreichen. <ul><li>Berufsgruppen (Anwälte, Ärzte, Arbeitnehmer usw.)</li><li>Altersgruppen</li><li>Kaufkraftgruppen (hohes/mittleres/unteres Einkommen)</li><li>Geschlecht</li></ul> Beispiele für Zielgruppen: <ul><li>männliche Singles zwischen 25 und 35 Jahren</li><li>Eltern mit Kindern im Grundschulalter, mit mittlerem Einkommen</li></ul>

Streugebiet **Wo** soll geworben werden?	Das Streugebiet kennzeichnet das geografische Gebiet, in dem die Werbemaßnahmen durchgeführt werden sollen. Beispiele: • Gemeinde • Stadt/Stadtteil • Region • Bundesland • Deutschland
Streuzeit (Werbezeitraum) **Wann** und **wie oft** soll geworben werden?	legt fest, zu welchem Zeitpunkt, wie lange und in welchen zeitlichen Abständen geworben werden soll Beispiel: Ein örtliches Einzelhandelsgeschäft hat wöchentlich eine Beilage mit Sonderangeboten in der Tageszeitung.
Werbemittel/Werbeträger (Streumedien) **Womit** soll geworben werden?	**Werbemittel:** Kommunikationsmittel, mit dem die Werbebotschaft transportiert wird Werbemittel sprechen Sinne an: • optisch (Sehen) – Anzeigen, Plakate • akustisch (Gehör) – Werbung, Radio • geschmacklich – Kostproben • Geruch – Parfüm • Gefühl – Stoffe, Bekleidung I. d. R. werden diese gemischt, z. B. Fernsehwerbung, Kostproben usw. **Werbeträger:** Medium für den Transport der Werbemittel • Zeitungen, Werbebriefe, Kataloge, Prospekte • Fernsehen, Radio, Kino • Bandenwerbung, Plakatanschlagstellen • Internet • Werbegeschenke (Kugelschreiber, Feuerzeug usw.)
Werbeetat **Wie viel Geld** steht für die Werbung zur Verfügung?	Summe an Geldmitteln (Budget) eines Unternehmens für Werbung

Vorteile der Werbung	Nachteile der Werbung
• Absatzsicherung, Absatzsteigerung → Kostensenkung durch Massenproduktion • Erhöhung der Markttransparenz • Information	• Werbekosten verteuern die Produkte • Werbekosten sind von Großunternehmen leichter zu tragen • Manipulation + Verführung d. Verbrauchers

Verkaufsförderung/Salespromotion:
→ Maßnahmen am Ort des Verkaufs (Point of Sale), um den Umsatz zu steigern und das Unternehmen bekannt zu machen
• zeitlich begrenzte Aktionen
• dient der Profilierung und mittel-/langfristigen Umsatzsteigerung des Unternehmens
• Hersteller und/oder Händler und/oder Privatkunden

a) **Verkaufsförderung zwischen Hersteller und Händler (Einzel-/Großhandel, Absatzmittlern)**

Zweck: Verbesserung des Verkaufsvorganges

Beispiele:
- Verkäuferschulung
- Bereitstellung von Displaymaterial, z. B. Verkaufsständer, Plakate ...
- Verkaufsveranstaltungen
- Produktproben
- Händlerberatung

b) **Verkaufsförderung zwischen Hersteller/Händler und Privatkunde**

Zweck: Umsatz steigern

Beispiele:
- Haushaltswarengeschäft – Koch (Showcooking)
- Sportgerätehersteller – bekannter Sportler
- Autohersteller – Rennfahrer

Merchandising:
→ zusätzlicher Verkauf von Produkten rund um das Hauptprodukt, z. B. Fußballvereine verkaufen in ihren Fanshops Fanartikel (Trikots, Aufkleber, Wimpel, Stofftiere usw.)

Public Relations (Öffentlichkeitsarbeit):
Ziel: positives Image, Erscheinungsbild in der Öffentlichkeit als soziales, ökologisches, gerechtes und innovatives Unternehmen

Maßnahmen:
- Pressekonferenzen
- Tag der offenen Tür
- Betriebsbesichtigungen
- Medienarbeit (Zeitungen, Rundfunk, Fernsehen, Internet)

Sponsoring:

 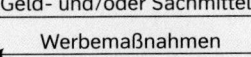

Geld- und/oder Sachmittel

Sponsor ← Werbemaßnahmen **Gesponserter**

- Sportsponsoring (Bandenwerbung, Trikotwerbung usw.)
- Kultur-/Kunstsponsoring
- Sozialsponsoring
- Ökosponsoring

Product-Placement:
→ Produkte werden in Filme eingebaut; Imagetransfer durch den Film und die Schauspieler auf das Produkt/Unternehmen, z. B. Automodelle in James-Bond-Filmen

Direktmarketing:

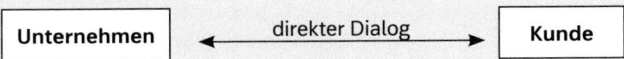

Unternehmen ← direkter Dialog → **Kunde**

Ziel: individuelle Beziehung herstellen

Formen:
- Direct Mailing (persönlicher Werbebrief, E-Mail)
- Kundenzeitschrift
- Telefonmarketing (Privatkunden nur mit vorherigem Einverständnis)

Eventmarketing:

→ erlebnisorientierte Darstellung des Unternehmens; Kombination aus Information, Aktion, Emotion und Motivation, z. B. Familientag

Co-Branding:

→ längerfristige Zusammenarbeit von zwei eigenständigen Marken mit dem Ziel, ihre Produkte besser durch gegenseitigen positiven Imagetransfer zu vermarkten, z. B. Künstler und Unternehmen (Bon Jovi, Pink Floyd, Genesis – VW)

Werbeerfolgskontrolle:

- **Ökonomischer Werbeerfolg:** Werbeaufwand und Werbeerfolg (Gewinn-, Umsatz- bzw. Marktanteilsveränderungen) gegenüberstellen (sofern Werbeerfolg ermittelbar)

  Beispiel: Kosten einer Werbeanzeige: 10.000,00 EUR
  Aufgrund Anzeige eingehende Bestellungen: 220 Stück
  Produktpreis: 200,00 EUR
  Kalkulierter Gewinn je Stück: 40,00 EUR
  War die Werbeaktion erfolgreich?

  Lösung: Notw. Mindestzahl neuer Bestellungen: 10.000 : 40 = 250 Stück → Werbeaktion nicht erfolgreich (220 St. ? 40,00 EUR = 8.800,00 EUR ./. 10.000,00 EUR = 1.200,00 EUR Verlust!)

- **Außerökonomischer Werbeerfolg:**
  - Erinnerungsverfahren: „Denken Sie an Bier! Welche Marken fallen Ihnen ein?"
  - Wiedererkennungsverfahren: „An welche Anzeige können Sie sich erinnern?"

4.2.4   Distributionspolitik

Stofftelegramm

= Auf welchem Weg kommt das Produkt zum Kunden?

Aufgabe der Distributionspolitik ist die Festlegung folgender Bereiche:
- Absatzorgane
- Absatzorganisation
- Absatzlogistik

Alle drei Bereiche können zentral, dezentral oder als Mischform organisiert werden.

zentraler Absatz	**Mischform**	**dezentraler Absatz**
= **eine** Verkaufseinheit	←——————→	= **mehrere** Verkaufseinheiten
Vorteil: niedrige Vertriebskosten		Vorteile: • hohe Kundennähe • kurze Transportwege

4.2.4.1   Absatzorgane

Stofftelegramm

Welche Personen/Institutionen übernehmen den Vertrieb?

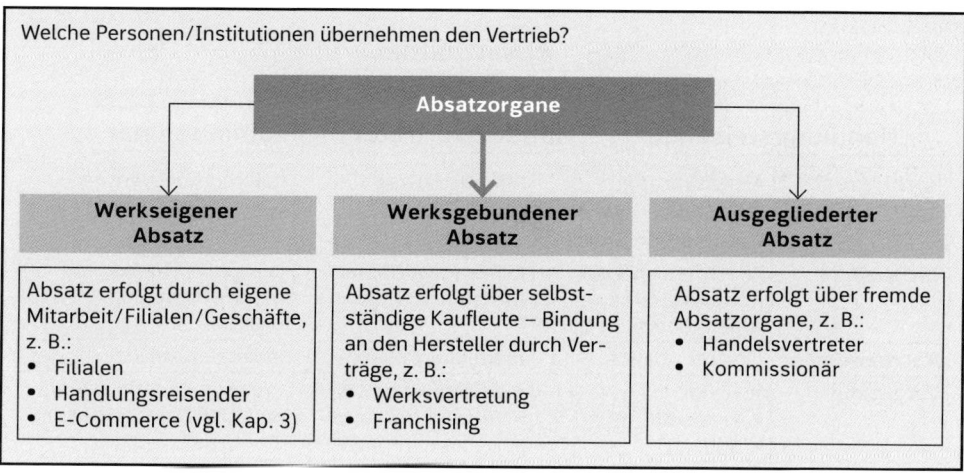

4.2.4.1.1 Absatzmittler

Stofftelegramm

```
                    Absatzmittler
   ┌──────────────┬──────────────┬──────────────┐
Handlungsreisender  Handelsvertreter   Kommissionär
```

	Handlungsreisender	Handelsvertreter	Kommissionär
Rechtsgrundl.	Arbeitsvertrag	Agenturvertrag	Kommissionsvertrag
Rechtsstellung	Angestellter mit Handlungsvollmacht	selbstständig	selbstständig
Tätigkeit	im Namen und auf Rechnung ihres Arbeitgebers	in fremdem Namen auf fremde Rechnung	in eigenem Namen auf fremde Rechnung
Absatzweg	direkter Absatz	indirekter Absatz	indirekter Absatz
Vergütung	• Fixum • Provision • Spesen	• Abschlussprovision • Inkassoprovision • Delkredereprovision	Provision (Kommission), evtl. Delkredereprovision
Rechte	vgl. Rechte Angestellter mit Handlungsvollmacht (Artvollmacht)	• Provision • Unterlagen • Benachrichtigung • Ausgleichsanspruch	• Provision • Aufwendungsersatz • Selbsteintritt • Pfandrecht • Rückgaberecht
Pflichten	vgl. Pflichten Angestellter	• Sorgfalt • Benachrichtigung • Befolgungspflicht • Bemühung • Wettbewerbsverbot • Verschwiegenheit	• Sorgfalt • Benachrichtigung • Befolgungspflicht • Abrechnung • Haftung (Verlust/ Beschädigung der Ware)

Vorteile Reisender im Vergl. zum HV	Nachteile Reisender im Vergl. zum HV
• Bei guter Absatzlage: billiger • voll verfügbar für das Unternehmen • flexibler einsetzbar	• Bei schlechter Absatzlage: teurer • evtl. weniger Marktübersicht • Vertriebssystem mit Reisenden teurer

Vorteile des Kommissionsgeschäftes für den Kommissionär

• Absatzrisiko beim Auftraggeber (= Kommittent), da Rückgaberecht
• risikolose Sortimentsergänzung insbes. mit neuen, evtl. modischen Artikeln
• Zahlung erst nach Verkauf

Vorteile des Kommissionsgeschäftes für den Kommittenten

• Lagerhaltung beim Kommissionär (Lagerkostenvorteil)
• Waren in Kundennähe (sofortige Lieferung möglich)

Wichtig an dieser Stelle ist der Kostenvergleich → Bestimmen des kritischen Umsatzes, z. B.:
Kosten Handlungsreisender = Kosten Handelsvertreter

$$K_{fix} + k_v \cdot x \qquad = \qquad K_{fix} + k_v \cdot x$$

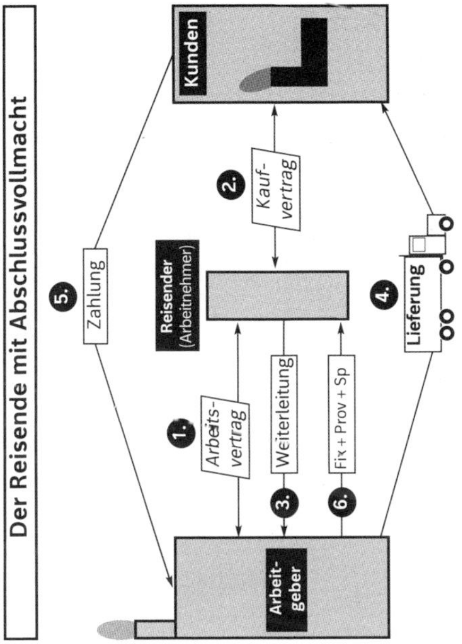

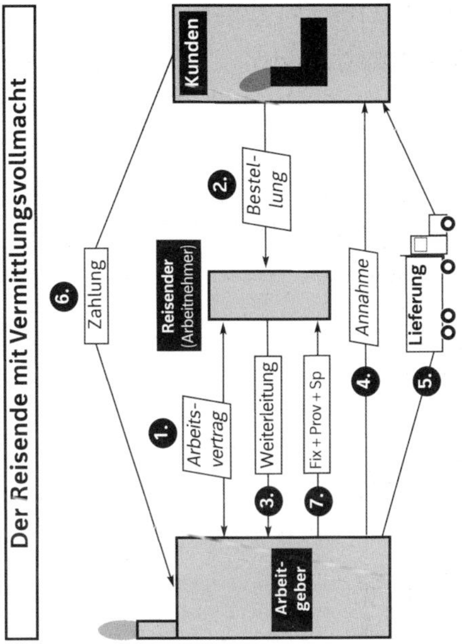

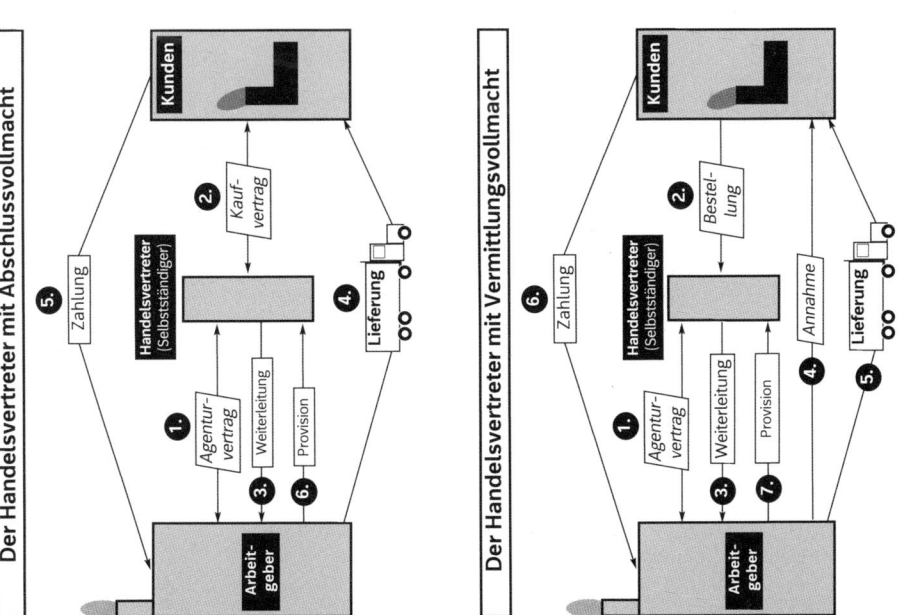

Reisender + Handelsvertreter

Der Reisende mit Abschlussvollmacht

Kunden

2. Kaufvertrag

Reisender (Arbeitnehmer)

5. Zahlung

1. Arbeitsvertrag

3. Weiterleitung

6. Fix + Prov + Sp

4. Lieferung

Arbeitgeber

Der Reisende mit Vermittlungsvollmacht

Kunden

2. Bestellung

Reisender (Arbeitnehmer)

6. Zahlung

1. Arbeitsvertrag

3. Weiterleitung

7. Fix + Prov + Sp

4. Annahme

5. Lieferung

Arbeitgeber

Der Handelsvertreter mit Abschlussvollmacht

Kunden

2. Kaufvertrag

Handelsvertreter (Selbstständiger)

5. Zahlung

1. Agenturvertrag

3. Weiterleitung

6. Provision

4. Lieferung

Arbeitgeber

Der Handelsvertreter mit Vermittlungsvollmacht

Kunden

2. Bestellung

Handelsvertreter (Selbstständiger)

6. Zahlung

1. Agenturvertrag

3. Weiterleitung

7. Provision

4. Annahme

5. Lieferung

Arbeitgeber

4.2.4.1.2 Franchising

Stofftelegramm

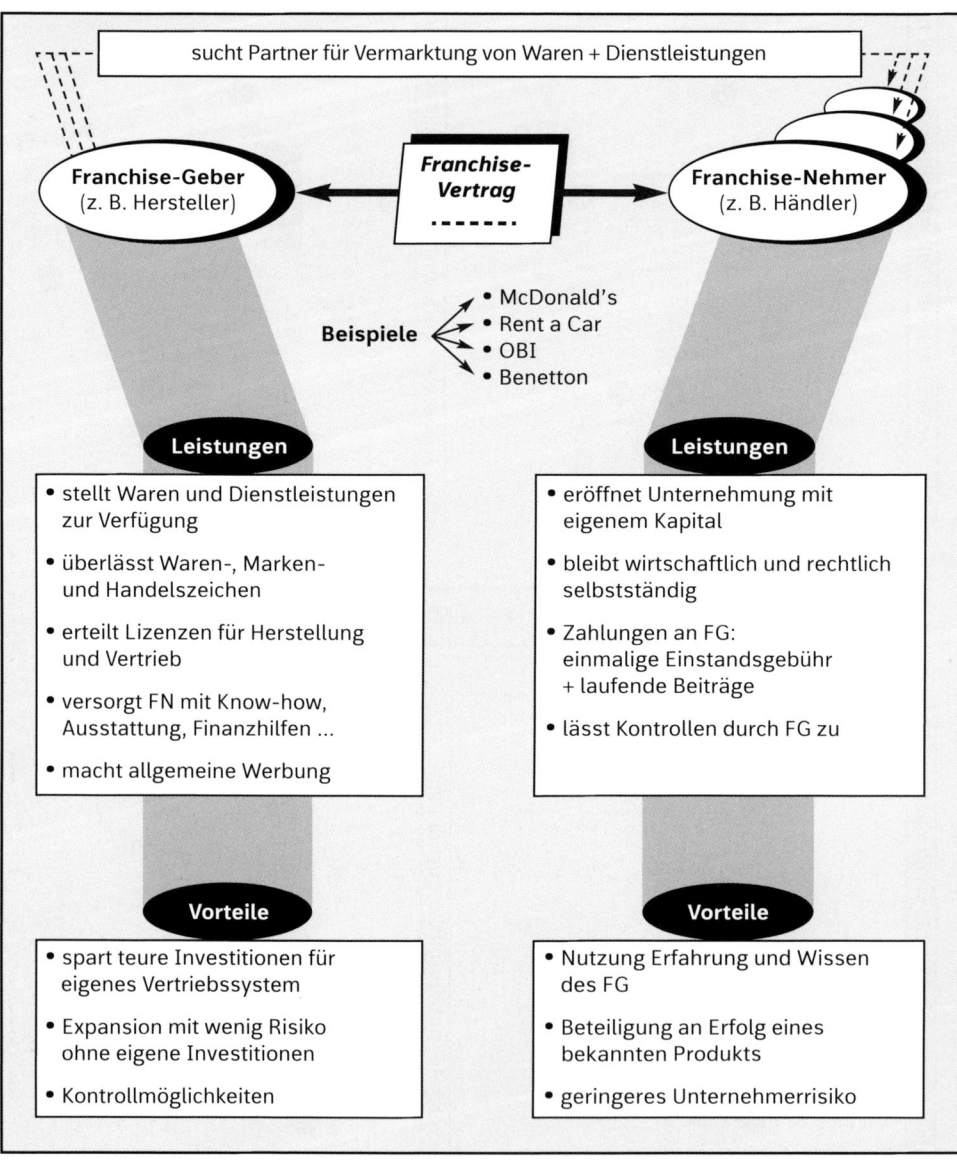

sucht Partner für Vermarktung von Waren + Dienstleistungen

Franchise-Geber
(z. B. Hersteller)

Franchise-Vertrag

Franchise-Nehmer
(z. B. Händler)

Beispiele
- McDonald's
- Rent a Car
- OBI
- Benetton

Leistungen

- stellt Waren und Dienstleistungen zur Verfügung
- überlässt Waren-, Marken- und Handelszeichen
- erteilt Lizenzen für Herstellung und Vertrieb
- versorgt FN mit Know-how, Ausstattung, Finanzhilfen ...
- macht allgemeine Werbung

Leistungen

- eröffnet Unternehmung mit eigenem Kapital
- bleibt wirtschaftlich und rechtlich selbstständig
- Zahlungen an FG: einmalige Einstandsgebühr + laufende Beiträge
- lässt Kontrollen durch FG zu

Vorteile

- spart teure Investitionen für eigenes Vertriebssystem
- Expansion mit wenig Risiko ohne eigene Investitionen
- Kontrollmöglichkeiten

Vorteile

- Nutzung Erfahrung und Wissen des FG
- Beteiligung an Erfolg eines bekannten Produkts
- geringeres Unternehmerrisiko

4.2.4.1.3 E-Commerce

> E-Business (Electronic-Commerce, Geschäfte im Internet) vgl. Kapitel 3

4.2.4.2 Absatzorganisation

Stofftelegramm

= Wahl der Absatzwege (äußere Absatzorganisation) und Klärung der Zuständigkeiten im Betrieb (innere Absatzorganisation)

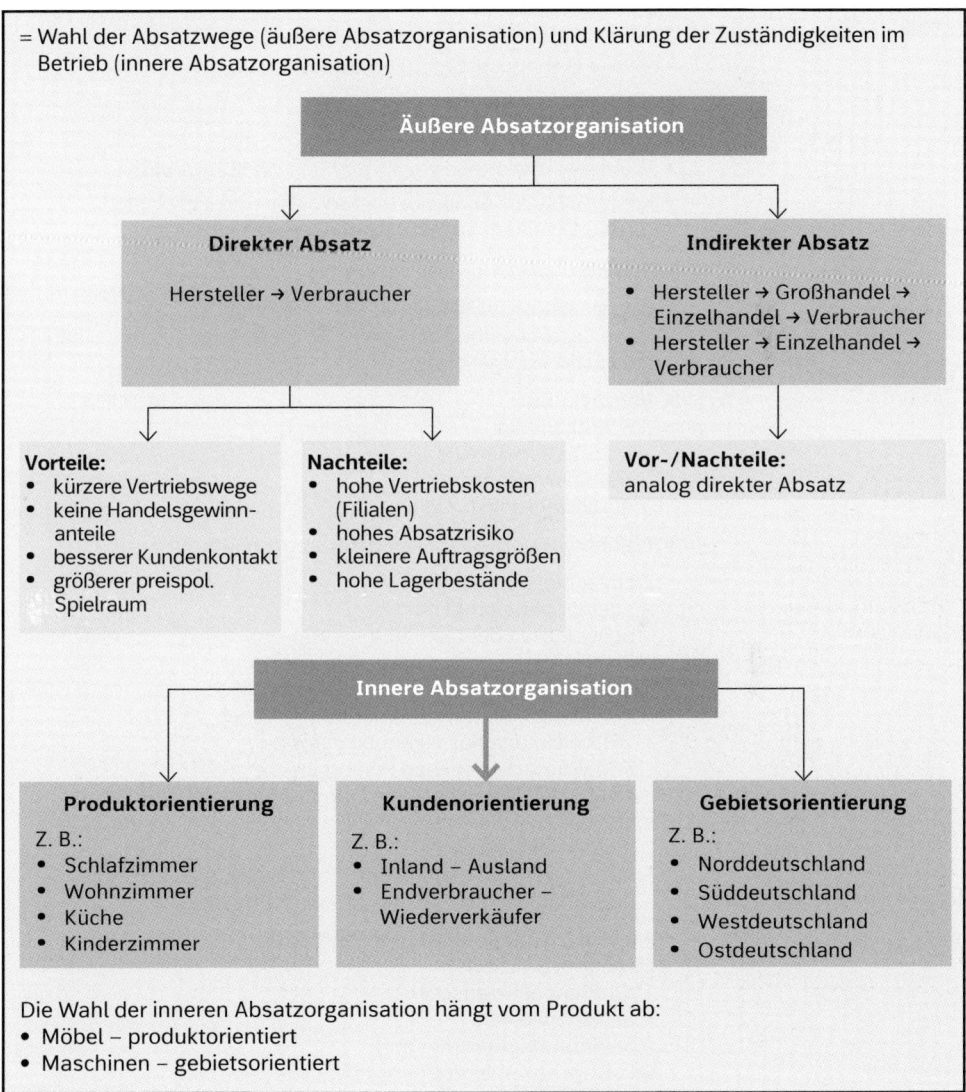

Äußere Absatzorganisation	
Direkter Absatz	**Indirekter Absatz**
Hersteller → Verbraucher	• Hersteller → Großhandel → Einzelhandel → Verbraucher • Hersteller → Einzelhandel → Verbraucher

Vorteile:
- kürzere Vertriebswege
- keine Handelsgewinnanteile
- besserer Kundenkontakt
- größerer preispol. Spielraum

Nachteile:
- hohe Vertriebskosten (Filialen)
- hohes Absatzrisiko
- kleinere Auftragsgrößen
- hohe Lagerbestände

Vor-/Nachteile:
analog direkter Absatz

Innere Absatzorganisation

Produktorientierung
Z. B.:
- Schlafzimmer
- Wohnzimmer
- Küche
- Kinderzimmer

Kundenorientierung
Z. B.:
- Inland – Ausland
- Endverbraucher – Wiederverkäufer

Gebietsorientierung
Z. B.:
- Norddeutschland
- Süddeutschland
- Westdeutschland
- Ostdeutschland

Die Wahl der inneren Absatzorganisation hängt vom Produkt ab:
- Möbel – produktorientiert
- Maschinen – gebietsorientiert

4.2.4.3   Absatzlogistik

Stofftelegramm

Logistik (allgemein):	Planung, Steuerung, Kontrolle von Waren-, Material- und Informationsflüssen **von der Beschaffung bis zum Verkauf gewährleisten.**
Absatzlogistik:	Planung, Steuerung, Kontrolle von Waren-, Material- und Informationsflüssen zum Kunden
Ziele der Absatzlogistik:	• Lager- und Lieferzeiten minimieren
	• exakte Einhaltung der Liefertermine
	• Lieferung einwandfreier Ware
	• Zufriedenheit der Kunden
	• Wettbewerbsvorteile gegenüber den Wettbewerbern
	• Kosten-Nutzen-Analysen (Lieferkosten und Liefernutzen müssen in einem angemessenen Verhältnis stehen.)
Teilbereiche:	• Standortwahl (zentral – dezentral)
	• **Lagerhaltung** im Bereich der Auslieferung: Hohe Lagerbestände verkürzen die Lieferzeiten, verursachen jedoch hohe Lagerkosten.
	• **Verpackung:**
	– Schutzfunktion
	– Informationsfunktion
	– Transportfunktion
	– Aufbewahrungsfunktion
	• **Eigentransport oder Fremdtransport (Outsourcing):**
	Zu beachtende Kriterien:
	– Kostenüberlegungen
	– Schnelligkeit der Lieferung
	– Sicherheit der Lieferung
	– Umweltverträglichkeit des Transportmittels
	– langfristig erwartetes Versandaufkommen
	– Werbewirkung des eigenen Fuhrparks
	– Know-how des eigenen Personals
	– Abhängigkeit von fremden Transportunternehmen
	– steuerliche Überlegungen (Abschreibungen des Fuhrparks mindern den Gewinn)
	– Leerfahrtenproblematik (Rückfahrt evtl. ohne Ladung)
	– Kapazitätsauslastung der eigenen Fahrzeuge
	• **Auswahl des geeigneten Verkehrsträgers (Transportsystems):**
	– Straßengütertransport
	– Schienenverkehr
	– Schifffahrtsgütertransport
	– Luftfrachttransport
	– Kombination diverser Transportmittel

4.2.5   Marketingmix

Stofftelegramm

= optimale Kombination aller absatzpolitischen Instrumente (Produktpolitik, Preispolitik, Kommunikationspolitik, Distributionspolitik)

4.2.6   Marketingcontrolling

Stofftelegramm

= **Frühwarnsystem** zur möglichst frühzeitigen Erkennung und Auswertung
   der Signale (Veränderungen) am Markt
   → entsprechende Plananpassungen vornehmen

- Entwicklung eines Kennzahlensystems zur Erlangung eines Überblicks über Kunden-, Absatzmarkt- und Wettbewerbssituation

   → Wirtschaftlichkeits- und Lageanalyse

   → evtl. Maßnahmen ergreifen

- Entwicklung von Strategien, Festlegung von Plandaten, Soll-Ist-Vergleiche, Abweichungsanalysen, Erstellung von Berichten und Ermittlung von Kennziffern

- systematisch planen und kontrollieren

- **Operatives Marketingcontrolling:**   betrachtet einen kurzfristigen Zeitraum
                                                              (laufendes Geschehen)

- **Strategisches Marketingcontrolling:**   betrachtet einen langfristigen Zeitraum und
                                                              strebt die langfristige Existenzsicherung des
                                                              Unternehmens an

Aufgaben

1.   Welche drei Bereiche zählen zur Produktpolitik?

2.   Definieren Sie möglichst kurz folgende Begriffe:

   a)   Breites – tiefes Produktionsprogramm   e)   Produktinnovation
   b)   Produktvariation   f)   Produktelimination
   c)   Produktdiversifikation   g)   Lebenszyklus
   d)   Produktdifferenzierung

3.   Nennen Sie Vorteile der Produktdiversifikation.

4. Erklären Sie möglichst kurz: a) Marktsegmentierung
                                   b) Kernsortiment
                                   c) Randsortiment

5. Woran kann sich die Preispolitik orientieren?

6. a) Erklären Sie den Begriff Preisdifferenzierung.
    b) Erklären Sie kurz die Arten der Preisdifferenzierung.

7. Welche Bereiche zählen zur Distributionspolitik?

8. a) Unterscheiden Sie: direkter – indirekter Absatz.
    b) Nennen Sie Vor- und Nachteile des direkten Absatzes.

9. a) Nennen Sie vier grundlegende Unterschiede zwischen Reisendem, Handelsvertreter
        und Kommissionär.
    b) Handelt es sich bei a) um direkten oder indirekten Absatz?

10. Nennen Sie je drei Vor- und Nachteile des Reisenden im Vergleich zum Handelsvertreter.

11. Nennen und beschreiben Sie kurz die drei Provisionsarten beim Handelsvertreter.

12. a) Was versteht man unter Ausgleichsanspruch des Handelsvertreters?
    b) Warum wird dem Handelsvertreter dieser Ausgleichsanspruch gewährt?

13. Welchen Vorteil hat die Vereinbarung einer Delkredereprovision?

14. Unter welcher Voraussetzung darf ein Handelsvertreter mit verschiedenen Firmen Agen-
    turverträge schließen?

15. Welche Vorteile hat das Kommissionsgeschäft?

16. Kosten Reisender R: Jährliche Personalkosten 40.000,00 EUR;
                              2 % Umsatzprovision

    Kosten Handelsvertreter H: 6 % Umsatzprovision

    Kosten Kommissionär K: Jährlicher Kostenersatz für Lagerbenutzung 16.000,00 EUR;
                              5 % Umsatzprovision

    a) Welcher Absatzmittler wäre kostenmäßig am günstigsten bei einem geschätzten Jah-
        resumsatz von 2 Mio. EUR?
    b) Bei welchem Umsatz sind die Kosten von R und H gleich hoch?
    c) Bei welchem Umsatz sind die Kosten von R und K gleich hoch?
    d) Bei welchem Umsatz sind die Kosten von H und K gleich hoch?
    e) Skizzieren Sie obigen Sachverhalt im Koordinatensystem.
        y-Achse: 10.000,00 EUR Kosten = 1 cm; x-Achse: 200.000,00 EUR Umsatz = 1 cm.

17. Welche Bereiche zählen zur Kommunikationspolitik?

18. Nennen Sie drei Werbearten.

19. Nach welchem Stufenmodell ist die Werbung grundsätzlich aufgebaut?

20. Nennen Sie die Bestandteile eines Werbeplans.

21. Nennen Sie je drei Vor- und Nachteile der Werbung.

22. Nennen Sie die typischen Formen irreführender Werbung.

23. Unterscheiden Sie: ökonomischer und außerökonomischer Werbeerfolg.

24. a) War folgende Werbeaktion ökonomisch erfolgreich?

Kosten der Werbeaktion:	100.000,00 EUR	Produktpreis:	600,00 EUR
Zusätzliche Bestellungen:	2.000 Stück	kalk. Gewinn je Stück:	80,00 EUR

b) Ab welcher zusätzlich verkauften Stückzahl erreichen wir die „Gewinnschwelle" der Werbeaktion?

4.3   Prüfungsaufgaben

Prüfungsaufgaben Winter 2012/2013 (Aufgabe 1)

Die Naturgesund GmbH produziert seit 40 Jahren Milchfrischprodukte verschiedenster Art. Das Unternehmen war ursprünglich als regionaler Premiummarkenhersteller bekannt. Ziel war es, naturbelassene Produkte aus Milch herzustellen und zwar von Bauernhöfen aus der Region. Verzichtet wurde auf künstliche Aromen und Zusatzstoffe und die Verpackung sollte möglichst umweltfreundlich sein. Das Konzept ging auf und wurde daher auf ganz Deutschland ausgedehnt. Inzwischen steht die Naturgesund GmbH durch die Wettbewerber Banone und Knüller zunehmend unter Druck. Das bisherige Sortiment umfasst Frischmilch und veredelte Milchprodukte wie Früchtequark, Buttermilch und Kefir. In den Jahren 2010 und 2011 bestätigen die Absatzzahlen den Trend der vergangenen Jahre (**Anlage 1**).

Die Produktentwicklungsabteilung hat anhand des Trends „Genuss und Natürlichkeit" ein innovatives Produkt mit dem Namen „Frühstückchen" vorgestellt, welches sich aus Naturjoghurt, frischen Früchten und Cerealien (Frühstücksflocken) zusammensetzt.

Sie sind als ausgebildeter Industriekaufmann in der Marketingabteilung der Naturgesund GmbH beschäftigt. Sie unterstützen den Abteilungsleiter und sollen aufgrund gegebener Datenmaterialien den Ist-Zustand analysieren und für das neue Produkt einen Vorschlag für ein Marketingkonzept erarbeiten.

1. Ermitteln Sie mithilfe der Deckungsbeitragsrechnung den Gewinn bzw. Verlust 2011 für die von uns geführten Produkte in der betriebsinternen Tabelle (**Anlage 1**).

2. Analysieren Sie diese Produkte und ordnen Sie diese mithilfe der **Anlage 2** in ein von Ihnen skizziertes Marktwachstum-Marktanteil-Portfolio ein. Beurteilen Sie die momentane Marktposition unserer Produkte und geben Sie eine Strategieempfehlung in Form einer stichwortartigen Notiz für den Abteilungsleiter. Beziehen Sie hierbei den Vorschlag der Produktentwicklungsabteilung mit ein.

3. Die Geschäftsführung hat sich entschieden, das neue Produkt für ca. 2,50 EUR pro Becher einzuführen.

   Beschreiben Sie die Zielgruppe unseres neuen Produktes „Frühstückchen" anhand von drei verschiedenen Merkmalen als Voraussetzung für die Erstellung einer Marketingkonzeption.

4. Damit das „Frühstückchen" ein Erfolg wird, muss nun eine detaillierte Planung der Marketingmaßnahmen erfolgen. Erstellen Sie für unser neues Produkt ein Ideenpapier als Diskussionsgrundlage für ein Marketing-Mix-Konzept. Schlagen Sie für die vier Instrumente jeweils drei geeignete Maßnahmen begründet vor.

Anlage 1: Interne Daten des Controllings der Naturgesund GmbH

Artikel	Menge in Stück 2010	Menge in Stück 2011	Stückpreis in Euro	Variable Stückkosten in Euro	Produktbezogene Fixkosten in Euro
Frischmilch	3.400.000	3.520.000	0,75	0,60	211.200,00
Früchtequark	500.000	850.000	0,60	0,25	144.500,00
Buttermilch	29.000	30.000	0,40	0,05	9.600,00
Kefir	4.000	2.100	0,50	0,05	2.000,00

Produkte	Frischmilch	Früchtequark	Buttermilch	Kefir

Anlage 2: Gesamtabsatz auf dem deutschen Markt in Stück

	2011
Frischmilch	15.800.000
Früchtequark	6.080.000
Buttermilch	500.000
Kefir	80.000

Produkte	Marktanteil in %		Marktwachstum in %	
	Berechnung	Ergebnis	Berechnung	Ergebnis
Frischmilch				
Früchtequark				
Buttermilch				
Kefir				

Prüfungsaufgaben Sommer 2015 (Aufgabe 2, teilweise)

Die MobilTec AG ist ein mittelständisches Unternehmen mit 1.725 Beschäftigten in Stuttgart. Seit 30 Jahren werden Produkte für den Telekommunikationsmarkt hergestellt. Die Produktpalette umfasst Telefaxgeräte, Festnetztelefone und Standard-Handys. Zudem wurde ein Smartphone entwickelt, das sich aber auf dem deutschen Markt noch nicht durchsetzen konnte. Des Weiteren produziert das Unternehmen Tablet-PCs für den Discounthandel. Der Jahresumsatz der MobilTec AG beträgt 1.250 Mio. EUR. Der Vertrieb erfolgt über den Großhandel, der von Handelsvertretern der MobilTec AG besucht wird.

Neueste Entwicklung der MobilTec AG ist eine Uhr, die neben Puls und Blutdruck auch weitere komplexe Vorgänge im Körper messen und speichern kann. Die „Mobil Fit Clock" funktioniert unabhängig, kann aber mit jedem modernen Smartphone und Tablet-PC verbunden werden. Auf der Funkausstellung in Berlin wurde die Innovation begeistert aufgenommen.

Sie sind in der Marketing-Abteilung der MobilTec AG als Sachbearbeiter eingesetzt. Die Abteilung ist derzeit personell unterbesetzt.

2.1   In der nächsten Abteilungsleitersitzung sollen erstmals die Ertragschancen der Produkte anhand eines Marktwachstum-Marktanteil-Portfolios analysiert und die Strategien zur Sortimentspolitik diskutiert werden. Ihr Abteilungsleiter beauftragt Sie mit den Vorbereitungen für diesen Punkt.
- Berechnen Sie das Marktwachstum und den relativen Marktanteil für die Produkte des Unternehmens (**Anlage 1**).
- Tragen Sie die einzelnen Produkte als Kreise in das Marktwachstum-Marktanteil-Diagramm ein. Der Durchmesser der Kreise soll den aktuellen Umsatz näherungsweise veranschaulichen (**Anlage 2**).
- Analysieren Sie die Stellung der Produkte im Portfolio und verfassen Sie für jedes Produkt eine begründete strategische Empfehlung.
- Notieren Sie Ihrem Abteilungsleiter zwei mögliche Einwände gegen das Konzept der Portfolio-Analyse.

Anlage 1: Tabelle Marktwachstum – Marktanteil

	Produkt	Markt-volumen 2013 (in Mio. Euro)	Markt-volumen 2014 (in Mio. Euro)	Marktwachs-tum	Umsatz MobilTec 2014 (in Mio. Euro)	Umsatz-größter Konkurrent 2014 (in Mio. Euro)	Relati-ver Markt-anteil
1.	Tablet PC	8.000	9.600		500	490	
2.	Smartphone	12.000	12.960		15	1.500	
3.	Festnetz-telefon	1.000	1.030		160	100	
4.	Pulsgurt	500	625		210	30	
5.	Standard-Handy	2.000	2.100		300	600	
6.	Mobil Fit Clock	50	63		3	5	
7.	Telefax	100	102		50	10	

Anlage 2: Marktwachstum-Marktanteil-Portfolio

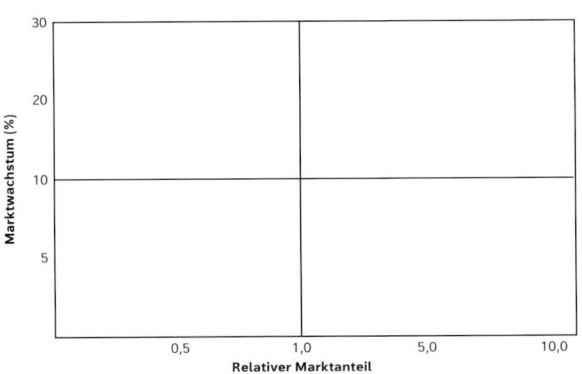

Prüfungsaufgaben Winter 2016/2017 (Aufgabe 1)

Die BagForLife GmbH ist ein mittelständischer Hersteller modischer Taschen und Koffer mit Sitz in Karlsruhe. Mit seinen bis ins Detail durchdachten, praktischen Produkten, die sich gleichzeitig durch ein originelles und ansprechendes Design auszeichnen, kann sich das Unternehmen seit nunmehr 25 Jahren auf dem durch starken Wettbewerb gekennzeichneten deutschen Markt behaupten. Das Produkt- und Absatzprogramm der BagForLife GmbH umfasst die Produktlinien „Business", „Family" und „Sports". Der Vertrieb der Taschen und Koffer erfolgt über den Facheinzelhandel.

Sie sind Mitarbeiter/-in der Marketingabteilung der BagForLife GmbH und unterstützen Ihre Vorgesetzte Frau Michel.

1.1 Die Außendienstmitarbeiter melden unterschiedliche Verkaufserfolge bei den Trolleys der Produktlinie „Family". Im Fokus stehen die beiden Modelle „More" und „Less". Die Geschäftsleitung fordert deshalb von Ihnen, eine Produktlebenszyklus-Analyse vorzunehmen.

1.1.1 Vergleichen Sie die Umsatzangaben der beiden Trolleymodelle (**Anlage 1**), indem Sie die Umsatzveränderung gegenüber dem jeweiligen Vorjahr in Prozent berechnen. Runden Sie Ihre Ergebnisse auf eine Kommastelle.

1.1.2 • Benennen Sie im skizzierten Produktlebenszyklus (**Anlage 2**) die verschiedenen Phasen.
• Ordnen Sie die gegenwärtigen Positionen der Trolleys „More" und „Less" den Phasen zu.
• Begründen Sie Ihre Zuordnung.

1.1.3 Geben Sie auf der Basis Ihrer Produktlebenszyklus-Analyse konkrete Handlungsempfehlungen für den zukünftigen Marketingmix der beiden Produkte „More" und „Less". Berücksichtigen Sie hierbei jeweils produktpolitische, preispolitische und kommunikationspolitische Maßnahmen.

1.2 Die BagForLife GmbH möchte im kommenden Monat den neuen Hartschalenkoffer „Global-Lite" auf den Markt bringen. Der Koffer wurde speziell für Geschäftsreisende entwickelt; er zeichnet sich durch ein niedriges Gewicht und ein exklusives Design aus. Vergleichbare Koffer von Konkurrenzunternehmen werden momentan zu Preisen zwischen 300,00 EUR und 500,00 EUR angeboten.

1.2.1 Berechnen Sie tabellarisch den Listenverkaufspreis eines Koffers „Global-Lite" anhand der Plandaten der Controllingabteilung (**Anlage 3**).

1.2.2 Analysieren Sie das Nachfrageverhalten der Zielgruppe für Koffer vergleichbarer Art und Qualität bei Preisen von 200,00 EUR bis 800,00 EUR unter Berücksichtigung der repräsentativen Marktstudie (**Anlage 4**).

1.2.3 Unterbreiten Sie einen begründeten Vorschlag, zu welchem Preis und mit welcher Preisstrategie der „Global-Lite" auf den Markt gebracht werden soll.

1.3 Die BagForLife GmbH möchte ihr Absatzgebiet nun innereuropäisch ausbauen. Ein erster Schritt soll hierzu die Erschließung des österreichischen Einzelhandels sein. Das Unternehmen geht zunächst von einem monatlichen Nettoumsatz von 120.000,00 EUR im neuen Absatzgebiet aus. Ziel ist es, diesen Umsatz innerhalb der ersten fünf Jahre um 60 % zu steigern. Im Moment ist noch offen, ob die Markterschließung durch einen Handlungsreisenden, einen Handelsvertreter oder einen Kommissionär erfolgen soll. Diese Entscheidung sollen Sie vorbereiten. Nutzen Sie hierzu die vorliegenden Materialien (**Anlage 5–7**).

1.3.1 Stellen Sie jeweils drei grundsätzliche Vorteile für jeden Absatzhelfer stichpunktartig in einer Tabelle dar.

1.3.2 • Berechnen Sie die monatlichen Kosten der drei Absatzhelfer zu Beginn der Markterschließung und nach fünf Jahren.
• Stellen Sie die Kostenverläufe der drei Absatzhelfer grafisch dar (**Anlage 8**).

1.3.3 Formulieren Sie eine begründete Empfehlung, welche Absatzhelfer die BagForLife GmbH unter Kostengesichtspunkten einsetzen sollte.

Anlage 1

	2013	2014		2015		2016	
	Umsatz (in Mio. Euro)	Umsatz (in Mio. Euro)	Veränderung (in %)	Umsatz (in Mio. Euro)	Veränderung (in %)	Umsatz (in Mio. Euro)	Veränderung (in %)
Less	1,4	1,6		1,9		2,3	
More	5,9	7,2		8,3		9,1	

Anlage 2

Umsatz

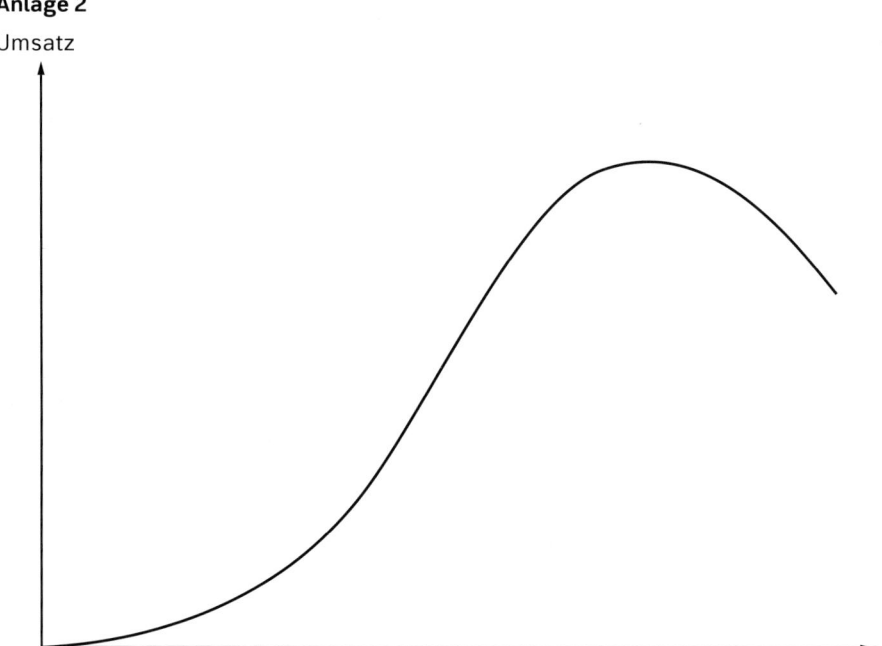

Zeit

Anlage 3

Von	stanzel@bagforlife.de
Betreff	**Plandaten Preiskalkulation „Global-Lite"**
An	michel@bagforlife.de
Datum	Mittwoch, der 02.11.2016 07:45 Uhr

Sehr geehrte Frau Michel,

wie gewünscht anbei die aktuellen Plandaten aus dem Controlling für den Koffer „Global-Lite":

- Fertigungsmaterial pro Koffer: 150,00 EUR
- Fertigungslöhne pro Koffer: 60,00 EUR
- Materialgemeinkostenzuschlagssatz: 20 %
- Fertigungsgemeinkostenzuschlagssatz: 100 %
- Verwaltungsgemeinkostenzuschlagssatz: 4 %
- Vertriebsgemeinkostenzuschlagssatz: 8 %

Bitte beachten Sie, dass die Geschäftsleitung einen Gewinnaufschlag von mindestens 5 % anstrebt. Zudem sind 2 % Kundenskonto und 10 % Kundenrabatt bei der Preiskalkulation zu berücksichtigen.

Mit freundlichen Grüßen

Markus Stanzel

Controllingabteilung BagForLife GmbH

Anlage 4

Nachfrageverhalten der Zielgruppe „Geschäftsreisende" für Koffer vergleichbarer Art und Güte bei Preisen 200,00 EUR bis 800,00 EUR, Ergebnis einer repräsentativen Marktstudie des beauftragten Marktforschungsinstituts, 1.000 Teilnehmer:

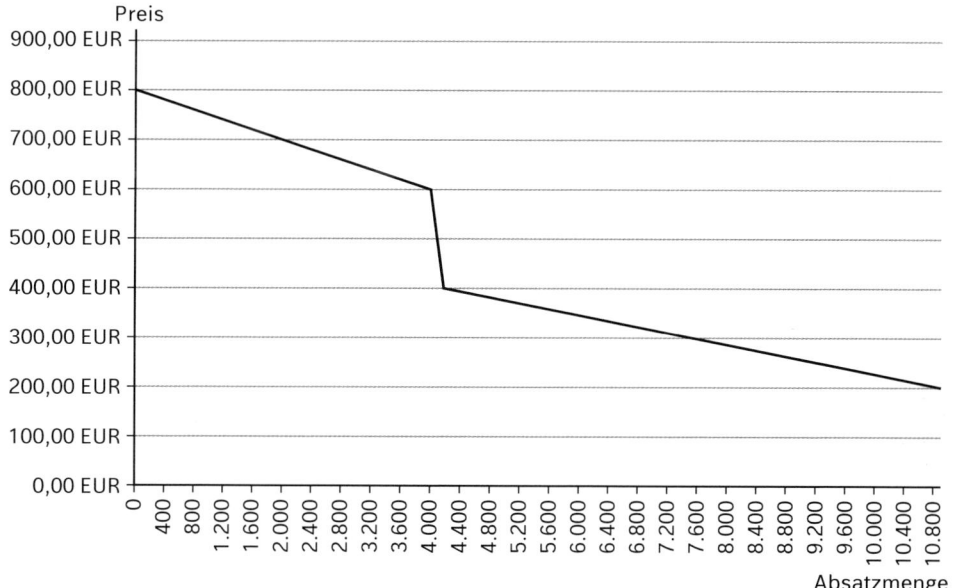

Anlage 5

MEMO

Von **Personalwesen:** *Frau Knöller*
An   **Marketing**: *Frau Michel*

Markterschließung Österreich - Option Einsatz Handlungsreisender

Handlungsreisende erhalten bei uns ein Grundgehalt von 2.500,00 EUR und eine Provision von 1,5 % auf den getätigten Nettoumsatz.

Anlage 6

Von	meierbach@handelsvertretung-meierbach.de
Betreff	**Angebot Handelsvertretung Österreich**
An	michel@bagforlife.de
Datum	Freitag, der 04.11.2016 09:35 Uhr

Sehr geehrte Frau Michel,

vielen Dank für Ihre Anfrage. Ich bin am Vertrieb Ihrer Produkte in Österreich interessiert.

Bereits seit 2005 bin ich für mehrere Firmen in diesem Bereich tätig und habe entsprechende Fachkenntnisse, die es mir ermöglichen, mich in die besonderen Eigenschaften Ihrer Produkte zügig einzuarbeiten. Zudem verfüge ich über einen festen Kundenstamm.

Sollten Sie mich beauftragen, werde ich für Sie Neukunden im gewünschten Umfang akquirieren. Ich schließe für Sie die Kaufverträge ab und sichere auch den Zahlungseingang. Ihnen entsteht keinerlei Risiko.

Ich berechne für meine Tätigkeiten eine Abschlussprovision in Höhe von 2,7 % des getätigten Nettoumsatzes und eine monatliche Kostenpauschale in Höhe von 1.000,00 EUR.
Weitere Kosten fallen nicht an.

Kontaktieren Sie mich bitte bei offenen Fragen.

Ich würde mich über eine Zusammenarbeit mit Ihnen sehr freuen.

Freundliche Grüße

Markus Meierbach
Handelsvertreter
Salzburger Str. 15
82451 Piding
www.handelsvertretung-meierbach.de
Tel. 08651 54547

Anlage 7

Von	kimmel@trend-trade-austria.at
Betreff	**Angebot**
An	michel@bagforlife.de
Datum	Donnerstag, der 03.11.2016 11:20 Uhr

Sehr geehrte Frau Michel,

unser Kommissionärsunternehmen gehört zu den Profis der Branche in Österreich sowie den angrenzenden osteuropäischen Staaten. Wir sind für Ihre geplante Markterschließung Österreichs ein idealer Partner, da wir über sehr gute, landesweite Kundenkontakte verfügen. Bisher vertreiben wir zwar keine Taschen und Koffer, werden uns aber zügig in diese neuen Produkte einarbeiten und passende Kunden für Sie finden.

Kurz hinter der deutsch-österreichischen Grenze befindet sich unser Konsignationslager. Hier lagern wir Ihre Produkte, bis diese von uns verkauft werden. Transport, Risiko und Versicherung übernehmen wir ebenfalls für Sie.

Unsere Abschlussprovision beträgt 2,9 % des Nettoumsatzes, den wir für Sie erwirtschaften.

Ansonsten fallen Ihnen keine weiteren Kosten an.

Sollten wir Ihre Produkte nicht verkaufen können, so können wir diese ab sechs Monaten nach Erhalt an Sie zurückgeben.

Ich würde mich über eine Zusammenarbeit mit Ihnen sehr freuen.

Mit freundlichen Grüßen,

Christina Kimmel
Trend Trade Austria GmbH
Maria-Probst-Str. 83

5020 Salzburg
Österreich
www.trend-trade-austria.at
Tel. +43 89223 456-123

Anlage 8

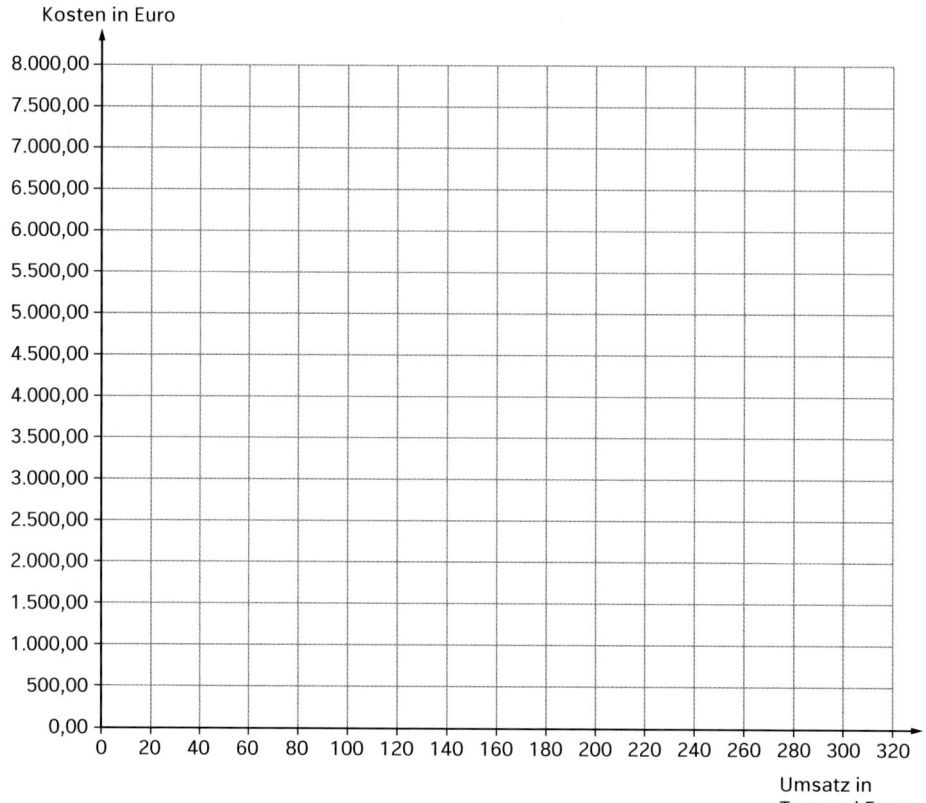

5 Personalwirtschaft

5.1 Aufgaben und Ziele der Personalwirtschaft

Stofftelegramm

Personalwirtschaft (PW) = alle Aufgaben, welche sich mit den Mitarbeitern im Unternehmen befassen

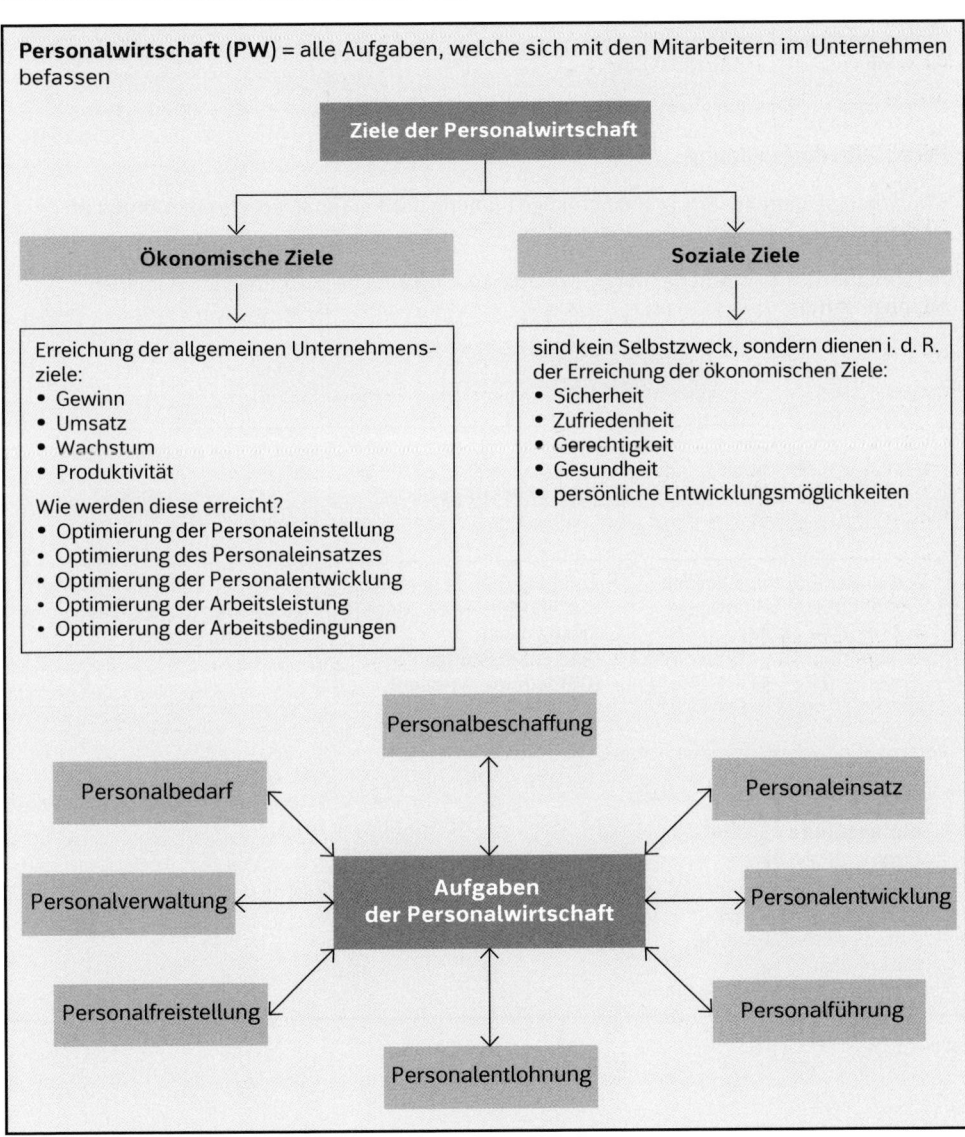

Ziele der Personalwirtschaft

Ökonomische Ziele

Erreichung der allgemeinen Unternehmens-ziele:
• Gewinn
• Umsatz
• Wachstum
• Produktivität

Wie werden diese erreicht?
• Optimierung der Personaleinstellung
• Optimierung des Personaleinsatzes
• Optimierung der Personalentwicklung
• Optimierung der Arbeitsleistung
• Optimierung der Arbeitsbedingungen

Soziale Ziele

sind kein Selbstzweck, sondern dienen i. d. R. der Erreichung der ökonomischen Ziele:
• Sicherheit
• Zufriedenheit
• Gerechtigkeit
• Gesundheit
• persönliche Entwicklungsmöglichkeiten

Personalbeschaffung

Personalbedarf

Personaleinsatz

Personalverwaltung

Aufgaben der Personalwirtschaft

Personalentwicklung

Personalfreistellung

Personalführung

Personalentlohnung

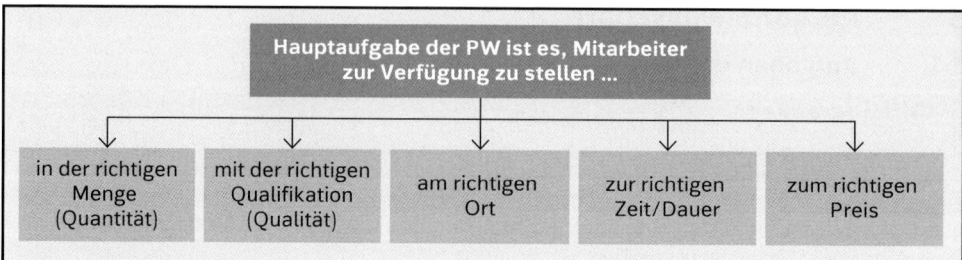

Personalbedarfsplanung

= kurzfristige, mittelfristige und langfristige Planung des Personalbedarfs einer Unternehmung

Personalbedarf = Anzahl der Mitarbeiter, die zur Erfüllung der betrieblichen Aufgaben benötigt werden.

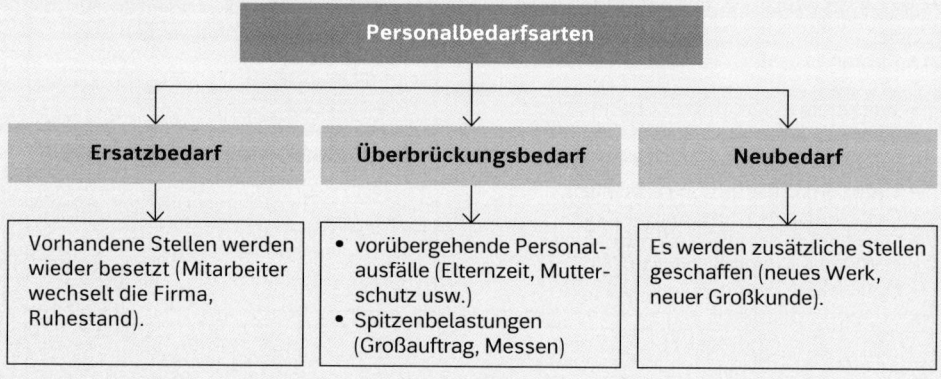

Personalbedarfsplanung ist abhängig von:
- Entlassungen
- Pensionierungen
- Mutterschutz
- Elternzeit
- Auftragslage
- konjunktureller Lage
- Arbeitszeitentwicklung
- Rationalisierung
- Kündigung durch Mitarbeiter

a) Quantitative Personalbedarfsplanung

Wie viele Mitarbeiter werden zukünftig benötigt?

Quantitative Personalbedarfsermittlung	
Berechnungsschema	**Stellen**
gegenwärtig vorhandene Stellen (Soll-Personalbestand)	30
+ Anzahl neuer Stellen im Planungszeitraum	5
– Anzahl entfallener Stellen im Planungszeitraum	2
= Bruttopersonalbedarf (I)	**33**
gegenwärtiger Personalbestand (Ist-Personalbestand)	30
– bekannte und erwartete Abgänge	6
+ bereits feststehende Zugänge	2
= fortgeschriebener Personalbestand (II)	**26**
Bruttopersonalbedarf (I)	33
– fortgeschriebener Personalbestand (III)	26
= Nettopersonalbedarf	**7**

b) Qualitative Personalbedarfsplanung

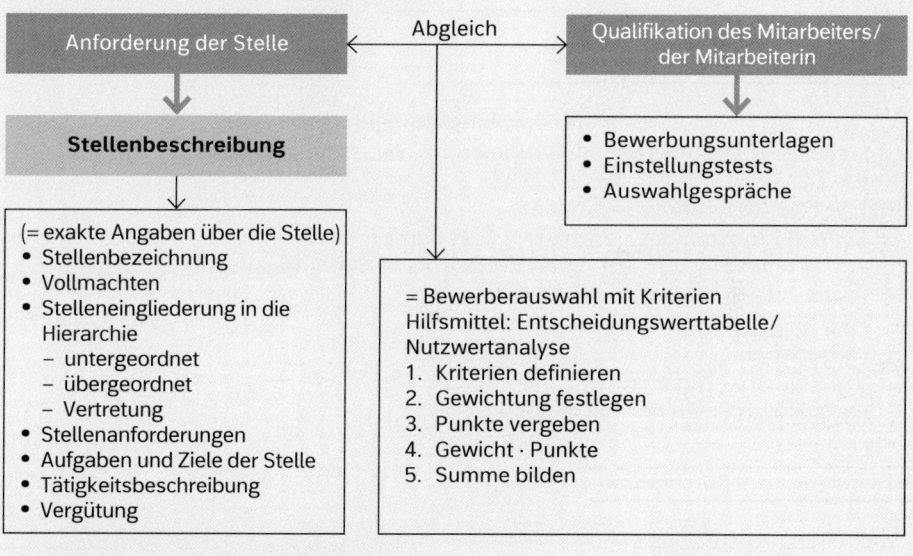

Vorteile der Stellenbeschreibung:
- Jeder Mitarbeiter kennt seine Aufgaben, Zuständigkeits- und Verantwortungsbereiche
  → somit keine Zuständigkeitsstreitigkeiten.
- erleichterte Stellenausschreibung
- schnelle Einarbeitung neuer Stelleninhaber
- Grundlage für Personalentwicklungsplanung
- Basis für Lohn- und Gehaltseinstufung

Personalbeschaffung

Intern
(im Unternehmen)

Extern
(außerhalb des Unternehmens)

Verfahren:
innerbetriebliche Stellenausschreibung
(„Schwarzes Brett" und/oder Intranet)

Verfahren:
• Stellenanzeigen in Zeitungen, Homepage
  des Unternehmens, Jobportale
• Personalberater („Head Hunter")
• Agentur für Arbeit
• persönliche Kontakte
• Arbeitnehmerüberlassung (Zeitarbeit)

Vorteile:
• Mitarbeiter ist dem Unternehmen
  bekannt
• Mitarbeiter kennt den Betrieb (insbes.
  informelle Strukturen)
• Einarbeitungszeit kürzer

Nachteile: siehe Vorteile Extern u.
umgekehrt

Vorteile:
• frischer „Wind"; neue Ideen; keine
  „Betriebsblindheit"
• kein „Besetzungskarussell"; interner MA
  macht eine Stelle frei, die wiederum
  besetzt werden muss
• kein „Neid" der internen Kollegen, die
  nicht zum Zug gekommen sind
• vermeidet Personalengpässe im
  Unternehmen

Mitwirkung des Betriebsrates (BR)

• In Betrieben mit i. d. R. mehr als 20 wahlberechtigten Mitarbeitern ist der BR vor jeder
  Einstellung, Eingruppierung, Umgruppierung, Versetzung zu unterrichten (§ 99 Abs.
  1 BetrVG).
• BR kann der Maßnahme zustimmen
• BR kann die Zustimmung verweigern. Dies hat schriftlich unter Nennung der Gründe
  innerhalb einer Woche nach Unterrichtung durch den Arbeitgeber zu erfolgen.
• Mögliche Gründe nach § 99 Abs. 2 BetrVG:
  – Verstoß gegen rechtliche Vorschriften
  – Betriebsfriede in Gefahr
  – Nachteile für Arbeitskräfte
  – Auswahlrichtlinien nicht eingehalten

Personalauswahl durchführen

• Vorstellungsgespräche
• Einstellungstests
• Arbeitsproben
• Assessment-Center

Aufgaben der Personalverwaltung

→ Abwicklung aller routinemäßigen Aufgaben des Personalbereichs, insbesondere:

- **Personalakte führen:** – für jeden Mitarbeiter
  - alle Unterlagen im Zusammenhang mit dem Arbeitsvertrag: z. B. Arbeitsvertrag, Vertragsänderungen, Zeugnisse, Verwarnungen, Beförderungen, Entgeltänderungen, Beurteilungen, Fortbildungen ...
  - Arbeitnehmer hat Recht auf Einsicht

- **Datenschutz:** → **Rechte des Arbeitnehmers:**
  - Benachrichtigung über Speicherung
  - Auskunft über Herkunft und Empfänger der Daten
  - Berichtigung falscher Daten
  - Löschung unzulässigerweise gespeicherter Daten ... (BundesdatenSchG)

- **Personalinformationssystem:** i. d. R. computergestützte Datenbanken zur Erfassung, Verarbeitung, Speicherung und Bereitstellung von Daten der einzelnen Mitarbeiter („Personalakte")

- **Personalbetreuung:** – Aktualisierung des Personalinformationssystems
  - Auswertung der Personalstatistik
  - Arbeitsgestaltung
  - Arbeitsbewertung
  - Entlohnungssysteme
  - Lohn- und Gehaltsabrechnung sowie Buchung

Aufgaben

1. Nennen Sie stichwortartig fünf Aufgaben der Personalwirtschaft.

2. Welches Oberziel und welche Unterziele verfolgt die Personalwirtschaft?

3. Zitat: „Heute sind **Schlüsselqualifikationen** gefragt." Erklären Sie kurz den Begriff.

4. Unterscheiden Sie die Möglichkeiten der Personalbeschaffung.

5. Welche Bewerbungsunterlagen sind üblicherweise einzureichen?

6. Wer darf bei geplanten Neueinstellungen nicht vergessen werden?

7. a) Was versteht man unter Stellenbeschreibung?
   b) Nennen Sie drei Vorteile von Stellenbeschreibungen.

8. Nennen Sie fünf Beurteilungsmerkmale zur Personalbeurteilung.

5.2   Der Einzelarbeitsvertrag (Grundlagen)

Stofftelegramm

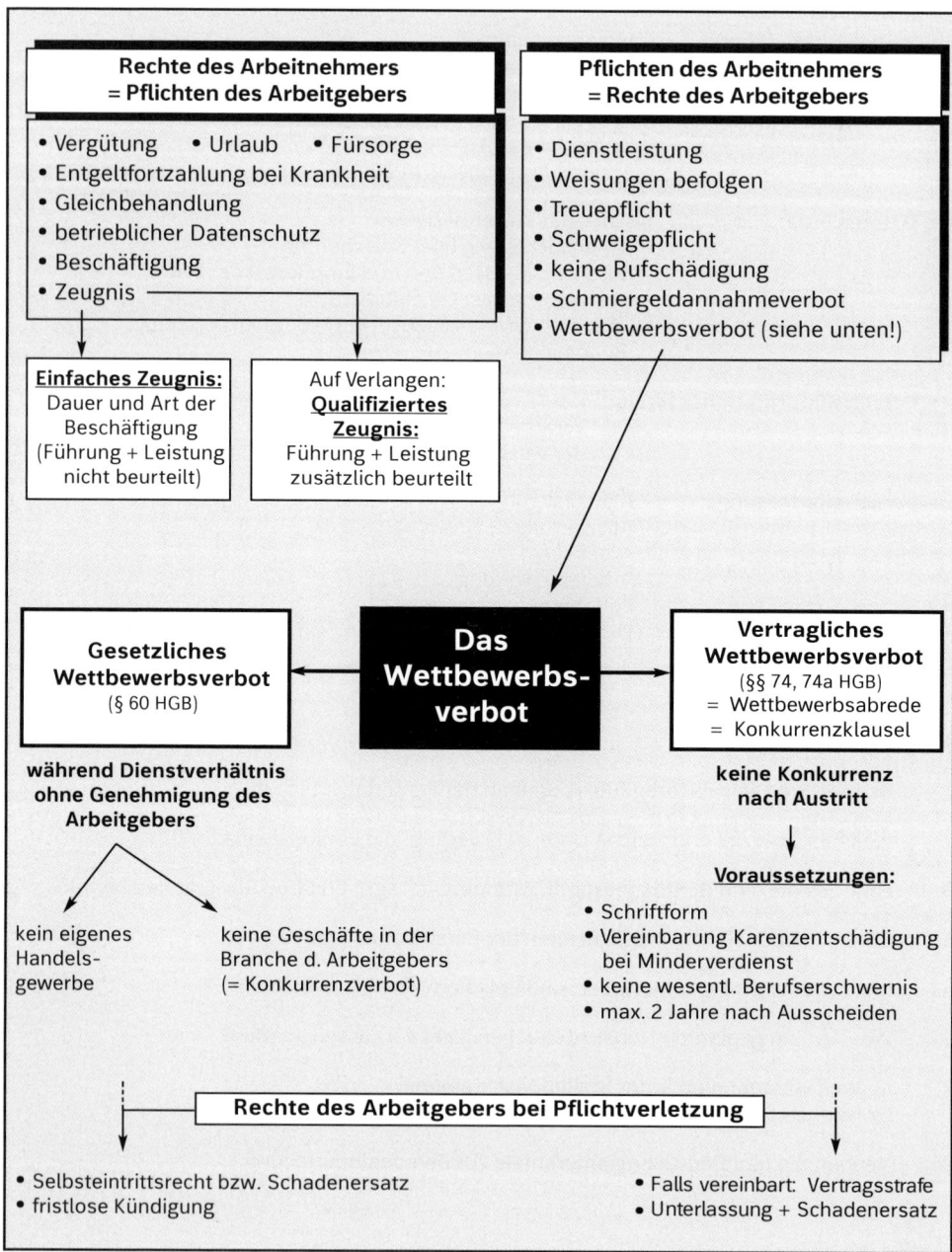

**Rechte des Arbeitnehmers
= Pflichten des Arbeitgebers**

- Vergütung   • Urlaub   • Fürsorge
- Entgeltfortzahlung bei Krankheit
- Gleichbehandlung
- betrieblicher Datenschutz
- Beschäftigung
- Zeugnis

**Pflichten des Arbeitnehmers
= Rechte des Arbeitgebers**

- Dienstleistung
- Weisungen befolgen
- Treuepflicht
- Schweigepflicht
- keine Rufschädigung
- Schmiergeldannahmeverbot
- Wettbewerbsverbot (siehe unten!)

Einfaches Zeugnis:
Dauer und Art der
Beschäftigung
(Führung + Leistung
nicht beurteilt)

Auf Verlangen:
**Qualifiziertes
Zeugnis:**
Führung + Leistung
zusätzlich beurteilt

**Gesetzliches
Wettbewerbsverbot**
(§ 60 HGB)

**Das
Wettbewerbs-
verbot**

**Vertragliches
Wettbewerbsverbot**
(§§ 74, 74a HGB)
= Wettbewerbsabrede
= Konkurrenzklausel

**während Dienstverhältnis
ohne Genehmigung des
Arbeitgebers**

**keine Konkurrenz
nach Austritt**

Voraussetzungen:

kein eigenes
Handels-
gewerbe

keine Geschäfte in der
Branche d. Arbeitgebers
(= Konkurrenzverbot)

- Schriftform
- Vereinbarung Karenzentschädigung
  bei Minderverdienst
- keine wesentl. Berufserschwernis
- max. 2 Jahre nach Ausscheiden

Rechte des Arbeitgebers bei Pflichtverletzung

- Selbsteintrittsrecht bzw. Schadenersatz
- fristlose Kündigung

- Falls vereinbart: Vertragsstrafe
- Unterlassung + Schadenersatz

Dauer des Arbeitsvertrags • **Unbefristet:** Normalfall

- **Befristete Arbeitsverträge mit sachlichem Grund:** rechtsgültig (z. B. Vertretungen wegen Krankheit, Mutterschutz oder Erziehungsurlaub, Saisonarbeit, vorübergehender Arbeitsanfall, Befristung auf Wunsch des Arbeitnehmers ...)

- **Befristete Arbeitsverträge ohne sachlichen Grund (Teilzeit- und Befristungsgesetz; TzBfG):** Fristobergrenze jeweils zwei Jahre; innerhalb dieser Frist bis zu drei Verlängerungen möglich

  Beispiele: 2-Jahres-Vertrag; zweimal 1-Jahres-Vertrag; viermal 6-Monats-Vertrag (drei Verlängerungen)

Vorteile für den Arbeitnehmer:

- Einstellungschancen höher; Chance, später unbefristeten Arbeitsvertrag zu erhalten
- gute Alternative für Studenten, Hausfrauen
- flexiblere Lebensgestaltung möglich

Vorteile für den Arbeitgeber:

- flexiblere Reaktion auf Marktänd. mögl.
- Risikominderung bei Einstellungen
- weniger Fehlbesetzungen, da längeres „Kennenlernen" der Arbeitnehmer mögl.

Nachteil für Arbeitnehmer: keine Weiterbeschäftigungsgarantie nach Fristablauf

Beendigung von Arbeitsverhältnissen durch ...

- Aufhebungsvertrag:
  - einvernehmlich zwischen Arbeitgeber und Arbeitnehmer
  - Schriftform § 623 BGB
  - evtl. Abfindung für Arbeitnehmer
- Fristablauf (Vertragsablauf bei befristeten Verträgen ohne Kündigung)
- Kündigung § 620 BGB:
  - Schriftform § 623 BGB
  - ohne Angabe von Gründen, solange kein Kündigungsschutz besteht
  - Gesetzliche (ordentliche) Kündigung (§ 620 BGB):
    - Arbeitgeber und Arbeitnehmer können das Arbeitsverhältnis kündigen.
    - Kündigungsfristen sind einzuhalten (§ 622 BGB)

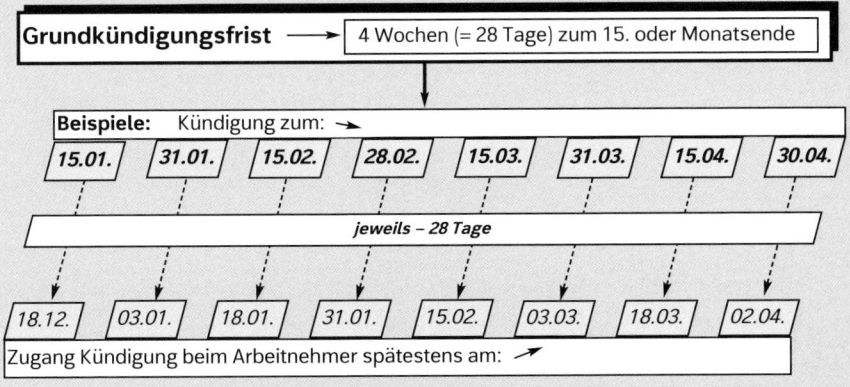

Grundkündigungsfrist ⟶ 4 Wochen (= 28 Tage) zum 15. oder Monatsende

Beispiele: Kündigung zum: ⟶

| 15.01. | 31.01. | 15.02. | 28.02. | 15.03. | 31.03. | 15.04. | 30.04. |

jeweils – 28 Tage

| 18.12. | 03.01. | 18.01. | 31.01. | 15.02. | 03.03. | 18.03. | 02.04. |

Zugang Kündigung beim Arbeitnehmer spätestens am: ⟋

- verlängerte Kündigungsfristen für langjährige Arbeitnehmer (§ 622 Abs. 2 BGB, siehe Kap. 5.3)
- Arbeitnehmerfrist = Arbeitgeberfrist
- Kündigungsfrist während Probezeit (max. sechs Monate) → 14 Tage
- Sonderfälle für tarifvertragliche, einzelvertragliche Regelungen siehe § 622 BGB
– Fristlose (außerordentliche) Kündigung (§ 626 BGB):
  - aus wichtigem Grund, z. B. Diebstahl, Tätlichkeit
  - sofort, ohne Einhaltung einer Kündigungsfrist
– Änderungskündigung (§ 2 KSchG):
  Kündigung des bestehenden Arbeitsvertrages mit gleichzeitigem Abschluss eines neuen Arbeitsvertrages mit geänderten Bedingungen
– Besonderheiten Kündigung:
  - Grundsätzlich ist vor jeder Kündigung der Betriebsrat (wenn vorhanden) zu hören (§ 102 BetrVG) und die Anwendung von besonderem Kündigungsschutz (Kündigungsschutzgesetz, Mutterschutz usw.) zu prüfen. → Kündigung evtl. nicht rechtswirksam
  - Abmahnung erfolgt? → Verwarnung durch den Arbeitgeber für ein Fehlverhalten des Arbeitnehmers, z. B. für wiederholten unpünktlichen Arbeitsbeginn
    Zweck: Hinweis-/Warnfunktion für den Arbeitnehmer, sein Fehlverhalten abzustellen, bevor eine Kündigung ausgesprochen wird. „Verhältnismäßigkeit der Mittel". Bei fristloser Kündigung nicht erforderlich.

Maßnahmen zur Vermeidung von Kündigungen

- Versetzung
- Überstundenabbau
- Jobsharing
- Teilzeitarbeit
- Ruhestand
- Kurzarbeit
- Abschluss von Aufhebungsverträgen

Aufgaben

1. In welchen Gesetzen sind Regelungen über Einzelarbeitsverträge enthalten?

2. Welche Formvorschrift gilt für Arbeitsverträge?

3. Nennen Sie je drei Rechte und Pflichten des kaufmännischen Angestellten.

4. Unterscheiden Sie die Begriffe einfaches und qualifiziertes Zeugnis.

5. a) Erklären Sie den Begriff „gesetzliches Wettbewerbsverbot".
    b) Welche Rechte hat der Arbeitgeber, wenn ein kaufmännischer Angestellter gegen das gesetzliche Wettbewerbsverbot verstößt?

6. a) Erklären Sie den Begriff „vertragliches Wettbewerbsverbot".
    b) Welche Voraussetzungen müssen erfüllt sein, damit das vertragliche Wettbewerbsverbot rechtsgültig ist?

7. Wie lautet die gesetzliche Kündigungsfrist für Angestellte mit weniger als zwei Jahren Betriebszugehörigkeit?

8. Worauf ist bei Vereinbarung einer vertraglichen Kündigungsfrist zu achten?

9. Wann ist eine fristlose Kündigung möglich? Nennen Sie vier Beispiele.

10. Alf Flatter, Angestellter der Betten GmbH, unterschreibt am 20.01. einen Arbeitsvertrag mit der Scherzartikel GmbH. Beginn des neuen Arbeitsverhältnisses: 01.08.

    a) Wann muss Flatter bei der Betten GmbH spätestens kündigen, um rechtzeitig bei der Scherzartikel GmbH beginnen zu können?
    b) Genügt es, wenn Flatter am letztmöglichen Kündigungstag sein Kündigungsschreiben zur Post bringt? Begründung.

11. Unter welchen Voraussetzungen dürfen befristete Arbeitsverträge abgeschlossen werden?

12. Nennen Sie Vor- und Nachteile befristeter Arbeitsverträge für Arbeitnehmer und Arbeitgeber.

5.3   Allgemeiner und besonderer Kündigungsschutz

Stofftelegramm

Gesetzliche Grundlagen: Kündigungsschutzgesetz (KSchG), BGB

Allgemeiner Kündigungsschutz —→   = Schutz vor sozial ungerechtfertigter Kündigung

- Voraussetzungen: mind. sechs Monate im gleichen Betrieb (siehe § 1 KSchG) und der Betrieb hat mehr als zehn Arbeitnehmer (siehe § 23 KSchG)

Eine sozial ungerechtfertigte Kündigung ist nicht rechtswirksam.
- Kündigung sozial gerechtfertigt:

    § 1 Abs. 2 KSchG

    Der Kündigungsgrund liegt
    - in der **Person** des Arbeitnehmers (dauerhafte Krankheit, Eignung),
    - im **Verhalten** des Arbeitnehmers (schlechte Arbeitsleistung, Arbeitsverweigerung, Wettbewerbsverbot),
    - in dringenden **betrieblichen** Erfordernissen (Rationalisierungsmaßnahmen, Standortverlagerung, dauerhafter Auftragsmangel).

- Feststellung, ob eine Kündigung sozial gerechtfertigt ist oder nicht erfolgt vor dem Arbeitsgericht (§ 4 KSchG)
    - innerhalb von drei Wochen nach Zugang der schriftliche Kündigung
    - evtl. Stellungnahme des Betriebsrates

Besonderer Kündigungsschutz

- **Betriebsratsmitglieder und Jugendvertreter:** Während Amtszeit und innerhalb eines Jahres danach nicht kündbar (siehe § 15 KSchG). Ausnahme: fristlose Kündigung bei wichtigem Grund.

- **Werdende Mütter (Mutterschutzgesetz, MuSchG):** während der **Schwangerschaft** und bis zum Ablauf von **vier Monaten nach Entbindung**

- **Arbeitnehmer in Elternzeit** (Bundeselterngeld- und Elternzeitgesetz – BEEG): siehe § 18 BEEG ab 8 Wochen vor Beginn und während der Elternzeit

- **Schwerbehinderte (Schwerbehindertengesetz , SchwbG):** Kündigung nur mit Zustimmung der Hauptfürsorgestelle

- **Auszubildende:** vgl. Stofftelegramme „Gesamtwirtschaft ..."

- **Langjährige Angestellte:**

Betriebszugehörigkeit (ab Jahre)	2	5	8	10	12	15	20
Kündigungsfrist in Monaten zum Monatsende	1	2	3	4	5	6	7

Aufgaben

1. Welche wesentlichen Gesetze regeln den Kündigungsschutz?

2. a) Was versteht man unter allgemeinem Kündigungsschutz?
   b) Für welche Arbeitnehmer gilt der allgemeine Kündigungsschutz?

3. a) Für welche Arbeitnehmer gilt ein besonderer Kündigungsschutz?
   b) Wie sieht dieser Kündigungsschutz jeweils aus (vgl. auch nächstes Kapitel)?

4. Welche Kündigungsfristen muss ein Arbeitgeber beachten?

   a) 28-jähriger Angestellter, seit 10 Jahren im Betrieb
   b) 32-jähriger Angestellter, seit 5 Jahren im Betrieb
   c) 32-jähriger Angestellter, seit 14 Jahren im Betrieb
   d) 35-jähriger Angestellter, seit 11 Jahren im Betrieb
   e) 58-jähriger Angestellter, seit 38 Jahren im Betrieb
   f) Betriebsrat
   g) Auszubildender während und nach der Probezeit

5. Welche Kündigungsfrist gilt für einen 34-jährigen Angestellten, der seit zwölf Jahren im Unternehmen tätig ist, wenn

   a) der Arbeitgeber,   b) er selbst kündigt?

6. Wann muss einem 36-jährigen Angestellten spätestens gekündigt werden, wenn er seit elf Jahren im Unternehmen tätig ist und zum 01.10. ausscheiden soll? Begründung.

5.4   Arbeitsgerichtsbarkeit

Stofftelegramm

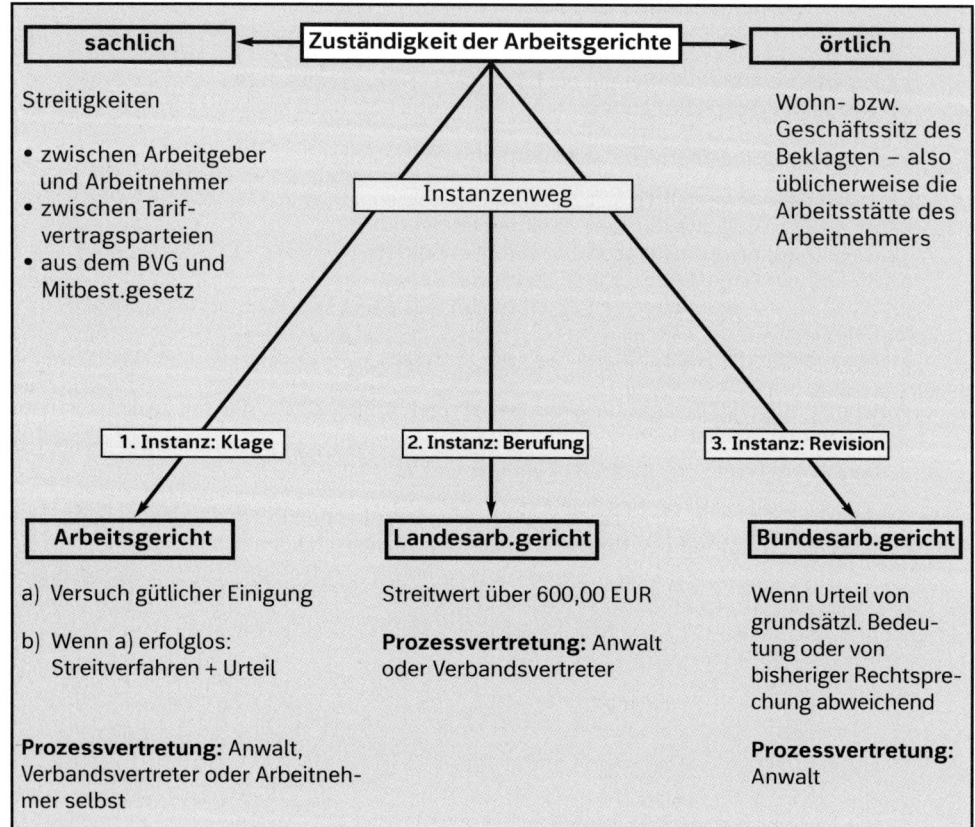

Aufgaben

1.   Welches Gesetz regelt die Arbeitsgerichtsbarkeit?

2.   Der kaufmännische Angestellte Broselfink wohnt in Göppingen und arbeitet in der Firma Gerd Hölle – Eisenwaren e. K. in Stuttgart. Unternehmer Hölle wohnt in Esslingen. Vor einigen Tagen wurde Herrn Broselfink gekündigt. Er möchte klagen.

    a) Welches Gericht ist sachlich und örtlich zuständig?

    b) Welcher Vorgang ist dem eigentlichen Streitverfahren vorgelagert? Begründung.

    c) Wer kann für Broselfink in der ersten Instanz die Prozessvertretung übernehmen?

    d) Broselfink ist mit dem Urteil der ersten Instanz nicht einverstanden. Wie kann er weiter vorgehen? Welche Voraussetzungen sind zu beachten?

3.   Für welche Rechtsstreitigkeiten sind Arbeitsgerichte zuständig?

5.5 Handlungsvollmacht und Prokura

Stofftelegramm

Arten der Handlungsvollmacht	Arten der Prokura
• **Allg. Handlungsvollmacht (Gesamtvollmacht):** alle gewöhnl. Rechtshandlungen der Branche – ohne Sondervollmachten lt. § 54 Abs. 2 HGB – mit Sondervollmachten lt. § 54 Abs. 2 HGB • **Artvollmacht:** Vollmacht für bestimmte Arten wiederkehrender Rechtsgeschäfte Bsp.: Einkäufer, Verkäufer, Reisende • **Einzelvollmacht:** Vollmacht für ein einzelnes Rechtsgeschäft	• **Prokura:** Alle gewöhnlichen und außergewöhnlichen Rechtshandlungen. Keine Einschränkung im Außenverhältnis! – ohne Sondervollmachten lt. § 49 Abs. 1 HGB – mit Sondervollmachten lt. § 49 Abs. 2 HGB • **Einzelprokura:** Ein Prokurist ist allein vertretungsberechtigt. • **Gesamtprokura:** gemeinsame Vertretung durch mehrere Prokuristen • **Filialprokura:** Prokura auf Filiale beschränkt

	Allgemeine Handlungsvollmacht	Prokura
Umfang:	• gewöhnliche Geschäfte	• gewöhnl. und außergewöhnl. Gesch.
Erteilung:	• durch HGB-Kfm., Nicht-Kaufm., Prokurist • mündlich, schriftlich, stillschweigend	• durch Kaufmann i. S. des HGB • nur mündlich oder schriftlich
Handelsreg.:	• kein Eintrag	• Eintrag (deklaratorisch)
Zeichnung:	• i. V. = „in Vollmacht"	• ppa = „per procura"
Beendigung:	• Auflösung Arbeitsvertrag	• wie Handlungsvollmacht
	• Widerruf	• wie Handlungsvollmacht
	• Geschäftsauflösung	• wie Handlungsvollmacht
	• Tod des Geschäftsinhabers	• nicht bei Tod d. Geschäftsinhabers
	• Inhaberwechsel, wenn Widerruf	• bei Inhaberwechsel stets

Übersicht: „–" = stets verboten; „+" = erlaubt; „**S**" = nur erlaubt, wenn eine Sondervollmacht vorliegt

Handlung des Prokuristen (P) bzw. des Allg. Handlungsbevollmächtigten (H)		P	H
• Geschäft verkaufen • Handelsregistereintragungen anmelden • Bilanz, Steuererklärungen unterschreiben • Gesellschafter aufnehmen	• Eid leisten • Konkurs anmelden • Prokura erteilen	–	–
• ein- und verkaufen • Zahlungen tätigen	• Allgemein: alle gewöhnl. Geschäfte • Entlassungen, Einstellungen	+	+
• außergewöhnliche Rechtsgeschäfte		+	–
• Grundstücke belasten und verkaufen		S	S
• Grundstücke kaufen • Darlehen aufnehmen	• Wechsel unterschreiben • Prozesse führen	+	S

Aufgaben

1. Erklären Sie kurz den Begriff Vollmacht.

2. Nennen Sie die drei Arten der Handlungsvollmacht, definieren Sie diese kurz und nennen Sie je ein Beispiel.

3. Welche Art von Handlungsvollmacht liegt jeweils vor?

    a) Abschluss von Arbeitsverträgen durch den Personalleiter
    b) Ausführung aller gewöhnlichen Geschäfte einer Filiale
    c) Abschluss eines Werbevertrages mit einem Olympiasieger durch einen Angestellten, der den Sportler persönlich kennt
    d) Vorkontieren von Buchungsbelegen durch einen Buchhalter
    e) Ein Auszubildender kauft für die Firma Schreibmaterial ein
    f) Ein Reisender schließt Kaufverträge ab

4. Der allgemeine Handlungsbevollmächtigte Storch kauft während der Abwesenheit des Unternehmers Rohstoffe im Wert von 10.000,00 EUR. Zur Finanzierung der Kaufsumme nimmt er ein Darlehen auf. Sind Kaufvertrag und Darlehensvertrag gültig? Begründung.

5. Grünfink ist Einkaufsleiter bei der Skifabrik Rasant Ski GmbH. Er unterzeichnet bei der Kunststoff GmbH einen Kaufvertrag über Rohstoffe im Wert von 180.000,00 EUR, obwohl seine Einkaufskompetenz auf 100.000,00 EUR begrenzt ist. Über diese Begrenzung wurde die Kunststoff GmbH nicht informiert. Bei der Lieferung verweigert der Inhaber der Skifabrik die Annahme mit der Begründung, Grünfink habe seine Kompetenz überschritten.

    a) Welche Art von Handlungsvollmacht liegt vor?
    b) Muss der Lieferant einen Teil der Rohstoffe zurücknehmen?

6. Definieren Sie kurz den Begriff Prokura.

7. Definieren Sie kurz die drei Arten der Prokura.

8. Worin unterscheiden sich allgemeine Handlungsvollmacht und Prokura hinsichtlich Umfang, Einschränkungen des Umfangs, Erteilung, Handelsregistereintrag, Beginn, Zeichnung und Beendigung?

9. Entscheiden Sie bei folgenden Rechtshandlungen, ob diese einem Handlungsbevollmächtigten mit allgemeiner Handlungsvollmacht ohne Sondervollmachten bzw. einem Prokuristen einer Skifabrik erlaubt sind:

   a) Einkauf von Kunststoffen
   b) Verkauf des Unternehmens
   c) Einstellung eines Arbeiters
   d) Kauf eines Grundstücks
   e) Entgegennahme Mängelrüge
   f) Kauf einer Rechenmaschine
   g) Verkauf eines Grundstücks
   h) Akzeptierung eines Wechsels
   i) Bilanz unterschreiben
   j) Vermietung einer Lagerhalle
   k) Aufnahme eines Gesellschafters
   l) Entlassung eines Arbeiters
   m) Aufnahme eines Darlehens
   n) Kauf von 10.000 Aktien
   o) Einlösung eines auf uns gezogenen Wechsels
   p) Erteilung von allgemeiner Handlungsvollmacht

10. Im Vertrag des Prokuristen Wiesel ist Folgendes vermerkt: „Der Prokurist darf keine Grundstücke erwerben." Wiesel kauft dennoch ein Grundstück.

    a) Beurteilen Sie die Rechtsgültigkeit des Kaufvertrags.
    b) Welche rechtlichen Schritte könnte der Inhaber unternehmen?

11. Dem Angestellten Schnell wurde am 02.01. Prokura erteilt. In einem Rundschreiben wurden am 04.01. alle Geschäftsfreunde und Banken hierüber informiert.

    Bereits am 08.01. nimmt der Prokurist ein Darlehen über 100.000,00 EUR zu einem hohen Zinssatz auf. Der Unternehmer ärgert sich und bestreitet die Rechtsgültigkeit des Darlehensvertrages, da seines Erachtens die Prokura mangels Handelsregistereintrag am 08.01. noch nicht wirksam war. Nehmen Sie Stellung.

12. a) 10.05.:   Widerruf der Prokura
       13.05.:   Prokurist unterschreibt einen ungünstigen Kaufvertrag
       14.05.:   Rundschreiben über Widerruf der Prokura
       30.05.:   Eintrag des Erlöschens der Prokura im Handelsregister
    Der Unternehmer erkennt den Kaufvertrag nicht an. Nehmen Sie Stellung.
    b) Wie a, jedoch wurde der Kaufvertrag am 18.05. unterzeichnet.

13. Unterscheiden Sie die Begriffe: a) Gesamtvollmacht   – Gesamtprokura
                                         b) Einzelvollmacht   – Einzelprokura

14. Welche Überlegung könnte einen Unternehmer veranlassen, Gesamtprokura statt Einzelprokura zu erteilen?

15. Unter welcher Voraussetzung kann die Prokura auf eine Filiale begrenzt werden?

16. Erklären Sie folgendes Zitat: „Ein Maschinenproduzent – von einer Reise zurückgekehrt – kann sich als Lederhosenproduzent wiederfinden."

5.6   Personalführung, -betreuung, -entwicklung und -motivation

Stofftelegramm

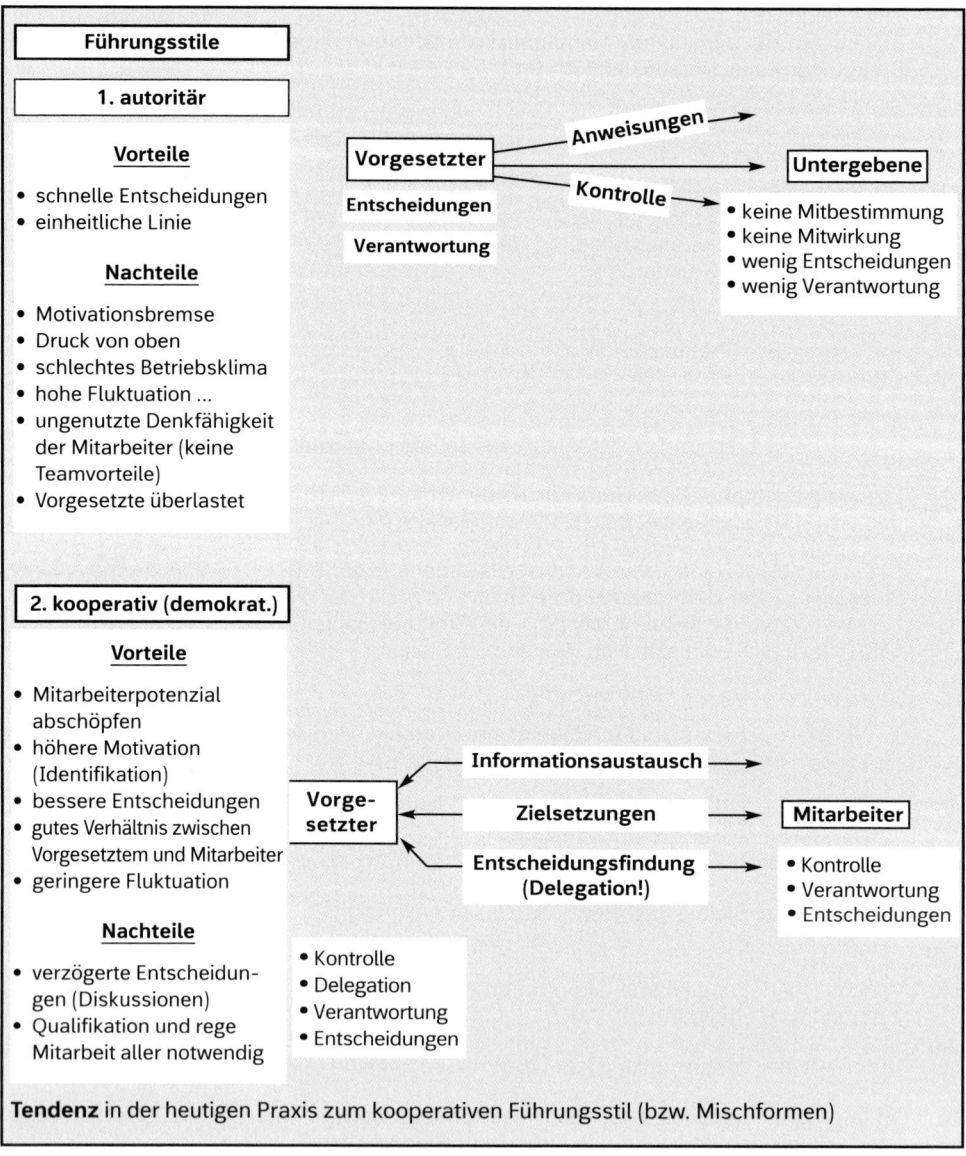

Führungsstile

1. autoritär

Vorteile

- schnelle Entscheidungen
- einheitliche Linie

Nachteile

- Motivationsbremse
- Druck von oben
- schlechtes Betriebsklima
- hohe Fluktuation ...
- ungenutzte Denkfähigkeit
  der Mitarbeiter (keine
  Teamvorteile)
- Vorgesetzte überlastet

Vorgesetzter — Anweisungen → Untergebene

Entscheidungen — Kontrolle →
Verantwortung

- keine Mitbestimmung
- keine Mitwirkung
- wenig Entscheidungen
- wenig Verantwortung

2. kooperativ (demokrat.)

Vorteile

- Mitarbeiterpotenzial
  abschöpfen
- höhere Motivation
  (Identifikation)
- bessere Entscheidungen
- gutes Verhältnis zwischen
  Vorgesetztem und Mitarbeiter
- geringere Fluktuation

Nachteile

- verzögerte Entscheidun-
  gen (Diskussionen)
- Qualifikation und rege
  Mitarbeit aller notwendig

Vorge-setzter ← Informationsaustausch →
← Zielsetzungen → Mitarbeiter
← Entscheidungsfindung (Delegation!) →

- Kontrolle
- Delegation
- Verantwortung
- Entscheidungen

- Kontrolle
- Verantwortung
- Entscheidungen

Tendenz in der heutigen Praxis zum kooperativen Führungsstil (bzw. Mischformen)

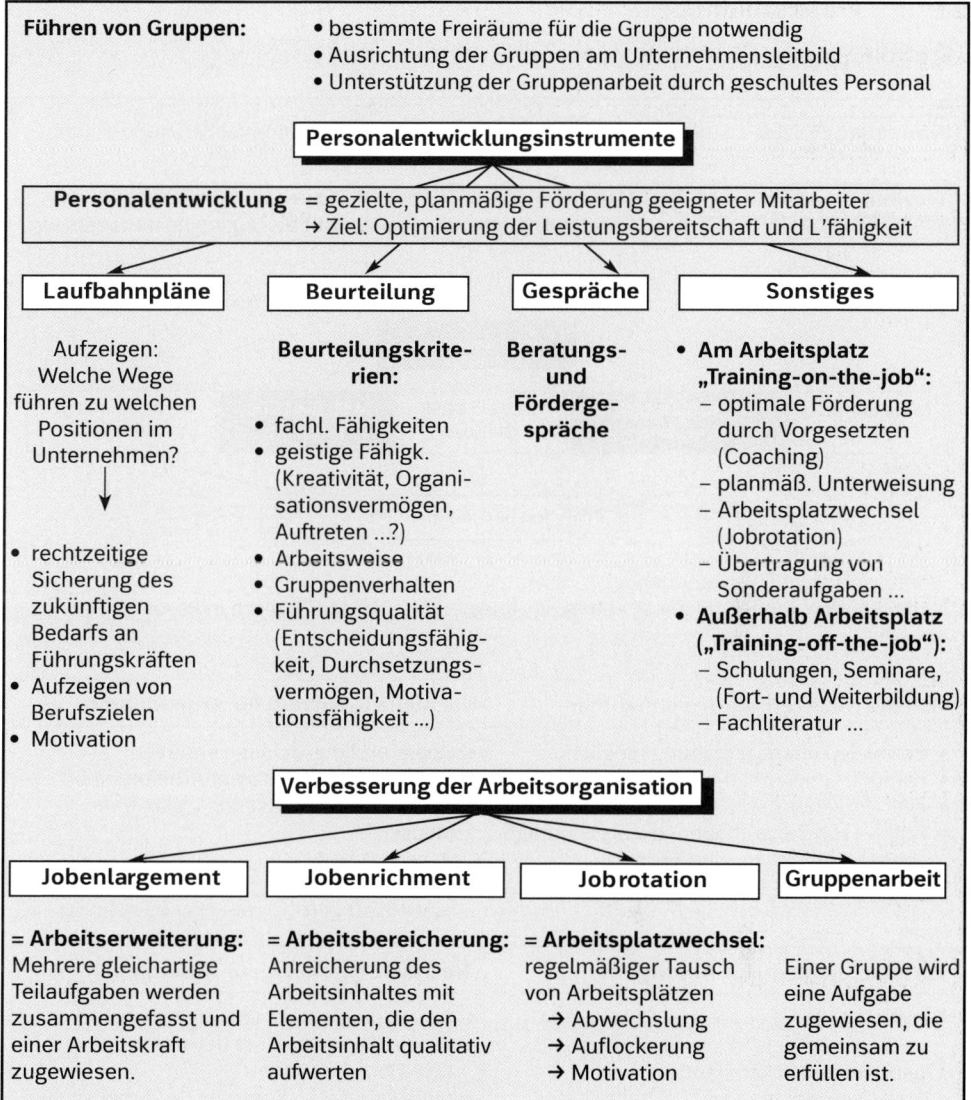

Führen von Gruppen:
- bestimmte Freiräume für die Gruppe notwendig
- Ausrichtung der Gruppen am Unternehmensleitbild
- Unterstützung der Gruppenarbeit durch geschultes Personal

Personalentwicklungsinstrumente

Personalentwicklung = gezielte, planmäßige Förderung geeigneter Mitarbeiter
→ Ziel: Optimierung der Leistungsbereitschaft und L'fähigkeit

Laufbahnpläne	Beurteilung	Gespräche	Sonstiges
Aufzeigen: Welche Wege führen zu welchen Positionen im Unternehmen? ↓	**Beurteilungskriterien:** • fachl. Fähigkeiten • geistige Fähigk. (Kreativität, Organisationsvermögen, Auftreten ...?) • Arbeitsweise • Gruppenverhalten • Führungsqualität (Entscheidungsfähigkeit, Durchsetzungsvermögen, Motivationsfähigkeit ...)	**Beratungs- und Fördergespräche**	• **Am Arbeitsplatz „Training-on-the-job":** – optimale Förderung durch Vorgesetzten (Coaching) – planmäß. Unterweisung – Arbeitsplatzwechsel (Jobrotation) – Übertragung von Sonderaufgaben ... • **Außerhalb Arbeitsplatz („Training-off-the-job"):** – Schulungen, Seminare, (Fort- und Weiterbildung) – Fachliteratur ...
• rechtzeitige Sicherung des zukünftigen Bedarfs an Führungskräften • Aufzeigen von Berufszielen • Motivation			

Verbesserung der Arbeitsorganisation

Jobenlargement	Jobenrichment	Jobrotation	Gruppenarbeit
= **Arbeitserweiterung:** Mehrere gleichartige Teilaufgaben werden zusammengefasst und einer Arbeitskraft zugewiesen.	= **Arbeitsbereicherung:** Anreicherung des Arbeitsinhaltes mit Elementen, die den Arbeitsinhalt qualitativ aufwerten	= **Arbeitsplatzwechsel:** regelmäßiger Tausch von Arbeitsplätzen → Abwechslung → Auflockerung → Motivation	Einer Gruppe wird eine Aufgabe zugewiesen, die gemeinsam zu erfüllen ist.

Aufgaben

1. a) Erklären Sie: **„Unternehmensleitbild"**
   b) Welchem Zweck dient die Formulierung eines Unternehmensleitbildes?

2. a) Erklären Sie: **autoritärer und kooperativer Führungsstil**
   b) Nennen Sie jeweils zwei typische Vor- und Nachteile beider Systeme.

3. a) Nennen Sie vier **Personalentwicklungsinstrumente.**
   b) Erklären Sie: **Training-on-the-job** und **Training-off-the-job.**

4. Erklären Sie: **Jobenlargement, Jobenrichment, Jobrotation, Gruppenarbeit.**

5.7   Arbeitszeitmodelle

Stofftelegramm

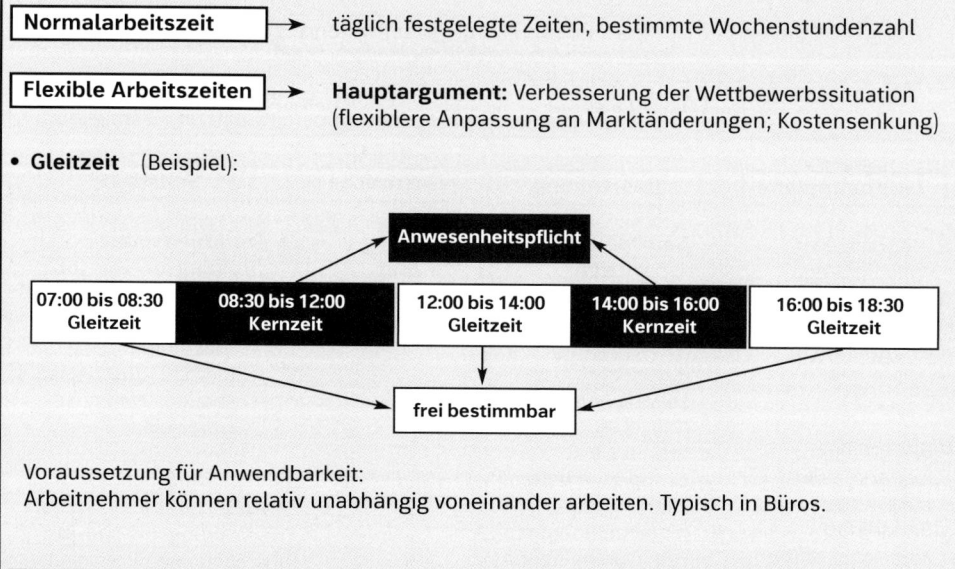

Voraussetzung für Anwendbarkeit:
Arbeitnehmer können relativ unabhängig voneinander arbeiten. Typisch in Büros.

Vorteile (Gleitzeit) für Arbeitnehmer	Nachteile (Gleitzeit) für Arbeitnehmer
• flexiblere Lebensgestaltung möglich • persönl. Lebensrhythmus berücksichtigt • evtl. Umgehung von Verkehrsstaus • Aufbau von Zeitguthaben, die als Gleittage „abgebummelt" werden können	• Überstundenzuschläge entfallen • Pünktlichkeitsrisiko trägt Arbeitnehmer • lückenlose Zeiterfassung („gläserner Mensch"?)

Vorteile (Gleitzeit) für Arbeitgeber	Nachteile (Gleitzeit) für Arbeitgeber
• motiviertere Arbeitnehmer („Freiräume"), besseres Betriebsklima, Leistung steigt, geringerer Krankenstand • Pünktlichkeitsrisiko trägt Arbeitnehmer • Einsparung von Überstundenzuschlägen	• Arbeitsplätze nicht ständig besetzt • Konzentrationsverlust bei ständigem Kommen und Gehen • teure Geräte zur Kontrolle der Arbeitszeiten notwendig

• **Schichtarbeit:**	Vorteil insbesondere: bessere und gleichmäßigere Auslastung der Produktionsanlagen.
• **Teilzeitarbeit:**	– <u>Jobsharing:</u> Zwei Arbeitnehmer teilen sich Rechte und Pflichten eines Vollzeitarbeitsplatzes.
	– <u>Arbeit auf Abruf:</u> Arbeitnehmer arbeitet bei Bedarf
	– <u>Tage-, wochen-, monatsweise Teilzeitarbeit:</u> z. B. 4-Std.-Tag/3-Tage-Woche/3 Wochen je Monat ...
• **Telearbeit (Homeoffice):**	– Arbeitsplatz am Bildschirm im Haus des Arbeitnehmers
	– Telearbeit eignet sich insbesondere für qualifizierte, kundennahe Arbeiten.
	– Viele Varianten: vollständige Telearbeit/alternierende Telearbeit mit regelmäßiger Anwesenheit im Betrieb ...
	– Besonders geeignet für Telearbeit: Daten- und Texterfassung, Programmieren, Schreiben, Übersetzen, Rechnungswesen, Bestellungen ...

Aufgaben

1. Nennen Sie Vor- und Nachteile der Gleitzeit für Arbeitnehmer und Arbeitgeber.

2. Erklären Sie kurz die Begriffe: a) Jobsharing b) Arbeit auf Abruf c) Telearbeit

3. Nennen Sie Argumente der Befürworter und Gegner der Telearbeit.

5.8   Arbeitsbewertung: Arbeitsstudien

Stofftelegramm

Arbeitszeitstudien

- **Zweck:** Vorgabezeitermittlung (Vorgabezeit = Auftragszeit = Zeit eines Arbeiters für eine Arbeitsaufgabe bei durchschnittlicher Leistung).

- **Rüstzeit:** Zeit zur Vor- und Nachbereitung des Arbeitsplatzes, fällt i. d. R. nur einmal an (z. B. Maschine einstellen, säubern ...)

- **Ausführungszeit:** eigentliche Arbeitszeit = Stück (m) · Zeit/Einheit (t_e)

- **Grundzeit:** regelmäßig anfallende Rüst- und Ausführungszeit

- **Verteilzeit:** unregelmäßig anfallende Rüst- und Ausführungszeit

- **Erholzeit:** frei verfügbare Zeit innerhalb der bezahlten Arbeitszeit

- **REFA-Grundgleichung:** ⟶

Auftragszeit =	Rüstzeit	+	Ausführungszeit
Auftragszeit =	t_r	+	$m \cdot t_e$

- **Normalleistung:** menschliche Leistung die von einem durchschnittlich geeignetem Mitarbeiter nach hinreichender Einarbeitung und Übung auf Dauer ohne Gesundheitsschädigung erbracht werden kann

- **Leistungsgrad:** Normalleistung   = 100 %
  tatsächl. Leistung =   x %

$$\text{Leistungsgrad} = \frac{\text{tatsächl. Leistung} \cdot 100}{\text{Normalleistung}}$$

Arbeitswertstudien

- **Zweck:** Feststellung des Schwierigkeitsgrades einer Arbeit, Grundlage zur Lohnfindung

- **Lohngruppenverfahren (summarisch):**
  - Bildung von Lohngruppen unterschiedlicher Schwierigkeitsgrade
  - Zuordnung aller Tätigkeiten
  - Schätzung Gesamtanforderung (Summe der Einzelanforderungen) einer Arbeitsaufgabe

  Vorteile: • einfach, überschaubar
  • Richtbeispiele erleichtern die Eingruppierung

  Nachteile: • zu global, z. T. subjektiv
  • zu geringe Berücksichtigung einzelner Anforderungsarten wie z. B. Lärm

- **Stufenwertzahlverfahren (analytisch):**

  Arbeitsaufgabe zergliedern in einzelne Anforderungsarten (Fachkönnen, geistige und körperliche Belastung, Verantwortung, Umwelteinflüsse) und Zuordnung von Arbeitswerten

  GENFER SCHEMA: • allgemeines Schema für einheitliche Arbeitsbewertung
  • Berücksichtigung obiger Anforderungsarten
  • Zuordnung von Bewertungshöchstpunktzahlen
  • danach Zuordnung von Lohngruppen

Aufgaben

1. Welchen Zweck haben   a) Arbeitszeitstudien?   b) Arbeitswertstudien?

2. Erklären Sie die Begriffe: a) Rüstzeit   d) Verteilzeit
                                  b) Ausführungszeit   e) Erholzeit
                                  c) Grundzeit

3. Wie lautet die REFA-Grundgleichung?

4. Eine Zeitaufnahme erbrachte für einen Arbeitsgang folgendes Ergebnis:

	Min.		Min.
Auftrag lesen	15	Einstellen der Maschine	30
Unklarheiten klären	5	Bearbeitung des Werkst.	9
Material bereitstellen	35	Arbeitsplatz aufräumen	15

   a) Welche Tätigkeiten sind Rüst-, welche Ausführungszeiten?
   b) Berechnen Sie die Vorgabezeit (Auftragszeit) für die Bearbeitung von 100 Stück.
   c) Wie hoch ist die Normalleistung in Stück je Stunde?

5. Normalleistung: 70 Stück je Tag
   Tatsächliche Leistung: 84 Stück je Tag. Leistungsgrad?

6. a) Unterscheiden Sie: Lohngruppenverfahren (summarisches Verfahren) und Stufenwertzahlverfahren (analytisches Verfahren).
   b) Nennen Sie Vor- und Nachteile beider Verfahren.

7. Was versteht man unter Genfer Schema?

8. Aufgrund von REFA-Zeitstudien ergaben sich für eine Arbeitsaufgabe folgende Werte:

   Rüstgrundzeit 60 Min., Rüstverteilzeit 5 %, Tätigkeitszeit 40 Min. je Stück, Wartezeit 10 Min. je Stück, Ausführverteilzeit 10 %.

   Ermitteln Sie für einen Auftrag von 100 Stück die Rüstzeit, Ausführungsgrundzeit, Ausführungszeit und Auftragszeit.

9. Für die Ausführung eines Auftrags, der 30 Werkstücke umfasst, wurden bei der Schloppel KG folgende Zeiten festgestellt: 20 Minuten für Lesen des Auftrags, Vorbereiten der Maschine und Wiederherstellen des ursprünglichen Arbeitsplatzzustands. Für zwangsläufige, notwendige Arbeitsunterbrechung muss ein Zuschlag von 5 % berücksichtigt werden. 10 Minuten für die Bearbeitung eines Werkstücks.

   Für zwangsläufige, notwendige Arbeitsunterbrechungen muss ein Zuschlag von 10 % berücksichtigt werden.

   Wie viele Minuten entfallen entsprechend dem Sachverhalt auf die
   a) Grundzeiten,   c) Rüstzeit,   e) Ausführungszeit,
   b) Verteilzeiten,   d) Stückzeit,   f) Auftragszeit?

5.9   Entlohnungssysteme

Stofftelegramm

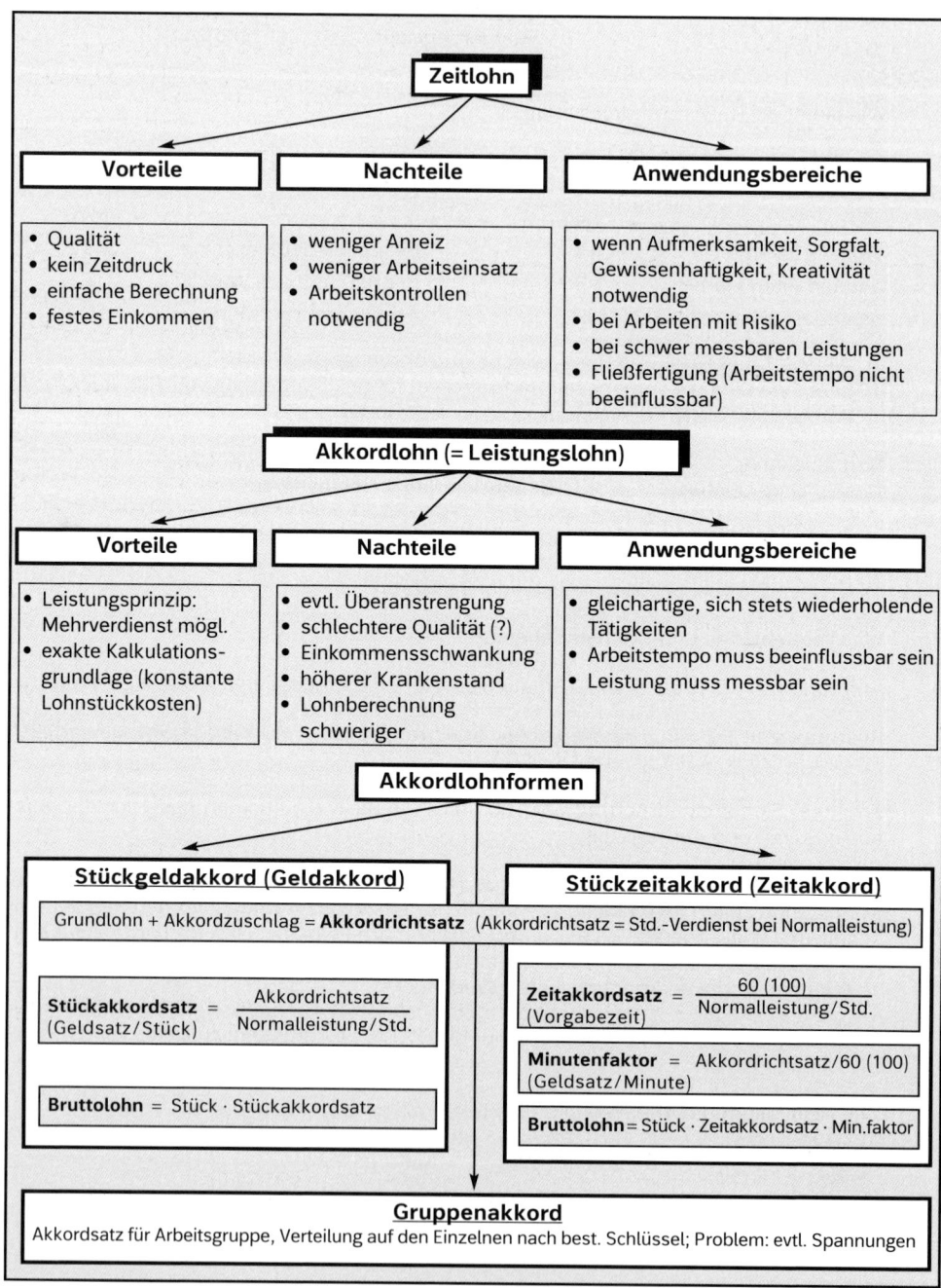

Zeitlohn

Vorteile	Nachteile	Anwendungsbereiche
• Qualität • kein Zeitdruck • einfache Berechnung • festes Einkommen	• weniger Anreiz • weniger Arbeitseinsatz • Arbeitskontrollen notwendig	• wenn Aufmerksamkeit, Sorgfalt, Gewissenhaftigkeit, Kreativität notwendig • bei Arbeiten mit Risiko • bei schwer messbaren Leistungen • Fließfertigung (Arbeitstempo nicht beeinflussbar)

Akkordlohn (= Leistungslohn)

Vorteile	Nachteile	Anwendungsbereiche
• Leistungsprinzip: Mehrverdienst mögl. • exakte Kalkulationsgrundlage (konstante Lohnstückkosten)	• evtl. Überanstrengung • schlechtere Qualität (?) • Einkommensschwankung • höherer Krankenstand • Lohnberechnung schwieriger	• gleichartige, sich stets wiederholende Tätigkeiten • Arbeitstempo muss beeinflussbar sein • Leistung muss messbar sein

Akkordlohnformen

Stückgeldakkord (Geldakkord)

Grundlohn + Akkordzuschlag = **Akkordrichtsatz** (Akkordrichtsatz = Std.-Verdienst bei Normalleistung)

$$\text{Stückakkordsatz} \text{ (Geldsatz/Stück)} = \frac{\text{Akkordrichtsatz}}{\text{Normalleistung/Std.}}$$

Bruttolohn = Stück · Stückakkordsatz

Stückzeitakkord (Zeitakkord)

$$\text{Zeitakkordsatz} \text{ (Vorgabezeit)} = \frac{60 \,(100)}{\text{Normalleistung/Std.}}$$

$$\text{Minutenfaktor} \text{ (Geldsatz/Minute)} = \text{Akkordrichtsatz/60 (100)}$$

Bruttolohn = Stück · Zeitakkordsatz · Min.faktor

Gruppenakkord
Akkordsatz für Arbeitsgruppe, Verteilung auf den Einzelnen nach best. Schlüssel; Problem: evtl. Spannungen

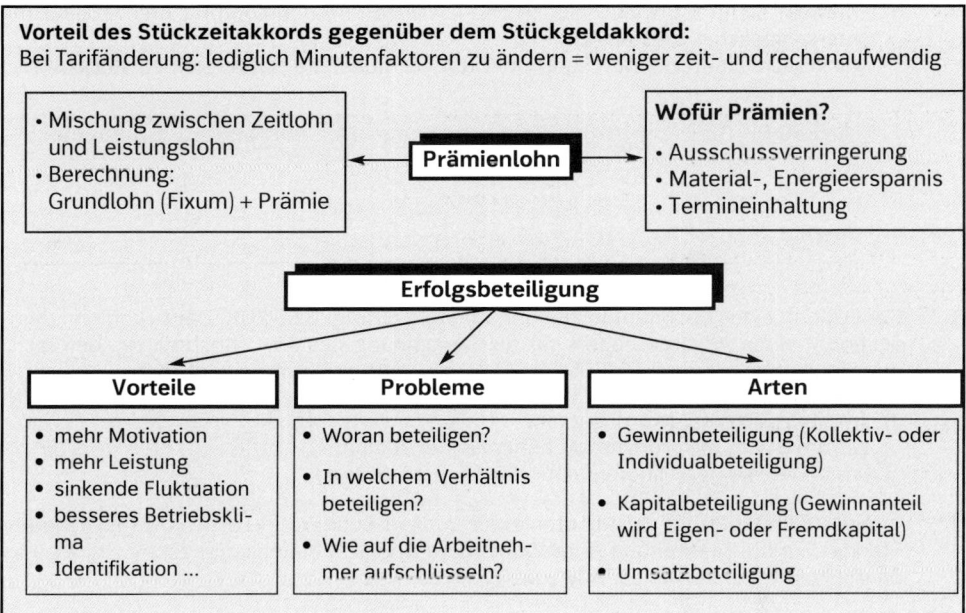

Vorteil des Stückzeitakkords gegenüber dem Stückgeldakkord:
Bei Tarifänderung: lediglich Minutenfaktoren zu ändern = weniger zeit- und rechenaufwendig

• Mischung zwischen Zeitlohn und Leistungslohn • Berechnung: Grundlohn (Fixum) + Prämie	**Wofür Prämien?** • Ausschussverringerung • Material-, Energieersparnis • Termineinhaltung

← **Prämienlohn** →

Erfolgsbeteiligung

Vorteile	Probleme	Arten
• mehr Motivation • mehr Leistung • sinkende Fluktuation • besseres Betriebsklima • Identifikation ...	• Woran beteiligen? • In welchem Verhältnis beteiligen? • Wie auf die Arbeitnehmer aufschlüsseln?	• Gewinnbeteiligung (Kollektiv- oder Individualbeteiligung) • Kapitalbeteiligung (Gewinnanteil wird Eigen- oder Fremdkapital) • Umsatzbeteiligung

Aufgaben

1. a) Nennen Sie die drei Lohnformen.
    b) Beschreiben Sie die Anwendungsgebiete der drei Lohnformen.

2. Nennen Sie je zwei Vor- und Nachteile des Akkord- und Zeitlohns.

3. Aus welchem Grund kommt in der Industrie üblicherweise der Stückzeitakkord anstelle des Stückgeldakkords zur Anwendung?

4. Was versteht man unter Gruppenakkord?

5. Erklären Sie anhand der Formel und verbal die Begriffe:

    a) Akkordrichtsatz   b) Stückakkordsatz   c) Zeitakkordsatz   d) Minutenfaktor

6. Wie lautet die Formel zur Ermittlung des Bruttolohnes beim

    a) Stückgeldakkord,   b) Stückzeitakkord?

7. In einer Fabrik wurde bisher ein bestimmter Arbeitsgang im Zeitlohn vergütet. Künftig soll im Akkordlohn bezahlt werden.
    Bei den Vorarbeiten für die Umstellung auf den Akkordlohn wird für 30 Stück eine Vorgabezeit von einer Stunde (60-Minuten-Stunde) ermittelt.
    Bisheriger Stundenlohn: 9,00 EUR, Akkordzuschlag: 10 %

    a) Ermitteln Sie den Akkordrichtsatz.
    b) Wie viele Minuten sind für ein Stück vorgegeben (Zeitakkordsatz)?
    c) Wie viel verdient ein Arbeiter in der Minute, wenn er die Vorgabezeit einhält? (Minutenfaktor)

d) Ermitteln Sie in folgender Tabelle den jeweiligen Stundenlohn für drei Arbeiter mit unterschiedlichen Leistungen.
Max Üblich: 30 Stück/Std.; Sepp Oberflott: 32 Stück/Std.; Otto Flott: 31 Stück/Std.

Arbeiter	Stückzahl/Std.	Zeitakkordsatz	Minutenfaktor	Stundenlohn
Üblich Flott Oberflott				

8. Der Ecklohn eines bestimmten Zeitlohnarbeiters beträgt 8,60 EUR. Der Grundlohn (Mindestlohn) eines Akkordarbeiters für die Berechnung des Akkordrichtsatzes beträgt in derselben Lohngruppe 8,35 EUR. Der Akkordzuschlag beläuft sich auf 15 %.

    a) Ermitteln Sie den Akkordrichtsatz.
    b) Warum ist der Akkordrichtsatz höher als der Zeitlohn?
    c) Errechnen Sie den Minutenfaktor (60-Minuten-Stunde).

9. In einer Fabrik beträgt der Minutenfaktor in einer Lohngruppe 0,15 EUR (60-Minuten-Stunde). Für die Bearbeitung eines Werkstücks sind 12 Minuten vorgegeben. Ein Arbeiter bearbeitet im Durchschnitt 7 Stück pro Stunde.

    a) Wie hoch ist der Akkordrichtsatz?
    b) Wie viel Euro verdient der Arbeiter in der Stunde?
    c) Wie viel Euro erhielte der Arbeiter für ein bearbeitetes Werkstück gutgeschrieben, wenn die Lohnberechnung in der Form des Geldakkords erfolgen würde?

10. Berechnen Sie den Bruttolohn nach folgenden Angaben:
    Garantierter Mindestlohn 8,00 EUR; Akkordzuschlag 20 %; Vorgabezeit 5 Zeitminuten je Stück; gefertigte Stückzahl 2.000

11. In einem Fertigungsbereich soll die Entlohnung von Zeitlohn auf Stückzeitakkord umgestellt werden.

    a) Nennen Sie vier Voraussetzungen, die erfüllt sein müssen, damit eine Akkordentlohnung durchführbar ist.
    b) Welcher Zeitsatz müsste festgelegt werden, damit ein Arbeiter weiterhin einen durchschnittlichen Wochenverdienst von 405,00 EUR erhält? Dabei muss von folgenden Bedingungen ausgegangen werden:
    Grundlohn: 9,00 EUR/Std.; Akkordzuschlag: 20 %; durchschnittliche wöchentliche Leistung: 500 Stück

12. a) Nennen Sie die Arten der Erfolgsbeteiligung.
    b) Welche Vorteile ergeben sich aus der Erfolgsbeteiligung?
    c) Welche Probleme sind vor Einführung einer Erfolgsbeteiligung zu lösen?

5.10 Lohn- und Gehaltsabrechnung und -buchung

5.10.1 Aktuelles – Sozialversicherung (Stand: Januar 2019)

Stofftelegramm

Sozialversicherung (Überblick) 2019

Abkürzungen: **KV, RV, AV, UV, PV** = Kranken-, Renten-, Arbeitslosen-, Unfall-, Pflegeversicherung; **AN** = Arbeitnehmer; **AG** = Arbeitgeber; **W** = West; **O** = Ost; **BBG** = Beitragsbemessungsgrenze, **Z** = Zusatzbeitrag

	KV	RV	AV	PV	UV
Träger	AOK, Innungs-, Betriebs-, Ersatzkrankenkassen	Deutsche Rentenversicherung	Bundesagentur für Arbeit	Pflegekassen bei den Krankenkassen	Berufsgenossenschaften
Vers.pfl.	alle AN bis Versicherungspflichtgrenze **5.062,50 EUR (W + O)**	alle AN, Azubis	– wie RV –	Mitglieder der gesetzl./privaten Krankenkassen	alle Beschäftigten
BBG	Höhe: **4.537,50 EUR mtl. (W + O)**	**6.700,00 EUR mtl. (W)** **6.150,00 EUR mtl. (O)**	– wie RV –	– wie KV –	– entfällt –
Beiträge	bis BBG steigend ab BBG konstant	– wie KV –	– wie KV/RV –	– wie KV –	nach Unfallgefahren
	AN: 7,3 % + Z · 0,5 AG: 7,3 % + Z · 0,5 Spezialfall: **450-Euro-Jobs**	AG und AN je $\frac{1}{2}$	AG und AN je $\frac{1}{2}$	AG und AN je $\frac{1}{2}$; Kinderlosenzuschlag 0,25 % zahlt AN allein	AG allein
Beitragssatz	14,6 % (allgemeiner Beitragssatz)	18,6 %	2,5 %	3,05 % (Kinderlosenzuschlag 0,25 %, nur AN ab 23. Leb.jahr)	nach Unfallgefahren
L E I S T U N G E N	• **Krankenhilfe:** Arzt-, Krankenhaus-, Arzneikosten; Krankengeld ab 7. Woche (70 % vom Bruttolohn); max. 90 % des Nettolohns • Vorsorgeuntersuchungen • Mutterschaftshilfe • Familienhilfe • Zuzahlung zu Arzneimitteln durch Versicherten	**Rentenzahlung:** • Rente w. Alters • Rente wegen Berufs- oder Erwerbsunfähigkeit • Witwen- und Waisenrente **Rehabilitationsmaßnahmen**	• Arbeitslosengeld I und II • Kurzarbeitergeld • Winterausfallgeld • Insolvenzausfallgeld • KV-Beiträge Arbeitsloser • Berufsberatung • Arbeitsvermittlung • Umschulungen • Förderung Einstieg in Selbstständigkeit (Gründerzuschuss) • Ein-Euro-Jobs (= Zusatzjobs) vermitteln • Vermittlung von schwer vermittelbaren Arbeitslosen an Personal-Service-Agenturen (PSA) • Bewerbungstraining • berufliche Rehabilitation	• **ambulante Pflege (Pflegesachleistungen)** • **Häusliche Pflege:** Sachleistung (Pflege durch Profis) bzw. Pflegegeld (bei Versorgung durch Angehörige) • **stationäre Pflege** • **Sonstige Leistungen:** Pflegehilfsmittel, technische Hilfen (z. B. Rollstühle), Zuschüsse zu notwendigen Umbauten, soziale Sicherung der Pflegepersonen • Leistungen je nach Pflegegrad	**Arbeitsunfallfolgen (auch Wegeunfälle):** • Krankenhilfe • Berufshilfe • Renten an Verletzte + Hinterbliebene **Unfallverhütung:** • Aufklärung • Belehrung • Überwachung

Hinweise zum Arbeitslosengeld I und II: Dauer der Zahlung

Arbeitslosengeld I
Dauer maximal: 12 Monate (ab 50 Jahre max. 15 Monate; ab 55 Jahre max. 18 Monate; ab 58 Jahre max. 24 Monate)

Arbeitslosengeld II
• Arbeitslosengeld II wird gezahlt, solange **Hilfebedürftigkeit** vorliegt und weitere Voraussetzungen, wie z. B. Erwerbsfähigkeit bzw. Altersgrenze, erfüllt sind.   • laufende Überprüfung durch die Agenturen   • ALG II wird jeweils nur für maximal sechs Monate bewilligt.

5.10.2 Lohn- und Gehaltsabrechnung

Stofftelegramm

Neue Gehaltsabrechnungen ab 2019

Solidaritätszuschlag	• **5,5 %** der Lohn- bzw. Einkommensteuer • s. u. „Annahmen"
Kirchensteuer	• Baden-Württemberg und Bayern jeweils 8 % der Lohn- bzw. Einkommensteuer • restliche Länder jeweils **9 %** • **s. u. „Annahmen"**
Rentenversicherung	• **Beitragssatz: 18,6 %** (Arbeitnehmeranteil 9,3 %) • **Beitragsbemessungsgrenze: 6.700,00 EUR/80.400,00 EUR (W)** **6.150,00 EUR/73.800,00 EUR (O)**
Arbeitslosenversicherung	• **Beitragssatz: 2,5 %** (AN-Anteil 1,25 %) • **Beitragsbemessungsgrenze** wie bei Rentenversicherung

Krankenversicherung

AG-anteil	Allgemeiner Beitragssatz	AN-anteil
7,3 % + Z · 0,5	14,6 %	7,3 % + Z · 0,5

• **Allgemeiner Beitragssatz: 14,6 %** des sozialversicherungspflichtigen Gehalts; kassenindividueller **Zusatzbeitrag (Z)**;
→ AN-Anteil = 7,3 % + Z · 0,5; AG-Anteil = 7,3 % + Z · 0,5
• **Beitragsbemessungsgrenze: 4.537,50 EUR/54.450,00 EUR (W + O)**
• **Versicherungspflichtgrenze: 5.062,50 EUR/60.750,00 EUR (W + O)**

Pflegeversicherung	• **Beitragssatz: 3,05 %** des sozialversicherungspflichtigen Gehalts, AN und AG je 1,525 % (Kinderlose ab 23 Jahre zahlen Zuschlag von 0,25 Prozentpunkten ohne Arbeitgeberanteil); Sachsen: andere Beitragssätze • **Bemessungsgrenzen** wie bei der Krankenversicherung

Übungen zur Gehaltsabrechnung für Ost- und Westdeutschland in Euro:

Annahmen:
- Krankenversicherungssatz (inkl. Zusatzbeitrag): 15,6 %; alle Arbeitnehmer haben Kinder (also kein Kinderlosenzuschlag bei der Pflegeversicherung).
- Die Lohnsteuerbeträge wurden unterstellt; sie sind letztlich von der Lohnsteuerklasse abhängig.
- vermögenswirksames Sparen jeweils 40,00 EUR
- vermögenswirksame Leistung des Arbeitgebers jeweils 20,00 EUR
- Aus Vereinfachungsgründen wurde vernachlässigt, dass der **Solidaritätszuschlag** erst ab einer bestimmten Einkunftshöhe berechnet wird und der 5,5 %-Zuschlag erst ab höheren Einkünften voll zum Tragen kommt. Ähnliches gilt bei der **Kirchensteuer**. Anhand der Kopiervorlagen kann unter Anwendung der Lohnsteuertabellen und der Angabe von Steuerklassen auch mit exakten Zahlen gerechnet werden.
- **Pflegeversicherungssatz** (Arbeitnehmeranteil): 1,525 %

	Fall 1	Fall 2	Fall 3	Fall 4
Bruttogehalt:	2.500,00 EUR	3.000,00 EUR	5.000,00 EUR	6.800,00 EUR
Lohnsteuer (unterstellt):	250,00 EUR	400,00 EUR	800,00 EUR	1.600,00 EUR
Kirchensteuersatz:	8 % (Ost 9 %)	8 % (Ost 9 %)	8 % (Ost 9 %)	8 % (Ost 9 %)
Vorschussverrechnung:	–	–	500,00 EUR	–

Aufgabe: Erstellen Sie die Gehaltsabrechnungen jeweils für die alten und neuen Bundesländer.
Hinweis: Nur in Baden-Württemberg und Bayern beträgt der Kirchensteuersatz 8 %, ansonsten bundesweit 9 %.

Abkürzungen: vL-AG= vermögenswirksame Leistung des Arbeitgebers RV, KV, PV, AV = Renten-, Kranken-, Pflege-, Arbeitslosenversicherung
SolZ = Solidaritätszuschlag   vS= vermögenswirksames Sparen
KiSt. = Kirchensteuer   st + sv Gehalt = Steuer- und sozialversicherungspflichtiges Gehalt

Fall 1	West (in Euro)	Ost (in Euro)
Bruttogehalt		
+ vL-AG		
= st + sv Gehalt		
– Lohnsteuer		
– SolZ		
– KiSt.		
– KV		
– RV		
– AV		
– PV		
= Nettogehalt		
– vS		
= Überweisungsbetrag		

Fall 2   West (in Euro)   Ost (in Euro)

Bruttogehalt ....

+ vl-AG ....

= st + sv Gehalt ....

– Lohnsteuer ....

– SolZ ....

– KiSt. ....

– KV ....

– RV ....

– AV ....

– PV ....

= Nettogehalt ....

– vS ....

= Überweisungsbetrag ....

Fall 3   West (in Euro)   Ost (in Euro)

Bruttogehalt ....

vL-AG ....

= st + sv Gehalt ....

– Lohnsteuer ....

– SolZ ....

– KiSt. ....

– KV ....

– RV ....

– AV ....

– PV ....

= Nettogehalt ....

– vS ....

– Vorschuss ....

= Überweisungsbetrag ....

Fall 4	West (in Euro)	Ost (in Euro)
Bruttogehalt	....	....
+ vl-AG	....	....
= st + sv Gehalt	....	....
– Lohnsteuer	....	....
– SolZ	....	....
– KiSt.	....	....
– KV	....	....
– RV	....	....
– AV	....	....
– PV	....	....
= Nettogehalt	....	....
– vS	....	....
= Überweisungsbetrag	....	....

5.10.3 Lohn- und Gehaltsbuchungen

Stofftelegramm

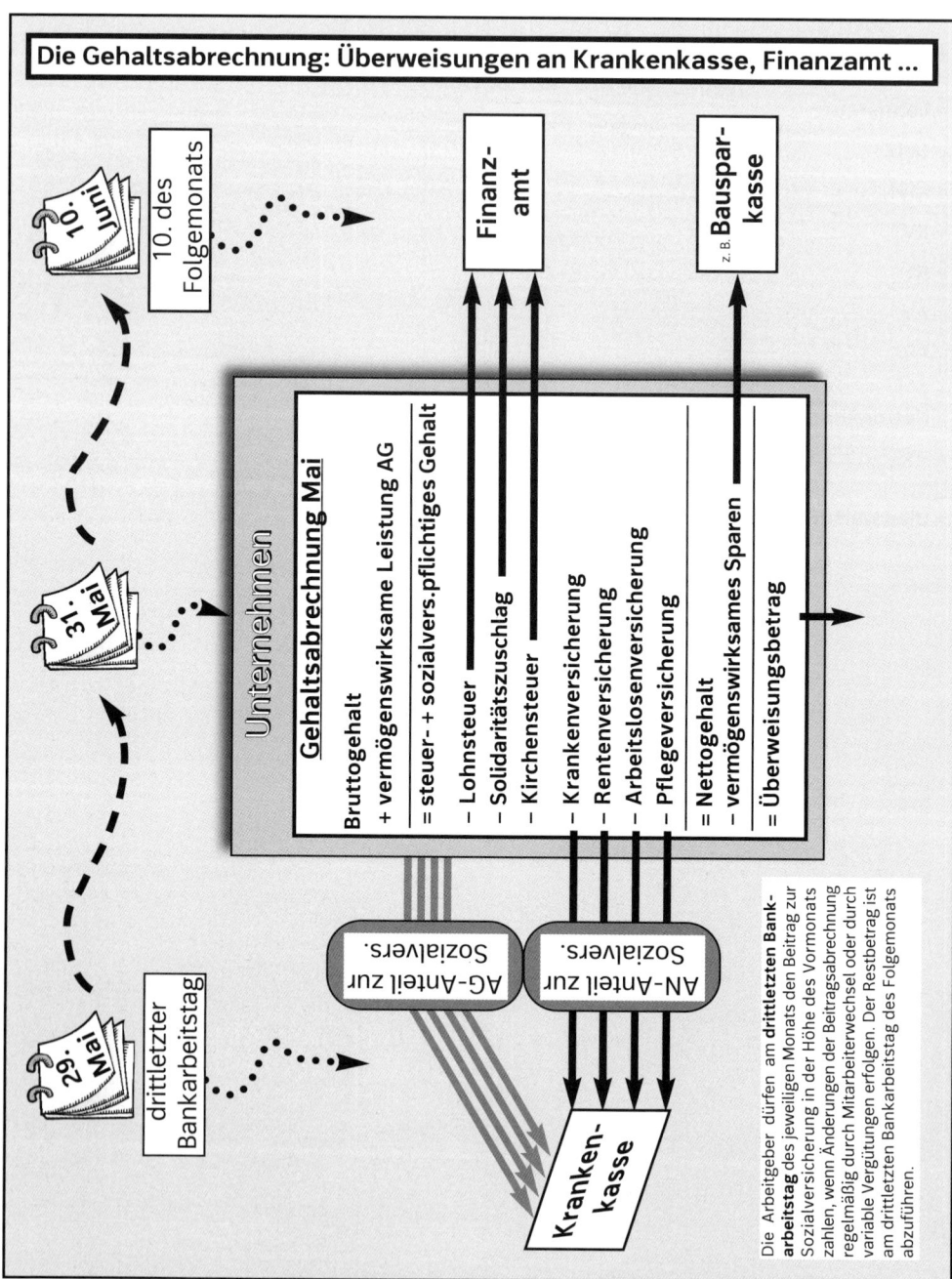

Die Gehaltsabrechnung: Überweisungen an Krankenkasse, Finanzamt ...

10. des Folgemonats

31. Mai

drittletzter Bankarbeitstag

Finanz-amt

z. B. Bausparkasse

Unternehmen

Gehaltsabrechnung Mai

Bruttogehalt

+ vermögenswirksame Leistung AG

= steuer- + sozialvers.pflichtiges Gehalt

– Lohnsteuer
– Solidaritätszuschlag
– Kirchensteuer

– Krankenversicherung
– Rentenversicherung
– Arbeitslosenversicherung
– Pflegeversicherung

= Nettogehalt
– vermögenswirksames Sparen

= Überweisungsbetrag

AG-Anteil zur Sozialvers.

AN-Anteil zur Sozialvers.

Krankenkasse

Die Arbeitgeber dürfen am **drittletzten Bankarbeitstag** des jeweiligen Monats den Beitrag zur Sozialversicherung in der Höhe des Vormonats zahlen, wenn Änderungen der Beitragsabrechnung regelmäßig durch Mitarbeiterwechsel oder durch variable Vergütungen erfolgen. Der Restbetrag ist am drittletzten Bankarbeitstag des Folgemonats abzuführen.

Buchungen

1. **Buchung der Abführung der Sozialversicherungsbeiträge am drittletzten Bankarbeitstag des Monats:**

SV-Vorauszahlung **an** Bank

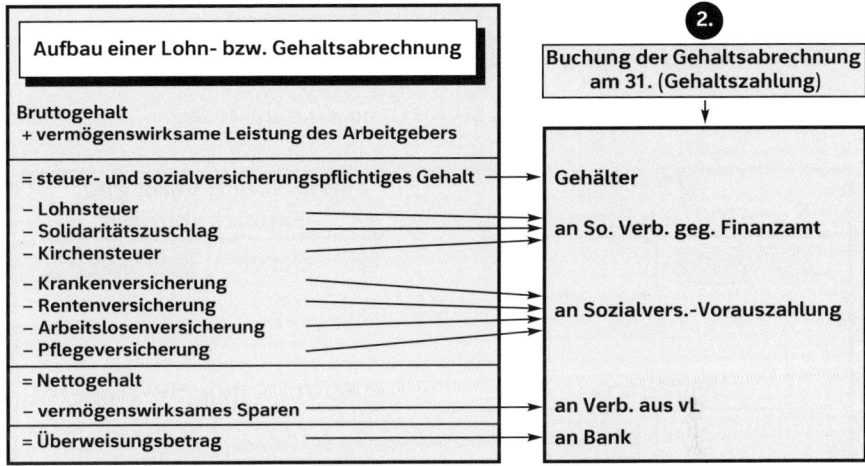

Aufbau einer Lohn- bzw. Gehaltsabrechnung

2. **Buchung der Gehaltsabrechnung am 31. (Gehaltszahlung)**

Bruttogehalt
+ vermögenswirksame Leistung des Arbeitgebers

= steuer- und sozialversicherungspflichtiges Gehalt → Gehälter

– Lohnsteuer
– Solidaritätszuschlag → an So. Verb. geg. Finanzamt
– Kirchensteuer

– Krankenversicherung
– Rentenversicherung
– Arbeitslosenversicherung → an Sozialvers.-Vorauszahlung
– Pflegeversicherung

= Nettogehalt

– vermögenswirksames Sparen → an Verb. aus vL

= Überweisungsbetrag → an Bank

3. **Buchung des Arbeitgeberanteils zur Sozialversicherung am 31.:**

Arbeitgeberanteil zur Sozialversicherung **an** Sozialversicherungsvorauszahlung

4. **Buchung der Abführung der Lohn- und Kirchensteuer sowie des Solidaritätszuschlags am 10. des Folgemonats:**

Sonstige Verbindlichkeiten gegenüber Finanzamt **an** Bank

Beispiel

Es gelten folgende Annahmen (Gehaltsabrechnung Januar): Abkürz.: AN = Arbeitnehmer; AG = Arbeitgeber
- Der AN hat Kinder = Pflegeversicherung kein Kinderlosenzuschlag; Annahme: kein AN-Zusatzbeitrag
- Die Lohnsteuerbeträge wurden unterstellt. Sie sind letztlich von der Lohnsteuerklasse abhängig.
- Krankenversicherungssatz: 14,6 % (AN = 7,3 % [+ evtl. Z · 0,5]; AG = 7,3 % [+ evtl. Z · 0,5])
- Arbeitslosenversicherungssatz: 2,5 %
- Rentenversicherungssatz: 18,6 %
- Pflegeversicherungssatz: 3,05 %
- Solidaritätszuschlag: 5,5 % der Lohn-/Eink.steuer
- Kirchensteuer: 8 % der Lohn-/Einkommensteuer

Hinweis: Der vorliegende Fall unterstellt die Identität der am drittletzten Bankarbeitstag abgeführten Sozialversicherungsbeiträge mit den tatsächlich in der Gehaltsabrechnung ermittelten Sozialversicherungsbeiträgen.

1.	2.	3.	4.	5.	6.	7.	8.	9.	10.	11.	12.	13.
st/sv-Gehalt	LSt.	SolZ	KiSt.	2+3+4	KV 7,3 %	RV 9,3 %	AV 1,25 %	PV 1,525 %	Summe SV–AN	Netto (Auszahl.)	Summe SV–AG	SV AG+AN
3.000,00	400,00	22,00	32,00	**454,00**	219,00	279,00	37,50	45,75	**581,25**	**1.963,25**	581,25	1.162,50

KV + RV + AV + PV
219,00 + 280,50 + 45,00 + 38,25 = 581,25
KV = 7,3 % von 3.000,00 EUR = 219,00 EUR

3.000,00 – 454,00 – 581,25 = 1.964,75 EUR

Gehaltsbuchungen für Januar (obiges Beispiel)

1. Buchung der Abführung der Sozialversicherungsbeiträge (29.01.)

2. Buchung der Gehaltsabrechnung (Gehaltszahlung) am 31.01.

3. Buchung des Arbeitgeberanteils zur Sozialversicherung am 31.01.

4. Buchung der Abführung der LSt., KiSt. und des SolZ (10.02.)

6300 Gehälter			4830 Sonst. Verb. geg. Finanzbehörden	
2. 3.000,00			**4.** 454,00	**2.** 454,00

2800 Bank			4840 Verb. geg. SV-Trägern	
	1. 1.162,50		**1.** 1.162,50	**2.** 581,25
	2. 1.964,75			**3.** 581,25
	4. 454,00		1.162,50	1.162,50

6400 AG-Anteil zur Sozialversicherung	
3. 581,25	

Buchungssätze

	Soll		Haben	
1.	4840 Verb. geg. SV-Trägern	1.162,50	2800 Bank	1.162,50
2.	6300 Gehälter	3.000,00	4830 Sonst. Verb. geg. Fin.	454,00
			4840 Verb. geg. SV-Trägern	581,25
			2800 Bank	1.964,75
3.	6400 AG-Anteil zur SV	581,25	4840 Verb. geg. SV-Trägern	581,25
4.	4830 Sonst. Verb. geg. Fin.	454,00	2800 Bank	454,00

Aufgaben

1. Der Angestellte Franz Schwender erhält 800,00 EUR Vorschuss. Buchung?

2.

Bruttogehalt	4.250,00
+ vermögenswirksame Leistung des Arbeitgebers	39,00
= steuer- und sozialversicherungspflichtiges Gehalt	4.289,00
– Lohnsteuer	930,00
– Kirchensteuer	74,40
– Solidaritätszuschlag	69,75
– Beiträge zur Sozialversicherung:	
Renten-, Kranken-, Arbeitslosen-, Pflegeversicherung	870,00
– vermögenswirksames Sparen (Sparrate)	78,00
– Vorschussverrechnung	800,00
= Nettogehalt (Auszahlung)	1.466,85

a) Buchen Sie die Abführung der Sozialversicherungsbeiträge am drittletzten Bankarbeitstag. Gesamter Sozialversicherungsbeitrag: 1.701,40 EUR
b) Buchen Sie die Gehaltsauszahlung (Banküberweisung).
c) Buchen Sie den Arbeitgeberanteil zur Sozialversicherung (831,40 EUR).
d) Buchen Sie die Überweisung der restlichen abzuführenden Abgaben am 10. des Folgemonats.

3.

Bruttogehalt	3.900,00	Vorschussverrechnung	500,00
LSt., KiSt., SolZ	800,00	Sparrate	78,00
Sozialvers.anteil	790,00	vL AG	39,00

a) Erstellen Sie die Gehaltsabrechnung.
b) Buchen Sie die Abführung der Sozialversicherungsbeiträge am drittletzten Bankarbeitstag. Gesamter Sozialversicherungsbeitrag: 1.564,90 EUR
c) Buchen Sie die Gehaltszahlung (Banküberweisung).
d) Buchen Sie den Arbeitgeberanteil zur Sozialversicherung (764,90 EUR).
e) Buchen Sie die Überweisung der restlichen abzuführenden Abgaben am 10. des Folgemonats.

4. Lohnzahlung durch Banküberweisung (in Euro):

		86.340,00
Bruttolohn		13.250,00
Lohn-, Kirchensteuer		14.720,00
Sozialversicherungsanteil d. Arbeitnehmers		1.404,00
Vermögenswirksame Anlage		
Abzüge für ein Arbeitgeberdarlehen		
• Tilgung	2.000,00	
• Zinsen	780,00	2.780,00
Auszahlungsbetrag		54.186,00

Arbeitgeberanteil zur Sozialversicherung: 13.942,94 EUR
Buchungen?

5. An wen müssen die noch abzuführenden Abgaben abgeführt werden?

6. Bei welcher Einkunftsart wird Lohnsteuer verrechnet?

7. Warum ist die Lohnsteuer ein durchlaufender Posten?

8. Ermitteln Sie das Nettogehalt des Angestellten Schnotterle (in Euro):

Bruttogehalt	4.000,00	vL AG	25 %
Vorschussverrechnung	500,00	Sozialversicherung (Arbeitnehmer)	800,00
Verm.wirks. Sparen	78,00	Lohn- und Kirchensteuer, SolZ	600,00

5.11   Prüfungsaufgaben

Prüfungsaufgaben Winter 2013/2014 (Aufgabe 1, verändert)

Das Unternehmen Schwarzwälder Sprudel GmbH mit Sitz in Bad Liebeneck ist ein bekannter, regionaler Anbieter von Mineralwasser aus heimischer Quelle. Das Unternehmen hat seit 2002 einen Betriebsrat.

Neu hinzugekommen sind hochwertige Spirituosen. Hier werden Brände aus Schwarzwälder Destillerien bezogen und in Flaschen verschiedener Größen und Formen in Einzelarbeit abgefüllt. Beliefert wird vorwiegend die Top-Gastronomie der Region. Die Abnehmer haben zudem ein großes Interesse daran bekundet, die Destillerieprodukte in exquisiten Flaschen anzubieten. Dieser Vorschlag wurde von der Geschäftsleitung angenommen, da man sich hierfür auch überregional hohe Absatzzahlen verspricht. Diese Flaschen können jedoch nicht über die vollautomatisierte Abfüll- und Etikettieranlage verarbeitet werden.

Sie sind nach Ihrer Ausbildung im Personalbüro tätig und haben folgende Aufgaben erhalten.

1.1   Die Sprudel GmbH hat das Personalmanagement dezentral organisiert, das bedeutet, dass die Personalverantwortung und Einsatzplanung im Verantwortungsbereich der Abteilungsleiter liegen. Sie erhalten aus den einzelnen Abteilungen Informationen über den geplanten Personaleinsatz für das folgende Jahr (**Anlage 1**).

1.1.1   Die Personalleiterin Valentina Beutelsbach beauftragt Sie, auf Basis dieser Daten eine quantitative Personalbedarfsplanung durchzuführen.

Ermitteln Sie dazu für jede Abteilung den Bruttopersonalbedarf und den Nettopersonalbedarf für 2014 in tabellarischer Form.

1.1.2   Der Personalbedarf für die neue Sparte Destillerieprodukte wurde von der Geschäftsleitung auf einen Spartenleiter und vier Produktionsmitarbeiter festgelegt.

- Erstellen Sie eine Checkliste mit sechs wesentlichen Arbeitsschritten für die Besetzung der vier Produktionsstellen über eine interne Personalbeschaffung.
- Auf welchem Wege würden Sie die Stelle des Spartenleiters besetzen? Begründen Sie Ihre Entscheidung mit drei Argumenten.

1.2   Die vier neuen Produktionsmitarbeiter sollen in die bestehende Entgeltstruktur eingruppiert werden. Führen Sie eine analytische Arbeitsbewertung mithilfe des Stufenwertzahlverfahrens gemäß der bestehenden Betriebsvereinbarung durch und ermitteln Sie die passende Entgeltgruppe (**Anlage 2–5**).

1.3   Der neu eingestellte Spartenleiter Herr Bruch wird in die Entgeltgruppe 11 eingestuft.

1.3.1   Ermitteln Sie das Nettogehalt für Herrn Bruch in übersichtlicher Form (**Anlage 6–8**).

1.3.2   Buchen Sie die vollständige Gehaltsabrechnung inkl. des Arbeitgeberanteils zur Sozialversicherung. Beachten Sie die unterschiedlichen Zahlungszeitpunkte. Der Krankenkasse und dem Finanzamt liegen Einzugsermächtigungen vor, die Beträge werden dem Bankkonto der Schwarzwälder Sprudel GmbH am Fälligkeitstag belastet.

1.4   Frau Nadine Riedel ist seit einem Jahr im Unternehmen beschäftigt. Sie kommt seit acht Wochen regelmäßig montags zu spät zur Arbeit.

Erklären Sie ausführlich, unter welchen Voraussetzungen und mit welcher gesetzlichen Kündigungsfrist sich die Schwarzwälder Sprudel GmbH von der Mitarbeiterin trennen kann.

Anlage 1

E-Mail-Mitteilung:
Absender: Engelbert Heilig, eheilig@sprudelliebeneck.de
Abteilung: Buchhaltung
Betreff: Personalbedarfsplanung

Sehr geehrte Frau Beutelsbach,

der Soll-Personalbestand im Jahr 2013 betrug neun Vollzeitstellen, der Ist-Personalbestand lag mit zehn vollzeitbeschäftigten Angestellten eine Stelle höher. Die Geschäftsleitung hat der Abteilung Buchhaltung für 2014 eine weitere Planstelle gestrichen. Zwei Mitarbeiterinnen, Frau Gaby Hinfall und Frau Tanja Kiefer, gehen zum Jahresbeginn 2014 in Mutterschutz und Elternzeit.

Mit freundlichen Grüßen

Engelbert Heilig

E-Mail-Mitteilung:
Absender: Jonathan Work, jwork@sprudelliebeneck.de
Abteilung: Produktionsbereich-Abfüllung
Betreff: Personalbedarfsplanung

Sehr geehrte Frau Beutelsbach,

2013 waren im Produktionsbereich Abfüllung 20 unbefristet Vollzeitbeschäftigte, vier Teilzeitkräfte mit je 50 % und acht befristet eingestellte Mitarbeiter (Vollzeit) beschäftigt. Unsere Planstellen waren damit voll ausgelastet. Bei den befristet eingestellten Mitarbeitern haben wir mit fünf eine Verlängerung vereinbart. Von drei befristet eingestellten Mitarbeitern werden wir uns zum Jahresende trennen. Für 2014 rechnen wir mit einer Erhöhung des Soll-Personalbestandes um 10 %.

Mit freundlichen Grüßen

Jonathan Work

Anlage 2

Entgeltgruppe	Bewertungspunkte	Entgelt
1	11–13	2.036,50 EUR
2	14–16	2.140,50 EUR
3	17–19	2.213,50 EUR
4	20–22	2.549,00 EUR
5	23–25	2.712,00 EUR
6	26–28	2.901,50 EUR
7	29–31	3.091,50 EUR
8	32–34	3.295,00 EUR
9	35–37	3.512,00 EUR
10	38–39	3.756,00 EUR
11	40–41	4.000,00 EUR
12	42	4.244,00 EUR
13	43	4.488,00 EUR
14	44	4.786,50 EUR
15	45	5.057,50 EUR

Anlage 3

Auszug aus der Stellenbeschreibung Produktionsmitarbeiter für den Lebensmittelbereich (m/w)

Aufgabenbereich:
- Abfüllung von flüssigen Fertigerzeugnissen in Verkaufsgebinde laut Betriebsauftrag
- Tätigkeit an manuell zu bedienenden bzw. halbautomatischen Kleinanlagen
- Etikettierung von Produkten unter Reinraumbedingungen
- Einhaltung der Herstellvorschriften und Prozessabläufe
- allgemeine Transport- und Reinigungsaufgaben
- Dokumentation

Voraussetzungen:
- erfolgreich abgeschlossene Ausbildung zur Fachkraft für Lebensmitteltechnik oder vergleichbare Ausbildung
- Berufserfahrung im Produktionsbereich eines Unternehmens der Lebensmittel-, Getränke-, Chemie- oder Pharmaindustrie
- hohes Maß an Eigeninitiative, Flexibilität und Gewissenhaftigkeit
- Bereitschaft zur teilweisen Wochenendarbeit
- Einhaltung von Hygienevorschriften und hohes Maß an persönlicher Sauberkeit
- exaktes und zügiges Arbeiten in einer Gruppe
- hohes Qualitätsbewusstsein

Arbeitsumgebung:
- Arbeit überwiegend im Stehen in beheizter Halle
- teilweiser manueller Transport der Gebinde
- hohe Konzentration alkoholischer Dämpfe
- geringe Unfallgefährdung

Anlage 4

Stufenwertzahlverfahren gemäß der bestehenden Betriebsvereinbarung

Jeweilige Punktzahl	I. Fachkönnen — Erforderliche Fachkenntnisse	I. Fachkönnen — Geschicklichkeit / Handfertigkeit	II. Anstrengung a) geistige Beanspruchung	II. Anstrengung b) körperliche Beanspruchung	III. Verantwortung a) für Werkstücke und Betriebsmittel	III. Verantwortung b) für die Gesundheit anderer	III. Verantwortung c) für die Arbeitsgüte	IV. Umwelteinflüsse a) Temperaturbeeinflussung	IV. b) Öl, Fett, Schmutz und Staub	IV. c) Gase, Dämpfe, Erschütterung	IV. d) Unfallgefährdung	IV. e) Lärm, Blendung, Lichtmangel, Erkältungsgefahr
1	Anweisung bis 6 Wochen	gering	gering	zeitweise mittel	mittel	mittel	mittel	mittel	gering	mittel	mittel	mittel
2	Anlernen bis 6 Monate	mittel	zeitweise mittel	dauernd mittel	hoch	hoch	hoch	hoch	mittel	hoch	hoch	hoch
3	Anlernen mindestens 6 Monate und zusätzl. Berufserfahrung	hoch	dauernd mittel	dauernd hoch	sehr hoch	sehr hoch	sehr hoch		hoch			sehr hoch
4	abgeschlossene Anlernausbildung und zusätzliche Berufserfahrung	höchste	dauernd hoch	dauernd sehr hoch		ganz außergewöhnlich			sehr hoch			
5	abgeschlossene Facharbeiterausbildung		dauernd sehr hoch	dauernd ganz außergewöhnlich								
6	abgeschlossene Facharbeiterausbildung mit besonderer Berufserfahrung		dauernd außergewöhnlich									
7	abgeschlossene Facharbeiterausbildung und höchstes fachliches Können											

Anlage 5

Arbeitsanforderung	Höchstpunktezahl	Ist-Punktezahl
I. Fachkönnen		
a) Fachkenntnisse/Berufsausbildung, Berufserfahrung		
b) Geschicklichkeit/Handfertigkeit		
II. Anstrengung		
a) geistige Beanspruchung		
b) körperliche Beanspruchung		
III. Verantwortung		
a) für Werkstücke und Betriebsmittel		
b) für die Gesundheit anderer		
c) für die Arbeitsgüte		
IV. Umwelteinflüsse		
a) Temperaturbeeinflussung		
b) Öl, Fett, Schmutz, Erschütterung		
c) Gase, Dämpfe, Erschütterungen		
d) Unfallgefährdung		
e) Lärm, Blendung, Lichtmangel, Erkältungsgefahr		
Summe der Punkte Arbeitswert		

Anlage 6: Stammdatenblatt Bruch

Stammdatenblatt Personal

Name und Vorname des Arbeitnehmers/der Arbeitnehmerin	Bruch, Herbert Claudius
Straße, Hausnummer	Marktgasse 12
Postleitzahl, Wohnort	75205 Bad Liebeneck
Geburtsdatum, Geburtsort	25.11.1967, Stuttgart
Geburtsname	–
Sozialversicherungsnummer	44251167B245
Nationalität	Deutsch
Schule und Ausbildung	Industriekaufmann
Kontonummer, Bankleitzahl	1 003 054 252; 600 501 01
Krankenkasse	AOK
Steuerklasse/Kinderzahl/Religion	III/1/rk
Kinderfreibetrag Lohnsteuer	1
Eintrittsdatum	01.12.2013
Berufsbezeichnung	Spartenleiter Destillerieprodukte
Mehrfachbeschäftigt (ja/nein)	nein
Gehalt, Festlohn, Stundenlohn	Entgeltgruppe 11
Wöchentliche Arbeitszeit	40 Stunden
Urlaubsanspruch	30 Tage
Steuerfreier Fahrtkostenzuschuss	nein
Vermögensbildung	nein
Arbeitgeberanteil zur Vermögensbildung	–
Direktversicherung	nein
Sonstige Informationen	–

Anlage 7: Auszug aus der Steuertabelle

Allgemeine Monats-Lohnsteuertabelle 2013 Teil West
von 3.993,00 EUR bis 4.007,99 EUR, Kirchensteuer 8 %

Kinderfreibetrag			0		0,5		1		1,5		2		2,5	
ab EUR	StK	Steuer	SolZ	KiSt.	SolZ	KiSt.	SolZ	KiSt.	SolZ	KiSt.	SolZ	KiSt.	SolZ	KiSt.
3.993,00														
	I	760,83	41,84	60,86	36,15	52,58	30,71	44,67	25,53	37,14	20,61	29,98	15,94	23,19
	II	721,66	–	–	34,09	49,58	28,75	41,82	23,66	34,42	18,84	27,40	14,27	20,76
	III	457,83	25,18	36,62	20,90	30,40	16,74	24,36	12,73	18,52	–	12,85	–	7,76
	IV	760,83	41,84	60,86	38,96	56,68	36,15	52,58	33,40	48,58	30,71	44,67	28,09	40,86
	V	1.145,50	63,00	91,64	–	–	–	–	–	–	–	–	–	–
	VI	1.181,75	64,99	94,54	–	–	–	–	–	–	–	–	–	–
3.996,00														
	I	761,91	41,90	60,95	36,20	52,66	30,76	44,75	25,58	37,21	20,65	30,04	15,99	23,26
	II	722,66	–	–	34,14	49,66	28,80	41,89	23,71	34,49	18,88	27,47	14,31	20,82
	III	458,50	25,21	36,68	20,93	30,45	16,79	24,42	12,76	18,57	–	12,90	–	7,81
	IV	761,91	41,90	60,95	39,02	56,76	36,20	52,66	33,45	46,66	30,76	44,75	28,14	40,93
	V	1.146,66	63,06	91,73	–	–	–	–	–	–	–	–	–	–
	VI	1.182,91	65,06	94,63	–	–	–	–	–	–	–	–	–	–
3.999,00														
	I	762,91	41,96	61,03	36,26	52,74	30,81	44,82	25,63	37,28	20,70	30,12	16,03	23,32
	II	723,75	–	–	34,20	49,74	28,85	41,96	23,76	34,56	18,93	27,54	14,35	20,88
	III	459,33	25,26	36,74	20,98	30,52	16,83	24,48	12,80	18,62	0,03	12,97	–	7,85
	IV	762,91	41,96	61,03	39,08	56,84	36,26	52,74	33,50	48,74	30,81	44,82	28,19	41,01
	V	1.147,83	63,13	91,82	–	–	–	–	–	–	–	–	–	–
	VI	1.184,16	65,12	94,73	–	–	–	–	–	–	–	–	–	–
4.002,00														
	I	764,00	42,02	61,12	36,31	52,82	30,87	44,90	25,68	37,36	20,75	30,18	16,07	23,38
	II	724,75	–	–	34,25	49,82	28,90	42,04	23,81	34,64	18,97	27,60	14,40	20,94
	III	460,16	25,30	36,81	21,01	30,57	16,86	24,53	12,84	18,68	0,16	13,02	–	7,90
	IV	764,00	42,02	61,12	39,13	56,92	36,31	52,82	33,56	48,82	30,87	44,90	28,24	41,08
	V	1.149,08	63,19	91,92	–	–	–	–	–	–	–	–	–	–
	VI	1.185,33	65,19	94,82	–	–	–	–	–	–	–	–	–	–
4.005,00														
	I	765,00	42,07	61,20	36,36	52,90	30,92	44,98	25,73	37,42	20,79	30,25	16,12	23,45
	II	725,75	–	–	34,30	49,90	28,95	42,11	23,86	34,70	19,02	27,67	14,44	21,01
	III	460,83	25,34	36,86	21,06	30,64	16,91	24,60	12,88	18,74	0,26	13,06	–	7,94
	IV	765,00	42,07	61,20	39,19	57,00	36,36	52,90	33,61	48,89	30,92	44,98	28,29	41,16
	V	1.150,25	63,26	92,02	–	–	–	–	–	–	–	–	–	–
	VI	1.186,50	65,25	94,92	–	–	–	–	–	–	–	–	–	–

Anlage 8

Beitragssätze der gesetzlichen Sozialversicherung (in %)

Rentenversicherung	18,6
Arbeitslosenversicherung	2,5
Krankenversicherung, allgemeiner Beitragssatz	Arbeitnehmer: 7,3 Arbeitgeber: 7,3
Pflegeversicherung	3,05
	Zuschlag für Kinderlose über 23 Jahre: 0,25 (allein vom Arbeitnehmer zu tragen)

Beitragsbemessungsgrenzen (in Euro)

	West	
	Monat	
Rentenversicherung	6.700,00	
Arbeitslosenversicherung	6.700,00	
Kranken- und Pflegeversicherung	4.537,50	

Prüfungsaufgaben Sommer 2015 (Aufgabe 2, teilweise)

Die MobilTec AG ist ein mittelständisches Unternehmen mit 1.725 Beschäftigten in Stuttgart. Seit 30 Jahren werden Produkte für den Telekommunikationsmarkt hergestellt. Die Produktpalette umfasst Telefaxgeräte, Festnetztelefone und Standard-Handys. Zudem wurde ein Smartphone entwickelt, das sich aber auf dem deutschen Markt noch nicht durchsetzen konnte. Des Weiteren produziert das Unternehmen Tablet-PCs für den Discounthandel. Der Jahresumsatz der MobilTec AG beträgt 1.250 Mio. EUR. Der Vertrieb erfolgt über den Großhandel, der von Handelsvertretern der MobilTec AG besucht wird.

Neueste Entwicklung der MobilTec AG ist eine Uhr, die neben Puls und Blutdruck auch weitere komplexe Vorgänge im Körper messen und speichern kann. Die „Mobil Fit Clock" funktioniert unabhängig, kann aber mit jedem modernen Smartphone und Tablet-PC verbunden werden. Auf der Funkausstellung in Berlin wurde die Innovation begeistert aufgenommen.

Sie sind in der Marketing-Abteilung der MobilTec AG als Sachbearbeiter eingesetzt. Die Abteilung ist derzeit personell unterbesetzt.

2.2 Die MobilTec AG erwägt, für den Vertrieb der neuen „Mobil Fit Clock" Reisende anstatt Handelsvertreter einzustellen. Sie bereiten die Entscheidung über diesen Vertriebsweg vor.

Stellen Sie die wesentlichen Unterschiede zwischen Reisenden und Handelsvertretern in einer Tabelle anhand von vier Kriterien gegenüber. Als Entscheidungshilfe stellen Sie tabellarisch die jährlichen Gesamtkosten für Reisende und Handelsvertreter für die Netto-Jahresumsätze von 1 Mio. EUR bis 10 Mio. EUR dar (Teilschritte: 1 Mio. EUR). Die notwendigen Informationen finden Sie nachfolgend. Erstellen Sie eine Grafik mit den Kostenverläufen beider Vertriebswege. Treffen Sie auf der Grundlage dieser Grafik eine Entscheidung.

Auszug Bericht Außendienst

Laut einer Marktprognose des Marktforschungsinstitutes Kremer ist durch die neue „Mobil Fit Clock" mit einer Umsatzsteigerung von derzeit 3 Mio. EUR pro Jahr zu rechnen. Das Fixum eines Reisenden beträgt 3.000,00 EUR je Monat, die Provision des Reisenden 3 % vom Umsatz, die Provision des Handelsvertreters beträgt 4 % vom Umsatz. Für einen Reisenden fallen außerdem feste monatliche Nebenkosten in Höhe von 800,00 EUR an.

2.3   Die Marketing-Abteilung möchte die neu geschaffene Stelle „Reisender (m/w) für die Region Süd-Württemberg" besetzen.

- Entscheiden Sie, ob die Stelle auf internem oder externem Wege besetzt werden soll, und notieren Sie für die Personalanforderung drei Argumente für Ihre Entscheidung.
- Formulieren Sie für die Stellenbeschreibung vier typische Aufgaben des Reisenden und vier Anforderungen, die der Stelleninhaber erfüllen sollte.

Für die neu zu besetzende Stelle sind vier Bewerbungen bei der MobilTec AG eingegangen (**Anlage 3**). Die Vorauswahl der Bewerber wird von der Marketingabteilung vorgenommen. Unterbreiten Sie einen ausführlich begründeten Vorschlag, welche zwei Bewerberinnen/ Bewerber zu einem Vorstellungsgespräch eingeladen werden sollen. Beziehen Sie dazu die oben entwickelten Anforderungen an den Stelleninhaber ein.

Anlage 3: Lebensläufe

Name:	Michael Karle
Geburtsdatum:	24.03.1987
Konfession:	Evangelisch
Geburtsort:	Tübingen
Familienstand:	Ledig
Schulbildung:	1993 bis 1997 Grundschule
	1997 bis 2003 Hauptschule
	2003 bis 2005 Berufsfachschule für Wirtschaft (Abschluss mit Notendurchschnitt 1,9)
Berufsausbildung:	2005 bis 2008 Ausbildung zum Einzelhandelskaufmann bei der Sport Hermle GmbH in Balingen
Berufstätigkeit:	Seit 2008 Einzelhandelskaufmann bei der Sport Hermle GmbH
Hobbys:	Fußballtrainer der C-Jugend des SV Derendingen
	Schwimmen
	Computer

Name:	Laura Hermann
Geburtsdatum:	04.07.1983
Geburtsort:	Dortmund
Familienstand:	Verheiratet
Schulbildung:	1989 bis 1993 Grundschule
	1993 bis 1999 Realschule (Abschluss mit Notendurchschnitt 1,5)
Berufsausbildung:	1999 bis 2002 Ausbildung zur Kauffrau im Groß- und Außenhandel Ausbildungsbetrieb: Lehr Computer GmbH, Köln
Berufspraxis:	2002 bis 2004 Lehr Computer GmbH
	2004 bis heute Kehnrat Electronics GmbH in München als Handlungsreisende
Zusatzbildung:	Verkaufsförderungsschulung der IHK München
	Rhetorik-Kurs der VHS München
Hobbys:	Reiten

Name:	Marie Müller
Geburtsdatum:	04.08.1983
Geburtsort:	Freiburg
Familienstand:	Verheiratet
Schulbildung:	1989 bis 1994 Grundschule
	1994 bis 2001 Realschule (Abschluss mit Notendurchschnitt 2,0)
Berufsausbildung:	2001 bis 2004 Ausbildung zur Industriekauffrau bei der Computer Kling OHG, Emmendingen
Berufstätigkeit:	Seit 2004 bei der PC-Sales GmbH in Stuttgart
Zusatzbildung:	EDV-Kurse I, II und III der VHS Stuttgart
Hobbys:	Ski fahren
	Lesen

Name:	Werner Schuller
Geburtsdatum:	08.10.1961
Geburtsort:	Wendungen
Familienstand:	Verheiratet
Schulbildung:	1967 bis 1971 Grundschule
	1971 bis 1977 Realschule
Berufsausbildung:	1977 bis 1980 Ausbildung zum Bankkaufmann Ausbildungsbetrieb: Sparbank Wendungen e. G.
Berufstätigkeit:	1980 bis 1985 Kreditsachbearbeiter der Sparbank Wendungen
	1985 bis 1993 Privatkundenbereich der Kreditbank Stuttgart AG 1994 bis heute Bezirksleiter der Schwäbischen Vermögens-Consulting GmbH
Zusatzbildung:	MS-Office Paket
Hobbys:	Sportschießen im SV Wendungen (1. Vorstand)

Prüfungsaufgaben Winter 2015/2016 (Aufgabe 2, verändert)

Die Malt AG aus Stuttgart ist Anbieter von explosionsgeschützten Schaltgeräten, Tastern, Leuchten, Steuerungen und Komplettsystemen. Die Produkte gewähren einen Zündschutz für Geräte in gas- und staubexplosionsgefährdeten Bereichen. Dies erfolgt in der Regel durch ein Gehäuse oder in Form einer Verkapselung der potenziellen Zündquelle, wie sie z. B. ein Motor darstellt. Zu den Kunden zählen neben klassischen Industriebetrieben auch Unternehmen aus der Öl- und Gasindustrie. Die Produktpalette umfasst standardisierte Katalogware, die unter starkem Konkurrenzdruck steht. Bei einer wachsenden Anzahl von Aufträgen handelt es sich jedoch um kundenspezifische Lösungen. Da fehlerhafte Produkte verheerende gesundheitliche, ökologische und ökonomische Auswirkungen haben können, ist die Qualität der Produkte von absoluter Bedeutung.

Sie sind seit zwei Jahren Mitarbeiter/Mitarbeiterin in der Personalabteilung.

2.1   Für das Jahr 2016 wird global mit einem Umsatzwachstum von 5 % gerechnet. Sie werden daher gebeten, den Soll-Personalbestand entsprechend anzupassen und den Netto-Personalbedarf für 2016 zu ermitteln. Die notwendigen Daten entnehmen Sie der **Anlage 1**.

2.2   Um die Produktivität bei der Herstellung der Katalogware zu steigern, soll diskutiert werden, die Entlohnung der Produktionsmitarbeiter der standardisierten Katalogware von Stundenlohnbasis auf Akkordentlohnung umzustellen.

2.2.1 Sie stellen zur Vorbereitung je zwei Vorteile der beiden Entlohnungsarten gegenüber. Schlagen Sie eine begründete Entscheidung vor.

2.2.2 Zur rechnerischen Bestimmung einer möglichen Akkordentlohnung berechnen Sie den Akkordrichtsatz und den Minutenfaktor. Der Grundlohn entspricht 18,00 EUR bei einem Akkordzuschlag von 30 %.

2.3   Zur intensiveren Kundenbetreuung sucht das Unternehmen einen zusätzlichen erfahrenen Vertriebsmitarbeiter. Es stellt sich die Frage, ob die Stelle intern oder extern besetzt werden soll. Erläutern Sie drei Argumente, die für eine externe Besetzung sprechen.

2.4   Die Malt AG hat sich für den internen Bewerber Sebastian Alber entschieden. Sie führen die Gehaltseinstufung der neuen Stelle mittels summarischer Arbeitsbewertung durch (**Anlage 2–4**). Begründen Sie Ihre Entscheidung. Notieren Sie zusätzlich je einen Vor- und Nachteil der summarischen Arbeitsbewertung im Vergleich zu analytischen Verfahren.

2.5   Aktuell werden im Unternehmen die Stellenbeschreibungen überarbeitet. Eine Stellenbeschreibung für die neue Teamleitung existiert noch nicht. Ergänzen Sie auf der Grundlage der Stellenbeschreibung Nr. 78 (**Anlage 2**) jeweils drei zusätzlich erforderliche Aufgaben und Anforderungen einer Teamleiterin/eines Teamleiters im Vertrieb.

2.6   Seit dem vergangenen Monat arbeitet die Malt AG mit einer neuen Version der integrierten Unternehmenssoftware „HR-Calx". Sie prüfen deren Ergebnisse, indem Sie die Gehaltsabrechnung für die Teamleiterin Susanne Groß im Monat Oktober nachrechnen. Verwenden Sie dazu die **Anlage 7**. Notieren Sie anschließend alle bei dieser Gehaltsabrechnung anfallenden Buchungen (**Anlage 5–7**).

Anlage 1: Personalbedarfsrechnung

Personaldaten 2016	Anzahl Stellen
Soll-Personalbestand (Januar 2015)	120
Ist-Personalbestand (November 2015)	118
Soll-Personalbestand (Januar 2016)	?
Ruhestandsfälle	8
durchschnittliche Fluktuation	7
Rückkehr aus dem Erziehungsurlaub	3
Übernahme von Auszubildenden	8
Netto-Personalbedarf 2016	?

Anlage 2: Stellenbeschreibung

Malt AG	Stellenbeschreibung	Nr. 78 Erstellt am: 21.02.14

1. **Bezeichnung der Stelle:** Mitarbeiter Vertrieb operative Marktbearbeitung

2. **Organisatorische Einordnung der Stelle:**

2.1 **Übergeordnete Stelle:** Teamleiter Vertrieb   **Untergeordnete Stellen: – –**

2.2 **Stellvertretung:**
   Der Stelleninhaber wird vertreten durch: gem. separater Vertretungsübersicht
   Der Stelleninhaber vertritt: gem. separater Vertretungsübersicht

3. **Ziele der Stelle:** Absicherung des bestehenden Geschäftes sowie Gewinnung weiterer Marktanteile und Mitarbeit bei der operativen Planung

4. **Aufgaben:**
   - kaufmännische und logistische Abwicklung der Kundenaufträge
   - Abklärung offener Kundenanforderungen hinsichtlich technischer und kaufmännischer Aspekte
   - aktive Bearbeitung von Kundenprojekten einschließlich Angebotskalkulation
   - enge Zusammenarbeit mit dem Vertriebsaußendienst
   - Marktanalyse zur Gewinnung potenzieller neuer Kunden
   - laufende Beobachtung und Erfolgskontrolle der realisierten Kundenaufträge inkl. Erstellen von Statistiken und Präsentationen für die Vertriebsleitung

5. **Anforderungen an den Stelleninhaber:**
   Vorbildung: Mittlere Reife bzw. höherwertiger Schulabschluss, kaufm. Ausbildung (in Industrie, Büro oder Großhandel)
   Kenntnisse: technisches Verständnis, idealerweise Kenntnisse in der Serienproduktion von elektrischen Baugruppen, mehrjährige einschlägige Berufserfahrung, gute Englischkenntnisse in Wort und Schrift
   Eigenschaften: Kontaktfreudigkeit, sicheres Auftreten, Selbstständigkeit, Durchsetzungsfähigkeit, Gewissenhaftigkeit, Teamfähigkeit

Anlage 3: Auszug aus dem Haustarifvertrag/Entgeltgruppenkatalog

Entgeltgruppe E4:
Arbeitnehmer, die Tätigkeiten verrichten, für die Kenntnisse und Fertigkeiten erforderlich sind, die durch eine abgeschlossene zweijährige Berufsausbildung erworben worden sind und in der Regel nach eingehenden Anweisungen ausgeführt werden.
Beispiel: Vorbereiten und Durchführen von einfachen Routineabläufen

Entgeltgruppe E5:
Arbeitnehmer, die Tätigkeiten verrichten, die über die Anforderungsmerkmale der Gruppe E4 hinausgehen, erweiterte Kenntnisse und Fertigkeiten voraussetzen und in der Regel nach allgemeinen Anweisungen ausgeführt werden.
Beispiel: Anwendung von Standardsoftware z. B. für Textverarbeitung und Tabellenkalkulation

Entgeltgruppe E6:
Arbeitnehmer, die Tätigkeiten verrichten, für die Kenntnisse und Fertigkeiten erforderlich sind, die durch eine abgeschlossene mindestens dreijährige Berufsausbildung in einem nach dem Berufsbildungsgesetz anerkannten oder gleichgestellten Ausbildungsberuf erworben worden sind.
Beispiel: Assistenz- und Sekretariatstätigkeiten, kaufmännische Sachbearbeitung

Entgeltgruppe E7:
Arbeitnehmer, die Tätigkeiten verrichten, die über die Anforderungsmerkmale der Gruppe E6 hinaus erweiterte Kenntnisse und Fertigkeiten voraussetzen und in der Regel nach allgemeinen Anweisungen ausgeführt werden.
Beispiel: Assistenz- und Sekretariatstätigkeiten gehobenen Schwierigkeitsgrads, kaufmännische Sachbearbeitung gehobenen Schwierigkeitsgrads, teilweise mit Personalverantwortung

Entgeltgruppe E8:
Arbeitnehmer, die regelmäßig schwierige Spezialtätigkeiten verrichten, die über die Anforderungsmerkmale der Gruppe E7 hinaus qualifizierte, durch eine zusätzliche planmäßige betriebliche Spezialausbildung erworbene Kenntnisse und Fertigkeiten erfordern und selbstständig ausgeführt werden.
Beispiel: Assistenz- und Sekretariatstätigkeiten hohen Schwierigkeitsgrads, kaufmännische Sachbearbeitung hohen Schwierigkeitsgrads, teilweise mit Personalverantwortung

Anlage 4: Entgelttabelle gem. Haustarifvertrag über Entgeltsätze

Entgeltgruppe	Bruttoentgelt in Euro/Monat
E4	2.725,00
E5	2.819,00
E6	2.908,00
E7	3.019,00
E8	3.128,00

Anlage 5: Gesetzliche Sozialversicherung

	KV	PV	RV	AV
Träger	Krankenkassen	Pflegekassen (KK)	Deutsche Renten-versicherung	Bundesagentur für Arbeit
Beitragsbe-messungs-grenze (Monat)	4.537,50 EUR	4.537,50 EUR	6.700,00 EUR Alte Bundesländer 6.150,00 EUR Neue Bundesländer	6.700,00 EUR Alte Bundesländer 6.150,00 EUR Neue Bundesländer
Beitragssatz	14,6 % Allgemeiner Beitragssatz Zusatzbeitrag der Krankenkasse: 1,0 %	3,05 % Kinderlosenzu-schlag ab 23. Lebensjahr: 0,25 %	18,6 %	2,5 %

Anlage 6: Auszug Lohnsteuertabelle

Abzüge an Lohnsteuer, Solidaritätszuschlag (SolZ) und Kirchensteuer (8%, 9%) in den Steuerklassen

I – VI: ohne Kinderfreibeträge — I, II, III, IV: mit Zahl der Kinderfreibeträge ...

Lohn/Gehalt bis €	StKl	LSt (I–VI)	SolZ	8%	9%	StKl	LSt	0,5 SolZ	0,5 8%	0,5 9%	1 SolZ	1 8%	1 9%	1,5 SolZ	1,5 8%	1,5 9%	2 SolZ	2 8%	2 9%	2,5 SolZ	2,5 8%	2,5 9%	3** SolZ	3** 8%	3** 9%
5 012,99	I,IV	1 107,66	60,92	88,61	99,68	I	1 107,66	54,42	79,16	89,06	48,18	70,09	78,85	42,20	61,39	69,06	36,48	53,06	59,69	31,01	45,11	50,75	25,80	37,53	42,22
	II	1 063,08	58,46	85,04	95,67	II	1 063,08	52,06	75,73	85,19	45,92	66,80	75,15	40,04	58,24	65,52	34,41	50,05	56,30	29,04	42,24	47,52	23,92	34,80	39,15
	III	703,83	38,71	56,30	63,34	III	703,83	34,02	49,49	55,67	29,48	42,88	48,24	25,06	36,45	41,—	20,76	30,20	33,97	16,60	24,14	27,16	12,56	18,28	20,56
	V	1 527,33	84,—	122,18	137,45	IV	1 107,66	57,64	83,84	94,32	54,42	79,16	89,06	51,27	74,58	83,90	48,18	70,09	78,85	45,16	65,69	73,90	42,20	61,39	69,06
	VI	1 563,58	85,99	125,08	140,72																				
5 015,99	I,IV	1 108,91	60,99	88,71	99,80	I	1 108,91	54,48	79,25	89,15	48,24	70,18	78,95	42,26	61,47	69,15	36,53	53,14	59,78	31,06	45,18	50,83	25,85	37,60	42,30
	II	1 064,25	58,53	85,14	95,78	II	1 064,25	52,13	75,82	85,30	45,98	66,88	75,24	40,09	58,32	65,61	34,46	50,12	56,39	29,09	42,31	47,60	23,97	34,87	39,23
	III	704,66	38,75	56,37	63,41	III	704,66	34,07	49,56	55,75	29,52	42,94	48,31	25,09	36,50	41,06	20,80	30,26	34,04	16,63	24,20	27,22	12,60	18,33	20,62
	V	1 529,75	84,13	122,28	137,56	IV	1 108,91	57,70	83,93	94,42	54,48	79,25	89,15	51,33	74,67	84,—	48,24	70,18	78,95	45,22	65,78	74,—	42,26	61,47	69,15
	VI	1 564,83	86,06	125,18	140,83																				
5 018,99	I,IV	1 110,08	61,05	88,80	99,90	I	1 110,08	54,55	79,34	89,26	48,30	70,26	79,04	42,31	61,55	69,24	36,58	53,22	59,87	31,11	45,26	50,91	25,90	37,68	42,39
	II	1 065,33	58,59	85,22	95,87	II	1 065,33	52,19	75,91	85,40	46,03	66,96	75,33	40,15	58,40	65,70	34,51	50,20	56,48	29,14	42,38	47,68	24,02	34,94	39,30
	III	705,50	38,80	56,44	63,49	III	705,50	34,11	49,62	55,82	29,56	43,—	48,37	25,14	36,57	41,14	20,84	30,32	34,11	16,68	24,26	27,29	12,64	18,38	20,68
	V	1 529,75	84,13	122,32	137,67	IV	1 110,08	57,76	84,02	94,52	54,55	79,34	89,26	51,39	74,76	84,10	48,30	70,26	79,04	45,27	65,86	74,09	42,31	61,55	69,24
	VI	1 566,—	86,13	125,28	140,94																				
5 021,99	I,IV	1 111,25	61,11	88,90	100,01	I	1 111,25	54,61	79,43	89,36	48,36	70,34	79,13	42,37	61,64	69,34	36,64	53,30	59,96	31,17	45,34	51,—	25,95	37,74	42,46
	II	1 066,50	58,65	85,32	95,98	II	1 066,50	52,25	76,—	85,50	46,09	67,05	75,43	40,20	58,48	65,79	34,57	50,28	56,57	29,19	42,46	47,76	24,07	35,01	39,38
	III	706,33	38,84	56,50	63,56	III	706,33	34,16	49,69	55,90	29,60	43,06	48,44	25,18	36,62	41,20	20,89	30,38	34,18	16,72	24,32	27,36	12,68	18,45	20,75
	V	1 530,91	84,20	122,47	137,78	IV	1 111,25	57,83	84,12	94,63	54,61	79,43	89,36	51,45	74,84	84,20	48,36	70,34	79,13	45,33	65,94	74,18	42,37	61,64	69,34
	VI	1 567,16	86,19	125,37	141,04																				
5 024,99	I,IV	1 112,41	61,18	88,99	100,11	I	1 112,41	54,67	79,52	89,46	48,42	70,43	79,23	42,43	61,72	69,43	36,69	53,38	60,05	31,22	45,41	51,08	26,—	37,82	42,54
	II	1 067,66	58,72	85,41	96,08	II	1 067,66	52,30	76,08	85,59	46,15	67,14	75,53	40,26	58,56	65,88	34,62	50,36	56,65	29,24	42,53	47,84	24,11	35,08	39,46
	III	707,16	38,89	56,57	63,64	III	707,16	34,21	49,76	55,98	29,65	43,13	48,52	25,22	36,69	41,27	20,92	30,44	34,24	16,76	24,38	27,43	12,72	18,50	20,81
	V	1 532,08	84,26	122,56	137,88	IV	1 112,41	57,89	84,21	94,73	54,67	79,52	89,46	51,51	74,93	84,29	48,42	70,43	79,23	45,39	66,03	74,28	42,43	61,72	69,43
	VI	1 568,33	86,25	125,46	141,14																				
5 027,99	I,IV	1 113,58	61,24	89,08	100,22	I	1 113,58	54,73	79,61	89,56	48,48	70,52	79,33	42,49	61,80	69,53	36,75	53,46	60,14	31,27	45,48	51,17	26,05	37,89	42,62
	II	1 068,83	58,78	85,50	96,19	II	1 068,83	52,37	76,18	85,70	46,21	67,22	75,62	40,31	58,64	65,97	34,67	50,44	56,74	29,29	42,60	47,93	24,16	35,15	39,54
	III	708,—	38,94	56,64	63,72	III	708,—	34,25	49,82	56,05	29,70	43,20	48,60	25,27	36,76	41,35	20,97	30,50	34,31	16,80	24,44	27,49	12,76	18,56	20,88
	V	1 533,33	84,33	122,66	137,99	IV	1 113,58	57,96	84,30	94,84	54,73	79,61	89,56	51,57	75,02	84,39	48,48	70,52	79,33	45,46	66,11	74,37	42,49	61,80	69,53
	VI	1 569,58	86,32	125,56	141,26																				
5 030,99	I,IV	1 114,75	61,31	89,18	100,32	I	1 114,75	54,79	79,70	89,66	48,54	70,60	79,43	42,54	61,88	69,62	36,80	53,54	60,23	31,32	45,56	51,26	26,10	37,96	42,71
	II	1 070,—	58,85	85,60	96,30	II	1 070,—	52,43	76,26	85,79	46,27	67,30	75,71	40,37	58,72	66,06	34,73	50,52	56,83	29,34	42,68	48,02	24,21	35,22	39,62
	III	708,83	38,98	56,70	63,79	III	708,83	34,30	49,89	56,12	29,73	43,25	48,65	25,30	36,81	41,41	21,01	30,56	34,38	16,83	24,49	27,55	12,79	18,61	20,93
	V	1 534,50	84,39	122,75	138,10	IV	1 114,75	58,02	84,39	94,94	54,79	79,70	89,66	51,64	75,11	84,50	48,54	70,60	79,43	45,51	66,20	74,47	42,54	61,88	69,62
	VI	1 570,75	86,39	125,66	141,36																				
5 033,99	I,IV	1 115,91	61,37	89,27	100,43	I	1 115,91	54,85	79,79	89,76	48,60	70,69	79,52	42,60	61,96	69,71	36,86	53,62	60,32	31,37	45,64	51,34	26,15	38,04	42,79
	II	1 071,16	58,91	85,69	96,40	II	1 071,16	52,49	76,35	85,89	46,33	67,39	75,81	40,42	58,81	66,16	34,78	50,59	56,91	29,39	42,76	48,10	24,26	35,29	39,70
	III	709,66	39,03	56,77	63,86	III	709,66	34,33	49,94	56,18	29,78	43,32	48,73	25,35	36,88	41,49	21,05	30,62	34,45	16,88	24,56	27,63	12,83	18,66	20,99
	V	1 535,66	84,46	122,85	138,20	IV	1 115,91	58,08	84,48	95,04	54,85	79,79	89,76	51,70	75,20	84,60	48,60	70,69	79,52	45,57	66,28	74,56	42,60	61,96	69,71
	VI	1 571,91	86,45	125,75	141,47																				
5 036,99	I,IV	1 117,—	61,43	89,36	100,53	I	1 117,—	54,92	79,88	89,87	48,66	70,78	79,62	42,65	62,04	69,80	36,91	53,69	60,40	31,42	45,71	51,42	26,19	38,10	42,86
	II	1 072,25	58,97	85,78	96,50	II	1 072,25	52,55	76,44	85,99	46,39	67,48	75,91	40,48	58,88	66,24	34,83	50,67	57,—	29,44	42,82	48,17	24,31	35,36	39,78
	III	710,50	39,07	56,84	63,94	III	710,50	34,38	50,01	56,26	29,82	43,38	48,80	25,39	36,93	41,54	21,09	30,68	34,51	16,92	24,61	27,68	12,87	18,71	21,05
	V	1 536,83	84,52	122,94	138,31	IV	1 117,—	58,14	84,58	95,15	54,92	79,88	89,87	51,75	75,28	84,69	48,66	70,78	79,62	45,62	66,36	74,66	42,65	62,04	69,80
	VI	1 573,08	86,51	125,84	141,57																				
5 039,99	I,IV	1 118,25	61,50	89,46	100,64	I	1 118,25	54,98	79,97	89,96	48,72	70,86	79,72	42,71	62,13	69,89	36,96	53,77	60,49	31,47	45,78	51,50	26,24	38,18	42,95
	II	1 073,41	59,03	85,87	96,60	II	1 073,41	52,61	76,53	86,09	46,45	67,56	76,—	40,53	58,96	66,33	34,88	50,74	57,09	29,49	42,90	48,26	24,36	35,43	39,86
	III	711,33	39,12	56,90	64,01	III	711,33	34,43	50,08	56,34	29,86	43,44	48,87	25,43	37,—	41,62	21,12	30,73	34,57	16,95	24,66	27,74	12,91	18,78	21,13
	V	1 538,—	84,59	123,04	138,42	IV	1 118,25	58,20	84,66	95,24	54,98	79,97	89,96	51,81	75,37	84,79	48,72	70,86	79,72	45,68	66,45	74,75	42,71	62,13	69,89
	VI	1 574,25	86,58	125,94	141,68																				
5 042,99	I,IV	1 119,41	61,55	89,55	100,74	I	1 119,41	55,04	80,06	90,07	48,78	70,95	79,82	42,77	62,21	69,98	37,02	53,85	60,58	31,53	45,86	51,59	26,29	38,25	43,03
	II	1 074,58	59,10	85,96	96,71	II	1 074,58	52,67	76,62	86,19	46,50	67,64	76,10	40,59	59,05	66,43	34,94	50,82	57,17	29,54	42,98	48,35	24,41	35,50	39,94
	III	712,16	39,16	56,97	64,09	III	712,16	34,47	50,14	56,41	29,91	43,50	48,94	25,48	37,06	41,69	21,17	30,80	34,65	16,99	24,72	27,81	12,95	18,84	21,19
	V	1 539,50	84,66	123,14	138,53	IV	1 119,41	58,27	84,76	95,35	55,04	80,06	90,07	51,87	75,46	84,89	48,78	70,95	79,82	45,74	66,54	74,85	42,77	62,21	69,98
	VI	1 575,50	86,65	126,04	141,79																				

Quelle: Stollfuß Medien GmbH & Co. KG, Bonn: Gesamtabzug-Tabelle Monat 2015, S. T93.

Anlage 7

Gehaltsabrechnung	
Frau Susanne Groß Im Raiser 12 70435 Stuttgart	Malt AG Schwieberdinger Str. 208 70437 Stuttgart
Krankenkasse: 52598481 AOK Stuttgart Steuer-Identifikationsnr.: 7594846457490 Steuerklasse: IV / 0,5 Kinderfreibetrag Konfession: römisch-katholisch Kirchensteuer: 8 % Geburtsdatum: 18.02.1975 SV-Nr.: 75390503945587	
Bruttogehalt (Steuerbrutto)	5.022,00 EUR
Steuerabzüge	
Lohnsteuer	
Kirchensteuer	
Solidaritätszuschlag	
SV-Beiträge	
Rentenversicherung	
Krankenversicherung	
Arbeitslosenversicherung	
Pflegeversicherung	
Nettogehalt	

Prüfungsaufgaben Winter 2016/2017 (Aufgabe 2, verändert)

Die Hesse GmbH ist ein großes, international tätiges Unternehmen mit Sitz im Ulm. Bereits in dritter Generation werden hier hochwertige Duschköpfe und Armaturen hergestellt. Herr Lutz, Leiter des Technischen Service-Centers, klagt in einer Sitzung der Abteilungsleiter über Personalmangel in seiner Abteilung. In den letzten Monaten hätten fünf Mitarbeiter seiner Abteilung das Unternehmen wegen Unzufriedenheit verlassen.

Nach Ihrer abgeschlossenen Ausbildung sind Sie bei der Hesse GmbH in der Personalabteilung eingesetzt.

2.1   Herr Lutz sieht das Problem der schlechten Stimmung in seiner Abteilung vorwiegend darin, dass sein Mitarbeiter Klaus Meierle durch unkollegiales Verhalten maßgebend dafür verantwortlich ist. Herr Meierle, 30 Jahre alt und seit fünf Jahren in unserem Unternehmen beschäftigt, hat für dieses Verhalten kürzlich seine zweite schriftliche Abmahnung erhalten. Da sich sein Verhalten nicht gebessert hat, wurde ihm am 28. September 2016 die Kündigung zum 30. November 2016 schriftlich ausgehändigt.

Herr Meierle kommt am 7. November 2016 in die Personalabteilung und erklärt, dass er heute gegen diese Kündigung gerichtlich vorgehen möchte.

- Prüfen Sie anhand der gesetzlichen Vorschriften (**Anlage 1**), ob die Kündigung und die Klageerhebung jeweils fristgerecht erfolgt sind.
- Prüfen Sie ebenso, ob die formalen Voraussetzungen für die Kündigung erfüllt sind.

2.2   Nachdem Herrn Meierle gekündigt wurde, muss seine Stelle als Servicemitarbeiter neu besetzt werden. In der Personalabteilung werden sowohl interne als auch externe Möglichkeiten der Personalbeschaffung diskutiert.

- Erklären Sie den Unterschied zwischen den beiden Beschaffungswegen.
- Stellen Sie in einer Tabelle übersichtlich zwei Vorteile und zwei Nachteile interner Personalbeschaffung dar.

2.3   Die Personalleitung der Hesse GmbH entscheidet sich schließlich dafür, auf dem Arbeitsmarkt einen neuen Mitarbeiter für den Technischen Service zu suchen. Daraufhin wurde eine Stellenanzeige erstellt (**Anlage 2**).

Aufgrund der aktuellen Lage auf dem Arbeitsmarkt gehen lediglich drei Bewerbungen ein, die es in die engere Auswahl geschafft haben.

- Bewerten Sie die drei Bewerber/-innen anhand der vorliegenden Informationen (**Anlage 3**). Verwenden Sie hierfür die Entscheidungsbewertungstabelle (**Anlage 4**).
- Ergänzen Sie die Tabelle um zwei geeignete Kriterien und treffen Sie abschließend eine begründete Entscheidung.

2.4   Die neu eingestellte Arbeitskraft für den Technischen Service möchte von Ihnen wissen, wie hoch das Nettogehalt sein wird, wenn ein Bruttogehalt von 4.418,00 EUR pro Monat bezahlt wird.

2.4.1 Ermitteln Sie das Nettogehalt unter Berücksichtigung der **Anlagen 5, 6** und **7**.

2.4.2 Buchen Sie die vollständige Gehaltsabrechnung inkl. des Arbeitgeberanteil zur Sozialversicherung. Berücksichtigen Sie dabei die unterschiedlichen Zahlungszeitpunkte. Der Krankenkasse und dem Finanzamt liegen Einzugsermächtigungen vor; die Beträge werden dem Bankkonto der Hesse GmbH am Fälligkeitstag belastet.

2.5 Die hohe Zahl an Kündigungen in der Abteilung Technischer Service gibt Anlass, die Personalstatistik des letzten Jahres auszuwerten (**Anlage 8**).

- Ermitteln Sie die Kennzahlen: Arbeitsproduktivität je Mitarbeiter, Krankheitsquote sowie Fluktuationsquote.
- Beurteilen Sie Ihre Ergebnisse.

Anlage 1

Auszug aus dem Bürgerlichen Gesetzbuch (BGB)

§ 621 Kündigungsfristen bei Dienstverhältnissen
Bei einem Dienstverhältnis, das kein Arbeitsverhältnis im Sinne des § 622 ist, ist die Kündigung zulässig,
1. wenn die Vergütung nach Tagen bemessen ist, an jedem Tag für den Ablauf des folgenden Tages;
2. wenn die Vergütung nach Wochen bemessen ist, spätestens am ersten Werktag einer Woche für den Ablauf des folgenden Sonnabends;
3. wenn die Vergütung nach Monaten bemessen ist, spätestens am 15. eines Monats für den Schluss des Kalendermonats;
4. wenn die Vergütung nach Vierteljahren oder längeren Zeitabschnitten bemessen ist, unter Einhaltung einer Kündigungsfrist von sechs Wochen für den Schluss eines Kalendervierteljahrs;
5. wenn die Vergütung nicht nach Zeitabschnitten bemessen ist, jederzeit; bei einem die Erwerbstätigkeit des Verpflichteten vollständig oder hauptsächlich in Anspruch nehmenden Dienstverhältnis ist jedoch eine Kündigungsfrist von zwei Wochen einzuhalten.

§ 622 Kündigungsfristen bei Arbeitsverhältnissen[1]
(1) Das Arbeitsverhältnis eines Arbeiters oder eines Angestellten (Arbeitnehmers) kann mit einer Frist von vier Wochen zum Fünfzehnten oder zum Ende eines Kalendermonats gekündigt werden.
(2) Für eine Kündigung durch den Arbeitgeber beträgt die Kündigungsfrist, wenn das Arbeitsverhältnis in dem Betrieb oder Unternehmen
1. zwei Jahre bestanden hat, einen Monat zum Ende eines Kalendermonats,
2. fünf Jahre bestanden hat, zwei Monate zum Ende eines Kalendermonats,
3. acht Jahre bestanden hat, drei Monate zum Ende eines Kalendermonats,
4. zehn Jahre bestanden hat, vier Monate zum Ende eines Kalendermonats,
5. zwölf Jahre bestanden hat, fünf Monate zum Ende eines Kalendermonats,
6. 15 Jahre bestanden hat, sechs Monate zum Ende eines Kalendermonats,
7. 20 Jahre bestanden hat, sieben Monate zum Ende eines Kalendermonats.
Bei der Berechnung der Beschäftigungsdauer werden Zeiten, die vor der Vollendung des 25. Lebensjahrs des Arbeitnehmers liegen, nicht berücksichtigt.
[...]

§ 623 Schriftform
Die Beendigung von Arbeitsverhältnissen durch Kündigung oder Auflösungsvertrag sowie die Befristung bedürfen zu ihrer Wirksamkeit der Schriftform, die elektronische Form ist ausgeschlossen.

---

[1] *Alte Fassung, seit dem 01.01.2019 liegt eine neue Fassung vor.*

§ 626 Fristlose Kündigung aus wichtigem Grund

(1) Das Dienstverhältnis kann von jedem Vertragsteil aus wichtigem Grund ohne Einhaltung einer Kündigungsfrist gekündigt werden, wenn Tatsachen vorliegen, auf Grund derer dem Kündigenden unter Berücksichtigung aller Umstände des Einzelfalles und unter Abwägung der Interessen beider Vertragsteile die Fortsetzung des Dienstverhältnisses bis zum Ablauf der Kündigungsfrist oder bis zu der vereinbarten Beendigung des Dienstverhältnisses nicht zugemutet werden kann.

(2) Die Kündigung kann nur innerhalb von zwei Wochen erfolgen. Die Frist beginnt mit dem Zeitpunkt, in dem der Kündigungsberechtigte von den für die Kündigung maßgebenden Tatsachen Kenntnis erlangt. Der Kündigende muss dem anderen Teil auf Verlangen den Kündigungsgrund unverzüglich schriftlich mitteilen.

Auszug aus dem Kündigungsschutzgesetz (KSchG)

§ 3 Kündigungseinspruch

Hält der Arbeitnehmer eine Kündigung für sozial ungerechtfertigt, so kann er binnen einer Woche nach der Kündigung Einspruch beim Betriebsrat einlegen. Erachtet der Betriebsrat den Einspruch für begründet, so hat er zu versuchen, eine Verständigung mit dem Arbeitgeber herbeizuführen. Er hat seine Stellungnahme zu dem Einspruch dem Arbeitnehmer und dem Arbeitgeber auf Verlangen schriftlich mitzuteilen.

§ 4 Anrufung des Arbeitsgerichtes

Will ein Arbeitnehmer geltend machen, dass eine Kündigung sozial ungerechtfertigt oder aus anderen Gründen rechtsunwirksam ist, so muss er innerhalb von drei Wochen nach Zugang der schriftlichen Kündigung Klage beim Arbeitsgericht auf Feststellung erheben, dass das Arbeitsverhältnis durch die Kündigung nicht aufgelöst ist. Im Falle des § 2 ist die Klage auf Feststellung zu erheben, daß die Änderung der Arbeitsbedingungen sozial ungerechtfertigt oder aus anderen Gründen rechtsunwirksam ist. Hat der Arbeitnehmer Einspruch beim Betriebsrat eingelegt (§ 3), so soll er der Klage die Stellungnahme des Betriebsrates beifügen. Soweit die Kündigung der Zustimmung einer Behörde bedarf, läuft die Frist zur Anrufung des Arbeitsgerichtes erst von der Bekanntgabe der Entscheidung der Behörde an den Arbeitnehmer ab.

Anlage 2: Stellenanzeige der Hesse GmbH

Hesse hat Ihr Bad.

Sie suchen eine neue Herausforderung in einem modernen und international tätigen Unternehmen? Dann sind Sie bei uns genau richtig! Wir sind ein global agierendes Familienunternehmen mit Sitz im baden-württembergischen Ulm. Bereits in dritter Generation werden bei uns hochwertige Badearmaturen hergestellt, die weltweit für eine wohnliche Atmosphäre im Badezimmer sorgen.

Wir verstärken unser erfolgreiches Team und suchen zum nächstmöglichen Zeitpunkt eine/-n

Mitarbeiter/-in Technisches Service-Center

für unseren Stammsitz in Ulm.

Aufgaben
Sie arbeiten eigenverantwortlich im Technischen Service-Center, das unsere Kunden bei technischen Problemen jeglicher Art berät. Die Betreuung unserer Kunden aus dem In- und Ausland übernehmen Sie persönlich. Sie entwerfen in Ihrem Team sämtliche Anleitungen für die Installation sowie die sorgsame Behandlung und Pflege unserer zahlreichen Produkte.

Profil
Nach Ihrer erfolgreich abgeschlossenen technischen Ausbildung verfügen Sie über erste Erfahrungen in der Erstellung von Anleitungen im technischen Bereich. Sie haben sich durch Fortbildungen entsprechend weitergebildet und verfügen über aktuelle Kenntnisse in diesem Bereich. In Kooperation mit Ihren Mitarbeitern erarbeiten Sie ansprechende Lösungen für unsere Kunden. Sie sind kommunikationsstark und verfügen über einwandfreie Deutsch- und Englischkenntnisse.

Ihr Weg zu uns
Senden Sie uns Ihre aussagekräftige Bewerbung mit Anschreiben, Lebenslauf und Zeugnissen bitte über unser Bewerberportal. Bei Fragen zu unserem Stellenangebot dürfen Sie sich gerne jederzeit an Frau Britta Salzmann aus unserer Personalabteilung wenden:
E-Mail: britta.salzmann@hesse.de bzw. Telefon: 0731 3865-12.

Anlage 3

Benedikt Gröber
• Bachelor-Studium Wirtschaftsingenieurwesen im Februar 2016 abgeschlossen • zahlreiche Praktika in mittelständischen Industrieunternehmen, überwiegend Textilindustrie • fortgeschrittene Englischkenntnisse • Schlüsselqualifikations-Kurs: „erfolgreiche Teamarbeit" • ausgereifte EDV-Kenntnisse im Bereich der technischen Dokumentation • sprachlich einwandfreie Bewerbungsunterlagen

Adam Borg
• Ausbildung als Technischer Produktdesigner von 2008–2011 • danach Tätigkeit im Produktdesign von Küchen • aktuelle Kenntnisse im Bereich der technischen Dokumentation durch regelmäßige Fortbildungen • Grundkenntnisse in Englisch • überwiegend eigenständiges Arbeiten im Bereich Produktdesign • Anschreiben des Bewerbers enthält sprachliche Mängel

Gundula Türm
• abgeschlossene Ausbildung zur Industriekauffrau (2010–2013) • danach Tätigkeit im Bereich Technischer Service eines international tätigen Konkurrenzunternehmens • fortgeschrittene Kenntnisse in aktuellen PC-Programmen, die in diesem Bereich zur Anwendung kommen • seit Sommer 2013 Mitarbeit in verschiedenen Projektteams • sehr gute Kenntnisse in Englisch (Englisch-KMK-Zertifikat), vierwöchiges Praktikum in England • sprachlich einwandfreie Bewerbungsunterlagen

Anlage 4: Entscheidungsbewertungstabelle

Entscheidungskriterien	Gewicht	Bewerber/-in		
1. Ausbildung/Qualifikation				
2. Berufserfahrung				
3.				
4.				

B = Bewertung: 4 Punkte = sehr gut   3 Punkte = gut   2 Punkte = befriedigend
1 Punkt = ausreichend   0 Punkte = ungenügend

Anlage 5

Mandantenbrief zum Thema Gehaltsabrechnung 2016

Sehr geehrte Mandanten,

mit dem heutigen Schreiben möchten wir Sie über die neuen Abgaben- und Sozialversicherungs-
sätze für das Jahr 2016 informieren.

Der Solidaritätszuschlag beträgt in diesem Jahr 5,5 %, die Kirchensteuer für Baden-Württemberg
8 %.

Beim Rentenversicherungsbeitrag gab es eine leichte Absenkung von 18,9 % auf 18,6 %. Hierbei ist
die Beitragsbemessungsgrenze von 80.400,00 EUR p. a. für die westlichen Bundesländer zu
beachten. Der Beitragssatz für die Arbeitslosenversicherung ist mit 2,5 % zu berücksichtigen. Als
Beitragsbemessungsgrenze gelten die gleichen Regelungen wie bei der Rentenversicherung.
Für die Krankenversicherung ist ein allgemeiner Beitragssatz von 14,6 % zugrunde zu legen, mit
entsprechender Beitragsbemessungsgrenze von 54.450,00 EUR p. a.
Bei der Pflegeversicherung ist ein Beitragssatz von 3,05 % maßgeblich, wobei für Kinderlose ab
dem 23. Lebensjahr ein Zusatzbeitrag in Höhe von 0,25 % erhoben wird. Die Beitragsbemessungs-
grenze liegt hier ebenfalls bei 54.450,00 EUR p. a.
Die Versicherungspflichtgrenze liegt derzeit bei 60.750,00 EUR p. a.

Mit freundlichen Grüßen

Steuerberater Henkelmann

Anlage 6

Auszug aus dem Personalinformationssystem zu der neu eingestellten Arbeitskraft im Technischen Service:

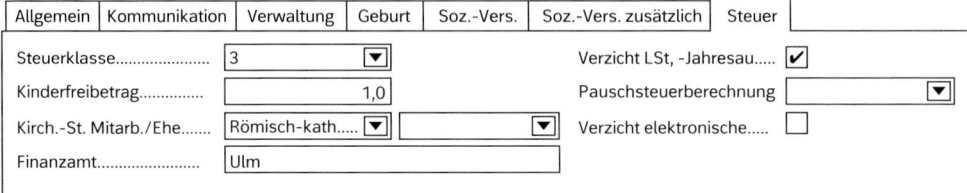

Die Krankenkasse dieser Arbeitskraft erhebt derzeit keine Zusatzbeiträge für Arbeitnehmer.

Anlage 7: Auszug aus der Lohnsteuertabelle

Kinderfreibetrag					0		0,5		1		1,5		2	
ab EUR	StK	Steuer	SolZ	KiSt.	SolZ	KiSt.	SolZ	KiSt.	SolZ	KiSt.	SolZ	KiSt.	SolZ	KiSt.
4.413,00 EUR														
	1	961,50	52,88	76,92	46,52	67,67	40,43	58,82	34,62	50,36	29,07	42,29		
	2	900,03	-	-	43,28	62,96	37,34	54,31	31,66	46,06	26,26	38,20		
	3	593,33	32,63	47,46	27,97	40,69	23,45	34,11	19,06	27,73	14,81	21,54		
	4	961,50	52,88	76,92	49,66	72,24	46,52	67,67	43,44	63,19	40,43	53,82		
	5	1.382,83	76,05	110,62	-	-	-	-	-	-	-	-		
	6	1.419,08	78,04	113,52	-	-	-	-	-	-	-			
4.416,00 EUR														
	1	962,75	52,95	77,02	46,58	67,76	40,49	58,90	34,67	50,44	29,12	42,36		
	2	901,16	-	-	43,34	63,04	37,40	54,40	31,72	46,14	26,31	38,28		
	3	594,16	32,67	47,53	28,02	40,76	23,49	34,17	19,11	27,80	14,85	21,61		
	4	962,75	52,95	77,02	49,73	72,34	46,58	67,76	43,50	63,28	40,49	58,90		
	5	1.384,08	76,12	110,72	-	-	-	-	-	-	-	-		
	6	1.420,33	78,11	113,62	-	-	-	-	-	-	-			
4.419,00 EUR														
	1	963,91	53,01	77,11	46,64	67,85	40,55	58,98	34,73	50,52	29,18	42,44		
	2	902,33	-	-	43,40	63,14	37,45	54,48	31,77	46,22	26,36	38,35		
	3	595,00	32,72	47,60	28,06	40,82	23,54	34,24	19,14	27,85	14,89	21,66		
	4	963,91	53,01	77,11	49,79	72,43	46,64	67,85	43,56	63,37	40,55	58,98		
	5	1.385,33	76,19	110,02	-	-	-	-	-	-	-	-		
	6	1.421,58	78,13	113,72	-	-	-	-	-	-	-			

Anlage 8: Auszug aus der Personalstatistik 2015

Personal	Allgemein	Stammdaten	Entgelt	*Statistik*
Gesamte Soll-Stunden (ohne Feiertage)				1.660.000
Überstunden				89.960
Fehlzeiten durch Urlaub (Stunden)				175.920
Fehlzeiten durch Krankheit (Stunden)				126.240
Fehlzeiten sonstige (Stunden)				320

Zahl der Mitarbeiter	830
Personalabgänge	94
Umsatz (in Euro)	87.750.000,00
Gesamte Kosten (in Euro)	78.365.000,00
Personalkosten gesamt (in Euro)	24.642.000,00

Kennzahl	Vorjahr (VJ)	Branchenwert
Arbeitsproduktivität in Euro/Mitarbeiter	108.550,00	116.200,00
Krankheitsquote in %	5,9	4,8
Fluktuationsquote in %	10,8	5,5

6   Investition und Finanzierung

6.1   Bilanzieller Zusammenhang zwischen Investition und Finanzierung

Stofftelegramm

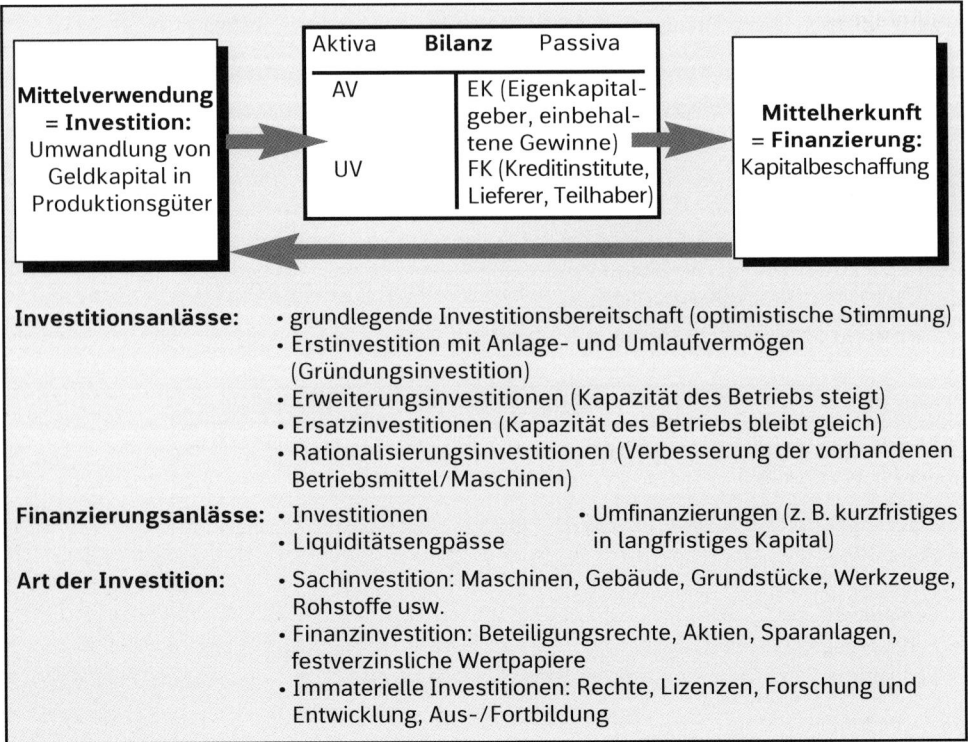

Investitionsanlässe:
- grundlegende Investitionsbereitschaft (optimistische Stimmung)
- Erstinvestition mit Anlage- und Umlaufvermögen (Gründungsinvestition)
- Erweiterungsinvestitionen (Kapazität des Betriebs steigt)
- Ersatzinvestitionen (Kapazität des Betriebs bleibt gleich)
- Rationalisierungsinvestitionen (Verbesserung der vorhandenen Betriebsmittel/Maschinen)

Finanzierungsanlässe:
- Investitionen
- Liquiditätsengpässe
- Umfinanzierungen (z. B. kurzfristiges in langfristiges Kapital)

Art der Investition:
- Sachinvestition: Maschinen, Gebäude, Grundstücke, Werkzeuge, Rohstoffe usw.
- Finanzinvestition: Beteiligungsrechte, Aktien, Sparanlagen, festverzinsliche Wertpapiere
- Immaterielle Investitionen: Rechte, Lizenzen, Forschung und Entwicklung, Aus-/Fortbildung

Aufgaben

1.   Erklären Sie den bilanziellen Zusammenhang zwischen Investition und Finanzierung.

2.   Nennen Sie die typischen Investitions- und Finanzierungsanlässe.

6.2 Kapitalbedarfs- und Investitionsrechnung, Finanzplan

Stofftelegramm

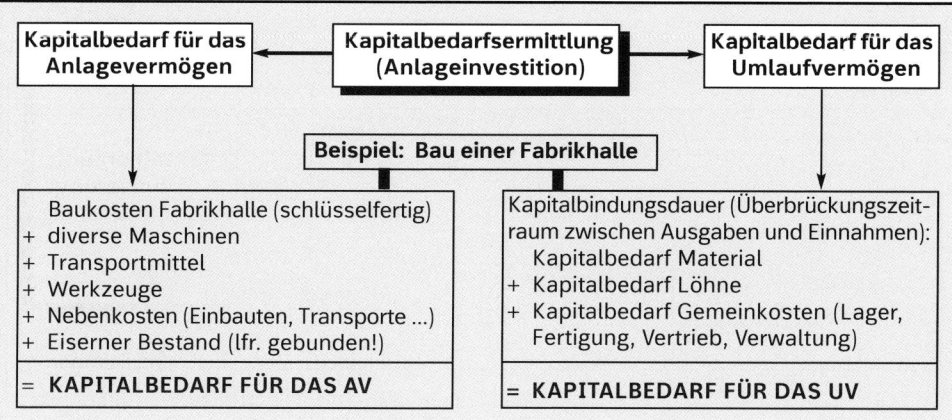

Kapitalbedarfsrechnung

Die LaSo GmbH plant die Gründung eines weiteren produzierenden Betriebs. Hierzu wird mit folgenden Finanzmitteln kalkuliert.

Mit folgenden täglichen Kosten wird geplant:
- Rohstoffe Materialeinzelkosten (MEK)   400,00 EUR
- Materialgemeinkosten (MGK)   60,00 EUR
- Fertigungslöhne (FL)   500,00 EUR
- Fertigungsgemeinkosten (FGK)   100,00 EUR
- Verwaltungs- und Vertriebsgemeinkosten (VerwGK/VertrGK)   40,00 EUR

Der Lieferer gewährt uns für die Rohstoffe ein Zahlungsziel von 15 Tagen. Die Lagerdauer der Rohstoffe beträgt fünf Tage. Die Fertigungsdauer beträgt 25 Tage. Die Lagerdauer der Fertigerzeugnisse sechs Tage. Das Kundenziel beträgt 20 Tage.

Folgende zusätzliche Finanzmittel sind notwendig:
Gebäude 500.000,00 EUR, 250.000,00 EUR Maschinen, 50.000,00 EUR Betriebs- und Geschäftsausstattung. Der eiserne Bestand beträgt 2.500,00 EUR.

Zur Finanzierung stehen 500.000,00 EUR Eigenkapital sowie 300.000,00 EUR Fremdkapital durch ein Bankdarlehen zur Verfügung. Der Rest wird über einen Kontokorrentkredit gedeckt.

1. Berechnen Sie den Kapitalbedarf für das Anlage- und Umlaufvermögen.
2. Erstellen Sie den Kapitalbedarfsstatus.

Zu 1.:

Kapitalbedarfsrechnung Umlaufvermögen:

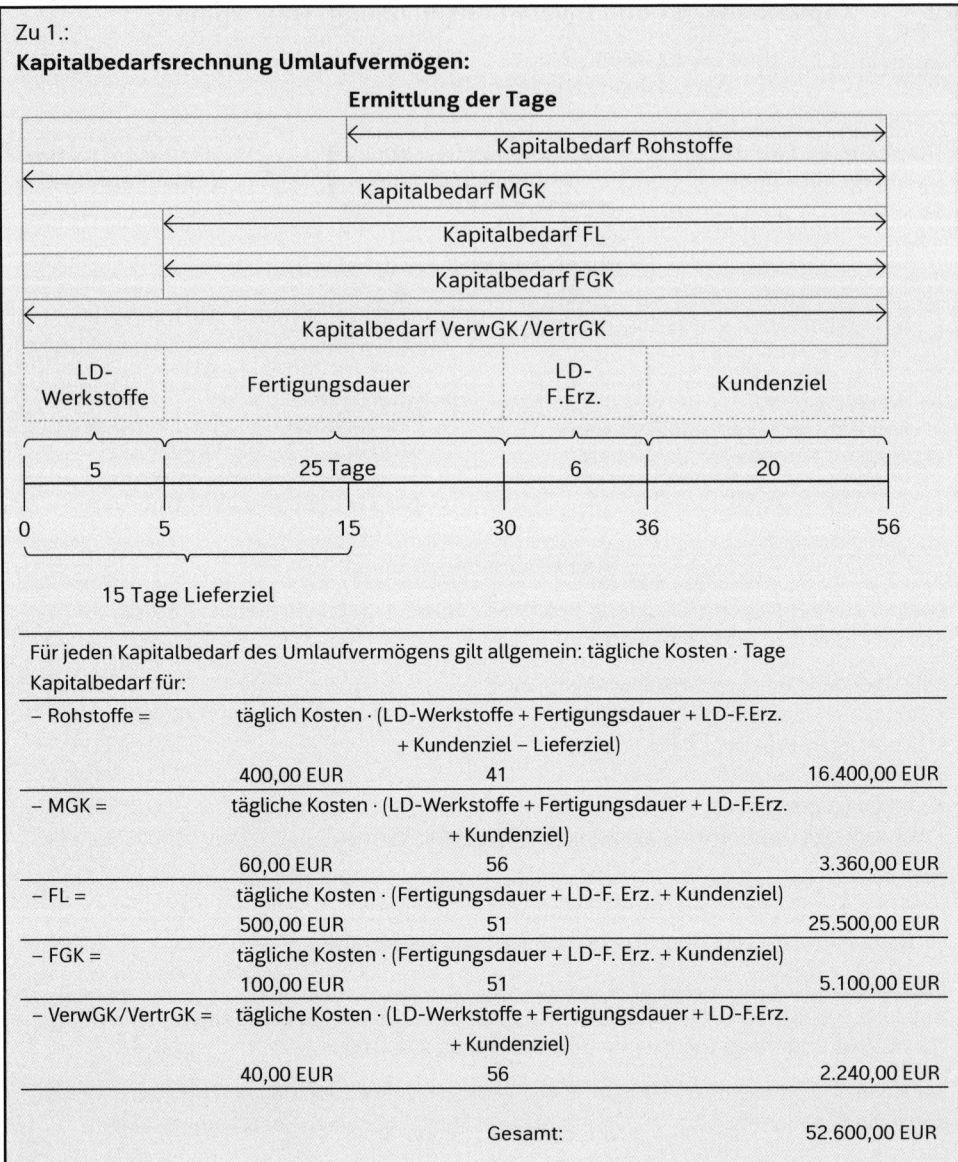

Für jeden Kapitalbedarf des Umlaufvermögens gilt allgemein: tägliche Kosten · Tage
Kapitalbedarf für:

– Rohstoffe =	tägliche Kosten · (LD-Werkstoffe + Fertigungsdauer + LD-F.Erz. + Kundenziel – Lieferziel)		
	400,00 EUR	41	16.400,00 EUR
– MGK =	tägliche Kosten · (LD-Werkstoffe + Fertigungsdauer + LD-F.Erz. + Kundenziel)		
	60,00 EUR	56	3.360,00 EUR
– FL =	tägliche Kosten · (Fertigungsdauer + LD-F. Erz. + Kundenziel)		
	500,00 EUR	51	25.500,00 EUR
– FGK =	tägliche Kosten · (Fertigungsdauer + LD-F. Erz. + Kundenziel)		
	100,00 EUR	51	5.100,00 EUR
– VerwGK/VertrGK =	tägliche Kosten · (LD-Werkstoffe + Fertigungsdauer + LD-F.Erz. + Kundenziel)		
	40,00 EUR	56	2.240,00 EUR
		Gesamt:	52.600,00 EUR

Zu 2.:

Der Kapitalbedarf des Anlagevermögens kann direkt in den Kapitalbedarfsstatus übernommen werden. Der eiserne Bestand gehört zum AV.

Vermögen	Kapitalbedarfsstatus		Kapital
AV		**EK**	500.000,00 EUR
Gebäude	500.000,00 EUR		
Maschinen	250.000,00 EUR		
BGA	50.000,00 EUR		
eiserner Bestand	2.500,00 EUR		
UV		**Verb.**	
Zahlungsmittelbestand für		Kreditinstitute	300.000,00 EUR
Rohstoffe	16.400,00 EUR	Kontokorrentkredit	55.100,00 EUR
MGK	3.360,00 EUR		
FL	25.500,00 EUR		
FKG	5.100,00 EUR		
VerwGK/VertrGK	2.240,00 EUR		
	855.100,00 EUR		855.100,00 EUR

Höhe des Kontokorrentkredits = Summe Vermögen − Eigenkapital − Verb. Kreditinstitute

55.100,00 EUR = 855.100,00 EUR − 500.000,00 EUR − 300.000,00 EUR

Finanzplan

Der Finanzplan stellt eine Einnahme-Ausgabe-Vorausrechnung dar. Er soll das finanzielle Gleichgewicht zwischen Einnahmen und Ausgaben über mehrere Perioden in der Zukunft sicherstellen. Je weiter in die Zukunft gerechnet wird, umso unsicherer der Finanzplan.

Finanzplan für Periode 1

geschätzte Einnahmen

./. geschätzte Ausgaben

= Überschuss bzw. Defizit

Statische Investitionsrechnung

Warum Investitionsrechnung?
Vergleich mehrerer Investitionsalternativen (z. B. Vergleich von zwei unterschiedlichen Maschinen), um die vorteilhafteste Investitionsalternative zu ermitteln.

Statisch?
Statische Verfahren lassen den Faktor Zeit in ihrer Betrachtung außen vor. Der Zeitpunkt der Ein- bzw. Ausgabe spielt keine Rolle.

Verfahren?
- Kostenvergleichsrechnung
- Gewinnvergleichsrechnung
- Rentabilitätsvergleichsrechnung
- Amortisationsrechnung

Gegeben:	Maschine 1	Maschine 2
Fixkosten/Jahr	100.000,00 EUR	150.000,00 EUR
Variable Kosten/Stück	20,00 EUR	18,00 EUR
Erträge	400.000,00 EUR	400.000,00 EUR
Anschaffungskosten	500.000,00 EUR	600.000,00 EUR
Produktionsmenge in Stück	10.000	10.000
Nutzungsdauer in Jahren	5	5

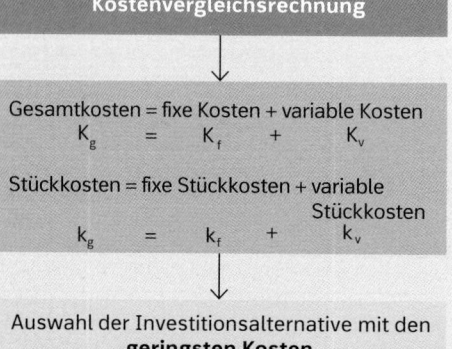

Kostenvergleichsrechnung

↓

Gesamtkosten = fixe Kosten + variable Kosten
$$K_g = K_f + K_v$$

Stückkosten = fixe Stückkosten + variable Stückkosten
$$k_g = k_f + k_v$$

↓

Auswahl der Investitionsalternative mit den
geringsten Kosten

↓

Fixkosten	Abschreibungen, kalkulatorische Zinsen, sonstige Fixkosten
Variable Kosten	Betriebs- und Personalkosten, FL, FM, sonstige variable Kosten

Gesamtkostenvergleich

	Maschine 1	Maschine 2
Fixkosten (K_f)	100.000,00	150.000,00
+ variable Kosten	200.000,00	180.000,00
= Gesamtkosten	300.000,00	330.000,00
Entscheidung:	Maschine 1	

Hinweis:
Formel kalkulatorische Zinsen:
$$\frac{(Anschaffungskosten + Restwert)}{2} \cdot \frac{Zinssatz}{100}$$
Formel kalkulatorische Abschreibung:
$$\frac{Anschaffungskosten - Restwert}{Nutzungsdauer}$$

↓

Stückkostenvergleich (nötig beim Vergleich unterschiedlicher Leistungsmengen auf den Maschinen)		
	Maschine 1	**Maschine 2**
Leistungsmenge	10.000 Stück	15.000 Stück
Fixkosten (K_f)	100.000,00	150.000,00
k_f	10,00	10,00
Variable Kosten	200.000,00	270.000,00
k_v	20,00	18,00
Gesamtkosten	300.000,00	420.000,00
k_g	30,00	28,00
Entscheidung		Maschine 2

Kritische Menge:

Bei dieser Menge sind die Kosten beider Anlagen gleich hoch.

Kosten Maschine 1 = Kosten Maschine 2

$$
\begin{aligned}
k_v \cdot x + K_f &= k_v \cdot x + K_f \\
20 \cdot x + 100.000 &= 18 \cdot x + 150.000 \\
20 \cdot x &= 18 \cdot x + 50.000 \\
2x &= 50.000 \\
x &= 25.000 \text{ Stück}
\end{aligned}
$$

Ab einer Fertigungsmenge von 25.001 Stück ist Maschine 2 kostengünstiger.

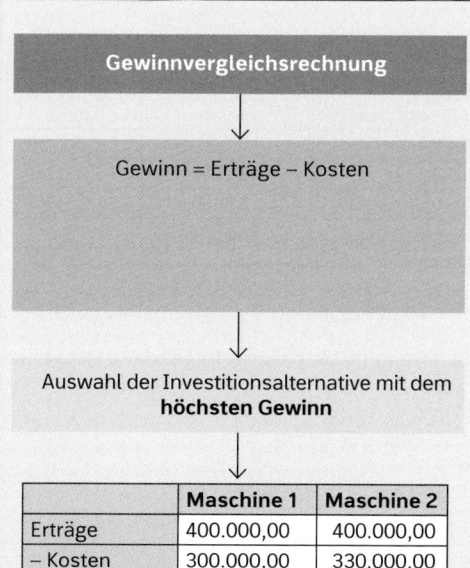

Gewinnvergleichsrechnung

Gewinn = Erträge – Kosten

Auswahl der Investitionsalternative mit dem **höchsten Gewinn**

	Maschine 1	**Maschine 2**
Erträge	400.000,00	400.000,00
– Kosten	300.000,00	330.000,00
= Gewinn	100.000,00	70.000,00
Entscheidung	Maschine 1	

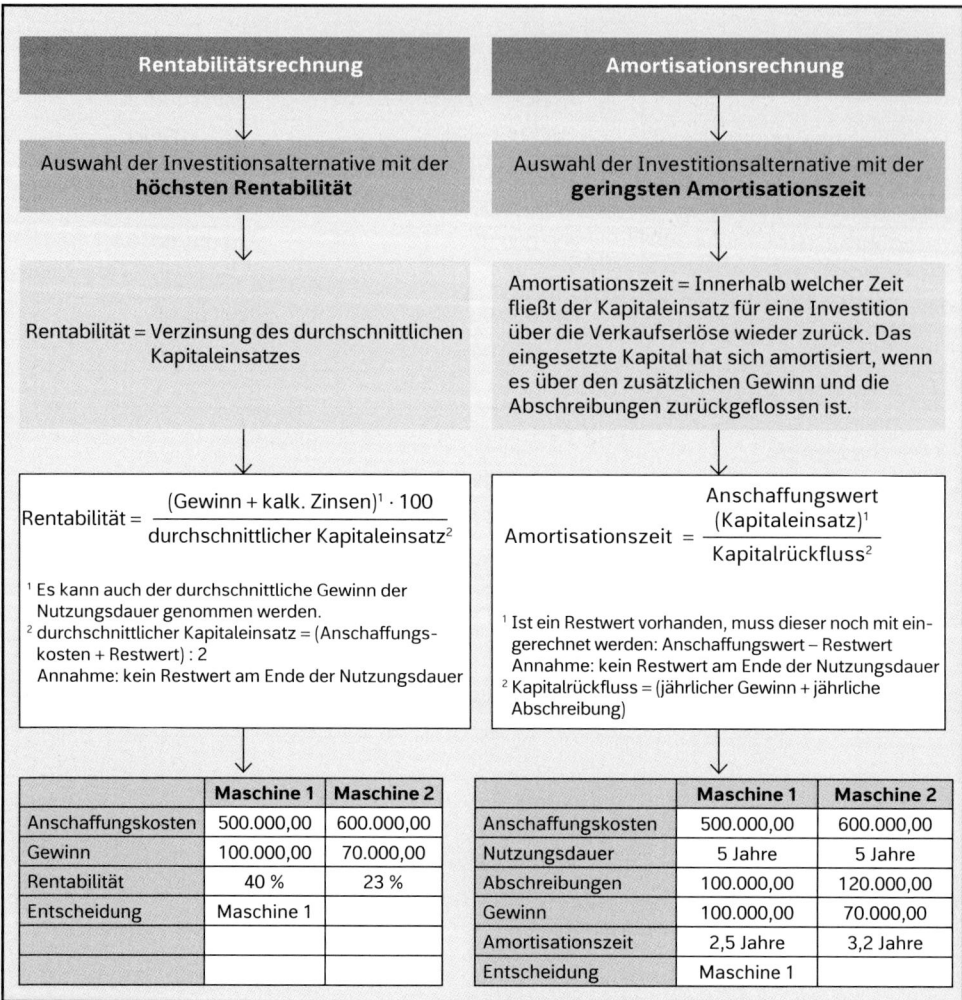

	Maschine 1	**Maschine 2**
Anschaffungskosten	500.000,00	600.000,00
Gewinn	100.000,00	70.000,00
Rentabilität	40 %	23 %
Entscheidung	Maschine 1	

	Maschine 1	**Maschine 2**
Anschaffungskosten	500.000,00	600.000,00
Nutzungsdauer	5 Jahre	5 Jahre
Abschreibungen	100.000,00	120.000,00
Gewinn	100.000,00	70.000,00
Amortisationszeit	2,5 Jahre	3,2 Jahre
Entscheidung	Maschine 1	

Aufgaben

1. Wir planen den Bau einer neuen Fabrikhalle. Ermitteln Sie anhand folgender vorliegender Zahlen den **Kapitalbedarf** für das Gesamtprojekt.

	Euro
Baukosten der Fabrikhalle (schlüsselfertig)	2.000.000,00
Nebenkosten (Einbauten, Transporte ...)	50.000,00
Werkzeuge	50.000,00
Diverse Maschinen	800.000,00
Transportmittel	100.000,00
Eiserner Bestand	80.000,00

Kapitalbindungsdauer:

Material	50 Tage
Löhne	40 Tage
Fertigungsgemeinkosten	40 Tage (tgl. 4.000,00 EUR)
Lagerung Fertigerzeugnisse	35 Tage (tgl. 500,00 EUR)
Vertriebsgemeinkosten	18 Tage (tgl. 500,00 EUR)
Verwaltungsgemeinkosten	60 Tage (tgl. 1.000,00 EUR)

Tägliche Ausgaben/Stück:

Material	30,00 EUR
Löhne	40,00 EUR

Tägliche Produktion: 1.000 Stück

2. Erklären Sie kurz den Begriff „Finanzplan".

3. Nennen und erklären Sie zwei statische Investitionsrechnungsarten.

4.

Produktionsverfahren I:	variable Stückkosten	200,00 EUR
	Fixkosten	10.000,00 EUR
Produktionsverfahren II:	variable Stückkosten	300,00 EUR
	Fixkosten	8.000,00 EUR

a) Wo liegt die kritische Menge?
b) Bei welchen Produktionsmengen ist Verfahren I, bei welchen Verfahren II günstiger?

5. Wir überlegen, ob wir eine Erweiterungsinvestition vornehmen sollen. Folgende Daten liegen vor:

	Anlage A	Anlage B
Kapitaleinsatz	1.000.000,00 EUR	1.200.000,00 EUR
Lebensdauer	10 Jahre	8 Jahre
Durchschnittl. Gewinnsteigerung pro Jahr Lineare Abschreibung	150.000,00 EUR	170.000,00 EUR

Berechnen Sie mithilfe der Amortisationsrechnung, welche Anlage gekauft werden sollte.

6. Ermitteln Sie mithilfe der Rentabilitätsrechnung, welche Investition vorzuziehen ist.

	Investition A	Investition B
Erwarteter Gewinn aus der Investition	160.000,00 EUR	140.000,00 EUR
Eingesetztes Kapital (Anschaffungskosten)	2.000.000,00 EUR	1.400.000,00 EUR

7. Die Bruckmüller KG hat zwischen zwei Investitionsalternativen zu entscheiden. Folgende Angebote (**Anlage 1**) liegen vor:
   a) Ermitteln Sie jeweils die Anschaffungskosten der technisch gleichwertigen Maschinen und entscheiden Sie sich auf der Basis der Amortisationsvergleichsrechnung für eine der beiden Maschinen.
   b) Führen Sie zur Absicherung der endgültigen Entscheidung eine Rentabilitätsvergleichsrechnung durch und interpretieren Sie das Ergebnis.

Anlage 1

Auszug aus den Angeboten für CNC-Drehmaschine:

Apparatebau GmbH, Industriegebiet West, 76247 Karlsruhe:

CNC-Drehmaschine Protex 518

Preis	366.000,00 EUR	zzgl. 19 % USt.
Werkzeugaufsätze	108.000,00 EUR	zzgl. 19 % USt.
Montage	6.700,00 EUR	
Bezugskosten	8.900,00 EUR	
Skonto	2 %	

Nutzungsdauer 8 Jahre

Weitere Daten:
- Durch diese Maschine ist durchschnittlich ein jährlicher Gewinn von 35.000,00 EUR zu erwarten.
- lineare Abschreibung

Kröger KG Werkzeugmaschinen, Auf dem Kamp 26–29, 94034 Passau:

CNC-Drehmaschine 20900/43

Preis	399.000,00 EUR	zzgl. 19 % USt. (inkl. Montage)
Werkzeugaufsätze	86.000,00 EUR	zzgl. 19 % USt.
Bezugskosten	10.800,00 EUR	
Skonto	3 %	

Nutzungsdauer 8 Jahre

Weitere Daten:
- Durch diese Maschine ist durchschnittlich ein jährlicher Gewinn von 58.000,00 EUR zu erwarten.
- lineare Abschreibung
- Die Kröger KG gewährt eine verlängerte Garantiefrist von 3 Jahren.

8. Die Micro-Tech KG in Stuttgart möchte in ihr Hauptwerk investieren und eine Zweigniederlassung in Singen errichten.

Für die vorgesehene Zweigstelle rechnet die Micro-Tech KG mit folgenden Ausgaben (in Euro):

Anlagen/Gebäude	1.700.000,00
Behördengenehmigungen und Gebühren	60.000,00
Organisationskosten	50.000,00
Werbekosten	80.000,00
Mindestbestand an Roh-, Hilfs-, Betriebsstoffen	60.000,00
täglicher Materialeinsatz	6.000,00
tägliche Fertigungslöhne	8.000,00
Materialgemeinkostenzuschlag	25 %
Fertigungsgemeinkostenzuschlag	110 %
Verwaltungs- und Vertriebsgemeinkosten pro Tag	3.500,00

Die zeitliche Bindung des Umlaufvermögens wird folgendermaßen geschätzt:

Lagerdauer Material	20 Tage
Produktionsdauer	45 Tage
Lagerdauer Fertigerzeugnisse	40 Tage
Kundenziel	30 Tage
Lieferantenziel	60 Tage

a) Erstellen Sie die Kapitalbedarfsrechnung für den Gesamtkapitalbedarf.
b) Beschreiben Sie anhand von zwei Beispielen, warum der tatsächliche Kapitalbedarf vom geplanten Kapitalbedarf abweichen kann.
c) Für das Hauptwerk ist u. a. eine neue Maschine geplant. Zwei Alternativen kommen infrage, für die folgende Daten vorliegen:

	Maschine 1	Maschine 2
Anschaffungswert in Euro	250.000,00	290.000,00
Nutzungsdauer in Jahren	10	10
Kapazität/Jahr in Stück	20.000	25.000
Fixkosten/Jahr in Euro (ohne Abschreibung und Zinsen)	15.000,00	12.000,00
variable Kosten/Stück in Euro	2,50	2,10
kalkulatorischer Zinssatz	10 %	10 %

Marktpreis je Stück : 5,80 EUR
Annahme: Kapazität = Produktionsmenge = abgesetzte Menge

ca) Berechnen Sie die Rentabilität und die Amortisationsdauer für die beiden Maschinen.
cb) Entscheiden Sie sich aufgrund der ermittelten Zahlen begründet für eine der beiden Alternativen.
cc) Wie würden Sie sich entscheiden, wenn nur 20.000 Stück abgesetzt werden könnten? (rechnerische Begründung)

6.3   Übersicht: Finanzierungsarten

Stofftelegramm

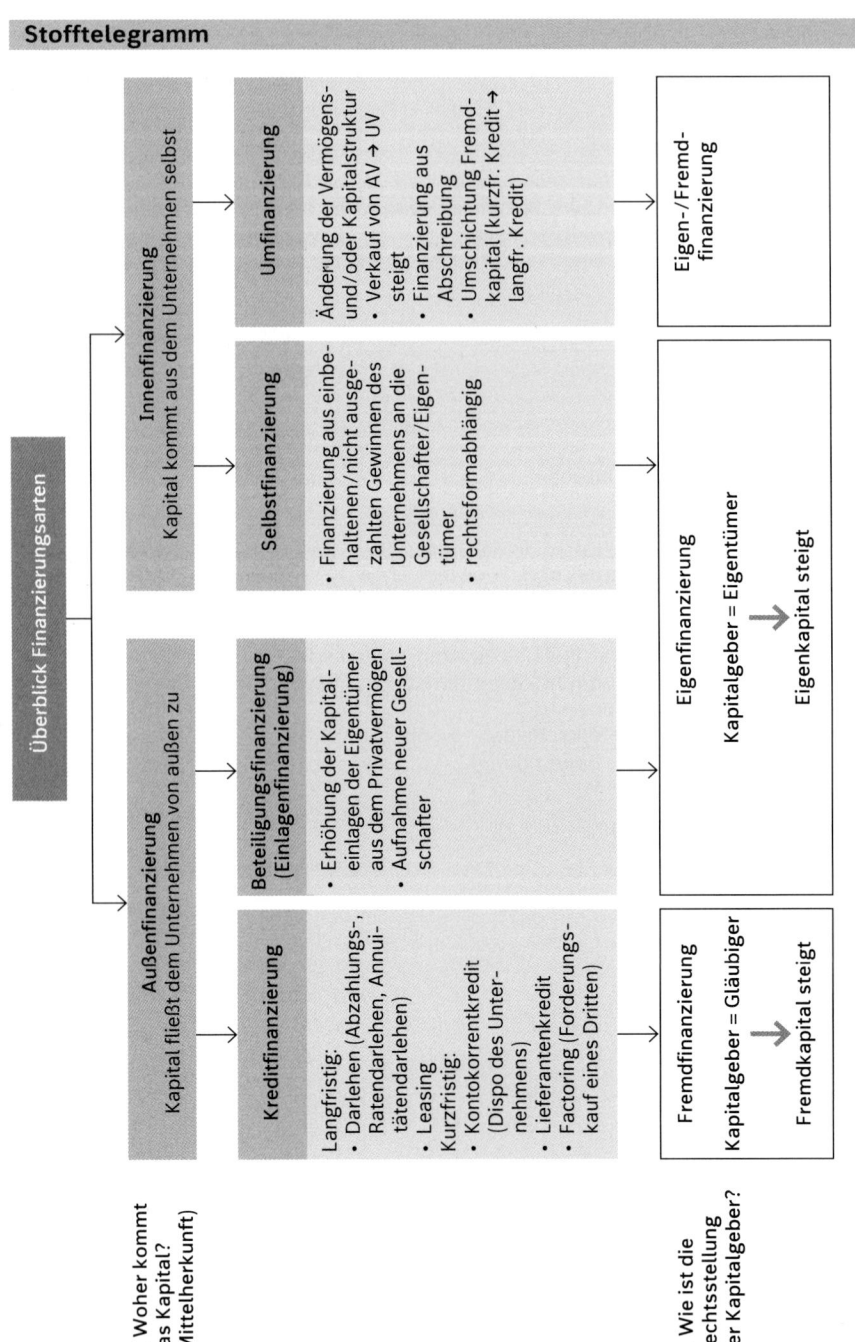

6.4   Beteiligungsfinanzierung (Eigenfinanzierung)

Stofftelegramm

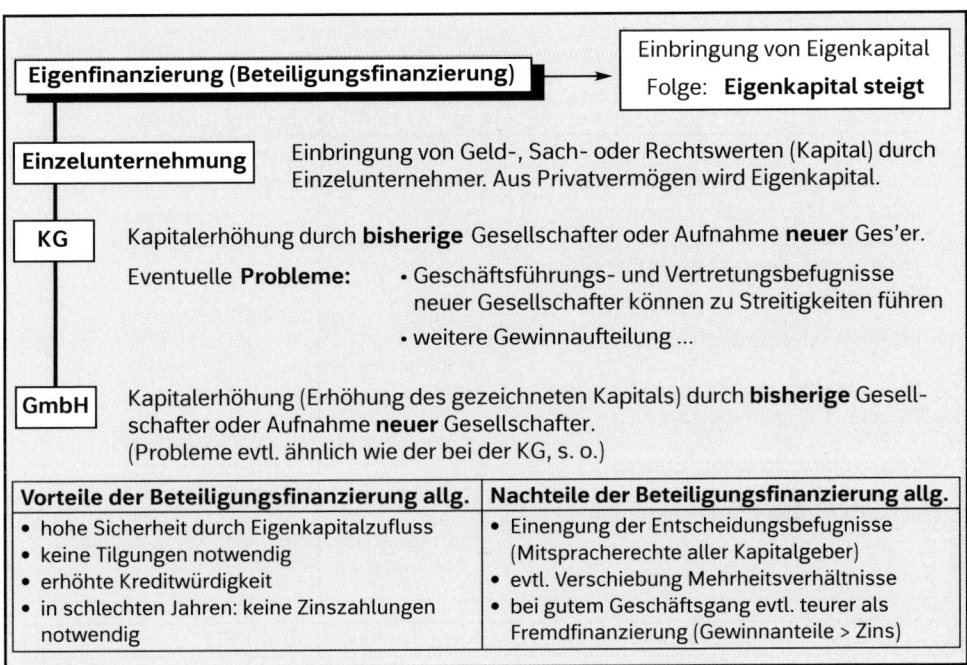

Vorteile der Beteiligungsfinanzierung allg.	Nachteile der Beteiligungsfinanzierung allg.
• hohe Sicherheit durch Eigenkapitalzufluss	• Einengung der Entscheidungsbefugnisse
• keine Tilgungen notwendig	(Mitspracherechte aller Kapitalgeber)
• erhöhte Kreditwürdigkeit	• evtl. Verschiebung Mehrheitsverhältnisse
• in schlechten Jahren: keine Zinszahlungen notwendig	• bei gutem Geschäftsgang evtl. teurer als Fremdfinanzierung (Gewinnanteile > Zins)

Aufgaben

1. Erklären Sie die Beteiligungsfinanzierung bei den einzelnen Rechtsformen.

2. Nennen Sie je drei Vor- und Nachteile der Beteiligungsfinanzierung allgemein.

6.5 Fremdfinanzierung

6.5.1 Kontokorrentkredit und Darlehen

Stofftelegramm

Kritischer Vergleich: Eigenfinanzierung – langfr. Fremdfinanzierung (Unternehmersicht)

Vorteile langfristiger Fremdfinanzierung	Nachteile langfristiger Fremdfinanzierung
• keine Einengung der Entscheidungsbefugnisse, da Gläubiger weniger Mitbestimmungsrechte als Eigentümer haben • keine Verschiebung der Mehrheiten • bei gutem Geschäftsgang billiger, da Zinssatz < Dividendensatz • Zinsen steuerlich abzugsfähig • schnelle + billige Kapitalbeschaffung	• Kreditwürdigkeit wird vorausgesetzt (gute Eigenkapitalbasis und Ertragslage notwendig) • nur befristete Kapitalüberlassung • Zinszahlungen auch in Verlustjahren = hohe Liquiditätsbelastung! • Verschlechterung des Bilanzbildes • evtl. Risiko wechselnder Zinssätze • Kreditgeber haftet nicht, keine Verlustbeteiligung

---

Unterscheidung nach der Form der VERFÜGBARKEIT

D A R L E H E N	K O N T O K O R R E N T K R E D I T
• Auszahlung einer best. Kreditsumme	• Kredit **kann** bis zur vereinbarten Höhe beansprucht werden
• i. d. R. befristeter Kredit	• i. d. R. unbefristeter Kredit
• Tilgung laut Kreditvertrag	• schwankender Kreditbetrag
• Zinssatz niedriger	• relativ hoher Soll-Zinssatz

DARLEHENSARTEN

Fälligkeitsdarlehen:	Tilgung Gesamtbetrag auf einmal bei Fälligkeit
Kündigungsdarlehen:	Tilgung Gesamtbetrag auf einmal nach Kündigung
Abzahlungsdarlehen (Ratendarlehen):	Tilgung in Raten
Annuitätendarlehen:	Tilgung in Annuitäten (Annuität = gleichbleibende Summe aus Zins und Tilgung)

Beispiel zur Berechnung der Effektivverzinsung bei Darlehen:

Berechnen Sie den Effektivzinssatz für folgendes Kreditangebot über 2,7 Mio. EUR:

Laufzeit 6 Jahre, Disagio (Damnum; Abgeld) 2 % (Auszahlung somit 98 %), 1,5 % Bearbeitungsgebühr von der Darlehenssumme, jährliche Zinszahlungen, Rückzahlung in einer Summe nach sechs Jahren, 7 % p. a. Zinsen

Lösung: [K = Kapital; p = Zinssatz; t = Laufzeit (Jahre oder Tage)]

Allgemeine Zinsformel für Jahre ohne Zinseszinseffekt: $\dfrac{K \cdot p \cdot t}{100}$

Allgemeine Zinsformel für Tage: $\dfrac{K \cdot p \cdot t}{100 \cdot 360}$

Zinsen (6 J.): $z = \dfrac{K \cdot p \cdot t}{100} = \dfrac{2.700.000 \cdot 7 \cdot 6}{100} = 1.134.000{,}00 \text{ EUR}$

Damnum; Disagio; Abgeld = 2 % von 2,7 Mio. EUR = 54.000,00 EUR

Bearbeitungsgebühr = 1,5 % von 2,7 Mio. EUR = 40.500,00 EUR

Kosten insgesamt = z = 1.228.500,00 EUR

Effektiver Zinssatz $p = \dfrac{z \cdot 100}{K \cdot t} = \dfrac{1.228.500 \cdot 100}{(2{,}7 \text{ Mio.} - 94.500) \cdot 6} = \mathbf{7{,}86 \text{ \% eff. Zinssatz}}$

Aufgaben

1. Vergleichen Sie die Begriffe Darlehen und Kontokorrentkredit.

2. a) Nennen und erklären Sie kurz die vier Darlehensarten.
   b) Welche Gemeinsamkeit haben Fälligkeits- und Kündigungsdarlehen?
   c) Nennen Sie einen Vorteil des Fälligkeitsdarlehens gegenüber dem Kündigungsdarlehen.
   d) Welche Vor- und Nachteile haben Fälligkeits- und Kündigungsdarlehen gegenüber den beiden anderen Darlehensarten?

3. Unsere Firma beabsichtigt den Kauf einer neuen Fertigungsanlage zum Preis von 120.000,00 EUR. Die Finanzierung soll mit einem Darlehen erfolgen.

   Unsere Hausbank unterbreitet folgendes Angebot: Zinssatz 10 %; Zinszahlung jeweils nachträglich am Jahresende; Auszahlung des Darlehens: 01.01.01

   Tilgungsalternativen:

   Alt. 1: Gesamttilgung 30.12.10
   Alt. 2: Gesamttilgung nach Kündigung (Kündigungsfrist 3 Monate auf Quartalsende)
   Alt. 3: Tilgung in 10 Raten, fällig jeweils am Jahresende
   Alt. 4: jährl. Annuität bis 09 20.000,00 EUR, Resttilgung Jahr 10 (Rundung volle 10,00 EUR)

   a) Welche Darlehensarten liegen jeweils vor?
   b) Erstellen Sie die Tilgungspläne nach folgenden Mustern und den Gesamtkostenvergleich.

Alternative 1: ....darlehen

Jahr	Anfangsschuld	Zinsen	Tilgung	Zins + Tilgung	Restschuld
01					
02					
03					
...					
10					
Summen					

Alternative 2: (.................darlehen) Unterschiede zu Alternative 1: ....

....

Alternative 3: ....darlehen (...................darlehen)

Jahr	Anfangsschuld	Zinsen	Tilgung	Zins + Tilgung	Restschuld
01					
02					
03					
04					
05					
06					
07					
08					
09					
10					
Summen					

Alternative 4: (..........................darlehen) Analoge Tabelle wie Alternative 3!

Kostenvergleich: Summe der Zinsen insgesamt beim
Fälligkeitsdarlehen: ....
Kündigungsdarlehen (Unterstellung: Kündigung nach 10 Jahren):   ....
Abzahlungsdarlehen: ....
Annuitätendarlehen: ....

4.   Beispiel zur Effektivverzinsung beim Darlehen vgl. Stofftelegramm!

6.5.2   Leasing

Stofftelegramm

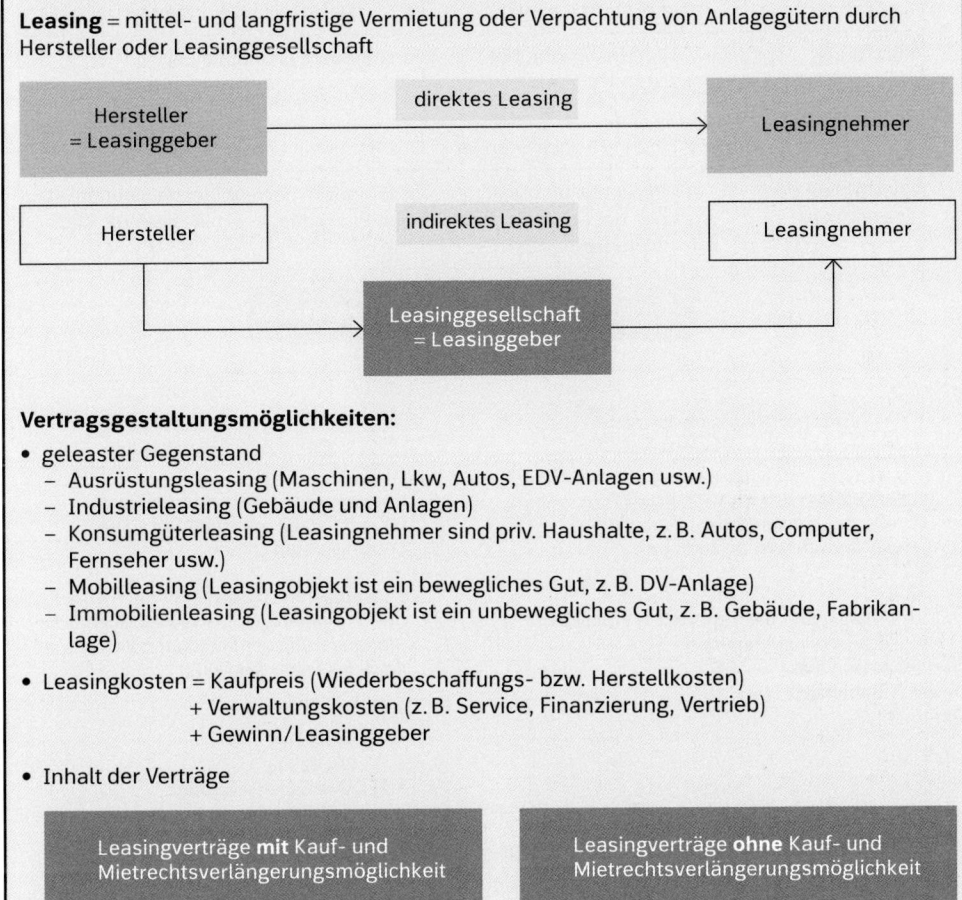

Leasing = mittel- und langfristige Vermietung oder Verpachtung von Anlagegütern durch Hersteller oder Leasinggesellschaft

| Hersteller = Leasinggeber | direktes Leasing → | Leasingnehmer |

| Hersteller | indirektes Leasing | Leasingnehmer |

Leasinggesellschaft = Leasinggeber

Vertragsgestaltungsmöglichkeiten:

- geleaster Gegenstand
  - Ausrüstungsleasing (Maschinen, Lkw, Autos, EDV-Anlagen usw.)
  - Industrieleasing (Gebäude und Anlagen)
  - Konsumgüterleasing (Leasingnehmer sind priv. Haushalte, z. B. Autos, Computer, Fernseher usw.)
  - Mobilleasing (Leasingobjekt ist ein bewegliches Gut, z. B. DV-Anlage)
  - Immobilienleasing (Leasingobjekt ist ein unbewegliches Gut, z. B. Gebäude, Fabrikanlage)

- Leasingkosten = Kaufpreis (Wiederbeschaffungs- bzw. Herstellkosten)
                + Verwaltungskosten (z. B. Service, Finanzierung, Vertrieb)
                + Gewinn/Leasinggeber

- Inhalt der Verträge

| Leasingverträge **mit** Kauf- und Mietrechtsverlängerungsmöglichkeit | Leasingverträge **ohne** Kauf- und Mietrechtsverlängerungsmöglichkeit |

| Leasingnehmer kann nach Ablauf der Leasingzeit das Leasingobjekt kaufen oder weitermieten. | Leasingnehmer hat keine weiteren Nutzungsmöglichkeiten des Leasingobjekts. |

- Dauer der Leasingzeit

	Operate Leasing	Financial Leasing
Laufzeit	i. d. R. max. ein Jahr	40 %–90 % der üblichen Nutzungsdauer
Kündigung	kurzfristig kündbar	unkündbare Grundmietzeit
Investitionsrisiko	trägt Leasinggeber	trägt Leasingnehmer
Anzahl Leasingnehmer	mehrere nacheinander	i. d. R. nur ein Leasingnehmer
nach Ablauf der Leasingzeit	Rückgabe an Leasinggeber, der i. d. R. an andere weiterverleast	Alternativen nach Ablauf der Grundmietzeit: Rückgabe, Anschlussleasing, Kauf

Unterscheidung Finance-Leasing-Verträge

Vollamortisationsverträge (Full-pay-out-Verträge)	Teilamortisationsverträge (Non-pay-out-Verträge)
Leasinggeber erhält innerhalb der Grundmietzeit sämtliche Leasingkosten einschließlich Gewinn zurück. Z. B.: • Anlagegüter nach speziellen Wünschen des Leasingnehmers • Maschinen • Immobilien	Leasinggeber erhält innerhalb der Grundmietzeit nur einen Teil seiner Leasingkosten zurück. Leasingnehmer übernimmt nach Ablauf der Grundmietzeit das Verwertungsrisiko (Verlängerung der Mietdauer, Verkauf/ Kauf des Leasingobjekts). Z. B.: • Autoleasing • Lkw-Leasing • EDV-Anlagen-Leasing

Vorteile:
- keine hohen Anschaffungskosten zu finanzieren
- laufende Anpassung an neuesten Stand der Technik
- keine Fremdfinanzierung notwendig, somit keine Verschlechterung der Kreditwürdigkeit
- evtl. laufende Betreuung, Beratung, Wartungsdienstleistungen durch Leasinggeber

Nachteile:
- hohe Dauerbelastung mit Fixkosten (Leasingraten)
- Leasingbestände nicht frei verfügbar
- Bindung während der Grundmietzeit
- Leasinggegenstände können z. B. nicht sicherungsübereignet werden

Aufgaben

1. Was versteht man unter Leasing?

2. Unterscheiden Sie: direktes – indirektes Leasing.

3. Unterscheiden Sie Operate Leasing und Financial Leasing hinsichtlich Laufzeit, Kündigung, Investitionsrisiko, Anzahl Leasingnehmer und Situation nach Ablauf der Leasingzeit.

4. Nennen Sie je drei Vor- und Nachteile des Leasings.

5. Die Knauser GmbH benötigt eine neue Maschine zum Anschaffungswert von 200.000,00 EUR und mit einer betriebsgewöhnlichen Nutzungsdauer von 8 Jahren. Die Maschine soll linear abgeschrieben werden.

    Das Unternehmen hat infolge hoher Investitionen der letzten Jahre bei guter Rentabilität mit Liquiditätsengpässen zu kämpfen. Die Geschäftsleitung will unter der Zielsetzung geringster Liquiditätsbelastung zwischen folgenden Finanzierungsmöglichkeiten entscheiden:

Leasing:	Grundmietzeit 5 Jahre; während dieser Zeit beträgt die Mietrate, die jeweils zum Jahresende entrichtet wird, 50.000,00 EUR. Nach dieser Zeit kann die Maschine für weitere 5 Jahre zu einer Jahresmiete von 20.000,00 EUR gemietet werden. Aktivierung der Maschine beim Leasinggeber.
Bankdarlehen:	Laufzeit 5 Jahre; Tilgung in gleichen Raten am Jahresende. Die am Jahresende zu entrichtenden Zinsen betragen 10 % der Restschuld.

    Nach einem mittelfristigen Finanzplan geht die Firmenleitung davon aus, dass der finanzielle Engpass in 3 Jahren überwunden sein wird.

    a) Um welche Art des Leasings handelt es sich in diesem Fall?
    b) Ermitteln Sie die liquiditätsmäßige Belastung der GmbH aus Kreditkauf und Leasing für die ersten 3 Jahre insgesamt. Zu welcher Finanzierungsentscheidung kommen Sie aufgrund Ihres Ergebnisses?
    c) Ermitteln Sie die Gewinnsteuerminderungen unter Annahme eines konstanten Gewinnsteuersatzes von 50 % bei Kreditkauf und Leasing für die ersten 3 Jahre insgesamt.

6. Ein mittelständisches Unternehmen benötigt zur Rationalisierung seiner Fertigung eine Maschine zum Anschaffungspreis von 200.000,00 EUR. Die Maschine soll 8 Jahre genutzt werden. Lineare Abschreibung ist vorgesehen. Nach Verhandlungen mit der Hausbank eröffnet sich folgende Finanzierungsmöglichkeit:

    Darlehen in Höhe von 200.000,00 EUR, 6,5 % Zins, 20 % Ratentilgung pro Jahr.

    Die Maschine könnte aber auch über eine Leasing-Firma beschafft werden, die folgendes Angebot unterbreitet:
    Abschlussgebühr 10 % des Kaufwertes von 200.000,00 EUR; Monatsmiete für die ersten drei Jahre – in dieser Zeit ist der Leasing-Vertrag unkündbar – 3 % des Kaufwertes. Bei Vertragsverlängerung Jahresmiete 4 % des Kaufwertes. Die Maschine bleibt Eigentum der Leasing-Firma.

Zinszahlungen, Tilgungen, Abschlussgebühr und Mietzahlungen jeweils am Jahresende.

a) Erörtern Sie, warum sich das Unternehmen unter Umständen für die Darlehensaufnahme entscheidet. Führen Sie zwei Gründe an.

b) Unterscheiden Sie zwischen Financial Leasing und Operating Leasing.

c) Verwenden Sie für die Lösung der Aufgabe eine Tabelle nach folgendem Muster.

Kreditfinanzierung						Mietfinanzierung	
Jahr	Zins	Tilgung	Geldabfluss	Abschreibungen	Aufwand	%-Satz	Mietzahlung

ca) Erstellen Sie die Tabelle für die Laufzeit der Maschine für beide Finanzierungsarten.

cb) Vergleichen Sie die beiden Finanzierungsarten hinsichtlich Aufwandsverteilung, Gesamtbelastung und schnellerem Abbau des Risikos.

6.6   Innenfinanzierung: Offene Selbstfinanzierung

Stofftelegramm

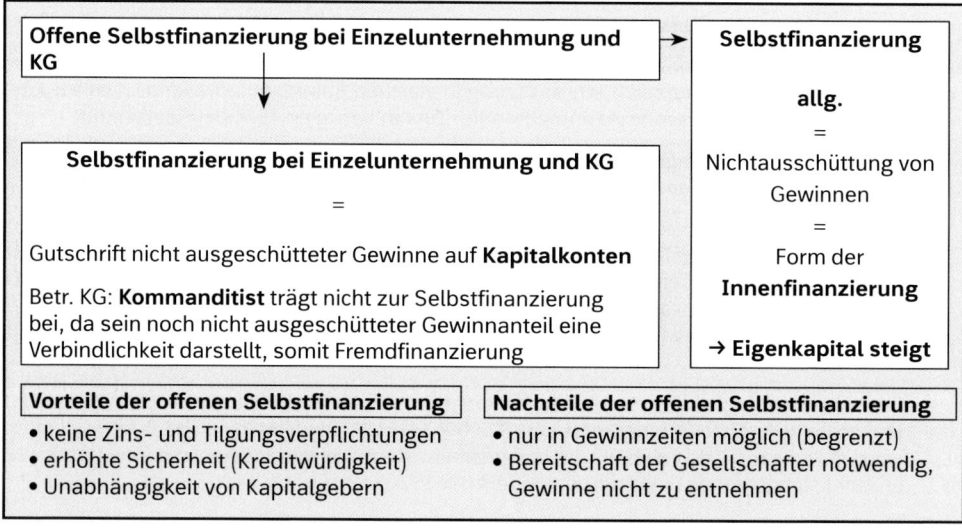

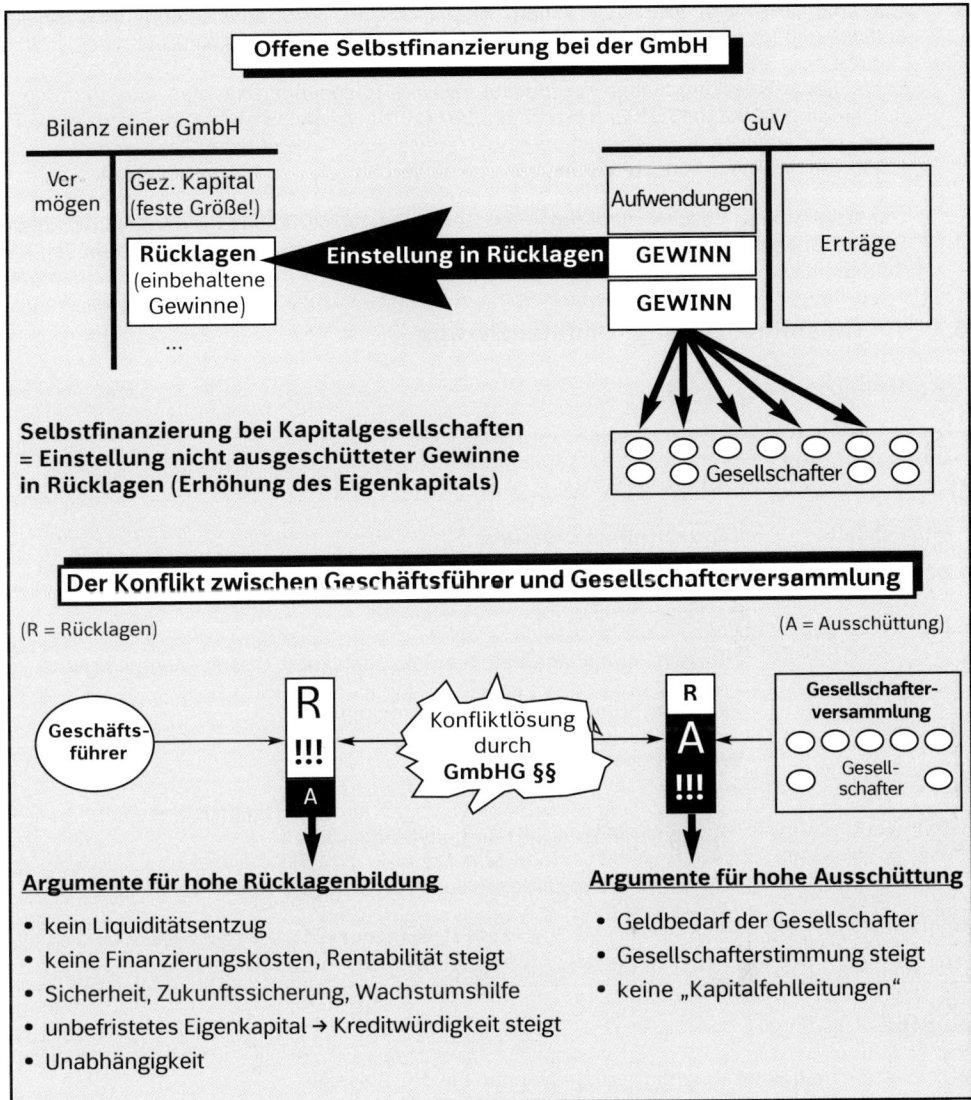

Aufgaben

1. a) Definieren Sie kurz allgemein den Begriff „offene Selbstfinanzierung".
    b) Welche Kapitalgröße wird durch Selbstfinanzierung erhöht?
    c) Nennen Sie je zwei Vor- und Nachteile der offenen Selbstfinanzierung.

2. Unterscheiden Sie die offene Selbstfinanzierung bei der KG und GmbH.

3. a) Erklären Sie den Gewinnverwendungskonflikt bei der GmbH.
    b) Nennen Sie je drei Argumente der beiden Konfliktparteien.

4. Die Komplementäre Bruckmüller und Neuer sind an der Unternehmung mit jeweils 600.000,00 EUR beteiligt sowie der Kommanditist Mager mit 250.000,00 EUR.

Beide Komplementäre haben für private Zwecke folgende Entnahmen vorgenommen: Bruckmüller 34.000,00 EUR und Neuer 28.000,00 EUR. Privatentnahmen werden nicht verzinst. Im Gesellschaftsvertrag ist vereinbart, dass vom Gewinn jeder Gesellschafter 6 % Kapitalverzinsung erhält und der Restgewinn im Verhältnis 2 : 2 : 1 zu verteilen ist.

Das abgelaufene Geschäftsjahr hat einen Gewinn von 420.000,00 EUR erbracht. Nehmen Sie die Gewinnverteilung vor und geben Sie an, in welcher Höhe die Bruckmüller KG Selbstfinanzierung vornehmen könnte.

6.7 Innenfinanzierung: Umfinanzierung

Stofftelegramm

Umfinanzierung = Vermögens- bzw. Kapitalumschichtungen; Änderung der Vermögens-
bzw. Kapitalstruktur

Möglichkeiten: • **Kapitalstrukturänderung:**

– Umschichtung innerhalb des Eigenkapitals (z. B. aus Kommandit-
einlage wird Komplementäreinlage)

– Umschichtung innerhalb Fremdkapital (kurzfr. Kredit – langfr. Kredit)

– Umschichtung von Fremd- in Eigenkapital

• **Vermögensstrukturänderung:**

– Verkauf nicht betriebsnotwendiger Vermögensgegenstände (aus
Anlagevermögen wird Umlaufvermögen)

– Verkürzung des Zahlungsziels (Forderungen werden schneller zu
liquiden Mitteln)

– Finanzierung aus Abschreibungen (vgl. nächstes Kapitel)

Aufgabe

Was versteht man unter Umfinanzierung? Nennen Sie drei Beispiele.

6.8   Innenfinanzierung: Finanzierung aus Abschreibungen

Stofftelegramm

- Höhe der jährlichen Abschreibung abhängig von: – geschätzter Nutzungsdauer

                                                    – Abschreibungsverfahren

- Es sind zu unterscheiden: – bilanzielle Abschreibungen (GuV)

                               – kalkulatorische Abschreibungen (Preiskalkulation)

Der **Finanzierungseffekt** (= **Kapitalfreisetzungseffekt**) aus Abschreibungen

Die über die Umsatzerlöse in das Unternehmen geflossenen Abschreibungen dienen der Ersatzbeschaffung (Reinvestition). Diese laufend erwirtschafteten Beträge dürfen nicht an die Anteilseigner ausgeschüttet werden (Substanzerhaltung!).

Da die freigesetzten Beträge jedoch erst zum Zeitpunkt der Ersatzbeschaffung benötigt werden, können diese Mittel zwischenzeitlich anderweitig verwendet werden, z. B. zur Schuldentilgung oder zur Finanzierung von Warenvorräten bzw. neuen Anlagegütern.

Voraussetzungen für einen Finanzierungseffekt

- Kalkulatorische Abschreibungen werden in die **Absatzpreise** einkalkuliert.

- Marktpreise einschließlich der kalkulatorischen Abschreibungen werden voll vom Markt **vergütet**.

- Das Unternehmen muss die in den Umsatzerlösen enthaltenen Abschreibungsgegenwerte in **liquider** Form – also in Einzahlungen – vereinnahmen.

- Bilanzielle Abschreibungen sollten in gleicher Höhe den **Gewinn reduzieren**, um die eingeflossenen Beträge den Ansprüchen von Anteilseignern (Gewinnausschüttungen) und dem Staat (Steuern) zu entziehen.

Bedeutung für die Unternehmen

Finanzierung aus Abschreibungsgegenwerten = **vorherrschende Finanzierungsform für Investitionen** der Unternehmen (einleuchtend, da die Ersatzinvestitionen i. d. R. den größten Teil der Investitionen ausmachen)

Funktionsweise:	**Umfinanzierung,** weil Anlagevermögen zu Umlaufvermögen wird:
Kalkulation der Abschreibungen in die Selbstkosten ↓ Erhöhung der Verkaufspreise ↓	**AV sinkt** (Abschreibungen!), **UV** (Forderungen, liquide Mittel) **steigt** durch Abschreibungsrückflüsse.
Abschreibungsrückfluss über die Umsatzerlöse ↓ Verwendung Abschreibungsrückflüsse für Ersatzbeschaffungen (Re- oder Nettoinvestitionen)	Annahme: **kalkulatorische Abschreibung < bilanzielle Abschreibung** Folgen: 1. Umfinanzierung in Höhe der kalk. Abschr. 2. Differenzbetrag = **stille Selbstfinanzierung**

Probleme: • unsichere zukünftige Absatzlage

• Investitionen ausschließlich auf der Basis der Abschreibungsrückflüsse bedeuten Unstetigkeit im betrieblichen Wachstum (unflexibel bei plötzlichem Investitionsbedarf).

• Werden bei Preissteigerungen die kalkulatorischen Abschreibungen auf Basis der Anschaffungskosten (Geschäftsbuchführung!) angesetzt, ist Wiederbeschaffung aus Abschreibungsrückflüssen allein nicht möglich (gestiegene Wiederbeschaffungskosten).

Daher: kalkulatorische Abschreibungen auf Basis der Wiederbeschaffungskosten!

– Siehe Skizze nächste Seite –

Aufgaben (Grundwissen)

1. Erklären Sie kurz die Finanzierung aus Abschreibungsgegenwerten.

2. Erklären Sie kurz den Begriff „**Kapitalfreisetzung**".

3. Nennen Sie drei **Voraussetzungen** für die Wirksamkeit des Finanzierungseffekts bei der Finanzierung aus Abschreibungsgegenwerten.

4. Begründen Sie: „Die Finanzierung aus Abschreibungen ist stets eine **Umfinanzierung**."

5. Notieren Sie je zwei **Vorteile** und **Probleme** der Finanzierung aus Abschreibungen.

Finanzierung aus Abschreibungen: der Kreislauf

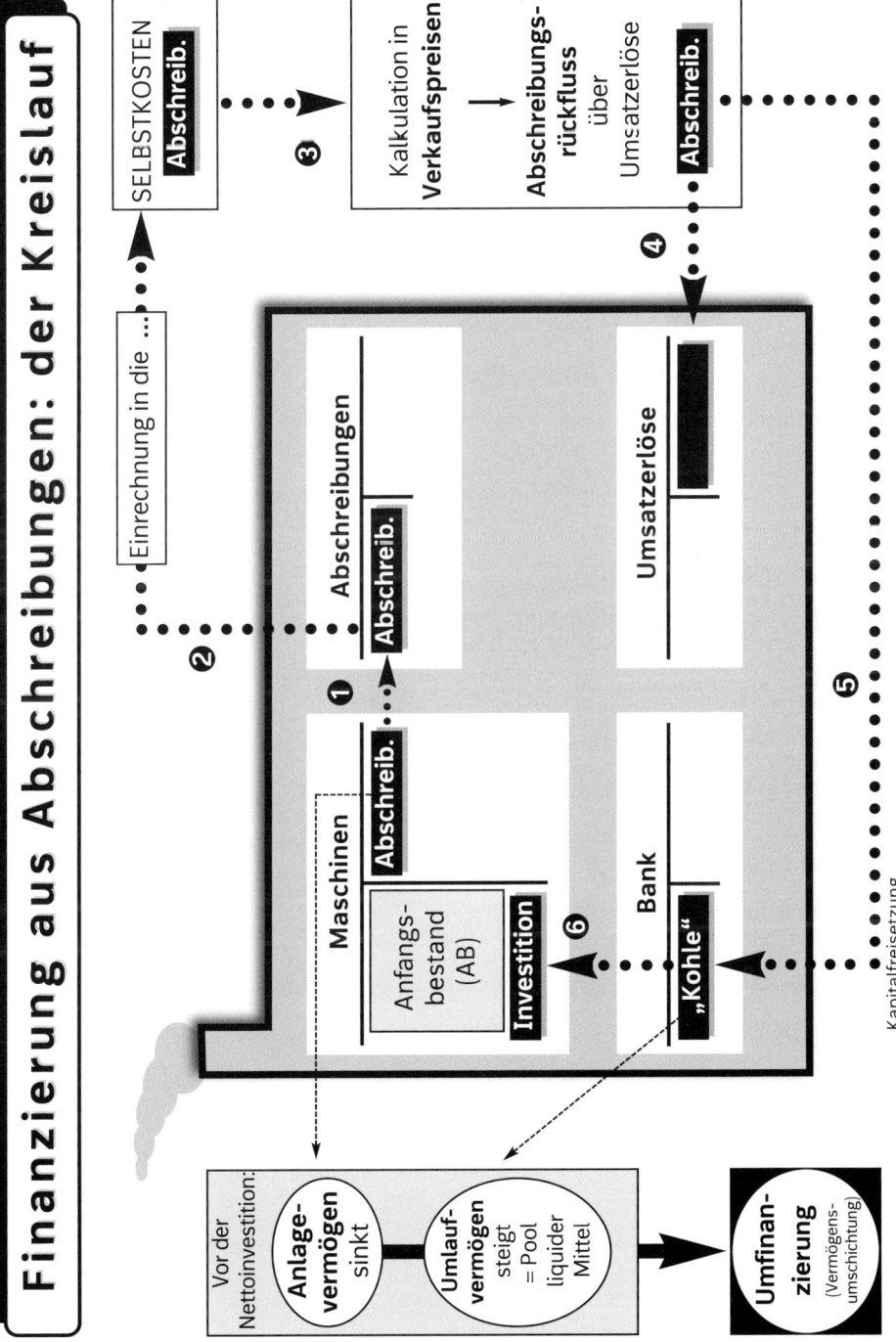

SELBSTKOSTEN
Abschreib.

❸ Kalkulation in Verkaufspreisen → **Abschreibungsrückfluss** über Umsatzerlöse **Abschreib.**

❷ Einrechnung in die ...

❹

Abschreibungen
Abschreib.

Umsatzerlöse

❶

Maschinen

Anfangsbestand (AB)

❻ **Investition**

Bank

„Kohle"

❺ Kapitalfreisetzung

Vor der Nettoinvestition:

Anlagevermögen sinkt

Umlaufvermögen steigt = Pool liquider Mittel

Umfinanzierung (Vermögensumschichtung)

6.9   Kreditsicherheiten

Stofftelegramm

Einfacher Personalkredit (= Blankokredit) ——▶ Einzige Sicherheit ist die persönliche
Kreditwürdigkeit des Schuldners.

Verstärkter Personalkredit ——▶ Neben dem Schuldner haften weitere
Personen für die Kreditrückzahlung.

Bürgschaftskredit   Zwei Verträge werden geschlossen:

- **Kreditvertrag** zwischen Schuldner und Gläubiger

- **Bürgschaftsvertrag** zwischen Bürge und Gläubiger

- **Bürgschaftsvertrag:**   Der Bürge verpflichtet sich zur Zahlung bei Nichtzahlung des
Schuldners.

Schriftform (Ausnahme: Kaufmann i. S. des HGB gibt Bürgschaft
im Rahmen seines Handelsgeschäftes ab.)

- **Selbstschuldnerische Bürgschaft:**

  – Vereinbarung im Bürgschaftsvertrag: „Verzicht auf Einrede der Vorausklage": Gläubiger
  kann sich bei Fälligkeit sofort an den Bürgen wenden.

  – Bürgschaften von HGB-Kaufleuten im Rahmen ihres Geschäfts: stets selbstschuldnerisch

  – von Banken üblicherweise verlangt

  – Ausgleichsanspruch Bürge gegenüber Schuldner; Problem: Zahlungsfähigkeit Schuldner

Realkredite ——▶ Kreditsicherung durch eine bewegliche/unbewegliche Sache

Sicherungsübereignung   Gläubiger erhält zur Kreditsicherung bestimmte Sachen
ohne Übergabe übereignet.

Gläubiger wird Eigentümer, Schuldner bleibt Besitzer (Besitzkonstitut).

Vorteil für Gläubiger: Aufbewahrung entfällt

Vorteil für Schuldner: Nutzung der übereigneten Sachen weiter möglich

Risiken für Gläubiger: • Sache anderweitig bereits übereignet

• Sache evtl. an gutgläubigen Dritten weiterveräußert

• Beschädigung oder Zerstörung der Sache

Die Sicherungsübereignung

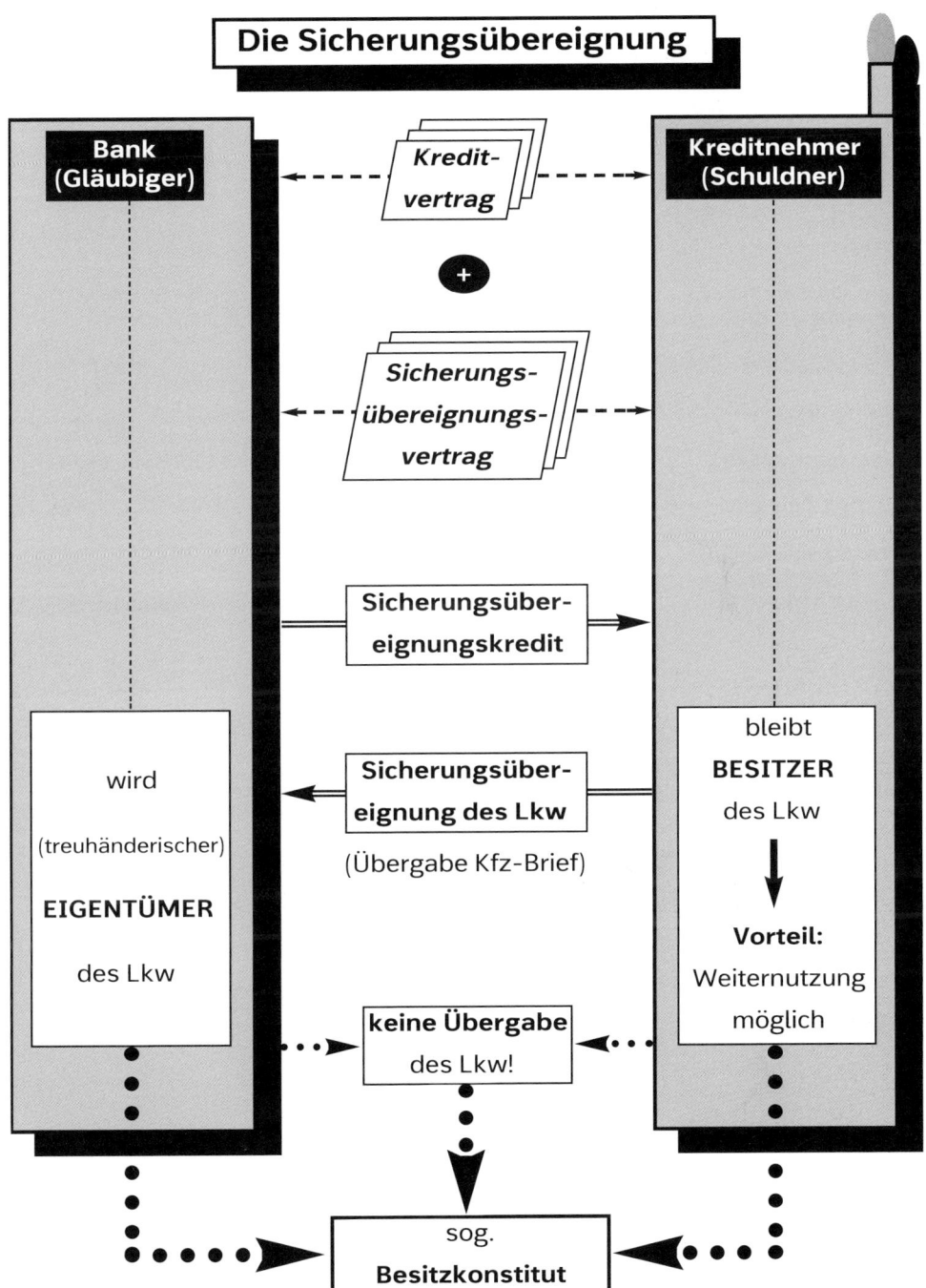

| Bank (Gläubiger) | | Kreditnehmer (Schuldner) |

Kredit-vertrag

+

Sicherungs-übereignungs-vertrag

Sicherungsüber-eignungskredit →

Sicherungsüber-eignung des Lkw
(Übergabe Kfz-Brief)

wird
(treuhänderischer)
EIGENTÜMER
des Lkw

bleibt
BESITZER
des Lkw
↓
Vorteil:
Weiternutzung
möglich

keine Übergabe
des Lkw!

sog.
Besitzkonstitut

Grundschuld = im Grundbuch eingetragene Belastung eines Grundstücks mit einer bestimmten Geldsumme zugunsten des Berechtigten (Pfandrecht am Grundstück).

• Bei Nichtzahlung kann der Gläubiger die Versteigerung bewirken und sich hieraus befriedigen.

• Eintrag der Grundschuld im Grundbuch

• Dingliche Sicherung: nur Grundstück haftet, keine persönliche Haftung

• Im Gegensatz zur Hypothek ist die Grundschuld nicht an die Darlehenshöhe gebunden. Die eingetragene Grundschuldhöhe ändert sich nicht durch Darlehensrückzahlung.

Vorteil: rasche Kreditaufnahme bei vorsorglich eingetragener Grundschuld möglich

• **Buchgrundschuld:**   Einigung + Eintrag Grundbuch

• **Briefgrundschuld:**   Einigung + Eintrag Grundbuch + Ausstellung Grundschuldbrief

Vorteil: Grundschuldbrief formlos ohne Grundbuchumschreibung übergebbar

• **Fremdgrundschuld:**   Berechtigter ist der Kreditgeber.

• **Eigentümergrundschuld:** Die Rechte aus der Grundschuld stehen dem Eigentümer selbst zu.

Entstehung: – automatisch nach erfolgter Darlehensrückzahlung bzw.

                   – vorsorglich eingetragene Grundschuld zwecks Rangsicherung

Berechnung der Kreditsicherungsmöglichkeiten

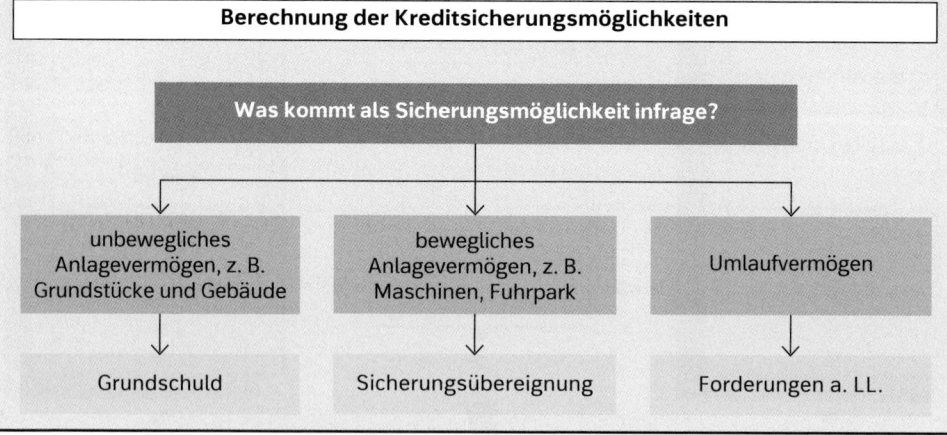

Was kommt als Sicherungsmöglichkeit infrage?		
unbewegliches Anlagevermögen, z. B. Grundstücke und Gebäude	bewegliches Anlagevermögen, z. B. Maschinen, Fuhrpark	Umlaufvermögen
Grundschuld	Sicherungsübereignung	Forderungen a. LL.

Beispielaufgabe:

Ein Unternehmen möchte expandieren und eine neue Werkzeugmaschine mit einem Wert von 100.000,00 EUR anschaffen. Es steht kein Eigenkapital zur Verfügung. Es werden Verhandlungen mit einer örtlichen Bank über einen längerfristigen Kredit geführt. Die Bank verlangt Sicherheiten für die Kreditgewährung. Der Beleihungssatz der Bank für unbewegliches Anlagevermögen beträgt 75 %, der für bewegliches Anlagevermögen 60 %. Das Unternehmen kann die neue Werkzeugmaschine als Sicherheit anbieten sowie ein Grundstück mit einem Wert von 120.000,00 EUR. Auf dem Grundstück ist allerdings schon eine Grundschuld in Höhe von 40.000,00 EUR eingetragen. Reichen die Kreditsicherungsmöglichkeiten des Unternehmens für die Kreditinanspruchnahme aus?

1. Sicherheit: das Grundstück

Wert des Grundstücks	120.000,00 EUR	
Beleihungssatz für unbewegliches AV	75 %	
= Beleihungswert des Grundstücks	= 90.000,00 EUR	
– evtl. schon beliehene Anteile (bestehende Grundschuld)	40.000,00 EUR	
tatsächlich zur Kreditsicherung zur Verfügung stehende Anteile		50.000,00 EUR

2. Sicherheit: die neue Werkzeugmaschine

Wert der Maschine	100.000,00 EUR	
Beleihungssatz für bewegliches AV	60 %	
= Beleihungswert für die Werkzeugmaschine	= 60.000,00 EUR	
– evtl. schon beliehene Anteile	0,00 EUR	
tatsächlich zur Kreditsicherung zur Verfügung stehende Anteile		60.000,00 EUR
	Gesamt:	**110.000,00 EUR**

Summe der Kreditsicherungsmöglichkeiten ≥ Kreditbetrag = Kreditaufnahme möglich
110.000,00 EUR ≥ 100.000,00 EUR, Kreditaufnahme und somit Kauf der Werkzeugmaschine möglich.

Aufgaben

1. a) Zeigen Sie in einer übersichtlichen Skizze die Arten der Kreditsicherheiten.
   b) Worin unterscheiden sich Personal- und Realkredite?

2. Welche Verträge sind zwischen wem beim Bürgschaftskredit zu schließen und welche Formvorschriften sind zu beachten?

3. Welche Besonderheiten gelten für HGB-Kaufleute, die eine Bürgschaft im Rahmen ihres Handelsgeschäftes abgeben?

4.   Erklären Sie die Besitz- und Eigentumsverhältnisse beim Sicherungsübereignungskredit.

5.   Welche wesentlichen Vorteile hat die Sicherungsübereignung für Gläubiger und Schuldner?

6.   Welche Risiken ergeben sich aus der Sicherungsübereignung für den Gläubiger?

7.   Was versteht man unter einer Grundschuld?

8.   Welche Vorteile hat es, bereits vor Kreditaufnahme eine Grundschuld eintragen zu lassen?

9.   Unterscheiden Sie:
      a) Buch-, Briefgrundschuld
      b) Fremd-, Eigentümergrundschuld

10.   Wie entsteht eine Eigentümergrundschuld?

11.   Welche Bedeutung hat die Rangfolge?

12.   • Erstrangige Grundschuld: 200.000,00 EUR zugunsten der Sparkasse Goggelshausen.
      • 2. Grundschuld zugunsten der Volksbank Hasenbüttel: 150.000,00 EUR.
      • 3. Grundschuld zugunsten der Firma Teufel & Co. in Höhe von 40.000,00 EUR.

      Firma Teufel beantragt die Vollstreckung in das Grundstück.
      Versteigerungserlös: 330.000,00 EUR.

      Welche Gläubiger werden in welcher Reihenfolge befriedigt?

13.   Welche Positionen einer Bilanz eines Industriebetriebes können für welche Kredit-
      sicherheiten in Anspruch genommen werden?

14.   Die NEUTEX GmbH, Stuttgart, plant die Erweiterung ihrer Produktionsanlagen und benö-
      tigt dazu einen Investitionskredit in Höhe von 750.000,00 EUR. Als Sicherheit bietet sie
      ihrer Bank Grundpfandrechte an.

      Auf das Grundvermögen der GmbH in Höhe von 1.200.000,00 EUR ist bereits im 1. Rang
      eine Eigentümergrundschuld in Höhe von 250.000,00 EUR eingetragen, über die ein
      Grundschuldbrief auf den Inhaber ausgestellt wurde. Der Grundschuldbrief befindet sich
      in den Händen der NEUTEX GmbH.

      a) Erklären Sie die unterstrichenen Begriffe.
      b) Wie kann bei diesem Sachverhalt der Kredit für die Bank durch Grundpfandrechte
         möglichst vorteilhaft gesichert werden?
      c) Außerdem will die NEUTEX GmbH Rohstoffvorratskäufe in Höhe von 150.000,00 EUR
         durch einen Kredit vorfinanzieren. Für die Sicherung dieses Kredites bietet die GmbH
         der Bank eine Sicherungsübereignung von vier Lkw (Anschaffungswert 600.000,00 EUR,
         Nutzungsdauer vier Jahre, drei Jahre bereits im Betrieb) an.
      ca) Erklären Sie die angebotene Sicherheit.
      cb) Nennen Sie drei Gefahren, die bei der im Sachverhalt genannten Sicherungsart
          der Bank drohen.
      cc) Weisen Sie nach, inwieweit die Sicherungsart zur Sicherung des Kredites aus-
          reicht (rechnerischer Nachweis).

6.10 Finanzierungsgrundsätze[1]

Stofftelegramm

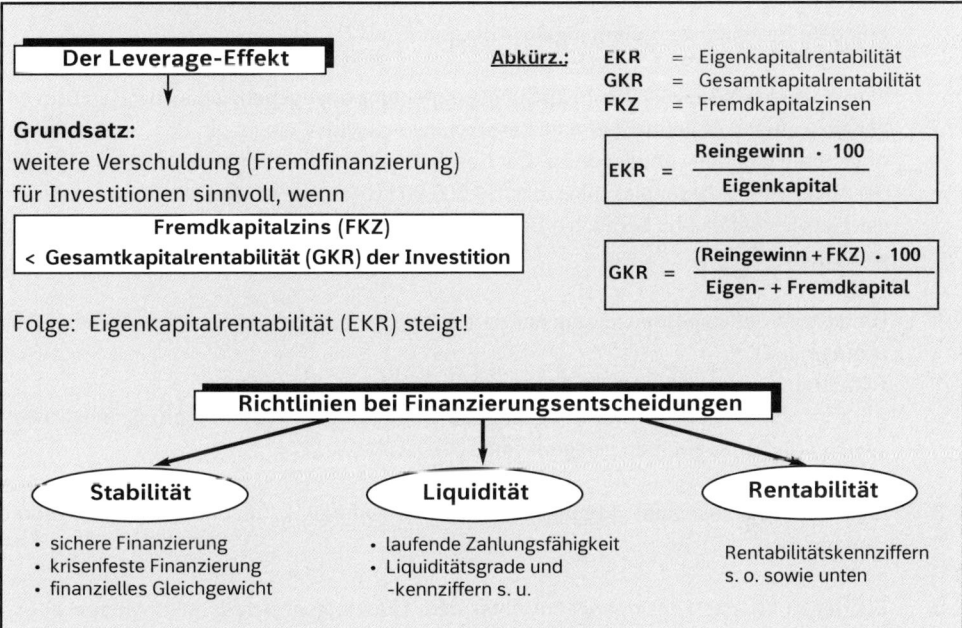

Der Leverage-Effekt

Grundsatz:
weitere Verschuldung (Fremdfinanzierung) für Investitionen sinnvoll, wenn

Fremdkapitalzins (FKZ) < Gesamtkapitalrentabilität (GKR) der Investition

Folge: Eigenkapitalrentabilität (EKR) steigt!

Abkürz.:
EKR = Eigenkapitalrentabilität
GKR = Gesamtkapitalrentabilität
FKZ = Fremdkapitalzinsen

$$EKR = \frac{Reingewinn \cdot 100}{Eigenkapital}$$

$$GKR = \frac{(Reingewinn + FKZ) \cdot 100}{Eigen\text{-} + Fremdkapital}$$

Richtlinien bei Finanzierungsentscheidungen

Stabilität
• sichere Finanzierung
• krisenfeste Finanzierung
• finanzielles Gleichgewicht

Liquidität
• laufende Zahlungsfähigkeit
• Liquiditätsgrade und -kennziffern s. u.

Rentabilität
Rentabilitätskennziffern s. o. sowie unten

6.11 Prüfungsaufgaben

Prüfungsaufgaben Winter 2014/2015 (Aufgabe 2)

Die Schweiger GmbH mit Sitz in Leingarten ist in der Blechverarbeitung für den Maschinenbau tätig. Wie ein Teil der Maschinenbaubranche befindet sich das Unternehmen in einer umsatzschwachen Phase. Auch für das aktuelle Geschäftsjahr 2014 und die nächsten beiden Jahre sieht der Verband der deutschen Maschinenbauer kaum eine Verbesserung der Absatzzahlen. Ab dem Jahr 2017 rechnet der Verband mit einem Aufschwung aufgrund sich erholender Weltkonjunktur. Die gestiegenen Qualitätsanforderungen der Kunden zwingen die Schweiger GmbH zu ständigen Neuinvestitionen. Deshalb soll trotz angespannter Liquiditätslage zu Beginn des kommenden Jahres eine Laserschneidmaschine angeschafft werden. Hierzu haben die Abteilungen Einkauf und Arbeitsvorbereitung (AV) Angebote eingeholt und die Maschinen der Hersteller Aarwiller und Heubach ins Auge gefasst.

---

[1] Vgl. auch Steuerung und Kontrolle, Kapitel „Jahresabschluss".

Als Mitarbeiter der Finanzabteilung haben Sie in diesem Zusammenhang folgende Aufgaben:

1. Prüfen Sie die Investitionsalternativen Aarwiller und Heubach anhand der Angaben der Abteilung AV mithilfe des Standardformulars des Unternehmens und geben Sie eine begründete Investitionsempfehlung ab (**Anlagen 1** und **2**).

2. Eine Woche nachdem Sie Ihre Investitionsempfehlung abgegeben haben, hat Herr Schweiger ein weiteres Angebot über eine Laserschneidmaschine eingeholt, das den bisherigen Angeboten qualitativ überlegen ist. Der Geschäftsführer überzeugt die Gesellschafter von der Anschaffung dieser Maschine, die 250.000,00 EUR zuzüglich Umsatzsteuer kostet. Die vier Gesellschafter sind bereit, hierfür auf jeweils 10.0000,00 EUR Gewinnausschüttung zu verzichten.

2.1 Für die erforderliche Finanzierung hat Herr Schweiger entsprechende Angebote eingeholt (**Anlage 3–7**).
    • Ermitteln Sie die Höhe der Kreditfinanzierung.
    • Prüfen Sie, ob diese Finanzierungsangebote aufgrund der Kreditsicherungsmöglichkeiten für das Unternehmen geeignet sind.

2.2 Erstellen Sie Zins- und Tilgungspläne für die infrage kommenden Kreditangebote (**Anlage 8**).

2.3 Beurteilen Sie das Leasingangebot unter dem Liquiditätsgesichtspunkt (**Anlage 8**) und vier weiteren Aspekten.

2.4 Formulieren Sie einen begründeten Vorschlag zur Finanzierung der Laserschneidmaschine, der die Liquiditätslage und die erwartete Absatzsituation des Unternehmens berücksichtigt.

Anlage 1

Investitionsrechnung		
Projekt:		
Anlage		
Anschaffungskosten (in Euro)		
Nutzungsdauer (in Jahren)		
kalkulatorischer Zinssatz (in %)		
variable Stückkosten (in Euro)		
geplante Produktionsmenge (in Stück/Jahr)		
derzeitiger Absatzpreis (in Euro)		
1. Kostenvergleichsrechnung (Jahreskosten in Euro)		
kalkulatorische Abschreibung		
kalkulatorische Zinsen vom halben AW		
sonstige Fixkosten		
variable Kosten		
Summe der jährlichen Kosten		
2. Gewinnvergleichsrechnung (Jahresgewinn in Euro)		
Erlöse		
Kosten		
Gewinn		
3. Amortisationsvergleichsrechnung		
Amortisationsdauer (Jahre)		
Berechnung		
4. Rentabilitätsvergleichsrechnung		
Rentabilität (in %)		
Berechnung		
Investitionsempfehlung		

Anlage 2

WG: Laserschneidmaschinen goetzer@schweiger-gmbh.com	
Gesendet:	19.10.20..
An:	finanzen@schweiger-gmbh.com

Hallo,
hier die erforderlichen Daten für die beiden zur Auswahl stehenden Laserschneidmaschinen: Die Maschine der Aarwiller GmbH kostet 250.000,00 EUR, die der Heubach AG 292.500,00 EUR, jeweils ohne Umsatzsteuer. Wir gehen, wie die amtliche AfA-Tabelle, von einer 5-jährigen Nutzungszeit aus. Damit produzieren wir 110.000 Stück/Jahr. Die variablen Stückkosten bei der Maschine der Aarwiller GmbH betragen 1,25 EUR, bei Heubach AG 1,19 EUR. Den damit erzielten Erlös setzen wir mit 2,55 EUR/St. an. Neben der Abschreibung und den kalkulatorischen Zinsen (Zinssatz 7 %) gehen wir bei Aarwiller von 46.000,00 EUR und bei Heubach von 48.900,00 EUR an fixen Kosten/Jahr aus.

V. Götzer - AV

Anlage 3

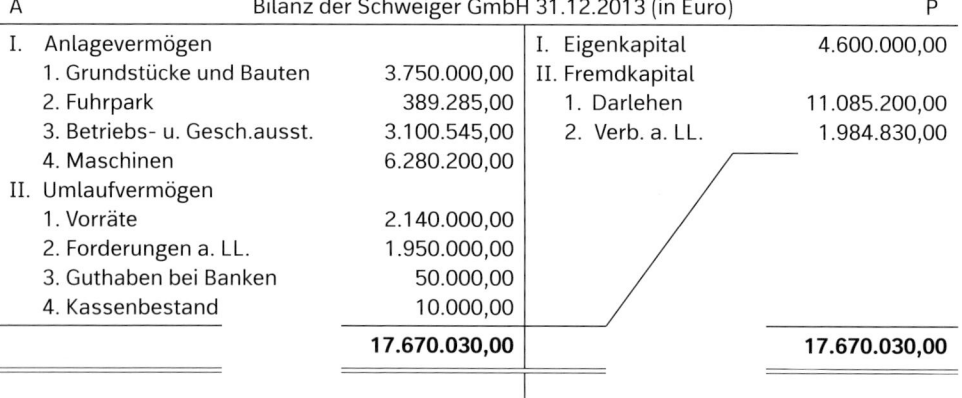

A	Bilanz der Schweiger GmbH 31.12.2013 (in Euro)		P
I. Anlagevermögen		I. Eigenkapital	4.600.000,00
1. Grundstücke und Bauten	3.750.000,00	II. Fremdkapital	
2. Fuhrpark	389.285,00	1. Darlehen	11.085.200,00
3. Betriebs- u. Gesch.ausst.	3.100.545,00	2. Verb. a. LL.	1.984.830,00
4. Maschinen	6.280.200,00		
II. Umlaufvermögen			
1. Vorräte	2.140.000,00		
2. Forderungen a. LL.	1.950.000,00		
3. Guthaben bei Banken	50.000,00		
4. Kassenbestand	10.000,00		
	17.670.030,00		**17.670.030,00**

Anlage 4: Auszug aus dem Grundbuch Schweiger GmbH

Einlegeblatt

| Grundbuch von Heilbronn | Band 30 Blatt 1234 | Dritte Abteilung | 1 |

Lfd. Nr. der Eintragungen	Laufende Nummer der belasteten Grundstücke im Bestandsverzeichnis	Betrag	Hypotheken, Grundschulden, Rentenschulden
1	2	3	4
1	1	3.000.000,00 EUR	Drei Millionen Euro nach § 800 ZPO sofort vollstreckbare Grundschuld – ohne Brief – mit 15 v. H. Zinsen jährlich und einer einmaligen Nebenleistung von 5 v. H. des Grundschuldbetrags für die K-Kasse in Heilbronn.

Anlage 5

Südbank Heilbronn
Urbanstraße 14
74072 Heilbronn

Südbank Heilbronn
Wir für Sie

Heilbronn, 18.10.2014

Schweiger GmbH
Benzstraße 18 – 24
74211 Leingarten

Ihre Anfrage nach einem Darlehen

Sehr geehrter Herr Schweiger,

gerne unterbreiten wir Ihrem Hause ein Finanzierungsangebot. Bei einem Darlehensvolumen von 210.000,00 EUR und einer Laufzeit von 5 Jahren bieten wir Ihnen folgende Konditionen an:

Darlehen mit jährlicher Annuität von:	49.853,24 EUR
Zinssatz:	6 % pro Jahr
Zins- und Tilgungsverrechnung:	jährlich; am Ende des Jahres

Alternativ zum obigen Vorschlag bieten wir Ihnen an:

Zinssatz:	6 % pro Jahr
Jährliche Tilgung:	10 % der Darlehenssumme
	Restbetrag am Ende des 5. Jahres
Zins- und Tilgungsverrechnung:	jährlich; am Ende des Jahres

Als Sicherung des Darlehens erwarten wir eine dingliche Sicherheit. Denkbar wäre eine Grundschuld oder eine Sicherungsübereignung. Die Beleihungsgrenzen betragen bei einer Grundschuld 80 % und bei einer Sicherungsübereignung 50 % des Zeitwertes.

Vier Maschinen im Wert von 5.200.200,00 EUR haben Sie uns bereits sicherungsübereignet.

Gerne unterbreiten wir Ihnen auch ein geändertes Angebot, falls unser Vorschlag nicht Ihren Wünschen entspricht. Bitte wenden Sie sich an unseren Herrn Müller.

Mit uns sind Sie immer gut beraten.

Mit freundlichen Grüßen

Südbank Heilbronn

Hofmann

ppa. Hofmann   i. V. Müller

Anlage 6

Württembergische Kreditbank AG
Moltkestraße 6
74078 Heilbronn

Württembergische
Kreditbank AG

Heilbronn, 20.10.2014

Schweiger GmbH
Benzstraße 18 – 24
74211 Leingarten

Ihre Anfrage nach einem Darlehen

Sehr geehrter Herr Schweiger,

sehr gerne unterbreiten wir Ihnen ein maßgeschneidertes Finanzierungsangebot. Von der größten Geschäftsbank Baden-Württembergs dürfen Sie zu Recht Besonderes erwarten.

Für das nachgefragte Finanzierungsvolumen, welches Sie selbst zwischen 100.000,00 EUR und 400.000,00 EUR festlegen können, bieten wir Ihnen ein Ratendarlehen an.

Für Ihr Unternehmen können wir folgende Konditionen anbieten:

Zinssatz:	5,5 % p. a.
Laufzeit:	5 Jahre
Tilgung:	20 % jährlich

Als Sicherheit benötigen wir dingliche Sicherheiten in Form einer Grundschuld.
Die Beleihungsgrenze beträgt hier 80 % des Verkehrswertes.

Sofern Ihnen unser Angebot zusagt, würden wir uns über eine Zusammenarbeit sehr freuen.

Mit freundlichen Grüßen

Württembergische Kreditbank AG

Hintze

ppa. Hintze

Anlage 7

Handelsbank Stuttgart
Filiale Heilbronn
Klarastraße 10
74072 Heilbronn

Handelsbank
Stuttgart

Heilbronn, 20.10.2014

Schweiger GmbH
Benzstr. 18 – 24
74211 Leingarten

Angebot über Leasing einer Laserschneidmaschine

Sehr geehrter Herr Schweiger,

für die geplante Laserschneidmaschine unterbreiten wir Ihnen folgendes Leasing-Angebot:

Für Ihr Vorhaben schlagen wir ein Finance Leasing vor. Die gewünschte Laufzeit betragt fünf Jahre.
Es wird keine Leasing-Sonderzahlung vereinbart.

Das Leasingentgelt schließt die laufenden Wartungskosten und einen 24-Stunden-Service ein. Die Entsorgung der Maschine bzw. eine Verwertung zum Restwert haben wir bereits in die Leasingrate einkalkuliert.

Folgende Konditionen können wir Ihnen anbieten:

Jahr	Monatliches Leasingentgelt für die Grundmietzeit
1. Jahr	9.000,00 EUR
2. Jahr	7.500,00 EUR
3. Jahr	5.000,00 EUR
4. Jahr	5.000,00 EUR
5. Jahr	5.000,00 EUR

Wir freuen uns auf Ihre Antwort.

Mit freundlichen Grüßen

Handelsbank Stuttgart
Filiale Heilbronn

Meyer   *Schulze*

ppa. Meyer   i. V. Schulze

Anlage 8

Jahr	Darlehensschuld am Jahresanfang	Zinsen	Tilgung	Liquiditätsbelastung
Summe				

Jahr	Darlehensschuld am Jahresanfang	Zinsen	Tilgung	Liquiditätsbelastung
Summe				

Jahr	Liquiditätsbelastung Leasing
Summe	

Prüfungsaufgaben Sommer 2016 (Aufgabe 2)

Die Ride & Fun KG mit Sitz in Aalen ist ein mittelständisches Unternehmen und produziert hochwertige Fahrräder und Rollerskates. Zudem werden Waveboards als Handelsware vertrieben. Bisher ist es gelungen, den hohen Qualitätsstandard bei marktgerechten Preisen zu sichern. Gesellschafter sind Hugo Matthes und Tanja Waller als Komplementäre sowie Bernd Aldinger als Kommanditist. Bei einer Bilanzsumme von 35,6 Mio. EUR beträgt das Eigenkapital derzeit 8,9 Mio. EUR. In der letzten Bilanz werden die maschinellen Anlagen mit 12,8 Mio. EUR ausgewiesen.

In den letzten Jahren hat es im Bereich der Waveboards starke Umsatzsteigerungen gegeben. Parallel dazu gab es immer wieder Probleme mit deren Lieferanten. Deshalb soll die Produktion der Boards in Eigenregie erfolgen. Bei einem Verkaufspreis von 29,00 EUR je Board prognostiziert die Marketingabteilung einen Jahresabsatz von 15.000 Stück. Das für den Einstieg in die Produktion benötigte Personal ist vorhanden, auch ein Teil der Produktionshalle ist noch nicht genutzt. In der Finanzabteilung wird während der Umstellung auf die Eigenfertigung mit einer erhöhten Liquiditätsbelastung für die Umlauffinanzierung gerechnet. Für die erforderliche Produktionsmaschine hat die Abteilung Arbeitsvorbereitung (AV) zwei geeignete Angebote eingeholt.

Als Mitarbeiter der Abteilung Controlling und Finanzen sollen Sie für dieses Projekt folgende Vorbereitungen treffen:

2.1 Führen Sie einen qualitativen Angebotsvergleich durch, in den Sie neben dem Bezugspreis der Produktionsmaschinen (Gewichtung 30 %) vier weitere Kriterien einbeziehen (**Anlagen 1, 2** und **3**).

   Entwerfen Sie hierzu eine aussagekräftige Entscheidungswerttabelle, in der Sie die einzelnen Kriterien mit 0 bis 3 Punkten bewerten.

2.2 Mit dem Kauf der Produktionsmaschine soll eine möglichst hohe Verzinsung des investierten Kapitals erzielt werden.

   Erstellen Sie für beide Maschinen eine geeignete Investitionsrechnung und geben Sie eine begründete Investitionsempfehlung (**Anlagen 1, 2** und **4**).

2.3 Herr Matthes hat zur Finanzierung der Produktionsmaschine bei der Hausbank des Unternehmens ein Kreditangebot eingeholt (**Anlage 5**).
   - Prüfen Sie vorab, ob dieser Kredit in der geforderten Weise gesichert werden kann.
   - Erstellen Sie für das angebotene Annuitätendarlehen einen Zins- und Tilgungsplan in tabellarischer Form.
   - Begründen Sie, für welche Darlehensform Sie sich unter Liquiditätsgesichtspunkten entscheiden würden.

2.4 Der KG liegt ein Angebot des Privatiers Müller vor, sich mit 250.000,00 EUR als Kommanditist am Unternehmen zu beteiligen. Die Gesellschafter überlegen nun, ob die Investition auf diese Weise anstatt mit einem Bankkredit finanziert werden sollte.
   - Berechnen Sie die Eigenkapitalquote vor und nach der Investition für beide Finanzierungsarten.
   - Formulieren Sie eine Finanzierungsempfehlung (Kredit- oder Beteiligungsfinanzierung) unter Berücksichtigung der **Anlage 6** und der Kriterien Liquiditätsbelastung, Mitspracherecht und Kreditspielraum.

Anlage 1

Cerberos AG

Cerberos AG – Mühlenweg 15 – 50667 Köln

Ride & Fun KG
Herrengasse 15
73430 Aalen

Cerberos AG
Mühlenweg 15
50667 Köln

Tel.: 0221 5894 0
E-Mail: info@cerberos.de
Internet: www.cerberos.de

Bearbeiter: Herbert Zuschlag
Telefon: 0221 5894–123
E-Mail: h.zuschlag@cerberos.de

Angebot

Angebots-Nr.: 8995/16
Datum: 25.04.2016
Kunden-Nr.: 895
Gültig bis: 25.05.2016

Wir bedanken uns für Ihre Anfrage vom 20.03.2016 und senden Ihnen gerne unser Angebot:

Bezeichnung	Umfang	Einzelpreis	Gesamtpreis
Maschine FR156	1 Stück	243.500,00	243.500,00 EUR
Verpackung und Versand	pauschal		1.500,00 EUR
Zwischensumme			245.000,00 EUR
zzgl. 19 % MwSt.			46.550,00 EUR
Gesamtbetrag			**291.550,00 EUR**

Das Angebot entspricht Ihren Vorstellungen? Dann freuen wir uns auf eine erfolgreiche Zusammenarbeit. Wenn Sie Fragen oder Anregungen haben, nehmen Sie mit uns Kontakt auf.

Mit freundlichen Grüßen

H. Zuschlag

H. Zuschlag

Cerberos AG

Cerberos AG   Volksbank Köln   IBAN: DE59 6009 0010 8596   Steuer-Nr.: 89-56741
Mühlenweg 15   BLZ: 600 900 10   0023 11   Finanzamt Köln
50667 Köln   Konto: 8 596 002 311 BIC: VOPLDEVBO

Anlage 2: Angebot HongKai

Senden	An: info@ride_fun.de Cc: Betreff: Angebot Fertigungsmaschine

Sehr geehrte Damen und Herren,

wir bedanken uns für Ihre Anfrage und bieten Ihnen unsere Fertigungsmaschine wie folgt an:

Maschine Typ AC56
Kaufpreis 250.000,00 EUR netto
8 % Rabatt
Lieferung frei Haus

Wir hoffen, das Angebot entspricht Ihren Vorstellungen.

Mit freundlichen Grüßen
HongKai
Vertriebsbüro Deutschland
i. V. Laura Liebermann

Anlage 3: Auszüge aus der Lieferantendatei

Cerberos (Deutschland):
Die Lieferungen der bisherigen Maschinen erfolgten ohne Probleme und waren immer terminge-treu. Die Qualität der bisher gekauften Maschinen kann als sehr gut bezeichnet werden. Falls doch einmal kleinere Probleme auftraten, wurden diese durch freundliches Servicepersonal und sehr gut geschulte Mechaniker zügig behoben. Die Ersatzteilverfügbarkeit wird auf zehn Jahre garan-tiert und auch bei Reklamationsfällen zeigt sich das Unternehmen sehr kulant.

HongKai (China):
Die Firma betreibt in Deutschland nur ein Vertriebsbüro, die Lieferungen erfolgen direkt aus China. Da die Maschinen per Schiff versandt werden, ist mit längeren Lieferzeiten zu rechnen. Die Qualität der Maschinen ist gut. Reklamationen und Serviceanfragen werden über ein Callcenter mit gut ausgebildeten Mitarbeitern abgewickelt. Aufträge zur Reparatur von Problemfällen wer-den an Fremdfirmen vergeben. Die Verfügbarkeit von Ersatzteilen wird für acht Jahre zugesichert.

Anlage 4: Daten der maschinellen Anlagen

	Cerberos	HongKai
geschätzte Nutzungsdauer (in Jahren)	10	8
Kapazität in Stück/Jahr	24.000	18.000
kalkulatorischer Zinssatz (in % vom halben AW)	5	5
sonstige Fixkosten (in Euro/Jahr)	21.500,00	25.000,00
Fertigungslöhne (in Euro/Stück)	8,00	10,00
Fertigungsmaterial (in Euro/Stück)	10,00	10,00
sonstige variable Kosten (in Euro/Stück)	5,00	4,00

Anlage 5: Interne Mitteilung von Herrn Matthes

An: Abt. Controlling und Finanzen

Betreff: Bankkredit

Habe mich soeben telefonisch bei unserer Hausbank nach einem Kredit über 250.000,00 EUR erkundigt. Bei einem Ratendarlehen mit einem Nominalzinssatz von 5 % und vier Jahren Laufzeit wird unsere Liquidität mit jährlich gleichbleibender Tilgung zum 31.12. insgesamt mit 281.250,00 EUR belastet.

Alternativ können wir auch ein Annuitätendarlehen mit gleichem Nominalzinssatz und gleicher Laufzeit erhalten. Die jährliche Annuität von 70.502,96 EUR wird jeweils am 31.12. fällig. Die Kreditsicherung kann wieder durch Sicherungsübereignung mit einem Beleihungszinssatz von 50 % erfolgen. Die maschinellen Anlagen mit einem Buchwert von 12.800.000,00 EUR sind bereits mit 10.400.000,00 EUR sicherungsübereignet.

Mit freundlichem Gruß

Matthes

Anlage 6: Auszug aus dem Gesellschaftsvertrag

§ 5   Vom Gewinn erhalten die beiden Komplementäre vorab eine Tätigkeitsvergütung von 48.000,00 EUR/Jahr.
Jeder Gesellschafter erhält jährlich eine Verzinsung in Höhe von 4,8 % seines Kapitalanteils. Der Restgewinn wird zu je 40 % an die Komplementäre und zu 20 % an die Kommanditisten verteilt. Am Verlust nimmt der Kommanditist nicht teil.

1 Geschäftsvorfälle erfassen und buchen

1.1 Bedeutung und Notwendigkeit des Rechnungswesens

Stofftelegramm

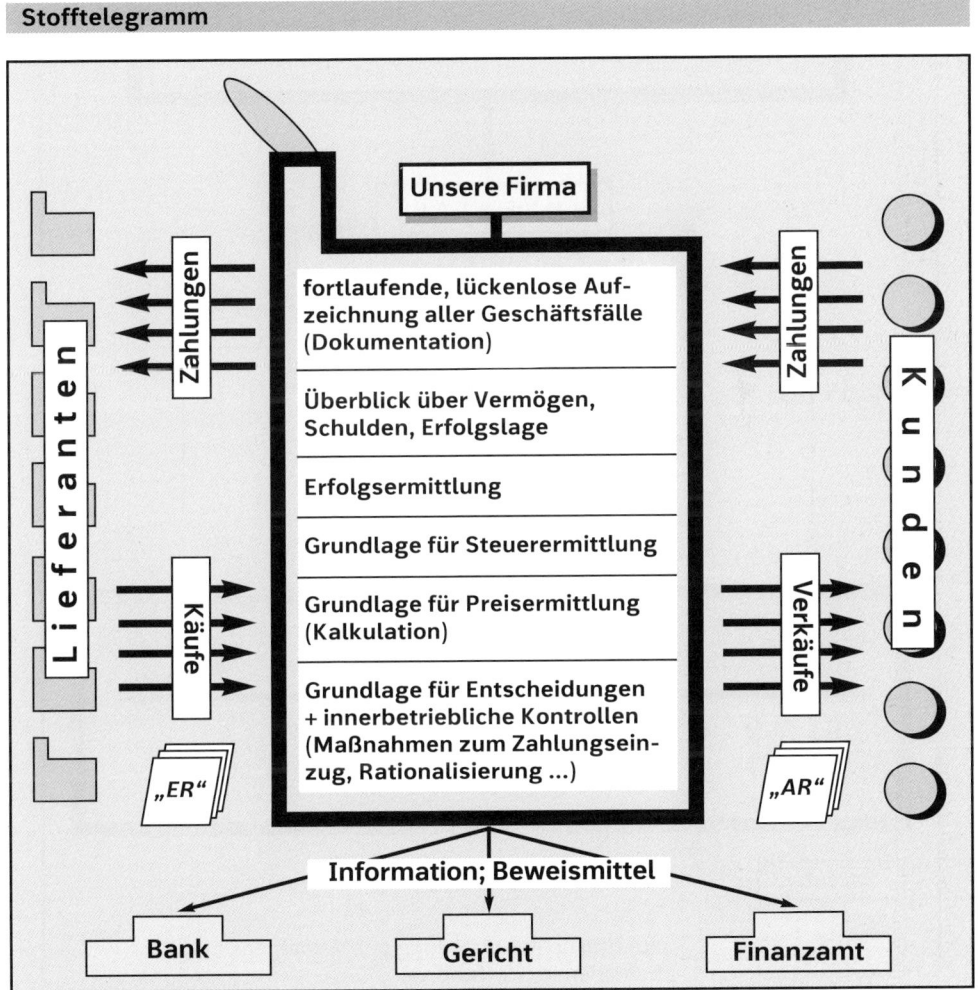

Unsere Firma

Lieferanten

Zahlungen

Käufe

„ER"

fortlaufende, lückenlose Aufzeichnung aller Geschäftsfälle (Dokumentation)

Überblick über Vermögen, Schulden, Erfolgslage

Erfolgsermittlung

Grundlage für Steuerermittlung

Grundlage für Preisermittlung (Kalkulation)

Grundlage für Entscheidungen + innerbetriebliche Kontrollen (Maßnahmen zum Zahlungseinzug, Rationalisierung ...)

Zahlungen

Verkäufe

Kunden

„AR"

Information; Beweismittel

Bank   **Gericht**   **Finanzamt**

Aufgaben (analoge Prüfungsaufgaben integriert)

1. Nennen und beschreiben Sie kurz die Grundfunktionen des Rechnungswesens.

2. Nennen Sie vier wesentliche Aufgaben der Buchführung.

1.2   Inventur – Inventar – Bilanz

Stofftelegramm

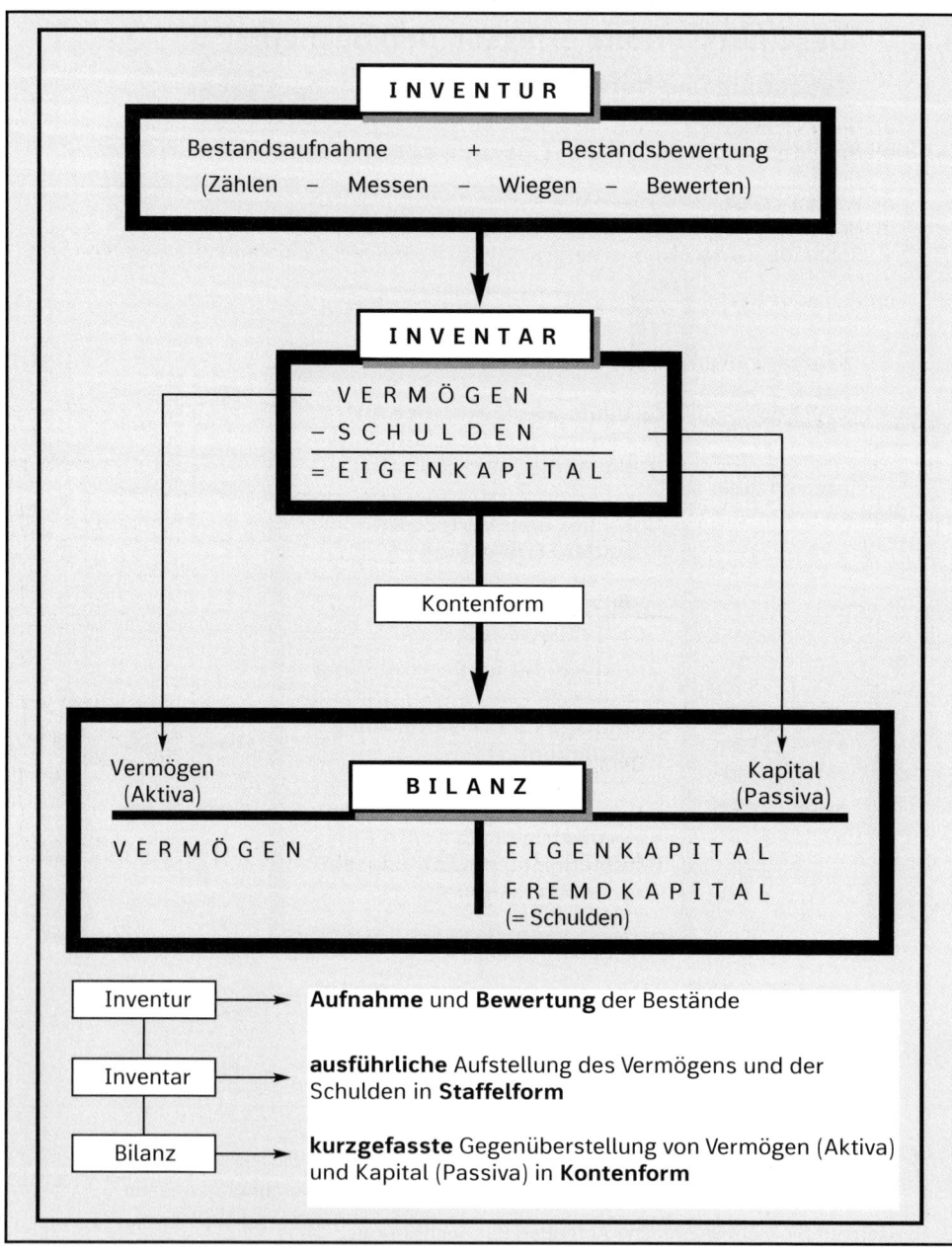

Aufgaben

1. a) Begründen Sie die Notwendigkeit der Inventur.
    b) Unterscheiden Sie: Inventur – Inventar
    c) Aus welchen Teilen setzt sich ein Inventar zusammen?
    d) Unterscheiden Sie: Stichtagsinventur – permanente Inventur
    e) Unterscheiden Sie: körperliche Inventur – Buchinventur

2. a) Unterscheiden Sie: Inventar – Bilanz
    b) Nach welchen Kriterien werden Inventar und Bilanz gegliedert?

3. a) Warum werden Fertigerzeugnisse in der Bilanz nach den Rohstoffen aufgeführt?
    b) Notieren Sie die richtige Reihenfolge in der Bilanz:
       Rohstoffe – Maschinen – unfertige Erzeugnisse – Grundstücke – Bank – Forderungen

4. Worin unterscheiden sich Anlage- und Umlaufvermögen?

1.3 Wertänderungen in der Bilanz

Stofftelegramm

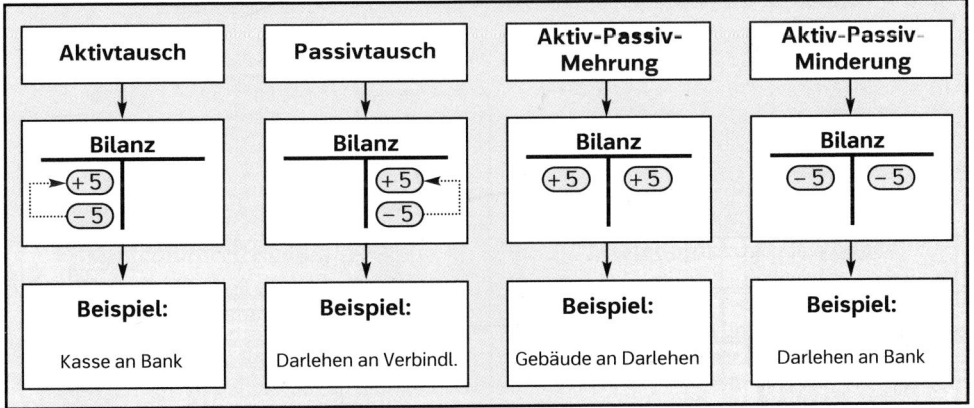

Aufgaben

1. Nennen Sie je einen Geschäftsfall, der zu folgenden Bilanzänderungen führt:
    a) Aktiv-Passiv-Mehrung   c) Aktivtausch
    b) Aktiv-Passiv-Minderung   d) Passivtausch

2. Welche Bilanzänderung liegt bei folgenden Buchungen vor?
    a) Bank an Forderungen   c) Maschinen an Verbindlichkeiten
    b) Verbindlichkeiten an Bank   d) Verbindlichkeiten an Darlehen

1.4 Bestandskonten mit Abschluss

Stofftelegramm

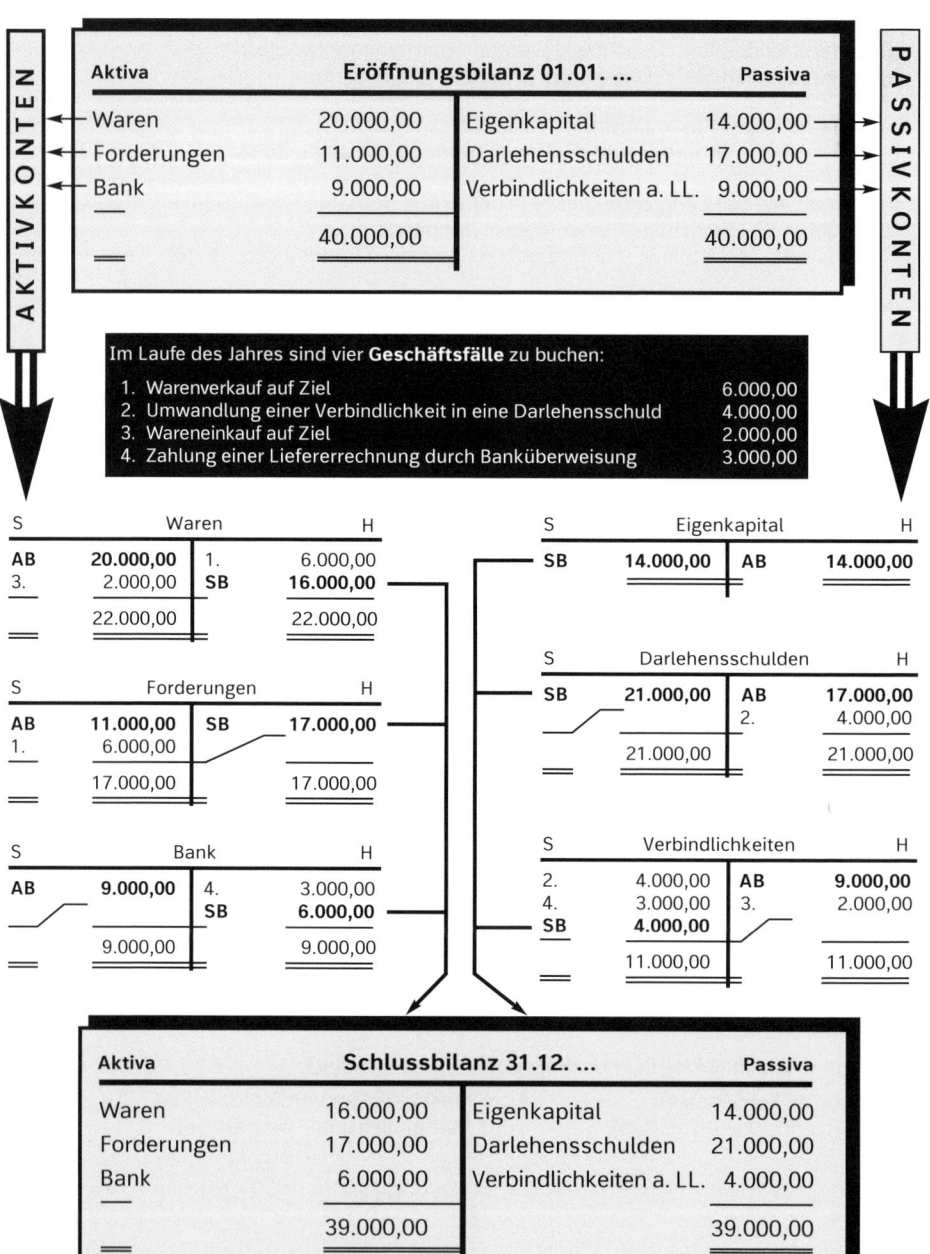

Aktiva	Eröffnungsbilanz 01.01. ...		Passiva
Waren	20.000,00	Eigenkapital	14.000,00
Forderungen	11.000,00	Darlehensschulden	17.000,00
Bank	9.000,00	Verbindlichkeiten a. LL.	9.000,00
	40.000,00		40.000,00

Im Laufe des Jahres sind vier **Geschäftsfälle** zu buchen:

1. Warenverkauf auf Ziel — 6.000,00
2. Umwandlung einer Verbindlichkeit in eine Darlehensschuld — 4.000,00
3. Wareneinkauf auf Ziel — 2.000,00
4. Zahlung einer Liefererrechnung durch Banküberweisung — 3.000,00

S	Waren		H
AB	20.000,00	1.	6.000,00
3.	2.000,00	SB	16.000,00
	22.000,00		22.000,00

S	Eigenkapital		H
SB	14.000,00	AB	14.000,00

S	Forderungen		H
AB	11.000,00	SB	17.000,00
1.	6.000,00		
	17.000,00		17.000,00

S	Darlehensschulden		H
SB	21.000,00	AB	17.000,00
		2.	4.000,00
	21.000,00		21.000,00

S	Bank		H
AB	9.000,00	4.	3.000,00
		SB	6.000,00
	9.000,00		9.000,00

S	Verbindlichkeiten		H
2.	4.000,00	AB	9.000,00
4.	3.000,00	3.	2.000,00
SB	4.000,00		
	11.000,00		11.000,00

Aktiva	Schlussbilanz 31.12. ...		Passiva
Waren	16.000,00	Eigenkapital	14.000,00
Forderungen	17.000,00	Darlehensschulden	21.000,00
Bank	6.000,00	Verbindlichkeiten a. LL.	4.000,00
	39.000,00		39.000,00

1.5   Ergebniskonten (Erfolgskonten) mit Abschluss

Stofftelegramm

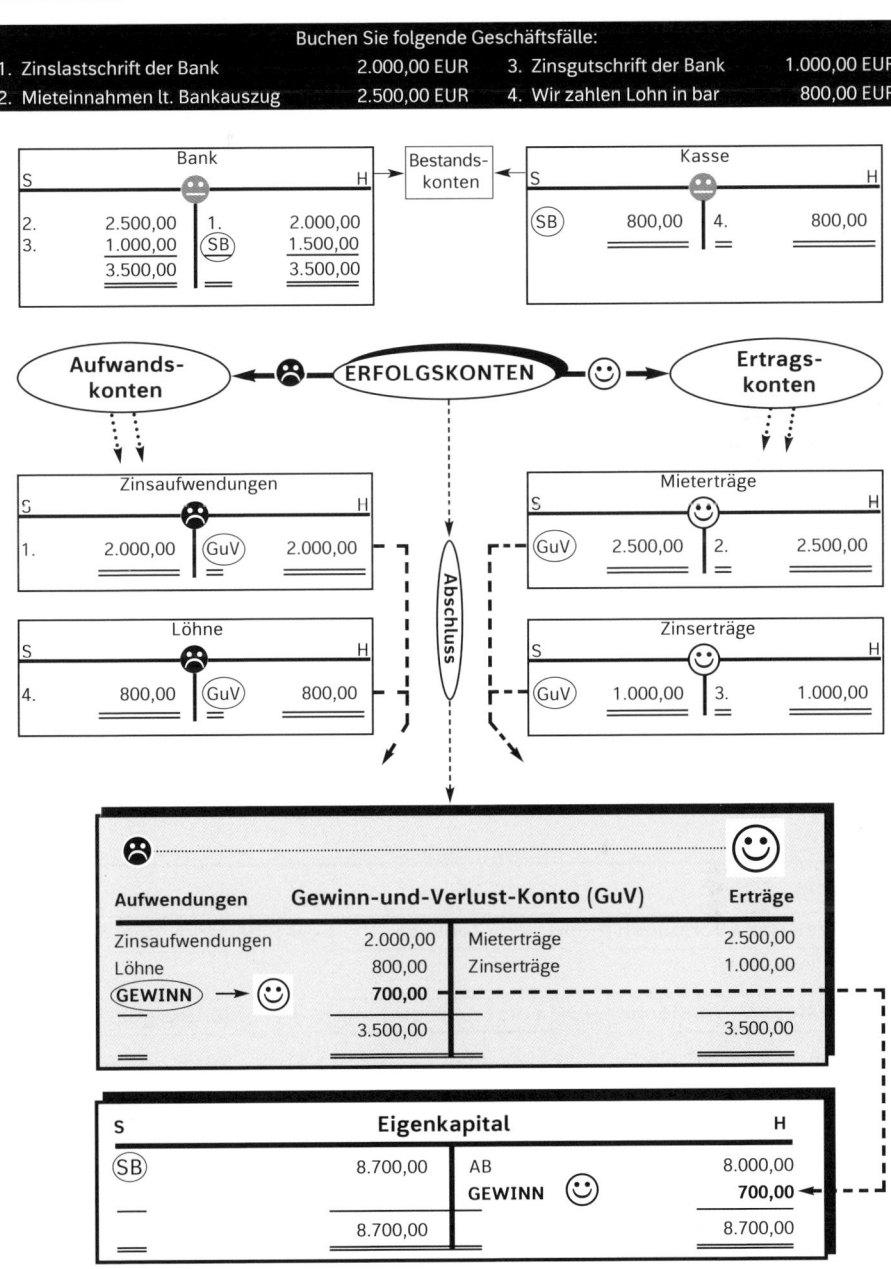

Aufgaben (analoge Prüfungsaufgaben integriert)

1.   Nennen Sie die vier Kontenarten mitsamt ihren Oberbegriffen.

2.   Erklären Sie den Begriff „Erfolg".

3.   Warum werden Aufwendungen im Soll, Erträge im Haben gebucht?

4.   Bei der Erstellung der Gewinn- und Verlustrechnung ist das Verrechnungsverbot (Saldie-
      rungsverbot) zu beachten. Erläutern Sie dies an einem Beispiel.

5.   Beschreiben Sie zwei Möglichkeiten der Gewinnermittlung.

Hinweis: „Abschreibungen" vgl. Kapitel „Jahresabschluss"

1.6   Die Umsatzsteuer

Stofftelegramm

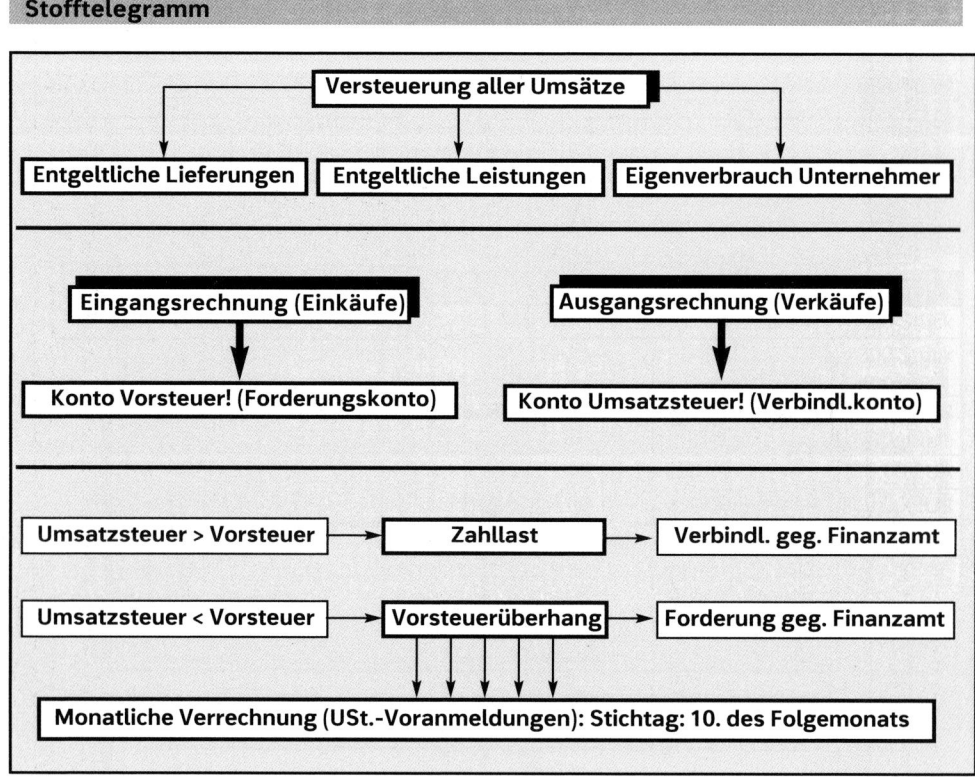

Die Umsatzsteuer (Gesamtzusammenhang) – USt.-Satz: 19 %

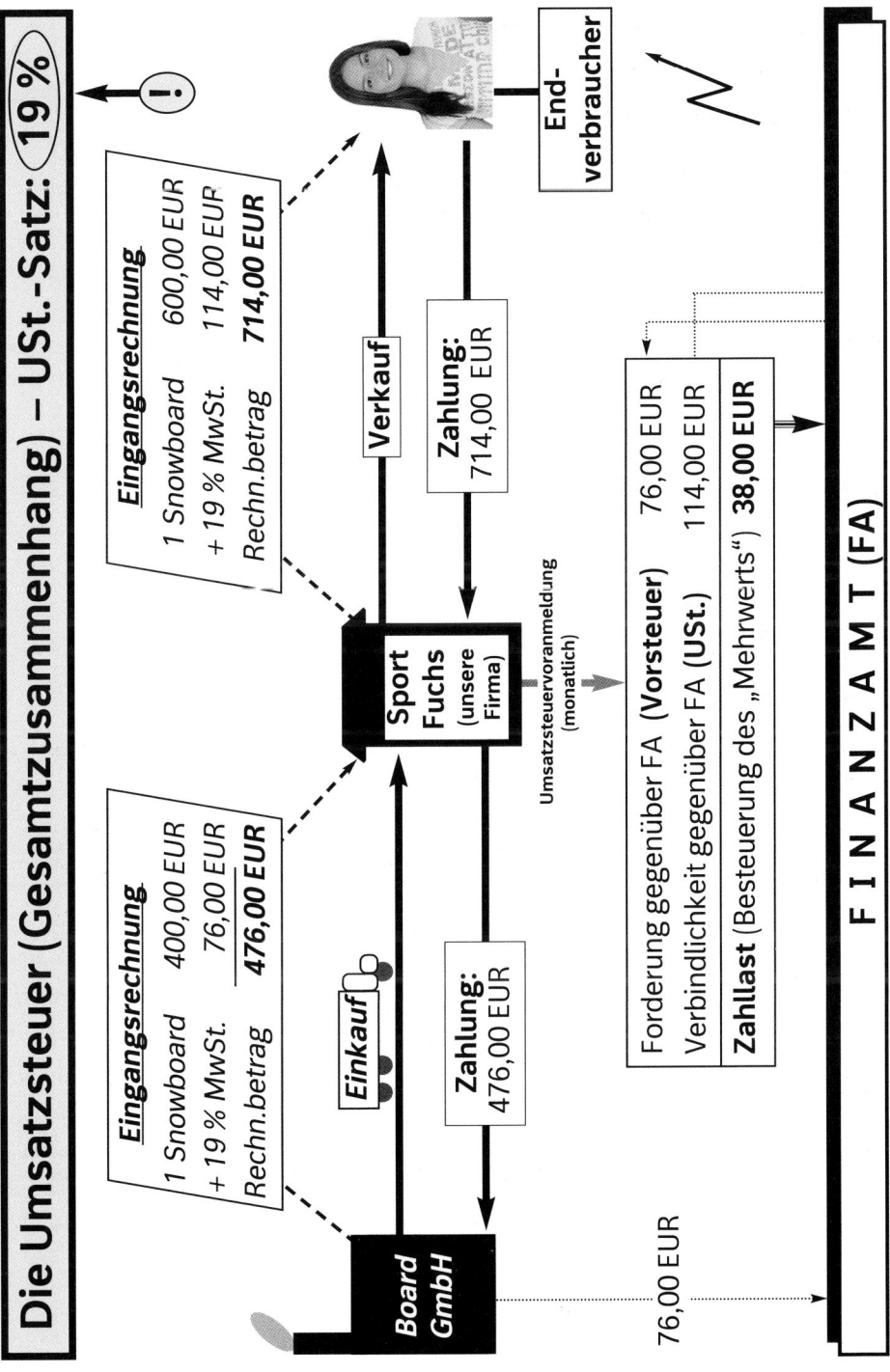

Eingangsrechnung

1 Snowboard	600,00 EUR
+ 19 % MwSt.	114,00 EUR
Rechn.betrag	**714,00 EUR**

Eingangsrechnung

1 Snowboard	400,00 EUR
+ 19 % MwSt.	76,00 EUR
Rechn.betrag	**476,00 EUR**

Endverbraucher

Verkauf

Zahlung: 714,00 EUR

Einkauf

Zahlung: 476,00 EUR

Sport Fuchs (unsere Firma)

Board GmbH

Umsatzsteuervoranmeldung (monatlich)

Forderung gegenüber FA **(Vorsteuer)** 76,00 EUR
Verbindlichkeit gegenüber FA **(USt.)** 114,00 EUR
Zahllast (Besteuerung des „Mehrwerts") **38,00 EUR**

76,00 EUR

F I N A N Z A M T (FA)

Aufgaben

1.   Einkauf einer Maschine auf Ziel:

	netto	80.000,00 EUR
19 % USt.		15.200,00 EUR
	brutto	95.200,00 EUR

      Buchung?

2.   Verkauf von Fertigerzeugnissen auf Ziel: 71.400,00 EUR einschließlich 19 % USt. Buchung?

3.   Summen Konto Vorsteuer: Soll: 15.000,00 EUR   Haben: 1.000,00 EUR
     Summen Konto Umsatzst.:   Soll: 2.000,00 EUR   Haben: 23.000,00 EUR

    a) Schließen Sie die Konten ab zwecks Überweisung der Zahllast.
    b) Wie würde die Abschlussbuchung zum 31.12. lauten?

4.   a) Erklären Sie die Begriffe Vorsteuer und Umsatzsteuer.
    b) Welche Vorgänge sind umsatzsteuerpflichtig?
    c) Welcher Personenkreis soll mit Umsatzsteuer belastet werden?

5.   a) Wie entsteht ein Vorsteuerüberhang?
    b) Wie wirkt sich ein Vorsteuerüberhang bilanziell aus?
    c) Wie entsteht eine Zahllast?
    d) Wie wirkt sich eine Zahllast bilanziell aus?

6.   Welchen Einfluss haben Umsatzsteuer- bzw. Vorsteuerbuchungen auf den Erfolg des Unternehmens?

7.   Wie wirkt sich die Umsatzsteuer auf die Kosten des Unternehmens aus?

8.   Welcher Kontenart ist das
    a) Vorsteuerkonto,
    b) Umsatzsteuerkonto zuzuordnen?

9.   Ist ein Vorsteuerüberhang oder eine Zahllast eher üblich? Begründung.

10.   Warum ist die Umsatzsteuer ein durchlaufender Posten?

11.   Erklären Sie den Begriff „Umsatzsteuervoranmeldung".

12.   Nennen Sie drei typische Geschäftsfälle, bei denen eine
    a) Vorsteuerkorrektur,
    b) Umsatzsteuerkorrektur notwendig ist.

1.7   Kontenrahmen – Kontenplan – Bücher

Stofftelegramm

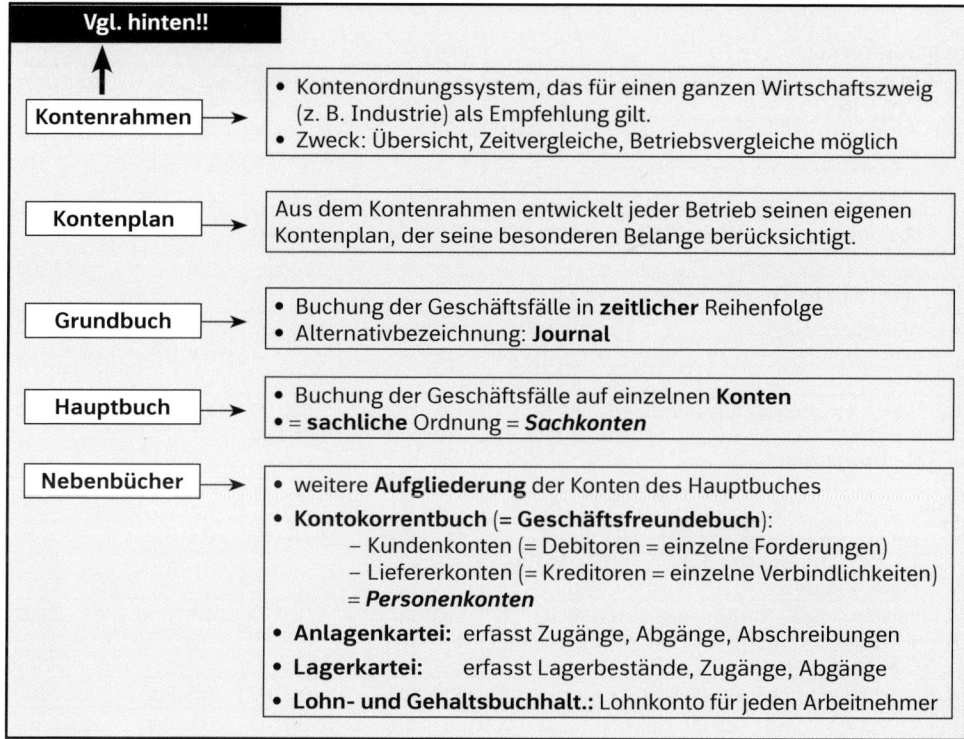

Aufgaben (analoge Prüfungsaufgaben integriert)

1. Nennen Sie vier Wirtschaftszweige, für die Kontenrahmen entwickelt wurden.

2. Unterscheiden Sie: Kontenrahmen – Kontenplan.

3. Nennen Sie drei Argumente für die Entwicklung von Kontenrahmen.

4. Unterscheiden Sie die Begriffe Grundbuch, Hauptbuch und Nebenbücher.

5. Was versteht man unter Kontokorrentkonten?

6. Unterscheiden Sie: a)   Debitorenkonten, Kreditorenkonten
                        b)   Sachkonten, Personenkonten

1.8   Buchungen: Einkauf, Produktion und Verkauf

- Testen Sie sich, indem Sie die rechte Seite verdeckt lassen. • **USt.-Satz: 19 %**
- **Bestandsorientierte Buchung** (verbrauchsorientierte Buchung: siehe unten)

GESCHÄFTSFÄLLE		SOLL			HABEN		
1.	ER Rohstoffe 5.000,00 – 20 % Rabatt 1.000,00 4.000,00 + 19 % USt. 760,00 4.760,00	200	Rst	4.000,00	44	Vbl	4.760,00
		260	VSt.	760,00			
2.	Betr. 1. erhalten wir eine Rechnung der Spedition über Transportkosten: 238,00 EUR inkl. 19 % USt.	2001	BK	200,00	44	Vbl	238,00
		260	VSt.	38,00			
3.	Auf dem Konto 2001 stehen 9.700,00 EUR. Wie lautet die Abschlussbuchung am 31.12.?	200	Rst	9.700,00	2001	BK	9.700,00
4.	AR Fertigerzeugnisse 10.000,00 + 19 % USt. 1.900,00 11.900,00	240	Ford.	11.900,00	500	UE	10.000,00
					480	USt.	1.900,00
5.	Betr. 4. erhalten wir folgende Speditionsrechnung: Transportkosten 800,00 + 19 % USt. 152,00 952,00	614	Fracht	800,00	44	Vbl	952,00
		260	VSt.	152,00			
6.	Wir senden mangelhafte Rohstoffe zurück: 1.190,00 EUR einschließlich 19 % USt. (analog: Preisnachlass)	44	Vbl	1.190,00	2002	Rü	1.000,00
					260	VSt.	190,00
7.	Kunden senden Fertigerzeugnisse zurück: 1.190,00 EUR einschließlich 19 % USt. (analog: Preisnachlass)	5001	Rü	1.000,00	240	Ford.	1.190,00
		480	USt.	190,00			
8.	Rohstoffverbrauch 500,00 EUR	600	RstA	500,00	200	Rst	500,00
9.	AB 5.000,00; SB 12.000,00; Einkäufe 105.000,00 Schließen Sie das Rohstoffkonto ab.	801	SB	12.000,00	200	Rst	12.000,00
		600	RstA	98.000,00	200	Rst	98.000,00
10.	Banküberweisung (Fall 1.) unter Abzug von 2 % Skonto (Nettobuchung)	44	Vbl	4.760,00	280	Bank	4.664,80
					2003	Lsk	80,00
					260	VSt.	15,20
11.	Banküberweisung des Kunden (Fall 4.) unter Abzug von 3 % Skonto (Nettobuchung)	280	Bank	11.543,00	240	Ford.	11.900,00
		5002	Ksk	300,00			
		480	USt.	57,00			
12.	Überweisung eines Kunden unter Abzug von 2 % Skonto (Skontobetrag 99,96 EUR) – Nettobuchung	280	Bank	4.898,04	240	Ford.	4.998,00
		5002	Ksk	84,00			
		480	USt.	15,96			

Änderung obiger Buchungssätze bei **verbrauchsorientierter** Buchung:

1. statt 200	→ 600	6. statt 2002	→ 6002
2. statt 2001	→ 6001	9. statt 600/200	→ 200/600
3. statt 200/2001	→ 600/6001	10. statt 2003	→ 6003

Aufgaben

1. Banküberweisung von Kunden zum Ausgleich von AR 326
   Rechnungsbetrag   46.400,00 EUR
   abzüglich 2 % Skonto (Nettobuchung)   928,00 EUR   45.472,00 EUR

2. Wir kaufen Rohstoffe ein: Listenpreis 4.000,00 EUR, 19 % USt., 20 % Rabatt
   Zahlungsbedingungen: 30 Tage Ziel, innerhalb 10 Tagen 3 % Skonto

   a) Buchen Sie den Rechnungseingang.
   b) Buchen Sie die Postüberweisung nach 8 Tagen unter Abzug von 3 % Skonto. Nettobuch.

3. Ausgangsrechnung: Fertigerzeugnisse   6.520,00 EUR
   + 19 % USt.   1.238,80 EUR   7.758,80 EUR

4. Banküberweisung an den Lieferanten zum Ausgleich der ER 111 für Rohstoffe:
   Rechnungsbetrag   29.000,00 EUR
   abzüglich 2 % Skonto   580,00 EUR
   Überweisungsbetrag   28.420,00 EUR   Nettobuchung!

5. Verkauf von Handelswaren gemäß AR 222 auf Ziel:
   Rechnungsbetrag netto   2.100,00 EUR
   + 19 % USt.   399,00 EUR
   Rechnungsbetrag brutto   2.499,00 EUR

6. Wegen Mängeln an der in Aufgabe 5 gelieferten Handelswaren erhält der Kunde eine Gutschrift auf den Brutto-Rechnungsbetrag von 10 %.

7. Der Hilfsstoffverbrauch wird durch Bestandsrechnung ermittelt:
   Anfangsbestand: 9.000,00 EUR; Zugänge: 55.400,00 EUR; Endbestand lt. Inventur:
   4.200,00 EUR
   Buchen Sie den Verbrauch an Hilfsstoffen.

8. Unsere Tischtennisplattenfabrik verkauft 100 Platten zu je 380,00 EUR netto auf Ziel. 10 % Rabatt; USt. = 19 %.

9. Der Kunde (vgl. 8.) reklamiert: 3 Platten haben leichte Transportschäden. Für den Transportschaden werden 20 % Minderung vereinbart.

10. Wir verkaufen Handelswaren für 26.000,00 EUR netto. Aufgrund einer Mängelrüge gewähren wir eine Gutschrift von 1.392,00 EUR inkl. 19 % USt. Zum Ausgleich unserer Rechnung erhalten wir einen Verrechnungsscheck.

11. Textilfabrik Edel KG erhält am 25.03. folgende Eingangsrechnung Nr. 4711:

Satinstoffe, netto	35.500,00 EUR	a) Buchen Sie den Zielkauf anhand der ER.
− 5 % Mengenrabatt	1.775,00 EUR	b) Bei Auslieferung der Stoffe werden größere
	33.725,00 EUR	Webfehler am Rollenende der Stoffballen
+ Frachtkosten	525,00 EUR	festgestellt. Die mangelhaft gelieferten
+ Verpackung	250,00 EUR	Stoffe werden zurückgeschickt.
	34.500,00 EUR	Buchen Sie die Gutschrift über 5.000,00 EUR
+ 19 % USt.	6.555,00 EUR	netto.
Rechnungspreis	41.055,00 EUR	

12.   a)

Zielverkauf Fertigerzeugnisse	36.000,00 EUR
– 20 % Rabatt	7.200,00 EUR
	28.800,00 EUR
+ 19 % Umsatzsteuer	5.472,00 EUR
	34.272,00 EUR

       b) Der Kunde aus a) begleicht die Rechnung nach Abzug von 3 % Skonto durch Postgiroüberweisung. Überweisungsbetrag:

                   33.243,84 EUR

13.   Unsere Firma: Heinz Müller GmbH, Maschinenbau

      Buchen Sie folgenden Beleg aufgrund unserer Mängelrüge (**Anlage 1**).

14.   Wir verkaufen Ware auf Ziel (**Anlage 2**).

15.   Rücksendung von Rohstoffen (**Anlage 3**). Es wurde verbrauchsorientiert gebucht.

16.   Ausgangsfracht wird unserem Spediteur Fritz Ihle bar bezahlt (**Anlage 4**).

17.   Unser Kunde bezahlt seine Rechnung vom 06.03. (siehe **Anlage 2**) mit 2 % Skonto (**Anlage 5**). (Nettobuchung)

18.   Wir (Möbelwelt GmbH) kaufen zehn Paletten Sperrholzplatten bei der Holzfabrik Feller e. K. auf Ziel. Die Rechnung lautet über 14.280,00 EUR inkl. 19 % USt.

      a) Buchen Sie die Eingangsrechnung nach dem verbrauchsorientierten Verfahren.

      b) Wir begleichen die Rechnung aus a) unter Abzug von 3 % Skonto per Verrechnungsscheck.

      c) Wir verkaufen an den Kunden Maier eine selbst gefertigte Kommode im Wert von 2.000,00 EUR zuzüglich 19 % USt.

19.   a) Wir verkaufen fertige Erzeugnisse (**Anlage 6**).

      b) Wir erhalten die Rechnung unserer Spedition für die Auslieferung der Erzeugnisse von Geschäftsfall a) (**Anlage 7**).

      c) Dem Kunden aus Geschäftsfall a) gewähren wir einen Bonus von 4 % auf die Summe der von ihm im vergangenen Quartal gekauften Erzeugnisse. Er hat insgesamt für brutto 181.475,00 EUR (inkl. 19 % USt.) bei uns gekauft.

20.   In der Unterländer Metallwerke GmbH sind noch folgende Geschäftsvorfälle und Abschlussangaben des Jahres 2005 zu buchen. Das Geschäftsjahr entspricht dem Kalenderjahr.

      a) Bilden Sie die Buchungssätze zu den **Anlagen 8 bis 10.**

      b) Der Kunde bezahlt die Rechnung unter Abzug von 3 % Skonto per Bank.

21.   Sie sind tätig in der Buchhaltung der Ulbrich-Riese OHG, Heidenheim. Das Geschäftsjahr 07/08 endet am 30.09.2008. Erledigen Sie die folgenden Aufgaben:

      a) Buchen Sie die beiden beiliegenden Rechnungen (**Anlagen 11** und **12**). Bei Ulbrich-Riese wird grundsätzlich bestandsorientiert gebucht.

      b) Die Bezahlung der beiden Rechnungen erfolgt per Banküberweisung am 15.10.2008. Bilden Sie die Buchungssätze.

22. Erklären Sie die Begriffe: a) Rohstoffeinsatz, b) Wareneinsatz.

23. Erklären Sie die beiden Möglichkeiten der buchhalterischen Stoffverbrauchsermittlung.

24. Wann bevorzugen Unternehmen die verbrauchsorientierte Buchung?

25. Wie wirken sich Lieferer- bzw. Kundenskonti erfolgsmäßig aus?

Anlage 1

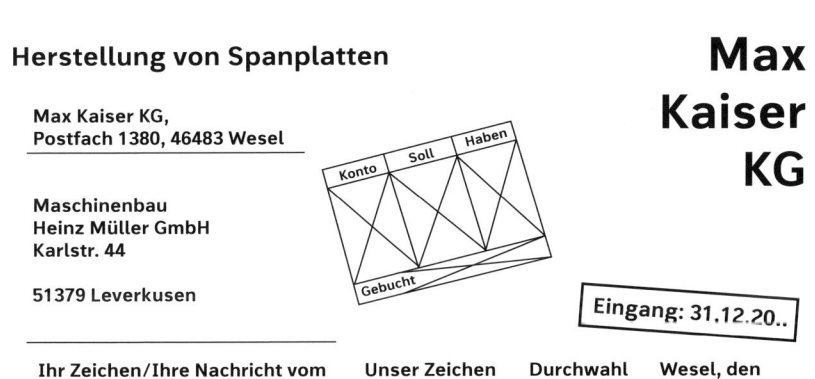

Herstellung von Spanplatten

Max Kaiser KG

Max Kaiser KG,
Postfach 1380, 46483 Wesel

Maschinenbau
Heinz Müller GmbH
Karlstr. 44

51379 Leverkusen

Eingang: 31.12.20..

Ihr Zeichen/Ihre Nachricht vom	Unser Zeichen	Durchwahl	Wesel, den
16.12. ..	KO/re	31	30.12. ..

Rechnung Nr. 8.765

Sehr geehrter Herr Breuer,

auf die von Ihnen zu Recht beanstandete Spanplattenlieferung
vom 15.12.20.. erhalten Sie nachträglich einen

Preisnachlass von netto	700,00 EUR
19 % Umsatzsteuer	133,00 EUR
	833,00 EUR

Wir bitten um gleichlautende Buchung.

Mit freundlichen Grüßen

Max Kaiser KG

ppa.

Telefon	Telefax	Deutsche Bank, Wesel	Postbank
0281 4869	0281 5723	BLZ 145 678 557	BLZ 370 100 501
		Konto-Nr. 486 222	Konto-Nr. 12 445

Anlage 2

INTERARTDESIGN

INTERARTDESIGN GmbH • Postfach 101027 • D-75172 Pforzheim

INTERARTDESIGN GmbH
Staubenstr. 20   •   75172 Pforzheim

Juwelier
Karl Georg Wilms
Hauptstr. 14

54001 Koblenz

06.03.20..

RECHNUNG NR. 540

Ihr Auftrag v. 03.02.20..

1 Damenring, 18 ct. gelbgold, 0,2 ct. Br., Nr. RB 2460	640,00 EUR
./. 10 % Sonderrabatt	64,00 EUR
	576,00 EUR
Porto und Verpackung	14,00 EUR
	590,00 EUR
19 % USt.	112,10 EUR
	702,10 EUR

Zahlungsbedingungen: 14 Tage 2 % Skonto, 30 Tage netto

Anlage 3

Absender	Unser Zeichen Datum	**Kurzbrief**
	Du 07.03.20..	
Interartdesign GmbH		
Pforzheim	Thema: *Rücksendung lt. telef. Absprache*	
Empfänger		
	Goldblech 30 Nr., 14 Karat, 60,15 g	1.430,20 EUR
Agosi, Pforzheim	+ 19 % USt.	271,74 EUR
		1.701,94 EUR

Anlage 4

		Quittung
	Euro	
	Betrag: ---------------------------------- 142,80	
Nr. 12	inkl. 19 % MwSt./Betrag 22,80	
Betrag in Worten	Einhundertzweiundvierzig -- Cent wie oben	
von	Interartdesign GmbH Pforzheim	
für	Fracht	
		dankend erhalten
Ort/Datum	Pforzheim, 10.03.20..	
Buchungsvermerke	Stempel/Unterschrift des Empfängers *Fritz Ihle*	

Anlage 5

Kontoauszug Nr. 94 vom 20.03.20..

	Soll	Haben
Rechnung v. 06.03.		688,06
Nr. 540 ./. 2 % Skonto		670,71
Wilms		

	Bankleitzahl	Konto–Nr.
	666 200 20	0 519 324

Kontoinhaber: Wichtige Hinweise auf der Rückseite beachten!
Interartdesign GmbH   **Baden-Württembergische Bank AG**   (BW)

Anlage 6

LOHRMANN — Holzbearbeitungsmaschinen

Kastellstr. 45 – 72172 Sulz am Neckar

Lohrmann GmbH, Postfach 231, 72172 Sulz

Maschinengroßhandel
Robert Meyer KG
Treberstr. 84

22097 Hamburg

...   Datum: 27.09.20..

Rechnung

Wir bieten Ihnen zu den Ihnen bekannten Lieferungs- und Zahlungsbedingungen:

Anzahl	Artikelbezeichnung	Einzelpreis	Gesamtpreis
35	Unterzugsägen LM 308	1.900,00 EUR	66.500,00 EUR
10	Tischkreissägen	1.100,00 EUR	11.000,00 EUR
			77.500,00 EUR
30 % Rabatt			23.250,00 EUR
			54.250,00 EUR
Transport- und Verpackungskosten			1.450,00 EUR
			55.700,00 EUR
19 % USt.			10.583,00 EUR
Summe			66.283,00 EUR

Zahlbar innerhalb von 14 Tagen mit 2 % Skonto oder innerhalb von 60 Tagen netto Kasse.

...

Anlage 7

Spedition + Logistik *BRONNER*

Kanzleistr. 3 – 72172 Sulz am Neckar

Spedition Bronner KG, Postfach 39, 72172 Sulz

Lohrmann GmbH
Holzbearbeitungsmaschinen
Postfach. 231

72172 Sulz

...   Datum: 29.09.20..

Rechnung

Auftrag vom 24.09.20.., telefonisch durch Herrn Ritzler; durchgeführt mit Lkw; Strecke: Sulz – Hamburg am 27.09.20..

Nettobetrag in Euro	1.324,80
USt. 19 %	251,71
Bruttobetrag in Euro	1.576,51

Zahlungsbedingungen: Zahlbar rein netto innerhalb 30 Tagen

...

Anlage 8

Düsseldorfer Stahlbau AG

40210 Düsseldorf
Stahlstr. 5
Tel: 0211 1436-27
Fax: 0211 1436-28

Unterländer Metallwerke GmbH
Im Lehen 5
72622 Nürtingen

Rechnung Nr. 3784   16.06.20..

Art.	Nr.	Beschreibung	Menge	Einheitencode	EK-Preis ohne MwSt.	Zeilenbetrag ohne MwSt.
Artikel	221089	Vierkantstahlrohr Q3	90	STÜCK	20,00 EUR	1.800,00 EUR
Artikel	221090	Stahlplatte M6	120	STÜCK	10,00 EUR	1.200,00 EUR

Total ohne MwSt.	3.000,00 EUR
+ Fracht	100,00 EUR
+ Verpackung	50,00 EUR
Summe	3.150,00 EUR
19 % MwSt.	598,50 EUR
Total inkl. MwSt.	3.748,50 EUR

Rechnung zahlbar sofort ohne Abzug von Skonto!

Anlage 9

Düsseldorfer Stahlbau AG

40210 Düsseldorf
Stahlstr. 5
Tel: 0211 1436-27
Fax: 0211 1436-28

Unterländer Metallwerke GmbH
Im Lehen 5
72622 Nürtingen

Gutschrift Nr. 3784/1   18.06.20..

Art.	Nr.	Beschreibung	Menge	Einheitencode	EK-Preis ohne MwSt.	Zeilenbetrag ohne MwSt.
Artikel	221090	Stahlplatte M6	120	STÜCK	10,00 EUR	1.200,00 EUR

Total ohne MwSt.	1.200,00 EUR
19 % MwSt.	228,00 EUR
Total inkl. MwSt.	1.428,00 EUR

Anlage 10

Unterländer Metallwerke GmbH

Im Lehen 5 – 78622 Nürtingen

Tel: 07022 46734
Fax: 07022 46735

Volkswagen AG
Stadtring 9
38440 Wolfsburg

Rechnungsnummer: 5546/05
Datum: 20.06.20..
Kundennummer: 26689

Ihr Zeichen	Unser Zeichen
VW 1437	UM 6689

Menge	Einheit	Artikel	Beschreibung	Stückpreis	Gesamt
80	Stück	Schwel46	Schwellerblech	60,00 EUR	4.800,00 EUR
100	Stück	MOble32	Blechstück C5	12,00 EUR	1.200,00 EUR
					6.000,00 EUR
			– 15 % Rabatt		900,00 EUR
					5.100,00 EUR
			+ Fracht		150,00 EUR
			+ Verpackung		50,00 EUR
					5.300,00 EUR
			19 % USt.		1.007,00 EUR
			Rechnungsbetrag		6.307,00 EUR

Zahlung innerhalb 14 Tagen nach Rechnungsstellung abzüglich 3 % Skonto, innerhalb 30 Tagen netto Kasse.

Anlage 11

Ulbrich-Riese OHG

Trekkingräder

Ulbrich-Riese OHG • Im Industriegebiet 11 • 89518 Heidenheim

Fahrrad Gruber GmbH
Talstr. 109
80809 München
Deutschland

Name:
Telefon: 07321 121-121
Telefax: 07321 121-123
E-Mail: info@ulbrich-riese.de
Internet: www.ulbrich.de

Bank: Sparkasse Heidenheim
BLZ: 564 512 60
Konto: 54 3429 1234
IBAN: DE97 6535 1260 4432 12334 37

Kunden-Nr.: 24999
Bestell-Nr.:
Auftrag Nr.:   22008
Datum: 05.10.20..

Rechnung   Nr. 25503

Sehr geehrte Damen und Herren,

aufgrund Ihres Auftrages stellen wir Ihnen folgende Artikel in Rechnung:

Artikel-Nr.	Bezeichnung	Menge	Einheit	Preis	Rabatt	USt.	Betrag
220007	Trekkingräder V-Race Plus	10 Stück		1.135,00 EUR		19 %	11.350,00 EUR

Warenwert	**11.350,00 EUR**
19 % USt.	2.156,50 EUR
Rechnungsbetrag	**13.506,50 EUR**

Zahlungsbedingungen: 10 Tage 3 % Skonto oder 20 Tage Ziel
Lieferbedingung: frei Haus

Wir bedanken uns für Ihren Auftrag.

Mit freundlichen Grüßen

Ulbrich-Riese OHG

i. A. Maier

Gerichtsstand:	Amtsgericht Heidenheim	Geschäftsleitung:	Finanzamt Heidenheim
Handelsregister:	HR-A 966	Anton Maier	Steuer-Nr.: 53050/02345254
Geschäftszeiten:	Mo–Fr 08:00–16:00 Uhr		USt-IdNr.: DE 453 899 958

Anlage 12

LaSo GmbH
Werkzeuge und Teile

Name:

LaSo GmbH • Im Industriegebiet 11 • 72336 Balingen

Telefon: 07433 121-121
Telefax: 07433 121-123
E-Mail: hjhahn@laso.com
Internet: www.laso.com

Ulbrich-Riese OHG
Im Industriegebiet 11
89518 Heidenheim
Deutschland

Bank: Sparkasse Zollernalb
BLZ: 653 512 60
Konto: 24 999 111
IBAN: DE97 6535 1260 0024 1599 37

Kunden-Nr.: 24001
Bestell-Nr.:
Auftrag Nr.: 22009
Datum: 05.10.20..

Rechnung Nr. 25504

Sehr geehrte Damen und Herren,

aufgrund Ihres Auftrages stellen wir Ihnen folgende Artikel in Rechnung:

Artikelnr.	Bezeichnung	Menge	Einheit	Preis	Rabatt	USt.	Betrag
221066	Elektronische Schieblehre	2	Stück	1.500,00 EUR		19 %	3.000,00 EUR
221067	Fahrradklingeln	10	Stück	3,98 EUR		19 %	39,80 EUR
				Warenwert			**3.039,80 EUR**
				19 % USt.			577,56 EUR
				Rechnungsbetrag			**3.617,36 EUR**

Zahlungsbedingungen: 10 Tage ohne Abzug
Lieferbedingung: frei Haus

Wir bedanken uns für Ihren Auftrag.

Mit freundlichen Grüßen

LaSo GmbH

i. A. Müller

Gerichtsstand:	Amtsgericht Balingen	Geschäftsleitung:	Finanzamt Balingen
Handelsregister:	HR-B 966	Hans-Jürgen Hahn	Steuer-Nr.: 53050/00954
Geschäftszeiten:	Mo–Fr 08:00–16:00 Uhr		USt-IdNr.: DE 164 899 958

1.9   Prüfungsaufgaben

Sie sind im Rahmen Ihrer Ausbildung unter anderem in der Einkaufsabteilung und der Geschäfts-buchführung der LaSo GmbH eingesetzt. Die LaSo GmbH mit Sitz in Balingen verkauft Werkzeuge und Gegenstände des täglichen Gebrauchs an Wiederverkäufer. Ein Teil des Sortiments wird bei der LaSo GmbH aus Zukaufteilen montiert, die übrigen Artikel sind Handelswaren.

1.   Sie sind vorübergehend in der Buchhaltung eingesetzt. Dort werden Sie gebeten, die Rech-nung der Saltor GmbH zu bearbeiten (**Anlage 1**).

1.1   Bilden Sie den Buchungssatz beim Rechnungseingang.

1.2   Begründen Sie rechnerisch, ob sich die Inanspruchnahme des von der Saltor GmbH ge-währten Skontos für Ihren Ausbildungsbetrieb lohnt. Der Kontokorrentkredit wird derzeit mit einem Zinssatz von 13 % berechnet.

1.3   Bei der Zahlung soll der Skontoabzug in Anspruch genommen werden. Legen Sie ein sinn-volles Zahlungsdatum für die Rechnung der Saltor GmbH fest und bilden Sie den Bu-chungssatz für die Zahlung per Banküberweisung.

Zum Jahresende 2009 sind bei der LaSo GmbH noch einige geschäftliche Vorgänge zu bearbeiten.

2.1   Bilden Sie die Buchungssätze zu den Belegen aus den **Anlagen 2–5**.

2.2   Die Zahlung an die SAFIR AG (**Anlage 5**) erfolgte am 22.12.2009 durch Banküberweisung. Buchen Sie diesen Vorgang.

2.3   Erfassen Sie die Umsatzsteuer aus den Aufgaben 2.1 und 2.2 (**Anlage 2–5**) in den Umsatz-steuerkonten (**Anlage 6**) und ermitteln Sie buchhalterisch die Zahllast zum 31.12.2009. Die Zahlungen der Rechnungen (**Anlagen 2 und 3**) sind zum 31.12.2009 noch nicht erfolgt.

2.4   Nennen Sie den Buchungssatz für die Buchung der Zahllast am 31.12.2009.

Anlage 1

SALTOR GmbH Industriebedarf

Saltor GmbH * Gmünder Straße 250 – 300 * 73037 Göppingen

LaSo GmbH
Werkzeuge und Teile
Im Industriegebiet 11
72336 Balingen

Name:	Martha Kaiser
Telefon:	07161 14 97 89
Fax:	07161 14 97 80
E-Mail:	mkaiser@saltor.de
Internet:	www.saltor.de

Datum: 14.04.2010

Rechnung

Für unsere Lieferung vom 13.04.2010, Lieferschein-Nr. 04-252312, berechnen wir Ihnen:

Artikelnr.	Bezeichnung	Stückpreis	Menge	Warenwert
19953	Netzgerät	6,33 EUR	250 St.	1.582,50 EUR
19733	Gebläse	7,58 EUR	500 St.	3.790,00 EUR
21947	Thermostat	2,61 EUR	500 St.	1.305,00 EUR
		Warenwert gesamt:		6.677,50 EUR
		zuzüglich Umsatzsteuer 19 %:		1.268,73 EUR
		Rechnungsbetrag:		7.946,23 EUR

Zahlbar innerhalb von 10 Tagen ab Rechnungsdatum mit 2 % Skonto, Zahlungsziel 50 Tage ab

Rechnungsdatum Mit freundlichen Grüßen

Saltor GmbH

i. A. Martha Kaiser

Handelsregister: AG Göppingen HR-B 592	Geschäftsführer: Hugo Tietz	Finanzamt Göppingen
Geschäftszeiten: Mo-Fr 08:00–16:00 Uhr		Steuer-Nr.: 53050/00874
		USt-IdNr.: DE 164 089 989

Anlage 2

LaSo GmbH * Im Industriegebiet 11 * 72336 Balingen

Baumarkt Müller KG
Postfach 134
DE-85579 Neubiberg

RECHNUNG		
Datum	Rechn.-Nr.	Kunden-Nr.
04.12.2009	25501	24001
Bei Zahlung bitte angeben!		

Art.-Nr.	Artikelbezeichnung	Menge	Einzel-preis	Betrag
221033	Isolier-Abstreifzange	100	21,00	2.100,00
221034	Adernendhülsen-Zange	100	33,00	3.300,00
221035	Universal-Kabelzange	100	12,90	1.290,00
221063	Multifunktions-Crimpzange	50	79,00	3.950,00
221059	Sicherungsringe-Arbeitszange	50	33,90	1.695,00

EUR	12.335,00	EUR	2.343,65	EUR	**14.678,65**
	Nettobetrag		MwSt 19 %		Rechnungsbetrag

Zahlbar bis 18.12.2009   mit 3 % Skonto, bis 02.02.2010   ohne Abzug

---

Sparkasse Zollernalb   BLZ   653 512 60   Volksbank   BLZ   653 912 10
Konto-Nr.   24 999111   e.G.,Balingen   Konto-Nr.   11 111 011

Sitz/Registergericht: Balingen, Amtsgericht Balingen HRB 554
Geschäftsführer: Hans-Jürgen Hahn

Anlage 3

USt-IdNr.: DE 811306524   Steuer-Nr.: 53050/00954

Weinmann GmbH

*72379 Hechingen * Fliederstr. 35*   ☎ 07471 55337

LaSo GmbH
Werkzeuge und Teile
Im Industriegebiet 11
72336 Balingen

RECHNUNG
Datum   04.12.2009
Rechn.-Nr.   52328
Bitte bei Zahlung stets angeben

Art.-Nr.	artikelbezeichnung	ME	E-Preis	G-Preis
79468	Stativ-Oberteil	250	2,50	625,00
79470	Stativ-Fuß	250	0,50	125,00
79471	Stativ-Gewinde	250	0,04	10,00
83652	Lupengriff	200	1,50	300,00
83650	Lupe 90 mm	200	4,50	900,00
92115	Sieb mit Rahmen	150	27,50	4.125,00

	6.085,00
+ 19 % MwSt.	1.156,15
	7.241,15

Zahlbar 30 Tage netto, 10 Tage 2 % Skonto

Bank: Volksbank Hohenzollern (BLZ 641 632 25) Konto 251 631 55

Sitz/Registergericht: Hechingen, Amtsgericht Hechingen HRB 963; Geschäftsführer: Markus Weinmann
Steuer-Nr.: 48024/00321

Anlage 4

R + S   *KFZ – TECHNIK GMBH*

 07433 437621

R+S KFZ–Technik GmbH · Eyachstr. 4 · 72336 Balingen   **Ihr Partner**

Firma

LaSo GmbH
Im Industriegebiet 11
72336 Balingen

- bei allen Pkw-Reparaturen
- Reifendienst
- Bremsenuntersuchung
- TÜV-Abnahme im Haus
- Karosserie- und Lackiertechnik

Kunden Nr.:   11294
Rechn.-Nr.:   44030
Datum: 17.12.2009

RECHNUNG

Art. Nr.	Bezeichnung	Menge	E-Preis	Gesamt
	RÜCKLICHT RECHTS ERSETZT	1,00	16,00	16,00
5430	RÜCKLICHT	1,00 ST.	59,00	59,00
5431	BIRNE: 12 V 21 W	1,00 ST.	2,40	2,40
				77,40
		19 %	MwSt.	14,71
			Endbetrag	**92,11**

Betrag dankend erhalten
17.12.09   *Pfister*

Kleinreparaturen bis 100,00 EUR sind sofort bei Fahrzeugabholung ohne Abzug bar zu zahlen.
Die Ware bleibt bis zur vollständigen Bezahlung unser Eigentum.

Erfüllungsort und Gerichtsstand ist Balingen

Anlage 5

SAFIR AG

72622 Nürtingen - Carl-Benz-Straße 10 - Tel. 07022 37612

LaSo GmbH
Im Industriegebiet 11
72336 Balingen

Rechnung

Rechnungs-Nr.	Kunden-Nr.	Datum
041767	4712	**16.12.2009**

Rechnung   Bitte bei Zahlung und Rückfragen angeben

Art.-Nr.	Artikelbezeichnung	Menge	Einzelpreis	Gesamtpreis
1104	Verpackungs-automat VA211	1	65.000,00 EUR	65.000,00 EUR

	Transport	1.800,00 EUR
	Montage	3.200,00 EUR
		70.000,00 EUR
	+ 19 % USt.	13.300,00 EUR
		83.300,00 EUR

Zahlungsbedingungen: 10 Tage 2 % Skonto, 30 Tage netto

Bankkonto: **Kreissparkasse Nürtingen – BLZ 611 500 20 – Konto 834 629**
Vorstand: **Uwe Deuschle**

Sitz/Registergericht: **Esslingen, Amtsgericht Esslingen HRB 1582**
USt-IdNr.: **DE8 302 400 546**

Anlage 6

S	2600 Vorsteuer	H		S	4800 Umsatzsteuer	H
1.268,40	3.690,00			12.190,00	5.495,00	
2.421,60					6.635,58	
					12.811,21	

Prüfungsaufgaben Winter 2010/2011 (Aufgabe 2, teilweise)

2.1   Die LaSo GmbH verkauft an die Bau und Ausbau GmbH (Debitor Nr. 24006) in Magstadt Handelswaren gemäß der Auftragsbestätigung Nr. 22018 vom 19.10.2009 (**Anlage 3**). Die **Anlage 4** enthält dazu noch einen Auszug aus den Artikeldaten. Die **Anlagen 5** und **6** zeigen den Warenbestand vor und nach der Auslieferung des Auftrags.

2.1.1   Bilden Sie für die LaSo GmbH die Buchungssätze, die mit den Warenbewegungen und der Rechnungsstellung am 26.10.2009 verbunden sind.

Hinweis: Die LaSo GmbH hat ihre Wareneinkäufe bestandsorientiert gebucht.

2.1.2   Am 06.11.2009 überweist die Bau und Ausbau GmbH den fälligen Betrag für diesen Auftrag. Buchen Sie den Zahlungseingang auf dem Bankkonto der LaSo GmbH.

2.1.3   Wie hoch war der Rohgewinn bei diesem Geschäftsgang?

Anlage 3

GmbH

Werkzeuge und Teile

LaSo GmbH * Im Industriegebiet 11 * 72336 Balingen

Bau und Ausbau GmbH
Postfach 8573
71106 Magstadt
Deutschland

LaSo GmbH
Werkzeuge und Teile

Name:	
Telefon:	07433 121-121
Fax:	07433 121-123
E-Mail:	hjhahn@laso.com
Internet:	www.laso.com
Bank:	Sparkasse Zollernalb
BLZ:	653 512 60
Konto:	24 999 111
IBAN:	DE97 6535 1260 0024 1599
Kunden-Nr.:	24006
Bestell-Nr.:	
Datum:	19.10.2009

Auftragsbestätigung Nr. 22018

Artikel-Nr.	Bezeichnung	Menge	Einheit	Preis	Rabatt %	MwSt. %	G-Preis
221033	Isolier-Abstreifzange	100	Stück	21,00	20	19	1.680,00 EUR
221034	Adernendhülsen-Zange	100	Stück	33,00	10	19	2.970,00 EUR

Netto-Betrag	**4.650,00 EUR**
19 % MwSt.	883,50 EUR
Brutto-Betrag	**5.533,50 EUR**

Zahlungsbedingungen:	14 Tage 3 % Skonto oder 60 Tage Ziel
Lieferbedingung:	frei Haus
Liefertermin:	26.10.2009

Wir werden Ihren Auftrag sorgfältig ausführen.

Mit freundlichen Grüßen

LaSo GmbH

i. A.

Gerichtsstand: Amtsgericht Balingen	Geschäftsleitung:	Finanzamt Balingen
Handelsregister: HR-B 966	Hans-Jürgen Hahn	Steuer-Nr.: 53050/00954
Geschäftszeiten: Mo–Fr 08:00–16:00 Uhr		USt-IdNr.: DE1 640 899 958

Anlage 4: Auszug aus den Artikeldaten

Nr.	Beschreibung	Lagerbestand	Basiseinheit ...	EK-Preis ...	VK-Preis	Beschaffungszeit
221033	Isolier-Abstreifzange	700	STÜCK	10,50	21,00	7T
221034	Adernendhülsen-Zange	340	STÜCK	16,50	33,00	7T
221035	Universal-Kabelzange	550	STÜCK	6,45	12,90	7T
221036	Schraubendreher-Set	450	STÜCK	11,20	22,40	4T

Anlage 5: Lagerkarten vor Auslieferung

Allgemein Fakturierung Beschaffung Planung Außenhandel

Nr.	221033 [...] ✎	Lagerbestand 800
Beschreibung	Isolier-Abstreifzange	Menge in Bestellung . . . 0
Basiseinheitencode . . .	STÜCK [⬆]	Menge in Fertigung . . . 0
		Menge in Auftrag 100

Allgemein Fakturierung Beschaffung Planung Außenhandel

Nr.	221034 [...] ✎	Lagerbestand 440
Beschreibung	Adernendhülsen-Zange	Menge in Bestellung . . . 0
Basiseinheitencode . . .	STÜCK [⬆]	Menge in Fertigung . . . 0
		Menge in Auftrag 100

Anlage 6: Lagerkarten nach Auslieferung

Allgemein Fakturierung Beschaffung Planung Außenhandel

Nr.	221033 [...] ✎	Lagerbestand 700
Beschreibung	Isolier-Abstreifzange	Menge in Bestellung . . . 0
Basiseinheitencode . . .	STÜCK [⬆]	Menge in Fertigung . . . 0
		Menge in Auftrag 0

Allgemein Fakturierung Beschaffung Planung Außenhandel

Nr.	221034 [...] ✎	Lagerbestand 340
Beschreibung	Adernendhülsen-Zange	Menge in Bestellung . . . 0
Basiseinheitencode . . .	STÜCK [⬆]	Menge in Fertigung . . . 0
		Menge in Auftrag 0

Prüfungsaufgaben Sommer 2011 (Aufgabe 2, teilweise)

2.1 Buchen Sie die Belege (**Anlagen 3** und **4**) aus der Sicht der LaSo GmbH.

2.2 Berechnen Sie, ob sich der Skontoabzug bei der Eingangsrechnung der Grauer KG für die LaSo GmbH lohnt. Berücksichtigen Sie dazu die **Anlagen 3** und **5**.

2.3 Buchen Sie die Bezahlung als Banküberweisung durch die LaSo GmbH mit Skontoabzug.

Anlage 3

Metallfräserei

Grauer KG

Brunnenstr. 56 * 72622 Nürtingen   ☎ 07022 542268

LaSo GmbH
Elektromotoren
Im Industriegebiet 11
72336 Balingen

RECHNUNG

Rechn.-Nr.	Kunden-Nr.	Rechn.-Datum
34803	23561	02.11.2010

ART.-NR.	ARTIKELBEZEICHNUNG	MENGE	Preis
35877	Fräsmaschine	1	68.500,00 EUR
	– 10 % Rabatt		6.850,00 EUR
	+ Transportkosten		1.220,00 EUR
	Nettowert		62.870,00 EUR
	+ 19 % MwSt.		11.945,30 EUR
	Rechnungsbetrag		**74.815,30 EUR**

Zahlbar 30 Tage netto,
10 Tage 2 % Skonto

USt-IdNr.: DE7 676 980 128   Steuer-Nr. 141 797 07736
Sitz/Registergericht: Nürtingen,   Amtsgericht Nürtingen HRB 261

Anlage 4

LaSo GmbH * Im Industriegebiet 11 * 72336 Balingen

Otto Weber e.K.
Postfach 8 88
DE-78727 Oberndorf a.N.

RECHNUNG		
Datum	Rechn.-Nr.	Kunden-Nr.
02.11.2010	25502	24004
Bei Zahlung bitte angeben!		

Art.-Nr.	Artikelbezeichnung	Menge	Einzelpreis	Betrag
221066	Elektromotoren	50	199,60	9.980,00 EUR

EUR 9.980,00	EUR 1.896,20	EUR	**11.876,20 EUR**
Nettobetrag	MwSt. 19 %		Rechnungsbetrag

Zahlbar bis 12.11.2010. . mit 3% Skonto, bis 02.12.2010 ohne Abzug

Sparkasse Zollernalb	BLZ 653 512 60	Volksbank e.G., Balingen	BLZ 653 912 10
	Konto-Nr. 24 999 111		Konto-Nr. 11 111 011

Sitz/Registergericht: Balingen, Amtsgericht Balingen HRB 554   Geschäftsführer: Hans-Jürgen Hahn

USt-IdNr.: DE 811306524   Steuer-Nr.: 53050/00954

Anlage 5

		Auszug 40	Konto	24 999 111
	LaSo GmbH			
	Alter Kontostand vom 26.10.		EUR	100.734,04+
Tag	**Text**	**Wert**	**Belastung**	**Gutschrift**
27.10	KAISER & FRANZ OHG R-NR 11589, KD-NR 62725	27.10	110.040,00	
28.10.	ULMER METALLBAU GMBH KD-NR 8354, R-NR 6482, 6519	28.10	14.506,60	
02.11	BAUMARKT MÜLLER R-NR 25398 KD-NR 24001	02.11		16.825,30
08.11	HAHN & WIDMANN KD-NR 24007 RE-NR 25394, 25408, 25422	08.11		24.709,72
08.11	FINANZAMT BALINGEN SCHECK UMSATZSTEUER NOVEMBER	08.11	18.440,58	
	Neuer Kontostand vom 12.11.		718,12 -	
++++	**NEUER ZINSSATZ SEIT 01.11. 14,00 %**			

2   Kosten- und Leistungsrechnung I: Grundlagen – Abgrenzungsrechnung

2.1   Grundbegriffe und Aufgaben

Stofftelegramm

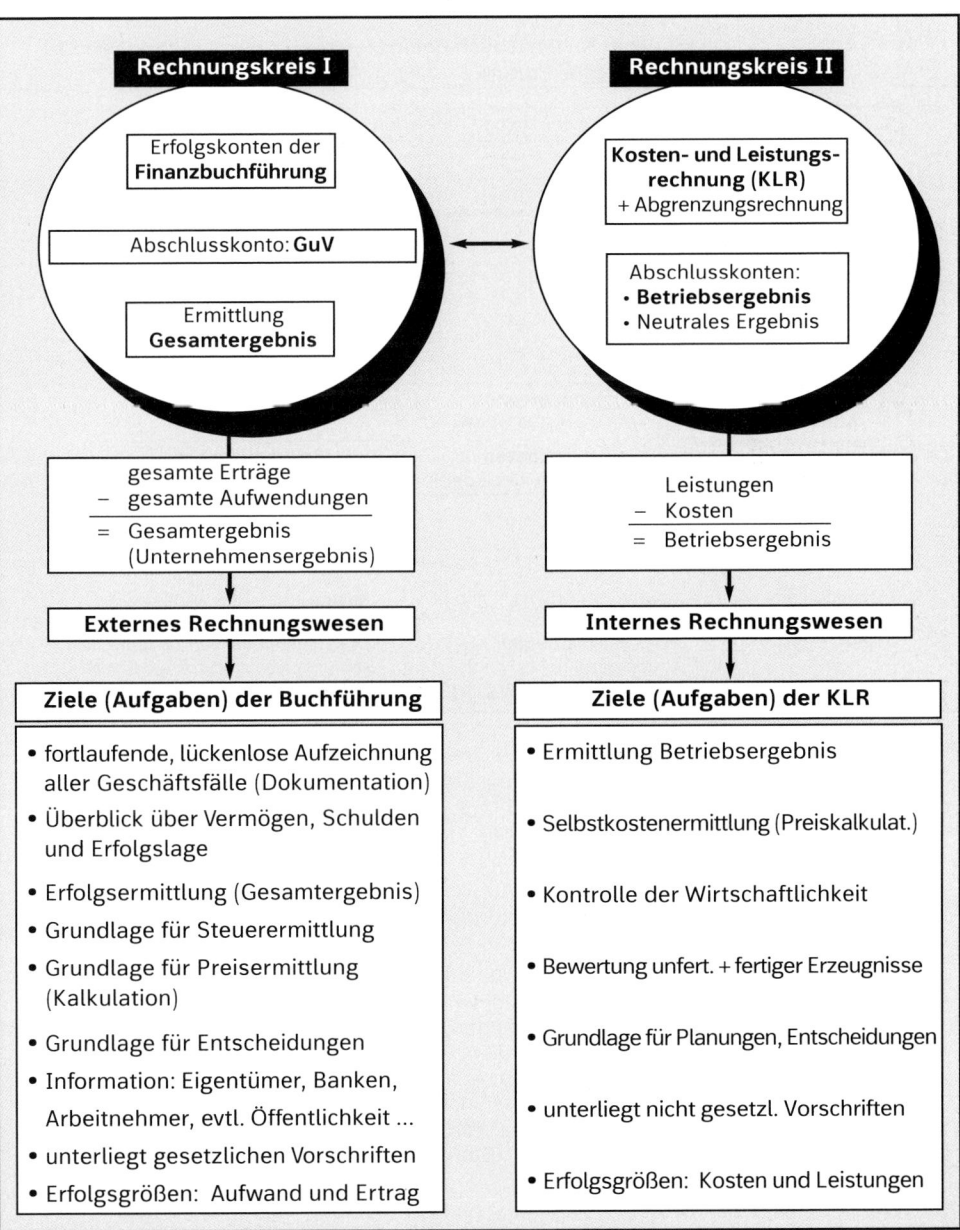

Ausgabe:	Geldabfluss	Einnahme: Geldzufluss
Aufwand:	Begriff der GuV-Rechnung; **gesamter** Werteverzehr in einer Periode = Eigenkapital sinkt	
Ertrag:	Begriff der GuV-Rechnung; **gesamter** erfolgswirksamer Wertezufluss einer Periode = Eigenkapital steigt	
Kosten:	Begriff der KLR; **betrieblich bedingter** Werteverzehr in einer Periode Kurz: betriebliche Aufwendungen	
Leistungen:	Begriff der KLR; **betrieblich bedingter** Wertezufluss in einer Periode Kurz: betriebliche Erträge	

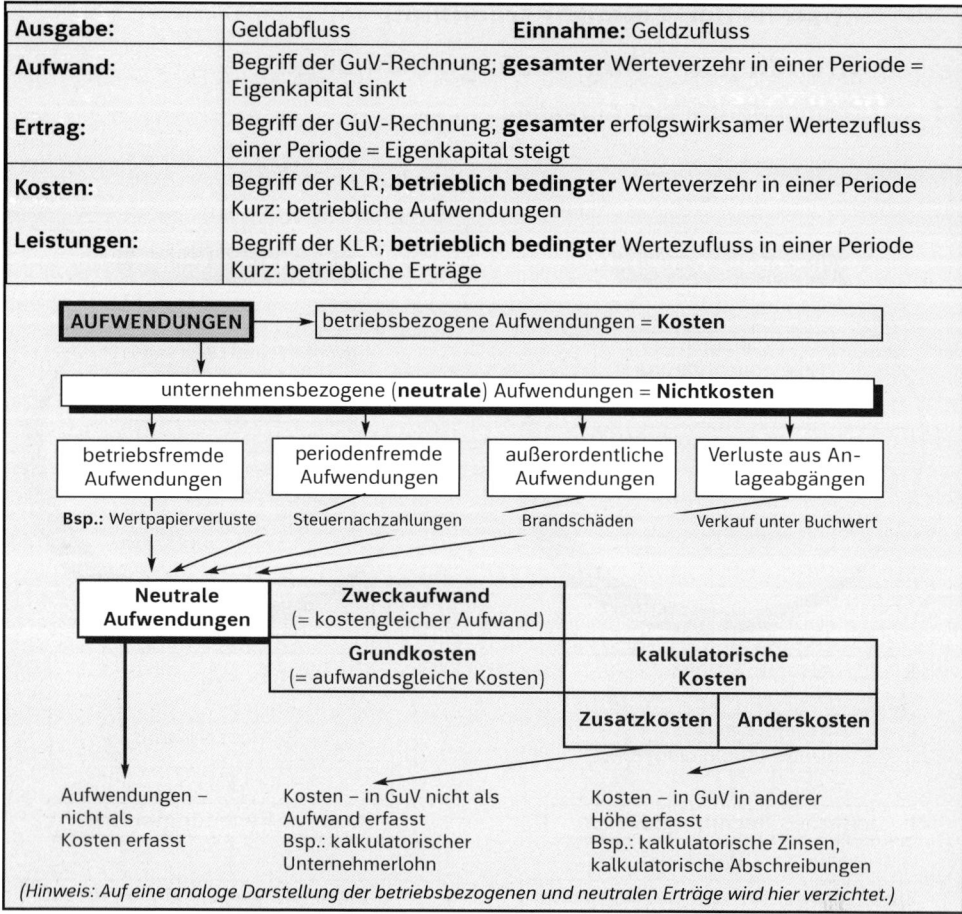

(Hinweis: Auf eine analoge Darstellung der betriebsbezogenen und neutralen Erträge wird hier verzichtet.)

Aufgaben

1. Definieren Sie kurz: Ausgabe – Aufwand – Kosten.
2. Entscheiden Sie, ob Ausgaben und/oder Aufwendungen vorliegen:
   a) Abschreibungen   b) Zinszahlung bar c) Kredittilgung   d) Kauf Maschine auf Ziel
   e) Verbrauch Rohstoffe
3. Nennen Sie die vier Gruppen neutraler Aufwendungen.
4. Definieren Sie kurz: a) Neutrale Aufwendungen b) Zweckaufwand c) Grundkosten
   d) Zusatzkosten   e) Anderskosten
5. Zeigen Sie mithilfe einer Skizze den Zusammenhang zwischen neutralen Aufwendungen, Zweckaufwand, Grundkosten und Zusatzkosten.
6. Ordnen Sie die Begriffe neutrale Aufwendungen (betriebsfremd, außerordentlich, periodenfremd, Verluste aus Anlageabgängen) bzw. Kosten zu.
   a) Gehälter   e) Abschreibung auf nicht betriebsnotw. Gebäude
   b) Nachzahlung betriebl.   f) Sozialaufwendungen
      Steuern für Vorjahr   g) Verlust aus Wertpapierverkauf
   c) Verlust aus Lkw-Verkauf   h) Rohstoffaufwand
   d) Fertigungslöhne
7. Welche Aufgabe hat die Abgrenzungsrechnung?
8. Nennen Sie fünf Aufgaben der Kostenrechnung.

2.2   Kalkulatorische Kosten

Stofftelegramm

Merke: kalkulatorische Kosten = Kosten, die in der GuV überhaupt nicht (z. B. kalkulatorischer Unternehmerlohn = **Zusatzkosten**) oder in anderer Höhe als Aufwendungen berücksichtigt werden (= **Anderskosten**)

Laut Lehrplan sind die kalkulatorischen Wagnisse nicht zu behandeln.

Kalkulatorische Abschreibungen

Gründe für das Auseinanderfallen von bilanziellen und kalkulatorischen Abschreibungen	
Bilanzielle Abschreibungen (GuV)	**Kalkulatorische Abschreibungen (KLR)**
• Erfassung des gesamten Vermögens	• Erfassung nur des betriebsnotw. Vermög.
• meist degressive Abschreibung	• lineare Abschreibung
• Nutzungsdauer laut AfA-Tabelle	• betriebsindividuelle Nutzungsdauer
• Grundl.: Anschaff.- oder Herstellungskosten	• Grundlage: Wiederbeschaffungskosten
• steuerliche Sonderabschreibungen möglich	• keine steuerl. Sonderabschreibungen

Kalkulatorische Zinsen

betriebsnotwendiges Vermögen
– zinsloses Fremdkapital (Abzugskapital): Verbindl. a. LL., Rückstellungen, Kundenanzahlungen

= **betriebsnotwendiges Kapital** (= verzinsliches Fremdkapital und Eigenkapital)
　　　　　　►Verzinsung mit marktüblichem Zinssatz

Kalkulatorischer Unternehmerlohn

Ansatz nur bei **Einzelunternehmen und Personengesellschaften**, weil bei Kapitalgesellschaften der Unternehmerlohn bereits aufwands- und kostenmäßig erfasst ist (Geschäftsführergehalt bzw. Vorstandsgehalt).
Folge: kostenmäßige Gleichstellung von Personen- und Kapitalgesellschaften

Höhe:
vergleichbares Gehalt eines vergleichbaren Geschäftsführers bzw. Vorstands in einem vergleichbaren Unternehmen derselben Branche

Aufgaben

1. a) Was versteht man unter kalkulatorischen Kosten?
   b) Nennen Sie die vier typischen kalkulatorischen Kostenarten.

2. Nennen und begründen Sie die Unterscheidungsmerkmale zwischen kalkulatorischen und bilanziellen Abschreibungen.

3. a) Begründen Sie die Notwendigkeit des Ansatzes eines kalkulatorischen Unternehmerlohnes in der Kostenrechnung.
   b) Wie wird der kalkulatorische Unternehmerlohn ermittelt?

4. Ermitteln Sie den Zweckaufwand, neutralen Aufwand, die Grundkosten und Zusatzkosten.

   Kalkulatorische Abschreibungen: 100.000,00 EUR
   Bilanzielle Abschreibungen: 120.000,00 EUR

5. Kalkulatorische Abschreibung (Maschine A):   15.000,00 EUR
   Bilanzielle Abschreibung (Maschine A):   20.000,00 EUR

   Worauf könnte der Unterschied beruhen, wenn
   • keine Sonderabschreibungsmöglichkeiten vorliegen,
   • die Bewertungsfreiheit für geringwertige Wirtschaftsgüter nicht in Anspruch genommen wurde und
   • das betriebsnotwendige Vermögen dem bilanziellen Vermögen entspricht? (drei Beispiele mit Begründung)

6. Gegeben sind folgende Größen:

   Aufwendungen laut GuV: 110.000,00 EUR
   Erträge laut GuV: 70.000,00 EUR
   Neutrale Aufwendungen: 60.000,00 EUR
   Leistungen: 60.000,00 EUR

   Ermitteln Sie folgende Größen:
   a) Gesamtergebnis
   b) Betriebsergebnis
   c) neutrales Ergebnis
   d) Kosten

7. Die Finanzbuchhaltung erfasst für das Geschäftsjahr 300.000,00 EUR Abschreibungen. In der Kostenrechnung werden 320.000,00 EUR Abschreibungen verrechnet.

   a) Erläutern Sie, weshalb in den beiden Rechnungen die Abschreibungen in unterschiedlicher Höhe erfasst werden.
   b) Ermitteln Sie die Höhe der Grundkosten, des Zweckaufwandes, der Zusatzkosten und des neutralen Aufwandes.

2.3   Ergebnistabelle

Stofftelegramm

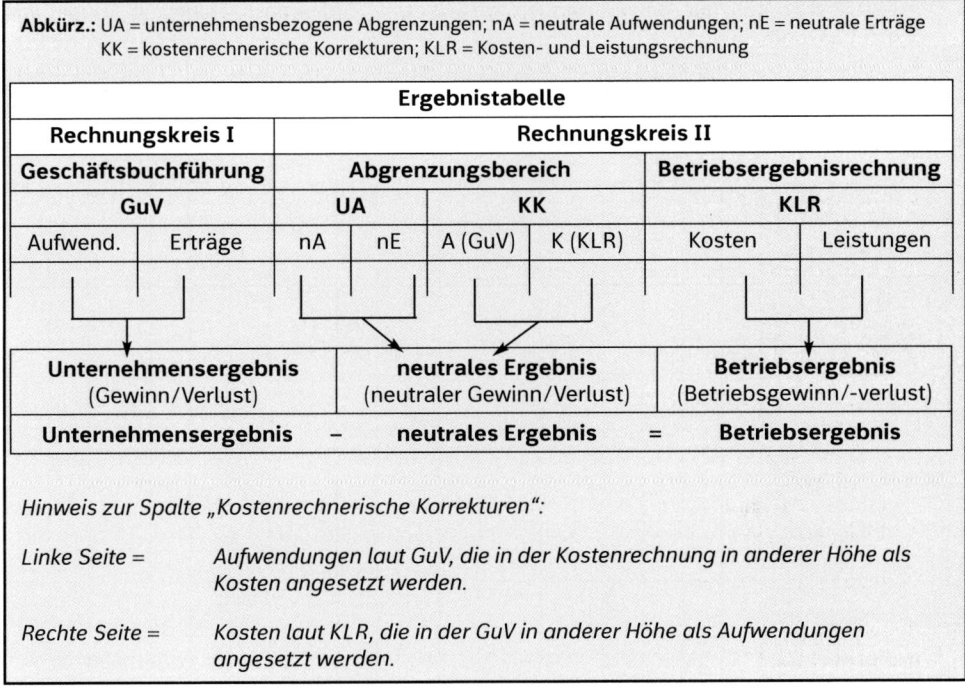

Abkürz.: UA = unternehmensbezogene Abgrenzungen; nA = neutrale Aufwendungen; nE = neutrale Erträge
KK = kostenrechnerische Korrekturen; KLR = Kosten- und Leistungsrechnung

Ergebnistabelle							
Rechnungskreis I		Rechnungskreis II					
Geschäftsbuchführung		Abgrenzungsbereich				Betriebsergebnisrechnung	
GuV		UA		KK		KLR	
Aufwend.	Erträge	nA	nE	A (GuV)	K (KLR)	Kosten	Leistungen

Unternehmensergebnis (Gewinn/Verlust)	neutrales Ergebnis (neutraler Gewinn/Verlust)	Betriebsergebnis (Betriebsgewinn/-verlust)
Unternehmensergebnis –	**neutrales Ergebnis** =	**Betriebsergebnis**

Hinweis zur Spalte „Kostenrechnerische Korrekturen":

Linke Seite =	Aufwendungen laut GuV, die in der Kostenrechnung in anderer Höhe als Kosten angesetzt werden.
Rechte Seite =	Kosten laut KLR, die in der GuV in anderer Höhe als Aufwendungen angesetzt werden.

Aufgaben

1. Aufwendungen/Erträge einer Metallfabrik im vergangenen Quartal (in Tausend Euro):

500	Umsatzerlöse	3.200	6201	Hilfslöhne	100
521	Mehrbestand FE	100	63	Gehälter	380
53	Eigenleistungen	60	64	Soziale Aufwendungen	260
571	Zinserträge	40	65	Abschreibungen	280
600	Rohstoffaufwendungen	880	679	Sonst. Aufwendungen (Kosten)	40
602/3	Aufw. f. Hilfs-, Betr.stoffe	250	696	Verluste aus Abgang von Anl.vermög.	50
613	Reparaturen	120	70	Steuern (Kostensteuern)	90
620	Fertigungslöhne	540	751	Zinsaufwendungen	80

Weitere Angaben: kalkulatorische Abschreibungen = 250; kalkulatorischer Unternehmerlohn = 300; kalkulatorischen Zinsen = 100

a) Ermitteln Sie tabellarisch: Gesamtergebnis, neutrales Ergebnis, Betriebsergebnis

b) Welche betriebswirtschaftlichen Ziele verfolgt die kalkulatorische Abschreibung und wie werden sie erreicht?

2. Der SITZGUT GmbH liegen die Aufwendungen und Erträge der Geschäftsbuchführung (GuV-Rechnung) für die abgeschlossene Rechnungsperiode 20.. vor (**Anlage**).

Für die Kosten- und Leistungsrechnung sind folgende Angaben zu berücksichtigen:
- Die kalkulatorischen Abschreibungen betragen 100.000,00 EUR.
- Der Betrag für die Gewerbesteuer enthält eine Steuernachzahlung in Höhe von 5.350,00 EUR.

Erstellen Sie eine Abgrenzungsrechnung in tabellarischer Form und ermitteln Sie das Unternehmensergebnis, das neutrale Ergebnis und das Betriebsergebnis (**Anlage**).

Anlage

Kto.-Nr.	Kontenbezeichnung	Aufwendungen	Erträge	Unternehmensbezogene Abgrenzung Aufwendungen	Erträge	Kostenrechnerische Korrekturen Aufwendungen	Erträge	Kosten	Leistungen
500	Umsatzerlöse		1.500.400,00						
571	Zinserträge		50.000,00						
600	Rohstoffaufwand	760.000,00							
62/63	Löhne, Gehälter	304.000,00							
640	Arbeitgeberanteil zur Sozialversicherung	38.760,00							
650	Abschreibungen auf Sachanlagen	120.000,00							
670	Mieten und Pachten	24.000,00							
677	Rechts- und Beratungskosten	3.800,00							
680	Büromaterial	16.000,00							
696	Verluste Abgang Sachanlagevermögen	8.240,00							
770	Gewerbesteuer	35.350,00							
	Summe	1.310.150,00	1.550.400,00						
	Unternehmensergebnis								
	Neutrales Ergebnis								
	Betriebsergebnis								

Spaltenüberschriften:
- Rechnungskreis I — Geschäftsbuchführung — GuV-Konto (Kto.-Nr., Kontenbezeichnung, Aufwendungen, Erträge)
- Rechnungskreis II — Abgrenzungsbereich: Unternehmensbezogene Abgrenzung (Aufwendungen, Erträge); Kostenrechnerische Korrekturen (Aufwendungen, Erträge) — Kosten- und Leistungsrechnung: Betriebsergebnisrechnung (Kosten, Leistungen)

2.4 Prüfungsaufgaben

Prüfungsaufgaben Sommer 2013 (Aufgabe 1, teilweise)

Sie sind Mitarbeiter in der Abteilung Rechnungswesen der LaSo GmbH. Zum Ende des ersten Quartals 2013 erhalten Sie von Ihrem Vorgesetzten die folgenden Arbeitsaufträge:

1.1 Führen Sie die Abgrenzungsrechnung in **Anlage 1** durch. Verwenden Sie hierzu die vorliegenden Daten aus **Anlage 2**. Berechnen Sie anschließend Betriebsergebnis, neutrales Ergebnis und Unternehmensergebnis. Beachten Sie bei der Durchführung der Abgrenzungsrechnung die folgenden Hinweise:
- Die Mieterträge wurden aus der Vermietung einer nicht benötigten Lagerhalle erzielt.
- Aufgrund eines nicht versicherten Feuerschadens musste im Februar 2013 eine Maschine für 30.000,00 EUR repariert werden. Dieser Betrag ist im Konto 6130 enthalten.
- Die kalkulatorischen Abschreibungen werden mit 3,44 Mio. EUR pro Jahr angesetzt.
- In der Grundsteuer des 1. Quartals sind 20.000,00 EUR für die oben angegebene vermietete Lagerhalle enthalten.
- Das durchschnittlich betriebsnotwendige Kapital beträgt 16,0 Mio. EUR. Für die Berechnung der kalkulatorischen Zinsen wurde der Zinssatz auf 8 % p. a. festgelegt.

1.2 Nennen Sie aus der Abgrenzungstabelle heraus Beispiele für Grundkosten, Zweckaufwand, Anderskosten, neutrale Aufwendungen, Grundleistungen und neutrale Erträge.

1.3 Erläutern Sie jeweils anhand eines Beispiels, welche Ergebnisse der Abgrenzungstabelle aus der Spalte „Kosten- und Leistungsrechnung" im Betriebsabrechnungsbogen (BAB) weiterverwendet werden und welche nicht in den BAB einfließen.

Anlage 1

Abgrenzungstabelle LaSo GmbH (in Tausend Euro)
1. Quartal 2013

	Rechnungskreis I		Rechnungskreis II					
	Finanzbuchführung		Abgrenzungsbereich				Kosten- und Leistungsrechnung	
			Unternehmensbezogene Abgrenzung		Kosten- und leistungsrechnerische Korrekturen			
	A	B	C	D	E	F	G	H
Kto.-Nr./Kto.-Name	Aufwendungen	Erträge	Aufwendungen	Erträge	Aufwendungen	Verrechnungs-kosten	Kosten	Leistungen
5000 Umsatzerlöse fert. Erz.								
5220 Bestandsveränderungen fert. Erz.								
5400 Erträge aus Vermietung								
5460 Erträge a. d. Abgang von Vermögensgegenständen								
5710 Zinserträge								
6000 Aufwendungen für Rohstoffe								
6130 Instandhaltung/Reparaturen								
6200 Löhne								
6400 Soziale Abgaben								
6500 Abschreibungen auf Sachanlagen								
6870 Werbung								
7020 Grundsteuer								
7510 Zinsaufwendungen								
7600 Außerordentliche Aufwendungen								
Summe								

Betriebsergebnis

Neutrales Ergebnis

Unternehmensergebnis

Anlage 2

Soll	GuV LaSo GmbH 1. Quartal 2013 in Tausend Euro				Haben
5220	Bestandsveränderungen fert. Erz.	400	5000	Umsatzerlöse fert. Erz.	14.900
6000	Aufwendungen für Rohstoffe	5.500	5400	Erträge aus Vermietung	70
6130	Instandhaltung/Reparaturen	80	5460	Erträge a. d. Abgang von Vermögensgegenständen	20
6200	Löhne	1.700			
6400	Soziale Abgaben	900	5710	Zinserträge	50
6500	Abschreibungen auf Sachanlagen	800			
6870	Werbung	250			
7020	Grundsteuer	100			
7510	Zinsaufwendungen	200			
7600	Außerordentliche Aufwendungen	150			

Prüfungsaufgaben Winter 2015/2016 (Aufgabe 2, teilweise)

Die Karl Huber KG, Nusplingen, stellt Spritzgussteile für verschiedene Maschinenbauunternehmen her. Das Geschäftsjahr endete am 30.09.2015 mit einem unbefriedigenden Betriebsergebnis. Sie haben als Mitarbeiter der Abteilung Controlling die folgenden Aufgaben zu erledigen.

2.1 Ergänzen Sie die Ergebnistabellen (**Anlage 7**) für das zurückliegende Geschäftsjahr 2014/2015 und berechnen Sie das Unternehmensergebnis, das neutrale Ergebnis und das Betriebsergebnis.

Beachten Sie hierfür folgende Angaben:
Kalkulatorischer Unternehmerlohn   84.000,00 EUR
Kalkulatorische Zinsen   23.500,00 EUR
Kalkulatorische Abschreibung   332.500,00 EUR

Im Betrag der Gewerbesteuer ist eine Steuernachzahlung in Höhe von 8.000,00 EUR enthalten.

2.2 Bei Ansicht der Ergebnistabelle stellt der Kommanditist Herr Kurz die Frage, weshalb die kalkulatorische Abschreibung von der bilanziellen Abschreibung abweicht. Erklären Sie dem Kommanditisten drei mögliche Ursachen für die Abweichung.

Anlage 7

Ergebnistabelle zum 30.09.2015 (in Euro)

| Rechnungskreis I Geschäftsbuchführung GuV-Konto | | | | Abgrenzungsbereich | | | | Rechnungskreis II Kosten- und Leistungsrechnung | |
| | | | | Unternehmensbezogene Abgrenzung | | Kostenrechnerische Korrekturen | | Betriebsergebnis-rechnung | |
Kto. Nr.	Kontenbezeich-nung	Aufwen-dungen	Erträge	Neutrale Aufwendungen	Neutrale Erträge	Verrechnete Aufwendungen	Verrechnete Kosten	Kosten	Leistungen
500	Umsatzerlöse		3.850.000,00						
571	Zinserträge		12.000,00						
546	Erträge Abgang Sachanlagen		112.000,00						
600	Rohstoffaufwendungen	2.050.00,00							
62/63	Löhne, Gehälter	904.000,00							
640	Arbeitgeberanteil SV	202.000,00							
650	Abschreibung auf Sachanlagen	328.000,00							
670	Mietaufwendungen	34.000,00							
680	Büroaufwendungen	12.000,00							
751	Zinsaufwendungen	15.500,00							
770	Gewerbesteuer	22.200,00							
	Summe								
	Ergebnis								
	Summe								

3   Kosten- und Leistungsrechnung II: Vollkostenrechnung

Vollkostenrechnung: → … alle Kosten werden berücksichtigt → fixe und variable Kosten

- Welche Kosten sind angefallen?   → Kostenartenrechnung (Kap. 3.1)
- Wo sind die Kosten angefallen?   → Kostenstellenrechnung (Kap. 3.2)
- Welches Endprodukt trägt die Kosten?   → Kostenträgerrechnung (Kap. 3.3)

3.1   Kostenartenrechnung

Stofftelegramm

Welche Kosten sind angefallen?

1. Gliederung der Kosten nach der Zurechenbarkeit auf den Kostenträger

Kostenträger = Erzeugnisse (Produkte), die hergestellt werden

Einzelkosten	Gemeinkosten
Kosten, die einem Produkt (Kostenträger) unmittelbar (direkt) zugerechnet werden können.	Kosten, die für mehrere Kostenträger gemeinsam anfallen und nicht unmittelbar (indirekt) dem Produkt zugerechnet werden können. Sie werden mithilfe von im Betriebsabrechnungsbogen (BAB) ermittelten Zuschlagssätzen auf die Kostenträger verrechnet.
<ul><li>Fertigungsmaterial (Rohstoffverbrauch, Fertigteile)</li><li>Fertigungslöhne</li><li>Sondereinzelkosten der Fertigung (Spezialmodelle, Spezialwerkzeuge, Stücklizenzgebühren)</li><li>Sondereinzelkosten des Vertriebs (Spezialverpackungen, besondere Transportkosten, Zölle, spezielle Werbung)</li></ul>	<ul><li>Gehälter</li><li>Betriebsstoffe</li><li>Hilfsstoffe</li><li>Abschreibungen</li><li>Mieten</li><li>Energiekosten</li></ul>

2. Gliederung der Kosten nach der Abhängigkeit der Produktionsmenge

Fixe Kosten	Variable Kosten
… sind unabhängig von der Menge/Beschäftigung.	… sind abhängig von der Menge/Beschäftigung.
<ul><li>Miete</li><li>Gehälter</li><li>Abschreibungen</li><li>Grundsteuern</li><li>Versicherungen</li></ul>	<ul><li>Fertigungslöhne</li><li>Rohstoffverbrauch</li></ul>

Formeln:

- Gesamtbetrachtung:
  Kosten = fixe Kosten + variable Kosten

  $K = K_{fix} + K_v$

  $K = K_{fix} + k_v \cdot x$ (x = Menge, z. B. in Stück)

- Stückbetrachtung:
  k = Stückkosten
  k_v = variable Stückkosten
  k_{fix} = fixe Stückkosten: $k_{fix} = K_{fix} : x$

  Stückkosten = fixe Stückkosten + variable Stückkosten

  k = kfix + kv

3.2   Kostenstellenrechnung

Stofftelegramm

Aufgabe:
- Erfassung aller Kostenarten an den Stellen im Betrieb, an denen sie angefallen sind
- Verteilung der Gemeinkosten auf die Kostenstellen

Ziel:
Weiterverrechnung (Kalkulation) der Kosten auf die Kostenträger (Erzeugnisse)

Kostenstelle:
Kostenstelle ist ein räumlich, organisatorisch und verantwortungsgemäß abgegrenzter Teilbereich eines Betriebes zur Erfassung der **Gemeinkosten** am Ort ihrer Entstehung

Hauptkostenstellen:
- Material
- Fertigung
- Verwaltung
- Vertrieb

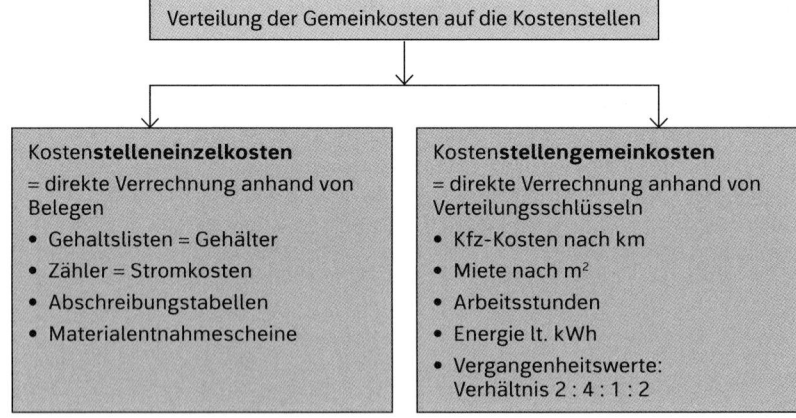

Hilfsmittel zur Durchführung: **Betriebsabrechnungsbogen (BAB)**

- **Einstufiger BAB**

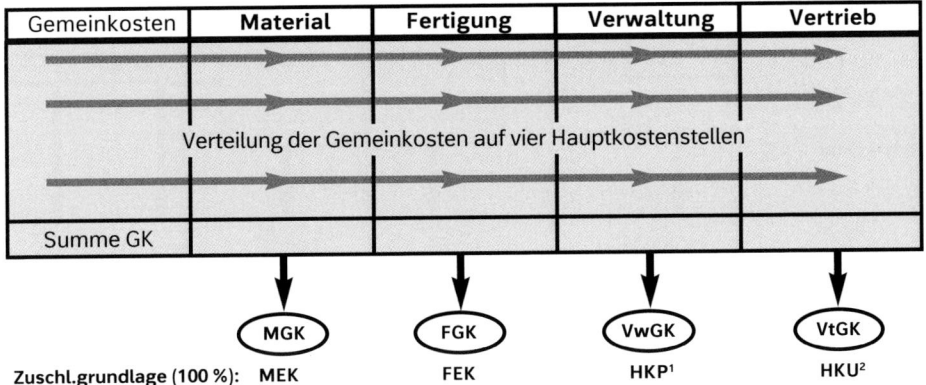

Formeln zur Berechnung der Gemeinkostenzuschlagssätze:

MGK = Materialgemeinkosten : MEK · 100
FGK = Fertigungsgemeinkosten : FEK · 100
VwGK = Verwaltungsgemeinkosten : HKP · 100
VtGK = Vertriebsgemeinkosten : HKU · 100

- **Mehrstufiger BAB**
    - **Allgemeine Hilfskostenstellen:**
      geben Leistungen an Gesamtbetrieb ab; Umlage auf alle anderen Kostenstellen
      Beispiele: Werksfeuerwehr, eigenes Kraftwerk, Fuhrparkstelle ...
    - **Besondere Hilfskostenstellen:**
      geben Leistungen nur an ihnen übergeordnete Hauptkostenstellen ab
      Beispiel: Fertigungshilfsstelle Reparaturwerkstatt (zuständig z. B. für zwei Fertigungsstellen)
    - **Hauptkostenstellen:**
      werden nicht auf andere Kostenstellen umgelegt, sondern nach Umlage der Hilfskostenstellen mithilfe von Kalkulationszuschlägen auf die Kostenträger verrechnet
      Beispiele: Material, Fertigung, Verwaltung, Vertrieb

---

[1] Zur Berechnung von HKP und HKU siehe nächste Seite: Gesamtkalkulation mit BV.
[2] Sind Bestandsveränderungen vorhanden, dann ist mit HKU zu rechnen. Sind keine vorhanden, dann kann auch mit HKP gerechnet werden.

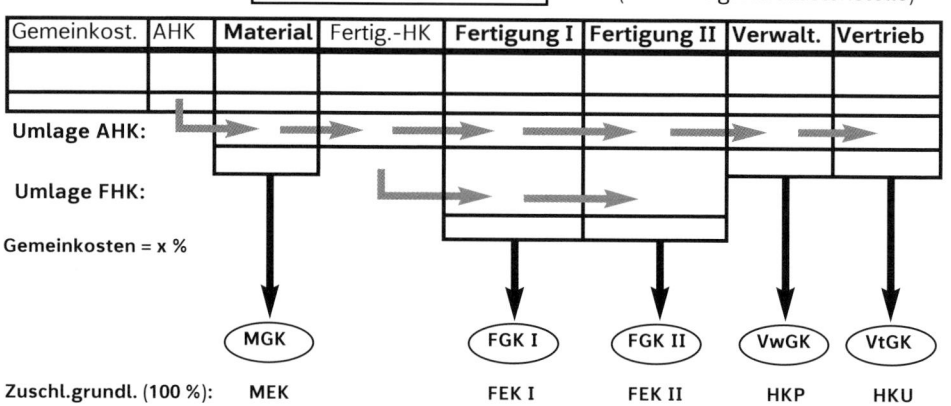

Gemeinkost.	AHK	**Material**	Fertig.-HK	**Fertigung I**	**Fertigung II**	**Verwalt.**	**Vertrieb**

Umlage AHK:

Umlage FHK:

Gemeinkosten = x %

Zuschl.grundl. (100 %):   MEK   FEK I   FEK II   HKP   HKU

MGK   FGK I   FGK II   VwGK   VtGK

Formeln Berechnung Gemeinkostenzuschlagssätze:

MGK = MGK : MEK · 100
FGK I = FGK I : FEK I · 100
FGK II = FGK II : FEK II · 100
VwGK = VwGK : HKP · 100
VtGK = VtGK : HKU · 100

Gesamtkalkulation mit Bestandsveränderungen (BV)	Stückkalkulation bzw. Gesamtkalkulation ohne BV
MEK	MEK
+ MGK	+ MGK
+ FEK I	+ FEK I
+ FKG I	+ FKG I
+ FEK II	+ FEK II
+ FGK II	+ FGK II
+ SEKF	+ SEKF
= HKP	= HKP
+ Bestandsminderung	+ VwGK
− Bestandsmehrung	+ VtGK
= HKU	+ SEKV
+ VwGK	= Selbstkosten
+ VtGK	
+ SEKV	
= Selbstkosten	

HKP = Herstellkosten der Produktion (Periode)
HKU = Herstellkosten des Umsatzes
MEK = Materialeinzelkosten
MGK = Materialgemeinkosten
FEK = Fertigungseinzelkosten
FGK = Fertigungsgemeinkosten
VwGK = Verwaltungsgemeinkosten
SEKF = Sondereinzelkosten der Fertigung
SEKV = Sondereinzelkosten des Vertriebs

3.3   Kostenträgerrechnung

Stofftelegramm

→ verteilt die Kosten verursachungsgerecht auf die Kostenträger

Kostenträger = Produkt/Erzeugnisse/Produktgruppen, für die Kosten anfallen

Kostenträgerrechnung	
Kostenträgerzeitrechnung	**Kostenträgerstückrechnung (Kalkulation)**
Bezugsgrundlage: Abrechnungsperiode (Monat, Quartal, Jahr) • Gegenüberstellung von Verkaufserlösen – Kosten • Gegenüberstellung Ist-/Normal-Kosten → Über-/Unterdeckung	• Bezugsgrundlage: einzelner Auftrag, einzelnes Stück • Vorwärtskalkulation (MEK → NVP) • Rückwärtskalkulation (NVP → MEK) • Differenzkalkulation (Gewinnermittlung) • Nachkalkulation (Kostenkontrolle, Abweichanalyse)

3.3.1   Kostenträgerzeitrechnung

Stofftelegramm

Ist-Gemeinkosten: tatsächlich entstandene Kosten laut BAB
Normal-Gemeinkosten: Im Laufe der Periode verrechnete Gemeinkosten. Normal-Zuschlagssätze sind Durchschnittssätze.
Kostenüberdeckung: Normal-Kosten > Ist-Kosten (zu viel kalkuliert)
Kostenunterdeckung: Normal-Kosten < Ist-Kosten (zu wenig kalkuliert)

Ermittlung der Kostenüber- und Unterdeckungen

Alternative 1: Unterhalb des BAB

Normal-Zuschlagssätze: MGK = 10 %   VwGK = 12 %   MEK = 100.000,00 EUR
                        FGK = 120 %   VtGK = 4 %   FEK = 80.000,00 EUR

Minderbestand Unfertige Erzeugnisse: 50.000,00 EUR
Mehrbestand Fertigerzeugnisse: 10.000,00 EUR

BAB mit Normal-Gemeinkosten:

Gemeinkosten	Material	Fertigung	Verwaltung	Vertrieb
Ist-Gemeinkosten (Summen)	9.500,00	88.000,00	39.690,00	19.050,00
Verrechnete Normal-Gemeinkosten	10.000,00	96.000,00	39.120,00	13.040,00
Überdeckung (+)	+500,00	+8.000,00		
Überdeckung (+)			−570,00	−6.010,00

Alternative 2: Kostenträgerzeitblatt

KOSTENTRÄGERZEITBLATT

	Ist-Kosten		Normal-Kosten		Unterdeckung (–)/ Überdeckung (+)
MEK		100.000,00		100.000,00	
+ MGK	9,5 %	9.500,00	10 %	10.000,00	+500,00
+ FEK		80.000,00		80.000,00	
+ FGK	110 %	88.000,00	120 %	96.000,00	+8.000,00
+ SEKF		0,00		0,00	
= HK der Produktion		277.500,00		286.000,00	
+ Minderbestand		50.000,00		50.000,00	
– Mehrbestand		10.000,00		10.000,00	
= HKU		317.500,00		326.000,00	
+ VwGK	12,5 %	39.690,00	12 %	39.120,00	
+ VtGK	6 %	19.050,00	4 %	13.040,00	–570,00
+ SEKV		0,00		0,00	–6.010,00
= Selbstkosten		376.240,00		378.160,00	+1.920,00
Umsatzerlöse		500.000,00		500.000,00	
Umsatzergebnis		*************		121.840,00	
+ Überdeckung		*************		1.920,00	
– Unterdeckung		*************		*************	
= Betriebsergebnis		123.760,00		123.760,00	

Formeln:

Umsatzergebnis = Umsatzerlöse – Selbstkosten

Betriebsergebnis = Umsatzergebnis + Überdeckung

Betriebsergebnis = Umsatzergebnis – Unterdeckung

Analyse der Kostenüber-/-unterdeckung:

- Kostenüberdeckung:
  - Material, z. B. weniger Personalkosten als geplant, niedrigere Beschaffungskosten als geplant
  - Fertigung, z. B. weniger Reparaturaufwendungen als geplant, geringere Stillstandszeiten als geplant
- Kostenunterdeckung:
  - Material, z. B. höhere Beschaffungskosten als geplant
  - Fertigung, z. B. Überstundenzuschläge, mehr Reparaturaufwand als geplant

3.3.2   Kostenträgerstückrechnung

Stofftelegramm

- Vorwärtskalkulation für selbst hergestellte Produkte:

Ergebnisse der Kostenstellenrechnung				
Fertigungsmaterial		20.000,00 EUR	Gewinnzuschlag	15 %
Fertigungslöhne		5.000,00 EUR	Vertreterprovision	6 %
MGK		10 %	Skonto	2 %
FGK		105 %	Kundenrabatt	10 %
VerwGK		20 %		
VertGK		5 %		

		Materialeinzelkosten	20.000,00 EUR		
	10 % +	Materialgemeinkosten	2.000,00 EUR		= 20000,00 · 10 : 100
	=	**Materialkosten**		**22.000,00 EUR**	
		Fertigungskosten	5.000,00 EUR		
	105 % +	Fertigungsgemeinkosten	5.250,00 EUR		
	+	SEKF	– EUR		
	–	**Fertigungskosten**		**10.250,00 EUR**	
	=	**Herstellkosten**		**32.250,00 EUR**	
	20 % +	Verwaltungsgemeinkosten	6.450,00 EUR		
	5 % +	Vertriebsgemeinkosten	1.612,50 EUR		
	+	SEKV	– EUR		
	=	**Selbstkosten**		**40.312,50 EUR**	
	15 %	Gewinn		6.046,88 EUR	
92 %		=	**Barverkaufspreis**	**46.359,38 EUR**	= 46359,38 : 92 · 6
	6 % +	Vertreterprovision		3.023,44 EUR	
	2 % +	Kundenskonto		1.007,81 EUR	
	=	**Zielverkaufspreis**		**50.390,63 EUR**	
90 %	10 % +	Kundenrabatt		5.598,96	
	=	**Listenverkaufspreis** (Nettoverkaufspreis)		**55.989,58 EUR**	

- Nachkalkulation

Nachkalkulation – Normal-Kosten – Ist-Ist-Kosten – Wie viel Gewinn haben wir tatsächlich gemacht?

Vorgaben

				Nachkalkulation – Ist-Kosten	
Fertigungsmaterial	20.000,00 EUR	Gewinnzuschlag	15 %	MGK	8 %
Fertigungslöhne	5.000,00 EUR	Vertreterprovision	6 %	FGK	102 %
MGK	10 %	Skonto	2 %	VerwGK	18 %
FGK	105 %	Kundenrabatt	10 %	VertGK	7 %
VerwGK	20 %				
VertGK	5 %				

Vorkalkulation – Normal-Kosten / Nachkalkulation – Ist-Kosten

	Position	Vorkalkulation – Normal-Kosten		Nachkalkulation – Ist-Kosten		
	Materialeinzelkosten	20.000,00 EUR		20.000,00 EUR		
10 % +	Materialgemeinkosten	2.000,00 EUR	8 %	1.600,00 EUR		
=	Materialkosten	22.000,00 EUR				21.600,00 EUR
	Fertigungskosten	5.000,00 EUR		5.000,00 EUR		
105 % +	Fertigungsgemeinkosten	5.250,00 EUR	102 %	5.100,00 EUR		
+	Sondereinzelkosten d. Fert.	– EUR		– EUR		
=	Fertigungskosten	10.250,00 EUR				10.100,00 EUR
=	Herstellkosten	32.250,00 EUR				31.700,00 EUR
20 % +	Verwaltungsgemeinkosten	6.450,00 EUR	18 %	5.706,00 EUR		
5 % +	Vertriebsgemeinkosten	1.612,50 EUR	7 %	2.219,00 EUR		
+	SEKV	– EUR		– EUR		
=	Selbstkosten	40.312,50 EUR				39.625,00 EUR
15 %	Gewinn	6.046,88 EUR	17 %			6.734,38 EUR
	Barverkaufspreis	46.359,38 EUR				46.359,38 EUR
6 % +	Vertreterprovision	3.023,44 EUR		6734,38 · 100 : 39625,00		
2 % +	Kundenskonto	1.007,81 EUR				– EUR
92 % =	Zielverkaufspreis	50.390,63 EUR				
10 % +	Kundenrabatt	5.598,96 EUR				
90 % =	Listenverkaufspreis (Nettoverkaufspreis)	55.989,58 EUR				
				Normal-Kosten > Ist-Kosten		
				Kostenüberdeckung = Gewinn steigt		

3.4 Aufgaben zu den Kapiteln 3.1–3.3

Aufgaben

1. Welche **Aufgaben** hat die Kostenstellenrechnung?

2. Definieren Sie die Begriffe **Einzelkosten** und **Gemeinkosten**.

3. Definieren Sie kurz den Begriff **Kostenstelle**.

4. Nach welchem Kriterium werden die Gemeinkosten im BAB auf die Kostenstellen **verteilt?**

5. Unterscheiden Sie: **Kostenstelleneinzelkosten – Kostenstellengemeinkosten**. Nennen Sie je ein Beispiel.

6. Konkretisieren Sie die **Materialkostenstelle**.

7. a) Ermitteln Sie die üblichen Zuschlagssätze.

Fertigungsmaterial	100.000,00 EUR	Mehrbestand Fertig-	
Materialgemeinkosten	65.000,00 EUR	erzeugnisse	10.000,00 EUR
Fertigungslöhne	70.000,00 EUR	Verwalt.gemeinkosten	49.500,00 EUR
Fertigungsgemeinkosten	105.000,00 EUR	Vertriebsgemeinkosten	16.500,00 EUR

   b) Zur Herstellung des Produkts A wird für 200,00 EUR Fertigungsmaterial benötigt. Außerdem sind zwei Arbeiter mit je 1,5 Std. am Produkt tätig. Verrechnete Lohnkosten je Arbeitsstunde: 14,00 EUR.
   Ermitteln Sie die Selbstkosten unter Verwendung obiger Zuschlagssätze.

8. Begründen Sie die Behandlung der Bestandsveränderungen in der Gesamtkalkulation.

9. Warum werden üblicherweise die Herstellkosten des Umsatzes als Basis für die Ermittlung des Vertriebsgemeinkostenzuschlagssatzes herangezogen?

10. Von einer Metallfabrik liegt Ihnen der Quartals-BAB (s. u.) als Auszug vor. Außerdem stehen folgende Angaben zur Verfügung:

Fertigungsmaterial:	160.000,00 EUR
Fertigungslöhne Fertigungsstelle I:	50.000,00 EUR
Fertigungslöhne Fertigungsstelle II:	82.000,00 EUR

Bestände:	unfertige Erzeugnisse	Fertigerzeugnisse
Anfangsbestand	255.000,00 EUR	160.000,00 EUR
Endbestand	275.000,00 EUR	130.000,00 EUR

Zuschlagsgrundlagen:	Verwaltungsgemeinkosten:	Herstellkosten der Periode
	Vertriebsgemeinkosten:	Herstellkosten des Umsatzes

    a) Nach welchen Gesichtspunkten würden Sie im BAB die Gemeinkosten „Aufwendungen für Hilfs- und Betriebsstoffe" und „freiwilliger sozialer Aufwand" auf die Kostenstellen und wie die Gemeinkosten der Hilfskostenstelle „Fuhrpark" und „technische Betriebsleitung" auf die Hauptkostenstellen verteilen?
    b) Vervollständigen Sie den Quartals-BAB.

Gemeinkosten	Zahlen Buchh.	Material	Fertigungsstellen I	Fertigungsstellen II	Verwaltung	Vertrieb
....	....	....	....	....	....	....
Summen	244.000	8.000	70.000	80.000	63.000	23.000
Zuschlags- grundlage		MEK 160.000	FEK I 50.000	?	450.000	?
Ist-Zuschläge		5 %	140 %	?	14 %	?
Normal-Zuschläge		6 %	136 %	100,48 %	? 13 %	462.000 8 %
Normal- Gemeinkosten		?	68.000	82.400	?	36.960
Überdeckung/ Unterdeckung		+1.600	?	+2.400	?	+13.960

11. a) Ergänzen Sie im unten stehenden BAB die fehlenden Daten und berechnen Sie den Gesamtbetrag der Kostenüber- oder Kostenunterdeckung. Bestandsmehrung: 10.000,00 EUR.
    b) Warum wird bei der Kalkulation von Verkaufspreisen meist mit Normal-Gemeinkosten-zuschlagssätzen gerechnet?

BAB – Auszug: (AHK = Allgemeine Hilfskostenstelle)

Gemeinkos- ten	AHK	Material	Fertig. hilfsst.	Fertigung I	Fertigung II	Verwal- tung	Vertrieb
....	....	....	....	....	....	....	....
877.000	43.500	69.500	29.000	114.000	331.500	120.000	169.500
Umlage I	⌐→	1.600	800	13.000	26.500	800	800
		71.100 ?	29.800 ?	127.000 ?	358000 ?	128.000 ?	170 30 ⌐ ?
Umlage II			⌐→	9.800	20.000		
				136.800 ?	378.000 ?		
Zuschlags- grundlagen:		MEK 1.200.000		FEK I 120.000	FEK II 330.000	HK des Umsatzes 2.225.980	
Normal-Gemeinkos- tenzuschlagssätze:		6 %		120 %	115 %	5 %	8 %
Normal-Gemeinkost.		72 ?		144 ?	379.500 ?	111.295 ?	176.072
Über-, Unterdeckung		+900 ?		+7200 ?	+1500 ?	1.9505 ?	7777 ?

12. Ermitteln Sie den Nettoverkaufspreis anhand folgender Daten:

    Fertigungsmaterial 2.650,00 EUR, Fertigungslöhne 3.400,00 EUR, besonderer Konstruktionsaufwand 352,00 EUR

    Normal-Zuschläge: MGKZ 12 %, FGKZ 120 %, VwGKZ 15 %, Gewinnzuschlag 10 %, Vertreterprovision 8 %, Kundenskonto 2 %

13. Ein Unternehmen muss den Nettoverkaufspreis für ein Produkt mit 600,00 EUR festsetzen.

Folgende Daten liegen vor:

Fertigungszeit Fertigungsstelle I:	2 Std. zu je 20,00 EUR
Fertigungszeit Fertigungsstelle II:	4 Std. zu je 14,00 EUR
Modellkosten: 4,48 EUR je Stück	

Zuschlagssätze: MGK 8 %, FGK I 120 %, FGK II 125 %, Verwaltungsgemeinkosten 10 %, Vertriebsgemeinkosten 15 %, Gewinnzuschlag 8 %, Vertreterprovision 8 %, Kundenskonto 2 %, Kundenrabatt 20 %

Wie viel Euro können für das Fertigungsmaterial des Produktes maximal ausgegeben werden?

14. Die Geschäftsbuchführung und die Kosten- und Leistungsrechnung der LaSo GmbH weisen für den Monat März folgende Zahlen auf:

	Insgesamt in Euro	Kleine Elektromotoren in Euro	Große Elektromotoren in Euro
Rohstoffaufwand		780.000,00	500.000,00
Lohnaufwand (= Akkordlöhne)		540.000,00	300.000,00
Fertigungsgemeinkosten		966.000,00	538.000,00
Materialgemeinkosten		98.000,00	56.000,00
Verwaltungsgemeinkosten		230.000,00	150.000,00
Vertriebsgemeinkosten		240.000,00	150.000,00
Bestände an fertigen Erzeugnissen:			
Anfangsbestand		30.000,00	50.000,00
Endbestand		50.000,00	40.000,00
Umsatzerlöse	5.400.000,00	3.600.000,00	1.800.000,00
produzierte Erzeugnisse		6.000 Stück	2.500 Stück
Beschäftigungsgrad	80 %		

Der variable Anteil an den Vertriebsgemeinkosten beträgt 43 %.
Der variable Anteil an den Fertigungsgemeinkosten beträgt 20 %.
Die anderen Gemeinkosten sind fixe Kosten.

Normal-Gemeinkostenzuschlagssätze:
Material-GK 14 %, Fertigungs-GK 180 %, Verwaltungs-GK 10 %, Vertriebs-GK 10 %

Führen Sie im beiliegenden Kostenträgerblatt (**Anlage**) die Ist-Kosten- und Normal-Kostenrechnung durch. Berechnen Sie das Betriebsergebnis, das Umsatzergebnis und die Kostenüber- bzw. Kostenunterdeckung.

Hinweis: Verwaltungsgemeinkosten sind auf die Herstellkosten der Rechnungsperiode, Vertriebsgemeinkosten auf die Herstellkosten des Umsatzes zu beziehen.

Anlage: Kostenträgerblatt

Bezeichnung	Ist-Kosten gesamt	Normal-Kosten gesamt	Kostenüberdeckung/ Kostenunterdeckung

3.5   Prüfungsaufgaben

Prüfungsaufgaben Sommer 2014 (Aufgabe 1, teilweise)

Die HaMo Bike Werke GmbH, die ihren Sitz in Friedrichshafen hat, produziert hochwertige Kinder-Fahrräder sowie Kinder-Fahrradanhänger.

1.1   Für das erste Abrechnungsquartal 2014 sind noch fehlende Daten für den BAB zu ermitteln. Vervollständigen Sie den Quartals-BAB (**Anlage 1**), ermitteln Sie die Ist-Gemeinkostenzuschlagssätze und die jeweiligen Kostenabweichungen. Erläutern Sie zwei mögliche Gründe für die Kostenabweichung in der Fertigungsstelle I.

1.2   Die Geschäftsführung erwägt, um eine genauere Kostenaufschlüsselung zu erreichen, die Erweiterung des bisherigen BAB um die Hilfskostenstellen „Fuhrpark" und „Qualitätskontrolle Fertigung". Geben Sie je einen geeigneten Schlüssel an, nach dem die Leistungen der Hilfskostenstellen auf die jeweiligen Kostenstellen verteilt werden können. Beschreiben Sie außerdem jeweils die Vorgehensweise, nach der die Hilfskostenstellen umgelegt werden.

1.3   Bei der HaMo Bike Werke GmbH geht eine Anfrage der Family OHG (**Anlage 2**) ein. Berechnen Sie, wie hoch der Stückgewinn in Euro und Prozent ausfällt, wenn der angefragte Verkaufspreis der Family OHG angeboten werden soll. Berücksichtigen Sie die Kalkulationsdaten aus **Anlage 3**.

Anlage 1

Betriebsabrechnungsbogen (1. Quartal)   (Zahlen in Euro)

Gemeinkostenarten	Zahlen der Buchhaltung	Material	Fertigungs-stelle I	Fertigungs-stelle II	Verwaltung	Vertrieb	
Summe Gemeinkosten	371.130,00	12.000,00	105.000,00	120.000,00	98.280,00	35.850,00	GK
Zuschlagsgrundlage		200.000,00	70.000,00	120.000,00	*627*	*637*	EK
Ist-Gemeinkosten-zuschlagssätze		*6*	*150*	*100?*	*15,67*	*5,63*	
Normal-Gemeinkos-tenzuschlagssätze		7 %	142 %	110 %	14 %	7 %	
Normal-Gemeinkosten		*14.000*	*99.400*	*132.000*	*87.780*	*47.110*	
Kostenüberdeckung	*9.160*	*2.000*		*12.000*		*11.260*	*25.260*
Kostenunterdeckung			*5.600*		*10.500*		*16.100*

Von der HaMo Bike Werke GmbH liegen außer dem Quartals-BAB (**Anlage 1**) folgende Angaben vor:

Bestände	Unfertige Erzeugnisse	Fertige Erzeugnisse
Anfangsbestand	145.000,00 EUR	120.000,00 EUR
Endbestand	165.000,00 EUR	90.000,00 EUR

Zuschlagsgrundlage für die Verwaltungsgemeinkosten sind die Herstellkosten der Produktion und für die Vertriebsgemeinkosten die Herstellkosten des Umsatzes.

Anlage 2

HaMo Bike Werke GmbH

Von:	hannes.maier@familyohg.de
Gesendet:	Mittwoch, 02.05.2014
An:	birgit.schuster@hamobikewerke.de
Betreff:	**Anfrage Fahrradanhänger Kid2Go**

Sehr geehrte Frau Schuster,

wie im Vorjahr planen wir auch in diesem Jahr eine Aktionswoche rund um das Thema Kinder und deren Sicherheit im Straßenverkehr.
Da wir dafür Ihr Fahrradanhängermodell Kid2Go zum Sonderpreis anbieten wollen, müssen wir unsere Bezugspreise genauestens planen. Können Sie uns, bei einer Abnahmemenge von 100 Stück, einen Listenpreis von 490,00 EUR anbieten?

In Erwartung Ihres Angebots verbleiben wir mit freundlichen Grüßen,

Hannes Maier
Family OHG

Anlage 3

Kalkulationsdaten Fahrradanhänger Kid2Go	
Fertigungsmaterial	134,68 EUR
Fertigungslöhne I	35,00 EUR
Fertigungslöhne II	33,90 EUR
Kundenskonto	3 %
Rabatt	10 %
Vertreterprovision	7 %
Normal-Gemeinkostenzuschlagssätze	siehe BAB

Prüfungsaufgaben Winter 2014/2015 (Aufgabe 1, teilweise)

Die BikesForFun GmbH ist ein mittelständischer Fahrradhersteller. Die Produktion der Fahrräder erfolgt im Hauptwerk in Rottweil für die Fahrradtypen „City" und „Trial". Im Zweigwerk in Oberndorf wird ausschließlich der Fahrradtyp „Race" hergestellt.

Nach Ihrer abgeschlossenen Ausbildung zum/zur Industriekaufmann/-frau werden Sie in der BikesForFun GmbH im Controlling und in der Finanzbuchhaltung eingesetzt.

1.1   Ihr Abteilungsleiter beauftragt Sie, den bereits begonnenen Betriebsabrechnungsbogen für das Hauptwerk Rottweil (**Anlage 2**) unter Berücksichtigung der Informationen aus dem internen Rechnungswesen (**Anlage 1**) zu vervollständigen. Ermitteln Sie hierbei auch die Gemeinkostenzuschlagssätze (auf eine Dezimalstelle gerundet).

1.2   In der Vergangenheit wurden die Produkte bei der BikesForFun GmbH im Rahmen einer traditionellen Vollkostenrechnung kalkuliert. Vor dem Hintergrund der Zielsetzung einer genaueren Kalkulation sollen in einem Pilotprojekt im Oktober 2014 zunächst die Kosten der Fertigungshilfskostenstelle Arbeitsvorbereitung des Werks Rottweil prozessorientiert verrechnet werden. Berechnen Sie den Gesamtprozesskostensatz für jeden einzelnen Teilprozess innerhalb der Kostenstelle Arbeitsvorbereitung und ermitteln Sie die Prozesskosten je Produktgruppe und je Stück. Produzierte Mengen: Typ „City" 2.640 Stück; Typ „Trial" 1.320 Stück (**Anlage 3**).

1.3   Kalkulieren Sie die Herstellkosten je Stück für den Kostenträger „Trial". Verrechnen Sie die Kosten für die Abteilung Arbeitsvorbereitung entsprechend Ihrer Berechnungen aus Aufgabe 1.2 (**Anlage 3**) prozessorientiert. Berücksichtigen Sie im Rahmen Ihrer Kalkulation auch die Daten aus den **Anlagen 1** und **2**. Der Zuschlagssatz für die Restfertigungsgemeinkosten beträgt 225 %.

(Hinweis: Sollten Sie die vorhergehenden Teilaufgaben nicht gelöst haben, rechnen Sie mit einem Materialgemeinkostenzuschlagssatz von 10,3 % und Prozesskosten für die Arbeitsvorbereitung in Höhe von 14,82 EUR je Stück.)

Anlage 1

Informationen aus dem internen Rechnungswesen der BikesForFun GmbH (3. Quartal 2014)		Typ „City"	Typ „Trial"
Umlage der Fertigungshilfskostenstelle „Arbeitsvorbereitung"		2 Teile	1 Teil
Einzelkosten:	Fertigungsmaterial gesamt	1.544.400,00 EUR	
	Fertigungslöhne I für Typ „City"	475.200,00 EUR	
	Fertigungslöhne II für Typ „Trial"	277.200,00 EUR	
	Fertigungsmaterial für Typ „City"	95,00 EUR/Stück	
	Fertigungsmaterial für Typ „Trial"	200,00 EUR/Stück	
	Fertigungslöhne I für Typ „City"	60,00 EUR/Stück	
	Fertigungslöhne II für Typ „Trial"	70,00 EUR/Stück	
Bestandserhöhung an fertigen und unfertigen Erzeugnissen:		81.000,00 EUR	
Zuschlagsgrundlage für die Verwaltungsgemeinkosten:		Herstellkosten der Produktion	
Zuschlagsgrundlage für die Vertriebsgemeinkosten:		Herstellkosten des Umsatzes	

Anlage 2

Internes Rechnungswesen						BikesForFun GmbH	
Betriebsabrechnungsbogen für das 3. Quartal 2014 (in Euro) (Auszug)							
	Material	Fertigungs-hilfskos-tenstelle „Arbeitsvor-bereitung"	Fertigungs-hauptkos-tenstelle I (Typ „City")	Fertigungs-hauptkos-tenstelle II (Typ „Trial")	Verwaltung	Vertrieb
...	...	...	...	...	...	...
Zwischen-summe Gemein-kosten	142.550,00	126.000,00	902.850,00	623.700,00	198.000,00	370.000,00
Umlage Arbeitsvor-bereitung						
Summe der Gemein-kosten						
Zuschlags-grundlage						
Zuschlags-sätze						

Anlage 3

Teil-prozess	Typ	Kosten-treiber	Gesamt-kosten je Teilprozess im Oktober 2014 (in Euro)	Prozess-menge gesamt Okt./2014	Prozess-menge Typ „City" Okt./2014	Prozess-menge Typ „Trial" Okt./2014	Teilpro-zesskos-ten lmi (in Euro)	Umlage lmn-Teilpro-zesse (in Euro)	Gesamt-prozess-kostensatz je Teilprozess (in Euro)	Prozess-kosten Produkt-gruppe „City" (in Euro)	Prozess-kosten Produkt-gruppe „Trial" (in Euro)	Prozess-kosten je Stück „City" (in Euro)	Prozess-kosten je Stück „Trial" (in Euro)
Fertigungs-planung/ Arbeitspla-nung	lmi	Anzahl Neukon-struktionen	7.875,00	10	4	6							
Materialdis-position/ Materialbe-reitstellung	lmi	Anzahl Aufträge	10.500,00	50	30	20							
Termin-/ Kapazitäts-planung	lmi	Anzahl Aufträge	5.250,00	50	30	20							
Fertigungs-steuerung	lmi	Anzahl Fahrräder	13.125,00	3.960	2.640	1.320							
Abteilung leiten	lmn		5.145,00										
Summe			**41.895,00**										

Prüfungsaufgaben Sommer 2015 (Aufgabe 1, teilweise)

Die LaSo GmbH ist ein Handels- und Endmontagebetrieb für Werkzeug- und Gebrauchsartikel unterschiedlichster Art. Sie sind Mitarbeiter in der Abteilung Rechnungswesen der LaSo GmbH.

1.1   Die LaSo GmbH führt in jedem Quartal eine sachliche Abgrenzung mit einer Ergebnistabelle durch. Führen Sie die Abgrenzungsrechnung durch, indem Sie die Ergebnistabelle in **Anlage 1** ergänzen. Verwenden Sie hierzu die vorliegenden Daten der Geschäftsbuchführung in den **Anlagen 2** und **3**. Ermitteln Sie das Unternehmensergebnis, das neutrale Ergebnis und das Betriebsergebnis. Verfassen Sie für den Leiter der Abteilung Rechnungswesen eine Notiz. Interpretieren Sie darin die Ergebnisse bezüglich des Erfolgs der eigentlichen betrieblichen Tätigkeit.

1.2   Grundlage der Kosten- und Leistungsrechnung der LaSo GmbH ist die Vollkostenrechnung, nach der die Gemeinkostenzuschlagssätze monatlich ermittelt werden. Für den Monat März wurden die Einzelkosten, die Gemeinkosten und die Bestandsveränderungen bereits erfasst (**Anlage 4**). Berechnen Sie die Gemeinkostenzuschlagssätze (auf eine Dezimalstelle runden). Die Bezugsgröße für die Verwaltungsgemeinkosten sind die Herstellkosten der Rechnungsperiode, für die Vertriebsgemeinkosten die Herstellkosten des Umsatzes.

1.3   Die LaSo GmbH nimmt eine neuartige elektronische Steuerung in ihr Sortiment auf. Aus Konkurrenzgründen soll diese zu einem Stückpreis von 1.049,50 EUR zuzüglich 19 % Umsatzsteuer angeboten werden. Sie werden beauftragt, mit den vorliegenden Kalkulationsdaten festzustellen, wie hoch die Fertigungskosten je Stück höchstens sein dürfen: Verbrauch von Fertigungsmaterial 385,00 EUR, Kundenskonto 2 %, Kundenrabatt 10 %. Kalkulieren Sie mit den unter 1.2 ermittelten Zuschlagssätzen und berücksichtigen Sie dabei, dass der Stückgewinn 135,00 EUR betragen soll.

Hinweis: Sollten Sie in Aufgabe 1.2 zu keiner Lösung gelangt sein, rechnen Sie mit einem Materialgemeinkostenzuschlag von 7 %, einem Verwaltungsgemeinkostenzuschlag von 8 % und einem Vertriebsgemeinkostenzuschlag von 6 %.

Anlage 1

Nr.	Bezeichnung	Rechnungskreis I — Geschäftsbuchführung (GBF)		Rechnungskreis II — Abgrenzungsbereich — Unternehmensbezogen		Rechnungskreis II — Abgrenzungsbereich — KLR-Korrekturen		Rechnungskreis II — Kosten- und Leistungsrechnung	
		Aufwendungen in Tausend Euro	Erträge in Tausend Euro	Aufwendungen in Tausend Euro	Erträge in Tausend Euro	verr. Aufwendungen in Tausend Euro	verr. Kosten in Tausend Euro	Kosten in Tausend Euro	Leistungen in Tausend Euro
5000	Umsatzerlöse für Erzeugnisse und Waren								
5210	Bestandsveränderung an unfertigen Erzeugnissen								
5400	Erträge aus Vermietung								
5710	Zinserträge								
6000	Aufwendungen für Rohstoffe								
6130	Instandhaltung und Reparaturen								
6200	Löhne								
6500	Abschreibung auf Sachanlagen								
6800	Büromaterial								
7510	Zinsaufwendungen								
	Kalkulatorischer Unternehmerlohn								
	Summe								
	Salden								

Unternehmensergebnis

Abgrenzungsergebnis (neutrales Ergebnis)

Betriebsergebnis

Anlage 2

Soll	Auszug aus der GuV der LaSo GmbH 1. Quartal 2015 in Tausend Euro				Haben
6000	Aufwendungen für Rohstoffe	2.200	5000	Umsatzerlöse für Erz. und Waren	6.550
6130	Instandhaltung und Reparaturen	67	5210	Bestandsveränderung an unfertigen Erz.	210
6200	Löhne	1.350	5400	Erträge aus Vermietung	300
6500	Abschreibungen auf Sachanlagen	740	5710	Zinserträge	600
6800	Büromaterial	70			
7510	Zinsaufwendungen	170			

Anlage 3

Vermerke zur Erstellung der Abgrenzungsrechnung aus dem laufenden Quartal

Beachten Sie folgende Hinweise:

- In den Löhnen ist eine Lohnnachzahlung in Höhe von 30.000,00 EUR für das vergangene Jahr enthalten.

- In den Kosten für Büromaterial ist eine Rechnung aus der vergangenen Rechnungsperiode in Höhe von 9.000,00 EUR enthalten.

- Von den erfassten 67.000,00 EUR des Kontos 6130 entfallen 8.000,00 EUR auf die Erneuerung der Lagerhalle nach einem Wasserschaden. Es bestand kein Versicherungsschutz.

- Die kalkulatorische Abschreibung auf Sachanlagen beträgt 3,28 Mio. EUR im Jahr.

- Für die kalkulatorischen Zinsen wird mit einem jährlichen betriebsnotwendigen Kapital von 28 Mio. EUR gerechnet. Der kalkulatorische Zinssatz beträgt 3 % p. a.

- Der jährliche kalkulatorische Unternehmerlohn beträgt 140.000,00 EUR.

Anlage 4

	Material	Fertigung		Verwaltung	Vertrieb
		Fertigungsstelle I	Fertigungsstelle II		
Summer der Ist-Gemeinkosten	57.350,00 EUR	325.300,00 EUR	248.000,00 EUR	121.340,00 EUR	89.606,00 EUR

Verbrauch von Fertigungsmaterial:	716.875,00 EUR
Fertigungslöhne I:	305.000,00 EUR
Fertigungslöhne II:	209.280,00 EUR

Bestände	Anfangsbestand	Schlussbestand
Unfertige Erzeugnisse	32.000,00 EUR	96.000,00 EUR
Fertige Erzeugnisse	109.000,00 EUR	40.000,00 EUR

Prüfungsaufgaben Sommer 2016 (Aufgabe 1, teilweise)

Die Engel GmbH ist ein mittelständisches Unternehmen mit Sitz in Bretten, das Elektromotoren herstellt. Sie sind als Sachbearbeiter/-in in der Finanzbuchhaltung der Engel GmbH auch für Controllingaufgaben zuständig. Das Geschäftsjahr 2015/2016 der Engel GmbH endete am 31.03.2016.

1.1   Zur Kalkulation neuer Kundenaufträge ist ein Betriebsabrechnungssbogen für das 2. Halbjahr des Geschäftsjahres zu erstellen.

Ergänzen Sie den Betriebsabrechnungsbogen in **Anlage 1**. Berücksichtigen Sie dabei die Informationen aus dem internen Rechnungswesen aus **Anlage 2**. Runden Sie die Zuschlagssätze im Bedarfsfall auf eine Stelle nach dem Komma.

1.2   Bisher kalkulierte die Engel GmbH mit Normal-Gemeinkostenzuschlagssätzen (**Anlage 3**).
- Berechnen Sie die Kostenüber- bzw. Kostenunterdeckung für die Kostenstelle Material.
- Erläutern Sie zwei mögliche Ursachen der Kostenabweichung.

1.3   Die Engel GmbH möchte die Nachfrage für den Elektromotor „Speedster" ankurbeln. Deshalb ist eine Sonderaktion mit hohen Rabatten geplant.

Berechnen Sie unter Berücksichtigung der Kalkulationsdaten aus **Anlage 3**, in welcher Höhe maximal Rabatt (in Euro und Prozent) eingeräumt werden kann, wenn der Listenverkaufspreis derzeit 89,99 EUR beträgt.

Anlage 1: Betriebsabrechnungsbogen für das 2. Halbjahr (Oktober bis März) der Engel GmbH

	Allgemeine Hilfskostenstelle Kantine	Material	Fertigungshilfskostenstelle Instandhaltung	Fertigung I	Fertigung II	Verwaltung	Vertrieb
Summe Gemeinkosten vor Umlage (in Euro)	28.000,00	18.000,00	54.000,00	240.000,00	280.000,00	94.000,00	60.000,00
Umlage Kantine (in Euro)							
Zwischensumme (in Euro)							
Umlage Instandhaltung (in Euro)							
Summe der Gemeinkosten (in Euro)							
Zuschlagsgrundlage (in Euro)							
Zuschlagssätze (in %)							

Anlage 2

Internes Rechnungswesen der Engel GmbH
2. Halbjahr 2015/2016

Umlage Kantine:	Verhältnisse 1 : 1 : 2 : 2 : 3 : 1
Umlage Instandhaltung:	Verhältnis 1 : 3

Einzelkosten:

Fertigungsmaterial	256.000,00
Fertigungslöhne I	180.000,00
Fertigungslöhne II	300.000,00

Fertigerzeugnisse:
AB 128.000,00 EUR
EB 112.000,00 EUR

Zuschlagsgrundlage für die Verwaltungsgemeinkosten: Herstellkosten der Rechnungsperiode
Zuschlagsgrundlage für die Vertriebsgemeinkosten: Herstellkosten des Umsatzes

Anlage 3: Kalkulationsdaten Speedster auf Basis der Normal-Kosten

Fertigungsmaterial	7,50 EUR
Fertigungslöhne I	12,00 EUR
Fertigungslöhne II	9,00 EUR
Gewinnzuschlag	8,5 %
Kundenskonto	3,0 %
Rabatt	?
Vertreterprovision	6,0 %
Materialgemeinkostenzuschlagssatz	9,0 %
Fertigungsgemeinkostenzuschlagssatz I	135,0 %
Fertigungsgemeinkostenzuschlagssatz II	115,0 %
Verwaltungsgemeinkostenzuschlagssatz	8,0 %
Vertriebsgemeinkostenzuschlagssatz	6,0 %

4   Kosten- und Leistungsrechnung III: Deckungsbeitragsrechnung

4.1   Deckungsbeitragsrechnung (Teilkostenrechnung)

Stofftelegramm

Abkürzungen: K_v = variable Kosten; K_{fix} = Fixkosten; p = Preis/Stück; k_v = variable Stückkosten

Vollkostenrechnung	**Teilkostenrechnung**
Rechnung mit Vollkosten ($K = K_v + K_{fix}$)	Rechnung mit Teilkosten (K, k_v)

Problembereiche der Vollkostenrechnung (Fehlentscheidungen!)

Problembereich 1 ⟶ **Hereinnahme, Streichung, Rangfolge der Produkte:**

Nur die **Deckungsbeitragsrechnung** kann diese Probleme lösen:

- **Hereinnahme** eines Produkts, wenn es einen positiven Deckungsbeitrag (Beitrag zur Fixkostendeckung) leistet

- **Streichung** eines Produkts nur, wenn sein Deckungsbeitrag negativ ist

- **Rangfolge** der Produkte („Hitparade") nach Deckungsbeiträgen

Problembereich 2 ⟶ **Entscheidungsfrage: Eigenfertigung oder Fremdbezug?**

Der Bezugspreis ist mit den eigenen variablen Kosten zu vergleichen. Auch dies ist nur mithilfe der Deckungsbeitragsrechnung möglich:

Ist keine Kapazitätserweiterung für die Eigenfertigung notwendig, gilt grundsätzlich: Eigenfertigung, sofern K_v < Bezugspreis.

| **Problembereich 3** | ⟶ **Beschäftigungsschwankungen:** |

Sinkende Beschäftigung (sinkende Nachfrage) führt zu steigenden Stückkosten (Fixkosten verteilen sich auf weniger Stück).

Nach der Vollkostenrechnung würde dies zu Preiserhöhungen führen, obwohl eigentlich zur Nachfrageankurbelung Preissenkung nötig wäre. Der Betrieb sollte somit vorübergehend auf Vollkostendeckung verzichten: Deckungsbeitragsrechnung notwendig.

Einfluss des Beschäftigungsgrades auf BAB – Zuschlagssätze bei Vollkostenrechnung:

- Sinkende Beschäftigung: Gemeinkosten sinken nicht im gleichen Umfang wie Einzelkosten (Begründung: Gemeinkosten enthalten i. Gs. zu den Einzelkosten Fixkosten). Folge: steigende Zuschlagssätze, steigende Preise (Probleme: s. o.)

- Steigende Beschäftigung: sinkende Zuschlagssätze

Vermeidung dieser Zuschlagssatzschwankungen durch die Deckungsbeitragsrechnung

| **Deckungsbeitragsrechnung als Instrument/Entscheidungshilfe für ...** |

- **DB-Rechnung als Instrument der Kostenauflösung:**
  - Unterscheidung/Zuordnung in fixe und variable Kosten:

    Gesamtbetrachtung (K_{fix}, K_v)   Stückbetrachtung (k_{fix}, k_v)

    $K = K_{fix} + K_v$ $k = k_{fix} + k_v$

    $K = K_{fix} + k_v \cdot x$

  - Mischkosten: enthalten Anteile von fixen und variablen Kosten – z. B. Energiekosten Grundentgelt (fix) + Nutzungsentgelt (variabel)
  - Beispiel rechnerische Kostenauflösung:

Monat	Menge in Stück	Kosten ($K_{fix} + K_v$)
Mai	400	25.000,00 EUR
Juni	500	30.000,00 EUR

  - Berechnen Sie die fixen und variablen Kosten.
  - Annahme: Linearer Kostenverlauf = Kostenänderung hängt alleine von den variablen Kosten ab!

$$k_v = \frac{(30.000,00 - 25.000,00)}{(500 - 400)} \quad \text{variable Stückkosten } (k_v) = \frac{\text{Kostendifferenz } (\Delta K)}{\text{Mengenänderung } (\Delta K)}$$

$$k_v = \frac{5.000,00}{100}$$

$k_v = 50$ EUR/Stück

K_v im Mai = $50,00 \cdot 400 = 20.000,00$ EUR
K_v im Juni = $50,00 \cdot 500 = 25.000,00$ EUR

$$K - K_v = K_{fix}$$
K_{fix} im Mai = 25.000,00 − 20.000,00 = 5.000,00 EUR
K_{fix} im Juni = 30.000,00 − 25.000,00 = 5.000,00 EUR

- **DB-Rechnung als Stück- und Periodenrechnung:**

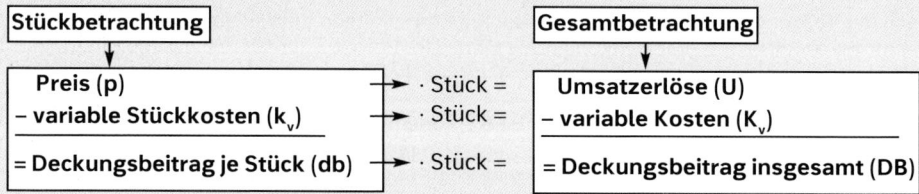

| Stückbetrachtung | | Gesamtbetrachtung |

Preis (p)	· Stück =	Umsatzerlöse (U)
− variable Stückkosten (k_v)	· Stück =	− variable Kosten (K_v)
= Deckungsbeitrag je Stück (db)	· Stück =	= Deckungsbeitrag insgesamt (DB)

Schema der Deckungsbeitragsrechnung:

	Produkt A	Produkt B	Produkt C	Insgesamt
Umsatzerlöse	72.000,00	20.000,00	5.000,00	97.000,00
− variable Kosten	56.000,00	21.000,00	4.000,00	81.000,00
= Deckungsbeitrag	16.000,00	−1.000,00	1.000,00	16.000,00
− Fixkosten	− − − − −	− − − − −	− − − − −	5.000,00
= Betriebsergebnis Betriebsgewinn/-verlust	− − − − −	− − − − −	− − − − −	11.000,00

Produkt B hat **negativen Deckungsbeitrag:** Aus Produktionsprogramm herausnehmen!

Aus folgenden Gründen wird B **trotz negativen Deckungsbeitrags evtl. weiterproduziert:**

- – Arbeitsplatzsicherung
- – Sortimentsvielfalt
- – „Vorzeigeartikel"
- – Ergänzung anderer Produkte
- – Deckungsbeitrag evtl. nur vorübergehend negativ
- – Produkteinführung

- **DB-Rechnung zur Bestimmung der langfristigen und kurzfristigen Preisuntergrenzen (PUG):**

  – Kurzfristige (absolute) PUG:　　$p = k_v$

  Preis deckt noch gerade die variablen Stückkosten.

  – Langfristige PUG:　　$$p = \frac{K_{fix}}{\text{erzeugte Menge}} + k_v$$

  $$p = k$$

Preis deckt noch gerade die fixen und variablen Stückkosten.

- **DB-Rechnung als Instrument für die Annahme/Ablehnung eines Zusatzauftrages:**

  Zusatzauftrag Annahmen:
  - – Auftragspreis liegt unterhalb des derzeitigen Verkaufspreises.
  - – freie Kapazitäten vorhanden

Entscheidung:
- DB > 0 → Annahme des Zusatzauftrags
- DB < 0 → Ablehnung des Zusatzauftrags

DB als Entscheidungshilfe über die Annahme eines **Zusatzauftrags**				
		Produkt A (in Euro)	Produkt B (in Euro)	Zusatzauftrag Produkt A (in Euro)
Nettoverkaufserlöse	E	10.000,00	7.500,00	4.500,00
− variable Kosten	K_v	4.000,00	3.000,00	3.000,00
= Deckungsbeitrag	DB	6.000,00	4.500,00	1.500,00
− fixe Kosten	K_{fix}		5.000,00	
= Betriebsergebnis ohne Zusatzauftrag			5.500,00	
+ Deckungsbeitrag Zusatzauftrag			1.500,00	
= Betriebsergebnis mit Zusatzauftrag			7.000,00	

→ DB positiv und freie Kapazitäten vorhanden → Zusatzauftrag annehmen

- **DB-Rechnung als Instrument zur Optimierung des Produktionsprogramms:**

  Annahme: nicht voll ausgelastete Kapazitäten
  Entscheidung:
  - Produkte mit dem höchsten Deckungsbeitrag/Stück sind zuerst zu fertigen.
  - Produkte mit negativem DB sind aus dem Produktionsprogramm zu entfernen.

- **DB-Rechnung als Instrument für die Entscheidung Eigenfertigung oder Fremdfertigung (Make or Buy):**

  Annahme: nicht voll ausgelastete Kapazitäten
  Entscheidung: Kostenvorteil Eigenfertigung → Eigenfertigung

Grafische Darstellung der Deckungsbeitragsrechnung

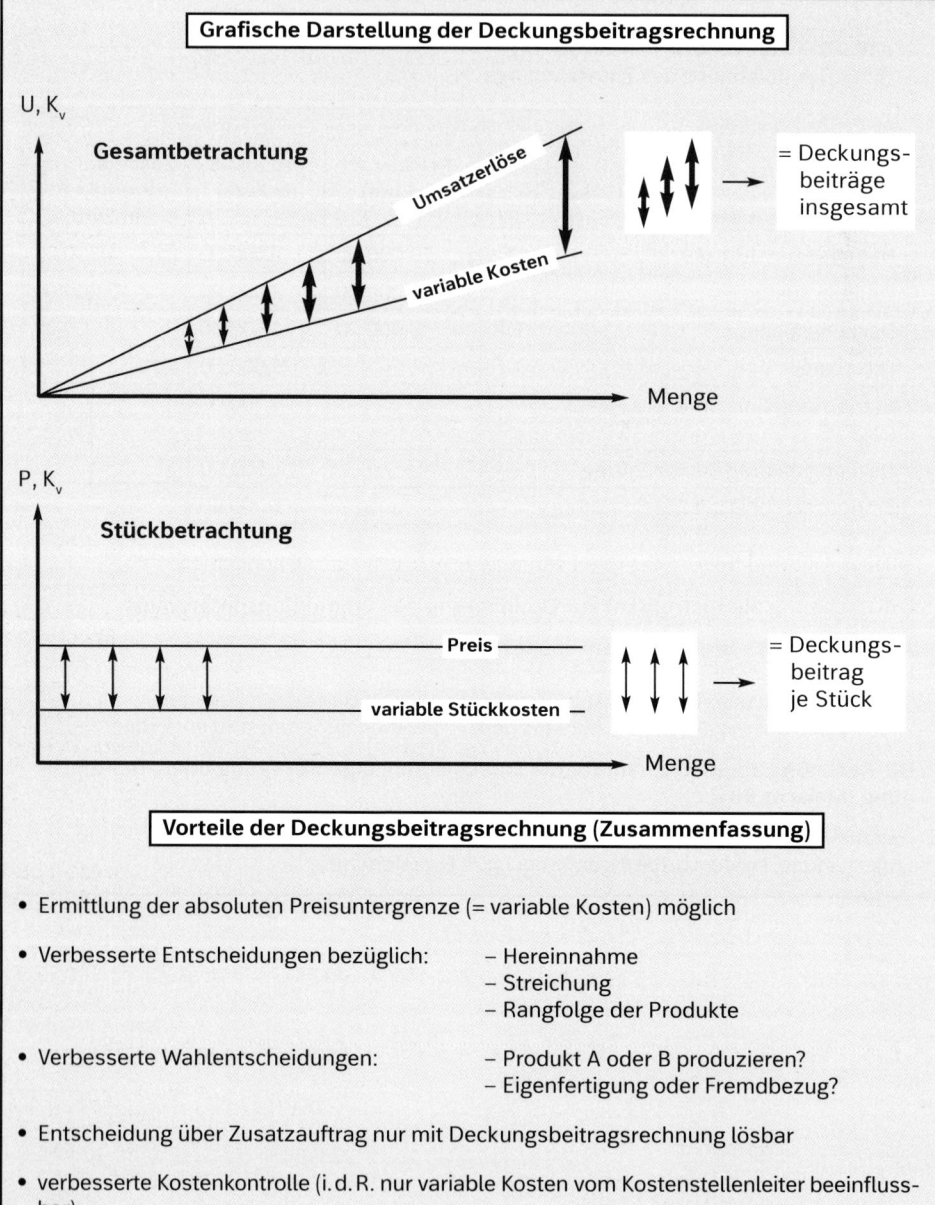

Vorteile der Deckungsbeitragsrechnung (Zusammenfassung)

- Ermittlung der absoluten Preisuntergrenze (= variable Kosten) möglich

- Verbesserte Entscheidungen bezüglich:
  - Hereinnahme
  - Streichung
  - Rangfolge der Produkte

- Verbesserte Wahlentscheidungen:
  - Produkt A oder B produzieren?
  - Eigenfertigung oder Fremdbezug?

- Entscheidung über Zusatzauftrag nur mit Deckungsbeitragsrechnung lösbar

- verbesserte Kostenkontrolle (i. d. R. nur variable Kosten vom Kostenstellenleiter beeinflussbar)

- verbesserte Gewinnplanung   • marktorientierte Preispolitik

- Kostenverursachungsprinzip verbessert

- In der Praxis hat sich eine Kombination von Voll- und Teilkostenrechnung bewährt.

Aufgaben

1. a) Ein Unternehmen hat im abgelaufenen Geschäftsjahr drei neue Artikel in sein Sortiment aufgenommen. Nach der ersten Periode liegen dazu aus der Buchhaltung folgende Zahlen vor:

	A	B	C
Erlöse (in Euro)	900.000,00	1.700.000,00	1.250.000,00
Gesamtkosten (in Euro)	850.000,00	1.350.000,00	1.360.000,00
Absatzmenge (in Stück)	30.000	30.000	35.000

Wie hoch ist das Betriebsergebnis je Produkt und insgesamt?

b) Das verlustbringende Produkt soll aus dem Sortiment genommen werden. Die Kostenanalyse liefert folgendes Bild:

	A	B	C
variable Kosten (in Euro)	650.000,00	1.200.000,00	860.000,00
fixe Kosten (insgesamt)	850.000,00		

ba) Wie hoch sind der Deckungsbeitrag je Artikel sowie das Gesamtergebnis?
bb) Wie würde sich eine Streichung des verlustbringenden Produktes (a) auf das Betriebsergebnis auswirken? Begründung.
bc) Welche Gründe könnten dafür sprechen, Produkte mit negativen Deckungsbeiträgen weiterzuproduzieren?
bd) Wie viel Euro betragen die Preisuntergrenzen der Artikel?

2. Nennen Sie fünf Argumente, die gegen die Vollkostenrechnung und für die Deckungsbeitragsrechnung sprechen.

3. Stellen Sie die Deckungsbeitragsrechnung grafisch dar (Gesamt- und Stückbetrachtung).

4. Die Mineralbrunnen AG kalkulierte bisher nur nach dem System der Vollkostenrechnung. Konkurrenzdruck und Konjunkturschwankungen zwingen die Geschäftsleitung zur Einführung der Deckungsbeitragsrechnung.

a) Eine Kundenbefragung ergab, dass neben dem Eigenprodukt Mineralwasser auch 15.000 Kästen Bier pro Jahr abgesetzt werden könnten.

Ermitteln Sie das voraussichtliche Betriebsergebnis mittels Deckungsbeitragsrechnung, wenn folgende Daten erwartet werden:

	Mineralwasser	Bier
Absatzmengen in Kästen	120.000	15.000
Verkaufspreis je Kasten in Euro	3,50	12,00
Variable Kosten je Kasten in Euro	1,81	
Einstandspreis je Kasten in Euro		6,00
Fixkosten des Betriebes in Euro	185.000,00	

b) Preiserhöhungen verteuern den Einstandspreis bei Bier je Kasten um 1,50 EUR. Gleichzeitig wäre ein Großabnehmer bereit, pro Jahr 30.000 Kästen Bier zu einem Preis von 8,00 EUR je Kasten abzunehmen.

ba) Soll die Mineralbrunnen AG diese Lieferverpflichtung eingehen?
Begründen Sie rechnerisch Ihre Entscheidung.
bb) Erläutern Sie, wie sich das Betriebsergebnis verändert.
bc) Warum wird in der Praxis dieses theoretische Ergebnis nicht zutreffen?

5.   Eine Getränke-AG vertreibt die Fremdprodukte A, B, C und D. Folgende Zahlen liegen vor:

Produkte:	A	B	C	D
variable Kosten in Euro/100 Liter	100,00	100,00	100,00	100,00
Erlöse in Euro/100 Liter	200,00	170,00	270,00	285,00

a) Nennen Sie die Rangfolge der Produktförderung
   aa) unter Vernachlässigung der Absatzmengen,
   ab) wenn folgende Absatzmengen zugrunde gelegt werden:

Produkte:	A	B	C	D
Verk.menge (in 100 Liter/Periode)	2.000	500	2.200	1.000

b) Der Kostenrechner schlägt vor, Produkte, die nur mit Verlust zu verkaufen sind, aus dem Sortiment zu nehmen. Nennen Sie drei Gründe, die dagegen angeführt werden könnten.
c) Erläutern Sie den Zusammenhang zwischen Teilkostenrechnung und Gewinnmaximierung.

6.   Die Walter GmbH eröffnet ein Zweigwerk, in dem drei verschiedenartige Typen von Terrassentüren hergestellt werden. Aus der Kosten- und Leistungsrechnung dieses Werks sind folgende Angaben für das laufende Jahr bekannt (Annahme: linearer Gesamtkostenverlauf):

	Typ 1	Typ 2	Typ 3
maximale Absatzmenge	500 Stück	650 Stück	280 Stück
erzeugte und abgesetzte Menge	400 Stück	500 Stück	200 Stück
Nettoverkaufserlöse insgesamt	22.000,00 EUR	75.000,00 EUR	22.000,00 EUR
Fertigungsmaterial	2.800,00 EUR	6.400,00 EUR	1.800,00 EUR
Fertigungslöhne	3.660,00 EUR	4.500,00 EUR	2.350,00 EUR
sonstige variable Kosten	6.740,00 EUR	6.600,00 EUR	4.650,00 EUR
Selbstkosten insgesamt	111.400,00 EUR		

Ausländische Anbieter üben insbesondere beim Typ 1 ständig Druck auf die Verkaufspreise aus, sodass die GmbH gezwungen ist, ihre Preise nach unten anzupassen.

a) Um wie viel Prozent könnte bei gegebenen Kostenverhältnissen und der derzeitigen Nachfragemenge der Preis dieses Typs kurzfristig reduziert werden?
b) Erläutern Sie, wie sich Angebotspreise, die unterhalb der variablen Stückkosten liegen, langfristig auf die Passivseite der Bilanz des Unternehmens auswirken würden.

7.   ALCON bietet u. a. drei Unterwasserlacke an. Diese werden in 10-Liter-Kanistern abgefüllt. Für das laufende Quartal liegen folgende Zahlen vor:

	AXXON	DELTA	XYLON
Erlös/Kanister	236,00 EUR	148,00 EUR	132,00 EUR
sonstige variable Kosten pro Kanister	72,00 EUR	16,00 EUR	34,00 EUR
geplante Menge	240 Kanister	300 Kanister	400 Kanister

Fertigungslohn pro Stunde: 20,00 EUR

Berechnen Sie den Gesamtdeckungsbeitrag für diese Produkte, wenn die geplanten Mengen auch tatsächlich abgesetzt werden können.

4.2   Prüfungsaufgaben

Prüfungsaufgaben Winter 2012/2013 (Aufgabe 1, teilweise)

Die Fun KG ist ein mittelständisches Unternehmen in Stuttgart. Am Standort sind 300 Mitarbeiter/ -innen beschäftigt. Das Unternehmen fertigt seit dem Jahr 2005 u. a. eine bildschirmgebundene Spielekonsole „Trend", die sich großer Beliebtheit erfreut. Die technischen Merkmale dieser Spielekonsole sind jedoch inzwischen nicht mehr marktgerecht. Sie soll daher durch das Nachfolgemodell „Future" ersetzt werden. Es handelt sich dabei lediglich um eine Weiterentwicklung.

Deshalb wird von einer nahezu identischen Kostenstruktur beider Konsolen ausgegangen. Kurz vor der Markteinführung hat die Spielekonsole „Future" laut einer Marktanalyse gute Absatzprognosen. Die Zielgruppe sind Jugendliche und junge Erwachsene. Sie sind Sachbearbeiter/-in in der Abteilung Finanzbuchhaltung und Controlling der Fun KG.

1.3   Nach der erfolgreichen Produkteinführung wird die Spielekonsole „Future" als einziges Produkt im neuen Zweigwerk in Esslingen produziert und eigenständig vertrieben. In diesem Zweigwerk betrugen im 1. Quartal 2012 die Gesamtkosten 12.150.000,00 EUR, hiervon 60 % Fixkosten. Die produzierte und abgesetzte Menge im 1. Quartal 2012 betrug 45.000 Stück.

Durch den starken Wettbewerb auf dem Markt für Spielkonsolen gerät die Fun KG unter großen Preisdruck. Die Unternehmensleitung fordert von der Controlling-Abteilung eine Analyse der Kostensituation im Zweigwerk Esslingen, um auf die Preise der Konkurrenten reagieren zu können.

1.3.1   Ermitteln Sie die kurzfristige und langfristige Preisuntergrenze für eine Spielekonsole „Future". Beurteilen Sie die langfristige Umsetzbarkeit dieser Preisuntergrenzen für die Fun KG.

1.3.2   Von einem Kunden liegt eine Anfrage für 2.000 Stück der Spielkonsole „Future" vor. Der Kunde ist bereit, pro Spielkonsole 20,00 EUR mehr als die kurzfristige Preisuntergrenze zu bezahlen.

Erläutern Sie, was gegen die Annahme des Zusatzauftrags sprechen könnte.

1.3.3   Eine Marktanalyse hat ergeben, dass ein Nettoverkaufspreis von 290,00 EUR auf dem Markt durchsetzbar ist. Die Unternehmensleitung möchte die Information, bei welcher abgesetzten Menge pro Quartal die Nutzenschwelle erreicht wird.

Prüfungsaufgaben Winter 2013/2014 (Aufgabe 1, teilweise)

1.3   Neben den Standardtüren stellt die Piller OHG verschiedene Fenstertypen her (**Anlage 3**). Herr Bullig ist der Meinung, dass in diesem Bereich eine Ausweitung der Produktion erreicht werden kann, obwohl von ausländischen Anbietern ein ständiger Preisdruck ausgeht.

1.3.1 Er beauftragt Sie, mithilfe der Teilkostenrechnung das momentane Betriebsergebnis zu berechnen und die Ergebnisse der einzelnen Fenstertypen zu analysieren.

1.3.2 Ein Kunde ist bereit, vom Fenstertyp II zusätzlich 200 Stück abzunehmen, wenn sich die Piller OHG auf eine Senkung des Verkaufspreises einlässt.
- Weisen Sie Herrn Bullig rechnerisch nach, um wie viel Prozent bei den gegebenen Kostenverhältnissen und der momentanen Nachfragemenge der Preis vom Fenstertyp II kurzfristig reduziert werden kann.
- Begründen Sie ihm zudem, wie sich diese Preissenkung für den Zusatzauftrag auf das Betriebsergebnis auswirkt.

Anlage 3

Informationen internes Rechnungswesen der Piller OHG

1. Halbjahr 2013

	Typ I	Typ II	Typ III
Kapazitätsgrenze	650 Stück	700 Stück	580 Stück
erzeugte und abgesetzte Menge	320 Stück	480 Stück	300 Stück
Nettoverkaufserlöse je Stück	48,00 EUR	60,00 EUR	95,00 EUR
Fertigungsmaterial insgesamt	4.720,00 EUR	5.880,00 EUR	3.500,00 EUR
Fertigungslöhne insgesamt	5.580,00 EUR	4.360,00 EUR	3.350,00 EUR
sonstige variable Gemeinkosten insgesamt	7.620,00 EUR	5.600,00 EUR	3.650,00 EUR
Fixkosten insgesamt	11.400,00 EUR		

Prüfungsaufgaben Sommer 2014 (Aufgabe 1, teilweise)

1.4   Für das Kinderrad „Stützi 100" wurden für den April folgende Zahlen ermittelt:

	Stützi 100
Produktions- und Absatzmenge	1.500 Stück
Nettoerlös je Stück	40,00 EUR
Fertigungslöhne	15.000,00 EUR
Fertigungsmaterial	21.000,00 EUR
variable Gemeinkosten	18.000,00 EUR
produktbezogene Fixkosten	7.500,00 EUR

Errechnen Sie den Deckungsbeitrag je Stück und das Monatsergebnis für diesen Artikel. Erläutern Sie in diesem Zusammenhang den Vorteil einer Deckungsbeitragsrechnung im Vergleich zur bisher angewandten Vollkostenrechnung.

Prüfungsaufgaben Winter 2014/2015 (Aufgabe 1, teilweise)

Die BikesForFun GmbH ist ein mittelständischer Fahrradhersteller. Die Produktion der Fahrräder erfolgt im Hauptwerk in Rottweil für die Fahrradtypen „City" und „Trial". Im Zweigwerk in Oberndorf wird ausschließlich der Fahrradtyp „Race" hergestellt.

Nach Ihrer abgeschlossenen Ausbildung zum/zur Industriekaufmann/-frau werden Sie in der BikesForFun GmbH im Controlling und in der Finanzbuchhaltung eingesetzt.

1.4   Im Zweigwerk Oberndorf liegen der Controlling-Abteilung folgende Kalkulationsdaten für den Fahrradtyp „Race" für den Vormonat September 2014 vor:

Kalkulationsdaten für September 2014 – Werk Oberndorf	
Listenverkaufspreis	601,00 EUR
Kundenskonto	3 %
Kundenrabatt	10 %
Absatzmenge in Stück	1.350 Stück
Gesamtkosten im Werk Oberndorf	697.909,50 EUR
Fixkosten im Werk Oberndorf	344.250,00 EUR

1.4.1   Wegen des rückläufigen Absatzes wird befürchtet, dass die Kosten des Typ „Race" nicht mehr gedeckt werden können. Das Unternehmen muss aufgrund der aktuellen Wettbewerbssituation regelmäßig Kundenrabatt und -skonto gewähren.

Berechnen Sie die Menge von Typ „Race", die mindestens produziert und abgesetzt werden müsste, um im Werk Oberndorf keinen Verlust zu machen. Beurteilen Sie das Ergebnis.

1.4.2   Die Geschäftsleitung beschließt, durch preispolitische Maßnahmen den Absatz des Typs „Race" zu beleben. Für den laufenden Monat Oktober 2014 soll der Verkaufserlös den Selbstkosten je Stück des Vormonats entsprechen. Durch diese Maßnahme wird eine Absatzsteigerung auf 1.500 Stück im Monat erwartet.

Vergleichen Sie mithilfe der Deckungsbeitragsrechnung das Betriebsergebnis des Vormonats mit dem zu erwartenden Ergebnis des laufenden Monats und erläutern Sie, wie die Differenz zustande kommt.

(Hinweis: Sollten Sie die vorhergehende Teilaufgabe nicht gelöst haben, rechnen Sie für den Monat September 2014 mit einem Verkaufserlös (e) in Höhe von 522,50 EUR/St. und mit variablen Stückkosten (k_v) in Höhe von 259,80 EUR/St.)

Prüfungsaufgaben Sommer 2015 (Aufgabe 1, teilweise)

Die LaSo GmbH ist ein Handels- und Endmontagebetrieb für Werkzeug- und Gebrauchsartikel unterschiedlichster Art. Sie sind Mitarbeiter in der Abteilung Rechnungswesen der LaSo GmbH.

1.4   Seit einiger Zeit vertreibt die LaSo GmbH im Bereich Gartenwerkzeuge eine „Elektrische Heckenschere" und einen „Elektrischen Rasentrimmer". Die Verkaufszahlen, insbesondere des Artikels „Elektrischer Rasentrimmer", sind weit hinter den Erwartungen zurückgeblieben und die Geschäftsleitung erwägt, diesen Artikel aus dem Sortiment zu nehmen.

Berechnen Sie den jeweiligen Deckungsbeitrag für beide Artikel, den Gesamtdeckungsbeitrag und das Betriebsergebnis für den Monat April. Interpretieren Sie das Ergebnis. Die erforderlichen Daten finden Sie in **Anlage 5**.

1.5   Um den Absatz anzukurbeln und auf das Produktprogramm aufmerksam zu machen, soll der Preis des elektrischen Rasentrimmers kurzfristig gesenkt werden.

Ermitteln Sie die kurzfristige Preisuntergrenze eines Rasentrimmers und erklären Sie, warum die LaSo GmbH den Rasentrimmer nicht dauerhaft zu diesem Preis anbieten sollte.

Anlage 5

April 2015	Elektrische Heckenschere	Elektrischer Rasentrimmer
Produktions- und Absatz- menge	1.100 Stück	450 Stück
Nettoverkaufserlös je Stück	122,00 EUR	109,00 EUR
Einzelkosten je Stück	78,00 EUR	67,00 EUR
variable Gemeinkosten je Stück	18,00 EUR	15,00 EUR
restliche fixe Gemeinkosten	21.500,00 EUR	

Prüfungsaufgaben Sommer 2016 (Aufgabe 1, teilweise)

Die Engel GmbH ist ein mittelständisches Unternehmen mit Sitz in Bretten, das Elektromotoren herstellt. Sie sind als Sachbearbeiter/-in in der Finanzbuchhaltung der Engel GmbH auch für Controllingaufgaben zuständig. Das Geschäftsjahr 2015/2016 der Engel GmbH endete am 31.03.2016.

1.4   Die Engel GmbH stellt neben Elektromotoren auch die Steuerungselemente Checker I, Checker II und Checker III her.

1.4.1   Die Firma Karl Baumann OHG schickt Ihnen dazu eine Anfrage vom 03.04.2016 (**Anlage 4**). Überprüfen Sie mithilfe der Deckungsbeitragsrechnung, ob dieser Zusatzauftrag angenommen werden kann. Vergleichen Sie dazu das Betriebsergebnis der Steuerungselemente ohne und mit der Annahme des Zusatzauftrags. Die erforderlichen Daten entnehmen Sie der **Anlage 5**.

1.4.2 Durch erhöhte Auftragseingänge im Mai 2016 werden die Kapazitäten einiger Maschinen voll ausgelastet sein. Ihre Abteilungsleiterin überlegt, welche Produkte vorrangig produziert werden sollen. Die Produktionszeiten für die Steuerungselemente sind etwa gleich lang.

Legen Sie eine Rangfolge der Produkte Checker I, Checker II und Checker III mithilfe der Daten aus **Anlage 5** fest und begründen Sie Ihre Entscheidung.

Anlage 4

Engel GmbH

Von:	maxmaurer@karl-baumann-ohg.de
Gesendet:	Montag, 03.04.2016
An:	annalena.gutekunst@engel-gmbh.de
Betreff:	**Anfrage Steuerungselement „Checker II"**

Sehr geehrte Frau Gutekunst,

für die Jubiläumsaktion eines Großkunden müssen wir unser langjähriges Erfolgsmodell, die Kreissäge „SAW IV Superstar", günstiger anbieten. Bitte prüfen Sie, ob Sie uns hierfür 1.500 Stück des Steuerungselements „Checker II" zu einem Netto-Listenpreis von 83,50 EUR/Stück anbieten können.

Mit freundlichen Grüßen

Max Maurer

Karl Baumann OHG

Anlage 5

	Steuerungselement Checker I	Steuerungselement Checker II	Steuerungselement Checker III
Nettoverkaufserlöse je Stück	67,20 EUR	97,60 EUR	130,40 EUR
variable Stückkosten	50,40 EUR	78,40 EUR	120,40 EUR
geplante Absatzmenge im April 2016	2.800 Stück	6.000 Stück	4.200 Stück
Kapazität pro Monat	3.000 Stück	8.000 Stück	5.400 Stück

Die Fixkosten im April betragen 165.000,00 EUR.

5 Kosten- und Leistungsrechnung IV: Prozesskostenrechnung

5.1 Probleme der traditionellen Kostenrechnung

Stofftelegramm

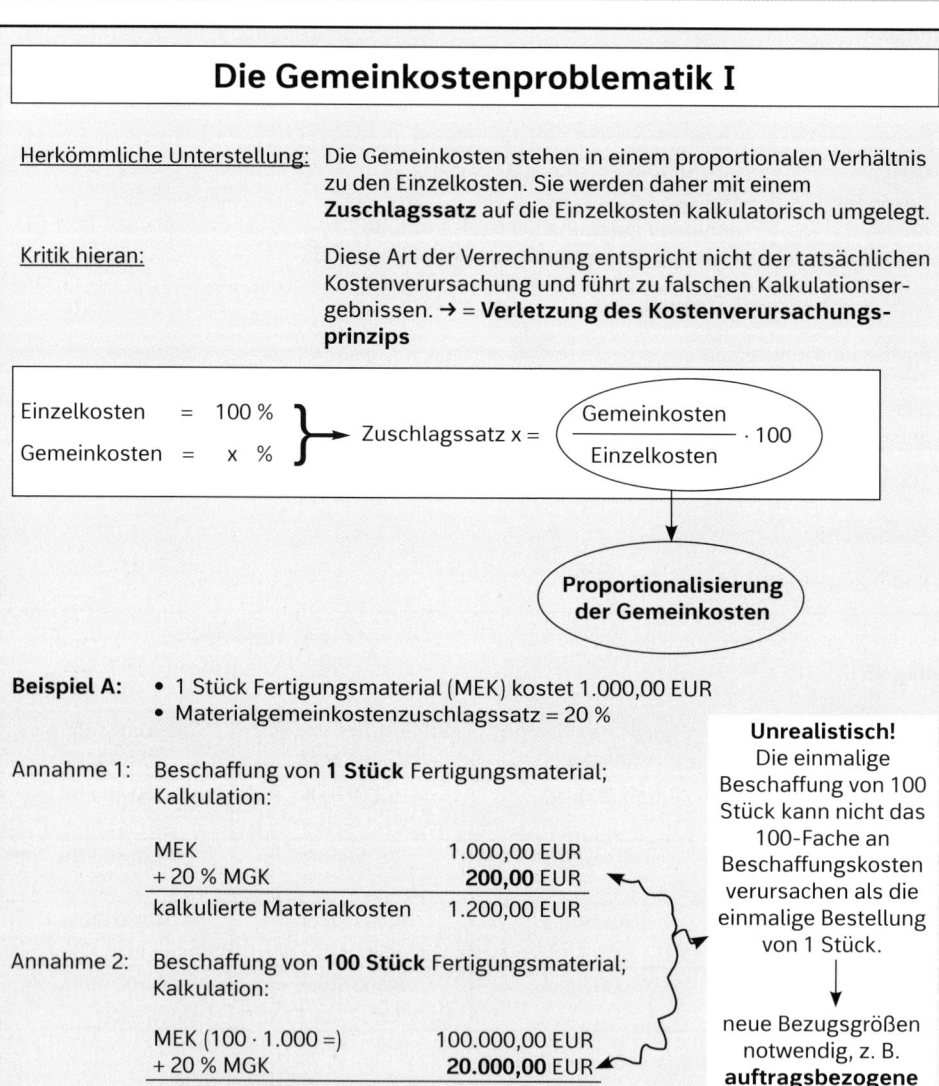

Die Gemeinkostenproblematik I

<u>Herkömmliche Unterstellung:</u> Die Gemeinkosten stehen in einem proportionalen Verhältnis zu den Einzelkosten. Sie werden daher mit einem **Zuschlagssatz** auf die Einzelkosten kalkulatorisch umgelegt.

<u>Kritik hieran:</u> Diese Art der Verrechnung entspricht nicht der tatsächlichen Kostenverursachung und führt zu falschen Kalkulationsergebnissen. → = **Verletzung des Kostenverursachungsprinzips**

Einzelkosten = 100 %
Gemeinkosten = x %
$$\text{Zuschlagssatz } x = \frac{\text{Gemeinkosten}}{\text{Einzelkosten}} \cdot 100$$

Proportionalisierung der Gemeinkosten

Beispiel A:
- 1 Stück Fertigungsmaterial (MEK) kostet 1.000,00 EUR
- Materialgemeinkostenzuschlagssatz = 20 %

Annahme 1: Beschaffung von **1 Stück** Fertigungsmaterial; Kalkulation:

MEK	1.000,00 EUR
+ 20 % MGK	**200,00 EUR**
kalkulierte Materialkosten	1.200,00 EUR

Annahme 2: Beschaffung von **100 Stück** Fertigungsmaterial; Kalkulation:

MEK (100 · 1.000 =)	100.000,00 EUR
+ 20 % MGK	**20.000,00 EUR**
kalkulierte Materialkosten	120.000,00 EUR

Unrealistisch!
Die einmalige Beschaffung von 100 Stück kann nicht das 100-Fache an Beschaffungskosten verursachen als die einmalige Bestellung von 1 Stück.

↓

neue Bezugsgrößen notwendig, z. B.
auftragsbezogene Tätigkeiten

Beispiel B:
- 1 Stück Fertigungsmaterial X kostet 100,00 EUR
- 1 Stück Fertigungsmaterial Y kostet 10.000,00 EUR
- Materialgemeinkostenzuschlagssatz = 20 %

Unrealistisch!
Die Beschaffung des wertvolleren Produkts kann nicht das 100-Fache an Beschaffungskosten verursachen als die Bestellung des weniger wertvollen Produkts.

Annahme 1: Beschaffung von **1 Stück** Fertigungsmaterial X;
Kalkulation:

MEK	1.000,00 EUR
+ 20 % MGK	**200,00** EUR
kalkulierte Materialkosten	1.200,00 EUR

Annahme 2: Beschaffung von **1 Stück** Fertigungsmaterial Y;
Kalkulation:

MEK	10.000,00 EUR
+ 20 % MGK	**20.000,00** EUR
kalkulierte Materialkosten	12.000,00 EUR

↓

neue Bezugsgrößen notwendig, z. B.
auftragsbezogene Tätigkeiten

Die Gemeinkostenproblematik II

Die Gemeinkosten werden im Verhältnis zu den Einzelkosten immer höher (veränderte Kostenstrukturen).

Entwicklung der Struktur der Fertigungskosten: stark steigende Zuschlagssätze

Gründe für die stark steigenden FGK-Zuschlagssätze (häufig auf über 1.000 %):
Mechanisierung und Automatisierung führen zu sinkenden Anteilen der Lohneinzelkosten (FEK) und steigenden Fertigungsgemeinkosten (FGK), z. B. Abschreibungen, Energiekosten, kalkulatorische Zinsen.

→ **FEK sinken; FGK steigen → steigende FGK-Zuschläge → ungenaue Kalkulation!**

Entwicklung der Struktur der Materialkosten: ebenfalls steigende Zuschlagssätze

Gründe für die steigenden MGK-Zuschlagssätze:
Rohstoffkosten (MEK) wurden im Laufe der Zeit eher geringer, die Materialgemeinkosten (MGK) für die Beschaffung und Lagerung sind durch höhere Personalkosten gestiegen.

→ **MEK sinken; MGK steigen → steigende MGK-Zuschläge → ungenaue Kalkulation!**

Konsequenz:

- Aufgabe der Dominanz der Einzelkosten als oft ungeeignete Zuschlagsbasis

- Feststellung und Berücksichtigung der „wirklichen" Kostenverursachung

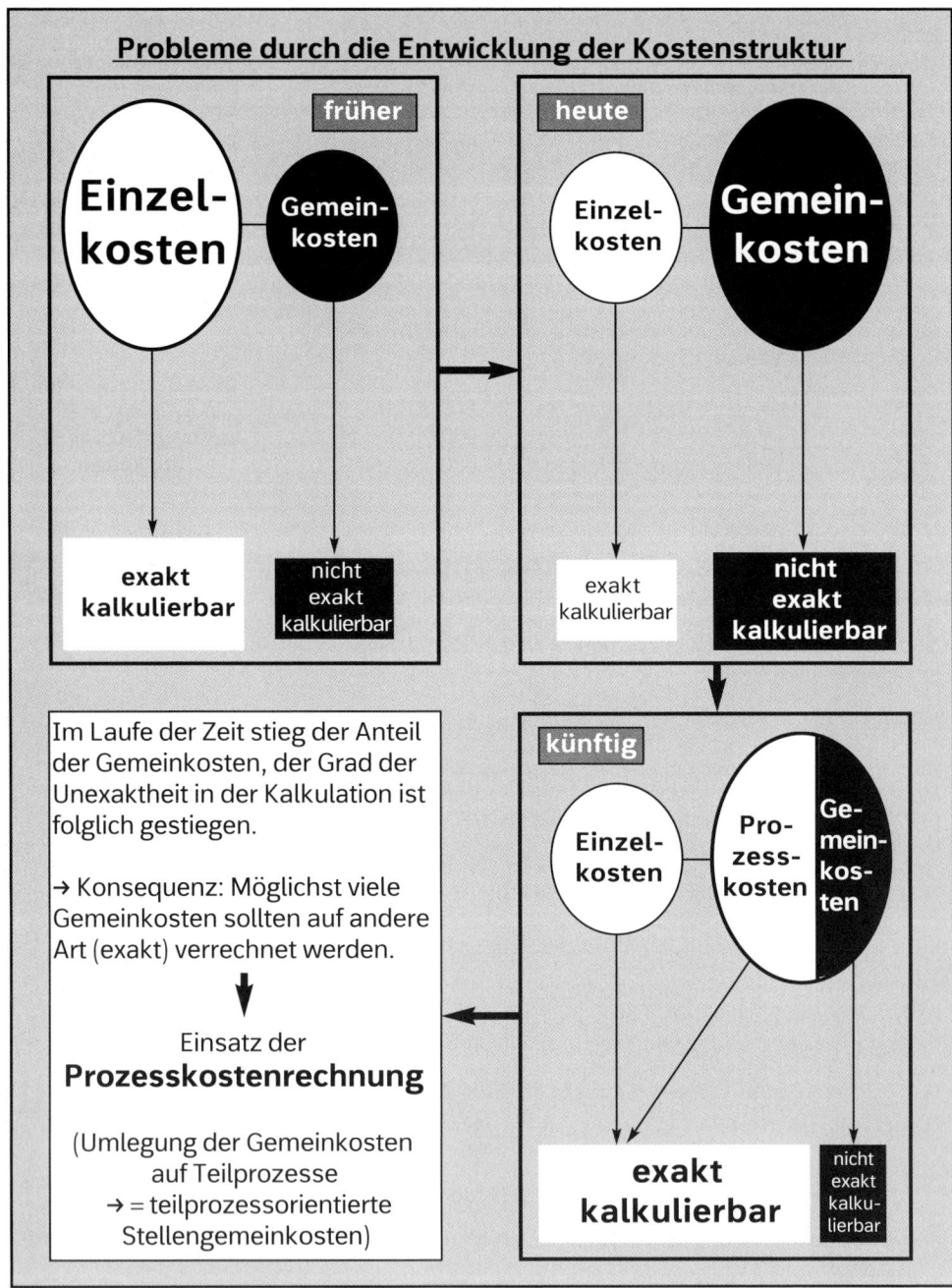

Probleme durch die Entwicklung der Kostenstruktur

früher

Einzel-kosten

Gemein-kosten

exakt kalkulierbar

nicht exakt kalkulierbar

heute

Einzel-kosten

Gemein-kosten

exakt kalkulierbar

nicht exakt kalkulierbar

Im Laufe der Zeit stieg der Anteil der Gemeinkosten, der Grad der Unexaktheit in der Kalkulation ist folglich gestiegen.

→ Konsequenz: Möglichst viele Gemeinkosten sollten auf andere Art (exakt) verrechnet werden.

Einsatz der
Prozesskostenrechnung

(Umlegung der Gemeinkosten auf Teilprozesse
→ = teilprozessorientierte Stellengemeinkosten)

künftig

Einzel-kosten

Pro-zess-kosten

Ge-mein-kos-ten

exakt kalkulierbar

nicht exakt kalku-lierbar

Aufgabe (Grundwissen)

Erklären Sie kurz die Gemeinkostenproblematik bei der traditionellen Kostenrechnung.

5.2 Allgemeines zur Prozesskostenrechnung

Stofftelegramm

- PKR = **neues Instrument** der Kostenrechnung
- Die PKR soll die Problematik der Verrechnung **wachsender Gemeinkostenanteile** beseitigen.
- In der PKR werden – sofern möglich – die Gemeinkosten mithilfe **mengenbezogener Prozesskostensätze** verrechnet. Die in der traditionellen Vollkostenrechnung übliche Gemeinkostenumlage mithilfe von Schlüsseln und die Verrechnung auf die Kostenträger mithilfe von prozentualen Zuschlagssätzen sollen so weit wie möglich vermieden werden.

Traditionelle Kostenrechnung: **Prozesskostenrechnung:**

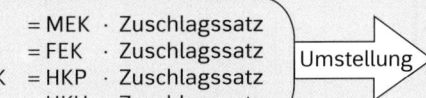

MGK	= MEK	· Zuschlagssatz		
FGK	= FEK	· Zuschlagssatz	Umstellung	prozessbezogene Gemeinkosten
VwGK	= HKP	· Zuschlagssatz		=
VtGK	= HKU	· Zuschlagssatz		Leistungsmenge · Prozesskostensatz

- **Hauptziel** der PKR: **verursachungsgerechte, genauere** Kostenverrechnung
- In der PKR werden die in einem Unternehmen erbrachten **Leistungen** als Prozesse definiert.
- Die PKR ist grundsätzlich als **Vollkostenrechnung** konzipiert.
- **Problem der Einführung** und Nutzung der PKK: Aufwendig! → Kosten und Nutzen abwägen
- **Aktuelle Situation in Deutschland:** Die PKR als eigenständiges Kostenrechnungssystem hat sich noch nicht in größerem Umfang durchgesetzt. Meist erfolgt ihre Anwendung als Ergänzung, nicht als Ersatz der traditionellen Vollkostenrechnung.
- Auch die PKR durchläuft – wie die traditionelle Kostenrechnung – die Teilgebiete der **Kostenarten-, Kostenstellen- und Kostenträgerrechnung**. Vor allem in der Kostenstellen- und Kostenträgerrechnung geht die PKR andere Wege.
- Bei der PKR sind die Gemeinkosten aktivitätsbezogen (nicht stellenbezogen).
- Bezugsgrößen in den Kostenstellen sind nicht die Einzelkosten, sondern die **Anzahl der bearbeiteten Vorgänge**.
- Die PKR gibt Antwort auf folgende Fragen: – Wo sind die Kosten angefallen?
    – Für welche Tätigkeiten sind Kosten angefallen?
- Auch bei der **Maschinenstundensatzrechnung** (= Vorläufer der PKR) wurde eine prozessbezogene Betrachtung der Kosten realisiert. Die Maschinenstundensatzrechnung ist jedoch nur auf den **Fertigungsbereich** begrenzt und ersetzt hier die PKR.
- PKR: Gemeinkostenverrechnung v. a. in den Bereichen **Beschaffung, Verwaltung + Vertrieb**

Aufgaben (Grundwissen)

1. Welches Hauptziel verfolgt die Prozesskostenrechnung?
2. Welche Problematik der traditionellen Kostenrechnung soll die Prozesskostenrechnung beseitigen?
3. Erklären Sie kurz die aktuelle Situation hinsichtlich Anwendung der Prozesskostenrechnung in Deutschland.

5.3   Aufbau einer Prozesskostenrechnung im Materialbereich

5.3.1   Vorgehensweise

Stofftelegramm

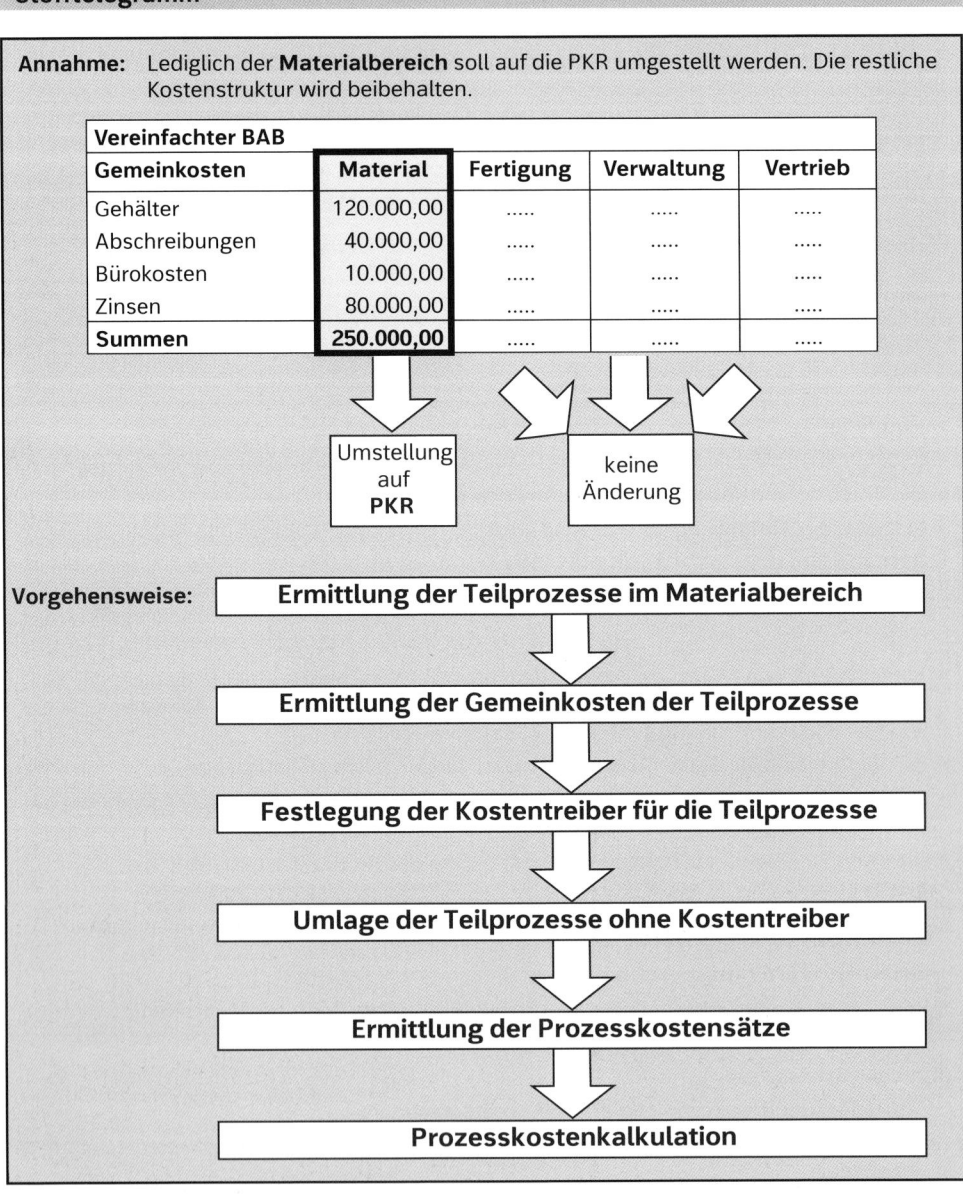

Annahme: Lediglich der **Materialbereich** soll auf die PKR umgestellt werden. Die restliche Kostenstruktur wird beibehalten.

Vereinfachter BAB

Gemeinkosten	Material	Fertigung	Verwaltung	Vertrieb
Gehälter	120.000,00	.....	.....	.....
Abschreibungen	40.000,00	.....	.....	.....
Bürokosten	10.000,00	.....	.....	.....
Zinsen	80.000,00	.....	.....	.....
Summen	**250.000,00**	.....	.....	.....

Umstellung auf **PKR**

keine Änderung

Vorgehensweise:

Ermittlung der Teilprozesse im Materialbereich

Ermittlung der Gemeinkosten der Teilprozesse

Festlegung der Kostentreiber für die Teilprozesse

Umlage der Teilprozesse ohne Kostentreiber

Ermittlung der Prozesskostensätze

Prozesskostenkalkulation

5.3.2 Ermittlung der Teilprozesse im Materialbereich

Stofftelegramm

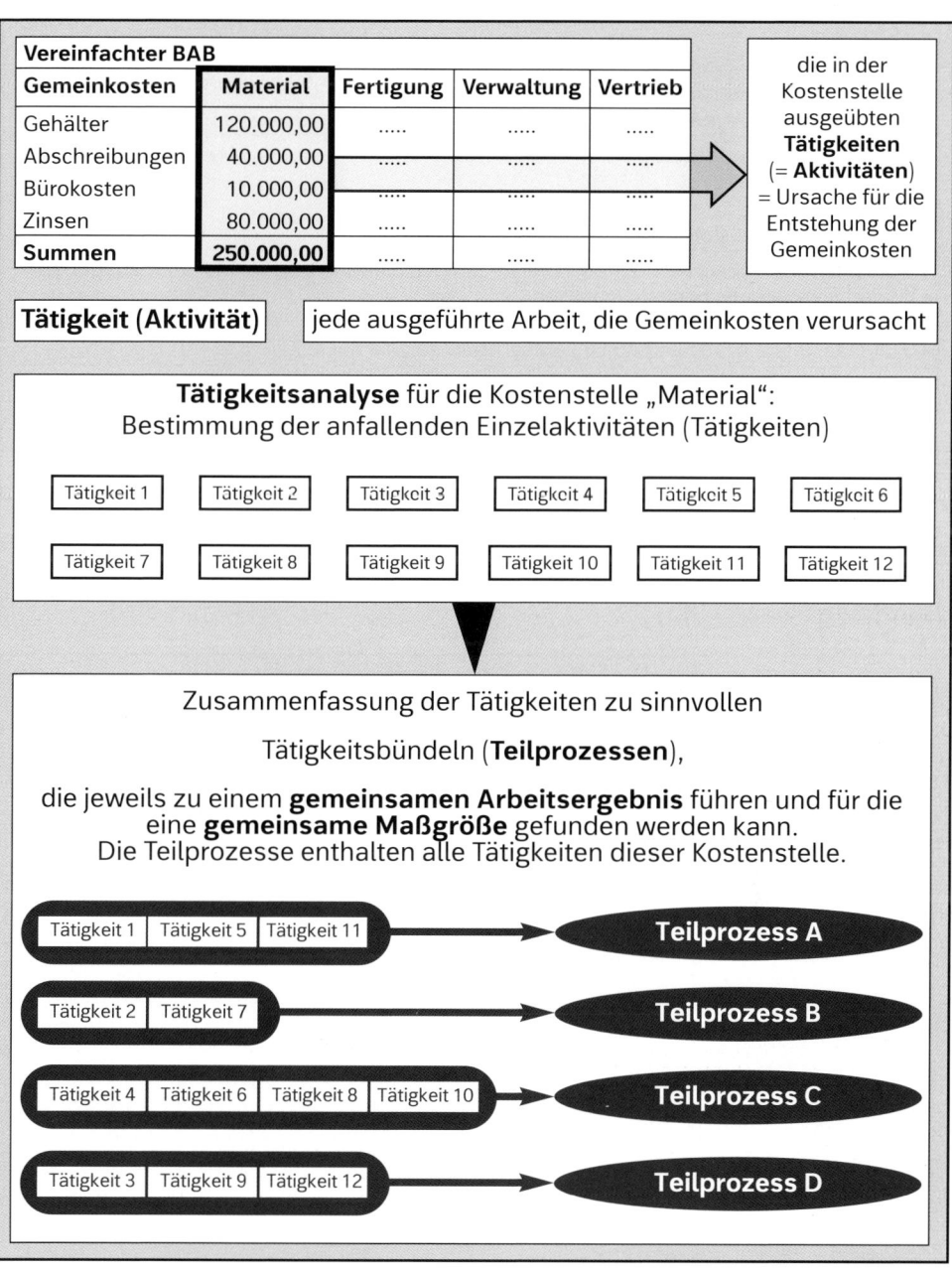

Kostenstelle Material	
Tätigkeiten	**Teilprozesse**
• Material in Empfang nehmen • Material prüfen • Materialbeschädigungen reklamieren • Einkaufsmeldungen an Einkaufsabteilung weiterleiten • Belege und Unterlagen verwalten	**Material annehmen**
• Materialeingang erfassen • Material einsortieren • Material pflegen • Bestände kontrollieren	**Material einlagern**
• Materialentnahmescheine erstellen bei Materialausgabe • Materialentnahmen bestätigen lassen • Materialentnahmescheine ablegen • Meldebestände beachten und Einkaufsabteilung benachrichtigen	**Material ausgeben**
• Organisieren • Problembereiche suchen und beheben • Wirtschaftlichkeit der Lagerhaltung beachten • Zusammenarbeit mit anderen, beteiligten Abteilungen	**Materialstelle leiten**

5.3.3   Ermittlung der Gemeinkosten der Teilprozesse

Stofftelegramm

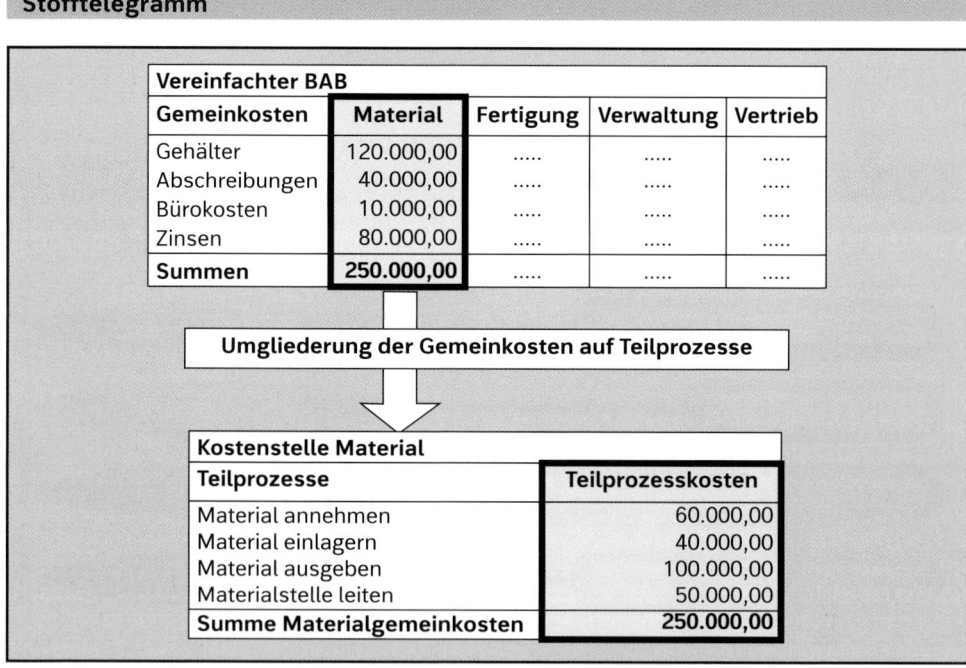

5.3.4 Festlegung der Kostentreiber für Teilprozesse

Stofftelegramm

Frage: Wodurch werden die Kosten eines Teilprozesses verursacht?
Antwort: durch **Kostentreiber** (= Maßgrößen = Kosteneinflussfaktoren), z. B. Anzahl der Anlieferungen

Die 60.000,00 EUR Kosten für den Teilprozess „Material annehmen" hängen von der Anzahl der Anlieferungen (= Anzahl der **Aktivitäten** = Teilprozessmenge = **Kostentreiber**) ab. Es handelt sich um Kosten, die **proportional** zu der Anzahl der Kostentreiber verlaufen, vergleichbar mit den variablen Kosten. Fachausdruck für diese Kosten:

> **leistungsmengeninduzierte Prozesskosten** → Abkürzung: **lmi-Kosten**

Für alle Teilprozesse müssen Kostentreiber bestimmt werden.

Kostenstelle Material

Teilprozesse	Teilpro-zesskosten	Kostentreiber (Maßgrößen)	lmi/lmn	
Material annehmen	60.000,00	Anzahl der Anlieferungen	lmi	Maßgröße zuordenbar
Material einlagern	40.000,00	Anzahl der Einlagerungen	lmi	→ **lmi-Prozesse**
Material ausgeben	100.000,00	Anzahl der Ausgaben	lmi	
Materialstelle leiten	50.000,00	▆▆▆▆▆▆▆	lmn	
Summe MGK	**250.000,00**			

> keine Maßgröße fixierbar = **leistungsmengenneutrale Prozesskosten**
> → Abkürzung: **lmn-Kosten** bzw. **lmn-Prozesse**
> → **lmn-Kosten** (hier: 50.000,00 EUR) müssen auf die lmi-Teilprozesse **umgelegt** werden.
> – Umlage: vgl. Kapitel 5.3.5 –

Merke

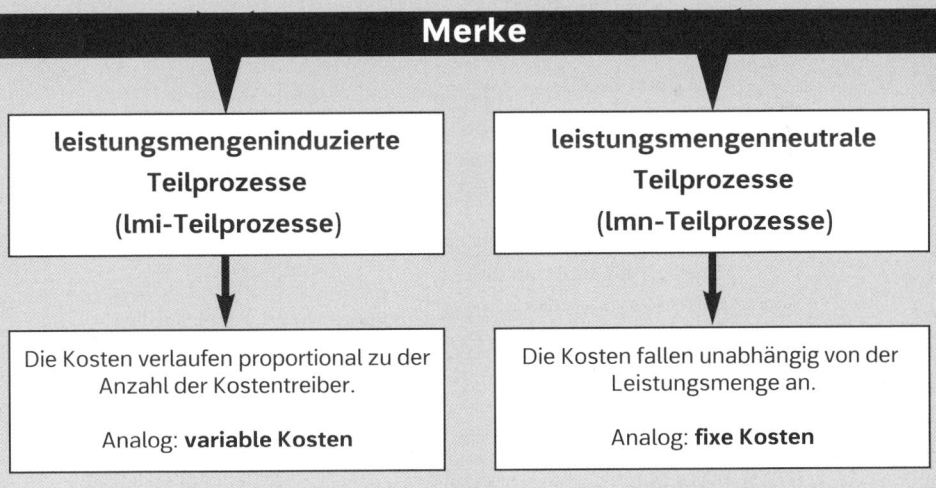

leistungsmengeninduzierte Teilprozesse (lmi-Teilprozesse)	leistungsmengenneutrale Teilprozesse (lmn-Teilprozesse)
Die Kosten verlaufen proportional zu der Anzahl der Kostentreiber.	Die Kosten fallen unabhängig von der Leistungsmenge an.
Analog: **variable Kosten**	Analog: **fixe Kosten**

5.3.5   Umlage der lmn-Prozesse

Stofftelegramm

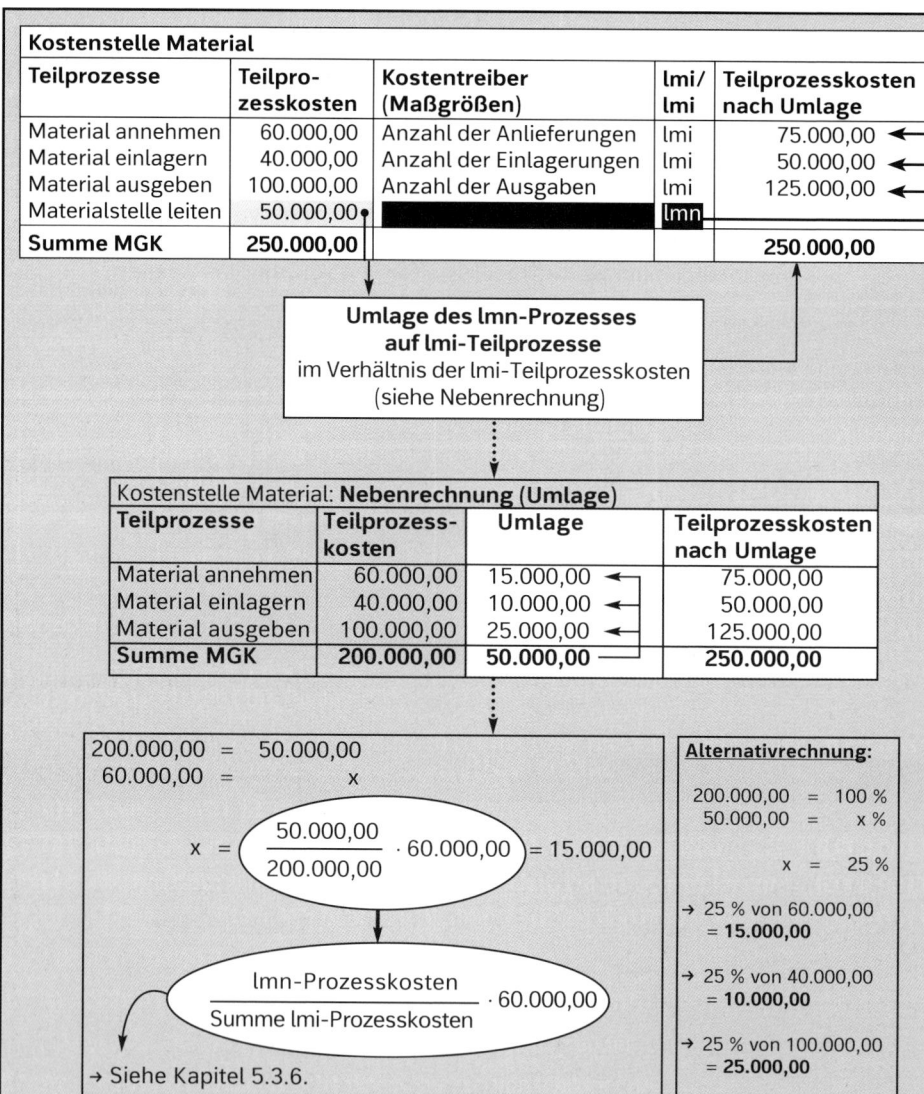

Kostenstelle Material				
Teilprozesse	**Teilpro-zesskosten**	**Kostentreiber (Maßgrößen)**	**lmi/ lmi**	**Teilprozesskosten nach Umlage**
Material annehmen	60.000,00	Anzahl der Anlieferungen	lmi	75.000,00
Material einlagern	40.000,00	Anzahl der Einlagerungen	lmi	50.000,00
Material ausgeben	100.000,00	Anzahl der Ausgaben	lmi	125.000,00
Materialstelle leiten	50.000,00	■■■■■■■■■■■■	lmn	
Summe MGK	**250.000,00**			**250.000,00**

**Umlage des lmn-Prozesses
auf lmi-Teilprozesse**
im Verhältnis der lmi-Teilprozesskosten
(siehe Nebenrechnung)

Kostenstelle Material: **Nebenrechnung (Umlage)**			
Teilprozesse	**Teilprozess-kosten**	**Umlage**	**Teilprozesskosten nach Umlage**
Material annehmen	60.000,00	15.000,00	75.000,00
Material einlagern	40.000,00	10.000,00	50.000,00
Material ausgeben	100.000,00	25.000,00	125.000,00
Summe MGK	**200.000,00**	**50.000,00**	**250.000,00**

$$200.000,00 = 50.000,00$$
$$60.000,00 = x$$

$$x = \left(\frac{50.000,00}{200.000,00} \cdot 60.000,00 \right) = 15.000,00$$

$$\frac{\text{lmn-Prozesskosten}}{\text{Summe lmi-Prozesskosten}} \cdot 60.000,00$$

→ Siehe Kapitel 5.3.6.

Alternativrechnung:

$$200.000,00 = 100\ \%$$
$$50.000,00 = x\ \%$$

$$x = 25\ \%$$

→ 25 % von 60.000,00
= **15.000,00**

→ 25 % von 40.000,00
= **10.000,00**

→ 25 % von 100.000,00
= **25.000,00**

Die Umlage der lmn-Prozesskosten entspricht dem Wesen nach einer **Zuschlagskalkulation.** Diese **Schlüsselung** täuscht eine in Wirklichkeit nicht existierende Leistungsmengenabhängigkeit vor = **verbleibender (kleiner) Kritikpunkt an der Prozesskostenrechnung.**

5.3.6 Ermittlung der Prozesskostensätze

Stofftelegramm

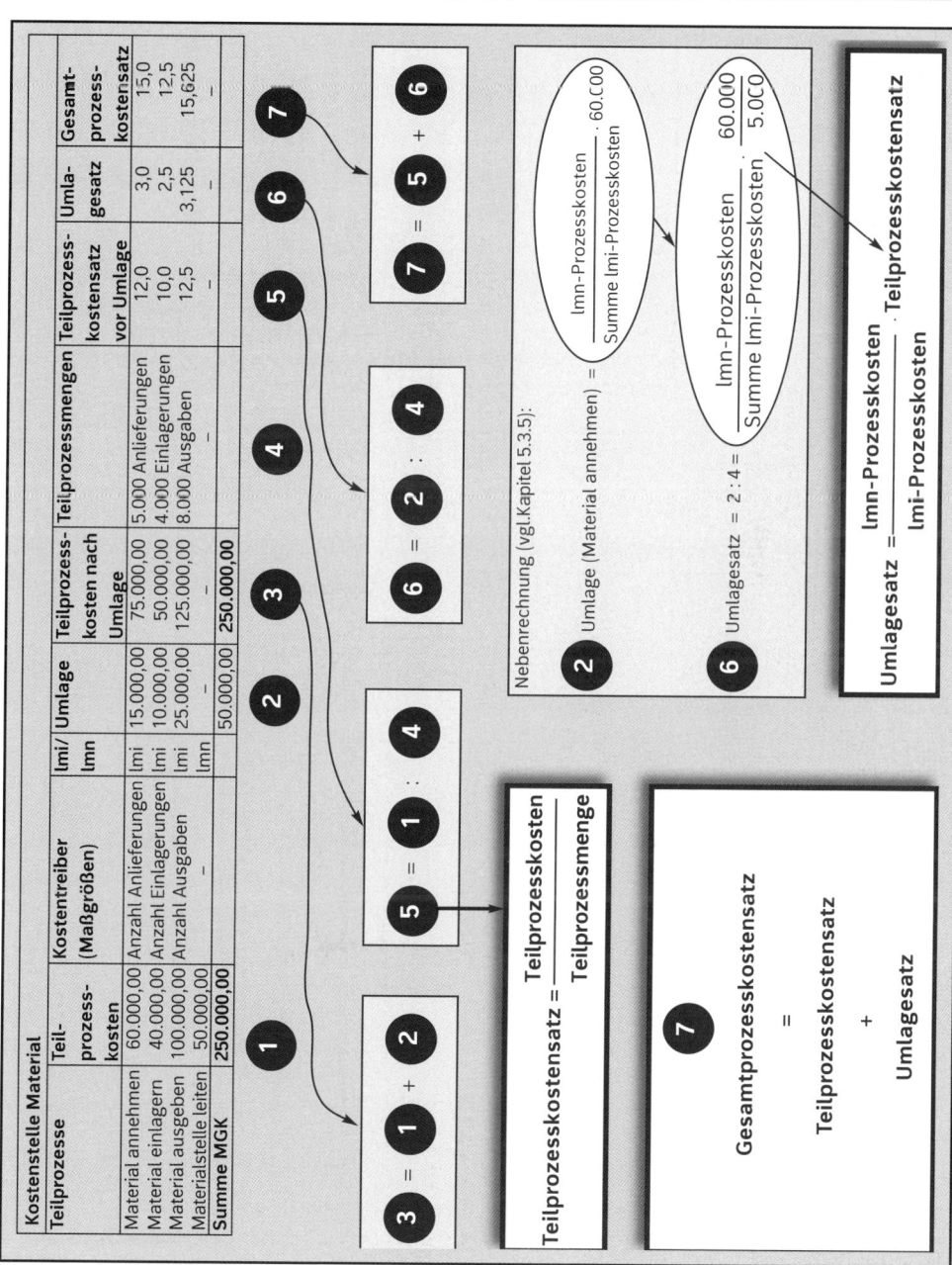

Ermittlung der Prozesskostensätze: gekürztes Schema (Übersicht)

Kostenstelle Material

Teilprozesse	Teil-prozess-kosten	Kostentreiber (Maßgrößen)	lmi/ lmn	Teil-prozess-mengen	Teilprozess-kostensatz vor Umlage	Umla-gesatz	Gesamtpro-zesskosten-satz
Material annehmen	60.000,00	Anzahl Anlieferungen	lmi	5.000	12,0	3,0	15,0
Material einlagern	40.000,00	Anzahl Einlagerungen	lmi	4.000	10,0	2,5	12,5
Material ausgeben	100.000,00	Anzahl Ausgaben	lmi	8.000	12,5	3,125	15,625
Materialstelle leiten	50.000,00	–	lmn	–	–	–	–
Summe MGK	250.000,00						

$$\text{Teilprozesskostensatz} = \frac{\text{Teilprozesskosten}}{\text{Teilprozessmenge}}$$

$$\text{Umlagesatz} = \frac{\text{lmn-Prozesskosten}}{\text{Summe lmi-Prozesskosten}} \cdot \text{Teilprozesskostensatz}$$

$$\text{Gesamtprozesskosten-satz} = \text{Teilprozesskostensatz} + \text{Umlagesatz}$$

5.3.7 Ermittlung des Hauptprozesskostensatzes

Stofftelegramm

Vorbemerkungen:

- Die Prozesskostensätze werden lediglich für die Leistungen eingerechnet (kalkuliert), die ein Kunde tatsächlich in Anspruch nimmt.

- Im obigen Beispiel wurde die Kostenstelle **Material** in eine Prozesskostenrechnung „umgewandelt" und entsprechende Prozesskostensätze ermittelt.

- Zwecks Kalkulation eines Kundenauftrags müssen auch die Prozesskosten der anderen, am Hauptprozess beteiligten (indirekten) Kostenstellen berücksichtigt werden.

- Es gibt Teilprozesse, die **je Kundenauftrag nur einmal** anfallen – unabhängig von der bestellten Menge (z. B. „Fertigstellung melden") → **Prozesskostensatz je Kundenauftrag**

- Es gibt andere Teilprozesse, die in Abhängigkeit von der bestellten Menge anfallen (z. B. „Material annehmen") → **Prozesskostensatz je Stück**

- Im folgenden Beispiel sind die Prozesskostensätze für die „materialfremden" Prozesse vorgegeben.

Beispiel: Hauptprozess „Kundenauftrag bearbeiten"			
Teilprozesse	Beteiligte prozessorientierte Kostenstelle	Prozesskostensatz je Kundenauftrag	Prozesskostensatz je Stück
Bestellung bearbeiten	Verwaltung	12,00 EUR	
Material annehmen	Material		15,00 EUR
Material einlagern	Material		12,56 EUR
Material ausgeben	Material		15,63 EUR
Fertigstellung melden	Vertrieb	8,00 EUR	
Fertigerzeugnis lagern	Vertrieb		3,00 EUR
Lieferschein erstellen	Verwaltung	1,50 EUR	
Fertigerzeugnis versandfertig machen	Vertrieb		7,81 EUR
Spediteur regeln	Vertrieb	2,50 EUR	
Fertigerzeugnis verladen	Vertrieb		9,00 EUR
		24,00 EUR	63,00 EUR

5.3.8 Prozesskostenkalkulation

Stofftelegramm

Der Kundenauftrag soll für 1 Stück und 100 Stück kalkuliert werden. Es wird unterstellt, dass alle o. g. Teilprozesse des Hauptprozesses in Anspruch genommen werden.

Weitere gegebene Größen:		
Materialeinzelkosten (MEK) je Stück	7,00 EUR
Fertigungseinzelkosten (FEK) je Stück	4,00 EUR
Fertigungsgemeinkosten (FGK)	150 %

Kalkulationsschema	1 Stück		100 Stück	
Materialeinzelkosten MEK (kein MGK-Zuschlag)		7,00 EUR		700,00 EUR
Fertigungseinzelkosten FEK	4,00 EUR		400,00 EUR	
Fertigungsgemeinkosten FGK 150 %	6,00 EUR		600,00 EUR	
Fertigungskosten		10,00 EUR		1.000,00 EUR
Hauptprozesskostensatz je Kundenauftrag		24,00 EUR		24,00 EUR
Hauptprozesskostensatz je Stück		63,00 EUR		6.300,00 EUR
Selbstkosten		104,00 EUR		8.024,00 EUR
Selbstkosten je Stück bei 100-Stück-Auftrag				80,24 EUR

Vorteil der Kalkulation mit Prozesskostensätzen:

Lediglich die Fertigungsgemeinkosten werden proportionalisiert (Zuschlagssystem). Die restlichen Gemeinkosten werden mithilfe von Prozesskostensätzen auftragsgemäß – und damit **verursachungsgerechter** – kalkuliert.

Beim 100-Stück-Auftrag sinken die Stückkosten auf 80,24 EUR. Dies ist darauf zurückzuführen, dass die pro Auftrag nur **einmalig** anfallenden Gemeinkosten korrekterweise auch nur einmalig (also unabhängig von der Bestellmenge) verrechnet werden.

Letzteres wird aufgrund der Proportionalisierung der Gemeinkosten bei der traditionellen Kalkulation i. d. R. nicht berücksichtigt (abgesehen von eventuellen Mengenrabatten), die traditionelle Kostenrechnung ist somit häufig **falsch (nicht auftragsbezogen)**.

Aufgaben

1. a) Ergänzen Sie die Tabelle für die Kostenstelle **Material**.

Kostenstelle Material							
Teilprozesse	Teil-prozess-kosten	Kostentreiber (Maßgrößen)	lmi/lmn	Teil-prozess-mengen	Teilprozess-kostensatz vor Umlage	Um-lage-satz	Gesamt-prozess-kostensatz
Material annehmen	50.000,00	Anzahl Anlieferungen		4.000			
Material einlagern	70.000,00	Anzahl Einlagerungen		3.000			
Material ausgeben	120.000,00	Anzahl Ausgaben		6.000			
Materialstelle leiten	40.000,00	–		–			
Summe MGK	**280.000,00**						

b) Für den Hauptprozess „Kundenauftrag bearbeiten" liegen folgende weitere Prozesskostensätze vor. Ergänzen Sie die Tabelle.

Beispiel: Hauptprozess „Kundenauftrag bearbeiten"			
Teilprozesse	Beteiligte prozessorientierte Kostenstelle	Prozess-kostensatz je Kundenauftrag	Prozess-kostensatz je Stück
Bestellung bearbeiten	Verwaltung	10,00 EUR	
Material annehmen	Material		(s. o.)
Material einlagern	Material		(s. o.)
Material ausgeben	Material		(s. o.)
Fertigstellung melden	Vertrieb	9,00 EUR	
Fertigerzeugnis lagern	Vertrieb		4,00 EUR
Lieferschein erstellen	Verwaltung	1,00 EUR	
Fertigerzeugnis versandfertig machen	Vertrieb		8,00 EUR
Spediteur regeln	Vertrieb	2,00 EUR	
Fertigerzeugnis verladen	Vertrieb		7,87 EUR
		$\bigcirc$	$\bigcirc$

c) Der Kundenauftrag soll für 1 Stück und 1.000 Stück kalkuliert werden. Es wird unterstellt, dass alle o. g. Teilprozesse des Hauptprozesses in Anspruch genommen werden.

Weitere Daten:
- Materialeinzelkosten je Stück 20,00 EUR
- Fertigungseinzelkosten je Stück 8,00 EUR
- Fertigungsgemeinkostenzuschlagssatz 200 %

Ermitteln Sie die Selbstkosten für 1 Stück und 1.000 Stück.

2. a) Ergänzen Sie die Tabelle für die Kostenstelle **Vertrieb**.

Kostenstelle Vertrieb (FE = Fertigerzeugnisse; LS = Lieferscheine)							
Teilprozesse	Teil-prozess-kosten	Kostentreiber (Maßgrößen)	lmi/ lmn	Teil-prozess-mengen	Teilprozess-kostensatz vor Umlage	Um-lage-satz	Gesamt-prozess-kostensatz
FE lagern	120.000,00	Anzahl Anlieferungen		750			
LS erstellen	30.000,00	Anzahl Aktivitäten		400			
FE versandfertig machen	90.000,00	Anzahl Paletten		3.000			
Spediteur regeln	20.000,00	Anzahl Aktivitäten		300			
Abteilung leiten	60.000,00	–					
Summe MGK	**320.000,00**						

b) Für den Hauptprozess „Kundenauftrag bearbeiten" liegen folgende weitere Prozesskostensätze vor. Ergänzen Sie die Tabelle.

Beispiel: Hauptprozess „Kundenauftrag bearbeiten"			
Teilprozesse	Beteiligte prozessorientierte Kostenstelle	Prozess-kostensatz je Kundenauftrag	Prozess-kostensatz je Stück
Bestellung bearbeiten	Verwaltung	189,00 EUR	
Material annehmen	Material		74,50 EUR
Material einlagern	Material		61,00 EUR
Material ausgeben	Material		48,50 EUR
Fertigerzeugnis lagern	Vertrieb		(s. o.)
Lieferschein erstellen	Vertrieb	(s. o.)	
Fertigerzeugnis versandfertig machen	Vertrieb		(s. o.)
Spediteur regeln	Vertrieb	(s. o.)	
		$\bigcirc$	$\bigcirc$

c) Der Kundenauftrag soll für 1 Stück und 100 Stück kalkuliert werden. Es werden alle o. g. Teilprozesse des Hauptprozesses in Anspruch genommen. Weitere Daten:
- Materialeinzelkosten je Stück 300,00 EUR
- Fertigungseinzelkosten je Stück 120,00 EUR
- Fertigungsgemeinkostenzuschlagssatz 120 %
- Verwaltungsgemeinkostenzuschlagssatz (sonstige Verwaltungsgemeinkosten, bezogen auf die „Selbstkosten" vor Verrechnung dieser sonstigen VwGk) 15 %

Ermitteln Sie die Selbstkosten für 1 Stück und 100 Stück.

5.4 Bedeutung der Prozesskostenrechnung (Allokations-, Komplexitätseffekt)

Stofftelegramm

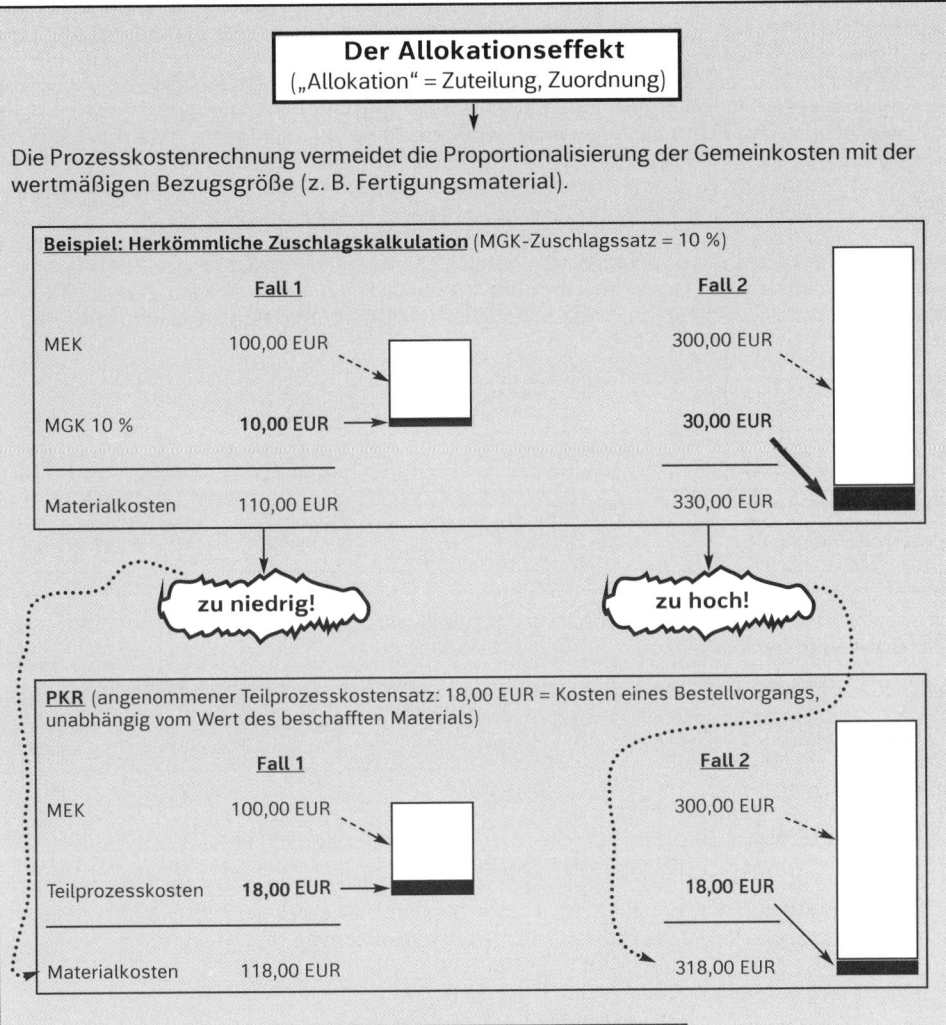

Der Allokationseffekt
(„Allokation" = Zuteilung, Zuordnung)

Die Prozesskostenrechnung vermeidet die Proportionalisierung der Gemeinkosten mit der wertmäßigen Bezugsgröße (z. B. Fertigungsmaterial).

Beispiel: Herkömmliche Zuschlagskalkulation (MGK-Zuschlagssatz = 10 %)

	Fall 1	Fall 2
MEK	100,00 EUR	300,00 EUR
MGK 10 %	10,00 EUR	30,00 EUR
Materialkosten	110,00 EUR	330,00 EUR

zu niedrig!   **zu hoch!**

PKR (angenommener Teilprozesskostensatz: 18,00 EUR = Kosten eines Bestellvorgangs, unabhängig vom Wert des beschafften Materials)

	Fall 1	Fall 2
MEK	100,00 EUR	300,00 EUR
Teilprozesskosten	18,00 EUR	18,00 EUR
Materialkosten	118,00 EUR	318,00 EUR

Der Komplexitätseffekt

Herkömmliche Zuschlagskalkulation: Zuschlagssätze aus Jahr 1 gelten für die Kostenplanung in den Jahren 2/3... Dies ist problematisch, wenn sich in den Jahren 2/3... der Komplexitätsgrad erhöht (Entstehung zusätzlicher Kostenarten, die in Periode 1 nicht vorhanden waren).

Prozesskostenrechnung: Die PKR bezieht sich auf einzelne Verrichtungen → bei höherer (niedrigerer) Komplexität werden höhere (niedrigere) Kosten verrechnet.

5.5   Prüfungsaufgaben

Prüfungsaufgaben Winter 2010/2011 (Aufgabe 1, teilweise)

Die GAFA GmbH, Pforzheim, war spezialisiert auf den Bau von Abfüllanlagen für die Getränkeindustrie. Vor vier Jahren hat das Unternehmen sein bisheriges Leistungsprogramm um das Geschäftsfeld „Pharma" erweitert, in dem aufwendige Abfüllanlagen für die pharmazeutische Industrie hergestellt werden.

Die Ergebnisse der Vollkostenrechnung haben gezeigt, dass in den vergangenen Jahren hohe Stückgewinne bei den Pharmaanlagen erzielt wurden. Zu Beginn des Jahres 2009 beschloss die Geschäftsleitung daher, den Absatz und die Produktion im Geschäftsfeld „Pharma" zu forcieren. Produktion und Absatz im Geschäftsfeld „Getränke" werden aus Kapazitätsgründen verringert. Für 2009 hat die GAFA GmbH entsprechend einen hohen Gewinnzuwachs erwartet.

Der Gewinn sank 2009 jedoch deutlich, trotz vergleichbarer Rahmenbedingungen. Die Geschäftsleitung entschied daraufhin, den Gewinneinbruch zu analysieren und zu diesem Zweck eine Prozesskostenrechnung einzuführen. Diese soll zunächst im Materialbereich angewendet werden.

Die Materialkosten für 80 Stück Getränkeanlagen und 50 Stück Pharmaanlagen betrugen im Jahr 2009 (Angaben in Euro):

	Produktgruppe „Getränke"	Produktgruppe „Pharma"	Summe
Materialeinzelkosten	2.090.000,00	1.100.000,00	3.190.000,00
Materialgemeinkosten	1.045.000,00	550.000,00	1.595.000,00
Summe	3.135.000,00	1.650.000,00	4.785.000,00

Die verschiedenen Tätigkeiten innerhalb der Materialkostenstelle wurden im Jahr 2009 zu fünf Teilprozessen zusammengefasst:

Nr.	Prozess	Art	Kostentreiber	Prozesskosten in Euro	Prozess- menge gesamt	Prozess- menge „Getränke"	Prozess- menge „Pharma"
1	Material bestellen (Rahmenverträge)	lmi	Anzahl d. Abrufe	150.000,00	400	300	100
2	Material bestellen (Einzelbestellung)	lmi	Anzahl d. Be- stellungen	400.000,00	500	100	400
3	Materialeingangs- kontrollen	lmi	Anzahl der Stichproben	150.000,00	1.000	200	800
4	Material lagern	lmi	Anzahl der Einlagerungen	750.000,00	1.000	600	400
5	Abteilung leiten	lmi	–	145.000,00	–	–	–
–	Summen	–	–	1.595.000,00			

1.1   Ermitteln Sie die leistungsmengeninduzierten (lmi) und die leistungsmengenneutralen (lmn) Prozesskostensätze sowie den Gesamtprozesskostensatz für die einzelnen Teilprozesse innerhalb der Kostenstelle Material (**Anlage 1**).

1.2   Bestimmen Sie die Prozesskosten je Produktgruppe und je Stück (**Anlage 2**).

1.3 Kalkulieren Sie für je eine Getränkeanlage und eine Pharmaanlage die Materialkosten gemäß der traditionellen Zuschlagskalkulation und stellen Sie diesem Ergebnis die Kalkulation mithilfe von Prozesskosten gegenüber.

Interpretieren Sie die Ergebnisse.

Hinweis: Sollten Sie 1.2 nicht gelöst haben, dann rechnen Sie bei der Produktgruppe „Getränke" mit Prozesskosten in Höhe von insgesamt 10.000,00 EUR je Stück und bei der Produktgruppe „Pharma" mit 15.900,00 EUR je Stück.

1.4 Erläutern Sie zwei weitere Vorteile der Prozesskostenrechnung gegenüber der Zuschlagskalkulation.

Anlage 1

Nr.	Prozess	lmi-Prozesskostensatz in Euro	lmn-Prozesskostensatz in Euro	Gesamt-prozesskostensatz in Euro
1	Material bestellen (Rahmenverträge)			
2	Material bestellen (Einzelbestellung)			
3	Materialeingangs-kontrollen			
4	Material lagern			
5	Abteilung leiten	–	–	–

Anlage 2

Nr.	Prozess	Prozess-kosten nach Umlage in Euro	Prozess-kosten der Produkt-gruppe „Getränke" in Euro	Prozess-kosten der Produkt-gruppe „Pharma" in Euro	Prozess-kosten je Stück „Getränke" in Euro	Prozess-kosten je Stück „Pharma" in Euro
1	Material bestellen (Rahmenverträge)					
2	Material bestellen (Einzelbestellung)					
3	Materialeingangs-kontrollen					
4	Material lagern					
	Summen:	–				

Prüfungsaufgaben Sommer 2012 (Aufgabe 1, teilweise)

Die Mayer KG fertigt Fenster für den privaten und öffentlichen Wohnungsbau. Die Produktion erfolgt im Hauptwerk in Backnang sowie in einem Zweigwerk in Waiblingen.

2. In ihrem Zweigwerk fertigt die Mayer KG hochwertige Verbundfenster aus Holz oder Kunststoff mit innen liegenden Jalousien. Während die Rahmen selbst hergestellt werden, werden die Verbundgläser samt Jalousien fremdbezogen.

Ein Mitarbeiter der Kostenrechnung ermittelt für den Monat April 2012 folgende Zahlenwerte für den Materialbereich:

Kostenstelle	Hilfskostenstelle LAGER	Hauptkostenstelle MATERIAL HOLZ	Hauptkostenstelle MATERIAL KUNSTSTOFF
Gemeinkosten	60.000,00	72.000,00	82.000,00
Einzelkosten		60.000,00	70.000,00

Die Gemeinkosten der Hilfskostenstelle werden im Verhältnis 3 : 2 auf die beiden Hauptkostenstellen Material verteilt.

2.1 Wodurch unterscheiden sich Hilfskostenstellen von Hauptkostenstellen?

2.2 Nennen Sie zwei Beispiele für die Gemeinkosten in der Hilfskostenstelle Lager.

2.3 Berechnen Sie nach der traditionellen Zuschlagskalkulation die Materialkosten für ein Holzfenster, wenn die Kosten für das Fertigungsmaterial eines Holzfensters 54,00 EUR betragen.

2.4 Für die Hilfskostenstelle Lager soll die Prozesskostenrechnung eingeführt werden **(Anlage 1)**.

2.4.1 Es wurden für die einzelnen Teilprozesse die Prozessmengen ermittelt. Nennen Sie für die Teilprozesse „Wareneingangskontrolle" und „Reklamationen melden" jeweils einen möglichen Kostentreiber.

2.4.2 Wie hoch sind die Materialkosten für ein Holzfenster, wenn die Kosten der Hilfskostenstelle Lager prozessorientiert verrechnet werden? Jeder Teilprozess wird nur einmal durchlaufen **(Anlage 1)**.

2.4.3 Welche Vorteile bietet die Prozesskostenrechnung gegenüber der traditionellen Zuschlagskalkulation?

Anlage 1

Kostenstelle Lager

Teilprozess	Teilpro-zessmen-gen	Teilpro-zesskos-ten lmi in Euro	Teilpro-zesskos-ten lmn in Euro	Teilpro-zesskos-tensatz in Euro	Umlage-satz in Euro	Prozess-kostensatz in Euro
Warenein-gangskontrolle	2.000	18.000,00				
Reklamationen melden	200	6.000,00				
Ware einlagern	1.800	12.000,00				
Warendisposi-tion	1.900	12.000,00				
Abteilung leiten			12.000,00			
Summe		48.000,00	12.000,00			

Prüfungsaufgaben Winter 2015/2016 (Aufgabe 2, teilweise)

Die Karl Huber KG, Nusplingen, stellt Spritzgussteile für verschiedene Maschinenbauunterneh-men her. Das Geschäftsjahr endete am 30.09.2015 mit einem unbefriedigenden Betriebsergebnis. Sie haben als Mitarbeiter der Abteilung Controlling die folgenden Aufgaben zu erledigen.

2.3   Ein Kunde hat 1.600 Schutzgehäuse angefragt. Kalkulieren Sie, zu welchem Listenverkaufs-preis die angefragten Schutzgehäuse angeboten werden können. Alle notwendigen Kalku-lationsdaten entnehmen Sie der **Anlage 8**.

2.4   Seit einigen Monaten bereiten Sie für die Huber KG die Prozesskostenrechnung für den Ver-waltungs- und Vertriebsbereich vor.
  • Ermitteln Sie für den Auftrag aus Aufgabe 2.3 die Selbstkosten mithilfe der Prozesskos-tenrechnung (**Anlage 9**).
  • Vergleichen Sie Ihr Ergebnis mit den Selbstkosten aus Aufgabe 2.3 und begründen Sie die Abweichungen. Gehen Sie dabei auf den Degressions- und Allokationseffekt ein.

Anlage 8

Kalkulationsdaten			
Normal-Zuschlagssätze:		Verkaufszuschläge:	
Material	4 %	Kundenskonto	2 %
Fertigung	180 %	Kundenrabatt	8 %
Vertrieb	12 %		
Verwaltung	10 %	Gewinnzuschlag	6 %
Einzelkosten für den Auftrag:			
Materialeinzelkosten	24.000,00 EUR		
Fertigungseinzelkosten	40.000,00 EUR		
Sondereinzelkosten der Fertigung	16.000,00 EUR		

Anlage 9

Bereich	Hauptpro-zess	Anzahl der Hauptprozesse				Hauptpro-zesskosten-satz
		bis 100 Stück	101–500 Stück	501–1.000 Stück	über 1.000 Stück	
Verwaltung und Vertrieb	HP 10 Bearbeitung Kundenauf-trag	1	3	5	7	200,00 EUR

Restzuschlagssätze:
- Verwaltung   6 %
- Vertrieb   8 %

6 Kapitelübergreifende Prüfungsaufgaben Kosten- und Leistungsrechnung I–IV

Prüfungsaufgaben Winter 2016/2017 (Aufgabe 1)

Die SchmiKo GmbH ist ein Handels- und Fertigungsbetrieb von Möbeln für die Gastronomie mit Sitz in Ulm. Ein großer Teil des Sortiments wird selbst gefertigt. Daneben werden einige Handelswaren vertrieben. Sie sind in der Abteilung Rechnungswesen beschäftigt.

1.1 Für den bei der SchmiKo GmbH am häufigsten produzierten Tisch „Standard" (Tischfläche 3 m²) gehen am 02.11.2016 zwei Anfragen ein: Für den Gastraum des Restaurants „Goldenes Lamm" sollen acht Tische, für den Speisesaal des Hotels „Seeblick" 200 Tische produziert werden.

Um ein Angebot erstellen zu können, müssen Sie die Selbstkosten für beide Anfragen berechnen. Die dafür notwendigen Daten entnehmen Sie der **Anlage 1**. Bei der Ermittlung der Zuschlagssätze runden Sie auf zwei Nachkommastellen.

Berechnen Sie in tabellarischer Form die Selbstkosten für die beiden Anfragen.

1.2 Im Zuge eines Pilotprojektes wird in der SchmiKo GmbH zunächst nur für die Kalkulation des Tisches „Standard" die traditionelle Zuschlagskalkulation durch die Kalkulation mit Prozesskostensätzen ergänzt. Im Bereich Material und dem nun zusammengefassten Bereich Verwaltung/Vertrieb wurden alternativ zu den bisherigen Berechnungen der Gemeinkostenzuschlagssätze bereits die folgenden Hauptprozesskostensätze ermittelt:

Bereich/ Kostenstelle	Hauptprozess	Anzahl der Hauptprozesse für Tisch „Standard"		Hauptprozess- kostensatz
		Bestellmengen 1 bis 50	Bestellmengen über 50	
Material	Beschaffung Fertigungsmaterial	3	5	124,00 EUR
Verwaltung und Vertrieb	Abwicklung Kundenauftrag	1		784,00 EUR

In der Kostenstelle Fertigung wurden noch keine Hauptprozesse gebildet, sodass für die Gemeinkosten in diesem Bereich der errechnete Zuschlagssatz der Vollkostenrechnung (Teilaufgabe 1.1) übernommen wird.

Berechnen Sie die Selbstkosten für die beiden Anfragen nach der Einführung der Prozesskostenrechnung.

Hinweis: Falls Sie in Aufgabe 1.1 zu keiner Lösung gekommen sind, rechnen Sie mit einem Fertigungsgemeinkostenzuschlagssatz von 300 %.

1.3 Erläutern Sie im Zusammenhang mit der Prozesskostenträgerrechnung den Degressions- und Allokationseffekt.

1.4 Da die Kapazität aufgrund schwacher Nachfrage im letzten Quartal nicht voll ausgelastet war, überlegt die Geschäftsleitung der SchmiKo GmbH, die Tischbeine des hochwertigen Tisches des Typs „Premium" selbst herzustellen, anstatt sie, wie bisher, von einem Zulieferer zu beziehen. Die Produktion der Tischbeine könnte mit den vorhandenen Produktionsanlagen erfolgen.

1.4.1 Weisen Sie rechnerisch nach, ob eine Eigenfertigung dem Fremdbezug vorzuziehen ist. Die folgenden Daten **(Anlage 2)** aus der Kosten- und Leistungsrechnung (Kosten pro vier Tischbeine) liegen vor.

1.4.2 Der Abteilungsleiter Beschaffung, Herr Bauer, argumentiert, dass ein Wechsel zur Eigenfertigung aufgrund der geringen Kostendifferenz nicht sinnvoll wäre.

Erläutern Sie zwei Argumente, die dennoch für eine Eigenfertigung sprechen.

Anlage 1: Zahlen für den Tisch „Standard" aus der Kostenrechnung

Fertigungslöhne pro Quadratmeter: 8,00 EUR
Materialkosten pro Quadratmeter: 10,00 EUR

Bestandsminderung an fertigen und unfertigen Erzeugnissen im Oktober 2016: 150.000,00 EUR

- **Einzelkosten im Oktober 2016:**
  - – Verbrauch von Fertigungsmaterial: 1.400.000,00 EUR
  - – Fertigungslöhne: 1.200.000,00 EUR

- **Gemeinkosten im Oktober 2016:**

Gemeinkosten	Kostenstelle			
	Material	**Fertigung**	**Verwaltung**	**Vertrieb**
	262.000,00 EUR	4.500.000,00 EUR	504.000,00 EUR	434.000,00 EUR

Hinweis: Die Verwaltungsgemeinkosten beziehen sich auf die Herstellkosten der Rechnungsperiode und die Vertriebsgemeinkosten auf die Herstellkosten des Umsatzes.

Anlage 2

Kosten bei Fremdbezug	
Listeneinkaufspreis	104,00 EUR
Kundenskonto	2 %
Kundenrabatt	15 %
Frachtkosten	1 % vom Bareinkaufspreis

Kosten bei Eigenfertigung		
Verbrauch von Fertigungsmaterial	48,00 EUR	**Variabler Anteil an den Gemeinkosten**
Fertigungslöhne	32,00 EUR	
MGK-Satz	10 %	50 %
FGK-Satz	30 %	50 %
VerwGK-Satz	22 %	50 %
VertrGK-Satz	18 %	50 %

7 Erstellung und Auswertung des Jahresabschlusses

7.1 Bestandteile des Jahresabschlusses einer Kapitalgesellschaft[1]

Stofftelegramm

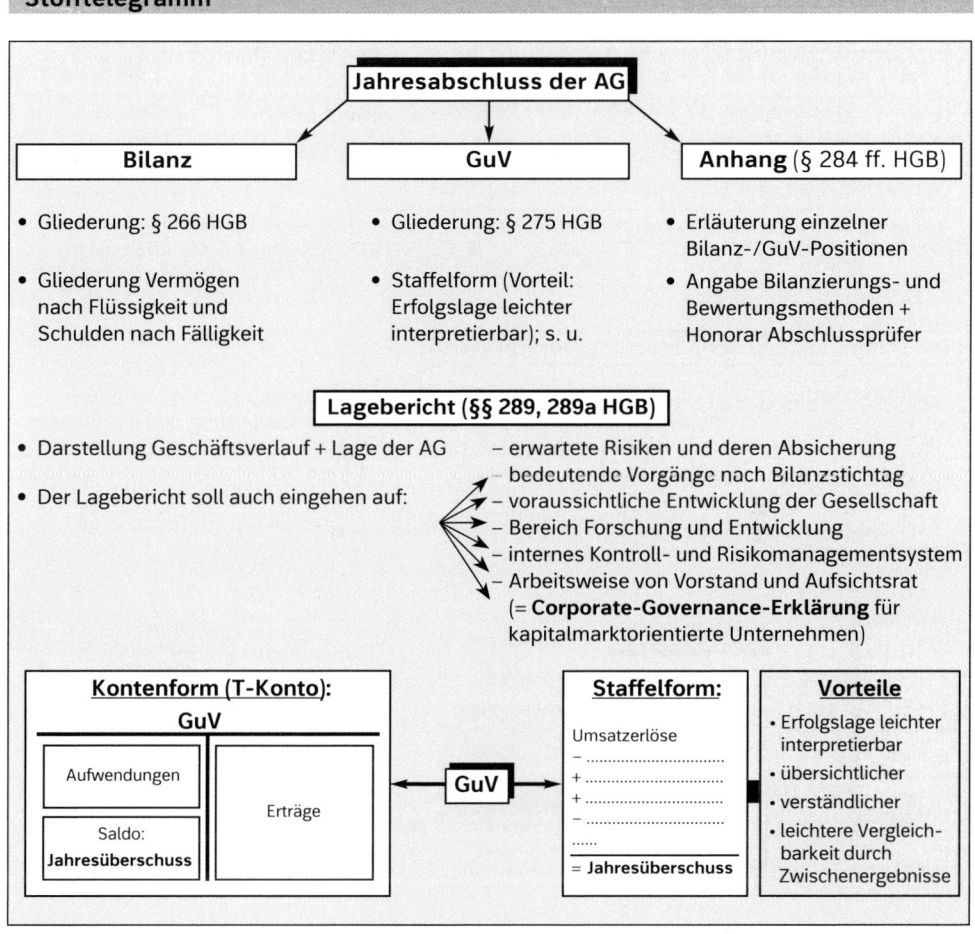

Aufgaben

1. Aus welchen Teilen besteht der Jahresabschluss der AG?

2. Wie werden Vermögen und Schulden gegliedert?

3. Welche Aufgaben hat　a) der Anhang,　b) der Lagebericht bei Kapitalgesellschaften?

4. Welche Vorteile hat die Staffelform der GuV im Vergleich zur Kontenform?

---

[1] *Ziele des Jahresabschlusses bzw. der Buchführung vgl. SuK Kap. 2.1*

7.2   Die Bewertung (Ziele, Grundsätze). Exkurs: Währungsrechnen

Stofftelegramm

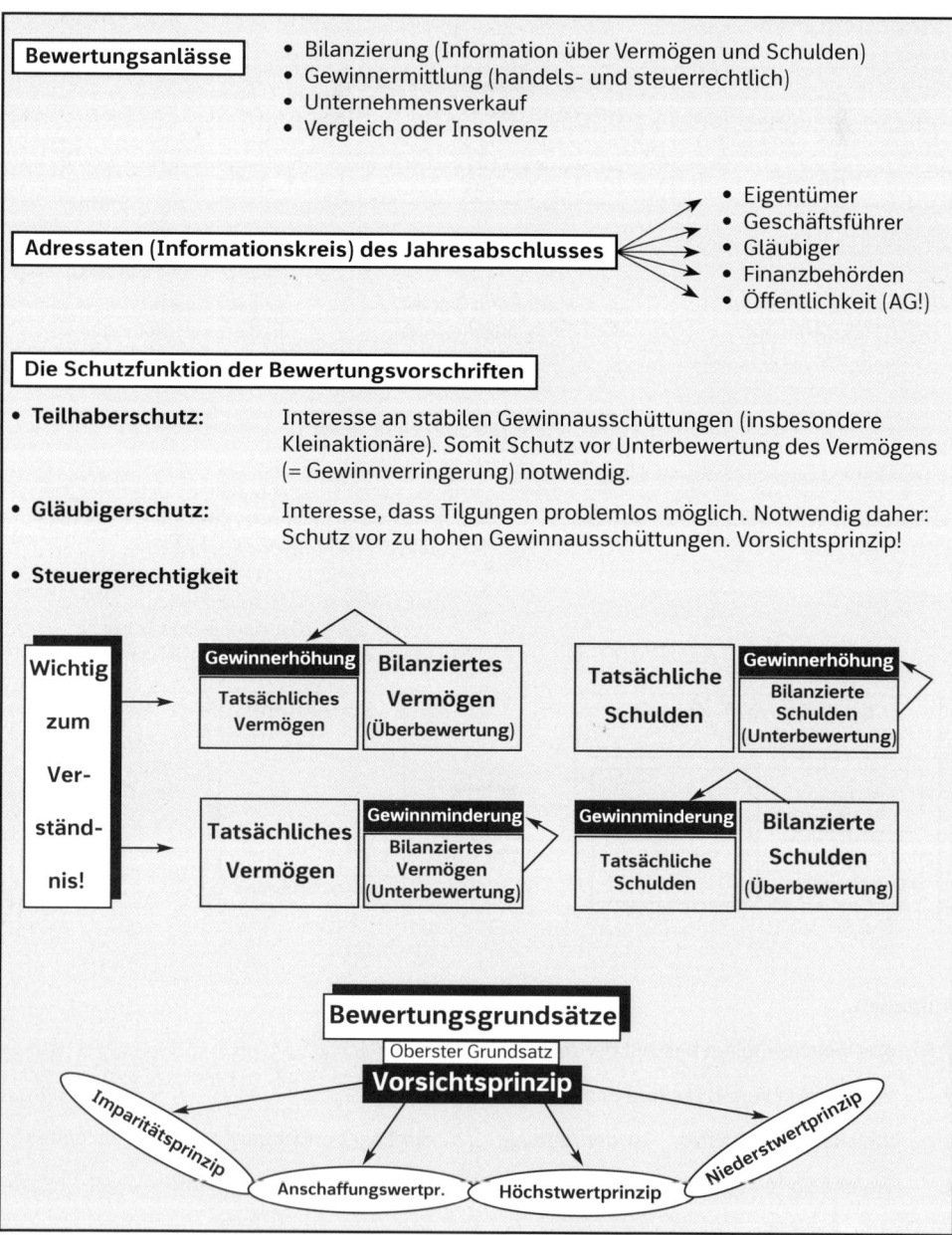

Bewertungsanlässe
- Bilanzierung (Information über Vermögen und Schulden)
- Gewinnermittlung (handels- und steuerrechtlich)
- Unternehmensverkauf
- Vergleich oder Insolvenz

Adressaten (Informationskreis) des Jahresabschlusses
- Eigentümer
- Geschäftsführer
- Gläubiger
- Finanzbehörden
- Öffentlichkeit (AG!)

Die Schutzfunktion der Bewertungsvorschriften

- **Teilhaberschutz:**   Interesse an stabilen Gewinnausschüttungen (insbesondere Kleinaktionäre). Somit Schutz vor Unterbewertung des Vermögens (= Gewinnverringerung) notwendig.

- **Gläubigerschutz:**   Interesse, dass Tilgungen problemlos möglich. Notwendig daher: Schutz vor zu hohen Gewinnausschüttungen. Vorsichtsprinzip!

- **Steuergerechtigkeit**

Wichtig zum Ver- ständ- nis!					
	Gewinnerhöhung Tatsächliches Vermögen	**Bilanziertes Vermögen** (Überbewertung)	**Tatsächliche Schulden**	**Gewinnerhöhung** Bilanzierte Schulden (Unterbewertung)	
	Tatsächliches Vermögen	**Gewinnminderung** Bilanziertes Vermögen (Unterbewertung)	**Gewinnminderung** Tatsächliche Schulden	**Bilanzierte Schulden** (Überbewertung)	

Bewertungsgrundsätze

Oberster Grundsatz
Vorsichtsprinzip

- Imparitätsprinzip
- Anschaffungswertpr.
- Höchstwertprinzip
- Niederstwertprinzip

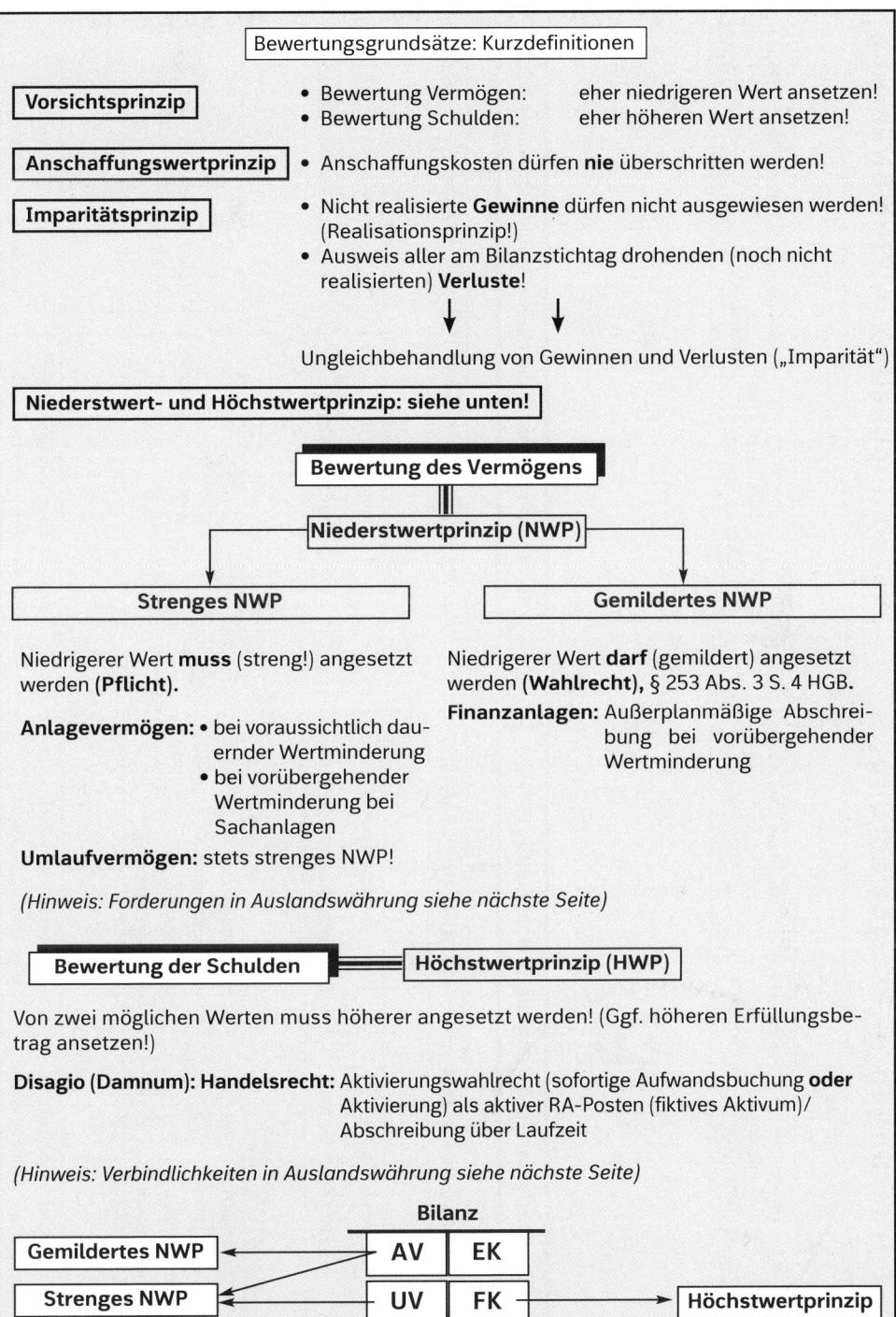

Bewertungsgrundsätze: Kurzdefinitionen

Vorsichtsprinzip
- Bewertung Vermögen: eher niedrigeren Wert ansetzen!
- Bewertung Schulden: eher höheren Wert ansetzen!

Anschaffungswertprinzip
- Anschaffungskosten dürfen **nie** überschritten werden!

Imparitätsprinzip
- Nicht realisierte **Gewinne** dürfen nicht ausgewiesen werden! (Realisationsprinzip!)
- Ausweis aller am Bilanzstichtag drohenden (noch nicht realisierten) **Verluste**!

Ungleichbehandlung von Gewinnen und Verlusten („Imparität")

Niederstwert- und Höchstwertprinzip: siehe unten!

Bewertung des Vermögens

Niederstwertprinzip (NWP)

Strenges NWP

Gemildertes NWP

Niedrigerer Wert **muss** (streng!) angesetzt werden **(Pflicht).**

Anlagevermögen:
- bei voraussichtlich dauernder Wertminderung
- bei vorübergehender Wertminderung bei Sachanlagen

Umlaufvermögen: stets strenges NWP!

(Hinweis: Forderungen in Auslandswährung siehe nächste Seite)

Niedrigerer Wert **darf** (gemildert) angesetzt werden **(Wahlrecht),** § 253 Abs. 3 S. 4 HGB.

Finanzanlagen: Außerplanmäßige Abschreibung bei vorübergehender Wertminderung

Bewertung der Schulden ═══ **Höchstwertprinzip (HWP)**

Von zwei möglichen Werten muss höherer angesetzt werden! (Ggf. höheren Erfüllungsbetrag ansetzen!)

Disagio (Damnum): Handelsrecht: Aktivierungswahlrecht (sofortige Aufwandsbuchung **oder** Aktivierung) als aktiver RA-Posten (fiktives Aktivum)/ Abschreibung über Laufzeit

(Hinweis: Verbindlichkeiten in Auslandswährung siehe nächste Seite)

Bilanz

| Gemildertes NWP | ← | AV | EK | |
| Strenges NWP | ← | UV | FK | → Höchstwertprinzip |

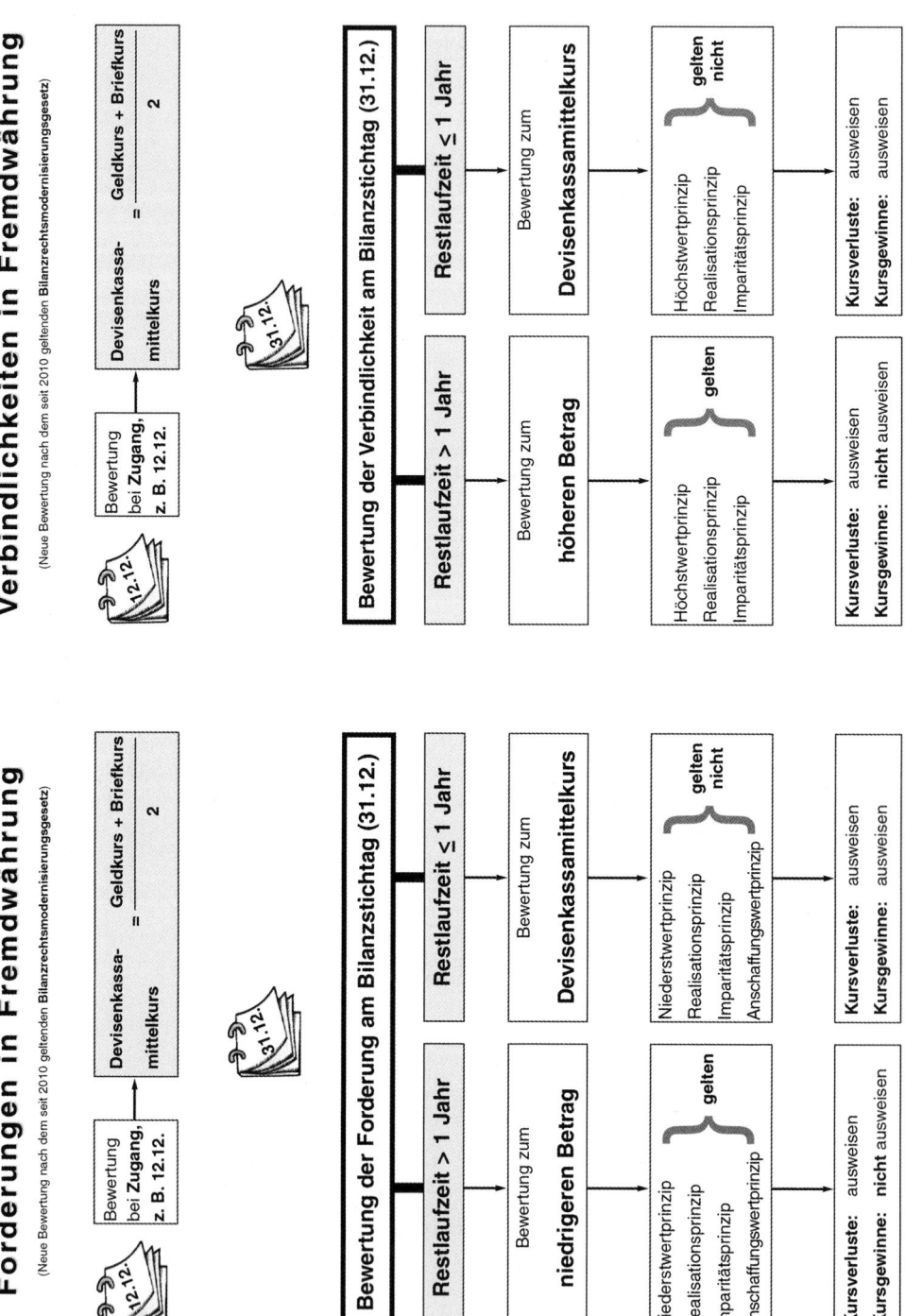

Verbindlichkeiten in Fremdwährung

(Neue Bewertung nach dem seit 2010 geltenden Bilanzrechtsmodernisierungsgesetz)

Bewertung bei **Zugang**, z. B. 12.12.

$$\text{Devisenkassa-mittelkurs} = \frac{\text{Geldkurs} + \text{Briefkurs}}{2}$$

Bewertung der Verbindlichkeit am Bilanzstichtag (31.12.)

Restlaufzeit > 1 Jahr

Bewertung zum **höheren Betrag**

Höchstwertprinzip
Realisationsprinzip
Imparitätsprinzip
gelten

Kursverluste: ausweisen
Kursgewinne: nicht ausweisen

Restlaufzeit ≤ 1 Jahr

Bewertung zum **Devisenkassamittelkurs**

Höchstwertprinzip
Realisationsprinzip
Imparitätsprinzip
gelten nicht

Kursverluste: ausweisen
Kursgewinne: ausweisen

Forderungen in Fremdwährung

(Neue Bewertung nach dem seit 2010 geltenden Bilanzrechtsmodernisierungsgesetz)

Bewertung bei **Zugang**, z. B. 12.12.

$$\text{Devisenkassa-mittelkurs} = \frac{\text{Geldkurs} + \text{Briefkurs}}{2}$$

Bewertung der Forderung am Bilanzstichtag (31.12.)

Restlaufzeit > 1 Jahr

Bewertung zum **niedrigeren Betrag**

Niederstwertprinzip
Realisationsprinzip
Imparitätsprinzip
Anschaffungswertprinzip
gelten

Kursverluste: ausweisen
Kursgewinne: nicht ausweisen

Restlaufzeit ≤ 1 Jahr

Bewertung zum **Devisenkassamittelkurs**

Niederstwertprinzip
Realisationsprinzip
Imparitätsprinzip
Anschaffungswertprinzip
gelten nicht

Kursverluste: ausweisen
Kursgewinne: ausweisen

Aufgaben

1. Nennen Sie die beiden typischen Bewertungsanlässe.

2. Nennen Sie die wesentlichen Adressaten des Jahresabschlusses.

3. Erklären Sie die Begriffe Teilhaber- und Gläubigerschutz.

4. Wie wirken folgende Vorgänge auf den Gewinn?
   a) Unterbewertung des Vermögens   c) Unterbewertung der Schulden
   b) Überbewertung des Vermögens   d) Überbewertung der Schulden

5. a) Erklären Sie kurz das Vorsichtsprinzip.
   b) Welche Unterprinzipien umfasst das Vorsichtsprinzip? Erklären Sie diese kurz.

6. Welche Bewertungsprinzipien gelten für folgende Bilanzpositionen:
   a) Anlagevermögen, b) Umlaufvermögen,   c) Schulden?

7. a) Erklären Sie den Begriff stille Rücklagen. Wie entstehen sie allgemein?
   b) In welchen Bilanzpositionen sind hohe stille Rücklagen enthalten? Begründung.
   c) Nehmen Sie kritisch Stellung zur Bildung stiller Rücklagen.

8. In einer Schuhfabrik waren am 31.12. noch 60 Paar Spezialschuhe im Lager, deren Herstellungskosten 62,00 EUR betrugen. Aufgrund von Preissteigerungen bei Leder beträgt ihr Wert am Bilanzstichtag 65,00 EUR. Ermitteln Sie für den gesamten Posten den Bilanzansatz. Begründung.

9. Begründen Sie, mit welchem Betrag der Bestand einer Handelsware per 31.12. unter folgenden Bedingungen zu bilanzieren ist:
   a) Bezugspreis: 25,00 EUR;   Marktpreis 31.12.: 27,00 EUR
   b) Bezugspreis: 25,00 EUR;   Marktpreis 31.12.: 24,00 EUR

10. a) Im August kauften wir aus Spekulationsgründen Aktien zum Kurs von 450,00 EUR. Wie sind die Aktien am 31.12. zu bewerten, wenn der Kurs auf 400,00 EUR gesunken ist? Begründung.
    b) Wie wäre a) zu beantworten, wenn eine langfristige Beteiligung an der AG vorliegt?

11. Die Warenverbindlichkeiten gegenüber unserem Lieferanten aus der Schweiz belaufen sich laut Rechnung vom 15.12. auf 200.000,00 CHF; Zahlungsziel: 4 Wochen.

    CHF-Kurs (Devisenkassamittelkurs) 15.12.: 1,45
    CHF-Kurs (Devisenkassamittelkurs) 31.12.: 1,50

    Ermitteln Sie den Wertansatz zum 31.12. in Euro. Begründung.

12. Am 31.12. ist eine Schuld (Rückzahlung nach 5 Jahren) von USD 120.000,00 zu bilanzieren. Der Dollarkurs betrug am Tag der Kreditaufnahme (01.07.) 1,25 und am 31.12. 1,35. Bilanzansatz in Euro?

13. Die Warenverbindlichkeiten beliefen sich bei Bilanzerstellung einschließlich 19 % Umsatzsteuer auf 416.500,00 EUR. Der Liquiditätsstand ist äußerst günstig, sodass alle ausstehenden Schulden mit einem Abzug von 3 % Skonto im neuen Jahr beglichen werden können. Als Bilanzansatz sind für die Verbindlichkeiten 404.005,00 EUR vorgesehen. Die Revisionsabteilung beanstandet diesen Wertansatz und spricht von einem Verstoß gegen das Imparitätsprinzip.

Erklären Sie dieses Prinzip am Beispiel der Verbindlichkeiten. Welcher Bilanzansatz ist in diesem Fall gültig?

14. Mit welchem Kurs sind die Bilanzwerte der Wertpapiere des Umlaufvermögens am 31.12. des Vorjahres bzw. am 31.12. diesen Jahres zu ermitteln? Kauf 17.04. Vorjahr: Kurs 386; 31.12. Vorjahr: Kurs 342; 31.12. dieses Jahr: Kurs 404

15. Ein unbebautes Grundstück, das wir für 220.000,00 EUR erworben hatten, hat durch seine günstige Lage inzwischen einen Verkehrswert von 280.000,00 EUR.
Mit welchem Wert ist es zu bilanzieren? Begründung.

16. Das Konto Wertpapiere des Umlaufvermögens enthält 50 Stück Aktien, Kaufkurs 315,00 EUR. Am Bilanzstichtag beträgt der Kurs 410,00 EUR. Zu welchem Kurs wird bilanziert? Begründung.

17. Vor sechs Monaten betrugen die Anschaffungskosten beim Kauf eines Grundstückes 500.000,00 EUR. Aufgrund der Veränderung der geplanten Straßenführung für einen Autobahnzubringer mindert sich der Grundstückswert um 150.000,00 EUR. Wie würden Sie das Grundstück bilanzieren? Begründung.

18. Das Prinzip der kaufmännischen Vorsicht ist der wichtigste handelsrechtliche Bewertungsgrundsatz. Erläutern Sie diesen Grundsatz an einem von Ihnen gewählten Beispiel.

19. Im Umlaufvermögen befinden sich 10 XY-Aktien, die im laufenden Geschäftsjahr zum Stückkurs von 240,00 EUR angeschafft und aktiviert wurden. Am 31.12. beträgt der Kurs 210,00 EUR. Ansatz 31.12.?

20. Warum gilt für die Bewertung des Vermögens das Niederstwertprinzip?

Exkurs: Währungsrechnen

Stofftelegramm

Wechselkurs	= die Menge ausländischer Währungseinheiten, die man für einen Euro erhält
	(Wie viel ausländ. Währungseinheiten erhält man für einen Euro?)
	Beispiel: USD-Kurs 1,03 → Kursgleichung: 1,00 EUR = 1,03 USD
Briefkurs (= **Verkaufskurs**)	Anwendung: Bank verkauft Euro
Geldkurs (= **Kaufkurs**)	Anwendung: Bank kauft Euro
Devisenkassamittelkurs	Devisenkassamittelkurs = (Geldkurs + Briefkurs) : 2

7.3   Kauf von Anlagen

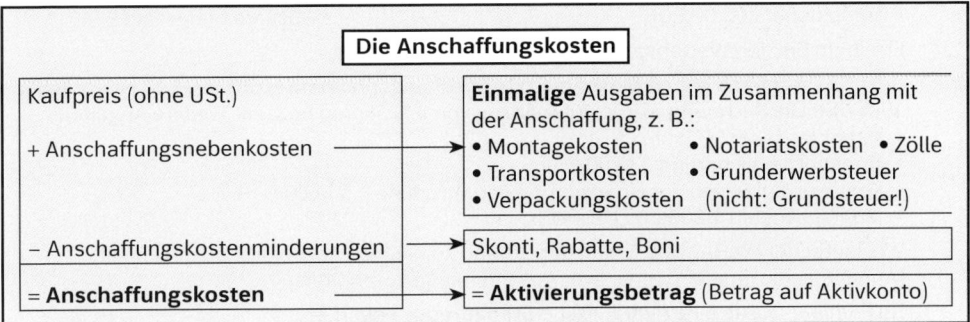

Aufgaben

1. Kauf einer Maschine auf Ziel: netto 30.000,00 EUR + 19 % USt.
   Transportkosten 700,00 EUR netto + 19 % USt.; Montagekosten 1.500,00 EUR + 19 % USt.
   a) Buchen Sie die Eingangsrechnung.
   b) Buchen Sie die Zahlung unter Abzug von 2 % Skonto.

2. Kauf eines **Lkw:**

   • Kaufpreis 120.000,00 EUR + 19 % USt.   • Überführungskosten 1.000,00 EUR + 19 % USt.
   • Spezialaufbau 11.000,00 EUR + 19 % USt.   • Zulassungskosten 400,00 EUR + 19 % USt.
   • Anhängerkupplung 1.200,00 EUR + 19 % USt.

   Wir überweisen den Gesamtbetrag unter Abzug von 2 % Skonto. Separat überweisen wir die
   Kfz-Steuer in Höhe von 1.600,00 EUR und die Haftpflichtversicherung in Höhe von 2.300,00
   EUR.
   Tankfüllung: 500,00 EUR + USt.
   a) Ermitteln Sie die Anschaffungskosten.
   b) Buchen Sie den Kauf auf Ziel und buchen Sie die separaten Geschäftsvorfälle.
   c) Buchen Sie die Zahlung unter Abzug von 2 % Skonto.

3. Kauf eines **Betriebsgrundstücks.** Zahlung durch Banküberweisung.

   • Kaufpreis 400.000,00 EUR   • Kosten Grundbucheintrag 600,00 EUR
   • 2 % Grunderwerbsteuer vom Kaufpreis   • Kanalanschlusskosten 5.000,00 EUR + 19 % USt.
   • Maklergebühr 9.000,00 EUR + USt.   • Grundsteuer 900,00 EUR

   Ermitteln Sie die Anschaffungskosten und buchen Sie den Sachverhalt.

4. Was versteht man unter **Aktivierung**?

5. Wie wird der **aktivierungspflichtige** Betrag beim Kauf von Anlagen ermittelt?

6. Erklären Sie den Begriff **„Anschaffungsnebenkosten"**. Nennen Sie fünf Beispiele.

7. Nennen Sie drei Beispiele für **Anschaffungskostenminderungen**.

8. Welche der folgenden Kosten sind **nicht** Bestandteil der **Anschaffungskosten**? Begrün-
   dungen.
   a) Kfz-Versicherung   f) Erschließungskosten
   b) Kfz-Steuer   g) Baugenehmigungsgebühr
   c) Transportversicherung   h) Grundsteuer
   d) Finanzierungskosten im Zusammenhang mit der   i) Grunderwerbsteuer
      Anschaffung   j) Umsatzsteuer
   e) Fundamentierungskosten

9. Warum ist der Wert eines **bebauten Grundstücks** in Boden- und Gebäudewert aufzuteilen?

10. Kauf eines **Betriebsgebäudes** am 01.09.03.
   - Kaufpreis Gebäude 216.000,00 EUR (enthaltener Grundstückswert 50.000,00 EUR)
   - Kosten für Notar und Makler (ohne USt.) 12.000,00 EUR • Grunderwerbsteuer 4.000,00 EUR
   - Grundsteuer 200,00 EUR   • Abschreibungssatz 2 %

   Ermitteln Sie den Wertansatz zum 31.12.03. Begründung.

11. Am 01.11. kauften wir eine **Maschine** zum Rechnungspreis von 60.690,00 EUR einschließlich 19 % USt. Die Rechnung wurde unter Abzug von 3 % Skonto bezahlt. Weitere Angaben:
   - Nutzungsdauer 10 Jahre
   - Transportversicherung 230,00 EUR
   - Kontokorrentzinsen zur Finanzierung der Maschine 1.300,00 EUR
   - Montagekosten 1.600,00 EUR + USt.

   Wie lautet der Wertansatz, wenn der Gewinn so niedrig wie möglich ausfallen soll?
   (Annahme: maximaler degressiver Abschreibungssatz = 20 %)

12. Im Frühjahr wurde eine hydraulische **Stanzpresse** erworben.

Listenpreis netto	125 000,00 EUR	Der Rechnungsbetrag wurde Anfang Mai unter
Kosten der Verpackung	8.000,00 EUR	Abzug von 2 % Skonto überwiesen.
Kosten der Versendung	2.500,00 EUR	
Kosten für Versicherung	1.600,00 EUR	Bis zur Betriebsbereitschaft der Presse fielen noch
	137.100,00 EUR	weitere Kosten an:
+ 19 % USt.	26.049,00 EUR	Rollgeld netto	1.380,00 EUR
Rechnungspreis	163.149,00 EUR	Fundamentierungskosten netto	3.800,00 EUR
		Montagekosten (einschl. 19 % USt.)	833,00 EUR

   Ermitteln Sie die Höhe der Anschaffungskosten.

13. Am 01.10. wurde eine neue **Verpackungsmaschine** in Betrieb genommen.
   Rechnungspreis inkl. 19 % USt. 107.100,00 EUR ab Werk.

   Der Rechnungsbetrag für die Maschine wurde unter Abzug von 3 % Skonto überwiesen.

   Im Zusammenhang mit der Anschaffung fielen noch folgende Kosten an (ohne Umsatzsteuer):

Fracht	1.400,00 EUR	a) Wie ist die Maschine zum 31.12. zu bewerten,
Montagekosten	3.300,00 EUR	wenn die Nutzungsdauer 10 Jahre beträgt?
Kosten der Abteilung		(Lineare Abschreibung)
Einkauf für Angebots-		b) Wie hoch wäre der Wertansatz, wenn man die
prüfung usw.	2.100,00 EUR	Maschine „frei Haus" geliefert hätte?

14. Buchen Sie den Kauf eines Bohrautomaten auf Ziel:

Listenpreis	23.600,00 EUR	Für die Aufstellung der Automaten waren Fremd-
./. 10 % Messerabatt	2.360,00 EUR	arbeiten notwendig.
	21.240,00 EUR	Es liegen Rechnungen vor über:
+ Fracht	600,00 EUR	Elektrikerarbeiten:
	21.840,00 EUR	netto 280,00 EUR + USt.
+ 19 % USt.	4.149,60 EUR	Maurerarbeiten:
Rechnungsbetrag	25.989,60 EUR	netto 400,00 EUR + USt.

15. Eine Kleiderfabrik kaufte ein Grundstück, wobei folgende Kosten entstanden sind: Notariatsgebühren, Grunderwerbsteuer, Maklergebühren, Gebühr für Grundbucheintrag, Grundsteuer. Welche der aufgeführten Kosten gehören zu den Anschaffungskosten?

16. Wir kaufen einen Pkw im Wert von 27.000,00 EUR netto, Überführungskosten netto 450,00 EUR auf Ziel. Buchung?

17. Wie werden die zu aktivierenden Anschaffungskosten für ein Anlagegut berechnet?

7.4   Abschreibungen

Stofftelegramm

Abschreibungen	**Zweck:**	• Erfassung von Wertminderungen • Verteilung der AHK auf Nutzungsdauer

Ursachen: Abnutzung, techn. Fortschritt, Schadensfälle, wirtschaftl. Entwertung ...

Planmäßige Abschreibungen: nur auf **abnutzbares** Anlagevermögen!

Abschreibungsbeginn bei beweglichen Anlagegütern:

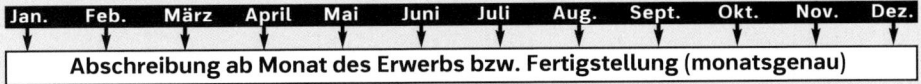

| Jan. | Feb. | März | April | Mai | Juni | Juli | Aug. | Sept. | Okt. | Nov. | Dez. |

Abschreibung ab Monat des Erwerbs bzw. Fertigstellung (monatsgenau)

Beispiel

Die Anschaffungskosten einer am **a) 10.12.**, **b) 10.06.** gekauften Maschine betragen 400.000,00 EUR. Nutzungsdauer: 8 Jahre. Abschreibungsmethode: 20 % linear.

Ermitteln Sie den Bilanzwert zum 31.12.

Lösung

a		**b**	
Anschaffungskosten	400.000,00 EUR	Anschaffungskosten	400.000,00 EUR
./. **Abschreibung:** 20 % · 1 : 12 = **6.667,00 EUR** = 1,66... % von 400.000,00 EUR		./. **Abschreibung:** 20 % · 7 : 12 **46.667,00 EUR** = 11,66... % v. 400.000,00 EUR	
= Bilanzwert 31.12.	**393.333,00 EUR**	= Bilanzwert 31.12.	**353.333,00 EUR**

Abschreibungsbeginn bei unbewegl. abnutzbaren Anlagegütern (v. a. Betriebsgebäude):

Abschreibung ab Monat der Bezugsfertigkeit. Bei Gebäuden Aufteilung der Anschaffungskosten auf Grundstück und Gebäude! (Nur Gebäude ist abschreibungsfähig!)

Abschreibungsverfahren:

1. lineare Abschreibung (gleich bleibende Abschreibungsbeträge)

2. degressive Abschreibung (fallende Abschreibungsbeträge)

   • Steuerliche Vorschrift: Stand 2013 nicht erlaubt

   • handelsrechtlich erlaubt, solange der tatsächliche Wertverlust sachgerecht dargestellt wird

   • Wechsel zur linearen Methode zweckmäßig, sobald der lineare Abschreibungsbetrag für den Restwert den degressiven Abschreibungsbetrag übersteigt

   • Wechsel von der linearen zur degressiven Methode nicht erlaubt

   • Vorteile der degressiven Methode: – Zinsgewinn durch Steuerverschiebung
– hoher Wertverlust im 1. Jahr besser berücksichtigt
– jederzeitiger Wechsel zur linearen Methode möglich

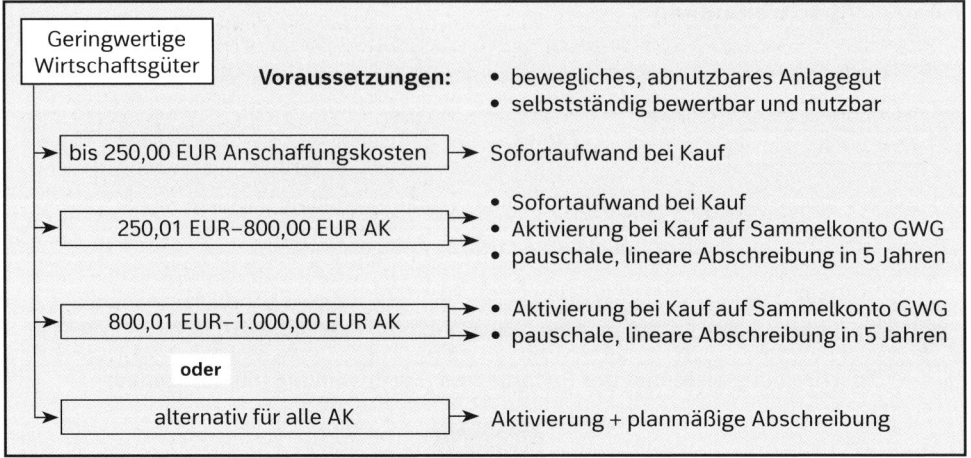

Hinweis: Die degressive Abschreibungsmethode sowie der Methodenwechsel sind momentan nicht im Lehrplan enthalten.

Aufgaben

1. a) Begründen Sie die Notwendigkeit von **Abschreibungen**.
    b) Wie wirken sich Abschreibungen erfolgsmäßig aus?
    c) Worin unterscheiden sich lineare und degressive Abschreibungen?
    d) Welcher steuerliche Zusammenhang hinsichtlich der Höhe des Abschreibungssatzes besteht zwischen linearer und degressiver Abschreibung?
    e) Welche Abschreibungsmethode kommt der Realität am nächsten? Begründung.
    f) Vergleichen Sie die degressive und lineare Abschreibungsmethode hinsichtlich ihrer erfolgsmäßigen Auswirkungen in den a) ersten, b) späteren Nutzungsjahren.

2. a) Welche Abschreibungsmethode würden Sie bevorzugen, wenn Ihre Bilanz und GuV in den nächsten Jahren aufgrund geplanter Kapitalaufnahmen eine hohe Kreditwürdigkeit ausstrahlen sollen? Begründung.
    b) Welche Abschreibungsmethode würden Sie bevorzugen, wenn sich das Unternehmen momentan im
    ba) Verlustbereich,   bb) Gewinnbereich befindet? Begründung.

3. Weshalb schreibt die Finanzverwaltung Höchstsätze für die jährliche Abschreibung vor?

4. Was versteht man unter „AfA"?

5. Ermitteln Sie die linearen und degressiven Abschreibungssätze in folgenden Fällen:
    Nutzungsdauer: a) 10,   b) 5,   c) 8,   d) 4,   e) 20,   f) 12 Jahre

6. Welche Daten enthält ein Abschreibungsplan?

7. Anschaffungskosten eines Lkw am 02.01.01: 40.000,00 EUR. Nutzungsdauer 8 Jahre. Erstellen Sie eine Abschreibungstabelle (lineare und degressive Abschreibung). Wechseln Sie bei der degressiven Methode zum optimalen Zeitpunkt zur linearen Methode. Degressive Abschreibung: 20 %

8. Wir haben im Januar 01 eine Büroeinrichtung, deren Nutzungsdauer 10 Jahre beträgt, für 100.000,00 EUR angeschafft. Buchwert vor dem Jahresabschluss 02: 90.000,00 EUR. Der Betrieb beabsichtigt eine degressive Abschreibung von 20 %.

   Nehmen Sie dazu Stellung. Ermitteln Sie den höchsten steuerrechtlich zulässigen AfA-Betrag.

9. Die Anschaffungskosten für eine Drehbank betrugen im Juli 75.000,00 EUR. Die Nutzungsdauer wird auf 15 Jahre geschätzt. Am Ende des Jahres hofft der Buchhalter, die unterste Wertgrenze der Drehbank mit folgender Buchung zu erreichen: Abschreibungen an Maschinen 22.500,00 EUR.

   Welche Einwendungen wird der Steuerberater erheben? Berichtigen Sie den Wertansatz.

10. Nennen Sie die Voraussetzungen zur Anerkennung als geringwertiges Wirtschaftsgut (GWG).

11. Erklären Sie die buchhalterische Behandlung der GWG.

12. Die Anschaffungskosten einer im Juli dieses Jahres gekauften Maschine betrugen 180.000,00 EUR, die geschätzte Nutzungsdauer 8 Jahre. Berechnen Sie den Buchwert zum 31.12. dieses Jahres nach linearer Abschreibung.

13. Weshalb haben die Finanzbehörden Höchstsätze für die jährliche AfA des Anlagevermögens festgelegt?

14. Warum sind Abschreibungen beim Anlagevermögen notwendig? Begründung.

15. Wodurch unterscheiden sich degressive und lineare Abschreibung?

16. Erläutern Sie, warum normalerweise Abschreibungen gemacht werden.

7.5   Verkauf von gebrauchten Anlagegütern

Stofftelegramm

Fall 1: Verkauf zum Buchwert

Verkauf einer gebrauchten Maschine, Buchwert **10.000,00** EUR, für **10.000,00** EUR + 19 % USt.

Buchungssatz:	240	Forderungen	11.900,00	an	5461	Erlöse AV	10.000,00
				an	480	Umsatzsteuer	1.900,00
	5461	Erlöse AV	10.000,00	an	07	Maschinen	10.000,00

Fall 2: Verkauf über Buchwert

Verkauf einer gebrauchten Maschine, Buchwert **10.000,00** EUR, für **12.000,00** EUR + 19 % USt.

Buchungssatz:	240	Forderungen	14.280,00	an	5461	Erlöse AV	12.000,00
				an	480	Umsatzsteuer	2.280,00
	5461	Erlöse AV	12.000,00	an	07	Maschinen	10.000,00
				an	546	Erträge AV	2.000,00

Fall 3: Verkauf unter Buchwert

Verkauf einer gebrauchten Maschine, Buchwert **10.000,00** EUR, für **7.000,00** EUR + 19 % USt.

Buchungssatz:	240	Forderungen	8.330,00	an	6961	Erlöse AV	7.000,00
				an	480	Umsatzsteuer	1.330,00
	6961	Erlöse AV	7.000,00	an	07	Maschinen	10.000,00
	696	Verluste AV	3.000,00				

Fall 4: Kauf Lkw – „Zahlung" mit altem Lkw

Kauf Lkw für 100.000,00 EUR + 19 % USt. Ein alter Lkw (Restbuchwert **25.000,00** EUR) wird für **35.000,00 EUR** + 6.650,00 EUR USt. in Zahlung gegeben. Restzahlung erfolgt durch Bankscheck.

Buchungssatz:	a) 084	Fuhrpark	100.000,00	an	44	Verbindlichkeiten	119.000,00
	260	Vorsteuer	19.000,00				
	b) 44	Verbindlichk.	119.000,00	an	5461	Erlöse AV	35.000,00
				an	480	Umsatzsteuer	6.650,00
	an 280	Bank	77.350,00		✗		
	c) 5461	Erlöse AV	35.000,00	an	084	Fuhrpark	25.000,00
				an	546	Erträge AV	10.000,00

Fall 5: Kauf Lkw – „Zahlung" mit altem Lkw

Kauf Lkw für 100.000,00 EUR + 19 % USt. Ein alter Lkw (Restbuchwert **25.000,00** EUR) wird für **20.000,00 EUR** + 3.800,00 EUR USt. in Zahlung gegeben. Restzahlung erfolgt durch Bankscheck.

Buchungssatz:	b) 44	Verbindlichk.	119.000,00	an	6961	Erlöse AV	20.000,00
				an	480	Umsatzsteuer	3.800,00
(wie Fall 4!)				an	280	Bank	95.200,00
	6961	Erlöse AV	20.000,00	an	084	Fuhrpark	25.000,00
	696	Verluste AV	5.000,00				

Aufgaben

1. Kauf eines Firmenwagens:

Listenpreis	65.000,00 EUR
– 10 % Rabatt	6.500,00 EUR
	58.500,00 EUR
+ Überführungskosten	700,00 EUR
	59.200,00 EUR
+ 19 % USt.	11.248,00 EUR
Rechnungsbetrag	70.448,00 EUR

Das Autohaus nimmt ein gebrauchtes Auto mit 11.900,00 EUR (einschließlich 19 % USt.) in Zahlung.

Buchwert: 8.000,00 EUR.

Den Restbetrag begleichen wir mit Banküberweisung.

2.

Kauf eines Pkw netto	55.000,00 EUR
+ Überführungskosten	800,00 EUR
+ 19 % USt.	10.602,00 EUR
	66.402,00 EUR

Wir geben einen gebrauchten Pkw (Buchwert 8.000,00 EUR) in Zahlung für 11.900,00 EUR (einschließl. 19 % USt.). Restzahlung durch Banküberweisung.

3. Wir kaufen einen neuen Gabelstapler auf Ziel zum Preis von 56.000,00 EUR + 19 % USt. Der alte Stapler hat einen Restbuchwert von 10.800,00 EUR und wird für 13.500,00 EUR in Zahlung genommen. Die Restzahlung erfolgt durch Bankuberweisung.

4. a) Für die Produktion wird eine Hobelmaschine mit folgender Eingangsrechnung geliefert und vom Lieferanten installiert:

Hobelmaschine	24.800,00 EUR
Installationskosten	2.200,00 EUR
	27.000,00 EUR
+ 19 % USt.	5.130,00 EUR
	32.130,00 EUR

b) Rechnungsausgleich:

(1) Die alte Hobelbank mit einem Buchwert von 1.500,00 EUR wird für 2.000,00 EUR (netto) in Zahlung gegeben.

(2) Überweisung des Restbetrages vom Postgirokonto.

5. a) Rechnung der Firma Fritz:

Audi A6 „Globus"	48.000,00 EUR
mit Lendenwirbelstütze	165,00 EUR
Klimaanlage	3.105,00 EUR
	51.270,00 EUR
zuzüglich Umsatzsteuer 19 %	9.741,30 EUR
	61.011,30 EUR

Im Rahmen der Anschaffung fallen weitere Kosten für Überführung, Zulassung und Schilder in Höhe von 685,00 EUR (zuzüglich 19 % USt. = 130,15 EUR) an. Dieser Betrag wurde mit Bankscheck beglichen.

Für die Versicherung des Neufahrzeuges liegt ein Überweisungsauftrag über 263,80 EUR vor.

Buchen Sie den Sachverhalt.

b) Laut Aktennotiz der Firmenleitung wird bei Rechnungsausgleich in Absprache mit dem Autohaus ein Altfahrzeug (Buchwert 14.400,00 EUR) für 16.500,00 EUR zuzüglich 19 % USt. in Zahlung gegeben.

7.6   Bewertung von Vorräten

Stofftelegramm

Roh-, Hilfs- und Betriebsstoffe, Fremdbauteile, Handelswaren

- **Bewertungsgrundsatz Umlaufvermögen: strenges Niederstwertprinzip** (s. o.)

- **Problem:**   Eine Einzelbewertung gleichartiger Vorräte ist arbeitsaufwendig! Daher erlaubt der Gesetzgeber eine Durchbrechung des Grundsatzes der Einzelbewertung bei gleichartigen Vorräten → best. Bewertungsvereinfachungsverfahren sind zulässig, z. B. gemäß § 240 Abs. 4 HGB: gewogener Durchschnitt

---

Beispiel (Rohstoffe):   Anfangsbestand: 800 kg zu je 7,50 €
Zugang 1:   500 kg zu je 6,30 €   **Wertansatz 31.12.?**
Zugang 2:   900 kg zu je 6,40 €   ↓ ↓ ↓
Endbestand: **700 kg** zu je ??????

Lösung mit gewogenem Durchschnitt:

800 kg zu je 7,50 EUR =	6.000,00 EUR
500 kg zu je 6,30 EUR =	3.150,00 EUR
900 kg zu je 6,40 EUR =	5.760,00 EUR
2 200 kg =	14.910,00 EUR

1 kg (Durchschnittspreis)   **6,78 EUR**

Wertansatz: 700 kg · 6,78 EUR =   **4.746,00 EUR**

Buchungen: (verbrauchsorientierte Buchung)

200 Rohstoffe		600 Restaufwand	
AB 6.000	SB 4.746	3.150	GuV 10.164
	600 1.254	5.760	
6.000	6.000	200 1.254	
		10.164	10.164

Schlussbilanz		GuV	
Rst. 4.746		RstA 10.164	

Annahme: Tagespreis 31.12. < Durchschnittswert → Ansatz des Tagespreises! (Strenges NWP)

Merke:

- Je höher der Schlussbestand angesetzt wird, umso niedriger ist der Rohstoffaufwand und umgekehrt.

- **Bei Preissteigerungen während des ganzen Jahres:**
  → Durchschnittswert < Tagespreis → Durchschnittswert ansetzbar

- **Bei Preissenkungen während des ganzen Jahres:**
  → Durchschnittswert > Tagespreis → Tagespreis ansetzen!

7.7   Bewertung FE/UFE zu Herstellungskosten

Stofftelegramm

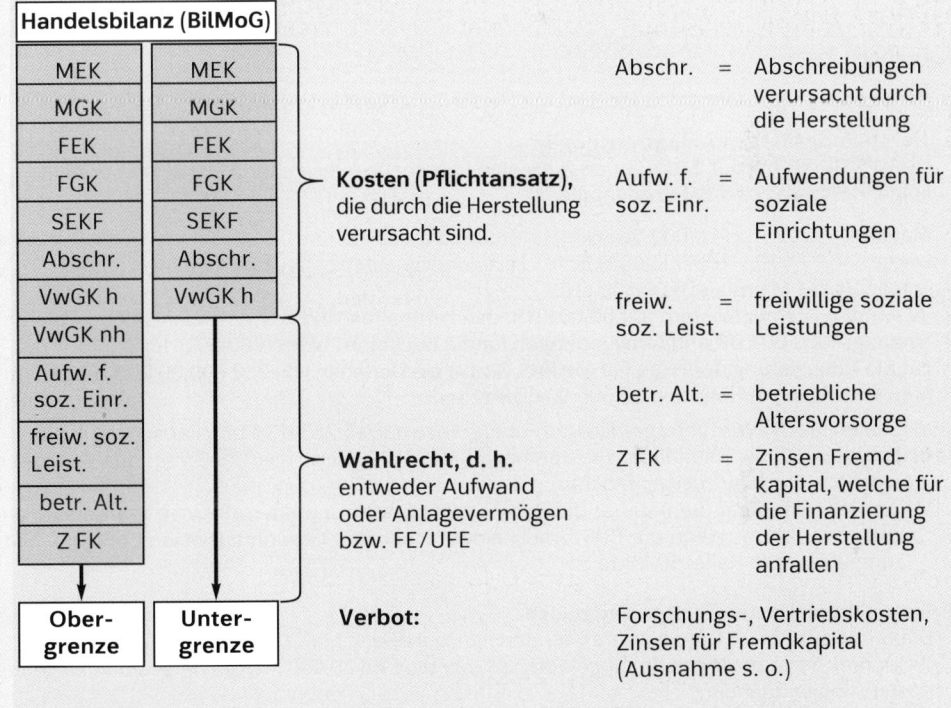

Herstellungskosten in der Handelsbilanz (nach HGB § 255 Abs. 1, 2)

§ 253 Abs. 1 HGB: „Vermögensgegenstände sind höchstens mit den Anschaffungs- oder Herstellungskosten ... anzusetzen."

Die Herstellungskosten spielen eine Rolle bei:
- selbst erstellten Anlagen
- **unfertigen und fertigen Erzeugnissen**

Abkürzungen:

MEK = Materialeinzelkosten
MGK = Materialgemeinkosten
FEK = Fertigungseinzelkosten
FGK = Fertigungsgemeinkosten
SEKF = Sondereinzelkosten der Fertigung
VwGK = Verwaltungsgemeinkosten
nh = **nicht** herstellungsbezogen (allgemeine Verwaltungsgemeinkosten)
h = herstellungsbezogen

Handelsbilanz (BilMoG)

Obergrenze	Untergrenze
MEK	MEK
MGK	MGK
FEK	FEK
FGK	FGK
SEKF	SEKF
Abschr.	Abschr.
VwGK h	VwGK h
VwGK nh	
Aufw. f. soz. Einr.	
freiw. soz. Leist.	
betr. Alt.	
Z FK	

Kosten (Pflichtansatz), die durch die Herstellung verursacht sind.

Wahlrecht, d. h. entweder Aufwand oder Anlagevermögen bzw. FE/UFE

Verbot:

Abschr. = Abschreibungen verursacht durch die Herstellung

Aufw. f. soz. Einr. = Aufwendungen für soziale Einrichtungen

freiw. soz. Leist. = freiwillige soziale Leistungen

betr. Alt. = betriebliche Altersvorsorge

Z FK = Zinsen Fremd-kapital, welche für die Finanzierung der Herstellung anfallen

Forschungs-, Vertriebskosten, Zinsen für Fremdkapital (Ausnahme s. o.)

Hinweis: Bei der Ermittlung der Herstellungskosten ergeben sich eine Ober- und Untergrenze. Beim Wertansatz in der Bilanz ist die Ober- bzw. Untergrenze mit dem Marktpreis zu vergleichen.

Besonderheiten bei der Bewertung von selbst erstellten Anlagen und Fertigerzeugnissen:

Zu den **MGK und FGK** zählen auch folgende Aufwendungen:
- Lagerhaltung, Transport und Prüfung des Fertigungsmaterials
- Vorbereitung und Kontrolle der Fertigung
- Raumkosten, Betriebsleitung, Sachversicherungen usw.

Zu den Kosten der allgemeinen (nicht herstellungsbezogenen) **VwGK** gehören:
- Aufwendungen für Geschäftsleitung
- Aufwendungen für Einkauf und Wareneingang
- Aufwendungen für Personalbüro und Ausbildungswesen
- Aufwendungen für Buchführung, Betriebsabrechnung und Kalkulation

Aufwendungen für **soziale Einrichtungen** sind:
- Aufwendungen für die Kantine und Essenszuschüsse
- Freizeitgestaltungsmöglichkeiten für Arbeitnehmer (z. B. Tennisplätze)

Aufgaben

1. Welche Vermögensgegenstände sind mit Herstellungskosten zu bewerten?

2. **Herstellungskosten Anlagevermögen**
   Die BPS GmbH hat auf ihrem Grundstück eine Lagerhalle mit eigenen Mitarbeitern erstellt. Folgende Kosten sind dabei angefallen:

Material:	250.000,00 EUR	Materialgemeinkosten	25 %
Löhne:	105.000,00 EUR	Fertigungsgemeinkosten inkl. Abschreibungen	87 %

   Transport des Materials: 6.000,00 EUR
   Verwaltungsgemeinkosten: 10.000,00 EUR, darin enthalten sind Kosten für Einkauf und Wareneingang 2.000,00 EUR und Aufwendungen für die Buchführung von 800,00 EUR.
   Für die Finanzierung der Halle hat die BPS GmbH ein Darlehen von 250.000,00 EUR aufgenommen und Zinsen in Höhe von 12.500,00 EUR gezahlt.

   a) Stellen Sie die Wertuntergrenze und -obergrenze nach § 255 HGB tabellarisch dar.
   b) Ermitteln Sie die Herstellungskosten nach § 255 HGB, wenn die BPS GmbH das Vermögen möglichst hoch ausweisen möchte.
   c) Die Halle wurde im September des Jahres fertiggestellt. Ermitteln Sie den Wertansatz am Ende des Jahres, wenn die BPS GmbH einen minimalen Gewinn ausweisen möchte. Nutzungsdauer der Halle: 50 Jahre

3. **Herstellungskosten Fertigerzeugnisse**
   Die BPS GmbH stellt Gummimatten für den Fitnessbereich her. Der Lagerbestand vom 31.12. des Jahres ist zu bewerten. Im abgelaufenen Jahr wurden 20.000 Matten hergestellt. Folgende Kosten sind entstanden:

Material:	30.000,00 EUR	Materialgemeinkosten:	9.000,00 EUR
Fertigungslöhne:	85.000,00 EUR	Fertigungsgemeinkosten:	102.000,00 EUR
SEKF:	3.000,00 EUR	Abschreibungen:	2.700,00 EUR
VwGK:	13.200,00 EUR	VtGK:	15.000,00 EUR
VwGK, davon allg.:	7.400,00 EUR		
Freiwillige soziale Leistungen:	1.500,00 EUR		
Aufwendungen für			
Betriebskindergarten:	3.200,00 EUR		
Betr. Altersvorsorge:	800,00 EUR		

   a) Stellen Sie die Wertuntergrenze und -obergrenze nach § 255 HGB tabellarisch dar.

   b) Ermitteln Sie die Herstellungskosten nach § 255 HGB, wenn die BPS GmbH das Vermögen möglichst hoch ausweisen möchte.

   c) Ermitteln Sie den Wertansatz am Ende des Jahres, wenn die BPS GmbH einen minimalen Gewinn ausweisen möchte.

4. Angenommen, das Unternehmen verzeichnet in diesem Jahr einen außergewöhnlich hohen Gewinn. Wird es bei der Bewertung der unfertigen und fertigen Erzeugnisse die Ober- oder Untergrenze wählen? Begründung.

5. Warum dürfen Vertriebskosten nicht Bestandteil der Herstellungskosten sein?

7.8   Zweifelhafte und uneinbringliche Forderungen

Hinweis: Laut Lehrplan sind lediglich uneinbringliche Einzelforderungen zu behandeln ohne zweifelhafte Forderungen. Aus praktikablen Gründen sind im Folgenden dennoch die zweifelhaften Forderungen einbezogen.

Aufgaben

1. a) Über das Vermögen unseres Kunden Günter Schock wurde am 13.10. das Insolvenzverfahren eröffnet. Unsere Forderung: 9.520,00 EUR (einschließlich 19 % USt.). Buchung?

   b) Am 31.12. erfahren wir, dass das Insolvenzverfahren mangels Masse abgelehnt wurde. Buchung 31.12.?

   c) Statt b: Am 27.12. überweist der Insolvenzverwalter nach Abschluss des Verfahrens 952,00 EUR. Buchung 27.12.?

2. Von einer zweifelhaften Forderung über 8.330,00 EUR (einschließlich 19 % USt.) sind 60 % uneinbringlich geworden. Buchung 31.12.?

3. Von einer zweifelhaften Forderung in Höhe von 4.025,00 EUR werden am 20.10. nach Abschluss des gerichtlichen Vergleichsverfahrens 2.415,00 EUR auf unser Bankkonto überwiesen. Wie lautet die Buchung am 20.10.?

4. Ein Insolvenzverfahren wurde im Vorjahr mangels Masse eingestellt. Wider Erwarten werden uns dieses Jahr 2.380,00 EUR einschließlich 19 % USt. überwiesen. Buchen Sie den Zahlungseingang.

5. Nennen Sie drei Vorfälle, die den Buchhalter veranlassen, eine Forderung auf das Konto „zweifelhafte Forderungen" umzubuchen.

6. In welche drei Arten lassen sich Forderungen hinsichtlich ihrer Bonität einteilen?

7. Nennen Sie drei Vorfälle, die zu einer uneinbringlichen Forderung führen.

8. Wie werden a) zweifelhafte, b) uneinbringliche Forderungen buchhalterisch behandelt?

9. Führt die Abschreibung einer uneinbringlichen Forderung zu einer Vorsteuer- oder Umsatzsteuerberichtigung? Begründung.

10. Eine zweifelhafte Forderung in Höhe von 26.180,00 EUR ist endgültig uneinbringlich.

11. Ein Kunde beantragt Eröffnung des Insolvenzverfahrens. Forderung: 46.000,00 EUR.

12. Bilden Sie für nachfolgende Geschäftsvorfälle die Buchungssätze.

     a) Unser Kunde Lustig hat am 24.01.2007 das amtliche Insolvenzverfahren beantragt. Unsere Forderung beläuft sich auf 6.300,00 EUR inkl. 19 % USt.

     b) Nach Abschluss des Verfahrens im November 2007 werden 3.780,00 EUR auf unserem Bankkonto gutgeschrieben.

7.9   Rückstellungen

Stofftelegramm

Rückstellungen	= **Verbindlichkeiten**, deren **Höhe oder Fälligkeit ungewiss** ist → **Schätzungen** notwendig
Rückstellungen für: (§ 249 HGB)	• ungewisse Verbindlichkeiten • unterlassene Instandhaltungsaufwendungen (best. Voraussetzungen) • Gewährleistungen (best. Voraussetzungen)

Bildung einer Rückstellung:	Aufwandskonto	an 39 Rückstellungen

Auflösung der Rückstellung:		
a) Ertragsfall (Rückstellung > Zahlung):	39 Rückstellungen	an 280 Bank an 5480 Erträge
b) Aufwandsfall (Rückstellung < Zahlung):	39 Rückstellungen entsprechendes Aufwandskonto	an 280 Bank

Aufgaben

1. Bei einem laufenden Rechtsstreit mit einem Kunden rechnen wir mit Verfahrenskosten in Höhe von 2.000,00 EUR. Buchung?

2. Aufgrund einer Betriebsprüfung müssen wir mit Gewerbesteuernachzahlungen für das vergangene Jahr rechnen. Geschätzter Betrag: 8.000,00 EUR.

     a) Buchung zum 31.12. vergangenen Jahres?

     b) Buchung dieses Jahr: Wir haben richtig geschätzt und überweisen   8.000,00 EUR

     c) Buchung dieses Jahr: Wir haben zu hoch geschätzt und überweisen nur   6.000,00 EUR

     d) Buchung dieses Jahr: Wir haben zu niedrig geschätzt und überweisen   9.000,00 EUR

3. Erklären Sie den Begriff „Rückstellungen" allgemein.

4. In welchen Fällen müssen Rückstellungen gebildet werden?

5. Erklären Sie die Erfolgswirksamkeit der Rückstellungsbildung.

6. Inwiefern unterscheiden sich Rückstellungen von Rücklagen?

7. Welchem Zweck dienen Rückstellungen?

Angaben zum Abschluss am 31.12.:

8.   Dringend notwendige Maschinenreparaturen können erst im Januar durchgeführt werden. Voraussichtliche Kosten ca. 9.000,00 EUR netto.

9.   Wir rechnen mit einer Gewerbesteuernachzahlung über 9.000,00 EUR.

10. Wir rechnen für einen laufenden Prozess mit voraussichtlichen Gerichtskosten in Höhe von 4.500,00 EUR.

11. Die Reparaturarbeiten an der Werkstattbelüftung sind noch nicht abgeschlossen. Der Kostenvoranschlag lautet auf 1.400,00 EUR + 19 % USt. Bilden Sie die entsprechende Rückstellung.

12. Es werden Rückstellungen für Gewährleistungsansprüche in Höhe von 8.500,00 EUR gebildet.

13. a) Am Geschäftsgebäude der Ulrich-Riese OHG wurden im September 2008 bauliche Mängel festgestellt, die Mitte Oktober repariert wurden. Aufgrund des Kostenvoranschlages in Höhe von 15.000,00 EUR zuzüglich 19 % USt. wurde im Geschäftsjahr 07/08 eine Rückstellung gebildet. Wie lautete der Buchungssatz für diese Rückstellung am 30.09.2008 (= Geschäftsjahresende)?

     b) Die tatsächlichen Kosten der Reparatur beliefen sich auf 15.500,00 EUR zuzüglich 19 % USt. Buchen Sie die Bezahlung der Rechnung per Banküberweisung im November 2008.

7.10   Bilanzaufbereitung und Bilanzanalyse

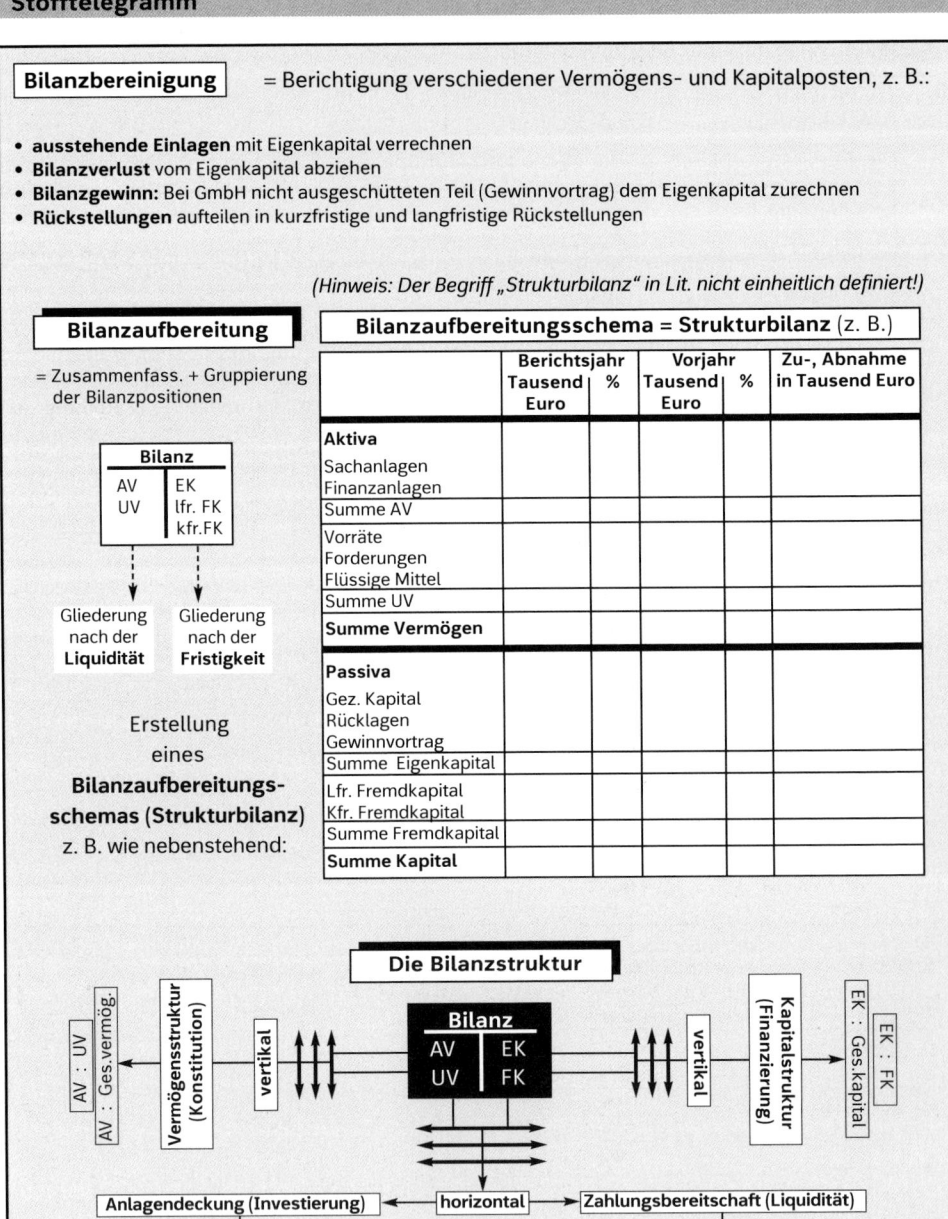

| Bilanzbereinigung | = Berichtigung verschiedener Vermögens- und Kapitalposten, z. B.: |

- **ausstehende Einlagen** mit Eigenkapital verrechnen
- **Bilanzverlust** vom Eigenkapital abziehen
- **Bilanzgewinn:** Bei GmbH nicht ausgeschütteten Teil (Gewinnvortrag) dem Eigenkapital zurechnen
- **Rückstellungen** aufteilen in kurzfristige und langfristige Rückstellungen

(Hinweis: Der Begriff „Strukturbilanz" in Lit. nicht einheitlich definiert!)

| Bilanzaufbereitung |

= Zusammenfass. + Gruppierung
der Bilanzpositionen

Bilanz

AV	EK
UV	lfr. FK
	kfr.FK

Gliederung nach der **Liquidität**   Gliederung nach der **Fristigkeit**

Erstellung
eines
**Bilanzaufbereitungs-
schemas (Strukturbilanz)**
z. B. wie nebenstehend:

Bilanzaufbereitungsschema = Strukturbilanz (z. B.)

	Berichtsjahr Tausend Euro	%	Vorjahr Tausend Euro	%	Zu-, Abnahme in Tausend Euro
Aktiva					
Sachanlagen					
Finanzanlagen					
Summe AV					
Vorräte					
Forderungen					
Flüssige Mittel					
Summe UV					
Summe Vermögen					
Passiva					
Gez. Kapital					
Rücklagen					
Gewinnvortrag					
Summe Eigenkapital					
Lfr. Fremdkapital					
Kfr. Fremdkapital					
Summe Fremdkapital					
Summe Kapital					

Die Bilanzstruktur

AV : UV
AV :: Ges.vermög.
Vermögensstruktur (Konstitution)
vertikal

Bilanz
| AV | EK |
| UV | FK |

vertikal
Kapitalstruktur (Finanzierung)
EK :: Ges.kapital
EK : FK

Anlagendeckung (Investierung) ← horizontal → **Zahlungsbereitschaft (Liquidität)**
EK : AV   UV : FK

Bilanzkennzahlen

Hinweis: Verschuldungsgrad, Fremdkapitalquote und Anlageintensität werden im Lehrplan nicht mehr erwähnt.

Finanzierung (Kapitalstruktur)

Grad der finanziellen Unabhängigkeit (Eigenkap.quote) $= \dfrac{EK \cdot 100}{Gesamtkapital}$

Fremdkapitalquote $= \dfrac{FK \cdot 100}{Gesamtkapital}$

Verschuldungsgrad (Verschuldungskoeffizient) $= \dfrac{FK \, (\cdot \, 100)}{Eigenkapital}$

Anmerkung: Je höher das EK, umso besser.

Vorteile eines hohen EK:
- große Haftsumme, hohe Kreditwürdigkeit
- Unabhängigkeit von Gläubigern
- Sicherheit in Krisenzeiten
- geringe Zins- + Tilgungsbelastung

Konstitution (Vermögensstruktur)

Anlageintensität (-quote) $= \dfrac{AV \cdot 100}{Gesamtvermögen}$

Anmerkung:

Probleme eines hohen AV:

- hohe Fixkosten (Zwang zur Vollbeschäftigung)
- verminderte Anpassungsfähigkeit an Konjunkturschwankungen/Absatzrückgänge (unflexibel!)

Investierung (Anlagendeckung)

Deckungsgrad II $= \dfrac{(Eigenkapital + langfristiges \ Fremdkapital) \cdot 100}{Anlagevermögen}$

Anmerkung: Fristen zwischen Vermögen und Kapital sollten sich entsprechen. Das AV und der eiserne Bestand müssen mit EK + langfristigem Fremdkapital finanziert sein (**Goldene Bilanzregel**). Deckungsgrad **II** muss mindestens 100 % betragen!

Liquidität (Zahlungsbereitschaft)

Liquidität 2. Grades (einzugsbedingte Liquidität) $= \dfrac{(flüssige \ Mittel + Forderungen) \cdot 100}{kfr. \ Verbindlichkeiten}$

Anmerkung:
- flüssige Mittel = Bank + Kasse
- Kfr. Verb.: inkl. kurzfr. Rückstellungen und Dividende

Kritik:
- Vergangenheitszahlen (Bilanzstichtag weit zurückliegend)
- wichtige weitere Daten fehlen (Fälligkeiten, Kreditzusagen)
- leicht manipulierbar (Transaktionen am Bilanzstichtag!)

Geforderter Mindestwert:

Liquidität 2. Grades: 100 %

Rentabilitätskennziffern

Eigenkapitalrentabilität $= \dfrac{Reingewinn \cdot 100}{durchschnittliches \ Eigenkapital}$

Gesamtkapitalrentabilität $= \dfrac{(Reingewinn + Zinsaufwendungen) \cdot 100}{durchschnittliches \ Gesamtkapital}$

Umsatzrentabilität $= \dfrac{Reingewinn \cdot 100}{Umsatzerlöse}$

Hinweise:
- *durchschnittliches EK = (EK am Jahresanfang + EK am Jahresende laut Strukturbilanz) : 2*
- *durchschnittliches Gesamtkapital = (GK Jahresanfang + GK Jahresende laut Strukturbilanz) : 2*
- *Die Kennzahl „Return on Investment" (ROI) wird häufig mit der Gesamtkapitalrentabilität gleichgesetzt.*

Cashflow-Analyse

Cashflow = Jahresüberschuss + Abschreibungen auf Anlagen + Zuführung zu lfr. Rückstellungen

Cashflow = augenblicklich **verfügbarer Betrag für** Dividendenzahlungen, Investitionen, Schuldtilgung ...

Cashflow = **Maßstab** für Ertragskraft, Selbstfinanzierungskraft, Kreditwürdigkeit, Expansionsfähigkeit

---

Aufgaben

1. Reingewinn: 100.000,00 EUR   a) Eigenkapitalrentabilität?
   Eigenkapital: 5.000.000,00 EUR   b) Gesamtkapitalrentabilität?
   Fremdkapitalzinsen: 500.000,00 EUR
   Fremdkapital: 7.000.000,00 EUR

2. Die Bilanz eines Industriebetriebes weist folgende Zahlen aus:

Aktiva		Bilanz	Passiva
Sachanlagen	660.000,00	Eigenkapital	460.000,00
Finanzanlagen	60.000,00	Langfristiges Fremdkapital	320.000,00
Roh-, Hilfs- und Betriebsstoffe	210.000,00	Kurzfristiges Fremdkapital	190.000,00
Forderungen	84.000,00	Langfristige Rückstellungen	101.000,00
Bank, Kasse	57.000,00		
	1.071.000,00		1.071.000,00

Ermitteln und beurteilen Sie den Deckungsgrad II, den Grad der finanziellen Unabhängigkeit, den Verschuldungsgrad, die einzugsbedingte Liquidität.

3. Erklären und begründen Sie den Begriff der Fristenparallelität.

4. a) Was versteht man unter optimalem Verschuldungsgrad? (Traditionelle und moderne Formulierung)
   b) Warum kann man keine allgemeine Aussage über den optimalen Verschuldungsgrad machen?

5. Welche Bedeutung hat generell die Höhe des Eigenkapitals?

6. Beurteilen Sie folgende Liquiditätskennziffer eines Unternehmens:

   Liquidität II (einzugsbedingte Liquidität) = 190 %

7. Inwiefern können Liquiditätskennziffern kritisiert werden?

8. Anlagenintensität der Unternehmen A: 30 %
   Anlagenintensität der Unternehmen B: 70 %

   Welche Nachteile hat Unternehmen B im Vergleich zu Unternehmen A?

9. Der Grad der finanziellen Unabhängigkeit ist bei einem Unternehmen innerhalb eines Jahres von 10 % auf 30 % gestiegen.

   a) Nennen Sie mögliche Ursachen dieser Entwicklung.
   b) Beurteilen Sie die obigen Prozentzahlen.

10. Handelt es sich bei der Formel zur Ermittlung des Deckungsgrades um eine Formel der horizontalen oder vertikalen Bilanzstruktur?

11. Beurteilen Sie folgende zwei Unternehmen mit folgenden Deckungsgraden:

Unternehmen A:	Deckungsgrad II = 100 %
Unternehmen B:	Deckungsgrad II = 170 %

12. a) Was versteht man unter Cashflow?
    b) Welche Aussagekraft hat der Cashflow?

13. Die Ulbrich-Riese OHG erwägt eine Beteiligung an der Weisser GmbH. Sie sind in dem verantwortlichen Projektteam und sollen die Jahresabschlussdaten der Weisser GmbH untersuchen und ein Votum gegenüber der Geschäftsleitung abgeben.

Ihnen wurde folgende Teilaufgabe zugeteilt:
Analyse von Anlagendeckungsgrad II, Eigenkapitalquote und Liquidität 2. Grades.

a) Berechnen Sie die Kennzahlen jeweils für die vorherigen Jahre und das aktuelle Jahr und interpretieren Sie diese ausführlich. Gehen Sie dabei auch auf mögliche Gründe für die Änderungen ein.

b) Die Ulbrich-Riese OHG will mit ihren Anlagen mindestens 15 % Eigenkapitalrendite erwirtschaften. Aus der Gewinn- und Verlustrechnung der Weisser GmbH ergibt sich ein Gewinn in Höhe von 96.000,00 EUR für das aktuelle Geschäftsjahr.

Ist die Weisser GmbH diesbezüglich als Beteiligung für die Ulbrich-Riese OHG geeignet?

Strukturbilanz der Weisser GmbH
Werte in Euro

	Vorheriges Jahr	Aktuelles Jahr		Vorheriges Jahr	Aktuelles Jahr
Anlagevermögen			**Eigenkapital**	427.000,00	840.000,00
Grundstücke	1.500.000,00	1.600.000,00			
Techn. Anlagen	400.000,00	600.000,00	**Fremdkapital**		
			Verbindlichkeiten geg. Kreditinstituten, über ein Jahr		
Umlaufvermögen			Laufzeit	900.000,00	950.000,00
Rohstoffe	150.000,00	100.000,00			
Forderungen aus Lieferungen			Verbindlichkeiten geg. Kredit-		
und Leistungen	100.000,00	170.000,00	instituten, Laufzeit unter einem Jahr	700.000,00	500.000,00
Bankguthaben	20.000,00	7.000,00			
			Verbindlichkeiten aus Lieferungen und Leistungen	143.000,00	187.000,00
	2.170.000,00	2.477.000,00		2.170.000,00	2.477.000,00

7.11 Prüfungsaufgaben

Prüfungsaufgaben Winter 2012/2013 (Aufgabe 2)

2.1 Am 08.06.2011 geht die Rechnung der IKT GmbH ein (**Anlage 3**). Sie führen die notwendigen Buchungen bei Rechnungseingang und bei Zahlung per Überweisung am 13.06.2011 durch.

2.2 Die Unternehmensleitung plant die Erneuerung des Fuhrparks. Im Zuge dieser Maßnahme wurde am 04.10.2011 das Firmenfahrzeug VW Passat SFU-1096 an die ATB Auto GmbH verkauft. Der Bruttoverkaufserlös betrug 13.090,00 EUR. Dieser Betrag wurde am 25.10.2011 auf unserem Bankkonto gutgeschrieben. Sie nehmen die Buchungen beim Verkauf, beim Zahlungseingang und beim Jahresabschluss vor (**Anlage 4**).

2.3 Im Zuge der Jahresabschlussarbeiten ist der Wert der in 2.1 gekauften Maschine festzustellen. Die Nutzungsdauer beträgt 13 Jahre. Sie ermitteln den Buchwert zum Ende des Geschäftsjahres und buchen die lineare Abschreibung.

2.4 Im Vorfeld der Gesellschafterversammlung der FUN KG werden Sie damit beauftragt, den Bericht des Abteilungsleiters vorzubereiten. Dazu legt Ihnen die Abteilungsleitung die aufbereitete Bilanz vor (**Anlage 5**). Sie erhalten zusätzlich die Informationen, dass der Jahresüberschuss in beiden Jahren 2.500.000,00 EUR betrug und das Eigenkapital im Jahr 2009 eine Höhe von 27,5 Mio. EUR hatte. Berechnen Sie für die Geschäftsjahre 2010 und 2011 die folgenden Kennzahlen (Rundung auf eine Dezimalstelle) und erläutern Sie jeweils deren Bedeutung:

- Eigenkapitalquote
- Liquiditätsgrad II
- Anlagendeckungsgrad II
- Eigenkapitalrentabilität

Erstellen Sie aufgrund Ihrer Daten eine Beurteilung der Unternehmensentwicklung. Schlagen Sie zwei konkrete Maßnahmen vor, um den Liquiditätsgrad II zu verbessern.

Anlage 3

Interplast Kunststoff Technologien GmbH

IKT GmbH, Bodenseestr. 1, 78224 Singen

Rechnung

Fun KG
Daimlerstr. 50 – 52
70372 Stuttgart

Kundennummer:	14567
Lieferschein-Nr.:	76876
Rechnungs-Nr.:	98798
Auftrags-Nr.:	65765

Ihre Zeichen,	Ihre Nachricht vom	Unsere Zeichen, unsere Nachricht vom	Telefon	Datum
		la-mo	07731 9258-0	07.06.2011

Sehr geehrte Damen und Herren,

vielen Dank für Ihren Auftrag. Die Maschine wurde gemäß Kundenwunsch geliefert und montiert.

Nr.	Beschreibung	Menge	Einheit	VK-Preis	Rabatt	Betrag
1	Spritzgussmaschine Typ ZXM 2020 Durchsatzleistung 1.000 kg/Std. inkl. Montage	1	Stück	900.000,00 EUR	10 %	810.000,00 EUR
2	Fundament setzen					30.000,00 EUR
					Summe (netto)	**840.000,00 EUR**
					USt. 19 %	159.600,00 EUR
					Summe (brutto)	**999.600,00 EUR**

Zahlungsbedingungen:

7 Tage 2 % Skonto auf den Nettoverkaufspreis der Spritzgussmaschine; 30 Tage netto

Mit freundlichem Gruß

Interplast Kunststoff Technologien GmbH

C. Laub

i. A. Christian Laub

IKT GmbH	Kontakt	Bankverbindung
Bodenseestr. 1	Tel: +49 7731 9258-0	Bank: Sparkasse
78224 Singen	Fax: +49 7731 9258-10	Bankort: Singen
Geschäftsführer: Andreas Heim	E-Mail: info@ikt.de	BLZ: 692 500 35
Amtsgericht Singen HRB 23 45	Internet: www.ikt.de	Konto-Nr.: 235 789 543
USt-IdNr.: DE 236 615 689		

Anlage 4

Anlagekarte			
Bezeichnung:	VW Passat SFU-1096	Inventar-Nr.:	27543
Hersteller:	VW AG	Nutzungsdauer	
Baujahr:	2007	In Jahren:	6
Herstellkosten:		Abschreibungs-	
Rechnung:	25897/15.01.2007	methode:	linear
Anschaffungskosten:	48.000,00 EUR		
Tag der Anschaffung:	15.01.2007		

Bilanzstichtag	Abschreibung	Buchwert	Bemerkung
31.12.2007	8.000,00 EUR	40.000,00 EUR	
31.12.2008	8.000,00 EUR	32.000,00 EUR	
31.12.2009	8.000,00 EUR	24.000,00 EUR	
31.12.2010	8.000,00 EUR	16.000,00 EUR	
04.10.2011	**Restbuchwert:**	**10.000,00 EUR**	**Verkauf**

Anlage 5

FUN KG

Aktiva   **Aufbereitete Bilanz zum 31.12.2011 (in Mio. Euro)**   **Passiva**

	2011	2010		2011	2010
A. Anlagevermögen			**A. Eigenkapital**	28,35	27,72
1. Grundstücke und Bauten	30,90	28,48	**B. Verbindlichkeiten**		
2. Maschinen	8,00	7,00	1. langfristige Verbindlichkeiten	17,00	12,41
3. Fuhrpark	4,00	3,00	2. kurzfristige Verbindlichkeiten	5,00	4,75
B. Umlaufvermögen					
1. Roh-, Hilfs- und Betriebsstoffe	4,95	4,00			
2. Unfertige Erzeugnisse	0,50	0,40			
3. Fertige Erzeugnisse	0,30	0,20			
4. Forderungen a. LL.	0,80	0,70			
5. Bank	0,80	1,00			
6. Kasse	0,10	0,10			
	50,35	**44,88**		**50,35**	**44,88**

Prüfungsaufgaben Sommer 2013 (Aufgabe 2)

Die LaSo GmbH hat für den Jahresabschluss 2012 die vorläufige GuV-Rechnung erstellt. Für den endgültigen Jahresabschluss zum 31.12.2012 sind noch die folgenden Geschäftsvorgänge von Ihnen zu bearbeiten.

Führen Sie die folgenden Abschlussarbeiten durch:

2.1   Berechnen Sie den Bilanzansatz für den Hilfsstoff Kunststoffscheibe, Artikelnummer 200052, nach dem gewogenen Durchschnittsverfahren (**Anlage 5**). Begründen Sie den Bilanzansatz, wenn am 31.12.2012 der Tageswert 0,54 EUR/Stück beträgt.

2.2   Ermitteln Sie die Umsatzerlöse zum 31.12.2012 (**Anlage 6**) und beachten Sie dabei die folgenden noch nicht berücksichtigten Angaben:

Ausgangsrechnung 35796 vom 30.12.2012:
Rechnungsbetrag inkl. 19 % Umsatzsteuer: 14.875,00 EUR.

Zahlungseingang zur Ausgangsrechnung 35161; Rechnungsbetrag: 29.750,00 EUR; Überweisungsbetrag: 28.857,50 EUR.

30.12.2012: Der Kunde Müller OHG erhielt eine Gutschrift über 3.500,00 EUR netto.

2.3   Die LaSo GmbH verkauft am 15.12.2012 einen gebrauchten Lkw für 14.000,00 EUR zuzüglich 19 % Umsatzsteuer auf Ziel. Der Vorgang wurde bisher nicht gebucht. Der Restbuchwert am 01.01.2012 betrug 30.000,00 EUR, jährlicher Abschreibungsbetrag: 12.000,00 EUR. Nehmen Sie alle erforderlichen Buchungen vor.

2.4   Für Renovierungsarbeiten der Büroräume liegt ein Kostenvoranschlag über 18.000,00 EUR zuzüglich 19 % Umsatzsteuer vor. Die Arbeiten werden erst Anfang Januar 2013 ausgeführt. Bilden Sie für diese Maßnahme eine Rückstellung.

2.5   Der Insolvenzverwalter unseres Kunden Schmied KG teilt uns am 20.12.2012 mit, dass das Insolvenzverfahren abgeschlossen ist. Unsere Forderung über 26.180,00 EUR inkl. 19 % Umsatzsteuer ist komplett uneinbringlich.

2.6   Für einen Prozess wurde am Ende des Geschäftsjahres 2011 eine Rückstellung in Höhe von 14.000,00 EUR gebildet. Nach Abschluss des Verfahrens im Dezember 2012 wurden Prozesskosten in Höhe von 12.500,00 EUR überwiesen.

2.7   Ermitteln Sie auf Grundlage der Umsatzsteuerkonten (**Anlage 7**) die Zahllast und formulieren Sie die Abschlussbuchungssätze.

Anlage 5

Lagerkarte			
Artikel	Bezeichnung	Einheitscode	
200052	Kunststoff-scheibe	Stück	Teileart: Hilfsstoff
Bestellverfahren: Bestellpunktverfahren			

Jahr: 2012	Einkauf in Stück	Preis in Euro je Stück	Entnahme in Stück	Bestand in Stück	Wert in Euro
01.01.2012		0,50		1.480 74()	
15.02.2012			250		
15.03.2012			1.200		
18.03 2012	3.000	0,53 1590			
25.07.2012			800		
15.15.2012			1.250		
25.11.2012	2.000	0,55 1100			
31.12.2012				2980	1.579,40

5.000   0,53

10.130

Anlage 6

S	5000 Umsatzerlöse	H
	Summe 218.664,00 EUR	

S	5001 Rücksendungen + Gutschriften	H
Summe 13.412,00 EUR		

S	5002 Kundenskonto	H
Summe 8.540,00 EUR		

Anlage 7

S	2600 Vorsteuer		H
Summe	19.580,00	Beleg 799	47,50
Beleg 899	1.580,00	Beleg 899	149,00
Beleg 893	2.986,50		

S	4800 Umsatzsteuer		H
Beleg 750	85,00	Summe	85.490,50
Beleg 784	195,50	Beleg 785	5.860,00
		Beleg 844	1.590,00

Prüfungsaufgaben Winter 2013/2014 (Aufgabe 2)

Um die Erstellung der Schlussbilanz der Piller OHG zum 31.12.2013 vorzubereiten, werden bereits jetzt verschiedene Bilanzpositionen einer Bewertung unterzogen.

2.1   Am 20.09.2013 wurde ein neues Transportfahrzeug gekauft und vom Händler zugelassen (**Anlage 4**). Für die Kfz-Steuer in Höhe von 200,00 EUR und für die Kfz-Versicherung in Höhe von 600,00 EUR liegen offene Rechnungen vor. Das Fahrzeug hat eine voraussichtliche Nutzungsdauer von acht Jahren. Für Gebühren, Versicherungen und Steuern fällt keine Umsatzsteuer an.

2.1.1   Sie werden von Ihrem Abteilungsleiter aufgefordert, in einer übersichtlichen Darstellung die vorläufigen Anschaffungskosten des Fahrzeugs zu ermitteln und anschließend den gesamten Sachverhalt zu buchen. Darüber hinaus nehmen Sie am 27.09. die Buchung der Zahlung des Fahrzeugs unter Abzug des Skontos per Banküberweisung vor (**Anlage 4**).

2.1.2   Außerdem werden Sie von Herrn Bullig aufgefordert, die Anlagekartei (**Anlage 5**) für das Transportfahrzeug um die fehlenden Informationen zu ergänzen und in der Kartei den vorläufigen Abschreibungsplan für die Jahre 2013 und 2014 zu ermitteln.

2.2   Das Debitorenkonto 24009 weist zum 10.10.2013 einen Saldo in Höhe von 36.890,00 EUR aus. Die Piller OHG erfährt, dass das Insolvenzverfahren dieses Debitors mangels Masse eingestellt wurde. Es wird die komplette Uneinbringlichkeit festgestellt. Sie werden beauftragt, die entsprechende Buchung durchzuführen.

2.3 Aus dem RHB-Lager liegen am 04.11.2013 für den Artikel Nr. 459802 „Schließzylinder 45 mm" folgende Informationen vor:

Anfangsbestand:	40 Stück zu je 55,00 EUR
Einkauf am 26.02.2013	30 Stück zu je 60,00 EUR
Verarbeitung am 22.04.2013	50 Stück
Einkauf am 22.07.2013	20 Stück zu je 58,00 EUR
Verarbeitung am 18.10.2013	30 Stück
Einkauf am 28.10.2013	30 Stück zu je 59,00 EUR

Voraussichtlicher Tageswert am 31.12.2013 entsprechend der neuen Preisliste: 60,00 EUR/ Stück

Der Beschaffungs- und Produktionsplan für das restliche Geschäftsjahr sieht keine weiteren Einkäufe und Entnahmen vor, da für die aktuellen Aufträge der Standard-Schließzylinder 40 mm verwendet wird.

Herr Bullig sagt Ihnen, dass die Piller OHG das gewogene Durchschnittsverfahren anwendet. Er fordert Sie auf, den voraussichtlichen Bilanzansatz für die Rohstoffe zum 31.12.2013 zu berechnen und zu begründen.

2.4 Bei einem laufenden Rechtsstreit mit einem Kunden werden voraussichtlich 6.560,00 EUR Gerichtskosten entstehen. Mit der Urteilsverkündung wird im Februar 2014 gerechnet. Ihr Abteilungsleiter fordert Sie auf, die erforderliche Buchung für den 31.12.2013 vorzunehmen.

Anlage 4

TFG Transportfahrzeuge Grunner GmbH

TFG   Rebenweg 40 – 42   74613 Öhringen

Piller OHG
Fenster und Türen
Im Industriegebiet 81 – 89
74613 Öhringen

Rechnungsdatum: 20.09.2013
Rechnungsnummer: 411299
Kundennummer: 347873
Telefon: 07323 299-024/Schmidt

Rechnung

Menge	Artikelnr.	Bezeichnung	Gesamtpreis
1	Sprint V18	Transportfahrzeug	43.000,00 EUR
		abzüglich 5 % Sonderrabatt	2.150,00 EUR
1		Überführungskosten	570,00 EUR
1		eingebauter Werkzeugkasten	2.700,00 EUR
1		Nummernschilder	60,00 EUR
1		Zulassungsgebühr (nicht umsatz-steuerpflichtig)	120,00 EUR
			44.300,00 EUR
Zuzüglich 19 % Umsatzsteuer			8.394,20 EUR

Gesamtbetrag   **52.694,20 EUR**

Zahlungsbedingungen: innerhalb von 10 Tagen unter Abzug von 3 % Skonto auf den Listeneinkaufspreis.

Bankverbindung:
Deutsche Bank
Konto 96 632 217
BLZ 770 555 30

Gerichtsstand Dettingen
Handelsregister HRB 5886
Geschäftsführer
Hans-Peter Gunner

Steuernr. 48 020 05862
USt-IdNr. DE 300 283 691
Finanzamt Öhringen

Anlage 5

Anlagekartei	*Piller OHG* *Fenster und Türen aus Kunststoff*		
Bezeichnung: Transportfahrzeug	Anlagekonto:		
Anschaffungsjahr:	Anschaffungsdatum:		
Anschaffungskosten in Euro:	**Lieferant** Name: Anschrift: Telefon:		
Nutzungsdauer/Jahre: 8 Jahre	Abschreibungsmethode: linear		
Jahr (31.12.)	**AfA-Satz in % p. a.**	**AfA in Euro**	**Restbuchwert in Euro**
2013			
2014			

Prüfungsaufgaben Sommer 2014 (Aufgabe 2)

Sie sind in der Finanzbuchhaltung der HaMo Bike Werke GmbH beschäftigt. Abweichend vom Kalenderjahr hat die HaMo Bike Werke GmbH ihr Geschäftsjahr auf 01.07. bis 30.06. festgelegt.

2.1   Für das laufende Geschäftsjahr 2013/14 müssen noch folgende Geschäftsfälle gebucht werden.

2.1.1   Im April 2014 wurde ein Kleintransporter für die Auslieferung der Kinderfahrräder angeschafft (**Anlage 4**). Buchen Sie den Zugang im April 2014 und die Bezahlung am 28.04.2014.

2.1.2   Für ein Gerichtsverfahren sind in der Bilanz zum 30.06.2013 auf Anweisung der Geschäftsleitung 20.000,00 EUR an Rückstellungen gebildet worden. Der Gerichtstermin fand im März 2014 statt.

Die tatsächlichen Gerichtskosten belaufen sich auf 15.000,00 EUR. Buchen Sie die Auflösung der Rückstellung und die Banküberweisung der Gerichtskosten.

2.1.3   Am Ende des Monats April 2014 stellen sich die Konten Vorsteuer (2600) und Umsatzsteuer (4800) folgendermaßen dar (kumulierte Beträge):

S	2600	H	S	4800	H
290.000,00 EUR		31.000,00 EUR	42.500,00 EUR		589.000,00 EUR

Geben Sie die notwendigen Buchungssätze zum 30.04.2014 sowie zum 10.05.2014 an.

2.2   Zur Vorbereitung der Bilanz zum 30.06.2014 müssen noch folgende Bilanzpositionen bewertet werden.

2.2.1 Der Lagerbestand des Artikels K3345 beträgt 200 Stück. Die Bewertung erfolgt nach dem gewogenen Durchschnittsverfahren (**Anlage 5**). Begründen Sie Ihren Wertansatz.

2.2.2 Am 20.02.2014 wurde eine CNC-Maschine angeschafft. Die Anschaffungskosten betrugen 47.500,00 EUR. Zeigen Sie, wie die Buchung der steuerlich zulässigen Abschreibung zum Geschäftsjahresende am 30.06.2014 lauten muss. Die betriebsgewöhnliche Nutzungsdauer lt. AfA-Tabelle beträgt 10 Jahre. Ermitteln Sie zudem den Bilanzansatz der CNC-Maschine zum 30.06.2014.

2.3   Nach vorläufiger Bewertung aller Bilanzpositionen wird eine Strukturbilanz aufgestellt (**Anlage 6**). In Vorbereitung einer Vorstandssitzung sollen Kennzahlen zur Beurteilung der Unternehmenssituation errechnet und ausgewertet werden. Berechnen Sie nachvollziehbar die Eigenkapitalquote, den Anlagendeckungsgrad II und die Liquidität 2. Grades für beide Geschäftsjahre.

Erstellen Sie ein Informationsblatt für die Vorstandssitzung, in dem Sie auf der Grundlage der ermittelten Kennzahlen die Unternehmenssituation analysieren.

Anlage 4

Nutzfahrzeuge Maier GmbH
Poststr. 4, 70191 Stuttgart

HaMo Bike Werke GmbH
Bergstr. 2
88046 Friedrichshafen

Ihr Zeichen	Ihre Nachricht	Unser Zeichen	Unsere Nachricht vom	Datum
ZI	03.04.2014	SG	05.04.2014	19.04.2014

Rechnung A 37-4

Lfd. Nr.	Bezeichnung	Betrag
01	Kleintransporter	39.500,00
02	Spezialladeraumaufsatz	2.400,00
	Nettobetrag	41.900,00
	19 % USt.	7.961,00
	Rechnungsbetrag	49.861,00

Rechnung zahlbar 30 Tage netto; Skonto 2 % bei Zahlung innerhalb 10 Tagen

Sitz der Gesellschaft: Stuttgart	Geschäftsführer: Hans Maier
Handelsregister HRB 432255	Bankverbindung: Postbank Stuttgart
Poststr. 4	Kto.: 321 987 BLZ: 600 431 00
70191 Stuttgart	USt-IdNr.: DE 123 456 789
Tel. 0711 230-0	Steuer-Nr.: 4 555 533 21567
Fax 0711 231435	

Anlage 5

Artikel K3345	Kinderklingel		
Datum		Menge	Preis/Stück (in Euro)
01.07.	Anfangsbestand	230	1,50
05.11.	Zugang	470	1,30
14.01.	Zugang	100	1,48
29.03.	Zugang	150	1,40
30.06. (Prognose)	Tageswert		1,45

Anlage 6

Aktiva			Strukturbilanz zum 30.06.2014		Passiva
	2014	2013		2014	2013
	in Tausend Euro	in Tausend Euro		in Tausend Euro	in Tausend Euro
Anlagevermögen			**Eigenkapital**		
Sachanlagen	9.500	7.900		6.100	5.450
Finanzanlagen	1.000	1.000			
Umlaufvermögen			**Fremdkapital**		
Vorräte	5.000	6.400	langfristig	7.200	7.400
Forderungen	4.500	4.900	kurzfristig	7.500	8.100
Flüssige Mittel	800	750			
	20.800	20.950		20.800	20.950

Prüfungsaufgaben Winter 2014/2015 (Aufgabe 2)

Zu Ihren Aufgaben in der Finanzbuchhaltung gehört neben der Erfassung von diversen Geschäfts-fällen auch die Vorbereitung des Jahresabschlusses. Der Geschäftsführer der BikesForFun GmbH gibt vor, die Bewertungsspielräume so auszunutzen, dass das Ergebnis möglichst gering ausfällt. Im Rahmen dieser Aufgaben sind Sie für einen Auszubildenden zuständig, den Sie in Ihre Tätig-keiten einbinden.

2.1   In der BikesForFun GmbH wurde ein Arbeitsplatz in der Verwaltung neu eingerichtet. Hier-für wurden verschiedene Vermögensgegenstände neu angeschafft (**Anlagen 4** und **5**).

2.1.1   Begründen Sie unter Beachtung der **Anlagen 6** und **7** jeweils einzeln Ihre Erfassung der angeschafften Vermögensgegenstände. Buchen Sie beide Eingangsrechnungen sowie de-ren Bezahlung am 21.10.2014 durch Banküberweisung.

2.1.2   Der Abteilungsleiter bittet Sie, die Bewertung der angeschafften Vermögensgegenstände zum Geschäftsjahresende vorzubereiten. Zeigen Sie auf, wie die Buchungen für die Abschreibungen lauten, wenn keine weiteren Gegenstände in diesem Jahr angeschafft werden.

2.2   Im Zusammenhang mit den vorbereitenden Jahresabschlussarbeiten ist noch ein Kosten-voranschlag für eine erforderliche Dachreparatur zu berücksichtigen. Die Reparatur soll vereinbarungsgemäß im Januar 2015 erfolgen. Die Höhe der Reparaturkosten wird im Kostenvoranschlag auf 14.280,00 EUR inkl. 19 % Umsatzsteuer beziffert.

Zeigen Sie dem Auszubildenden, welche Buchung zum 31.12.2014 vorzunehmen ist, und erklären Sie, wie sich diese Buchung auf das Unternehmensergebnis 2014 auswirkt.

2.3   Der Auszubildende möchte wissen, wie im neuen Geschäftsjahr zu verfahren ist, wenn der Rechnungsbetrag für die Dachreparatur niedriger ausfallen würde. Zeigen Sie dem Auszubildenden, wie zu buchen ist, wenn der Rechnungsbetrag 14.042,00 EUR inkl. 19 % Umsatzsteuer betragen würde.

Anlage 4

Toni Schreiber KG
Büroeinrichtungen Würzburg

Toni Schreiber, Bahnhofsstraße 14, 97070 Würzburg

BikesForFun GmbH
Heerstraße 151
78628 Rottweil

Bahnhofstr.14
97070 Würzburg
Telefon: 0931/2 34 55 67

Kontoverbindung:
Commerzbank Würzburg
BIC COBADEFF790
IBAN DE41 7904 0047 0995 6780 00

Datum 10.10.2014

Rechnung

Rechn.-Nr. 24507

Art.-Nr.	Artikelbezeichnung	Menge	Einzelpreis	Betrag
3587	Schreibtisch „Chef"	1	980,00	980,00 EUR
3499	Schreibtischstuhl „Basis"	1	149,00	149,00 EUR
		Nettobetrag		1.129,00 EUR
		+ 19 % Umsatzsteuer		214,51 EUR
		Rechnungsbetrag		**1.343,51 EUR**

Lieferung frei Haus

Rechnung zahlbar innerhalb von 30 Tagen rein netto Kasse.

Toni Schreiber KG, Büroeinrichtungen, Würzburg
Amtsgericht Würzburg HRA 1986 – Geschäftsführung: Andrea Neumaier
USt-ldNr.: DE 124 457 888 – Steuernummer: 341 22796

Anlage 5

officeXL.de

alles fürs büro · clever per click

OfficeXL.de, Hanns-Martin-Schleyer-Str. 37, 47877 Willich

BikesForFun GmbH
Heerstraße 151
78628 Rottweil

RECHNUNG
Nr. 77886
(Bei Zahlung bitte angeben)

Kundennummer 122765

Datum: 12.10.2014
Auftragsnr.:   345643
USt-IdNr.:   DE 987 654 765

Pos.	Art.-Nr.	Bezeichnung	Menge / Einheit	E-Preis in Euro	G-Preis in Euro
1	3444	PC „Deluxe" FC120	1 St.	1.050,00	1.050,00

Warenwert in Euro	Versand	Nettowert in Euro	USt. %	USt. in Euro	Rechnungsbetrag in Euro
1.050,00	0,00	1.050,00	19,00	199,50	**1.249,50**

Zahlbar innerhalb 30 Tage rein netto, 10 Tage 2 % Skonto.

Bitte zahlen Sie unter Angabe der Rechnungsnummer.
Lieferung frei Haus.

OfficeXL.de
Zweigniederlassung der ABE GmbH
Hanns-Martin-Schleyer-Str. 37
47877 Willich
Telefon: 02154 88 58 50
E-Mail: info@officexl.de

Geschäftsführer: Jürgen Schäfers
Sitz der Gesellschaft: Krefeld, HRA 4220
Handelsregister Krefeld HRB 123453
Sparkasse Düsseldorf
BIC: DUSSDEDDXXX
IBAN: DE64 3005 0110 1005 6535 46

Anlage 6: Auszug aus der AfA-Tabelle

Fundstelle	Anlagegüter	Nutzungsdauer i. J.
6	**Betriebs- und Geschäftsausstattung**	
6.1	Wirtschaftsgüter der Werkstätten, Labor- und Lagereinrichtungen	14
6.2	Wirtschaftsgüter der Ladeneinrichtungen	8
6.13.1	Fernsprechnebenstellenanlagen	10
6.13.2.2	Mobilfunkendgeräte	5
6.13.3	Textendeinrichtungen (Faxgeräte u. a.)	6
6.14.1	Adressiermaschinen, Kuvertiermaschinen, Frankiermaschinen	8
6.14.3.1	Großrechner	7
6.14.3.2	Workstations, Personal Computer, Notebooks und deren Peripheriegeräte (Drucker, Scanner, Bildschirme u. a.)	3
6.14.4	Foto-, Film-, Video- und Audiogeräte (Fernseher, CD-Player, Recorder, Lautsprecher, Radios, Verstärker, Kameras, Monitore u. a.)	7
6.14.7	Registrierkassen	6
6.14.8	Schreibmaschinen	9
6.14.10	Vervielfältigungsgeräte	7
6.15	Büromöbel	13
6.16	Verkaufstheken	10
6.19.1	Stahlschränke	14
6.19.2	Panzerschränke, Tresore	23

Anlage 7: Auszug aus dem Einkommensteuergesetz (EStG)

§ 6 Bewertung[1]

[...]

(2) Die Anschaffungs- oder Herstellungskosten oder der nach Absatz 1 Nummer 5 bis 6 an deren Stelle tretende Wert von abnutzbaren beweglichen Wirtschaftsgütern des Anlagevermögens, die einer selbständigen Nutzung fähig sind, können im Wirtschaftsjahr der Anschaffung, Herstellung oder Einlage des Wirtschaftsguts oder der Eröffnung des Betriebs

---

[1] *Alte Fassung, seit dem 01.01.2019 liegt eine neue Fassung vor.*

in voller Höhe als Betriebsausgaben abgezogen werden, wenn die Anschaffungs- oder Herstellungskosten, vermindert um einen darin enthaltenen Vorsteuerbetrag (§ 9b Absatz 1), oder der nach Absatz 1 Nummer 5 bis 6 an deren Stelle tretende Wert für das einzelne Wirtschaftsgut 410,00 Euro nicht übersteigen. Ein Wirtschaftsgut ist einer selbständigen Nutzung nicht fähig, wenn es nach seiner betrieblichen Zweckbestimmung nur zusammen mit anderen Wirtschaftsgütern des Anlagevermögens genutzt werden kann und die in den Nutzungszusammenhang eingefügten Wirtschaftsgüter technisch aufeinander abgestimmt sind. Das gilt auch, wenn das Wirtschaftsgut aus dem betrieblichen Nutzungszusammenhang gelöst und in einen anderen betrieblichen Nutzungszusammenhang eingefügt werden kann. Wirtschaftsgüter im Sinne des Satzes 1, deren Wert 150,00 Euro übersteigt, sind unter Angabe des Tages der Anschaffung, Herstellung oder Einlage des Wirtschaftsguts oder der Eröffnung des Betriebs und der Anschaffungs- oder Herstellungskosten oder des nach Absatz 1 Nummer 5 bis 6 an deren Stelle tretenden Werts in ein besonderes, laufend zu führendes Verzeichnis aufzunehmen. Das Verzeichnis braucht nicht geführt zu werden, wenn diese Angaben aus der Buchführung ersichtlich sind.

(2a) Abweichend von Absatz 2 Satz 1 kann für die abnutzbaren beweglichen Wirtschaftsgüter des Anlagevermögens, die einer selbständigen Nutzung fähig sind, im Wirtschaftsjahr der Anschaffung, Herstellung oder Einlage des Wirtschaftsguts oder der Eröffnung des Betriebs ein Sammelposten gebildet werden, wenn die Anschaffungs- oder Herstellungskosten, vermindert um einen darin enthaltenen Vorsteuerbetrag (§ 9b Absatz 1), oder der nach Absatz 1 Nummer 5 bis 6 an deren Stelle tretende Wert für das einzelne Wirtschaftsgut 150,00 Euro, aber nicht 1.000,00 Euro übersteigen. Der Sammelposten ist im Wirtschaftsjahr der Bildung und den folgenden vier Wirtschaftsjahren mit jeweils einem Fünftel gewinnmindernd aufzulösen. Scheidet ein Wirtschaftsgut im Sinne des Satzes 1 aus dem Betriebsvermögen aus, wird der Sammelposten nicht vermindert. Die Anschaffungs- oder Herstellungskosten oder der nach Absatz 1 Nummer 5 bis 6 an deren Stelle tretende Wert von abnutzbaren beweglichen Wirtschaftsgütern des Anlagevermögens, die einer selbständigen Nutzung fähig sind, können im Wirtschaftsjahr der Anschaffung, Herstellung oder Einlage des Wirtschaftsguts oder der Eröffnung des Betriebs in voller Höhe als Betriebsausgaben abgezogen werden, wenn die Anschaffungs- oder Herstellungskosten, vermindert um einen darin enthaltenen Vorsteuerbetrag (§ 9b Absatz 1), oder der nach Absatz 1 Nummer 5 bis 6 an deren Stelle tretende Wert für das einzelne Wirtschaftsgut 150,00 Euro nicht übersteigen. Die Sätze 1 bis 3 sind für alle in einem Wirtschaftsjahr angeschafften, hergestellten oder eingelegten Wirtschaftsgüter einheitlich anzuwenden. [...]

Prüfungsaufgaben Sommer 2015 (Aufgabe 2)

Als Mitarbeiter der LaSo GmbH in der Abteilung Rechnungswesen unterstützen Sie den Abteilungsleiter bei den Jahresabschlussarbeiten zum 31.12.2014. Hierbei ist zu berücksichtigen, dass ein möglichst niedriger Gewinn ausgewiesen werden soll.

2.1   Der Artikel „200083 Standrohr" soll nach dem gewogenen Durchschnittsverfahren bewertet werden. Verwenden Sie hierzu die Lagerkarte in der **Anlage 6**.

        Berechnen und begründen Sie den Bilanzansatz für diesen Rohstoff, wenn der Tageswert zum 31.12.2014 bei 8,03 EUR/Stück liegt.

2.2   Die LaSo GmbH möchte in den nächsten Jahren ihr Verwaltungsgebäude erweitern und hat daher am 22.10.2014 ein Grundstück erworben.

2.2.1   Zum Grundstückskauf liegen folgende weitere Informationen vor:

Preis	350,00 EUR/m²
Größe	580 m²
Grunderwerbsteuer	5 % des Kaufpreises
Notargebühren inkl. 19 % USt.	2.261,00 EUR
Maklergebühren inkl. 19 % USt.	7.247,10 EUR

Der Erwerb wurde durch ein Bankdarlehen finanziert. Die Zinsen im Jahr 2014 betrugen 2.500,00 EUR.

Ermitteln Sie die Anschaffungskosten für das Grundstück.

2.2.2   Eine ursprünglich geplante Zubringerstraße zu unserem Grundstück wurde nicht genehmigt. Dadurch ist der Wert des Grundstücks zum 31.12.2014 auf 180.000,00 EUR gesunken.

Ermitteln und begründen Sie den handelsrechtlichen Wertansatz für das Grundstück zum 31.12.2014 und geben Sie die entsprechende Abschlussbuchung an.

2.3   Im Jahr 2014 wurde ein Faxgerät zum Nettopreis von 920,00 EUR angeschafft. Der Abteilungsleiter meint, Sie sollen die in der Anlagekarte (**Anlage 7**) festgelegte Abschreibungsvariante überprüfen. Begründen Sie mithilfe eines rechnerischen Nachweises, ob auch eine Erfassung als Anlage-Sammelposten möglich und sinnvoll wäre.

2.4   Im laufenden Geschäftsjahr müssen noch folgende Geschäftsvorfälle gebucht werden.

2.4.1   Am 03.04. schicken wir eine Ausgangsrechnung an die HWR GmbH (**Anlage 8**). Geben Sie den entsprechenden Buchungssatz an.

2.4.2   Am 05.04. geht eine Mängelrüge der HWR GmbH ein. Nach Überprüfung des Sachverhalts gewähren wir dem Kunden einen Preisnachlass von 50 % auf die Position 2 der Ausgangsrechnung. Nehmen Sie die notwendige Buchung vor.

2.4.3   Am 14.04. erhalten wir eine Banküberweisung der HWR GmbH über 1.601,56 EUR. Überprüfen Sie diesen Zahlungseingang sachlich und rechnerisch. Buchen Sie diesen Vorgang.

2.4.4   Für einen laufenden Prozess werden im Jahr 2015 voraussichtlich 35.000,00 EUR Gerichtskosten entstehen.

Buchen Sie eine entsprechende Rückstellung.

Anlage 6

		Lagerkarte		

Artikel-Nr.:	200083		Mindestbestand:	10
Artikelbezeichnung:	Standrohr		Höchstbestand:	200
Teileart:	Rohstoff		Bestellpunktverfahren	
Kartennummer:			Einheit:	Stück

Datum	Einkauf	Preis in Euro je Stück	Entnahme	Lagerbestand
01.01.2014		7,98		50
04.02.2014	70	8,02		
24.02.2014			110	
08.04.2014	100	8,07		
15.04.2014			80	
28.07.2014	100	8,05		
08.12.2014	50	8,10		
31.12.2014				

Anlage 7

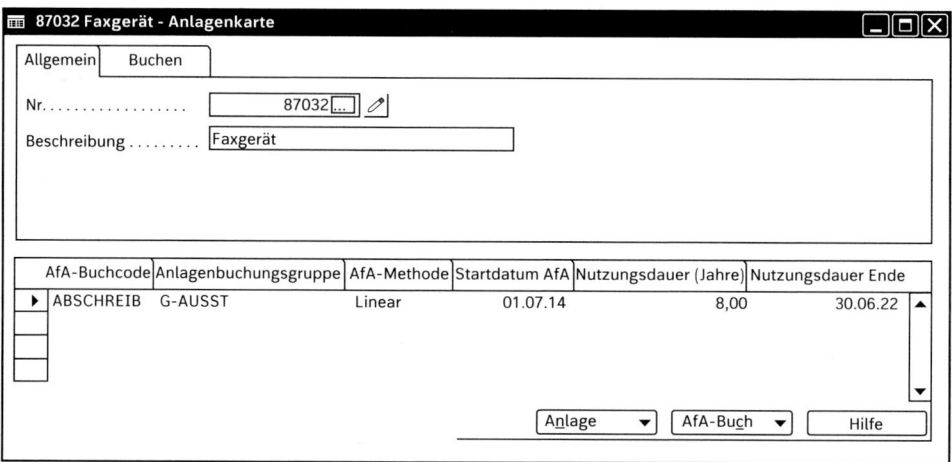

Anlage 8

LaSo GmbH   Im Industriegebiet 11   72336 Balingen

Rechnung

HWR GmbH
Auenstraße 20
72336 Balingen

Kundennummer: 25115
Auftrags-Nr.:   36248
Lieferschein-Nr.:   96458
Rechnungs-Nr.:   89547
Bitte bei Zahlung stets angeben.

Ihre Zeichen, Ihre Nachricht vom	Unsere Zeichen, unsere Nachricht vom	Telefondurchwahl	Datum
	VT/kö	07433 121-151	03.04.2015

Sehr geehrte Damen und Herren,

vielen Dank für Ihren Auftrag. Wir erlauben uns, folgende Teile in Rechnung zu stellen:

Nr.	Beschreibung	Menge	Einheit	VK-Preis	Rabatt	Betrag
1	Schraubendreher-Set	100	Stück	4,77 EUR	5 %	453,15 EUR
2	Inbus-Schlüssel-Set	100	Stück	3,57 EUR	5 %	339,15 EUR
3	Bohrer-Set	100	Stück	8,05 EUR	5 %	764,75 EUR

Summe (netto)	1.557,05 EUR
USt. 19 %	295,84 EUR
Summe (brutto)	1.852,89 EUR

Zahlungsbedingungen:

14 Tage 3 %, 30 Tage netto

Mit freundlichem Gruß

LaSo GmbH

S. Köhler

i. A. Silke Köhler

Unternehmen	Kontakt		Bankverbindung	
LaSo GmbH	Tel:	+49 7433 121-121	Bank:	Kreisbank Zollernalb
Im Industriegebiet	Fax:	+49 7433 121-123	Bankort:	Balingen
72336 Balingen	E-Mail:	info@laso.com	IBAN:	DE85 6535 1260 0000 5264 11
Amtsgericht Stuttgart HRB 5647	Internet:	www.laso.com	BIC:	SOLADES1BAL
USt-IdNr.: DE 362 578 497				

Prüfungsaufgaben Winter 2015/2016 (Aufgabe 1)

Die Dreher GmbH mit Sitz in Albstadt stellt verschiedene Maschinen zur Brennholzverarbeitung her. Sie sind als Mitarbeiter in der Abteilung Finanzbuchhaltung und Controlling beschäftigt und haben folgende Aufgaben zu erledigen.

1.1   Sie bilden die Buchungssätze zu den vier Geschäftsfällen in **Anlage 1**.

1.2   Am Ende des Monats Oktober 2015 sollen Sie die Zahllast auf den Umsatzsteuerkonten (**Anlage 2**) ermitteln. Berücksichtigen Sie dabei auch die Geschäftsfälle aus **Anlage 1**. Schließen Sie die Konten ab und formulieren Sie die notwendigen Buchungssätze.

1.3   Im September 2015 wurde eine CNC-Fräsmaschine angeschafft. Sie werden damit beauftragt, die Anlagenkarte vollständig auszufüllen (**Anlage 3–5**).

1.4   In der anstehenden Gesellschafterversammlung soll die wirtschaftliche Lage des Unternehmens besprochen werden. Der Geschäftsführer Herr Dreher bittet Sie, diese Versammlung vorzubereiten. Sie ermitteln die in **Anlage 6** aufgeführten Kennzahlen für das 3. Quartal 2015 (Werte auf eine Dezimale runden). Erstellen Sie für Herrn Dreher eine kurze schriftliche Beurteilung zu jeder ermittelten Kennzahl.

Anlage 1

Gennachbank Albstadt eG				Telefon: 07431 5880 BIC: GENBDES1XXX			

Kontonummer	Kontoart	Letzter Auszug	Erstellungsdatum	Zeit	Auszug-Nr.	Saldo alt
58734	KKK	25.10.15	29.10.15	16:21	17	39.706,00

Buchungstag	Wert	Text	Betrag
29.10.	29.10.	Barabhebung	2.500,00 –
29.10.	29.10.	Tilgungsrate Oktober 2015, Kreditkonto 423 694 784	20.000,00 –
29.10.	29.10.	Re-Nr. 4283-Schweißroboter, Kred. Nr. 44003, abzgl. 3 % Skonto	26.860,00 –
29.10.	29.10.	Re-Nr. 7974, Verkauf gebrauchter Anlage zum Buchwert, abzgl. 2 % Skonto	2.744,00 +
Dreher GmbH Maschinen zur Brennholzverarbeitung Industriegebiet 2 72458 Albstadt		Saldo neu	16.480,00 –

Anlage 2: Auszug Kontenstände 27.10.2015

S	2600 Vorsteuer	H	S	4800 Vorsteuer	H
28.743,00		208,98		586,06	38.324,00

Anlage 3

<table>
<tr><td colspan="2" align="center"><h2>Dreher GmbH
Maschinen zur Brennholzverarbeitung</h2></td></tr>
<tr><td colspan="2" align="center">Anlagekarte</td></tr>
<tr><td>Bezeichnung</td><td>Anlagekonto</td></tr>
<tr><td>Anschaffungsjahr</td><td>Anschaffungsdatum</td></tr>
<tr><td>Anschaffungskosten in Euro</td><td></td></tr>
<tr><td colspan="2" align="center">Lieferant</td></tr>
<tr><td colspan="2">Name</td></tr>
<tr><td>Straße/Postfach</td><td>PLZ Ort</td></tr>
<tr><td>Nutzungsdauer/Jahre</td><td>Abschreibungsmethode</td></tr>
</table>

Jahr (31.12.)	AfA-Satz in % p. a.	AfA in Euro	Restbuchwert in Euro
2015			
2016			

Anlage 4

Faser Maschinenfabrik GmbH
Heerwasenstr. 5
78559 Gosheim

Dreher GmbH	Rechnungsdatum: 30.09.2015
Maschinen zur Brennholzverarbeitung	Lieferdatum: 26.09.2015
Industriegebiet 2	Rechnungsnummer: 422779
72458 Albstadt	Kundennummer: 325965
	Telefon: 07426 2244-00

Rechnung

GEBUCHT
am 30.09.15

Menge	Artikelnummer	Bezeichnung	Gesamtpreis in Euro
1	2278	CNC-Fräsmaschine	76.800,00
		+ 19 % Umsatzsteuer	14.592,00
		Rechnungsbetrag	**91.392,00**

Zahlungsbedingungen: innerhalb 10 Tagen ohne Abzug

Bankverbindung:	Gerichtsstand Rottweil	Steuernr. 59020/06962
Sparkasse Tuttlingen	Handelsregister HR B 5332	USt-IdNr. DE 200 182 571
IBAN: DE00 6435 0070 9245 3323 11	Geschäftsführer: Heinrich Faser	Finanzamt Tuttlingen
BIC: SOLADES2TUT		

Anlage 5: Auszug aus der AfA-Tabelle für den Wirtschaftszweig „Maschinenbau"

Nr.	Anlagegüter	Nutzungsdauer in Jahren
1.1	Drehmaschinen/Drehautomaten	
1.1.1	Horizontal-Drehmaschinen	
1.1.1.1	– CNC/NC	6
1.1.1.2	– ohne CNC/NC	8
1.2	Bohrmaschinen	
1.2.1	– CNC/NC	7
1.2.2	– ohne CNC/NC	8
1.3	Fräsmaschinen	
1.3.1	– CNC/NC	7
1.3.2	– ohne CNC/NC	8
1.4	Hobel-, Stoß- und Räummaschinen	9

Anlage 6

Kennzahl	3. Q. 2014	Vergleich Branche
Liquidität 2. Grades	91,5 %	–
Cashflow	838.000,00 EUR	–
Deckungsgrad II	101,5 %	103,0 %
Eigenkapitalrentabilität	11,7 %	9,5 %
Umsatzrentabilität	8,1 %	7,5 %

Aktiva **Strukturbilanz der Dreher GmbH 3. Quartal 2015 (in Tausend Euro)** Passiva
2015 2015

I. Anlagevermögen		I. Eigenkapital	3.614
1. Sachanlagen	4.870	II. Fremdkapital	
2. Finanzanlagen	5	1. langfristig	
II. Umlaufvermögen		– Bankdarlehen	990
1. Vorräte	491	– Rückstellungen	40
2. Ford. a. LL.	1.008	2. kurzfristig	
3. Flüssige Mittel	181	– Verb. a. LL.	1.762
		– sonstige Verb.	49
	6.555		6.555

Hinweis: Im Vorjahreszeitraum betrug das Eigenkapital 3.814.000,00 EUR. Die Zuführung zu langfristigen Rückstellungen betrug 8.000,00 EUR.

Strukturergebnisrechnung (in Tausend Euro)	
	3. Q. 2015
Umsatzerlöse	4.638
Bestandsveränderungen	412
Gesamtleistung	**5.040**
Materialaufwand	2.996
Personalaufwand	1.488
Abschreibung auf Sachanlagen	476
Zinsaufwand	79
Sonstige Aufwendungen	1
Ergebnis der gewöhnlichen Geschäftstätigkeit	**176**
a. o. Ergebnis	42
Jahresüberschuss vor Steuern	**218**

Prüfungsaufgaben Sommer 2016 (Aufgabe 2)

Als Sachbearbeiter/-in der Engel GmbH in der Finanzbuchhaltung gehören zu Ihren Aufgaben das Erfassen von Geschäftsvorfällen und die Vorbereitung des Jahresabschlusses. Zum Geschäftsjahresende am 31.03.2016 gibt die Geschäftsführung vor, die Bewertungsspielräume so zu nutzen, dass der erwartete Gewinn möglichst gering ausfällt.

2.1   Die Engel GmbH verkaufte am 01.02.2016 einen gebrauchten Transporter des Kundendienstes gemäß **Anlage 6**. Der Vorgang wurde noch nicht gebucht. Der Restbuchwert zu Beginn des Geschäftsjahres am 01.04.2015 betrug 10.800,00 EUR, jährlicher Abschreibungsbetrag 3.600,00 EUR. Der Zahlungseingang auf unserem Bankkonto erfolgte am 04.03.2016.

     Nehmen Sie alle erforderlichen Buchungen vor.

2.2   Die Engel GmbH importierte Fertigteile aus den USA. Der Rechnungseingang erfolgte am 10.03. Rechnungsbetrag 12.000,00 USD, Zahlungsziel 28 Tage. Der Devisenkassamittelkurs am 10.03. betrug 1,0785 USD/EUR. Am Geschäftsjahresende zum 31.03. beträgt der Devisenkassamittelkurs 1,0955 USD/EUR.

     Bewerten Sie diese Verbindlichkeit und begründen Sie Ihren Wertansatz.

2.3   Die Räume der Personalabteilung müssen renoviert werden. Es liegt ein Kostenvoranschlag über 14.000,00 EUR zuzüglich 19 % Umsatzsteuer vor. Die mit der Renovierung beauftragte Firma Farbenrausch GmbH & Co. KG wird erst am 18.04. die Arbeit aufnehmen.

     Bilden Sie die erforderliche Rückstellung.

2.4   Der Insolvenzverwalter unseres Kunden Grasser KG teilt uns am 16.03. mit, dass das Insolvenzverfahren abgeschlossen ist. Unsere Forderung über 9.520,00 EUR inkl. 19 % Umsatzsteuer ist komplett uneinbringlich.

     Nehmen Sie die erforderliche Buchung vor.

2.5   Nach langwierigen Verhandlungen wird Anfang März ein Gerichtsverfahren beendet, für das zuvor eine Rückstellung in Höhe von 7.000,00 EUR gebildet wurde. Tatsächlich belaufen sich die Prozesskosten auf 13.090,00 EUR inkl. 19 % Umsatzsteuer, die am 29.03. mittels Banküberweisung beglichen werden.

     Buchen Sie diesen Geschäftsfall.

2.6 Für eine Besprechung der Geschäftsführung soll die GuV des Jahresabschlusses aufbereitet werden.
- Berechnen Sie den Cashflow und die Umsatzrentabilität (**Anlage 7**).
- Erläutern Sie die Kennzahlen.
- Bewerten Sie Ihre Ergebnisse.

Anlage 6

Engel GmbH

Engel GmbH   Thomas-Mann-Str. 18   75015 Bretten

Rechnung

Andreas Schmücke
Industriestraße 11
76646 Bruchsal

Kunden-Nr. 4712
Re-Nr. 041767
Bitte bei Zahlung stets angeben.

Ihre Zeichen	Ihre Nachricht vom	Unsere Zeichen	Telefondurchwahl	Datum
		AG	07252 8456-78	28.02.2016

Sehr geehrter Herr Schmücke,

anbei erhalten Sie die Rechnung für den von Ihnen gekauften Kastenwagen.

Menge	Bezeichnung	Gesamtpreis
1	gebrauchter Transporter Modell Mercedes Sprinter	7.950.00 EUR
	+ 19 % USt.	1.510.50 EUR
Gesamtbetrag		**9.460.50 EUR**

Zahlungsbedingungen: 20 Tage netto

Mit freundlichem Gruß

Engel GmbH

A. Gutekunst

i. A. Annalena Gutekunst

Bankverbindung:	Gerichtsstand Bretten	Steuernr. 35012/12345	Kontakt
Deutsche Bank Karlsruhe	Handelsregister HRB 1582	USt-Nr. DE83024/0054	info@engel.de
IBAN: DE50 6007 0024 0210 1687 00	Geschäftsführer Heinz Doll	Finanzamt Bruchsal	www.engel.de
BIC: DEUTDEDBSTG			

Anlage 7

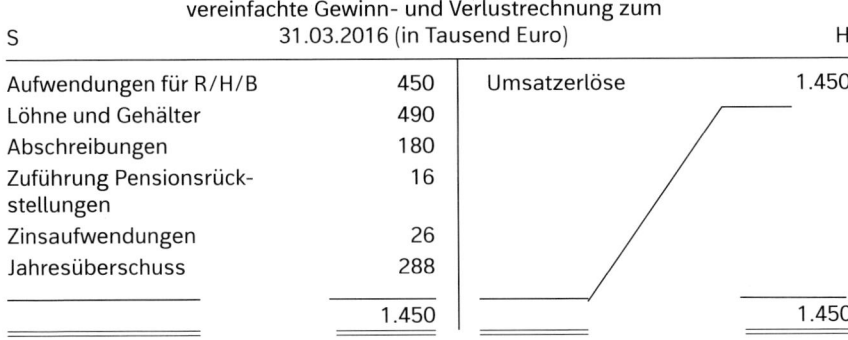

vereinfachte Gewinn- und Verlustrechnung zum
31.03.2016 (in Tausend Euro)

S			H	
Aufwendungen für R/H/B	450	Umsatzerlöse	1.450
Löhne und Gehälter	490		
Abschreibungen	180		
Zuführung Pensionsrück-stellungen	16		
Zinsaufwendungen	26		
Jahresüberschuss	288		
	1.450		1.450

Vergleichskennzahlen

Kennzahl	Vorjahreswert	Branchendurchschnitt
Umsatzrentabilität	16,3 %	9,8 %
Cashflow	405.000,00 EUR	640.000,00 EUR

Prüfungsaufgaben Winter 2016/2017 (Aufgabe 2)

Im Zuge Ihrer Tätigkeit in der Abteilung Rechnungswesen der SchmiKo GmbH bearbeiten Sie folgende Geschäftsvorfälle.

2.1   Die SchmiKo GmbH hat am 10.05.2016 eine Stanzmaschine bei der JP Technologie GmbH gekauft und folgende Rechnung (**Anlage 3**) erhalten.

Bilden Sie die Buchungssätze zum Kauf der Maschine und bei der Bezahlung am 23.05.2016.

2.2   Füllen Sie die Anlagenkarte (**Anlage 4**) für die neue Stanzmaschine vollständig aus und ermitteln Sie dabei den vorläufigen Abschreibungsplan für die ersten beiden Jahre der Nutzung.

2.3   Für die Produktion ihrer Möbel benötigt die SchmiKo GmbH Rundstahlrohre, die Preisschwankungen unterliegen. In den letzten beiden Monaten des Geschäftsjahres ist keine weitere Beschaffung des Rundstahlrohrs notwendig.

Berechnen Sie den voraussichtlichen Bilanzansatz für den Rohstoff Rundstahlrohre mit der Artikelnummer 886324 am 31.12.2016 nach dem gewogenen Durchschnittsverfahren (**Anlage 5**).

2.4   Begründen Sie, mit welchem Wert die Rundstahlrohre (Artikelnummer 886324) bilanziert werden müssten, wenn der Börsenpreis für Stahl am 31.12.2016 151,00 EUR je Tonne betragen würde.

Hinweis: Falls Sie in Aufgabe 2.3 zu keiner Lösung gekommen sind, dann gehen Sie von einem Bilanzansatz nach dem gewogenen Durchschnittsverfahren von 23.000,00 EUR aus.

2.5 Führen Sie zu den folgenden Geschäftsvorfällen die nötigen Buchungen durch.

2.5.1 Unser Kunde Müller Möbel KG hat uns am 05.08.2016 mitgeteilt, dass gegen ihn ein Insolvenzverfahren eingeleitet wurde und die SchmiKo GmbH vermutlich auf ihre Forderungen in Höhe von 11.900,00 EUR inkl. 19 % Umsatzsteuer verzichten muss. Mit Beendigung des Insolvenzverfahrens am 04.11.2016 wurde mit der Müller Möbel KG eine Vergleichsquote von 20 % vereinbart.

Nehmen Sie die erforderlichen Buchungen am 05.08.2016 und am 04.11.2016 vor.

2.5.2 Wegen eines Gerichtsverfahrens, dessen Ausgang ungewiss war, hatte die SchmiKo GmbH im Jahr 2015 Rückstellungen in Höhe von 8.000,00 EUR gebildet. Die SchmiKo GmbH wurde zur Zahlung von 9.500,00 EUR Prozesskosten verurteilt.

Buchen Sie die Banküberweisung am 30.10.2016.

Anlage 3

JP Technologie GmbH

Bodenseestr. 13, 78224 Singen

JP Technologie GmbH, Bodenseestr. 13, 78224 Singen

SchmiKo GmbH   Rechnungsdatum: 10.05.2016
Karlstr. 14   Rechnungsnummer: 411289
89073 Ulm   Kundennummer: 34873
                                     Telefon: 0731 489620-022, Braun

Rechnung

Position	Beschreibung	Menge	Gesamtpreis in Euro
1	Stanzmaschine Typ: XLM 2300 inkl. Montage	1	750.000,00
	Rabatt 10 %		75.000,00
2	Fundament	1	20.000,00
	Summe (netto)		695.000,00
	USt. 19 %		132.050,00
	Summe (brutto)		**827.050,00**

Zahlungsbedingungen:
14 Tage 3 % Skonto auf den Rechnungsbetrag, 30 Tage netto

Mit freundlichen Grüßen

JP Technologie GmbH

P. Fischer

i. A. Paul Fischer

Bankverbindung:	Gerichtsstand: Singen	Steuernr.: 46030/563862
Deutsche Bank	Handelsregister: HR B 58696	USt-IdNr.: DE300586391
IBAN: DE58 7890 0050 6200 4789 89	Geschäftsführer: Patrick Braun	Finanzamt Singen
BIC: DEUTDESS631		

Anlage 4

Anlagekarte	
SchmiKo GmbH	
Bezeichnung:	Anlagekonto:
Anschaffungsjahr:	Anschaffungsdatum:
Anschaffungskosten in Euro:	**Lieferant:** Name: Anschrift:
Nutzungsdauer/Jahre: 14 Jahre	Abschreibungsmethode: linear

Jahr (31.12.)	AfA-Satz in % p. a.	AfA in Euro	Restbuchwert in Euro
2016			
2017			

Anlage 5

Lager-Kontoblatt SchmiKo GmbH Stahlrohre 50 mm, Artikel-Nummer: 886324, Menge in Tonnen (t)				
Datum	**Bewegung**	**Zugänge**	**Einstandspreis in Euro pro t**	**Bestand**
01.01.2016	Anfangsbestand		152,00	210 t
05.02.2016	Zugang	40 t	148,00	
10.06.2016	Zugang	90 t	142,00	
07.08.2016	Zugang	60 t	156,00	
16.10.2016	Zugang	110 t	162,00	
31.12.2016	Endbestand			150 t

1   Prüfungsaufgaben Steuerung und Kontrolle Sommer 2017

Aufgabe 1: Kosten erfassen, verursachungsgerecht verteilen und analysieren

Die Mobil AG produziert hochwertige Wohnmobile. Für das erste Quartal 2017 stellt die Finanzbuchhaltung das Ergebnis fest und leitet die Zahlen zur Aufbereitung an die Abteilung Controlling weiter. Nachdem Sie die Ausbildung als Industriekauffrau/-mann erfolgreich abgeschlossen haben, werden Sie in der Controllingabteilung eingesetzt. Herr Weber, Abteilungsleiter im Controlling, beauftragt Sie, die Zahlen für eine Besprechung mit der Geschäftsleitung aufzubereiten.

1.1   Ermitteln Sie das Unternehmensergebnis, das Abgrenzungsergebnis und das Betriebsergebnis (**Anlage 1** und **Anlage 2**).

1.2   Analysieren Sie aufgrund der ermittelten Ergebnisse die wirtschaftliche Situation des Unternehmens.

1.3   Erläutern Sie zwei mögliche Ursachen für den Unterschied zwischen bilanziellen und kalkulatorischen Abschreibungen.

In den letzten Jahren ist die Nachfrage nach Wohnmobilen für reisebegeisterte ältere Menschen stark gestiegen. Um den Gewinn zu erhöhen, hat daher die Mobil AG ein Wohnmobil für ältere Reisende entwickelt. Das Fahrzeug mit dem Namen „LionMobil" wurde bereits am Markt eingeführt. Herr Weber benötigt für die geplante Besprechung mit der Geschäftsleitung weitere Informationen über die Kosten des „LionMobil".

1.4   Kalkulieren Sie die Selbstkosten für das „LionMobil" (**Anlage 3**).

1.5   Ein Großhändler möchte eine größere Anzahl von Wohnmobilen vom Typ „LionMobil" zu einem Listenverkaufspreis von 39.000,00 EUR netto pro Stück kaufen (**Anlage 3**).

1.5.1   Begründen Sie mithilfe der Vollkostenrechnung, ob dieser Zusatzauftrag des Großhändlers angenommen werden soll. Berechnen Sie dazu auch den Gewinn/Verlust pro Wohnmobil.

1.5.2   Welche Entscheidung sollte die Mobil AG unter Anwendung der Teilkostenrechnung treffen? Ein rechnerischer Nachweis ist erforderlich.

Aufgabe 2: Buchung und Jahresabschluss

Sie sind in der Finanzbuchhaltung der VEITH AG beschäftigt und arbeiten bei der Vorbereitung und Realisation von verschiedenen Bewertungsentscheidungen mit. Die VEITH AG stellt große Druckmaschinen her. Durch den Einzug der digitalen Medien sind die Umsätze der VEITH AG in den letzten Jahren rückläufig. Das Geschäftsjahr endet abweichend zum Kalenderjahr am 30.06.2017.

2.1   Die VEITH AG kaufte am 28.03.2017 beim Autohaus Seibel in Ravensburg einen neuen Firmenwagen für den Leiter der Vertriebsabteilung (**Anlage 4**).

2.1.1   Ermitteln Sie die Anschaffungskosten.

2.1.2   Führen Sie die notwendigen Buchungen bei Rechnungseingang durch.

2.1.3   Die betriebsgewöhnliche Nutzungsdauer des neuen Firmenwagens beträgt sechs Jahre.
- Ermitteln Sie den voraussichtlichen Bilanzansatz des neuen Firmenwagens (Aufgabe 2.1.1) zum Ende des Geschäftsjahres am 30.06.2017.
- Geben Sie den Buchungssatz für die Buchung der Abschreibung im aktuellen Geschäftsjahr an.

2.2   Aufgrund der angespannten Geschäftslage gibt der Vorstand der VEITH AG vor, die Bewertungsspielräume so auszunutzen, dass das Ergebnis möglichst hoch ausfällt.

2.2.1   Im April 2017 wurden zwei Druckmaschinen im Rahmen einer Sonderanfertigung für den Kunden LE-Verlag fertiggestellt. Im Juli 2017 sollen diese Druckmaschinen ausgeliefert werden. Für die Ermittlung des Bilanzansatzes zum 30.06.2017 wurden von der Kostenrechnung Informationen eingeholt (**Anlagen 5 und 6).**

Ermitteln und begründen Sie den Wertansatz für die zwei Druckmaschinen unter Berücksichtigung der Vorgaben des Vorstandes.

2.2.2   Für die Herstellung der Druckmaschinen verwendet die VEITH AG u. a. Feinkornbaustahl.
- Ermitteln Sie den Wert des Feinkornbaustahls nach der Methode des gewogenen Durchschnitts mithilfe der **Anlage 7**.
- Begründen Sie den Bilanzansatz des Feinkornbaustahls, wenn der Tagespreis am 30.06.2017 705,00 EUR/Tonne beträgt. Gehen Sie davon aus, dass zwischen dem 20.04.2017 und dem Bilanzstichtag keine Bestandsveränderungen stattfinden.

2.3   Zur Vorbereitung der Bilanzpressekonferenz werden verschiedene Bilanzkennzahlen ermittelt, um die wirtschaftliche Situation des Unternehmens zu verdeutlichen. Der Finanzvorstand befürchtet, dass diese Kennzahlen im Vergleich zur Branche schlecht ausfallen.

2.3.1   Berechnen und beurteilen Sie für das Geschäftsjahr 2016/17 folgende Bilanzkennzahlen (**Anlagen 8 und 9):**
- Eigenkapitalquote
- Deckungsgrad II
- Liquidität I

(Rundung jeweils auf eine Nachkommastelle)

2.3.2   Erläutern Sie zwei konkrete Maßnahmen, wie die Situation verbessert werden kann.

Anlage 1

Ergebnistabelle Mobil AG 1. Quartal 2017 (in Euro)

	Rechnungskreis I		Rechnungskreis II					
	Buchführung		Abgrenzungsrechnung				Kosten- und Leistungsrechnung	
			Neutrales Ergebnis		Kostenrechnerische Korrekturen			
Konto	Aufwendungen	Erträge	neutrale Aufwendungen	neutrale Erträge	betriebliche Aufwendungen	verrechnete Kosten	Kosten	Leistungen
Umsatzerlöse		10.100.000,00						
Erträge aus Beteiligungen		200.000,00						
Zinserträge		96.000,00						
Aufwendungen für Rohstoffe	6.100.000,00							
Löhne/Gehälter	2.025.000,00							
Arbeitgeberanteil Sozialversicherung	1.055.000,00							
Abschreibungen auf Sachanlagen	489.000,00							
Leasing	320.000,00							
Werbung	221.000,00							
Grundsteuer	37.000,00							
Zinsaufwendungen	143.000,00							
Summe	10.390.000,00	10.396.000,00						
	Unternehmensergebnis		Abgrenzungsergebnis:			EUR	Betriebsergebnis	

Anlage 2

Hinweise zur Ergebnistabelle:

- *Kalkulatorische Zinskosten: 223.000,00 EUR*
- *Kalkulatorische Abschreibung: 329.000,00 EUR*
- *In der Position Löhne/Gehälter ist eine Nachzahlung des vierten Quartals 2016 in Höhe von 25.000,00 EUR enthalten.*
- *Für den gleichen Zeitraum sind im Arbeitgeberanteil zur Sozialversicherung 5.000,00 EUR zu berücksichtigen.*
- *Die Position Grundsteuer enthält eine Steuernachzahlung in Höhe von 30.000,00 EUR, die das Geschäftsjahr 2016 betrifft.*

Anlage 3

Kalkulationsgrundlagen „LionMobil"	Gesamt	Anteil fix	Anteil variabel
Materialgemeinkostensatz	30 %	50 %	50 %
Fertigungsgemeinkostensatz	100 %	40 %	60 %
Verwaltungsgemeinkostensatz	10 %	100 %	
Vertriebsgemeinkostensatz	15 %	100 %	
Materialeinzelkosten	8.000,00 EUR		
Fertigungseinzelkosten	10.000,00 EUR		
Kundenrabatt	10 %		
Kundenskonto	2 %		

Hinweise zur Kalkulation:

- *Die Verwaltungs- und Vertriebsgemeinkosten beziehen sich jeweils auf die Herstellkosten der Produktion.*
- *Bestandsveränderungen sind nicht zu berücksichtigen.*

Anlage 4

Autohaus Seibel

Autohaus Seibel, Industriestr. 11, 88212 Ravensburg

VEITH AG
Industriestr. 22
88212 Ravensburg

Rechnung

Kundennummer:	5519
Lieferschein-Nr.:	
Rechnungs-Nr.:	4717
Auftrags-Nr.:	12956

Ihre Zeichen,	Ihre Nachricht vom	Unsere Zeichen, unsere Nachricht vom	Telefondurchwahl,	Datum
		FT	0751 163-100	28.03.2017

Audi Q7 Fahrgestellnummer: VHT12599866789

1 Audi Q7 Listenpreis	90.000,00 EUR
Rabatt 10 % auf den Listenpreis	9.000,00 EUR
Überführung	500,00 EUR
Firmenaufschrift VEITH AG	1.000,00 EUR
Anhängerkupplung abnehmbar	350,00 EUR
Montage Anhängerkupplung	100,00 EUR
Zwischensumme	**82.950,00 EUR**
+ MwSt.	15.760,50 EUR
Gesamtbetrag	**98.710,50 EUR**

Auslagen:

1. Tankfüllung inkl. MwSt.	35,70 EUR
Zulassungsgebühren lt. Beleg	50,00 EUR
Rechnungsbetrag:	**98.796,20 EUR**

Zahlungsbedingungen: zahlbar innerhalb von 30 Tagen ohne Abzug

	Kontakt		Bankverbindung	
Steuer-Nr. 35012/12345	Tel:	+49 751 123-000	Bank:	CC-Bank
USt-IdNr. DE83024/0054	Fax:	+49 751 123-101	Bankort:	Ravensburg
Finanzamt Ravensburg	E-Mail:	info@seibel.de	IBAN: DE30 7236 5090 0401 2034 09	
Handelsregister HRB 1586	Internet:	www.seibel.de	BIC: DEUTDEB1CDU	

Anlage 5

Kalkulationsdaten: zwei Druckmaschinen (Sonderanfertigung) Kunde LE-Verlag	
Materialeinzelkosten	200.000,00 EUR
Fertigungseinzelkosten	130.000,00 EUR
Materialgemeinkostensatz	25 %
Fertigungsgemeinkostensatz	110 %
Verwaltungsgemeinkostensatz	12 %
Vertriebsgemeinkostensatz	14 %

Anlage 6: Auszug aus dem HGB

§ 255 Bewertungsmaßstäbe

[...]
(2) Herstellungskosten sind die Aufwendungen, die durch den Verbrauch von Gütern und die Inanspruchnahme von Diensten für die Herstellung eines Vermögensgegenstands, seine Erweiterung oder für eine über seinen ursprünglichen Zustand hinausgehende wesentliche Verbesserung entstehen. Dazu gehören die Materialkosten, die Fertigungskosten und die Sonderkosten der Fertigung sowie angemessene Teile der Materialgemeinkosten, der Fertigungsgemeinkosten und des Werteverzehrs des Anlagevermögens, soweit dieser durch die Fertigung veranlasst ist. Bei der Berechnung der Herstellungskosten dürfen angemessene Teile der Kosten der allgemeinen Verwaltung sowie angemessene Aufwendungen für soziale Einrichtungen des Betriebs, für freiwillige soziale Leistungen und für die betriebliche Altersversorgung einbezogen werden, soweit diese auf den Zeitraum der Herstellung entfallen. Forschungs- und Vertriebskosten dürfen nicht einbezogen werden.
[...]

Anlage 7

Lagerkarte				
Artikel-Nr. 200099 Artikelbezeichnung: Feinkornstahl, flach, 5 mm		Mindestbestand: 10 Höchstbestand: 150 Einheit: Tonne		
Datum	Einkauf	Preis in Euro je Tonne	Entnahme	Lagerbestand
01.07.2016		702,00		50
15.08.2016	50	742,00		
24.09.2016			80	
09.11.2016	70	680,00		
15.12.2016			50	
28.01.2017	100	695,00		
01.03.2017			70	
20.04.2017	50	704,00		

Anlage 8

Aufbereitete Bilanz der VEITH AG für das Geschäftsjahr 2016/17 (in Mio. Euro)

Aktiva		Passiva	
A. Anlagevermögen		**A. Eigenkapital**	
I. Sachanlagen	83,4	I. Gezeichnetes Kapital	21,0
II. Finanzanlagen	16,4	II. Kapitalrücklage	3,4
Summe:	99,8	III. Gewinnrücklage	
		1. gesetzl. Rücklage	2,5
		2. andere Gewinnrücklagen	5,9
		IV. Jahresüberschuss	1,9
		Summe:	34,7
B. Umlaufvermögen			
I. Vorräte	50,1		
II. Forderungen a. LL.	44,3	**B. Langfristiges Fremdkapital**	
III. Wertpapiere	2,9	1. Pensionsrückstellungen	29,1
IV. Kasse, Bank	10,4	2. Verbindlichkeiten geg. Kreditinstituten	60,9
Summe:	107,7	Summe:	90,0
		C. Kurzfristiges Fremdkapital	
		1. sonst. Rückstellungen	36,2
		2. Verbindlichkeiten a. LL.	46,6
		Summe:	82,8
	207,5		207,5

Anlage 9

Branchendurchschnittswerte Anlagenbau	
Eigenkapitalquote	28,8 %
Deckungsgrad II	120,4 %
Liquidität I	21,1 %

2 Prüfungsaufgaben Betriebswirtschaft – Geschäftsprozesse Sommer 2017

Aufgabe 1

Sie sind in der Dispositionsabteilung der OKEO GmbH in Mannheim beschäftigt. Diese fertigt seit 20 Jahren hochwertige Büromöbel. Zu den Kunden zählen unter anderem große Chemiekonzerne sowie mittelständische Unternehmen aus der Region. Bei der Herstellung legt die OKEO GmbH großen Wert auf Qualität, hochwertiges Design und Umweltfreundlichkeit. Unter anderem wird der Konferenztisch „Chef" hergestellt, dessen Holztischplatte fremdbezogen wird. Für diesen Konferenztisch liegen drei Kundenaufträge über insgesamt 37 Tische vor.

1.1 In letzter Zeit gab es Probleme mit dem Lieferanten der Holztischplatte, weshalb die OKEO GmbH einen Lieferantenwechsel anstrebt.

Nennen Sie vier Möglichkeiten der internen und externen Bezugsquellenermittlung.

1.2 Sie haben die Holztischplatten bei zwei ehemaligen Lieferanten angefragt und jeweils ein Angebot erhalten. Darüber hinaus haben Sie weitere Informationen über die potenziellen Lieferanten zusammengetragen.

- Ermitteln Sie in übersichtlicher Form die Einstandspreise beider Lieferer für eine Bestellung von 37 Holzplatten.
- Begründen Sie mithilfe eines qualitativen Angebotsvergleichs, bei welchem Anbieter Sie die Tischplatten bestellen. Verwenden Sie hierzu die **Anlagen 1–4**.

1.3 Bisher wurden die hochwertigen Holztischplatten im Bestellrhythmusverfahren beschafft. In der Disposition wird diskutiert, ob zukünftig das Bestellpunktverfahren eingesetzt werden soll.

Nennen Sie zwei Argumente, die für die Umstellung auf das Bestellpunktverfahren sprechen.

1.4 Ihr Abteilungsleiter bittet Sie um die Beschaffung der einzelnen Komponenten für die drei Aufträge.

1.4.1 Ermitteln Sie die Nettobedarfe für die einzelnen Komponenten mithilfe von **Anlage 5**.

1.4.2 Sie bestellen 300 Laschen der Artikelnummer 2005. Die Rechnung (**Anlage 6**) trifft mit der Lieferung ein.

- Nennen Sie sechs Prüfschritte, die beim Wareneingang durchgeführt werden müssen.
- Erstellen Sie den Buchungssatz für die Eingangsrechnung.
- Buchen Sie die Überweisung der Rechnung mit heutigem Datum.

1.5   Aufgrund der drei Kundenaufträge für den Konferenztisch „Chef" ergeben sich bei der OKEO GmbH folgende Bedarfe, die in die Produktion eingeplant werden sollen.

Auftrag Schulze KG zum 03.04.   10 Stk.
Auftrag Müller GmbH zum 27.04.   15 Stk.
Auftrag Schmitt GbR zum 24.05.   12 Stk.

Verrechnungspreis je Konferenztisch: 2.000,00 EUR; Lagerkostensatz: 9 %; Rüstkosten: 200,00 EUR.

- Ermitteln Sie anhand von vier Alternativen, ob bzw. wie die Bedarfe unter Kostengesichtspunkten zu Fertigungslosen gebündelt werden sollen.
- Entscheiden Sie sich aufgrund Ihrer Ergebnisse für eine Alternative.

1.6   Die Müller GmbH reklamiert 15 Tische, weil die „Tischbeine komplett" (Teile-Nr. 2003) defekt sind.

- Erstellen Sie die Baukastenstückliste für das „Tischbein komplett" (2003).
- Die Reklamation der Kundin Müller GmbH ist auf die fehlerhaft montierten Laschen zurückzuführen. Wie viele Laschen werden für diese Nachbesserung benötigt?
- Erstellen Sie den Teileverwendungsnachweis für die Lasche (2005) und begründen Sie dessen Notwendigkeit.

Anlage 1

Ulrich & Fuchs GmbH

Ulrich & Fuchs GmbH, Parkstr. 3, 74889 Sinsheim

OKEO GmbH
Tattersallstr. 28 – 30
68165 Mannheim

Ihr Zeichen,	Ihre Nachricht vom	Unser Zeichen, unsere Nachricht vom	Tel.: 07621 3444	Datum
okeo-mü	15.03.2017	fuchs-de	Frau Demming	17.03.2017

Sehr geehrter Herr Müller,

herzlichen Dank für Ihre Anfrage. Gerne bieten wir Ihnen die Tischplatten aus unserem Programm an, die den von Ihnen gewünschten Anforderungen entsprechen:

Holztischplatte
Maße: 3 × 2 m
zu 349,00 EUR je Stück.

Die Lieferung erfolgt innerhalb von 10 Tagen nach Bestelleingang. Bei einer Abnahme von mindestens 20 Stück können wir Ihnen einen Rabatt von 12,5 % anbieten. Die Lieferkosten betragen 4,00 EUR/St. Verpackungskosten werden nicht berechnet.

Unsere Zahlungsbedingungen lauten: 14 Tage 2 % Skonto, 30 Tage netto.

Wir hoffen, dass Sie sich für unser Angebot entscheiden.

Mit freundlichen Grüßen
Ulrich & Fuchs GmbH

i. V. Demming

Kontakt:	Sparkasse Sinsheim	Handelsregister Sinsheim
Parkstr. 3 Tel.: (07261) 3272	IBAN: DE02 2874 0123 5691 2301 44	HRB 42899
74889 Sinsheim Fax: (07261) 3277	BIC: MAHADE32LUM	Steuer-Nr.: 421/046/89147

Anlage 2

---

bürosystem

Bürosysteme Hans & Klein GbR

bürosystem • Kaiserstr. 49 b • 74899 Hoffenheim

OKEO GmbH
Tattersallstr. 28 – 30
68165 Mannheim

Ihr Zeichen, Ihre Nachricht vom	Unser Zeichen, unsere Nachricht vom	Telefon 07261 41728	Datum
okeo-mü 15-03-17	Br	Herr Bremer	17.03.2017

Sehr geehrter Herr Müller,

wir bedanken uns für Ihre Anfrage. Wir bieten Ihnen wie folgt an:

Artikel	Listen-VK/Stück (netto)	Kundenrabatt	Versandkosten je Stück
Table Benova Serie 3000 Maße 3 × 2 m Material: Edelholz	**326,00 EUR**	15 %	2,50 EUR

Bei Zahlung innerhalb von 14 Tagen bieten wir Ihnen 3 % Skonto, ansonsten gilt ein Zahlungsziel von 30 Tagen.

Wir bieten eine 24-Stunden-Service-Hotline.

Wir würden uns über eine Auftragserteilung freuen und verbleiben

mit freundlichen Grüßen

Bürosysteme Hans & Klein GbR

K. Klein

Kontakt	Postbank Hoffenheim	Handelsregister Hoffenheim
Kaiserstr. 49 b Tel.: (07261) 4172	IBAN: DE02 2874 01235 691 2301 32	HRA 42889
74889 Hoffenheim Fax: (07261) 4177	BIC: MAHADE32LUM	Steuer-Nr.:421/046/92147

Anlage 3

Folgende Informationen zu den Lieferanten liegen vor:

Ulrich & Fuchs GmbH

Liefertermine werden stets pünktlich eingehalten. Die Bestellabwicklung verläuft gut.

Großes Haus mit motivierten Mitarbeitern und guter Marktkenntnis, insbesondere im Bereich der Edelhölzer.

Reklamationen werden äußerst kulant und großzügig behandelt. Kundendienst vor Ort ist telefonisch ständig erreichbar.

Das Unternehmen ist nach der Öko-Norm zertifiziert und mit dem Öko-Control Siegel für ökologische Herstellung ausgezeichnet.

Die Qualität des Holzes ist nach Überprüfung durch unsere QS-Abteilung als überdurchschnittlich gut zu bezeichnen.

Bürosystem Hans & Klein GbR

Liefertermine werden überwiegend pünktlich eingehalten.

Kleines Haus mit wenigen Mitarbeitern und allgemein guter Marktkenntnis. Reklamationen werden zögerlich, jedoch meistens kulant behandelt.

Kundendienst vor Ort ist telefonisch in den Geschäftszeiten erreichbar, jedoch wechselnde Ansprechpartner.

Das Unternehmen ist nach der Öko-Norm zertifiziert.

Nach Tests durch unsere QS-Abteilung mit den angeforderten Prüfmaterialien wurde dem Lieferer eine gute Qualität bescheinigt.

Anlage 4

			Ulrich & Fuchs GmbH		Bürosysteme Hans & Klein GbR	
Einstandspreis in Euro						
Entscheidungskriterium	Gewichtung		Bewertung	gewichtete Punkte	Bewertung	gewichtete Punkte
1. Einstandspreis						
2.						
3.						
4.						
5.						
Summe						

Vergeben Sie Punkte von 0 bis maximal 5.

Anlage 5

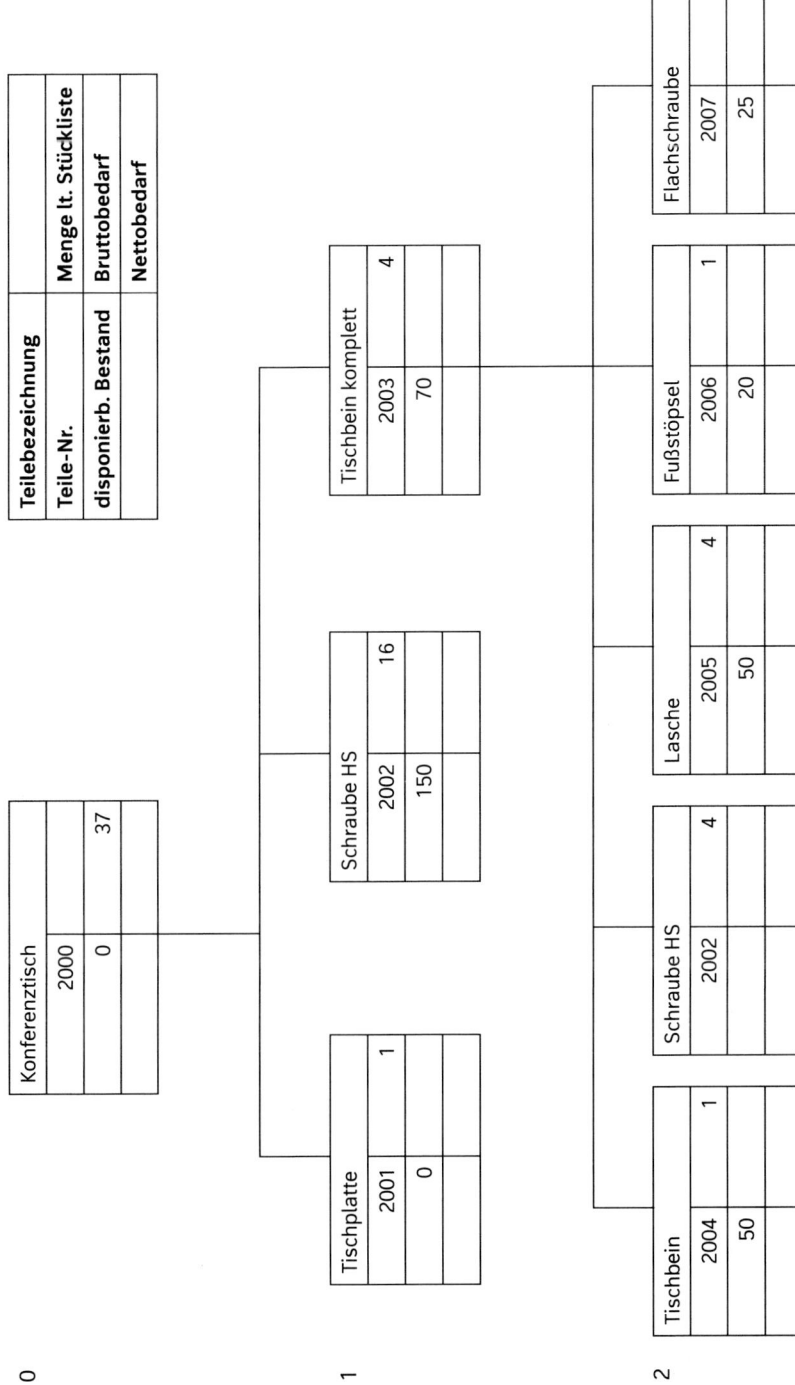

Anlage 6

BüroPlus GmbH

BüroPlus GmbH – Postfach 19 39 39 – 70178 Stuttgart

OKEO GmbH
Tattersallstr. 28 – 30
68165 Mannheim

Ihr Zeichen: Mü
Ihre Nachricht vom: 24.04.2017
Unser Zeichen: HL
Unsere Nachricht vom: 18.04.2017

Name: Hendrich
Telefon: 0711 99123-0
Telefax: 0711 99123-20
E-Mail: poststelle@bueroplus-gmbh.com

Datum: 28.04.2017

Rechnung Nr. 17-545

Art.-Nr.	Bezeichnung	Menge	Einzelpreis in Euro	Gesamtpreis in Euro
LA 3726	Lasche Winkel	300	3,00	900,00
		Umsatzsteuer	19 %	171,00
		Gesamtbetrag		1.071,00

Vielen Dank für Ihren Auftrag.
Zahlungsbedingung: 10 Tage 3 % Skonto, 30 Tage netto

Freundliche Grüße

BüroPlus GmbH

i. A. Max Hendrich

Hausanschrift:	Kommunikationsdaten:	Geschäftsführer/-in:	Gerichtsstand	Bankverbindung:
BüroPlus GmbH	Telefon:	Peter Wagner	**Stuttgart**	Stuttgarter
Hallbrunner Str. 172	0711 99123-0	Isabell	**HRA** 3380 Stuttgart	Vereinsbank
70191 Stuttgart	Telefax:	Schneider	**Steuer-Nr.:**	IBAN:
	0711 99123-20		1430671722	DE89 3704 0044 0532 0130 00
	E-Mail:		**USt-ldNr.:**	BIC: 1122 49 22 123
	poststelle@bueroplus-gmbh.com		DE 183631402	

Aufgabe 2: Investitions- und Finanzierungsprozesse planen

Die Schneider KG ist Herstellerin von hochwertigen Fahrradrahmen mit Sitz in Freiburg. Künftig plant die Schneider KG auch Rahmen für Lastenfahrräder herzustellen. Die Marketingabteilung erwartet einen Absatz von jährlich 1.200 Stück.

Für die Produktion des Rahmens für Lastenfahrräder wird eine neue Maschine benötigt. Als Mitarbeiter der Finanzabteilung sollen Sie in diesem Zusammenhang folgende Aufgaben erledigen. Runden Sie Ihre Ergebnisse auf eine Nachkommastelle.

2.1   Der Schneider KG liegen die Daten für zwei alternative Maschinen in **Anlage 1** vor.

- Führen Sie für diese Alternativen eine tabellarische Kostenvergleichsrechnung durch.
- Berechnen Sie die kritische Menge, bei der die Kosten der beiden Investitionsalternativen gleich groß sind.
- Führen Sie für die beiden Alternativen einen Rentabilitätsvergleich sowie eine Amortisationsrechnung für die erwartete Absatzmenge durch.
- Beurteilen Sie die beiden Investitionsalternativen.

2.2   Die Schneider KG hat sich für die Maschinenalternative 2 entschieden. Hierzu liegen Ihnen ein Darlehens- und ein Leasingangebot vor (**Anlagen 2 und 3**).

- Benennen und beschreiben Sie die angebotene Darlehensform.
- Beurteilen Sie die angebotenen Finanzierungsmöglichkeiten für den Zeitraum von sechs Jahren anhand der Liquiditäts- und Aufwandsbelastung. Verwenden Sie hierzu das Lösungsblatt der **Anlage 4**.
- Nennen Sie zwei weitere Kriterien, anhand derer die Finanzierungsalternativen verglichen werden können.

Die bestehenden Darlehen der Schneider KG sind über eine Grundschuld in Höhe von 200.000,00 EUR abgesichert.

- Erläutern Sie die von der Bank vorgeschlagenen Kreditsicherungsmöglichkeiten Grundschuld und Sicherungsübereignung.
- Prüfen Sie, ob die von der Bank gewünschte Absicherung möglich ist (**Anlagen 1, 2 und 5**).

2.3   Neben dem Komplementär Kurt Schneider ist Frau Silvia Jäger mit 70.000,00 EUR am Unternehmen beteiligt. Die Maschinenbauingenieurin Dr. Greta Grüninger ist vom Erfolg des Unternehmens überzeugt. Sie möchte sich mit 200.000,00 EUR am Unternehmen als Komplementärin beteiligen.

- Erläutern Sie zwei Vorteile aus finanzwirtschaftlicher Sicht, die diese Beteiligung für die Schneider KG mit sich bringt.
- Beurteilen Sie anhand von zwei Kennzahlen, wie sich die Kapitalstruktur der KG durch die Beteiligung von Frau Grüninger verändern würde (**Anlage 5**).

Anlage 1

	Alternative 1	Alternative 2
Investitionsvolumen	400.000,00 EUR	550.000,00 EUR
Kapazität (Stück)	1.200	1.500
Nutzungsdauer (Jahre)	10	8
Restwert	0	0
kalkulatorischer Zinssatz	8 %	8 %
sonstige fixe Kosten	3.000,00 EUR	1.000,00 EUR
Lohnkosten pro Stück	120,00 EUR	100,00 EUR
Materialkosten pro Stück	80,00 EUR	90,00 EUR
sonstige variable Kosten pro Stück	40,00 EUR	10,00 EUR
Nettoverkaufspreis Lastenfahrrad	350,00 EUR	350,00 EUR

Anlage 2

LB-Bank Stuttgart

LB Bank Stuttgart, Marktplatz 37, 70173 Stuttgart

Schneider KG
Mühlenweg 10
79108 Freiburg

Ihr Zeichen:	Schn-Mü
Ihre Nachricht:	vom 18.04.2017
Unser Zeichen:	so-hu
Unsere Nachricht:	
Name:	Kai Sohl
Telefon:	0711 5422-3974
Telefax:	0711 5422-3973
E-Mail:	info@lb-bank.de
Homepage:	www.lb-bank.de
Datum:	21.04.2017

Ihre Anfrage nach einem Darlehen

Sehr geehrter Herr Schneider,

gerne unterbreiten wir Ihrem Hause ein Finanzierungsangebot. Bei einem Darlehensvolumen bis 550.000,00 EUR und einer Laufzeit von sechs Jahren können wir Ihnen folgendes Darlehensangebot unterbreiten:

- Zinssatz: 6 % p. a.
- Tilgung in sechs gleichbleibenden Raten

Als Sicherung des Darlehens erwarten wir eine dingliche Sicherheit. Denkbar wäre eine Grundschuld, aber auch eine Sicherungsübereignung von Maschinen und Fahrzeugen. Die Beleihungsgrenze für Grundstücke liegt in unserem Hause bei 60 %, die für Maschinen und Fahrzeuge bei 40 % des Zeitwertes. Bei Fragen können Sie sich gerne an uns wenden.

Mit freundlichen Grüßen

LB-Bank Stuttgart

Kai Sohl

Anlage 3

LeasingFinc

LeasingFinc, Königsstr. 95 A, 70173 Stuttgart

Ihr Zeichen:	Schn-Mü
Ihre Nachricht:	vom 18.04.2017
Unser Zeichen:	WE-me
Unsere Nachricht:	

Schneider KG
Mühlenweg 10
79108 Freiburg

Name:	Katrin Meier
Telefon:	0761 2542-0
Telefax:	0761 2542-00
E-Mail:	meier@leasingfinc.de
Homepage:	www.leasingfinc.de

Datum: 20.04.2017

Leasingangebot

Sehr geehrte Damen und Herren,

vielen Dank für Ihre freundliche Antrage.

Für Ihr Unternehmen können wir ein Leasingangebot zu folgenden Konditionen anbieten:

Wert der Maschine: 550.000,00 EUR
5 Jahre unkündbare Grundmietzeit, während der Grundmietzeit übernehmen wir die jährliche Wartung sowie alle Reparaturen.
Leasingrate: 1. bis 5. Jahr: 2 % pro Monat
              ab dem 6. Jahr: 0,25 % pro Monat

Wir hoffen, Ihnen ein günstiges Angebot unterbreitet zu haben.

Mit freundlichen Grüßen

LeasingFinc

Katrin Meier

Anlage 4

Jahr	Kredit						Leasing	
	Restschuld	Zinsen	Tilgung	Abschreibung	Liquiditäts-belastung	Aufwand	Liquiditäts-belastung	Aufwand
1								
2								
3								
4								
5								
6								
Summe								

Anlage 5

Aktiva	vereinfachte Bilanz der Schneider KG		Passiva
Bebaute Grundstücke	420.000,00 EUR	Einlage Komplementär	250.000,00 EUR
Maschinen	300.000,00 EUR	Einlage Kommanditist	70.000,00 EUR
Fuhrpark	20.000,00 EUR	Verb. ggü. Kreditinstituten	400.000,00 EUR
Vorräte	50.000,00 EUR	Verb. a. LL.	165.000,00 EUR
Forderungen	75.000,00 EUR		
Bankguthaben	20.000,00 EUR		
	885.000,00 EUR		885.000,00 EUR

3   Prüfungsaufgaben Steuerung und Kontrolle Winter 2017/2018

Aufgabe 1

Sie sind Mitarbeiter in der Finanzbuchhaltung und im Controlling bei der Karl Schneider GmbH in Ettlingen. Das mittelständische Unternehmen hat sich auf die Produktion von Wohnwänden spezialisiert. Aufgrund des steigenden Kostendrucks am Markt will die Geschäftsleitung die Kostentransparenz erhöhen.

1.1   Ermitteln Sie die Selbstkosten für eine Wohnwand „Classic" nach der traditionellen Zuschlagskalkulation unter Berücksichtigung der Kalkulationsdaten in **Anlage 1**.

1.2   Die Geschäftsleitung möchte die Selbstkosten für die Wohnwand „Classic" künftig auf Basis der Prozesskostenrechnung kalkulieren, um Kostensenkungspotenziale aufzudecken.

1.2.1   Bestimmen Sie den Hauptprozesskostensatz für den Prozess „Material bestellen" unter Verwendung der **Anlage 2**.

1.2.2   Ermitteln Sie die Selbstkosten je Stück nach Einführung der Prozesskostenrechnung für Auftragsgrößen von 1 und 10 Wohnwänden „Classic". Die Kalkulationsdaten entnehmen Sie den **Anlagen 1** und **3**.

Hinweis: Wurde in Aufgabe 1.2.1 kein Ergebnis ermittelt, kalkulieren Sie mit einem Kostensatz von 339,00 EUR je Hauptprozess „Material bestellen".

1.2.3   Beschreiben Sie, warum sich die Selbstkosten je Stück in der Prozesskostenrechnung mit der Auftragsgröße verändern.

1.2.4   Um die Prozesskosten zu senken, schlägt ihr Abteilungsleiter vor, in Zukunft die Anzahl der Bestellvorgänge zu reduzieren.

Erläutern Sie je ein Argument, das für bzw. gegen diesen Vorschlag spricht.

1.3   Um unsere Produktpalette zu erweitern, plant die Karl Schneider GmbH die Neueinführung einer Schrankwand „Comfort". Bei der Festlegung des Nettolistenverkaufspreises orientiert sie sich an den Konkurrenzprodukten.

Berechnen Sie die maximale Höhe des eingesetzten Fertigungsmaterials je Schrankwand, um den geplanten Nettolistenverkaufspreis von 3.000,00 EUR realisieren zu können. Aus Vereinfachungsgründen gehen wir für die Gemeinkosten und die Prozesskosten von den bisherigen Sätzen aus (**Anlagen 3** und **4**).

Aufgabe 2

In der Finanzbuchhaltung gehört es zu Ihren Aufgaben, die Geschäftsvorfälle zu erfassen sowie den Jahresabschluss vorzubereiten.

2.1   Die Karl Schneider GmbH erhält am 14.10.2017 eine Rechnung (**Anlage 5**).

2.1.1   Bilden Sie den Buchungssatz für den Rechnungseingang.

2.1.2   Wir überweisen den Rechnungsbetrag am 24.10.2017. Bilden Sie den Buchungssatz.

2.1.3   Die Entwicklung des Bestandes an Rosenholz-Brettern 200 cm × 20 cm wurde bis zum 08.10.2017 auf einer Lagerkarte dokumentiert (**Anlage 6**).

- Aktualisieren Sie den Zugang der Rosenholzbretter in der Lagerkarte. Es sind keine weiteren Zugänge bis zum Geschäftsjahresende geplant.
- Bewerten Sie den voraussichtlichen Endbestand zum 31.12.2017 nach dem gewogenen Durchschnittverfahren. Der Marktpreis am Bilanzstichtag wird voraussichtlich 192,00 EUR betragen.
- Erläutern Sie, wie sich die Bewertung auf das Unternehmensergebnis auswirkt.

2.2   Über unsere Schuldnerin, die Konrad Meise OHG, wurde das Insolvenzverfahren eröffnet. Unsere Forderung beläuft sich auf 3.808,00 EUR inkl. 19 % Umsatzsteuer.

2.2.1   Nehmen Sie die notwendige Buchung nach Eingang des Schreibens des Insolvenzverwalters am 30.10.2017 vor.

2.2.2   Nach Abschluss des Insolvenzverfahrens am 07.11.2017 erhalten wir eine Bankgutschrift in Höhe von 1.904,00 EUR.

Bilden Sie den Buchungssatz für diesen Vorgang.

2.3   Die Karl Schneider GmbH kauft am 02.10.2017 ein Grundstück für 265.000,00 EUR. Bei der Suche nach einem Grundstück war ein Makler tätig. Dieser stellt uns 3 % Courtage (Provision) auf den Kaufpreis zzgl. 19 % Umsatzsteuer in Rechnung. Die Grunderwerbsteuer beträgt 5 % des Kaufpreises. Zur Erstellung des Kaufvertrages stellt ein unabhängig bestellter Notar 1.325,00 EUR (zzgl. 19 % USt.) in Rechnung. Außerdem fallen für die Umschreibung des Eigentumswechsels im Grundbuch Gebühren in Höhe von 714,00 EUR an. An Grundsteuer werden im Oktober 165,00 EUR an die Gemeinde Ettlingen entrichtet.

2.3.1   Ermitteln Sie die Anschaffungskosten.

2.3.2   Die Grundbuchgebühren und die Maklercourtage wurden bar bezahlt. Bilden Sie die Buchungssätze. Alle weiteren Zahlungsvorgänge wurden über unser Bankkonto beglichen.

Bilden Sie für alle in **Anlage 7** ersichtlichen Vorgänge ebenfalls die Buchungssätze.

Anlage 1: Kalkulationsdaten für eine Wohnwand „Classic"

Verbrauch von Fertigungsmaterial: 800,00 EUR
Zahlung von Fertigungslöhnen: 250,00 EUR

Normal-Zuschlagssätze
- Material   25 %
- Verwaltung   3 %
- Vertrieb   5 %
- Fertigung   120 %

Anlage 2: Schema zur Ermittlung des Hauptprozesskostensatzes „Material bestellen"

Teilprozess	Kostentreiber	Teilprozess-menge	Teilprozess-kosten (lmi) in Euro	Teilprozess-kosten (lmn) in Euro	Teilprozess-kostensatz (lmi) in Euro	Umlagesatz (lmn) in Euro	Prozess-kostensatz in Euro
Angebote einholen	Angebote	130	6.500,00				
Bestellung durchführen	Bestellungen	50	1.250,00				
Wareneingangs-kontrolle	Kontrollen	50	3.500,00				
Reklamationen melden	Reklamationen	10	1.000,00				
Ware einlagern	Einlagerungen	50	2.750,00				
Abteilung leiten				2.250,00			
Summe							

Anlage 3

Bereich	Hauptprozess	Anzahl der Hauptprozesse je Auftrag bei einer Menge von		Haupt-prozesskostensatz in Euro	Rest-Gemeinkosten-Zuschlagssatz
		1–5 Stück	6–10 Stück		
Material	Material bestellen	1	3	(siehe 1.2.1)	5 %
Verwaltung/ Vertrieb	Kundenauftrag abwickeln	1	2	124	–

Anlage 4: Kalkulationsdaten für Wohnwand „Comfort"

Skonto	2 %
Rabatt	5 %
Fertigungsgemeinkosten	120 %

Fertigungslöhne je Schrankwand „Comfort" 300,00 EUR

Wir kalkulieren mit einem Gewinnzuschlag von 20 %.

Die Prozesskosten und Restgemeinkosten für die Wohnwand „Comfort" und „Classic" sind identisch (siehe **Anlagen 1** und **3**).

Anlage 5

Sägewerk Hirsch KG

Niederlassung Karlsruhe * Industriestraße 19 * 76135 Karlsruhe

☎ +49 721 99847-0

Karl Schneider GmbH
Am Hesselborn 24
76275 Ettlingen

Rechnungs-Nr.	**45123**
Datum	12.10.2017

Sehr geehrte Damen und Herren,

vielen Dank für Ihren Auftrag!

Hiermit stellen wir Ihnen unsere Lieferung vom 11.10.2017 in Rechnung:

Art-Nr.	Artikelbezeichnung	Menge	Einzelpreis	Betrag
10006	Holzbretter Rosenholz 200 cm × 20 cm	200	204,00	40.800,00
			Nettowarenwert	40.800,00
			+ 19 % USt.	7.752,00
			Rechnungsbetrag	**48.552,00**

Lieferung frei Haus
Zahlungsbedingung: 14 Tage 2,5 % Skonto, 30 Tage rein netto

Mit freundlichen Grüßen

i. A. Ayfer Bayri

Bank: Unternehmerbank Karlsruhe (IBAN DE75 6129 0120 0528 1810 05, BIC GENODES1KAR)
Sitz/Registergericht: Karlsruhe HRA 963
Steuer-Nr.: 47032/00178

Anlage 6

Lagerkarte Rosenholz-Bretter 200 cm × 20 cm				
	Datum	Menge		Anschaffungskosten je Stück
Anfangsbestand	01.01.2017	300		200,00 EUR
Entnahme	20.02.2017		250	
Zugang	15.03.2017	250		185,50 EUR
Zugang	08.08.2017	400		193,75 EUR
Entnahme	10.09.2017		500	
Zugang				
Endbestand				

Anlage 7

LS				
LS-Bank Stuttgart		Auszug 78	Konto	24 999 111
Tag	Text	Wert	zu Lasten	zu Gunsten
	Auszüge der Kontoumsätze			
02.10.	Kaufpreis Grundstück	02.10.	265.000,00	
...				
09.10.	Rechnung Notar	09.10.	1.576,75	
...				
31.10.	Monatsbescheid Grundsteuer Gemeinde Ettlingen	31.10.	165,00	
++++	NEUER ZINSSATZ SEIT 01.10.: 10,25 % IBAN DE66 2405 0000 0024 9991 11 BIC SOLADES1STG			

4 Prüfungsaufgaben Betriebswirtschaft – Geschäftsprozesse Winter 2017/2018

Aufgabe 1 (verändert): Absatzmarketing

Die Kaffeefabrik GmbH ist ein junges aufstrebendes Unternehmen in Reutlingen. Sie produziert Kaffeepads und bietet zusätzlich die speziell dazugehörende Kaffeemaschine an. In Zukunft möchte das Unternehmen neben Kaffeepads auch Kaffeekapseln sowie die dazu passende Kaffeemaschine produzieren. Die Produkteinführung ist für das Frühjahr 2018 geplant. Sie sind Mitarbeiter/-in im Bereich Marketing und mitverantwortlich für die Produkteinführung der Kaffeekapseln und der dazu passenden Kaffeemaschine.

1.1 Durch die Neueinführung der Kaffeekapseln entstehen für das Unternehmen Chancen und Risiken (**Anlage 1**).

Beschreiben Sie jeweils drei Chancen und Risiken.

1.2 Der Kaffeefabrik GmbH liegen die Zahlen aus dem Controlling (**Anlage 2**) und Marktforschungsergebnisse (**Anlage 3**) vor.

1.2.1 Ermitteln Sie tabellarisch den Bruttoverkaufspreis für die Kapselmaschine.

1.2.2 Unterbreiten Sie einen konkurrenzorientierten Preisvorschlag unter Berücksichtigung der Angaben aus den **Anlagen 1–3.**

1.3 Bisher wurden die Kaffeepads über den Einzelhandel und durch Außendienstmitarbeiter vertrieben. Auch der Vertrieb der Kaffeekapseln soll über Außendienstmitarbeiter erfolgen. Das Verkaufsgebiet Deutschland wird in Nord und Süd aufgeteilt. Jedes Gebiet wird von einem Außendienstmitarbeiter betreut. Noch ist offen, ob der Vertrieb über Handlungsreisende oder Handelsvertreter erfolgen soll.

1.3.1 • Berechnen Sie den kritischen Jahresumsatz (**Anlage 4**) und verdeutlichen Sie Ihr Ergebnis grafisch anhand einer Skizze.
• Treffen Sie eine begründete Entscheidung, indem Sie neben dem kritischen Umsatz drei weitere selbstgewählte qualitative Kriterien in einer Entscheidungswerttabelle in Ihre Überlegungen miteinbeziehen.

1.3.2 In Zukunft sollen die Kapseln auch über weitere Vertriebskanäle verkauft werden.

Beschreiben Sie drei geeignete Möglichkeiten und geben Sie eine begründete Empfehlung ab.

1.4 Heute Morgen hat Ihr Marketing-Team eine E-Mail mit Anlagen Ihrer Abteilungsleiterin Frau Berthold erhalten (**Anlagen 5** und **6**).

Sie werden beauftragt, die E-Mail zu bearbeiten und zu beantworten (**Anlage 7**).

Anlage 1: Übersicht über den Kaffeemarkt

Anteil der verschiedenen Kaffeevarianten am gesamten Kaffeemarkt Deutschland (in Prozent):

Jahr	Röstkaffee	Ganze Bohnen	Kapseln	Pads
2013	76,4	15,8	1,3	6,5
2014	74,8	16,1	1,9	7,2
2015	73,2	16,4	2,5	7,9
2016	69,8	16,7	5,2	8,3

Krise bei Branchenführer

Trotz des weiterhin rasch wachsenden Marktes für Espressoautomaten in Deutschland deutet sich überraschenderweise für den Branchenführer ein Absatzrückgang an. Im 1. Quartal verkauften sich die Geräte für das hochpreisige Kapselsystem schlechter, der Absatz ging um 10 % zurück und dies, obwohl der durchschnittliche Preis für die Geräte spürbar sank. Ursächlich für den rückläufigen Absatz scheint einerseits Kritik an der Umweltverträglichkeit der Aluminium-Kapseln, andererseits die steigende Konkurrenz durch Discounter zu sein. Diese bieten seit einiger Zeit verstärkt eigene Kapselsysteme an (Kaffeemaschine und Kaffeekapseln).

Vor- und Nachteile der Kapselmaschinen

Der Vorzug der Kapselmaschinen gegenüber den klassischen Siebträgern ist die spielend leichte Bedienung, der geringere Stromverbrauch und die geringere Größe der Maschinen. Die Nachteile: ein deutlich höherer Kilopreis des Kaffees, die geringere Vielfalt der Bohnen und die fehlende Nachhaltigkeit – das Abfallproblem bei der Entsorgung der Kapseln.

Anlage 2: Zahlen aus dem Controlling

Kosten einer Kaffeemaschine für Kapseln:

Materialeinzelkosten:	20,00 EUR
Fertigungslöhne:	10,00 EUR
Materialgemeinkostensatz:	20 %
Fertigungsgemeinkostensatz:	150 %
Vertriebsgemeinkosten:	30 %
Verwaltungsgemeinkosten:	10 %
Mindestgewinn:	10 %

Anlage 3: Marktforschungsergebnisse

Verkaufspreise der Konkurrenz

Unternehmen	Bruttoverkaufspreis
Crema KG	179,90 EUR
Total Coffee GmbH	99,90 EUR
Nestara GmbH	69,90 EUR

Stärken und Schwächen-Analyse der Marktteilnehmer

	Crema KG				Total Coffee GmbH				Nestara GmbH				Kaffeefabrik GmbH			
	1	2	3	4	1	2	3	4	1	2	3	4	1	2	3	4
Kaffeequalität			x				x			x						x
Design			x			x			x							x
Reinigung der Maschine			x			x			x						x	
Verarbeitungsqualität			x			x			x						x	

1 = schlecht
2 = nicht zufriedenstellend
3 = gut
4 = sehr gut

Anlage 4: Interne Mitteilung

Kaffeefabrik GmbH

Interne Mitteilung

Für das Jahr 2018 wird mit einem Gesamtabsatz von 9.000.000 Kaffeekapseln gerechnet. Bis zum Jahr 2020 wird mit einer Absatzsteigerung von 20 % gerechnet.

Verkaufspreis pro Kapsel: 0,30 EUR

Kosten für einen Reisenden: monatliches Fixum 2.500,00 EUR; 2 % Umsatzprovision
Kosten für einen Handelsvertreter: 4 % Umsatzprovision

Anlage 5: E-Mail von Frau Berthold

Von:	monika.berthold@kaffeefabrik-gmbh.com
An:	marketingabteilung@kaffeefabrik-gmbh.com
Betreff:	Kommunikationspolitische Maßnahmen für die neuen Kaffeekapseln

Hallo Marketing-Team,
die Markteinführung der neuen Kaffeekapseln ist für das Frühjahr 2018 geplant.

- Der Werbeplan muss noch mit Erläuterungen vervollständigt werden. Ein Formular sowie die Marktforschungsergebnisse sind im Anhang beigefügt.

- Ihr Team sollte sich auch Gedanken über weitere kommunikationspolitische Maßnahmen machen. Bitte schlagen Sie mir drei weitere geeignete kommunikationspolitische Instrumente neben der Absatzwerbung vor.
  Erläutern Sie konkret diese Instrumente bei der Einführung der Kaffeekapseln und zeigen Sie deren Vorteile auf.

Bitte teilen Sie mir Ihre Ergebnisse bis morgen 10:00 Uhr per E-Mail mit, damit ich diese auf unserer Abteilungsleiter-Sitzung präsentieren kann.

Gruß

Monika Berthold

Abteilungsleiterin Marketingabteilung

Anhang:	Formular Werbeplan.docx (**Anlage 7**) Marktforschungergebnisse.docx (**Anlage 6**)

Anlage 6: Marktforschungsergebnisse

Zubereitungsart nach Haushaltseinkommen (Auswahl):

Bevölkerung ab 18 Jahren in Deutschland, 2016

Haushaltseinkommen (in Euro)	Kaffeetrinker gesamt (in %)	Einzelportionstrinker (u. a. Kapseln) (in %)
bis unter 500,00	0,8	0,7
500,00 bis unter 1.000,00	6,5	3,9
1.000,00 bis unter 1.500,00	14,1	10,3
1.500,00 bis unter 2.000,00	18,3	13,3
2.000,00 bis unter 2.500,00	17,2	14,2
2.500,00 bis unter 3.000,00	13,0	14,7
3.000,00 bis unter 3.500,00	10,2	16,2
3.500,00 bis unter 4.000,00	7,1	18,8
4.000,00 und mehr	12,8	17,6
insgesamt	100,0	100,0

Prozentualer Anteil am Verbrauch der Kaffeekapseln nach Geschlecht und Alter:

Jahr	Frauen	Männer	Insgesamt
2014	66,6	33,4	100
2015	58,1	41,9	100
2016	56,4	43,6	100

Jahr	18 bis 35 Jahre	36 bis 50 Jahre	Über 50 Jahre	Insgesamt
2014	30,1	52,6	17,3	100
2015	28,4	53,1	18,5	100
2016	28,6	53,5	17,9	100

Anlage 7: Werbeplan

Werbeplan Kaffeekapseln	
Werbeobjekt	Kaffeekapseln
Werbeziel	
Streukreis (drei Zielgruppen)	
Streuzeit (Werbezeit)	
Streugebiet	

Aufgabe 2: Beschaffung und Produktion

Sie sind Auszubildende/-r der „Möbelworld GmbH" im Rems-Murr-Kreis. Diese produziert mittels Baukastenprinzip Möbel für den Alltagsgebrauch sowie für den Bürobedarf. Zukünftig soll für junge Leute eine günstige Linie angeboten werden. Als erstes Projekt wird ein moderner TV-Tisch (TV 01) produziert.

2.1   Erklären Sie das Baukastenprinzip und nennen Sie zwei Vorteile.

2.2   Für die Fertigung der Schubladen des TV-Tisches entsteht ein Mehrbedarf an Teleskopschienen (P352), die fremdbezogen werden.

2.2.1   Das erste Fertigungslos umfasst 10.000 Schubladen und soll am 02.10.2017 gefertigt werden. Für eine Schublade werden immer zwei Schienen benötigt.

Ermitteln Sie unter Berücksichtigung der Lager-Dispositionskarte (**Anlage 1**) die Menge, die für das erste Los beschafft werden muss.

2.2.2   Aufgrund des zusätzlichen Bedarfes an Teleskopschienen wurde vom bisherigen Lieferanten ein neues Angebot eingeholt. Dieser sagt eine Lieferung zum 30.09.2017 zu. Am 04.10.2017 ist die Ware noch nicht eingetroffen.

Prüfen Sie mithilfe des Gesetzes (**Anlage 2**), ob die Möbelworld GmbH vom Kaufvertrag zurücktreten kann.

2.2.3   Gehen Sie davon aus, dass die Möbelworld GmbH vom Vertrag zurückgetreten ist. Im Zuge des Lieferungsverzugs wurden zwei weitere Angebote eingeholt (**Anlagen 3** und **4**).

Ermitteln Sie die Einstandspreise für beide Angebote.

Hinweis: Falls Sie in 2.2.1 keine Anzahl ermitteln konnten, gehen Sie von 18.600 Stück aus.

2.2.4   Die Teleskopschienen werden beim preisgünstigeren Lieferanten bestellt und am 12.10. geliefert.

Bilden Sie die Buchungssätze für
• die Eingangsrechnung (bestandsorientiert),
• den Zahlungsausgleich, wenn die Möbelworld GmbH am 25.10. die Rechnung begleicht.

2.2.5   Im Hinblick auf die Kostenkontrolle wird die Lagerhaltung genauer untersucht. Für das nächste Meeting mit der Geschäftsleitung werden Sie gebeten, die Lagerkennziffern für das 3. Quartal 2017 aufzubereiten.

Analysieren Sie exemplarisch anhand der Teleskopschienen die Wirtschaftlichkeit des Lagers und unterbreiten Sie zwei Verbesserungsvorschläge (**Anlagen 1** und **5**).

2.2.6   Ihr Abteilungsleiter fordert von Ihnen die Prüfung des Beschaffungsvorgangs aufgrund der veränderten Produktionsmengen. Dazu erhalten Sie von ihm die Daten in **Anlage 6**.

Erläutern Sie drei Rückschlüsse, die sich für die Beschaffung der Teleskopschienen ergeben.

2.3   Durch den verstärkten Preiskampf in der Möbelbranche muss die Geschäftsleitung die Kosten optimieren. Folgende Daten liegen ihnen für die Schreibtische vor:
- Die Kapazitätsgrenze liegt bei 20.000 Stück pro Quartal.
- Bei einer Ausbringung von 15.000 Stück im dritten Quartal des Jahres entstanden Gesamtkosten in Höhe von 4.400.000,00 EUR. Im zweiten Quartal betrugen diese bei 12.500 hergestellten Schreibtischen und identischer Kostenstruktur 4.000.000,00 EUR.
- Die Erlöse für 15.000 Stück belaufen sich auf 5.400.000,00 EUR.

2.3.1   Berechnen Sie den Beschäftigungsgrad, bei dem der Betrieb kostendeckend produziert.

2.3.2   Beschreiben Sie anhand einer Skizze, warum die Geschäftsleitung im Hinblick auf die Gesamtkosten an der Kapazitätsgrenze produzieren möchte.

Anlage 1

LAGER - DISPOSITIONSKARTE					3. Quartal

Teile-Nr.:	P352				
Teilebezeichnung:	Teleskopschienen				

Mindestbestand:	3.000		Kartennumner:		121
Höchstbestand:	70.000		Einheit:		Stück

Datum	Beleg	Zugang	Abgang	Lager-bestand	Reservierter Bestand
03.07.2017	Anfangsbestand			55.000	
12.08.2017	LS 0015	10.000		65.000	
15.08.2017	ME 0008		8.000	57.000	
11.09.2017	ME 0015		3.000	54.000	
20.09.2017	LS 0020	6.000		60.000	
25.09.2017	ME 0034		54.000	6.000	1.500
30.09.2017	Endbestand 3. Quartal			6.000	

Anlage 2: Auszug aus dem BGB

§ 276 Verantwortlichkeit des Schuldners

(1) Der Schuldner hat Vorsatz und Fahrlässigkeit zu vertreten, wenn eine strengere oder mildere Haftung weder bestimmt noch aus dem sonstigen Inhalt des Schuldverhältnisses, insbesondere aus der Übernahme einer Garantie oder eines Beschaffungsrisikos zu entnehmen ist. Die Vorschriften der §§ 827 und 828 finden entsprechende Anwendung.

(2) Fahrlässig handelt, wer die im Verkehr erforderliche Sorgfalt außer Acht lässt.

(3) Die Haftung wegen Vorsatzes kann dem Schuldner nicht im Voraus erlassen werden.

§ 280 Schadensersatz wegen Pflichtverletzung

(1) Verletzt der Schuldner eine Pflicht aus dem Schuldverhältnis, so kann der Gläubiger Ersatz des hierdurch entstehenden Schadens verlangen. Dies gilt nicht, wenn der Schuldner die Pflichtverletzung nicht zu vertreten hat.

(2) Schadensersatz wegen Verzögerung der Leistung kann der Gläubiger nur unter der zusätzlichen Voraussetzung des § 286 verlangen.

(3) Schadensersatz statt der Leistung kann der Gläubiger nur unter den zusätzlichen Voraussetzungen des § 281, des § 282 oder des § 283 verlangen.

§ 286 Verzug des Schuldners

(1) Leistet der Schuldner auf eine Mahnung des Gläubigers nicht, die nach dem Eintritt der Fälligkeit erfolgt, so kommt er durch die Mahnung in Verzug. Der Mahnung stehen die Erhebung der Klage auf die Leistung sowie die Zustellung eines Mahnbescheids im Mahnverfahren gleich.

(2) Der Mahnung bedarf es nicht, wenn

1. für die Leistung eine Zeit nach dem Kalender bestimmt ist,
2. der Leistung ein Ereignis vorauszugehen hat und eine angemessene Zeit für die Leistung in der Weise bestimmt ist, dass sie sich von dem Ereignis an nach dem Kalender berechnen lässt,
3. der Schuldner die Leistung ernsthaft und endgültig verweigert,
4. aus besonderen Gründen unter Abwägung der beiderseitigen Interessen der sofortige Eintritt des Verzugs gerechtfertigt ist.

(3) Der Schuldner einer Entgeltforderung kommt spätestens in Verzug, wenn er nicht innerhalb von 30 Tagen nach Fälligkeit und Zugang einer Rechnung oder gleichwertigen Zahlungsaufstellung leistet; dies gilt gegenüber einem Schuldner, der Verbraucher ist, nur, wenn auf diese Folgen in der Rechnung oder Zahlungsaufstellung besonders hingewiesen worden ist. Wenn der Zeitpunkt des Zugangs der Rechnung oder Zahlungsaufstellung unsicher ist, kommt der Schuldner, der nicht Verbraucher ist, spätestens 30 Tage nach Fälligkeit und Empfang der Gegenleistung in Verzug.

(4) Der Schuldner kommt nicht in Verzug, solange die Leistung infolge eines Umstands unterbleibt, den er nicht zu vertreten hat.

[...]

§ 323 Rücktritt wegen nicht oder nicht vertragsgemäß erbrachter Leistung

(1) Erbringt bei einem gegenseitigen Vertrag der Schuldner eine fällige Leistung nicht oder nicht vertragsgemäß, so kann der Gläubiger, wenn er dem Schuldner erfolglos eine angemessene Frist zur Leistung oder Nacherfüllung bestimmt hat, vom Vertrag zurücktreten.

(2) Die Fristsetzung ist entbehrlich, wenn

1. der Schuldner die Leistung ernsthaft und endgültig verweigert,

2. der Schuldner die Leistung bis zu einem im Vertrag bestimmten Termin oder innerhalb einer im Vertrag bestimmten Frist nicht bewirkt, obwohl die termin- oder fristgerechte Leistung nach einer Mitteilung des Gläubigers an den Schuldner vor Vertragsschluss oder auf Grund anderer den Vertragsabschluss begleitenden Umstände für den Gläubiger wesentlich ist, oder

3. im Falle einer nicht vertragsgemäß erbrachten Leistung besondere Umstände vorliegen, die unter Abwägung der beiderseitigen Interessen den sofortigen Rücktritt rechtfertigen.

(3) Kommt nach der Art der Pflichtverletzung eine Fristsetzung nicht in Betracht, so tritt an deren Stelle eine Abmahnung.

(4) Der Gläubiger kann bereits vor dem Eintritt der Fälligkeit der Leistung zurücktreten, wenn offensichtlich ist, dass die Voraussetzungen des Rücktritts eintreten werden.

(5) Hat der Schuldner eine Teilleistung bewirkt, so kann der Gläubiger vom ganzen Vertrag nur zurücktreten, wenn er an der Teilleistung kein Interesse hat. Hat der Schuldner die Leistung nicht vertragsgemäß bewirkt, so kann der Gläubiger vom Vertrag nicht zurücktreten, wenn die Pflichtverletzung unerheblich ist.

(6) Der Rücktritt ist ausgeschlossen, wenn der Gläubiger für den Umstand, der ihn zum Rücktritt berechtigen würde, allein oder weit überwiegend verantwortlich ist oder wenn der vom Schuldner nicht zu vertretende Umstand zu einer Zeit eintritt, zu welcher der Gläubiger im Verzug der Annahme ist.

Anlage 3

Solto KG

Solto KG, Leipziger Straße 100, 10409 Berlin

Möbelworld GmbH
Im Grüble 10
71336 Waiblingen

Ihr Zeichen	Unser Zeichen	Nachricht vom	Datum
MG	LB	04.10.2017	05.10.2017

Angebot

Sehr geehrte Frau Geist,

vielen Dank für die Anfrage nach Teleskopschienen. Gerne bieten wir die von Ihnen angefragte Anzahl Teleskopschienen mit einem Stückpreis von 4,90 EUR zuzüglich USt. an:

Ausstattungsmerkmale:

- Länge 25 cm
- Höhe 1,5 cm
- inklusive Vorschraubbefestigung
- Tragkraft von 25 kg

Die Teleskopschienen werden in unserem Werk Berlin gefertigt. Für Versand und Verpackung berechnen wir daher eine Pauschale von 150,00 EUR. Als Wiederverkäufer erhalten Sie einen Rabatt von 10 %. Die Zahlung erfolgt innerhalb von 30 Tagen ohne Abzug nach Rechnungseingang oder innerhalb von 14 Tagen unter Abzug von 2 % Skonto auf den Warenwert.

Über Ihren Auftrag würden wir uns freuen.

Mit freundlichen Grüßen

i. A. Schlotterbeck

Schlotterbeck, Solto KG

Telefon: 030 23456	Bankverbindung:	USt-IdNr.: DE 59625596
Fax: 030 23456-01	DE14 1008 0088 0035 8856 22	Geschäftsführer: Alois Hoch
www.solto-berlin.com	BIC DRESDEFF100	HRA: 58636170

Anlage 4

Möbelmanufaktur AG

Möbelmanufaktur AG, Hauptstraße 32, 80335 München

Möbelworld GmbH   München, 05.10.2017
Im Grüble 10
71336 Waiblingen

Angebot

Sehr geehrte Frau Geist,

vielen Dank für Ihre Anfrage. Aus unserem Programm „push and pull" bieten wir Ihnen an:

Teleskopschiene „life" mit hochwertigem verarbeitetem Stahl. Bei der Ausstattung wurden in Sachen Qualität und Beschaffenheit höchste Maßstäbe gesetzt. Die Schiene ist bereits montagefertig zusammengesetzt und mit unterschiedlichen Bohrvorrichtungen für die Weiterverarbeitung ausgestattet. Zudem enthalten die Scharniere eine Entriegelung der Führung, damit man jederzeit die Schublade wieder herausnehmen kann. Die Tragkraft beläuft sich auf 35 kg. Wir stellen Teleskopschienen nach den Anforderungen der ISO 9001:2008 her.

Der Preis für die nachgefragte Stückzahl Teleskopschienen beträgt pro Schiene 5,55 EUR und versteht sich ohne Umsatzsteuer. Ab einem Warenwert von 500,00 EUR gewähren wir 5 % Rabatt, ab 5.000,00 EUR 10 % Rabatt.

Die Lieferzeit beträgt 14 Tage nach Bestellungseingang.

Die Lieferung erfolgt mit eigenem Lkw. Hierfür berechnen wir eine Transportkostenpauschale von 100,00 EUR. Die Schienen werden in Folie eingeschweißt geliefert. Paletten und Verpackungsmaterial werden von uns auf Wunsch kostenlos zurückgenommen.

Wir erbitten Ihre Zahlung 30 Tage ab Rechnungsdatum. Bei Zahlung innerhalb 10 Tagen gewähren wir 3 % Skonto auf den Warenwert. Die Schienen bleiben bis zur vollständigen Bezahlung unser Eigentum.

Bitte prüfen Sie unser Angebot. Wir freuen uns auf Ihren Auftrag.

Mit freundlichen Grüßen

i. A. Mayer

Telefon: 089 2569870	Bankverbindung:	USt-IdNr.: DE535525596
Fax: 089 2569871	DE78 7001 0080 0000 9156 02	Geschäftsführer: Franz Koch
www.moebelmanufaktur.com	BIC PBNKDEFFXXX	HRB: 6489245

Anlage 5: Ausschnitt aus einer Fachzeitschrift „Möbel und Co"

Neue Trends bringen die Möbelbranche wieder auf Vordermann

In der Möbelbranche besteht ein harter Kampf zwischen den Möbeldiscountern und den auf Qualität setzenden Möbelhäusern. Doch warum in den Kampf ziehen, wenn man auch auf den fahrenden Zug aufspringen kann. So scheint die neue Strategie vieler Möbelhäuser zu sein, durch extravagante Designs zu einem erschwinglichen Preis junge Kunden in die Warenhäuser zu locken.

Dazu beigetragen hat die verbesserte Strategie der Möbelhersteller. Diese verbesserten ihre Kostenstruktur durch eine effizientere Lagerhaltung oder Lieferantenauswahl.

Und die Strategie scheint aufzugehen, wenn man die Zahlen vom dritten Quartal dieses Jahres betrachtet. So ist selbst bei den einzelnen Herstellungskomponenten die Umschlagshäufigkeit durchschnittlich auf 2,3 gestiegen. Viele Möbelhersteller konnten somit eine Lagerdauer von 48 Tagen generieren.

Anlage 6

Bezeichnung	Jahresbedarf in Stück	Einstandspreis in Euro	Jahresbedarf in Euro	Prozentualer Wertanteil
Griffe	520.200	0,80	416.160,00	12,3
Seitenwände	800.100	0,50	400.050,00	11,9
Tischplatte	120.000	2,80	336.000,00	10,0
Rollen	380.000	1,70	646.000,00	19,2
Teleskopschiene	280.000	4,90	1.372.000,00	40,7
Schrauben	2.130.000	0,05	106.500,00	3,2
Holzdübel	1.650.000	0,04	66.000,00	2,0
Rückwand	120.000	0,25	30.000,00	0,9

5   Prüfungsaufgaben Steuerung und Kontrolle Sommer 2018

Aufgabe 1 (verändert)

Die Sapper GmbH ist eine Herstellerin von Möbeln. Sie sind als Auszubildende/-r momentan in der Finanzabteilung der Sapper GmbH beschäftigt.

1.1.1   Von Ihrem Vorgesetzten, Herrn Weil, erhalten Sie eine E-Mail (**Anlage 1**) mit den Daten zum Produktprogramm Esstische (**Anlage 2**).

Bearbeiten Sie die darin enthaltenen Arbeitsaufträge.

1.1.2   Ihr Abteilungsleiter, Herr Weil, möchte alle Produkte im Produktionsprogramm belassen. Notieren Sie für die Präsentation bei der Geschäftsleitung drei Argumente, die dafür sprechen.

1.2.1   Für die Polstergarnitur „Noventa 300" liegen die Daten aus der Abteilung Controlling vor (**Anlage 3**).

Ermitteln Sie den Listenverkaufspreis.

1.2.2   Es hat sich gezeigt, dass die Polstergarnitur „Noventa 300" aus konkurrenzbedingten Gründen höchstens zu einem Listenverkaufspreis von 1.400,00 EUR angeboten werden kann.

Ermitteln Sie die Auswirkungen auf den Gewinn in Euro und in Prozent.

Hinweis: Alle sonstigen Zuschlagssätze bleiben unverändert.

1.2.3   Begründen Sie, wie die langfristige Preisuntergrenze auf Basis der Teilkostenrechnung allgemein ermittelt wird.

Aufgabe 2

Zu Ihren Aufgaben in der Finanzabteilung zählen auch das Buchen von Belegen und die Vorbereitung bzw. die Nachbereitung des Jahresabschlusses.

2.1   Ihnen wird eine Rechnung der Teufel GmbH vorgelegt (**Anlage 4**).

2.1.1   Bilden Sie den Buchungssatz.

2.1.2   Bilden Sie den Buchungssatz für die Zahlung der Rechnung am 13.05.2018.

2.2   Aufgrund eines Gebäudeschadens in der Lagerhalle im Herbst 2017 wurden am Ende des Geschäftsjahres 5.000,00 EUR für die Reparatur zurückgestellt.

2.2.1   • Geben Sie den Buchungssatz zum Geschäftsjahresende 2017 an.
• Begründen Sie, wie sich der Sachverhalt auf das Betriebsergebnis ausgewirkt hat.

2.2.2   Am 02.05.2018 erhalten wir, nach erfolgter Reparatur, die Rechnung des Handwerkers über 5.500,00 EUR zuzüglich 19 % Umsatzsteuer.

Bilden Sie den Buchungssatz.

2.3   Von unserer Kundin Müller GmbH erhalten Sie ein Schreiben, in dem uns mitgeteilt wird, dass sich die Müller GmbH in Zahlungsschwierigkeiten befindet. Die Kundin bittet um einen Vergleich der noch ausstehenden Rechnungen (**Anlage 5**). Ihr Unternehmen geht darauf ein und einigt sich mit der Müller GmbH auf eine Vergleichsquote von 30 %.

Bilden Sie den Buchungssatz für den Forderungsausfall.

2.4   Die Geschäftsleitung beauftragt Sie, den Jahresabschluss 2017 (**Anlage 6**) auszuwerten.

2.4.1   Berechnen und beurteilen Sie die Liquidität 1. und 2. Grades des Unternehmens im Jahr 2017.

2.4.2   Unterbreiten Sie der Geschäftsleitung drei Vorschläge zur Verbesserung der Liquidität.

2.4.3   • Berechnen Sie die Umsatz- und Gesamtkapitalrentabilität.
         • Vergleichen Sie Ihre Ergebnisse mit den Branchenwerten aus **Anlage 7.**

Anlage 1

Von:	weil@sapper-gmbh.de
An:	azubi-fa@sapper-gmbh.de
Betreff:	Arbeitsauftrag

Liebe/-r Auszubildende/-r,

für eine Präsentation bei der Geschäftsleitung benötige ich die Aufarbeitung einiger Daten. Bitte geben Sie mir eine Empfehlung, wie mit dem Produktprogramm der Produktgruppe Esstische zu verfahren ist. Die Daten erhalten Sie aus dem Dateianhang (**Anlage 2**). Bitte zeigen Sie auch die Auswirkungen auf unser Betriebsergebnis auf.

Zudem haben wir eine Anfrage der Möbelhandelskette Futura bekommen. Diese möchte 150 Stück vom Esstisch Alina zum Nettopeis von 187,50 EUR und 200 Stück vom Esstisch Vanessa zum Nettopreis von 199,00 EUR geliefert bekommen. Bitte prüfen Sie die Annahme der Zusatzaufträge und die Auswirkung auf das Betriebsergebnis.

Mit freundlichem Gruß

Weil

Anlage 2

Auszug aus der Umsatzstatistik der Produktgruppe Esstische der Sapper GmbH vom April 2018

	Vanessa	Alina	Sarah
Umsatz in Euro	357.700,00	413.400,00	185.250,00
Variable Gesamtkosten in Euro	255.500,00	392.200,00	188.100,00
Produktions- und Absatzmenge in Stück	1.460,00	2.120,00	950,00
Kapazitätsauslastung in %	81,11 %	96,36 %	63,33 %
Fixe Kosten in Euro für Produktgruppe		72.000,00	

Anlage 3

Daten aus der Vollkostenrechnung für Noventa 300

Einzelkosten		Kostenzuschlagssätze	
Materialeinzelkosten	118,00 EUR	Materialgemeinkosten	15 %
Fertigungslöhne	324,00 EUR	Fertigungsgemeinkosten	150 %
Sondereinzelkosten der Fertigung	42,50 EUR	Verwaltungsgemeinkosten	12 %
		Vertriebsgemeinkosten	8 %

Sonstige Zuschläge

Rabatt	10 %
Skonto	2 %
Gewinn	9 %

Anlage 4

Teufel GmbH

Teufel GmbH – Rostocker Str. 27 – 71083 Herrenberg

Rechnung

Sapper GmbH
Nagolder Str. 15
72181 Felldorf

Kundennummer:	56887
Lieferschein-Nr.:	32108
Rechnungs-Nr.:	34506

Ihre Zeichen,	Ihre Nachricht vom	Unsere Zeichen, unsere Nachricht vom	Telefondurchwahl,	Name	Datum
	2018-04-24	bt	-337	Beiter	2018-05-03

Sehr geehrte Damen und Herren,

aufgrund unserer Lieferung vom 25.04.2018 stellen wir Ihnen Folgendes in Rechnung:

Nr.	Beschreibung	Menge	VK-Preis	Rabatt		Betrag
1	Möbelbeschläge XR-100	1.000	524,36 EUR	5 %		498,14 EUR
2	Verpackung	1	4,50 EUR			4,50 EUR
	Nettobetrag					502,64 EUR
	Umsatzsteuer				19 %	95,50 EUR
	Rechnungsbetrag					**598,14 EUR**

Zahlungsbedingungen: 14 Tage 2 % Skonto, 30 Tage netto

Vielen Dank für den Auftrag.

Mit freundlichem Gruß

Teufel GmbH

i. A. Beiter

	Kontakt		Bankverbindung	
Rostocker Str. 27	Tel:	+49 7032 837 0	Bank:	Sparkasse
71083 Herrenberg	Fax:	+49 7032 837 60	Bankort:	Tübingen
Geschäftsführer Lars Teufel	E-Mail:	info@teufel-herrenberg.de	IBAN	DE36 6415 0020 0001 7583 96
HRB 67492	Internet:	www.teufel-herrenberg.de	BIC	SOLADES1TUB

Anlage 5

Offene Posten-Liste

Debitor Müller GmbH Kd.-Nr. 125467

Rechnung	Datum	Verzug	Mahnung	Bezahlt	Offen
32542	12.11.17	114 Tage	3	0	1.235,66
32611	24.11.17	101 Tage	3	0	2.453,21
38561	03.02.18	63 Tage	2	0	1.785,13
Anzahl der Posten		3			**5.474,00**

Anlage 6

Aktiva	verkürzte Bilanz Sapper GmbH zum 31.12.2017 (in Euro)		Passiva
Gebäude und Grundstücke	1.240.000,00	Stammkapital[1]	1.500.000,00
Technische Anlagen	800.000,00	Jahresüberschuss	185.590,00
Fuhrpark	340.000,00	Langfr. Verb. ggü. Kredit-	
Betriebsausstattung	640.040,00	instituten	1.301.880,00
Roh-, Hilfs- u. Betriebsstoffe	182.000,00	Verb. a. LL.	626.150,00
Erzeugnisse	130.000,00		
Forderungen	245.920,00		
Bank	20.760,00		
Kasse	14.900,00		
Bilanzsumme	3.613.620,00	Bilanzsumme	3.613.620,00

[1] Entspricht dem durchschnittlichen Kapital des Geschäftsjahres

Aufwendungen	GuV Sapper GmbH zum 31.12.2017 (in Euro)		Erträge
Aufwendungen für RHB	1.580.400,00	Umsatzerlöse	3.845.240,00
Aufwendungen für Instandhaltung	82.000,00		
Löhne und Gehälter	1.875.000,00		
Abschreibungen	69.250,00		
Zinsaufwand	53.000,00		
Jahresüberschuss	185.590,00		
	3.845.240,00		3.845.240,00

Anlage 7

Kennzahlen der Möbelindustrie für das Jahr 2017

Umsatzrentabilität:	5,21 %
Gesamtkapitalrentabilität:	6,41 %
Eigenkapitalquote:	24,36 %

6 Prüfungsaufgaben Betriebswirtschaft – Geschäftsprozesse Sommer 2018

Aufgabe 1: Investitions- und Finanzierungsprozesse

Die Zugspitze KG ist ein mittelständisches Unternehmen mit Sitz in Stuttgart und einer der führenden Hersteller hochwertiger Schreibgeräte „Made in Germany".

Eine in Auftrag gegebene Marktstudie hat gezeigt, dass mit zunehmender Digitalisierung ein großes Absatzpotential an digitalen Schreibgeräten erwartet wird. Die Forschungsabteilung der Zugspitze KG hat daraufhin den „Screen Pen" entwickelt. Mit diesem Produkt lassen sich individuelle handgeschriebene Notizen und Nachrichten jederzeit schnell und einfach digital festhalten und verschicken. Da die Kapazität des bisherigen Werkes in Stuttgart mit dem aktuellen Produktportfolio vollständig ausgelastet ist, soll für die Produktion des „Screen Pen" ein modernes Zweigwerk in Esslingen errichtet werden.

Die beiden Komplementäre Frau Kalkbrenner und Herr van Buuren rechnen durch die Errichtung des Zweigwerks im kommenden Jahr mit Liquiditätsengpässen.

Als Mitarbeiter/-in der Abteilung Controlling & Finanzen sind Sie Teil des Projektteams „Esslingen" und mitverantwortlich für eine gesicherte Investitions- und Finanzierungsplanung. Daher treffen Sie für dieses Projekt folgende Vorbereitungen.

1.1 Ermitteln Sie in einer übersichtlichen Auflistung den Gesamtkapitalbedarf für die Errichtung des Zweigwerkes in Esslingen. Dafür stehen Ihnen Informationen in **Anlage 1** zur Verfügung.

1.2 Für die neue Produktionsmaschine hat Frau Kalkbrenner bei der S-Bank Stuttgart und der U-Bank Frankfurt Kreditangebote eingeholt. Die relevanten Informationen hat sie in einer E-Mail an das Projektteam übermittelt (**Anlage 2**).

1.2.1 Prüfen Sie für beide Kreditsicherungsmöglichkeiten, ob die von den Banken geforderten Kreditsicherheiten vorhanden sind (**Anlagen 2–4**).

1.2.2 • Erstellen Sie die Zins- und Tilgungspläne zu den beiden Kreditangeboten (**Anlage 5**).
 • Berechnen Sie jeweils die Effektivverzinsung (**Anlage 5**).
 • Diskutieren Sie die Vorteile der beiden Kreditangebote und unterbreiten Sie Frau Kalkbrenner einen begründeten Vorschlag, welches Kreditangebot angenommen werden sollte.

1.3 Außerdem liegt Ihnen das Angebot des Privatiers Robert Schulz vor, sich mit 400.000,00 EUR als Kommanditist an der Zugspitze KG zu beteiligen.
 • Charakterisieren Sie das Angebot hinsichtlich der vorliegenden Finanzierungsart, der Rechtsstellung der Kapitalgeber und der Kapitalherkunft.
 • Beschreiben Sie zwei Vorteile, die für eine Aufnahme von Herrn Schulz sprechen, gegenüber einem Bankdarlehen.

1.4 Herr van Buuren spricht sich gegen die Aufnahme von Herrn Schulz als Kommanditisten aus. Seiner Ansicht nach wird dadurch die Möglichkeit der offenen Selbstfinanzierung der Zugspitze KG eingeschränkt.

1.4.1 Nehmen Sie zu dieser Meinung von Herrn van Buuren Stellung.

1.4.2 • Beurteilen Sie die Aufnahme von Robert Schulz als Kommanditisten anhand der Veränderung der Eigenkapitalquote mithilfe eines rechnerischen Nachweises (**Anlage 3**).
 • Erläutern Sie auch mögliche Auswirkungen auf die Eigenkapitalrentabilität der Zugspitze KG.

Anlage 1: Interne Mitteilung von Herrn van Buuren

An:	projektteam-esslingen@zugspitze-kg.com
Cc:	
Betreff:	Basisdaten für Investitionsvorhaben

Sehr geehrte Mitarbeiterinnen und Mitarbeiter des Projektteams,

wie telefonisch besprochen, sende ich Ihnen anbei die für Ihre Kalkulation benötigten Daten. Bitte lassen Sie mich umgehend wissen, wie hoch der Kapitalbedarf für die Errichtung des geplanten Zweigwerkes in Esslingen sein wird!

Folgendes:

- Uns liegt ein Angebot für ein Grundstück in Höhe von 1.600.000,00 EUR inkl. aller Anschaffungsnebenkosten vor.
- Die Baukosten für die kombinierte Produktions- und Lagerhalle belaufen sich auf ca. 1.500.000,00 EUR. Für den Innenausbau müssen wir mit weiteren 326.000,00 EUR rechnen. Die benötigten Baugenehmigungen belaufen sich auf ca. 14.000,00 EUR.
- Für die neue Produktionsmaschine liegt uns ein Angebot über 416.500,00 EUR (inkl. 19 % USt.) vor.
- Für den Produktionsstart benötigen wir einen Materialvorrat in Höhe von 5.000,00 EUR.
- 2.000,00 EUR täglicher Materialeinsatz, Fertigungslöhne pro Tag 1.200,00 EUR
- Materialgemeinkosten 25 %, Fertigungsgemeinkosten 150 %
- Lagerdauer des Fertigungsmaterials elf Tage, durchschnittliche Produktionsdauer zwei Tage, Lagerdauer der Fertigprodukte vier Tage
- Als Eiserner Bestand wird das Achtfache des täglichen Materialbedarfs veranschlagt.
- 600,00 EUR Verwaltungs- und Vertriebsgemeinkosten pro Tag
- Unsere Lieferanten gewähren uns ein Zahlungsziel von acht Tagen.
- Unsere Kunden nehmen durchschnittlich ein Zahlungsziel von 25 Tagen in Anspruch.

Mit besten Grüßen

Arminius van Buuren
Zugspitze KG

E-Mail:	arminius.vanbuuren@zugspitze-kg.com
Internet:	www.zugspitze-kg.com
Telefon:	0711 249-100
Telefax:	0711 249-110

Postanschrift:	Postfach 12 14, 70499 Stuttgart
Hausanschrift/Sitz:	Rotebühlstraße 171, 70184 Stuttgart
Komplementäre:	Paula Kalkbrenner, Arminius van Buuren
Handelsregister:	HRA 2298 beim Amtsgericht Stuttgart

Anlage 2: Interne Mitteilung von Frau Kalkbrenner

An:	projektteam-esslingen@zugspitze-kg.com
Cc:	
Betreff:	Kreditangebote

Sehr geehrte Mitarbeiterinnen und Mitarbeiter des Projektteams,

der Bruttopreis unserer Produktionsmaschine in Höhe von 416.500,00 EUR soll zu 100 % fremdfinanziert werden. Die Nutzungsdauer der Maschine beläuft sich auf 8 Jahre.

Nach Rücksprache mit der S-Bank Stuttgart und der U-Bank Frankfurt bezüglich eines Kredites liegen uns nun die zwei folgenden Finanzierungsalternativen vor:

- **U-Bank:** Zinssatz 4 %, Auszahlung 98 %, Kreditlaufzeit vier Jahre, Rückzahlung am Ende der Laufzeit

- **S-Bank:** Zinssatz 2,75 %, Auszahlung 100 %, jährliche Annuität 111.380,68 EUR, Kreditlaufzeit vier Jahre

Bei beiden Banken kann die Kreditsicherung durch eine Sicherungsübereignung mit einem Beleihungssatz von 50 % oder in Form einer Grundschuld (Beleihungsgrenze 80 %) erfolgen. Unsere maschinellen Anlagen sind bereits mit 2.590.000,00 EUR sicherungsübereignet.

Mit besten Grüßen

Paula Kalkbrenner
Zugspitze KG

E-Mail:	paula.kalkbrenner@zugspitze-kg.com
Internet:	www.zugspitze-kg.com
Telefon:	0711 249-100
Telefax:	0711 249-110

Postanschrift:	Postfach 12 14, 70499 Stuttgart
Hausanschrift/Sitz:	Rotebühlstraße 171, 70184 Stuttgart
Komplementäre:	Paula Kalkbrenner, Arminius van Buuren
Handelsregister:	HRA 2298 beim Amtsgericht Stuttgart

Anlage 3: Bilanzauszug der Zugspitze KG

vereinfachte Bilanz der Zugspitze KG zum 30.04.2018 in Tausend Euro

Aktiva	vor Errichtung des Zweigwerkes		Passiva
I. Anlagevermögen		**I. Eigenkapital**	
1. Grundstücke und Gebäude	3.950	Komplementär v. Buuren	1.675
2. Maschinen	3.090	Komplementär Kalkbrenner	950
3. Restliches AV	1.000	Kommanditist Meier	100
II. Umlaufvermögen		Rücklagen	1.055
1. Vorräte	70	**II. Fremdkapital**	
2. Forderungen	80	1. Verb. ggü. Kreditinstituten	3.590
4. Bank	50	2. Verb. a. LL.	890
5. Kasse	20		
	8.260		8.260

Anlage 4: Auszug aus dem Grundbuch der Zugspitze KG

Amtsgericht

Einlegeblatt

Grundbuch von Stuttgart   **Band 30**   **Blatt 1234**   **Dritte Abteilung** | **1** |

Lfd. Nr. der Eintragungen	Laufende Nummer der belasteten Grundstücke im Bestandsverzeichnis	Betrag	Hypotheken, Grundschulden, Rentenschulden
1	2	3	4
1	1	2.840.000,00 Euro	zwei Millionen achthundertvierzigtausend Euro nach § 800 ZPO sofort vollstreckbare Grundschuld – ohne Brief – mit 15 v. H. Zinsen jährlich für die S-Bank Stuttgart

---

Anlage 5

U-Bank Stuttgart

Jahr	Darlehensbetrag am Jahresanfang	Tilgung	Zinsen	Liquiditätsbelastung
1				
2				
3				
4				
Summen				

Effektivverzinsung:

S-Bank Frankfurt

Jahr	Darlehensbetrag am Jahresanfang	Tilgung	Zinsen	Liquiditätsbelastung
1				
2				
3				
4				
Summen				

Effektivverzinsung:

Aufgabe 2 (verändert): Personalwirtschaftliche Aufgaben wahrnehmen

Die Maschinenbau AG mit Sitz in Göppingen stellt Drehmaschinen für die Automobilindustrie her.

Insgesamt sind bei der Maschinenbau AG 750 Mitarbeiterinnen und Mitarbeiter beschäftigt. Alle Arten von Drehmaschinen werden bislang sowohl im Stammwerk in Göppingen als auch im Zweigwerk in Zwickau/Sachsen gefertigt. In beiden Werken besteht ein Betriebsrat.

Um die steigende Nachfrage nach Drehmaschinen bedienen zu können, soll im Rahmen einer geänderten strategischen Ausrichtung die Produktion von Standard-Drehmaschinen künftig komplett in das Zweigwerk der Maschinenbau AG in Zwickau verlagert werden, während die Produktion von kundenindividuellen Spezial-Drehmaschinen ausschließlich im Stammwerk in Göppingen erfolgen soll. Diese Neuausrichtung des Unternehmens hat umfangreiche personalwirtschaftliche Konsequenzen, die bis zum 01.01.2019 umgesetzt sein sollen.

Nach dem Abschluss Ihrer Ausbildung sind Sie als Personalsachbearbeiter/-in der Maschinenbau AG tätig.

2.1	Im Rahmen der Personalbedarfsplanung erhalten Sie von Ihrem Abteilungsleiter Peter Schmid eine E-Mail mit Informationen über den geplanten Personaleinsatz in der Produktion des Stammwerkes in Göppingen (**Anlage 1**).
2.1.1	Ermitteln Sie für jede erwähnte Gruppe von Arbeitnehmern den Nettopersonalbedarf zu Beginn des Jahres 2019 in einer übersichtlichen tabellarischen Darstellung.
2.1.2	Bislang wurden Änderungen beim Personalbedarf der Personalabteilung formlos mitgeteilt. Der Prozess soll vereinheitlicht und optimiert werden.
	Erstellen Sie ein Formular, mit welchem die Fachbereiche benötigtes Personal bei der Personalabteilung anfordern können. Berücksichtigen Sie dabei mindestens acht Aspekte, die für die Personalabteilung zur Personalbeschaffung von Bedeutung sind.
2.1.3	Die Stelle von Herrn Trauff (Ingenieur) soll nachbesetzt werden.
	Nennen Sie vier mögliche Wege, eine geeignete Nachbesetzung zu finden.
2.2	Frau Lampe, die Teamleiterin der Personalbetreuung für das Zweigwerk Zwickau/Sachsen, bittet Sie heute, folgende vorliegenden sowie geplanten Kündigungen auf Einhaltung der Kündigungsfrist und Rechtmäßigkeit zu prüfen (**Anlage 2**):

- Paco Sanchez (35 Jahre) ist seit zwölf Jahren im Betrieb. Er hat am 02.05.2018 zum Ende des Monats Mai schriftlich gekündigt.
- Aufgrund der Neuausrichtung des Unternehmens und nach erfolgter Sozialauswahl soll Helga Tross (48 Jahre) zum 31.12.2018 schriftlich gekündigt werden. Sie ist seit neun Jahren im Betrieb tätig. Eine Weiterbeschäftigung an einem anderen Arbeitsplatz ist nicht möglich.
- Dem Vertriebsmitarbeiter Herrn Wolf soll aufgrund eines am 16.04.2018 bekannt gewordenen Diebstahls von geheimen Konstruktionsunterlagen schriftlich fristlos gekündigt werden.

2.3   Vor Kurzem ereigneten sich zwei Vorfälle – ausgelöst durch den Prokuristen und Produktionsleiter Herrn Möller. Dieser unterschrieb einen Arbeitsvertrag für einen neuen Mitarbeiter im Stammwerk Göppingen, obwohl die Geschäftsführung mit ihm bei der Erteilung der Prokura schriftlich vereinbart hat, dass er zur Einstellung von Personal nicht berechtigt ist.

Nach den daraus resultierenden Streitigkeiten wurde Herrn Möller die Prokura entzogen. Noch bevor die Prokura im Handelsregister gelöscht wurde, kaufte er jedoch eine neue Maschine im Wert von 18.000,00 EUR.

Die Geschäftsführung möchte beide Rechtsgeschäfte rückgängig machen und bittet Sie, die Rechtslage unter Angabe der Paragrafen zu prüfen (**Anlage 2**).

2.4   Die Unternehmensleitung denkt darüber nach, ein leistungsorientiertes Vergütungssystem einzuführen. Es stehen die Alternativen Akkordlohn oder Prämienlohn (Prämie für eine Steigerung der Stückzahl) zur Diskussion (**Anlage 3**).

Entscheiden Sie sich begründet auf Basis des Bruttomonatslohns bei einer täglichen Arbeitsleistung von 50 Stück, welche der beiden Alternativen aus Kostengesichtspunkten für den Arbeitgeber vorteilhafter ist.

2.5   • Erstellen Sie die Gehaltsabrechnung für den Techniker Jürgen Dannemann (**Anlagen 4 und 5**).

           • Erstellen Sie im Anschluss die Buchungssätze für sämtliche Vorgänge, die im Rahmen dieser Gehaltsabrechnung vorgenommen werden müssen.

Anlage 1: E-Mail-Mitteilung

Von:	Peter Schmid (Personal)
An:	Sachbearbeitung Personal
Betreff:	Personalbedarfsplanung Produktion – Stammwerk Göppingen

Liebe Kolleginnen und Kollegen,

wie bereits besprochen anbei die Daten für das Göppinger Stammwerk, die mir vom Fachbereichsleiter der Produktion Herr Möller zur Verfügung gestellt wurden.

Der aktuelle Soll-Personalbestand im Fertigungsbereich beträgt bei den Ingenieuren 20 Mitarbeiter (MA), bei den Meistern/Technikern 30 MA, bei den Facharbeitern 150 MA sowie bei den angelernten Hilfskräften 100 MA.

Im Rahmen der Umstrukturierung ergeben sich folgende Veränderungen beim Soll-Personalbestand:
- Ingenieure: + 25 %
- Meister/Techniker: + 5 MA
- Facharbeiter: unverändert
- Angelernte Hilfskräfte: −15 %

Der gegenwärtige Personalbestand stellt sich wie folgt dar:
- Ingenieure: 19 MA
- Meister/Techniker: 28 MA
- Facharbeiter: 155 MA
- Angelernte Hilfskräfte: 100 MA

Bitte beachten Sie folgende weitere Sachverhalte, die zum 01.01.2019 zu berücksichtigen sind:
- Herr Roland Trauff (Ingenieur) geht zum 31.10.2018 in den Ruhestand.
- Frau Angelika Reuss, Technikerin, wird zum 14.09.2018 in Elternzeit gehen.
- Aus dem Zweigwerk Zwickau werden zum 01.11.2018 vier Meister in das Stammwerk nach Göppingen versetzt.
- Henriette Klaus (Facharbeiterin) hat zum 15.08.2018 aus familiären Gründen gekündigt.
- Renate Ziller, Ingenieurin, kommt zum 01.01.2019 aus der Elternzeit zurück.
- Jessica Brandl und Thomas Müller (beide angelernte Hilfskräfte) werden ab 01.01.2019 statt bislang 100 % nur noch zu 50 % Teilzeit arbeiten. (Die Geschäftsleitung hat der Teilzeitbeschäftigung gemäß § 8 Abs. 4 TzBfG zugestimmt.)

Die in 2018 frei werdenden Stellen sollen erst zum 01.01.2019 neu besetzt werden, um den Umstrukturierungsprozess nicht zusätzlich durch Einarbeitung neuer Mitarbeiter zu belasten.

Freundliche Grüße

Peter Schmid

Anlage 2

Auszug aus dem Bürgerlichen Gesetzbuch (BGB)

§ 622 Kündigungsfristen bei Arbeitsverhältnissen[1]

(1) Das Arbeitsverhältnis eines Arbeiters oder eines Angestellten (Arbeitnehmers) kann mit einer Frist von vier Wochen zum Fünfzehnten oder zum Ende eines Kalendermonats gekündigt werden.

(2) Für eine Kündigung durch den Arbeitgeber beträgt die Kündigungsfrist, wenn das Arbeitsverhältnis in dem Betrieb oder Unternehmen

1. zwei Jahre bestanden hat, einen Monat zum Ende eines Kalendermonats,
2. fünf Jahre bestanden hat, zwei Monate zum Ende eines Kalendermonats,
3. acht Jahre bestanden hat, drei Monate zum Ende eines Kalendermonats,
4. zehn Jahre bestanden hat, vier Monate zum Ende eines Kalendermonats,
5. zwölf Jahre bestanden hat, fünf Monate zum Ende eines Kalendermonats,
6. 15 Jahre bestanden hat, sechs Monate zum Ende eines Kalendermonats,
7. 20 Jahre bestanden hat, sieben Monate zum Ende eines Kalendermonats.

(3) Während einer vereinbarten Probezeit, längstens für die Dauer von sechs Monaten, kann das Arbeitsverhältnis mit einer Frist von zwei Wochen gekündigt werden.
[...]

§ 623 Schriftform der Kündigung

Die Beendigung von Arbeitsverhältnissen durch Kündigung oder Auflösungsvertrag bedürfen zu ihrer Wirksamkeit der Schriftform; die elektronische Form ist ausgeschlossen.

§ 626 Fristlose Kündigung aus wichtigem Grund

(1) Das Dienstverhältnis kann von jedem Vertragsteil aus wichtigem Grund ohne Einhaltung einer Kündigungsfrist gekündigt werden, wenn Tatsachen vorliegen, auf Grund derer dem Kündigenden unter Berücksichtigung aller Umstände des Einzelfalles und unter Abwägung der Interessen beider Vertragsteile die Fortsetzung des Dienstverhältnisses bis zum Ablauf der Kündigungsfrist oder bis zu der vereinbarten Beendigung des Dienstverhältnisses nicht zugemutet werden kann.

(2) Die Kündigung kann nur innerhalb von zwei Wochen erfolgen. Die Frist beginnt mit dem Zeitpunkt, in dem der Kündigungsberechtigte von den für die Kündigung maßgebenden Tatsachen Kenntnis erlangt. Der Kündigende muss dem anderen Teil auf Verlangen den Kündigungsgrund unverzüglich schriftlich mitteilen.

Auszug aus dem Betriebsverfassungsgesetz (BetrVG)

§ 102 Mitbestimmung bei Kündigungen

(1) Der Betriebsrat ist vor jeder Kündigung zu hören. Der Arbeitgeber hat ihm die Gründe für die Kündigung mitzuteilen. Eine ohne Anhörung des Betriebsrats ausgesprochene Kündigung ist unwirksam.

(2) Hat der Betriebsrat gegen eine ordentliche Kündigung Bedenken, so hat er diese unter Angabe der Gründe dem Arbeitgeber spätestens innerhalb einer Woche schriftlich mitzuteilen. Äußert er sich innerhalb dieser Frist nicht, gilt seine Zustimmung zur Kündigung als erteilt. Hat der Betriebsrat gegen eine außerordentliche Kündigung Bedenken, so hat

---

[1] *Alte Fassung, seit dem 01.01.2019 liegt eine neue Fassung vor.*

er diese unter Angabe der Gründe dem Arbeitgeber unverzüglich, spätestens jedoch innerhalb von drei Tagen, schriftlich mitzuteilen. Der Betriebsrat soll, soweit dies erforderlich erscheint, vor seiner Stellungnahme den betroffenen Arbeitnehmer hören. [...]

Auszug aus dem Kündigungsschutzgesetz (KSchG)

§ 1 Sozial ungerechtfertigte Kündigungen

(1) Die Kündigung des Arbeitsverhältnisses gegenüber einem Arbeitnehmer, dessen Arbeitsverhältnis in demselben Betrieb oder Unternehmen ohne Unterbrechung länger als sechs Monate bestanden hat, ist rechtsunwirksam, wenn sie sozial ungerechtfertigt ist.

(2) Sozial ungerechtfertigt ist die Kündigung, wenn sie nicht durch Gründe, die in der Person oder in dem Verhalten des Arbeitnehmers liegen, oder durch dringende betriebliche Erfordernisse, die einer Weiterbeschäftigung des Arbeitnehmers in diesem Betrieb entgegenstehen, bedingt ist. [...]

(3) Ist einem Arbeitnehmer aus dringenden betrieblichen Erfordernissen im Sinne des Absatzes 2 gekündigt worden, so ist die Kündigung trotzdem sozial ungerechtfertigt, wenn der Arbeitgeber bei der Auswahl des Arbeitnehmers die Dauer der Betriebszugehörigkeit, das Lebensalter, die Unterhaltspflichten und die Schwerbehinderung des Arbeitnehmers nicht oder nicht ausreichend berücksichtigt hat; auf Verlangen des Arbeitnehmers hat der Arbeitgeber dem Arbeitnehmer die Gründe anzugeben, die zu der getroffenen sozialen Auswahl geführt haben. In die soziale Auswahl nach Satz 1 sind Arbeitnehmer nicht einzubeziehen, deren Weiterbeschäftigung, insbesondere wegen ihrer Kenntnisse, Fähigkeiten und Leistungen oder zur Sicherung einer ausgewogenen Personalstruktur des Betriebes, im berechtigten betrieblichen Interesse liegt. Der Arbeitnehmer hat die Tatsachen zu beweisen, die die Kündigung als sozial ungerechtfertigt im Sinne des Satzes 1 erscheinen lassen. [...]

Auszug aus dem Handelsgesetzbuch (HGB)

§ 48 Erteilung der Prokura

(1) Die Prokura kann nur von dem Inhaber des Handelsgeschäfts oder seinem gesetzlichen Vertreter und nur mittels ausdrücklicher Erklärung erteilt werden.

(2) Die Erteilung kann an mehrere Personen gemeinschaftlich erfolgen (Gesamtprokura).

§ 49 Umfang der Prokura

(1) Die Prokura ermächtigt zu allen Arten von gerichtlichen und außergerichtlichen Geschäften und Rechtshandlungen, die der Betrieb eines Handelsgewerbes mit sich bringt.

(2) Zur Veräußerung und Belastung von Grundstücken ist der Prokurist nur ermächtigt, wenn ihm diese Befugnis besonders erteilt ist.

§ 50 Beschränkung der Prokura

(1) Eine Beschränkung des Umfanges der Prokura ist Dritten gegenüber unwirksam.

(2) Dies gilt insbesondere von der Beschränkung, daß die Prokura nur für gewisse Geschäfte oder gewisse Arten von Geschäften oder nur unter gewissen Umständen oder für eine gewisse Zeit oder an einzelnen Orten ausgeübt werden soll.

(3) Eine Beschränkung der Prokura auf den Betrieb einer von mehreren Niederlassungen des Geschäftsinhabers ist Dritten gegenüber nur wirksam, wenn die Niederlassungen unter verschiedenen Firmen betrieben werden. Eine Verschiedenheit der Firmen im Sinne dieser Vorschrift wird auch dadurch begründet, daß für eine Zweigniederlassung der Firma ein Zusatz beigefügt wird, der sie als Firma der Zweigniederlassung bezeichnet.

§ 52 Widerruflichkeit

(1) Die Prokura ist ohne Rücksicht auf das der Erteilung zugrunde liegende Rechtsverhältnis jederzeit widerruflich, unbeschadet des Anspruchs auf die vertragsmäßige Vergütung.
(2) Die Prokura ist nicht übertragbar.
(3) Die Prokura erlischt nicht durch den Tod des Inhabers des Handelsgeschäfts.

Anlage 3

Der Grundlohn für einen Facharbeiter beträgt 12,00 EUR je Std. Die Vorgabezeit beträgt 10 Minuten je Stück. Ein Arbeitstag hat 8 Stunden, ein Monat hat 22 Arbeitstage.

Informationen zum Akkordlohn:
Der Akkordzuschlag beträgt 10 %.

Informationen zum Prämienlohn:
Die Prämie beträgt 50 % des Wertes (in Euro) der ersparten Zeit.

Anlage 4

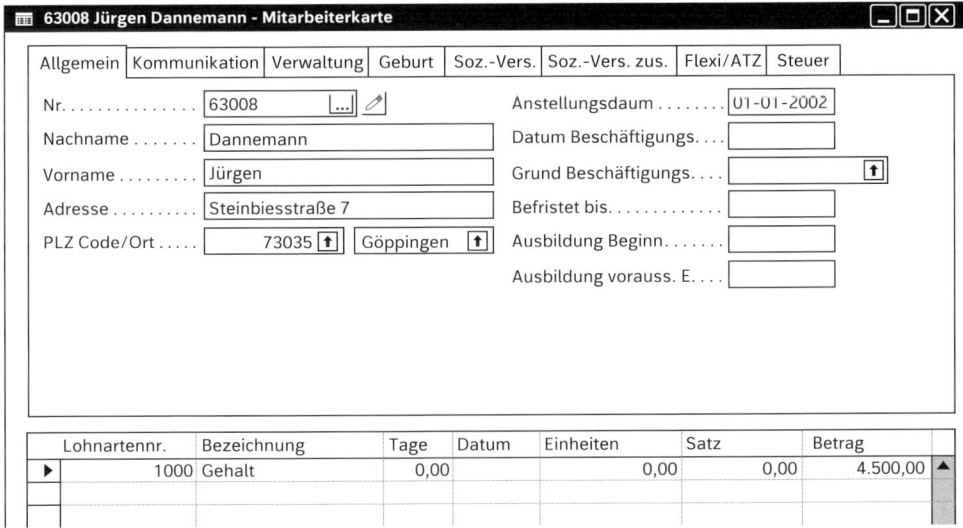

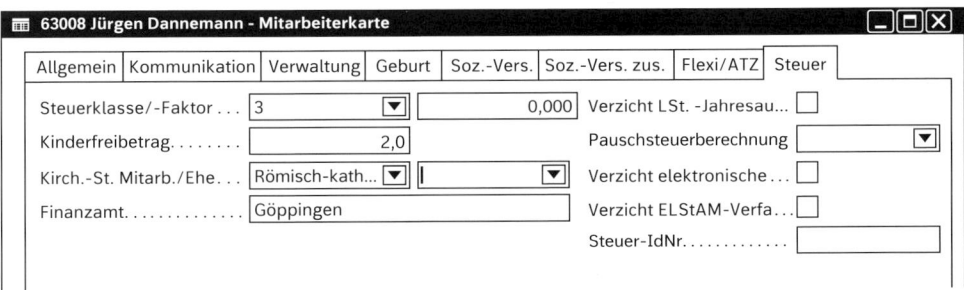

Beitragssätze Sozialversicherung[1] (in %)
Beitragsbemessungsgrenze[2] in Euro in Klammern

	Werk Göppingen
Krankenversicherung	14,6 (4.537,50)
Pflegeversicherung	3,05 (4.537,50)
Rentenversicherung	18,6 (6.700,00)
Arbeitslosenversicherung	2,5 (6.700,00)
Kirchensteuer	8
Zuschlag für Kinderlose ab 23 Jahre	0,25
Zusatzbeitrag der Krankenkasse	0,9

---

[1]*Die Sozialversicherungsbeitragssätze wurden auf den Stand 2019 angepasst.*
[2]*Die Beitragsbemessungsgrenzen wurden auf den Stand 2019 angepasst.*

Anlage 5

Lohnsteuertabelle 2018

Kinderfreibeträge			0		0,5		1		1,5		2		2,5		3		3,5		4	
ab Euro	St.-Klasse	LSt	SolZ	KiSt	SolZ	KiSt	SolZ	KiSt	SolZ	KiSt	SolZ	KiSt	SolZ	KiSt	SolZ	KiSt	SolZ	KiSt	SolZ	KiSt
4.494,00	1	853,25	46,95	68,26	40,71	59,22	34,78	50,59	29,12	42,36	23,74	34,54	18,64	27,12	13,82	20,10	9,28	13,50	2,05	7,30
	2	794,58	-	37,63	37,63	54,74	31,84	46,31	26,32	38,29	21,09	30,68	16,13	23,46	11,45	16,66	7,05	10,26	-	4,35
	3	508,50	27,96	40,74	23,34	33,96	18,86	27,44	14,52	21,12	5,10	15,00	-	9,21	-	4,29	-	0,29	-	-
	4	853,25	46,92	68,26	43,78	63,69	40,71	59,22	37,71	54,86	34,78	50,59	31,91	46,42	29,12	42,36	26,40	38,40	23,74	34,54
	5	1.274,08	70,07	101,92	-	-	-	-	-	-	-	-	-	-	-	-	-	-	-	-
	6	1.310,33	72,06	104,82	-	-	-	-	-	-	-	-	-	-	-	-	-	-	-	-
4.497,00	1	854,33	46,98	68,34	40,76	59,30	34,83	50,66	29,17	42,43	23,79	34,60	18,69	27,18	13,86	20,16	9,32	13,56	2,18	7,35
	2	795,58	-	37,68	37,68	54,81	31,89	46,38	26,37	38,36	21,13	30,74	16,17	23,53	11,49	16,72	7,09	10,32	-	4,40
	3	509,33	28,01	40,79	23,38	34,01	18,90	27,49	14,55	21,17	5,23	15,05	-	9,26	-	4,33	-	0,32	-	-
	4	854,33	46,98	68,34	43,84	63,77	40,76	59,30	37,76	54,93	34,83	50,66	31,96	46,50	29,17	42,43	26,44	38,47	23,79	34,60
	5	1.275,25	70,13	102,02	-	-	-	-	-	-	-	-	-	-	-	-	-	-	-	-
	6	1.311,50	72,13	104,92	-	-	-	-	-	-	-	-	-	-	-	-	-	-	-	-
4.500,00	1	855,33	47,04	68,42	40,82	59,38	34,88	50,74	29,22	42,50	23,84	34,68	18,73	27,25	13,91	20,23	9,35	13,61	2,31	7,40
	2	796,66	-	37,73	37,73	54,89	31,94	46,46	26,42	38,43	21,18	30,81	16,22	23,59	11,53	16,78	7,13	10,37	-	4,45
	3	510,00	28,05	40,86	23,43	34,08	18,93	27,54	14,59	21,22	5,36	15,10	-	9,32	-	4,37	-	0,36	-	-
	4	855,33	47,04	68,42	43,89	63,85	40,82	59,38	37,82	55,01	34,88	50,74	32,01	46,57	29,22	42,50	26,49	38,54	23,84	34,68
	5	1.276,41	70,20	102,11	-	-	-	-	-	-	-	-	-	-	-	-	-	-	-	-
	6	1.312,66	72,19	105,01	-	-	-	-	-	-	-	-	-	-	-	-	-	-	-	-
4.503,00	1	856,41	47,10	68,51	40,87	59,46	34,93	50,82	29,27	42,58	23,88	34,74	18,78	27,32	13,95	20,29	9,40	13,67	2,45	7,46
	2	797,66	-	37,79	37,79	54,97	31,99	46,53	26,47	38,50	21,23	30,88	16,26	23,66	11,57	16,84	7,17	10,43	-	4,50
	3	510,83	28,09	40,93	23,46	34,13	18,98	27,61	14,63	21,28	5,50	15,16	-	9,36	-	4,41	-	0,38	-	-
	4	856,41	47,10	68,51	43,95	63,93	40,87	59,46	37,87	55,09	34,93	50,82	32,06	46,64	29,27	42,58	26,54	38,61	23,88	34,74
	5	1.277,58	70,26	102,20	-	-	-	-	-	-	-	-	-	-	-	-	-	-	-	-
	6	1.313,83	72,26	105,10	-	-	-	-	-	-	-	-	-	-	-	-	-	-	-	-
4.506,00	1	857,41	47,15	68,59	40,93	59,54	34,98	50,89	29,32	42,65	23,93	34,81	18,82	27,38	13,99	20,35	9,44	13,73	2,58	7,51
	2	798,66	-	37,84	37,84	55,05	32,04	46,61	26,52	38,58	21,27	30,94	16,30	23,72	11,61	16,89	7,20	10,48	-	4,54
	3	511,66	28,14	40,93	23,51	34,20	19,02	27,66	14,67	21,34	5,63	15,21	-	9,41	-	4,45	-	0,42	-	-
	4	857,41	47,15	68,59	44,01	64,02	40,93	59,54	37,92	55,16	34,98	50,89	32,12	46,72	29,32	42,65	26,59	38,68	23,93	34,81
	5	1.278,75	70,33	102,30	-	-	-	-	-	-	-	-	-	-	-	-	-	-	-	-
	6	1.315,00	72,32	105,20	-	-	-	-	-	-	-	-	-	-	-	-	-	-	-	-

7   Prüfungsaufgaben Steuerung und Kontrolle Winter 2018/2019

Aufgabe 1

Die Schecke GmbH ist ein mittelständisches Unternehmen mit Sitz in Müllheim, das hochwertige Gartengeräte wie Heckenscheren und Aufsitzrasenmäher produziert. Sie sind als Sachbearbeiter/-in in der Finanzbuchhaltung des Unternehmens auch für Controllingaufgaben zuständig.

In einer Sitzung berichtete der Vertriebsleiter von der zunehmenden Konkurrenz aus Asien. Die Kunden erwarten die günstigeren Preise der Konkurrenz.

1.1   Um diesem zunehmenden Kostendruck zu begegnen, soll eine Analyse der Kostensituation durchgeführt werden.

Ermitteln Sie dazu die Ist-Gemeinkostenzuschlagssätze (**Anlage 2**) unter Berücksichtigung der Informationen aus **Anlage 1** für das 3. Quartal 2018.

1.2   Zur Verbesserung der Vollkostenrechnung möchte die Geschäftsleitung der Schecke GmbH wissen, wie hoch die Kostenabweichungen in den einzelnen Kostenstellen sind. Im Rahmen der Vorkalkulation wurden folgende Normalzuschlagssätze verwendet:

Materialgemeinkosten:	15 %
Fertigungsgemeinkosten:	160 %
Verwaltungsgemeinkosten:	6 %
Vertriebsgemeinkosten:	2 %

1.2.1   Ermitteln Sie die Kostenüber- bzw. Kostenunterdeckung je Kostenstelle in Euro.

1.2.2   Die Geschäftsleitung möchte die Ursachen für diese Kostenabweichungen erfahren.

Erläutern Sie für die Kostenstellen Material und Fertigung jeweils einen möglichen Grund für die festgestellte Abweichung.

1.3   Ihr Vorgesetzter möchte aus Gründen der Kostenkontrolle, dass Sie eine Nachkalkulation für den Aufsitzrasenmäher „Turbo 3000" durchführen.

1.3.1   Ermitteln Sie im Rahmen der Nachkalkulation den Nettoverkaufspreis und den Stückgewinn für einen Aufsitzrasenmäher „Turbo 3000". Berücksichtigen Sie Ihre Ergebnisse aus Aufgabe 1.1 sowie die Kalkulationsdaten aus **Anlage 3.**

Hinweis: Sollten Sie die Aufgabe 1.1 nicht gelöst haben, rechnen Sie mit nachfolgenden Ist-Zuschlagssätzen:

Materialgemeinkosten:	*18 %*
Fertigungsgemeinkosten:	*170 %*
Verwaltungsgemeinkosten:	*6,5 %*
Vertriebsgemeinkosten:	*2,5 %*

1.3.2   Die Konkurrenz aus Fernost bietet einen vergleichbaren Aufsitzrasenmäher für 2.100,00 EUR (netto) an.

Ermitteln Sie rechnerisch die Auswirkung auf den Gewinn in Euro und Prozent, wenn die Schecke GmbH zum gleichen Preis wie die Konkurrenz anbieten würde.

1.4   Der Vertriebsleiter hat zum Aufsitzrasenmäher „Turbo 3000" einen Marktbericht mithilfe der Außendienstmitarbeiter erstellt (**Anlage 4**).

1.4.1   Beschreiben Sie, welche Auswirkung die daraus erkennbare Entwicklung auf die Fixkosten hat. Schildern Sie in diesem Zusammenhang auch, welche Problematik bei Anwendung der Vollkostenrechnung im Hinblick auf die Festsetzung des Verkaufspreises besteht.

1.4.2   Der Vertriebsleiter beschließt, dass der Absatz des Aufsitzrasenmähers „Turbo 3000" durch eine vorübergehende Sonderaktion angekurbelt werden soll.

       Erläutern Sie, wie hoch der Angebotspreis mindestens sein muss.

Aufgabe 2

Bei der Schecke GmbH wird der Jahresabschluss vorbereitet. Sie werden zur Unterstützung des Buchhaltungsteams herangezogen und bearbeiten die folgenden Vorgänge.

2.1   Am Ende des Monats Oktober 2018 weisen die Konten Vorsteuer (2600) und Umsatzsteuer (4800) folgende aufsummierten Beträge (in Euro) aus:

Soll	2600	Haben
340.000,00		60.000,00

Soll	4800	Haben
40.000,00		680.000,00

       Bilden Sie die Buchungssätze zum 30.10.2018 und zum 10.11.2018. Die Zahllast wird durch Banküberweisung beglichen.

2.2   Die Schecke GmbH kauft am 14.11.2018 eine Lagerhalle mit Grundstück. Ihr Vorgesetzter übergibt Ihnen eine E-Mail (**Anlage 5**) sowie einen Kontoauszug (**Anlage 6**) zur Bearbeitung mit den nachfolgenden Arbeitsaufträgen.

2.2.1   Ermitteln Sie die Anschaffungskosten für die Lagerhalle und für das Grundstück.

2.2.2   Bilden Sie alle mit dem Kauf in Zusammenhang stehenden Buchungssätze.

2.2.3   Die Nutzungsdauer für das Gebäude beträgt 50 Jahre. Die Abschreibung erfolgt linear.

       Buchen Sie die planmäßige Abschreibung für das Jahr 2018.

2.3   Die Schecke GmbH hat derzeit Forderungen in Höhe von 38.675,00 EUR (brutto) gegenüber ihrem Kunden, der Weber OHG. Am 11.12.2018 informiert uns der Insolvenzverwalter, dass das Insolvenzverfahren gegen unseren Kunden abgeschlossen ist. Daraufhin erfolgt eine Bankgutschrift der Weber OHG in Höhe von 7.735,00 EUR bei der Schecke GmbH.

       Nehmen Sie alle erforderlichen Buchungen vor.

2.4   Ein Auszubildender wendet sich mit einer Frage an Sie: Er bittet Sie, ihm die notwendigen Buchungen im Zusammenhang mit Rückstellungen zu erklären. Sie verdeutlichen das Vorgehen anhand des folgenden Beispiels aus der Vergangenheit.

2.4.1 Zum Ende des Jahres 2017 musste eine Rückstellung für Gewerbesteuernachzahlung in Höhe von 5.000,00 EUR gebildet werden.

Erstellen Sie den Buchungssatz für die Bildung der Rückstellung zum 31.12.2017.

2.4.2 Im März 2018 erhielt die Schecke GmbH den Steuerbescheid über die noch zu zahlende Gewerbesteuer für 2017 in Höhe von 4.500,00 EUR. Der fällige Steuerbetrag wurde im April 2018 überwiesen.

Bilden Sie den Buchungssatz.

2.5 Nachdem alle Bilanzpositionen zum Jahresabschluss vorläufig bewertet wurden, ergibt sich eine Strukturbilanz zum 31.12.2018 (**Anlage 7**). Um eine bessere Übersicht über die aktuelle Lage des Unternehmens zu erhalten, bittet Sie die Geschäftsleitung, Kennzahlen zur Beurteilung der Unternehmenssituation zu ermitteln.

- Berechnen Sie nachvollziehbar die Eigenkapitalquote, den Anlagendeckungsgrad II und die Eigenkapitalrentabilität (Rundung auf zwei Nachkommastellen).
- Beurteilen Sie Ihre Ergebnisse unter Berücksichtigung von **Anlage 8.**

Anlage 1: Angaben aus dem Controlling zum 3. Quartal 2018

Kostenarten	Summe der Gemeinkosten	Material	Fertigung	Verwaltung	Vertrieb
Materialgemein-kosten	248.700,00 EUR	30.000,00 EUR	218.700,00 EUR	–	–
Stromkosten	29.000,00 EUR	12.000 kWh	72.000,00 kWh	20.000 kWh	12.000 kWh
Miete	11.700,00 EUR	–	–	600 m²	300 m²
Hilfslöhne	45.500,00 EUR	8.500,00 EUR	37.000,00 EUR	–	–
Gehälter	90.000,00 EUR	9.000,00 EUR	29.000,00 EUR	42.000,00 EUR	10.000,00 EUR
Reparaturkosten	24.000,00 EUR	3	: 6	: 1	: 2
kalkulatorische Abschreibungen	32.300,00 EUR	3.500,00 EUR	16.000,00 EUR	8.300,00 EUR	4.500,00 EUR
Zuschlags-grundlage		320.000,00 EUR	219.000,00 EUR	Herstellkosten der Rechnungsperiode	Herstellkosten des Umsatzes

Von der Schecke GmbH liegen außer den Informationen zur Verteilung der Gemeinkosten folgende Angaben vor:

Bestände	Unfertige Erzeugnisse	Fertige Erzeugnisse
Anfangsbestand (01.07.18)	120.000,00 EUR	110.000,00 EUR
Schlussbestand (30.09.18)	150.000,00 EUR	70.000,00 EUR

Anlage 2: Betriebsabrechnungsbogen für das 3. Quartal 2018 (Zahlen in Euro)

Kostenarten	Summe der Gemeinkosten	Material	Fertigung	Verwaltung	Vertrieb
Materialgemeinkosten	248.700,00				
Stromkosten	29.000,00				
Miete	11.700,00				
Hilfslöhne	45.500,00				
Gehälter	90.000,00				
Reparaturkosten	24.000,00				
kalkulatorische Abschreibungen	32.300,00				
Gesamtgemeinkosten	481.200,00				
Zuschlagsgrundlage					
Ist-Gemeinkostenzuschlagssätze (%)					

Anlage 3: Kalkulationsdaten Aufsitzrasenmäher Turbo 3000

Fertigungsmaterial	800,00 EUR
Fertigungslöhne	250,00 EUR
Gewinnzuschlag	20 %
Kundenskonto	3 %
Kundenrabatt	10 %

Anlage 4: Auszug des Marktberichts der Schecke GmbH

Absatzzahlen Aufsitzrasenmäher Turbo 3000 (in Stück)			
1. Quartal 2017	300	1. Quartal 2018	170
2. Quartal 2017	500	2. Quartal 2018	300
3. Quartal 2017	100	3. Quartal 2018	60
4. Quartal 2017	10	4. Quartal 2018 (Prognose)	5

Anlage 5: Auszug E-Mail

Von:	geschaeftsleitung@schecke.de
An:	fibu@schecke.de
Datum:	15.11.2018
Betreff:	Kauf Grundstück mit Lagerhalle

An die Finanzbuchhaltung,

wir möchten Sie darüber informieren, dass der Kauf des Grundstücks mit Lagerhalle erfolgreich abgeschlossen wurde.
Wir möchten Sie nun bitten, die im Zusammenhang mit der Finanzbuchhaltung stehenden Aufgaben durchzuführen.
Dafür möchten wir Ihnen folgende Informationen zukommen lassen.

Kaufdatum: 14.11.2018
Kaufpreis Grundstück mit Lagerhalle: 600.000,00 EUR
Größe des Grundstücks beträgt 300 m^2
Preis pro m^2: 400,00 EUR
Grunderwerbsteuer: 30.000,00 EUR
Maklerprovision für den Käufer: 15.470,00 EUR einschließlich 19 % USt.
Grundsteuer: 6.300,00 EUR

Mit freundlichen Grüßen
Thomas Schecke
Geschäftsleitung

Schecke GmbH
79379 Müllheim
Mobil: 0170 4959512

Anlage 6: Kontoauszug

Privatbank Müllheim

		Kontoauszug 36
Privatbank Müllheim	UST-ID PB258542116	Blatt 5

Datum	Erläuterungen	Betrag (Euro)
	Wert: 16.11.2018	1.127.841,72 +
15.11.2018	Lastschrift Grundstück mit Lagerhalle Re.Nr. 176	600.000,00 −
15.11.2018	Maklerprovision	15.470,00 −
15.11.2018	Grundsteuer	6.300,00 −
15.11.2018	Grunderwerbsteuer	30.000,00 −

Schecke GmbH

Ihre IBAN: DE28 3682 6041 0022 6200 09
SWIFT-BIC: PBMUEGVOKVF
www.privatbank-müllheim.de

Anlage 7: Strukturbilanz

Aktiva	Strukturbilanz der Schecke GmbH zum 31.12.2018		Passiva
I. Anlagevermögen		I. Eigenkapital	1.850.000,00
1. Sachanlagen	2.350.000,00	II. Fremdkapital	
2. Finanzanlagen	300.000,00	1. langfristig	
II. Umlaufvermögen		Bankdarlehen	1.650.000,00
1. Vorräte	555.000,00	Rückstellungen	110.000,00
2. Ford. a. L.L.	350.000,00	2. kurzfristig	
3. Flüssige Mittel	216.000,00	Verb. a. L.L.	141.000,00
		sonstige Verb.	20.000,00
	3.771.000,00		3.771.000,00

Das Eigenkapital zum 01.01.2018 betrug 1.686.500,00 EUR.

Anlage 8: Brancheninformation

Laut Auskunft des Brancheninformationsdienstes Businessdata weisen vergleichbare Unternehmen unserer Branche durchschnittlich folgende Werte aus:

- FK-Rentabilität: 11,6 %
- Anlagendeckungsgrad I: 87,4 %
- Anlagendeckungsgrad II: 152,8 %
- EK-Quote: 48,9 %

8   Prüfungsaufgaben Betriebswirtschaft – Geschäftsprozesse Winter 2018/2019

Aufgabe 1: Beschaffung und Produktion

Die City-Scooter GmbH in Ostfildern ist ein mittelständisches Unternehmen aus der Spielwaren-branche und stellt u. a. Cityroller in verschiedenen Ausführungen her. Sie sind als Sachbearbeiter/-in bei der City-Scooter GmbH tätig. Ihnen liegt ein Kundenauftrag der Spieleland KG über 5.000 Scooter 2.0 vor.

Ihr Vorgesetzter Herr Pavel bittet Sie um Unterstützung bei folgenden Aufgaben.

1.1   Ermitteln Sie für die Planung des Kundenauftrags die Nettobedarfe der einzelnen Kompo-nenten des Scooters 2.0. Nutzen Sie dazu die **Anlagen 1–3**.

1.2   Sie sichten die Lieferantendatei für die Auswahl möglicher Lieferanten der Kugellager T2. Aktuell sind nur zwei Lieferanten hinterlegt.

   Nennen Sie vier Möglichkeiten, wie kurzfristig weitere Lieferanten ausfindig gemacht wer-den können.

1.3   Sie haben nun Angebote von drei Lieferanten eingeholt (**Anlage 4–6**).

   Ermitteln Sie die Einstandspreise der einzelnen Angebote.

1.4   Nach Berücksichtigung weiterer Kriterien, haben Sie sich für die Rollenshop KG entschie-den und dort 1.000 Kugellager T2 wie angeboten bestellt. Am 29.10.2018 ist die Lieferung noch nicht bei Ihnen eingetroffen. Sie erfahren nach telefonischer Rücksprache, dass bei der Rollenshop KG ein personeller Engpass vorliegt.

   Prüfen Sie, ob sich die Rollenshop KG im Lieferungsverzug befindet (**Anlage 7**).

1.5   Am 31.10.2018 teilt Ihnen die Rollenshop KG mit, dass die Lieferung der Kugellager T2 nicht möglich ist. Die Rollup e. K. erklärt sich kurzfristig bereit, die benötigten 1.000 Kugel-lager T2 zu den ursprünglichen Konditionen (**Anlage 4**) zu liefern.

1.5.1   Schreiben Sie am 02.11.2018 eine E-Mail an die Rollenshop KG. Erklären Sie der Rollen-shop KG darin Ihre weitere Vorgehensweise und stellen Sie eine berechtigte Forderung unter Angabe der entsprechenden Paragrafen (**Anlage 7**).

1.5.2   Am 05.11.2018 treffen die Kugellager T2 mit der Rechnung und einem Begleitschreiben ein (**Anlage 8** und **Anlage 9**).

   • Buchen Sie die Eingangsrechnung sowie die Banküberweisung des Rechnungsbetrags am 08.11.2018.

   • Buchen Sie den Zahlungseingang der Bonus-Gutschrift auf unserem Bankkonto.

1.6   Am Abend des 08.11.2018 trifft noch kurzfristig ein Auftrag des A-Kunden Philip Schnell GmbH aus Ostfildern ein. Dieser benötigt für seine Messe am 10.11.2018 noch 50 Scooter 2.0. Die Lieferung soll bis Freitagabend, 09.11.2018, erfolgen. Sie haben bereits die Lager-bestände geprüft und die noch zu fertigenden Komponenten im Arbeitsplan (**Anlage 10**) aufgelistet.

- Ermitteln Sie anhand von **Anlage 1** und **10** die Fertigungszeit für diesen Auftrag unter Beachtung von Parallelvorgängen.
- Entscheiden Sie begründet, welche Konsequenzen Sie aus der Ermittlung der Auftragszeit ableiten würden.

Hinweis: Gehen Sie davon aus, dass in der Fertigung der City-Scooter GmbH freitags normalerweise von 08:00 Uhr–14:00 Uhr abzüglich 30 Minuten Pause gearbeitet wird.

1.7   Die Cityroller werden bisher in Werkstättenfertigung hergestellt. Im Rahmen von laufenden Rationalisierungsprozessen steht das aktuelle Fertigungsorganisationsprinzip für dieses Produkt auf dem Prüfstand.

1.7.1   Grenzen Sie die Werkstättenfertigung gegenüber zwei alternativen Organisationsformen ab.

1.7.2   Begründen Sie anhand von drei Argumenten, weshalb die Werkstättenfertigung bei der City-Scooter GmbH beibehalten werden soll.

Anlage 1: Erzeugnisstruktur Scooter 2.0

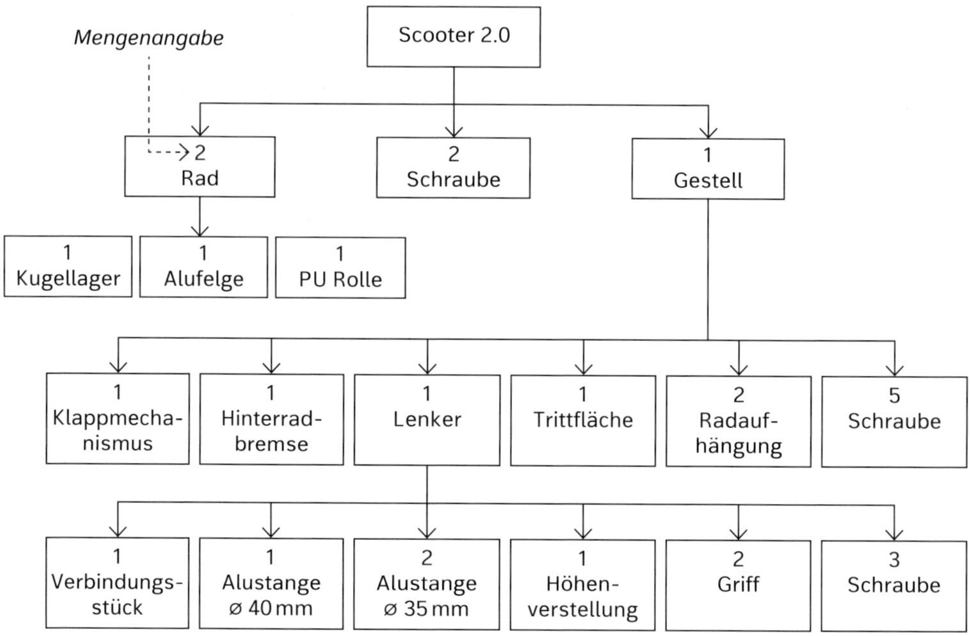

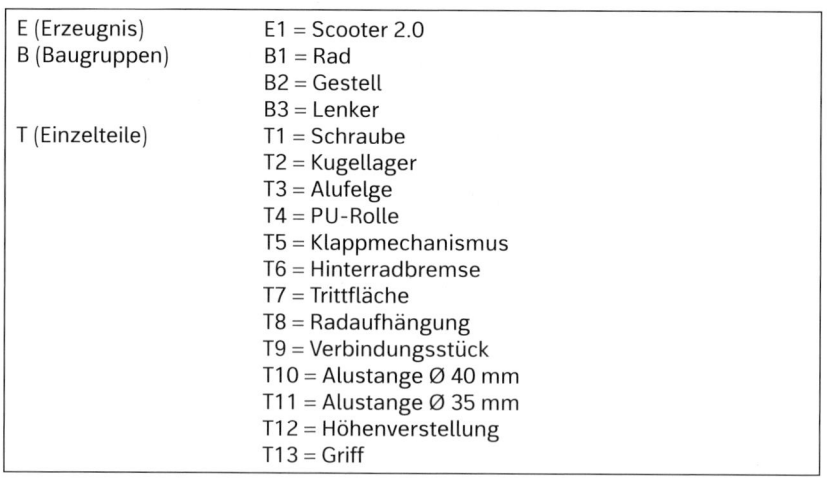

Scooter 2.0

E (Erzeugnis)	E1 = Scooter 2.0
B (Baugruppen)	B1 = Rad
	B2 = Gestell
	B3 = Lenker
T (Einzelteile)	T1 = Schraube
	T2 = Kugellager
	T3 = Alufelge
	T4 = PU-Rolle
	T5 = Klappmechanismus
	T6 = Hinterradbremse
	T7 = Trittfläche
	T8 = Radaufhängung
	T9 = Verbindungsstück
	T10 = Alustange Ø 40 mm
	T11 = Alustange Ø 35 mm
	T12 = Höhenverstellung
	T13 = Griff

Anlage 2: Nettobedarfsplanung für Kundenbestellung

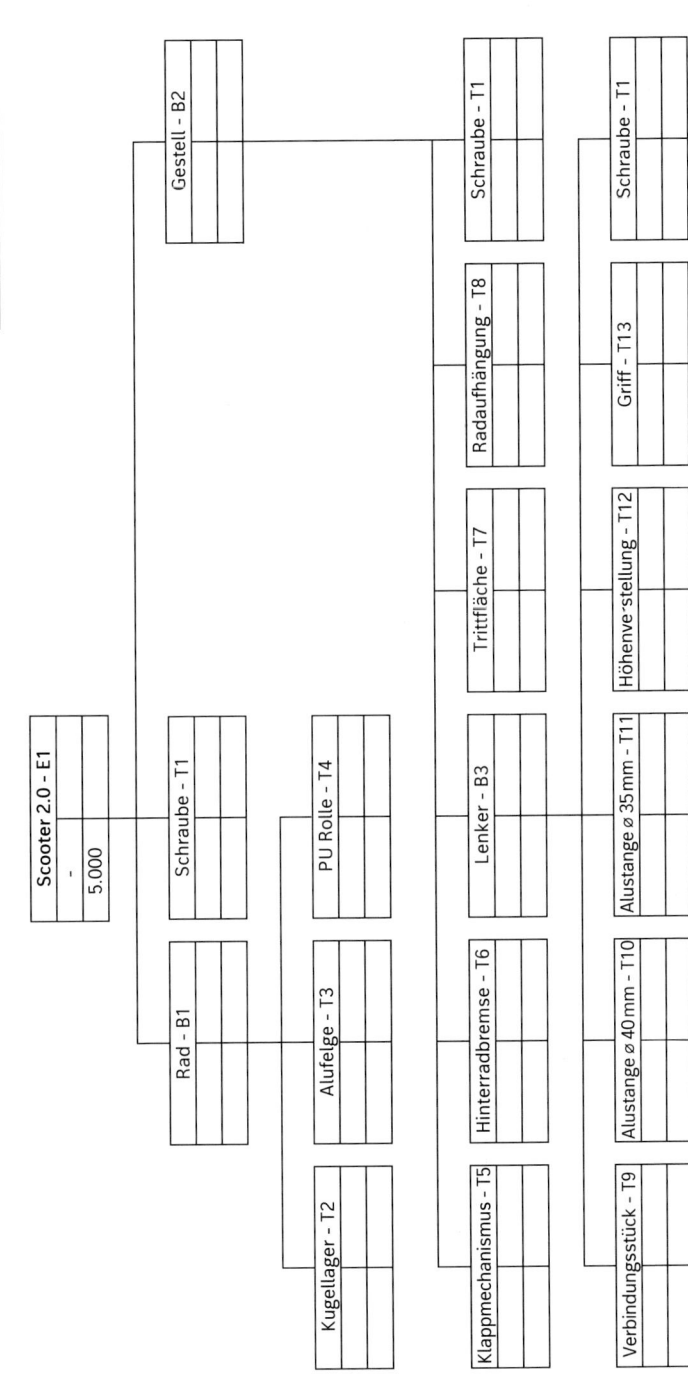

Anlage 3: Lagerbestände

	Artikel-nummer	Vorhandener Lagerbestand	Sicherheits-bestand	Bestell-bestand	Reservier-ter Bestand
Scooter 2.0	E1	2.000	500	0	500
Rad	B1	8.000	1.000	0	0
Gestell	B2	1.200	500	0	200
Lenker	B3	2.500	500	0	500
Schraube	T1	17.500	10.000	13.000	3.500
Kugellager	T2	2.000	2.000	0	0
Alufelge	T3	4.000	1.000	0	1.000
PU-Rolle	T4	4.000	1.000	0	2.000
Klappmechanismus	T5	1.300	500	100	400
Hinterradbremse	T6	2.600	500	200	0
Trittfläche	T7	2.500	500	0	0
Radaufhängung	T8	8.000	1.000	0	3.500
Verbindungsstück	T9	8.000	2.000	2.000	2.000
Alustange Ø 40mm	T10	5.700	5.000	0	0
Alustange Ø 35mm	T11	11.000	8.000	2.000	2.500
Höhenverstellung	T12	9.000	2.000	0	0
Griff	T13	2.200	800	0	0

Anlage 4: Angebot Rollup e. K.

Rollup e. K.

Rollup e. K. – Stuttgarter Straße 27 – 73230 Kirchheim/Teck

Ihr Zeichen: PAV
Ihre Nachricht vom: 12.10.2018
Unser Zeichen: hak

City-Scooter GmbH
Kinogasse 8
73760 Ostfildern

Name: Katrin Hanke
Telefon: 07021 99782-240
Telefax: 07021 99782-200
E-Mail: hanke@rollup.net

Datum: 16.10.2018

Angebot-Nr. 5789

Art.-Nr.	Bezeichnung	Menge	Einzelpreis in Euro	Gesamtpreis in Euro
KL-201	Kugellager Stunt Scooter	1.000	3,30	3.300,00
			+ 19 % MwSt.	627,00
		Angebotspreis (brutto)		**3.927,00**

Lieferung binnen 14 Tagen nach Bestellung. Zzgl. Versand- und Verpackungspauschale von 25,00 EUR.

Bei Fragen stehen wir Ihnen natürlich jederzeit gerne zur Verfügung.

Freundliche Grüße

Rollup e. K.

i. A. Katrin Hanke

Hausanschrift:
Rollup e. K.
Stuttgarter Str. 27
73230 Kirchheim/T.

Kommunikationsdaten:
Telefon: 07023 99782 - 240
Telefax: 07023 99782 - 200
E-Mail: hanke@rollup.net

Geschäftsführer/-in:
Peter Wagner
Isabell Schneider

Gerichtsstand Stuttgart
HRA 3380 Stuttgart
Steuer-Nr.: 1430671722
USt-IdNr.: DE 183631402

Bankverbindung:
Kreissparkasse Kirchheim
IBAN DE89 3704 0044 0532 0130 00
SWIFT-Code 1122 49 22 123

Anlage 5: Angebot FunSports GmbH

An:	pavel@city-scooter-gmbh.com
Von:	heidi.frasch@funsports.de
Betreff:	Angebot Nr. 2568-2018

Sehr geehrte Damen und Herren,

vielen Dank für Ihre Anfrage vom 12.10.2018.

Gerne bieten wir Ihnen folgenden Artikel an:

Kugellager-Set High Quality Keramik (Set bestehend aus 2 Kugellagern)
Nettopreis pro Set 5,78 EUR zzgl. Versandkosten 69,00 EUR pro Lieferung

Wir gewähren Ihnen einen Neukundenrabatt von 25 %. Bei Zahlung innerhalb von 7 Tagen gewähren wir Ihnen 2 % Skonto oder zahlbar netto innerhalb von 30 Tagen. Die Lieferung erfolgt innerhalb von 14 Tagen.

Wir freuen uns, wenn Ihnen unser Angebot zusagt. Für Fragen stehen wir Ihnen gerne zur Verfügung.

Freundliche Grüße

Fun Sports GmbH

i. A. Heidi Frasch

E-Mail: heidi.frasch@funsports.de
Internet: www.funsports.de
Telefon: 0711 249-100
Telefax: 0711 249-110

Postanschrift: Postfach 12 14, 70499 Stuttgart
Hausanschrift/Sitz: Rotebühlstraße 171, 70184 Stuttgart
Gesellschafter: Karla Siegle, Jens Tengelmann
Handelsregister HRB 2298 beim Amtsgericht Stuttgart

Anlage 6: Angebot Rollenshop KG

Rollenshop KG

Maiweg 17
74072 Heilbronn
Tel.: 07131 2345-01
Fax: 07131 2345-12

Rollenshop KG – Maiweg 17 – 74072 Heilbronn

Ihr Zeichen: PAV
Ihre Nachricht vom: 12.10.2018
Unser Zeichen: mr

City-Scooter GmbH
Kinogasse 8
73760 Ostfildern

Name: Thorsten Mrozinski
Telefon: 07131 2345-11
Telefax: 07131 2345-12
E-Mail: t.mrozinski@rollenshop.de

Datum: 15.10.2018

Angebot

Sehr geehrte Damen und Herren,

gerne bieten wir Ihnen folgenden Artikel an:

Artikel	Nr.	Beschreibung	Preis in Euro pro Stück (zzgl. MwSt.)
Kugellager SPEED	45019	Geeignet für alle gängigen Cityroller mit 205 mm Rollen. Außendurchmesser: 22 mm, Breite: 7 mm, Achsdurchmesser/Innendurchmesser: 8 mm	2,49

Wir liefern frei Haus. Bei Zahlung innerhalb von 8 Tagen gewähren wir 3 % Skonto. Die Lieferung erfolgt am 22.10.2018.

Mit freundlichen Grüßen

Thorsten Mrozinski

Hausanschrift:
Rollenshop KG
Maiweg 17
74072 Heilbronn

Kommunikationsdaten:
Telefon: 07131-23 45 0
Telefax: 07131-23 45 39
E-Mail: info@rollenshop.de

Gesellschafter:
Maik Schneider
Martha Baum

Gerichtsstand Heilbronn
HRA 3380 Heilbronn
Steuer-Nr.: 1538671998
USt-IdNr.: DE 179603462

Bankverbindung:
Volksbank Heilbronn
IBAN DE69 2175 0941 0532 0192 10
SWIFT-Code 8296 49 55 678

Anlage 7: Auszug aus dem Bürgerlichen Gesetzbuch (BGB)

§ 280 Schadensersatz wegen Pflichtverletzung

(1) Verletzt der Schuldner eine Pflicht aus dem Schuldverhältnis, so kann der Gläubiger Ersatz des hierdurch entstehenden Schadens verlangen. Dies gilt nicht, wenn der Schuldner die Pflichtverletzung nicht zu vertreten hat.

(2) Schadensersatz wegen Verzögerung der Leistung kann der Gläubiger nur unter der zusätzlichen Voraussetzung des § 286 verlangen.

(3) Schadensersatz statt der Leistung kann der Gläubiger nur unter den zusätzlichen Voraussetzungen des § 281, des § 282 oder des § 283 verlangen.

§ 281 Schadensersatz statt der Leistung wegen nicht oder nicht wie geschuldet erbrachter Leistung

(1) Soweit der Schuldner die fällige Leistung nicht oder nicht wie geschuldet erbringt, kann der Gläubiger unter den Voraussetzungen des § 280 Abs. 1 Schadensersatz statt der Leistung verlangen, wenn er dem Schuldner erfolglos eine angemessene Frist zur Leistung oder Nacherfüllung bestimmt hat. Hat der Schuldner eine Teilleistung bewirkt, so kann der Gläubiger Schadensersatz statt der ganzen Leistung nur verlangen, wenn er an der Teilleistung kein Interesse hat. Hat der Schuldner die Leistung nicht wie geschuldet bewirkt, so kann der Gläubiger Schadensersatz statt der ganzen Leistung nicht verlangen, wenn die Pflichtverletzung unerheblich ist.

(2) Die Fristsetzung ist entbehrlich, wenn der Schuldner die Leistung ernsthaft und endgültig verweigert oder wenn besondere Umstände vorliegen, die unter Abwägung der beiderseitigen Interessen die sofortige Geltendmachung des Schadensersatzanspruchs rechtfertigen.

(3) Kommt nach der Art der Pflichtverletzung eine Fristsetzung nicht in Betracht, so tritt an deren Stelle eine Abmahnung.

(4) Der Anspruch auf die Leistung ist ausgeschlossen, sobald der Gläubiger statt der Leistung Schadensersatz verlangt hat.

(5) Verlangt der Gläubiger Schadensersatz statt der ganzen Leistung, so ist der Schuldner zur Rückforderung des Geleisteten nach den §§ 346 bis 348 berechtigt.

§ 282 Schadensersatz statt der Leistung wegen Verletzung einer Pflicht nach § 241 Abs. 2

Verletzt der Schuldner eine Pflicht nach § 241 Abs. 2, kann der Gläubiger unter den Voraussetzungen des § 280 Abs. 1 Schadensersatz statt der Leistung verlangen, wenn ihm die Leistung durch den Schuldner nicht mehr zuzumuten ist.

§ 283 Schadensersatz statt der Leistung bei Ausschluss der Leistungspflicht

Braucht der Schuldner nach § 275 Abs. 1 bis 3 nicht zu leisten, kann der Gläubiger unter den Voraussetzungen des § 280 Abs. 1 Schadensersatz statt der Leistung verlangen. § 281 Abs. 1 Satz 2 und 3 und Abs. 5 findet entsprechende Anwendung.

§ 284 Ersatz vergeblicher Aufwendungen

Anstelle des Schadensersatzes statt der Leistung kann der Gläubiger Ersatz der Aufwendungen verlangen, die er im Vertrauen auf den Erhalt der Leistung gemacht hat und billigerweise machen durfte, es sei denn, deren Zweck wäre auch ohne die Pflichtverletzung des Schuldners nicht erreicht worden.

§ 286 Verzug des Schuldners

(1) Leistet der Schuldner auf eine Mahnung des Gläubigers nicht, die nach dem Eintritt der Fälligkeit erfolgt, so kommt er durch die Mahnung in Verzug. Der Mahnung stehen die Erhebung der Klage auf die Leistung sowie die Zustellung eines Mahnbescheids im Mahnverfahren gleich.

(2) Der Mahnung bedarf es nicht, wenn

1. für die Leistung eine Zeit nach dem Kalender bestimmt ist,
2. der Leistung ein Ereignis vorauszugehen hat und eine angemessene Zeit für die Leistung in der Weise bestimmt ist, dass sie sich von dem Ereignis an nach dem Kalender berechnen lässt,
3. der Schuldner die Leistung ernsthaft und endgültig verweigert,
4. aus besonderen Gründen unter Abwägung der beiderseitigen Interessen der sofortige Eintritt des Verzugs gerechtfertigt ist.

(3) Der Schuldner einer Entgeltforderung kommt spätestens in Verzug, wenn er nicht innerhalb von 30 Tagen nach Fälligkeit und Zugang einer Rechnung oder gleichwertigen Zahlungsaufstellung leistet; dies gilt gegenüber einem Schuldner, der Verbraucher ist, nur, wenn auf diese Folgen in der Rechnung oder Zahlungsaufstellung besonders hingewiesen worden ist. Wenn der Zeitpunkt des Zugangs der Rechnung oder Zahlungsaufstellung unsicher ist, kommt der Schuldner, der nicht Verbraucher ist, spätestens 30 Tage nach Fälligkeit und Empfang der Gegenleistung in Verzug.

(4) Der Schuldner kommt nicht in Verzug, solange die Leistung infolge eines Umstands unterbleibt, den er nicht zu vertreten hat.

(5) Für eine von den Absätzen 1 bis 3 abweichende Vereinbarung über den Eintritt des Verzugs gilt § 271a Absatz 1 bis 5 entsprechend.

§ 323 Rücktritt wegen nicht oder nicht vertragsgemäß erbrachter Leistung

(1) Erbringt bei einem gegenseitigen Vertrag der Schuldner eine fällige Leistung nicht oder nicht vertragsgemäß, so kann der Gläubiger, wenn er dem Schuldner erfolglos eine angemessene Frist zur Leistung oder Nacherfüllung bestimmt hat, vom Vertrag zurücktreten.

(2) Die Fristsetzung ist entbehrlich, wenn

1. der Schuldner die Leistung ernsthaft und endgültig verweigert,
2. der Schuldner die Leistung bis zu einem im Vertrag bestimmten Termin oder innerhalb einer im Vertrag bestimmten Frist nicht bewirkt, obwohl die termin- oder fristgerechte Leistung nach einer Mitteilung des Gläubigers an den Schuldner vor Vertragsschluss oder auf Grund anderer den Vertragsabschluss begleitenden Umstände für den Gläubiger wesentlich ist, oder
3. im Falle einer nicht vertragsgemäß erbrachten Leistung besondere Umstände vorliegen, die unter Abwägung der beiderseitigen Interessen den sofortigen Rücktritt rechtfertigen.

(3) Kommt nach der Art der Pflichtverletzung eine Fristsetzung nicht in Betracht, so tritt an deren Stelle eine Abmahnung.

(4) Der Gläubiger kann bereits vor dem Eintritt der Fälligkeit der Leistung zurücktreten, wenn offensichtlich ist, dass die Voraussetzungen des Rücktritts eintreten werden.

(5) Hat der Schuldner eine Teilleistung bewirkt, so kann der Gläubiger vom ganzen Vertrag nur zurücktreten, wenn er an der Teilleistung kein Interesse hat. Hat der Schuldner die Leistung nicht vertragsgemäß bewirkt, so kann der Gläubiger vom Vertrag nicht zurücktreten, wenn die Pflichtverletzung unerheblich ist.

(6) Der Rücktritt ist ausgeschlossen, wenn der Gläubiger für den Umstand, der ihn zum Rücktritt berechtigen würde, allein oder weit überwiegend verantwortlich ist oder wenn der vom Schuldner nicht zu vertretende Umstand zu einer Zeit eintritt, zu welcher der Gläubiger im Verzug der Annahme ist.

§ 325 Schadensersatz und Rücktritt
Das Recht, bei einem gegenseitigen Vertrag Schadensersatz zu verlangen, wird durch den Rücktritt nicht ausgeschlossen.

Anlage 8: Eingangsrechnung der Rollup e.K.

Rollup e.K.

Rollup e.K. – Stuttgarter Straße 27 – 73230 Kirchheim/Teck

City-Scooter GmbH
Kinogasse 8
73760 Ostfildern

Ihr Zeichen: PAV
Ihre Bestellung vom: 31.10.2018
Unser Zeichen: hak

Name: Katrin Hanke
Telefon: 07021 99782-240
Telefax: 07021 99782-200
E-Mail: hanke@rollup.net

Datum: 02.11.2018

Rechnung-Nr. 286-2018

Art.-Nr.	Bezeichnung	Menge	Einzelpreis in Euro	Gesamtpreis in Euro
KL-201	Kugellager Stunt Scooter	1.000	3,30	3.300,00
	Versand- und Verpackungspauschale			25,00
			Gesamtpreis (netto)	3.325,00
			+19 % MwSt.	631,75
			Rechnungsbetrag	**3.956,75**

Anlage

Bonus-Gutschrift Nr. 35-2018 (Kopie)

Hausanschrift:	Kommunikationsdaten:	Geschäftsführer/-in:	Gerichtsstand Stuttgart	Bankverbindung:
Rollup e.K.	Telefon: 07023 99782 - 240	Peter Wagner	**HRA** 3380 Stuttgart	Kreissparkasse Kirchheim
Stuttgarter Str. 27	Telefax: 07023 99782 - 200	Isabell Schneider	**Steuer-Nr.:** 1430671722	IBAN DE89 3704 0044 0532 0130 00
73230 Kirchheim/T.	E-Mail: hanke@rollup.net		**USt-IdNr.:** DE 183631402	SWIFT-Code 1122 49 22 123

Anlage 9: Bonusschreiben der Rollup e. K.

Rollup e. K.

Rollup e. K. – Stuttgarter Straße 27 – 73230 Kirchheim/Teck

Ihr Zeichen: PAV
Ihre Bestellung vom:
Unser Zeichen: hak

City-Scooter GmbH
Kinogasse 8
73760 Ostfildern

Name: Katrin Hanke
Telefon: 07021 99782-240
Telefax: 07021 99782-200
E-Mail: hanke@rollup.net

Datum: 02.11.2018

Bonus-Gutschrift für 3. Quartal 2018 – Nr. 35-2018 (Belegkopie)

Datum	Rechnungsnummer	Netto-Warenwert in Euro	Brutto-Warenwert in Euro
18.07.2018	221-2018	1.156,00	1.375,64
30.07.2018	225-2018	2.412,00	2.870,28
12.08.2018	248-2018	3.145,00	3.742,55
27.08.2018	253-2018	1.546,00	1.839,74
15.09.2018	260-2018	987,00	1.174,53
22.09.2018	268-2018	2.645,00	3.147,55
30.09.2018	278-2018	2.570,00	3.058,30
Umsatzbonus (brutto)	Gesamtumsatz (brutto) **1 %**		12.962,67 **129,63**

Die Bonus-Gutschrift werden wir in den nächsten Tagen auf Ihr Firmenkonto überweisen.

Hausanschrift: **Kommunikationsdaten:**   **Geschäftsführer/-in:**   **Gerichtsstand Stuttgart**   **Bankverbindung:**
Rollup e. K.   Telefon: 07023 99782 - 240   Peter Wagner   **HRA** 3380 Stuttgart   Kreissparkasse Kirchheim
Stuttgarter Str. 27   Telefax: 07023 99782 - 200   Isabell Schneider   **Steuer-Nr.:** 1430671722   IBAN DE89 3704 0044 0532 0130 00
73230 Kirchheim/T.   E-Mail: hanke@rollup.net   **USt-IdNr.:** DE 183631402   SWIFT-Code 1122 49 22 123

Anlage 10: Arbeitsplan

Baugruppe B1		Arbeits-platz	Netto-bedarf	Rüstzeit in Minuten	Ausfüh-rungszeit je Stück in Minuten	Ausfüh-rungszeit gesamt in Minuten	Auftrags-zeit in Minuten
T2+T3	2 Kugellager in Alufelgen einsetzen	001	20	5	0,25		
T4	2 PL Rollen über Felge ziehen	001	20	5	0,5		

Baugruppe B2

T7+T8+T1	2 Radaufhängungen an Trittfläche schrauben	211	42	10	2		
T6	Hinterradbremse anschrauben	211	42	5	1		
B3+T5+T1	mit Klappmechanis-mus Lenker an Trittfläche montieren	422	42	5	2		

Baugruppe B3

T10	Alustange Ø 40 mm zusägen und entgra-ten	422	10	5	1,5		
T11	Alustangen Ø 35 mm zusägen und entgra-ten	422	10	5	1,5		
T10+T11+T12+T1	2 Alustangen durch Höhenverstellung zusammenfügen	422	20	4	1		
T9+T11+T1	1 Alustange quer mit Verbindungsstück anbringen	422	20	4	2		
T13	2 Griffe über Alustange ziehen	422	20	3	3		

Erzeugnis E1

B1+B2+T1	Endmontage Gestell und Räder	501	40	10	3		

gesamte Auftragszeit in Minuten		
gesamte Auftragszeit in Stunden		

Aufgabe 2: Investitions- und Finanzierungsprozesse planen

Die Wöhrle KG mit Sitz in Tübingen stellt Frästeile für die Maschinenbauindustrie her. Die termingerechte Fertigung bei strengster Qualitätsüberwachung und die Entwicklung einer neuen Produktlinie führen zu ständig wachsenden Umsätzen.

Zur Finanzierung einer neuen Fertigungssteuerungssoftware im Wert von 800.000,00 EUR sollen Sie als Mitarbeiter/-in der Abteilung Controlling und Finanzen folgende Vorbereitungen treffen.

2.1   Es soll ein Kredit bei unserer Hausbank aufgenommen werden. Hierfür soll zunächst die Liquidität des Unternehmens geprüft werden.

- Erstellen Sie einen Finanzplan für die kommenden drei Geschäftsjahre in tabellarischer Form mithilfe der **Anlage 1**.
- Beurteilen Sie Ihr Ergebnis insgesamt und im Hinblick auf die einzelnen Jahre.

2.2   Die benötigten 800.000,00 EUR sollen fremdfinanziert werden. Ihnen liegen zwei Finanzierungsalternativen vor (**Anlage 2**).

2.2.1 • Erstellen Sie die Tilgungspläne für drei Jahre.
       • Entscheiden Sie sich begründet für ein Darlehensangebot.

2.2.2 • Prüfen Sie die Möglichkeiten zur Kreditsicherung anhand der vorgegebenen Bilanz (**Anlage 3**). Die Beleihungssätze der Hausbank betragen 70 % des Bilanzwertes von Grundstücken und Gebäuden bzw. 40 % des Bilanzwertes anderer Anlagegüter (Sicherungsübereignung). Weitere Sicherheiten werden von der Bank nicht akzeptiert. Die neue Steuerungssoftware bleibt dabei unberücksichtigt.
       • Erläutern Sie, warum die Bank keinen Beleihungssatz von 100 % gewährt.

2.3   Als weitere Alternative wird von der Wöhrle KG Leasing in Betracht gezogen.

       Begründen Sie vier Vorteile des Leasings gegenüber der geplanten Kreditfinanzierung.

2.4   Neben der vorgesehenen Fremdfinanzierung überlegt die Geschäftsleitung, ob die Software auch alternativ mit eigenen Mitteln finanziert werden könnte.

2.4.1 Nennen Sie zwei Möglichkeiten, wie durch Umfinanzierung liquide Mittel freigesetzt werden können.

2.4.2 Schlagen Sie zwei weitere Möglichkeiten der Eigenfinanzierung für die Wöhrle KG vor und beschreiben Sie diese.

2.4.3 • Erstellen Sie für die nächste Sitzung der Geschäftsleitung eine Tischvorlage, in der Sie die von ihnen in 2.4.1 und 2.4.2 erarbeiteten Möglichkeiten für die Wöhrle KG beurteilen.
       • Berücksichtigen Sie hierzu die Bilanz (**Anlage 3**) der Wöhrle KG.
       • Begründen Sie anschließend anhand von zwei Argumenten, welche dieser Möglichkeiten für die Wöhrle KG am besten geeignet wäre.

2.5   Durch die Anschaffung der neuen Steuerungssoftware entstehen zusätzliche Finanzierungseffekte durch Abschreibungen.

       Erklären Sie die Abschreibungsfinanzierung anhand einer Wirkungskette in mindestens vier Schritten.

Anlage 1

An:	team_controlling@woehrle.de
Betreff:	Re: Informationen Finanzplan

Sehr geehrtes Controlling-Team,

folgende Daten habe ich für Sie zur Erstellung des Finanzplanes für die Jahre 2019 bis 2021 zusammengetragen. Die Anschaffung der Fertigungssteuerungssoftware wurde in den entsprechenden Positionen schon berücksichtigt.

- Der Zahlungsmittelbestand Anfang Januar 2019 beträgt voraussichtlich 50.000,00 EUR.
- Die Umsätze und Zahlungseingänge 2019 werden vermutlich 4.000.000,00 EUR betragen. Die Unternehmensleitung geht davon aus, dass diese in den Folgejahren jeweils um 5 % steigen.
- Die jährlichen Abschreibungen betragen 500.000,00 EUR.
- RHB-Stoffe werden 2019 bis 2021 in Höhe von je 800.000,00 EUR eingekauft und bezahlt. Der Lieferant gewährt uns 3 % Skonto.
- Aus einer Finanzinvestition werden Rückflüsse von 1.200.000,00 EUR erwartet, davon die Hälfte 2019 und je 25 % in den Jahren 2020 und 2021.
- Für Gehaltszahlungen werden im ersten Jahr 2.400.000,00 EUR ausgegeben, für 2020 erwarten wir eine Erhöhung aller Gehälter um 2 %.
- Die Zins- und Tilgungsbelastungen belaufen sich auf 360.000,00 EUR jährlich.
- Die weiteren Auszahlungen betragen im Jahr 2019 voraussichtlich 940.000,00 EUR. Die Unternehmensleitung geht hier von einer jährlichen Steigerung von 5 % aus.

Mit besten Grüßen
Suzana Rodriguez

Abteilung Rechnungswesen

Anlage 2

SpaBa
Ihr verlässlicher Partner

Sparbank Tübingen, Postfach 8253, 72099 Tübingen

Wöhrle KG
Gewerbestraße 118
72097 Tübingen

Ihre Zeichen, Ihre Nachricht vom	Unsere Zeichen, unsere Nachricht vom	Telefondurchwahl	Name	Datum
		-222	Hr. Taler	07.11.2018

Ihre Finanzierungsanfrage

Sehr geehrte Damen und Herren,

gerne unterbreiten wir Ihnen für die Anschaffung einer neuen Fertigungssteuerungssoftware ein Darlehensangebot. Ihnen stehen dabei zwei Alternativen zur Verfügung. Bei beiden Alternativen erfolgt die Auszahlung am 2. Januar 2019, die Zinsberechnung und die Tilgungsleistung werden jeweils am Jahresende vorgenommen.

Alternative 1:
– Zinssatz (nominal): 6 % p. a.
– Laufzeit: 3 Jahre
– Für Zins und Tilgung fällt jährlich ein Gesamtbetrag in Höhe von 299.287,85 EUR an.

Alternative 2:
– Zinssatz (nominal): 5,5 % p. a., Disagio: 5 %
– Laufzeit: 3 Jahre
– Die Tilgung erfolgt in drei gleichbleibenden Jahresraten.

Wir hoffen, unser Angebot entspricht Ihren Vorstellungen. Sollten Sie weitere Fragen haben, stehen wir Ihnen gerne zur Verfügung.

Mit freundlichen Grüßen

Bernd Taler

Geschäftsräume	Kontakt		Bankverbindung	
Mercedesstr. 29	Tel.:	+49 7071 5421-0	Bank:	Sparbank Tübingen
72099 Tübingen	Fax:	+49 7071 5421-00	Bankort:	Tübingen
Geschäftsführer: Roman Kem	Mail:	info@sparbank-tuebingen.de	IBAN:	DE21 6009 8765 9986 6760 88
Amtsgericht Tübingen HRB 39432	Internet:	www.sparbank-tuebingen.de	BIC:	SPBNKDEX

Anlage 3

Aktiva	vereinfachte Quartalsbilanz der Wöhrle KG zum 30.09.2018 in Euro		Passiva
Anlagevermögen		**Eigenkapital**	
Grundstücke/Gebäude	1.500.000,00[1]	Hannes Wöhrle	1.200.000,00
Maschinen	1.000.000,00	Tim Fischer	800.000,00
BGA	500.000,00	Heidi Wöhrle	400.000,00
Finanzanlagen	300.000,00		
		Fremdkapital	
Umlaufvermögen		Verbindl. (langfristig)	1.330.000,00
Bestände an FE und UE	350.000,00	Verbindl. (kurzfristig)	220.000,00
Forderungen a. LL.	250.000,00		
Bank	50.000,00		
	3.950.000,00		3.950.000,00

---

[1] *Davon bereits erstrangig durch Grundpfandrechte belastet: 700.000,00 EUR.*

9   Prüfungsaufgaben Steuerung und Kontrolle Sommer 2019

Aufgabe 1

Die VeloStar GmbH, Freiburg, produziert Fahrräder und E-Bikes, die ausschließlich über Fachhändler deutschlandweit vertrieben werden. Die zunehmende internationale Konkurrenz und der damit verbundene Preiswettbewerb erfordern ein hohes Maß an Kostentransparenz und -kontrolle. Als Assistent/-in des Geschäftsführers Finanzen und Controlling unterstützen Sie die Geschäftsleitung durch Aufbereitung und Analyse der Daten des internen Rechnungswesens in der marktgerechten Entscheidungsfindung.

1.1   Für die Vorbereitung der Kalkulation künftiger Kundenaufträge muss ein Betriebsabrechnungsbogen für den Monat März 2019 erstellt werden.

- Ergänzen Sie den Betriebsabrechnungsbogen in **Anlage 1** unter Berücksichtigung der Informationen aus dem internen Rechnungswesen aus **Anlage 2**.
- Ermitteln Sie die Ist-Zuschlagssätze. Runden Sie auf eine Dezimalstelle.

1.2   Begründen Sie, wodurch es bei den Ist-Zuschlagssätzen in den Kostenstellen Fertigung I und Fertigung II zu so deutlichen Unterschieden kommen kann.

1.3   Für die Kalkulation von Kundenaufträgen verwendet die VeloStar GmbH bisher folgende Normal-Gemeinkostenzuschlagssätze:

MGKZ: 27 %, FGKZ I: 81 %, FGKZ II: 162 %, VwGKZ: 8 %, VtGKZ: 11 %

Ermitteln Sie in einer Gesamtkalkulation nach folgendem Schema die Kostenabweichungen für den Monat März in den Kostenstellen.

Kalkulationsschema	Ist-Kosten (in Euro)	%	Normal-Kosten (in Euro)	Kostenüber-/-unterdeckung (in Euro)

Hinweis: Sollten Sie bei der Aufgabe 1.1 zu keiner Lösung gekommen sein, verwenden Sie folgende Ist-Gemeinkosten (in Euro):

MGK: 122.500,00; FGK I: 745.000,00; FGK II: 894.200,00; VwGK: 283.250,00; VtGK: 362.450,00

1.4   Beschreiben Sie zwei mögliche Ursachen der in 1.3 ermittelten Abweichungen im Fertigungsbereich.

1.5   Unter Verwendung der Ergebnisse des Betriebsabrechnungsbogens (Aufgabenteil 1.1) soll die Kalkulation für den Artikel „Kinderrad Speedy" überprüft werden.

1.5.1   Berechnen Sie den Listenverkaufspreis für ein „Kinderrad Speedy". Die benötigten Kalkulationsdaten entnehmen Sie **Anlage 3**.

1.5.2   Ein französischer Fahrradgroßhändler möchte 500 Exemplare des Artikels „Kinderrad Speedy" bestellen. Er ist bereit, 280,00 EUR (netto) je Stück zu zahlen. Gehen Sie davon aus, dass die Gemeinkosten den fixen Kosten entsprechen.

Prüfen Sie, ob die VeloStar GmbH diesen Zusatzauftrag annehmen sollte (**Anlage 3**).

1.5.3 Aufgrund der zunehmenden Konkurrenz aus Fernost gerät der Markt für Kinderfahrräder immer stärker unter Druck. Die VeloStar GmbH versucht daher, neue Vertriebswege zu testen.

2 min

In einem Werksverkauf soll mit einem zweiwöchigen Aktionsangebot zunächst das „Kinderrad Speedy" Privatpersonen angeboten werden.

Erklären Sie, zu welchem Preis die VeloStar GmbH das „Kinderrad Speedy" mindestens anbieten sollte.

Aufgabe 2

Im Rahmen Ihrer Tätigkeit bei der VeloStar GmbH in Freiburg sind Sie zeitweise auch in der Finanzbuchhaltung beschäftigt und dort für das Tagesgeschäft und den Jahresabschluss zuständig.

2.1 Im laufenden Geschäftsjahr fallen unter anderem die Geschäftsvorfälle gemäß den **Anlagen 4–6** an.

Bilden Sie die Buchungssätze zu den Geschäftsvorfällen.   *5 min*

2.2 • Erstellen Sie die T-Konten für die Vorsteuer und die Umsatzsteuer. Übertragen Sie die zugehörigen Werte der drei Geschäftsvorfälle aus Aufgabenteil 2.1 in diese T-Konten und schließen Sie diese zum 30.04.2019 ab.   *5 min*
 • Bilden Sie auch die Buchungssätze.

2.3 Zurzeit ist eine Auszubildende in Ihrer Abteilung eingesetzt. Im Rahmen eines Lehrgesprächs zeigen Sie ihr alle Schritte vom Kauf bis zum Verkauf eines Anlagegutes an einem Beispiel aus der Vergangenheit.

2.3.1 Die VeloStar GmbH kaufte am 05.04.2017 eine Verpackungsmaschine (**Anlage 7**). Die Nutzungsdauer der Verpackungsmaschine beträgt 13 Jahre.

3 min Stellen Sie die Buchungssätze für den Kauf der Verpackungsmaschine am 05.04.2017 sowie deren Bezahlung per Banküberweisung am 14.04.2017 dar. Es wurde Skonto in Höhe von 3 % in Anspruch genommen.

2.3.2 Ermitteln Sie die Abschreibungsbeträge und den jeweiligen Buchwert am Ende des ersten
5 min und zweiten Jahres bei linearer Abschreibung.

2.3.3 Die Verpackungsmaschine wurde am 20.12.2018 zum Preis von 69.000,00 EUR (netto)
3 min verkauft.

Bilden Sie alle erforderlichen Buchungssätze für den Verkauf und den Jahresabschluss.

Hinweis: Sollten Sie in Aufgabenteil 2.3.2 zu keiner Lösung gekommen sein, gehen Sie von einem Restbuchwert in Höhe von 68.000,00 EUR aus.

2.4 Die Bilanzprüfung des Jahresabschlusses von 2018 ergab Unstimmigkeiten bei der Bewertung von drei Bilanzpositionen der VeloStar GmbH. Sie werden gebeten, den Wertansatz erneut zu ermitteln.

2.4.1 In der Lagerdatei (**Anlage 8**) sind der Anfangsbestand sowie die Zugänge und Entnahmen des Fahrradreinigers „SoftCare" für das Jahr 2018 erfasst.

5 min   Ermitteln Sie den Schlussbestand zum 31. Dezember 2018 und bewerten Sie diesen nach dem Verfahren des gewogenen Durchschnitts.

2.4.2 Die VeloStar GmbH sichert ihren Kunden auf alle Produkte eine Garantie von 36 Monaten zu. Im letzten Jahr wurden Produkte im Wert von 2.000.000,00 EUR umgesetzt. Erfahrungsgemäß rechnet die VeloStar GmbH damit, dass Garantieleistungen in Höhe von 3 % des Jahresumsatzes in Anspruch genommen werden.

3 min   Bilden Sie den Buchungssatz zur Bildung der Rückstellung zum 31.12.2018.

2.4.3 Zum Jahresende 2018 hat die VeloStar GmbH noch 180 Stück des Artikels „Kinderrad Speedy" auf Lager. Die Herstellungskosten pro Fahrrad betrugen 240,00 EUR, der Verkaufspreis zum 31.12.2018 lag bei 300,00 EUR. In der Bilanz von 2018 wurden die Fahrräder mit 54.000,00 EUR bewertet.

3 min   Begründen Sie, ob dieser Ansatz zulässig war.

Anlage 1: Betriebsabrechnungsbogen März 2019 (in Euro)

| | Allgemeine Hilfskostenstellen | | Material | Fertigungshilfsstelle Arbeitsvorbereitung | Fertigung I | Fertigung II | Verwaltung | Vertrieb |
	Energiezentrale	Fuhrpark						
Summe primäre Gemeinkosten	120.000,00	113.000,00	73.800,00	34.500,00	682.500,00	820.500,00	271.250,00	288.750,00
Umlage Energiezentrale		15.000,-	7.500,-	7.500,-	37.500,-	30.000,-	7.500,-	15.000,-
Zwischensumme		128.000,-	81.300,-	42.000,-	720.000,-	850.500,-	278.750,-	303.750,-
Umlage Fuhrpark			40.000,-	0,-	8.000,-	16.000,-	4.000,-	60.000,-
Zwischensumme			121.300,-	42.000,-	728.000,-	866.500,-	282.750,-	363.750,-
Umlage Arbeitsvorbereitung					15.000,-	27.000,-		—
Summe der Gemeinkosten			121.300		743.000	893.500	282.750	363.750
Zuschlagsgrundlagen			480.000		900.000	540.000	3.677.800	3.617.800
Zuschlagssätze in %			25,3		82,6	165,5	7,7	10,1

Anlage 2

Interne Mitteilung

Kosteninformation 03/2019 VeloStar GmbH (vertraulich!)

Verbrauch Fertigungsmaterial   480.000,00 EUR

Fertigungslöhne I   900.000,00 EUR

Fertigungslöhne II   540.000,00 EUR

Bestandsveränderungen:

	Anfangsbestand	Schlussbestand	
Unfertige Erzeugnisse	15.000,00 EUR	105.000,00 EUR	+ 90.000
Fertige Erzeugnisse	60.000,00 EUR	30.000,00 EUR	./. 30.000

Die Verteilung der Kosten der Energiezentrale erfolgt im Verhältnis 2 : 1 : 1 : 5 : 4 : 1 : 2.

Die Umlage der Kosten des Fuhrparks erfolgt nach gefahrenen Kilometern:
5.000 km, 0 km, 1.000 km, 2.000 km, 500 km, 7.500 km

Die spezielle Hilfskostenstelle Arbeitsvorbereitung wurde 125 Stunden für die Fertigungsstelle I und 225 Stunden für die Fertigungsstelle II tätig.

Zuschlagsgrundlagen:

Für Verwaltungsgemeinkosten: Herstellkosten der Produktion

Für Vertriebsgemeinkosten: Herstellkosten des Umsatzes

Anlage 3

Stammdaten „Kinderrad Speedy":	
Selbstkosten:	311,45 EUR pro Stück
Fertigungsmaterial:	100,00 EUR pro Stück
Fertigungslöhne I:	50,00 EUR pro Stück
Fertigungslöhne II:	18,00 EUR pro Stück
Gewinnzuschlag:	20 %
Kundenskonto:	3 %
Kundenrabatt:	10 %
Optimale Losgröße:	80 Stück
Jährliche Produktionskapazität:	10.000 Stück
Geplante Auslastung in 2019:	75 %

Anlage 4

Reifen Hans GmbH

Reifen Hans GmbH • Frankfurter Allee 75 • 67059 Ludwigshafen

═══════════════════════════════ **Rechnung** ═══════

VeloStar GmbH   Datum: 09.04.2019
Dammstrasse 20   Rechnungsnummer: 33451
79098 Freiburg   Kundennummer: 2812

Posten	Bezeichnung	Einheit	Menge	Preis	Gesamt
1	Continental GP 500 S II 28" (Reifen-Mantel)	Stück	245	20,00 EUR	4.900,00 EUR
2	Verpackungspauschale		1	100,00 EUR	100,00 EUR
		Gesamtbetrag			5.000,00 EUR
		zzgl. 19 % USt.			950,00 EUR
		Gesamtpreis			5.950,00 EUR

Wir bitten Sie, die Summe innerhalb der nächsten 10 Tage ohne Skontoabzug auf das unten genannte Konto zu überweisen.

Vielen Dank für Ihren Auftrag.

Ludwigshafener Privatbank   Sitz der Gesellschaft: Ludwigshafen
IBAN: DE40 5452 1000 5401 5380 11   USt-Idnr.:   DE 605 488 692
                                                          Registergericht: HRB E2 594
Geschäftsführung: Verena Arndt und Wolfgang Klinger

Anlage 5

VeloStar

Dammstraße 20, 79098 Freiburg

Jans Fahrradladen KG
Schwarzwaldstr. 25
79114 Freiburg

15.04.2019	
Kundennummer:	0816
Rechnungsnummer:	4425

Rechnung

Pos.	Menge ME	Bezeichnung	
1	10	E-Bikes Typ 435	33.500,00 EUR

zzgl. 19 % Umsatzsteuer	6.365,00 EUR
Rechnungsbetrag	39.865,00 EUR

Zahlungsbedingungen: 14 Tage/2 % Skonto/30 Tage Ziel
Lieferbedingungen: frei Haus

Vielen Dank für Ihren Auftrag.

Mit freundlichen Grüßen

D. Huhn
VeloStar GmbH

Sitz und Registergericht:	Geschäftsführung:	Bankverbindung:
Freiburg HRB 82 594	Dieter Huhn	Sparkasse Freiburg
USt-IdNr. DE 603 488 692		IBAN: DE68 0501 0100 5401 5380 19
St.-Nr. 302/637		

Anlage 6

Quittung

Nr.

Netto Euro, Cent	*126,00*
+ 19 % MwSt.	*23,94*
Gesamt Euro, Cent	*149,94*

Euro in Worten
Cent wie oben

einhundertneunundvierzig

Von   *VeloStar GmbH*

für *Kopierpapier DIN A4, 50.000 Blatt*

Ort *Freiburg*

Datum *23.04.2019*

Buchungsvermerke

Stempel/Unterschrift

Anlage 7

Klaus Maschinen AG

Karlsruher Str. 39 • 77656 Offenburg

VeloStar GmbH
Dammstraße 20
79098 Freiburg

05.04.17
Kundennummer: 6655
Rechnungsnummer: 49871

Rechnung

Pos.	Bezeichnung	
1	Verpackungsmaschine X35	87.000,00 EUR
	abzüglich 10 % Rabatt	8.700,00 EUR
2	Transport und Entladung	900,00 EUR
3	Montage und Inbetriebnahme	800,00 EUR
	Zwischensumme	80.000,00 EUR
	zzgl. 19 % Umsatzsteuer	15.200,00 EUR
	Rechnungsbetrag (inkl. USt.)	95.200,00 EUR

Zahlungsbedingungen: innerhalb von 10 Tagen 3 % Skonto auf Position 1, sonst 30 Tage
ohne Abzug

Vielen Dank für Ihren Auftrag.

Mit freundlichen Grüßen

M. Blust
Klaus Maschinen AG

Sitz und Registergericht:	Geschäftsführung:	Bankverbindung:
Offenburg HRB 82 594	Frank König	Volksbank Offenburg
USt-IdNr. DE 603 488 692		IBAN: DE40 54521 0005 4015 3801 22
St-Nr. 302/637		

Anlage 8

Lagerbestandskarte Fahrradreiniger „SoftCare":

Vorgang	Menge (in Liter)	Preis je 1 Liter (in Euro)	
01.01. Anfangsbestand	300	14,33	4299 €
11.03. Zugang	120	12,67	1520,40
24.05. Entnahme	184		
17.06. Zugang	230	13,54	3114,20 €
27.09. Entnahme	310		

EB   156
                    = 1.951,56 €

8.933,60
: 7,14
Ø Preis = 12,51 €

10   Prüfungsaufgaben Betriebswirtschaft – Geschäftsprozesse Sommer 2019

Aufgabe 1: Investition und Finanzierung

Die Ofen GmbH mit Sitz in Konstanz ist ein mittelständisches Unternehmen. Sie sind in der Controlling-Abteilung als Sachbearbeiter/-in tätig. Das Unternehmen entwickelte vor kurzem Heizöfen für Fußballschuhe. Der Heizofen erwärmt Fußballschuhe unmittelbar vor dem Gebrauch, um sie weich und flexibel zu machen. Viele Sportvereine und Einzelsportler haben an diesem neuen Produkt bereits ihr Interesse bekundet. Zur Produktion der Heizöfen benötigt die Ofen GmbH eine neue Schweißmaschine, die eine prognostizierte Absatzmenge von 1.000 Stück pro Jahr leisten können muss.

1.1   Der Ofen GmbH liegen zwei Angebote über qualitativ gleichwertige Maschinen vor. Darüber hinaus liegen zu den Angeboten zusätzliche Informationen bereit.

1.1.1   Empfehlen Sie dem Geschäftsführer anhand einer Kostenvergleichsrechnung eines der beiden Kaufangebote. Verwenden Sie dazu die **Anlagen 1–3**.

1.1.2   Ihre Vorgesetzte bittet Sie nun noch um einen Rentabilitätsvergleich für die beiden Maschinen.

- Erklären Sie den Zweck einer Rentabilitätsvergleichsrechnung.
- Erläutern Sie ohne rechnerischen Nachweis, weshalb eine Rentabilitätsvergleichsrechnung in diesem Fall die bisherige Beschaffungsentscheidung nicht umkehrt.

1.2   Der Geschäftsführer der Ofen GmbH entscheidet sich für das Angebot der Fink Heizsysteme GmbH. Die Barmittel der Ofen GmbH reichen jedoch nicht für eine vollständige Bezahlung der Schweißmaschine aus. Der Geschäftsführer überlegt daher, ob er für die Finanzierung der Schweißmaschine zusätzlich einen Kredit aufnehmen oder diese Maschine leasen soll. Für beide Möglichkeiten liegen ihm Angebote (**Anlagen 1 und 4**) vor.

1.2.1   Berechnen Sie für beide Möglichkeiten die Aufwands- und Liquiditätsbelastung mithilfe der **Anlagen 3** und **5** exemplarisch für die ersten sechs Nutzungsjahre.

1.2.2   Schlagen Sie dem Geschäftsführer vor, für welches Finanzierungsangebot er sich aus steuerlichen Gesichtspunkten entscheiden sollte.

1.2.3   Beurteilen Sie anhand von zwei Kriterien, ob es sich bei dem vorliegenden Leasingangebot um Operate Leasing oder Financial Leasing handelt.

1.2.4   Diskutieren Sie die Vorteilhaftigkeit der beiden Finanzierungsalternativen – unabhängig von Aufwandsbelastung und Liquiditätsbelastung – anhand von jeweils zwei Argumenten.

1.3   Nach der Anschaffung der Schweißmaschine bei der Fink Heizsysteme GmbH ist die Produktion angelaufen und die Ofen GmbH hat ihre ersten Heizöfen für Fußballschuhe verkauft.

Erstellen Sie den Buchungssatz für die Ausgangsrechnung (**Anlage 6**) sowie den Zahlungsausgleich des Kunden am 30.04.2019 per Banküberweisung.

1.4   Nach einem Jahr liegt der Absatz bei den Heizöfen tatsächlich bei 800 Stück. Eine Absatz-
       steigerung ist nicht in Sicht. Der Geschäftsführer ist mit dieser Auslastung der Schweiß-
       maschine nicht zufrieden.

- Berechnen Sie den Auslastungsgrad der Maschine (**Anlage 3**).
- Schlagen Sie zwei Maßnahmen zur Erhöhung des Auslastungsgrades vor.
- Erläutern Sie anhand einer Skizze, wie sich eine Erhöhung des Auslastungsgrades auf
  die Stückkosten auswirkt.

Anlage 1

Fink Heizsysteme GmbH – Industriestraße 12 – 78224 Singen

Ofen GmbH
Herrn May
Byk-Gulden-Straße 4
78467 Konstanz

Ihr Zeichen: wm
Ihre Nachricht vom: 04.04.2019
Unser Zeichen: tw
Unsere Nachricht vom: 15.04.2019

Name: Thorsten Weber
Telefon: 07731 100-10
Telefax: 07731 100-20
E-Mail: t.weber@fink-heizsysteme.de

Datum: 15.04.2019

Angebot

Sehr geehrter Herr May,

gerne bieten wir Ihnen folgende Artikel freibleibend an:

Artikel	Preis in Euro pro Stück (zzgl. MwSt.)
Schweißmaschine HEAT-1001	126.000,00
Transportkosten	315,79
Gesamt (zzgl. MwSt.)	**126.315,79**

Sie erhalten einen Sonderrabatt auf den Nettorechnungsbetrag in Höhe von 5 %.

Gleichzeitig bieten wir Ihnen an, dieselbe Maschine mit folgenden Konditionen zu leasen:
- Unkündbare Grundmietzeit: 60 Monate
- Leasingrate während der Grundmietzeit: 8.000,00 EUR vierteljährlich
- Jährliche Leasingrate nach Ablauf der Grundmietzeit (zahlbar jeweils am Jahresende): 10 % des Listenpreises (netto)

Wir freuen uns auf Ihre Antwort.

Mit freundlichen Grüßen

Thorsten Weber

Thorsten Weber

Geschäftsräume	Kontakt		Bankverbindung	
Industriestraße 12	Tel:	+49 (0) 7731 100-0	Bank:	Hohentwiel-Bank
78224 Singen	Fax:	+49 (0) 7731 100-01	Bankort:	Singen
Gesellschafter: Ulf Fink	Mail:	info@fink-heizsysteme.de	BIC:	GENODEAA787
Amtsgericht Konstanz HRB 8745	Internet:	www.fink-heizsysteme.de	IBAN:	DE04 7787 8965 1213 1312 12

Anlage 2

Keller KG

Singener Straße 3
78315 Radolfzell
Tel.: 07732 5454-01
Fax: 07732 5454-12

Keller KG – Singener Straße 3 – 78315 Radolfzell

Ofen GmbH
Herrn May
Byk-Gulden-Straße 4
78467 Konstanz

Ihr Zeichen:	wm
Ihre Nachricht vom:	09.04.2019
Unser Zeichen:	mm
Unsere Nachricht vom:	09.04.2019

Name: Michael Müller
Telefon: 07732 5454-01
Telefax: 07732 5454-12
E-Mail: michael.mueller@kellerkg.de

Datum: 15.04.2019

Angebot

Sehr geehrter Herr May,

gerne bieten wir Ihnen folgende Artikel freibleibend an:

Artikel	Preis in Euro pro Stück (zzgl. MwSt.)
Schweißmaschine H-18A-1	166.255,99
Transportkosten	410,68
Gesamtbetrag (zzgl. MwSt.)	**166.666,67**

Sie erhalten einen Rabatt in Höhe von 10 % auf den Gesamtbetrag.

Wir freuen uns auf Ihre Antwort.

Mit freundlichen Grüßen

Michael Müller

Michael Müller

Geschäftsräume	Kontakt		Bankverbindung	
Singener Straße	Tel:	+49 (0) 7732 5454-01	Bank:	Zeil-Bank
Gesellschafter: Michael Müller, Bernd Wagner	Fax:	+49 (0) 7732 5454-12	Bankort:	Radolfzell
Amtsgericht Konstanz HRA 4547	E-Mail:	info@kellerkg.de	BIC:	GENODEZZ345
	Internet:	www.kellerkg.de	IBAN:	DE04 8785 0500 6365 9874 32

Anlage 3

Interne Informationen für den Kauf der Schweißmaschine:

Interne Informationen zur Schweißmaschine HEAT-1001

Kapazität pro Jahr (Stück)	2.500
Nutzungsdauer	15 Jahre
sonstige Fixkosten pro Jahr für Betrieb	8.000,00 EUR
Lohn pro Stück	1,30 EUR
Material pro Stück	3,50 EUR
sonstige Kosten pro Stück	5,00 EUR
Nettoverkaufspreis	299,00 EUR
kalkulatorischer Zinssatz	4,00 %
Restwert am Ende der Nutzungsdauer	0,00 EUR

Interne Informationen zur Schweißmaschine H-18A-1

Kapazität pro Jahr (Stück)	2.200
Nutzungsdauer	15 Jahre
sonstige Fixkosten pro Jahr für Betrieb	10.000,00 EUR
Lohn pro Stück	0,65 EUR
Material pro Stück	3,80 EUR
sonstige Kosten pro Stück	1,50 EUR
Nettoverkaufspreis	299,00 EUR
kalkulatorischer Zinssatz	4,00 %
Restwert am Ende der Nutzungsdauer	0,00 EUR

Externe Informationen für den Kauf von Schweißmaschinen:

Auszug: AfA-Tabelle des Bundesministeriums der Finanzen für die allgemein verwendbaren Anlagegüter (AfA-Tabelle „AV"):		
Fundstelle	**Anlagegüter**	**Nutzungsdauer in Jahren**
5	Bearbeitungsmaschinen und Verarbeitungsmaschinen	
...		
5.20	Schweißgeräte und Lötgeräte	13

Quelle: Bundesministerium der Finanzen: AfA-Tabelle für die allgemein verwendbaren Anlagegüter (AfA-Tabelle „AV"). In: www.bundesfinanzministerium.de. 15.12.2000.
https://www.bundesfinanzministerium.de/Content/DE/Standardartikel/Themen/Steuern/Weitere_Steuerthemen/ Betriebspruefung/AfA-Tabellen/Ergaenzende-AfA-Tabellen/AfA-Tabelle_AV.pdf;jsessionid=75E48DC45F6CA446427019D B8C45BD65?__blob=publicationFile&v=12 [27.05.2019], Seite 4 f., gekürzt.

Anlage 4

See-Bank Konstanz

See-Bank Konstanz, Marktstätte 4, 78462 Konstanz

	Ihr Zeichen:	wm
	Ihre Nachricht:	17.04.2019
	Unser Zeichen:	Ka-hu
Ofen GmbH	Unsere Nachricht:	19.04.2019
Herrn May		
Byk-Gulden-Straße 4	Name:	Herr Kahl
78467 Konstanz	Telefon:	07531 5422-39
	Telefax:	07531 5422-35
	E-Mail:	info@sk.de
	Homepage:	www.see-bank.de
	Datum:	19.04.2019

Ihre Darlehensanfrage

Sehr geehrter Herr May,

gerne unterbreiten wir Ihnen ein Finanzierungsangebot.

- Darlehen in Höhe von 120.000,00 EUR
- Sollzinssatz 1,8 % p. a.
- Auszahlung des Darlehens zu 100 %
- Laufzeit 72 Monate
- Tilgung jeweils am Jahresende in gleichen Raten

Mit freundlichen Grüßen

See-Bank Konstanz

Steffen Kahl

Steffen Kahl

Geschäftsräume	Kontakt		Bankverbindung	
Marktstätte 4	Tel:	+49 (0) 7531 5422-0	Bank:	See-Bank Konstanz
78462 Konstanz	Fax:	+49 (0) 7531 5422-00	Bankort:	Konstanz
Vorstand: Marco Meyer, Rainer Hägele	E-Mail:	info@sk.de	BIC:	GENODEXX200
Amtsgericht Konstanz HRB 1236	Internet:	www.see-bank.de	IBAN:	DE04 6609 0800 1144 2211 11

Anlage 5

Kreditfinanzierung:

Jahr	Kredit	Tilgung	Zins	Abschreibung	Aufwands-belastung	Liquiditäts-belastung
1						
2						
3						
4						
5						
6						
Summe						

Leasingfinanzierung:

Jahr	Leasingrate	Aufwandsbelastung	Liquiditätsbelastung
1			
2			
3			
4			
5			
6			
Summe			

Anlage 6

Ofen GmbH – Byk-Gulden-Straße 4 – 78467 Konstanz

	Ihr Zeichen: hg
	Ihre Nachricht vom: 23.04.2019
	Unser Zeichen: wm
Herrn	Unsere Nachricht vom: 24.04.2019
Herbert Ginger	
Sonnenblumenweg 6	Name: May
78247 Hilzingen	Telefon: 07531 99123-0
	Telefax: 07531 99123-20
	E-Mail: may@ofengmbh.de
	Datum: 24.04.2019

Rechnung Nr. 00-17

Art.-Nr.	Bezeichnung	Menge	Einzelpreis in Euro	Gesamtpreis in Euro
121	Heizofen für Fußballschuhe	25	299,00	7.475,00
	Mehrwertsteuer 19 %			1.420,25
	Gesamtbetrag in Euro			**8.895,25**

Bei einer Zahlung innerhalb 10 Tagen nach Rechnungsdatum erhalten Sie 2 % Skonto.

Vielen Dank für Ihren Auftrag.

Freundliche Grüße

Ofen GmbH

Wilhelm May

Wilhelm May

Geschäftsräume	**Kontakt**		**Bankverbindung**	
Byk-Gulden-Straße 4	Tel:	+49 (0) 7531 99123-0	Bank:	See-Bank Konstanz
78462 Konstanz	Fax:	+49 (0) 7531 99123-20	Bankort:	Konstanz
Gesellschafter: Wilhelm May	E-Mail:	may@ofengmbh.de	BIC:	GENODEXX200
Amtsgericht Konstanz HRB 2345			IBAN:	DE04 6609 0800 6874 2525 74

Aufgabe 2: Produktion und Beschaffung

Die Chill-Time GmbH ist ein junges, aufstrebendes Unternehmen mit Sitz in Offenburg und stellt einfache, modern gestaltete Freizeitartikel her. Derzeit absolvieren Sie bei der Chill-Time GmbH eine Ausbildung zum/zur Industriekaufmann/frau. Ein trendiger Kugelgrill soll die Produktpalette des Unternehmens erweitern.

2.   Sie sind Teil einer Projektgruppe zur Erstellung des Artikels „Kugelgrill". Die Abteilung Arbeitsvorbereitung benötigt von Ihnen genauere Informationen.

2.1   Vervollständigen Sie mithilfe der Mengenübersichtsstückliste und der Konstruktionszeichnung (**Anlagen 1** und **2**) die Erzeugnisstruktur in **Anlage 3**.

2.2   Zählen Sie zwei betriebliche Aufgaben auf, für die die Erzeugnisstruktur benötigt wird.

2.3   Die Arbeitsvorbereitung benötigt zusätzlich die Baukastenstücklisten des Kugelgrills.

Erstellen Sie für zwei Baugruppen Ihrer Wahl eine Baukastenstückliste.

2.4   Eine weitere Aufgabe der Projektgruppe ist es, eine Preiskalkulation durchzuführen. Ein Modell der Konkurrenz wird für 21,99 EUR brutto angeboten. Um unser Modell am Markt zu etablieren, soll der Kugelgrill für 19,99 EUR brutto verkauft werden.

Berechnen Sie den Gewinn pro Kugelgrill in Euro und Prozent anhand der vorgegebenen Daten aus **Anlage 4**. Runden Sie kaufmännisch.

2.5   Nach Abschluss des Projektes wechseln Sie in die Abteilung Beschaffung. Sie erhalten eine Bestellung über 150 Kugelgrills.

2.5.1   Ermitteln Sie den Brutto- und Nettobedarf an Kugelgrills (**Anlage 5**).

2.5.2   Das Teil Standfuß wird zudem für den Tischgrill benötigt. Aufgrund eines Zusatzauftrages über 25 Tischgrills wird die Überprüfung des Lagerbestandes „Standfuß" notwendig (**Anlagen 5** und **6**).

Ermitteln Sie die nun insgesamt benötigte Menge an Standfüßen.

2.6   Aufgrund der zu erwartenden guten Auftragslage im Sommer 2020 und der beschränkten Lagerkapazität möchte das Unternehmen bereits ab Herbst 2019 größere Mengen des Kugelgrills vorproduzieren, um im Sommer 2020 eine kurze Lieferzeit garantieren zu können. Für die Einlagerung der Kugelgrills fehlt Lagerfläche im Umfang von 800 m³. Die Geschäftsleitung schwankt deshalb zwischen der Einrichtung eines neuen größeren Eigenlagers oder der Fremdeinlagerung bei einem Drittanbieter.

2.6.1   • Berechnen Sie die monatlichen Kosten für die beiden Alternativen (**Anlagen 7** und **8**).
       • Begründen Sie anhand von zwei Argumenten, für welche Lagerart sich die Geschäftsleitung entscheiden soll.

2.6.2   Das Unternehmen erwartet auch in den folgenden Jahren gleichbleibende bis wachsende Absatzzahlen für den Kugelgrill.

• Ermitteln Sie das kritische Lagervolumen in m³, bei dem die Kosten für beide Alternativen gleich sind.
• Verdeutlichen Sie den Sachverhalt anhand einer Skizze.

2.7 Im Zuge der Erweiterung der Lagerkapazitäten soll auch das Lager auf Wirtschaftlichkeit geprüft werden.

2.7.1 Für die Warengruppe „Grills" liegen folgende Daten aus dem Warenwirtschaftssystem für das aktuelle und das vorhergehende Jahr vor:

Kennzahl	Vorhergehendes Jahr	Aktuelles Jahr
Umschlagshäufigkeit	6,5	5,5
Lagerkostensatz	10,54 %	12,35 %

- Beurteilen Sie die Entwicklung der beiden Kennzahlen.
- Erläutern Sie anhand der Kennzahlen zwei Maßnahmen, welche von der Abteilung Beschaffung ergriffen werden könnten, um die genannten Lagerkennzahlen zukünftig zu verbessern.

2.7.2 In der Vergangenheit traten bei der Versorgung mit der Baugruppe „Standfuß" Probleme auf, weil die dazu benötigten Kunststoffkappen (Teilenummer 3821) häufig fehlten. Nun möchte die Unternehmensleitung für die Kunststoffkappen und weitere C-Teile das Kanban-System einführen. Dieses System ist vielen Mitarbeitern im Unternehmen nicht bekannt.

Sie werden deshalb von Ihrer Abteilungsleiterin gebeten, für die nächste wöchentliche Teambesprechung einen Vortrag vorzubereiten.

Erstellen Sie hierzu ein Manuskript mit folgenden Inhalten:

- Erläutern Sie das Kanban-System.
- Beschreiben Sie zwei mögliche Verbesserungen, die durch das Kanban-System bei der Chill-Time GmbH eintreten sollen.

Anlage 1

Mengenübersichtsstückliste			
Teile-Nr.	3811		
Bezeichnung	Kugelgrill		
Teile-Nr.	**Benennung**	**Einheit**	**Menge**
3812	Unterteil montiert	Stück	1
3813	Grillrost	Stück	1
3814	Oberteil montiert	Stück	1
3815	Schale (oben/unten)	Stück	2
3816	Schraube	Stück	5
3817	Standfuß	Stück	3
3818	Griff	Stück	1
3819	Stahlblech	kg	3
3820	Alu-Rohr	cm	42
3821	Kunststoffkappe	Stück	3

Anlage 2

Kugelgrill			
Zeichnungsnummer:	4215748		Blatt 1
bearbeitet am:	26.04.2019	von:	M. Maier
Eigentum der Chill-Time GmbH			

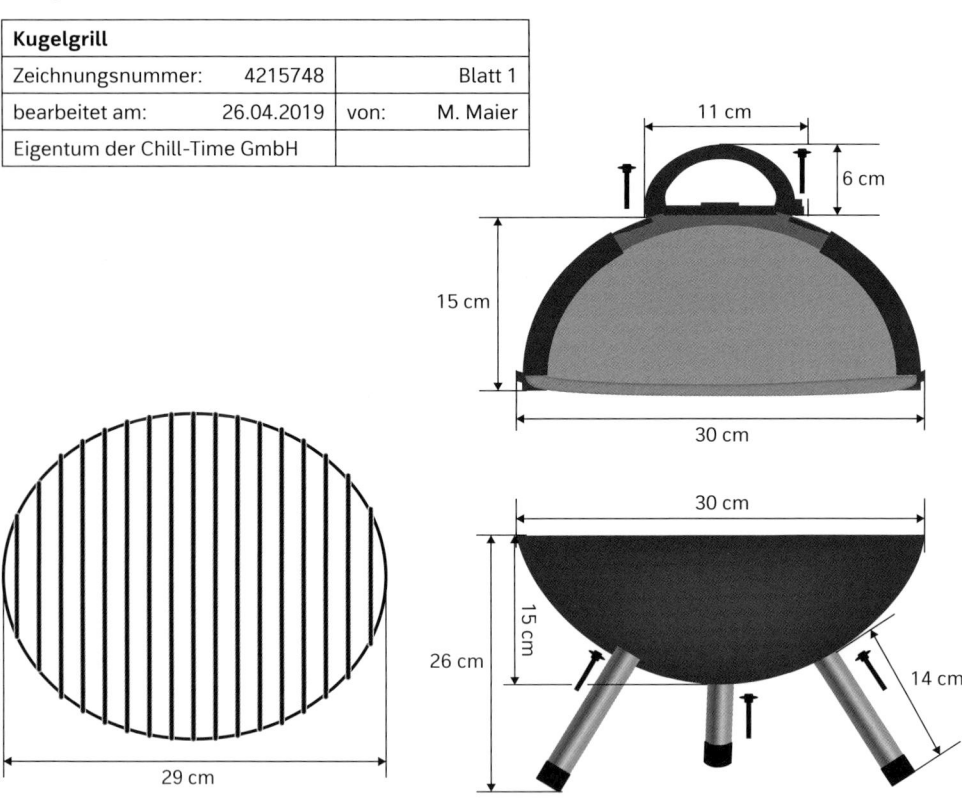

Anlage 3

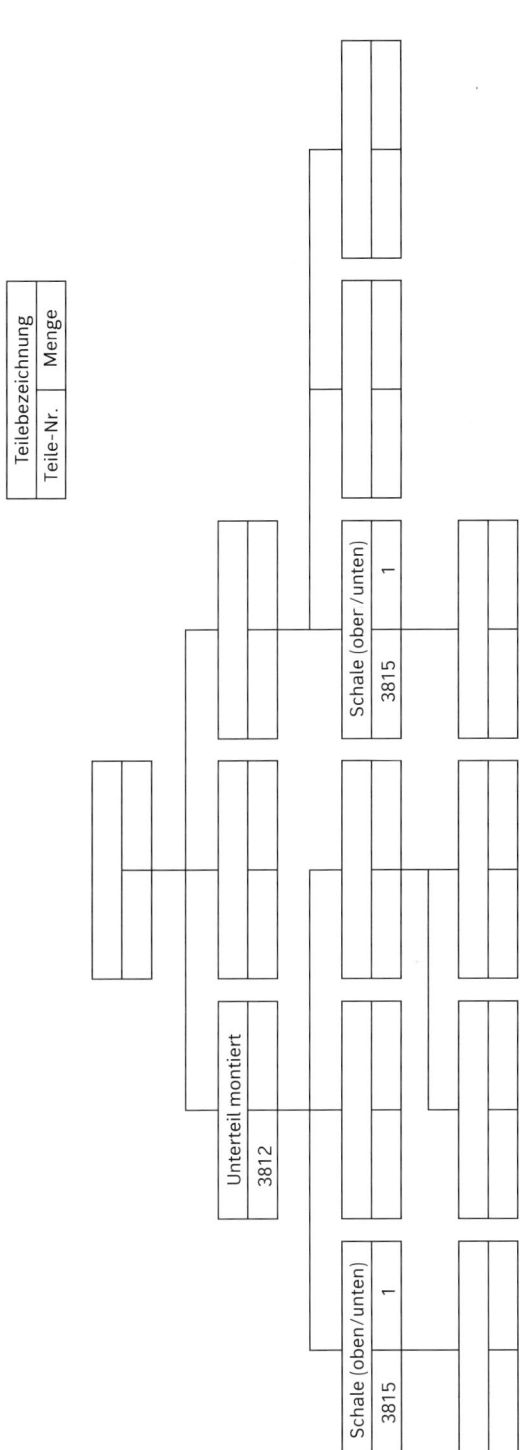

Anlage 4

Daten aus dem Controlling für den Kugelgrill:

Fertigungsmaterial	3,60 EUR
Fertigungslöhne	3,50 EUR
Materialgemeinkostenzuschlagssatz	80 %
Fertigungsgemeinkostenzuschlagsatz	150 %

Weitere Gemeinkosten fallen nicht an.
Zahlungsbedingungen sind für alle Kunden gleich: 2 % Skonto innerhalb 10 Tagen, 30 Tage netto Kasse

Anlage 5

Werkstoffbezeichnung			**Kugelgrill**			
Teilenummer			3811			
Lagerplatz-Nr.			AL-111			
Aktueller Lieferant			Eigenproduktion			
Reservierungen			0 Stück			
Sicherheitsbestand			60 Stück			
Datum	Beleg	Zugang	Abgang	Bestand	Bestellung	
15.03.	A1001	80	0	80	0	
06.04.	ME0005	0	15	65	0	

Werkstoffbezeichnung			**Unterteil**			
Teilenummer			3812			
Lagerplatz-Nr.			AL-233			
Aktueller Lieferant			Eigenproduktion			
Reservierungen			0 Stück			
Sicherheitsbestand			60 Stück			
Datum	Beleg	Zugang	Abgang	Bestand	Bestellung	
15.03.	A1002	60	0	60	0	
06.04.	ME0005	0	15	45	0	

Werkstoffbezeichnung		**Standfuß**			
Teilenummer		3817			
Lagerplatz-Nr.		AL-222			
Aktueller Lieferant		Eigenproduktion			
Reservierungen		0 Stück			
Sicherheitsbestand		60 Stück			
Datum	Beleg	Zugang	Abgang	Bestand	Bestellung
20.02.	A1000	795		795	0
11.03.	ME005		400	395	0
15.03.	A1010	300		695	0
06.04.	ME0005		45	650	0

Anlage 6

Teileverwendung für „Standfuß" (3817)				
Teile-Nr.	Bezeichnung	Ebene	Menge	Einheit
1811	Elektrogrill	3	4	Stück
3811	Kugelgrill	2	3	Stück
5811	Tischgrill	3	4	Stück

Anlage 7

An:	schülername@chill-time-gmbh.de
Betreff:	Kosten der Eigenlagerung

Hallo Prüfling,

aufgrund von Marktforschungsergebnissen erwarten wir steigende Absatzzahlen bei den Kugelgrills. Deshalb benötigen wir im nächsten Jahr eine Lagerhalle, die ein Lagervolumen von 800 m³ aufnehmen kann.

Eine passende Lagerhalle wird zurzeit im Industriegebiet Offenburg-Elgersweier zur Miete angeboten. Das max. Lagervolumen dieser Lagerhalle beträgt 1.500 m³. Die monatliche Miete dieses Objektes beträgt 1.050,00 EUR je Monat.

Zusätzlich würden folgende Kosten für den Betrieb der Lagerhalle anfallen:

- Jährliche Abschreibung für die Lagereinrichtung: 2.520,00 EUR
- Monatliche Personalkosten: 3.150,00 EUR/Mitarbeiter; es werden 2 Mitarbeiter für die Unterhaltung des Lagers benötigt
- Versicherungskosten (Lagereinrichtung/Warenwert): 420,00 EUR/Monat
- Weitere monatliche Lagerhaltungskosten: 3,20 EUR pro genutztem Kubikmeter

Im Anhang befindet sich das Angebot für die Fremdlagerung.

Mit freundlichen Grüßen

Susanne Keller

Abteilungsleiterin Beschaffung

Anlage 8

Storage-World GmbH

Storage-World GmbH – Postfach 67539 – 77654 Offenburg

	Ihr Zeichen: KE
	Ihre Nachricht vom: 29.04.2019
	Unser Zeichen: BM
	Unsere Nachricht vom:
Chill-Time GmbH	
Moltkestraße 58	Name: Bernhard Matt
77654 Offenburg	Telefon: 0781 7811-12
	Telefax: 0781 7811-14
	matt@storage-world-gmbh.de
	Datum: 02.05.2019

Angebot

Sehr geehrter Frau Keller,

vielen Dank für Ihre Anfrage.

Wir bieten Ihnen die Einlagerung von Kugelgrills zum Kubikmeter-Preis von 12,65 EUR netto zuzüglich 19 % Mehrwertsteuer monatlich an. In diesem Preis eingeschlossen sind folgende Leistungen:

- Warenannahme
- sachgemäße Einlagerung
- Lagerverwaltung und nach Wunsch auch die Lagerbuchführung gegen Aufpreis

Die Storage-World GmbH ist ein weltweit agierendes Unternehmen mit langjähriger Erfahrung im Bereich Lagerhaltung. Unser Lager in Offenburg-Elgersweier verfügt über hohe Kommissionssicherheit durch unser Festplatzsystem. Durch die Möglichkeit zur permanenten Inventur sind Ihre Ist-Warenbestände immer bekannt. Die Einlagerung bzw. Auslagerung der Ware kann zwischen 6:00 Uhr und 18:00 Uhr erfolgen.

Wir freuen uns auf Ihren Auftrag. Falls Sie noch Fragen und Wünsche haben, stehen wir Ihnen selbstverständlich jederzeit zur Verfügung.

Mit freundlichen Grüßen

Storage-World GmbH

Bernhard Matt

Bernhard Matt

Storage-World GmbH	Telefon 0781 7811-12	LP Bank	Handelsregister 795732
Postfach 67539	Telefax 0781 7811-14	BIC: PBNKDEFG	Amtsgericht Offenburg
77654 Offenburg	info@storage-world-gmbh.de	IBAN: DE80 2501 0030 0415 7302 01	HRB
	www.storage-world-gmbh.de		

Bildquellenverzeichnis

Microsoft Dynamics NAV, Redmond, USA: S. 61.1-4, 62, 142, 143, 145, 328.1-3, 501
Stollfuß Stotax GmbH, Bonn: S. 250

Schulkontenrahmen Industrie

AKTIVA		PASSIVA	ERTRÄGE
Anlagevermögen	**Umlaufvermögen**		

AKTIVA

Anlagevermögen

0 Kontenklasse — IMMATERIELLE VERMÖGENSGEGENSTÄNDE UND SACHANLAGEN

00 Ausstehende Einlagen
01 Aufwendungen für Ingangsetzung

Immaterielle Vermögensgegenstände

02 Konzessionen, gewerbliche Schutzrechte und ähnliche Rechte und Werte sowie Lizenzen an solchen Rechten und Werten
03 Geschäfts- oder Firmenwert

Sachanlagen

05 Grundstücke, grundstücksgleiche Rechte und Bauten einschließlich der Bauten auf fremden Grundstücken
07 Technische Anlagen und Maschinen
070 Technische Anlagen
071 Maschinen
08 Andere Anlagen, Betriebs- und Geschäftsausstattung
080 Andere Anlagen
082 Werkzeuge
083 Lager- und Transporteinrichtungen
084 Fuhrpark
085 Betriebsausstattung
087 Geschäftsausstattung
089 Geringwertige Wirtschaftsgüter
09 Geleistete Anzahlungen und Anlagen im Bau
090 Geleistete Anzahlungen auf Sachanlagen
095 Anlagen im Bau

1 Kontenklasse — FINANZANLAGEN

13 Beteiligungen
15 Wertpapiere des Anlagevermögens
16 Sonstige Finanzanlagen (z. B. Darlehensforderungen)

Umlaufvermögen

2 Kontenklasse — UMLAUFVERMÖGEN UND AKTIVE RECHNUNGSABGRENZUNG

20 Roh-, Hilfs- und Betriebsstoffe und Fremdbauteile
200 Rohstoffe und Fremdbauteile
2001 Bezugskosten
2002 Preisnachlässe und Rücksendungen
2003 Lieferantenskonti
2004 Liefererboni
202 Hilfsstoffe
Untergliederung wie 200
203 Betriebsstoffe
Untergliederung wie 200
204 Sonstiges Material
z. B. Verpackungsmaterial
Untergliederung wie 200
21 Unfertige Erzeugnisse
22 Fertige Erzeugnisse und Waren
220 Fertige Erzeugnisse
Untergliederung wie 200
221 Handelswaren
Untergliederung wie 200
23 Geleistete Anzahlungen auf Vorräte
24 Forderungen
240 Forderungen aus Lieferungen und Leistungen
241 Zweifelhafte Forderungen
245 Wechselhafte Forderungen (Besitzwechsel)
26 Sonstige Vermögensgegenstände
260 Vorsteuer
263 Sonstige Forderungen an Finanzbehörden
265 Forderungen an Mitarbeiter (z. B. Vorschüsse)
269 Sonstige Forderungen (Jahresabgrenzung)
27 Wertpapiere des Umlaufvermögens
28 Flüssige Mittel
280 Guthaben bei Kreditinstituten (Bank)
282 Kasse
29 Rechnungsabgrenzung
290 Aktive Rechnungsabgrenzung (Jahresabgrenzung)
291 Disagio

PASSIVA

3 Kontenklasse — EIGENKAPITAL, WERTBERICHTIGUNGEN UND RÜCKSTELLUNGEN

30 Eigenkapital/Gezeichnetes Kapital
Bei Einzelkaufleuten:
300 Eigenkapital
3001 Privat
Bei Personengesellschaften:
300 Kapital A
3001 Privat A
301 Kapital B
3011 Privat B
307 Kommanditkapital C
308 Kommanditkapital D
Bei Kapitalgesellschaften:
300 Gezeichnetes Kapital (Grundkapital/Stammkapital)
31 Kapitalrücklage
32 Gewinnrücklagen
321 gesetzliche Rücklage
322 Rücklage für eigene Anteile
323 satzungsmäßige Rücklagen
324 andere Gewinnrücklagen
33 Ergebnisverwendung
332 Ergebnisvortrag aus früheren Perioden
335 Bilanzergebnis (Bilanzgewinn/Bilanzverlust)
339 Ergebnisvortrag auf neue Rechnung
34 Jahresüberschuss/Jahresfehlbetrag
35 Sonderposten mit Rücklageanteil
36 Wertberichtigungen
361 Wertberichtigungen zu Sachanlagen
367 Einzelwertberichtigung zu Forderungen
368 Pauschalwertberichtigungen zu Forderungen
37 Rückstellungen für Pensionen und ähnliche Verpflichtungen
38 Steuerrückstellungen
39 Sonstige Rückstellungen (z. B. für Gewährleistung)

4 Kontenklasse — VERBINDLICHKEITEN UND PASSIVE RECHNUNGSABGRENZUNG

41 Anleihen
42 Verbindlichkeiten gegenüber Kreditinstituten
43 Erhaltene Anzahlungen auf Bestellungen
44 Verbindlichkeiten aus Lieferungen und Leistungen
45 Wechselverbindlichkeiten
48 Sonstige Verbindlichkeiten
480 Umsatzsteuer
483 Sonstige Verbindlichkeiten gegenüber Finanzbehörden (z. B. abzuführende Lohnsteuer)
484 Verbindlichkeiten gegenüber Sozialversicherungsträgern
486 Verbindlichkeiten aus vermögenswirksamen Leistungen
489 Sonstige Verbindlichkeiten (Jahresabgrenzung)
49 Passive Rechnungsabgrenzung (Jahresabgrenzung)

ERTRÄGE

5 Kontenklasse — ERTRÄGE

50 Umsatzerlöse
500 Umsatzerl. f. Erzeugn. und Leist.
5001 Preisnachlässe und Rücksendungen
5002 Kundenskonti
5003 Kundenboni
501 Umsatzerlöse für Handelswaren
Untergliederung wie 500
52 Erhöhung oder Verminderung des Bestandes an unfert. und fert. Erzeugn. (Schuldwechsel)
521 Bestandsveränderungen an unfertigen Erzeugnissen
522 Bestandsveränderungen an fertigen Erzeugnissen
53 Andere aktivierte Eigenleistungen
54 Sonstige betriebliche Erträge
540 Erträge aus Vermietung und Verpachtung
541 Provisionserträge
542 Unentgeltliche Wertabgaben
543 Andere sonst. betriebliche Erträge
544 Erträge aus Werterhöhungen von Gegenständen des Anlagevermögens (Zuschreibungen)
545 Erträge aus der Auflösung oder Herabsetzung von Wertberichtigungen auf Forderungen
546 Erträge aus dem Abgang von Sachgegenständen des Sachanlagevermögens
5461 Erlöse aus dem Abgang von Gegenständen des Sachanlagevermögens bei Buchgewinn (Verrechnung mit Konto 546)
547 Erlöse aus direkt abgeschriebenen Forderungen
548 Erträge aus der Auflösung oder Herabsetzung von Rückstellungen
549 Andere periodenfremde Erträge
55 Erträge aus Beteiligungen
56 Erträge aus anderen Finanzanlagen
57 Sonstige Zinsen und ähnliche Erträge
571 Zinserträge
573 Diskonterträge
578 Erträge aus Wertpapieren des Umlaufvermögens
58 Außerordentliche Erträge

AUFWENDUNGEN

6 Kontenklasse BETRIEBLICHE AUFWENDUNGEN

60 Aufwendungen für Roh-, Hilfs- und Betriebsstoffe und für bezogene Waren
600 Aufwendungen für Rohstoffe und Fremdbauteile (Fertigungsmaterial)
  6001 Bezugskosten
  6002 Preisnachlässe und Rücksendungen
  6003 Lieferskonti
  6004 Lieferboni
602 Aufwendungen für Hilfsstoffe Untergliederung wie 600
603 Aufwendungen für Betriebsstoffe Untergliederung wie 600
604 Aufwendungen für sonst. Material (z. B. Verpackungsmaterial) Untergliederung wie 600
605 Aufwendungen für Energie und Treibstoffe Untergliederung wie 600
608 Aufwendungen für Handelswaren Untergliederung wie 600
61 Aufwend. für bezogene Leistungen
610 Fremdleistungen für Erzeugnisse
614 Instandhaltung und Reparaturen
615 Frachten und Fremdlager
617 So. Aufw. für bezogene Leistungen
62 Löhne
63 Gehälter
64 Soziale Abgaben und Aufwend. für Altersvorsorgung und Unterstützung
640 Arbeitgeberanteil zur Sozialversicherung
642 Beiträge zur Berufsgenossenschaft
644 Aufwend. für Altersversorgung
649 Aufwend. für Unterstützung
65 Abschreibungen
650 Abschreibungen auf Sachanlagen
651 Abschreibungen auf immaterielle Vermögensgegenstände des Anlagevermögens
652 Abschreibungen für Aufwendungen der Ingangsetzung
653 Abschr. auf Vermögensgegenstände des Umlaufverm., soweit diese die übl. Abschr. überschreiten
654 Abschr. auf geringw. Wirtschaftsgüter

66 Sonstige Personalaufwendungen
67 Aufwendungen für die Inanspruchnahme von Rechten und Diensten
670 Mieten, Pachten
671 Leasing
675 Kosten des Geldverkehrs
677 Rechts- und Beratungskosten
679 Sonstige Aufwendungen für die Inanspruchnahme von Rechten und Diensten
68 Aufwendungen für Kommunikation
680 Büromaterial
682 Gebühren
685 Reisekosten
686 Bewirtung und Repräsentation
687 Werbung
688 Spenden
689 Sonstige Aufwendungen für Kommunikation
69 Aufwendungen für Beiträge und Sonstiges sowie Wertkorrekturen und periodenfremde Aufwendungen
690 Versicherungsbeiträge
692 Beiträge zu Wirtschaftsverbänden und Berufsvertretungen
693 Verluste aus Schadensfällen
695 Abschreibungen auf Forderungen
  6951 Abschreibungen auf Forderungen wegen Uneinbringlichkeit
  6952 Einstellung in Pauschalwertberichtigungen
  6953 Einstellung in Einzelwertberichtigungen
696 Verluste aus dem Abgang von Gegenständen des Sachanlagevermögens
  6961 Erlöse aus dem Abgang von Gegenständen des Sachanlagevermögens bei Buchverlust (Verrechnung mit Konto 696)
698 Zuführung zu Rückstellungen für Gewährleistung
699 Periodenfremde Aufwendungen

7 Kontenklasse WEITERE AUFWENDUNGEN

70 Betriebliche Steuern
702 Grundsteuer
703 Kraftfahrzeugsteuer
707 Verbrauchsteuern
708 Sonstige betriebliche Steuern
709 Steuernachzahlungen/-rückerstattungen bei betrieblichen Steuern
74 Abschreibungen auf Finanzanlagen und auf Wertpapiere des Umlaufvermögens
75 Zinsen und ähnliche Aufwendungen
751 Zinsaufwendungen
753 Diskontaufwendungen
76 Außerordentliche Aufwendungen
77 Steuern vom Einkommen und Ertrag
770 Gewerbesteuer
771 Körperschaftsteuer
772 Kapitalertragsteuer
779 Steuernachzahlungen/-rückerstattungen bei Steuern vom Einkommen und Ertrag

ERGEBNISRECHNUNG

8 Kontenklasse ERGEBNISRECHNUNG

80 Eröffnung/Abschluss
800 Eröffnungsbilanz
801 Schlussbilanz
802 G+V

9 Kontenklasse KOSTEN UND LEISTUNGSRECHNUNG

Vorgesehen für die buchhalterische Abwicklung der Kosten- und Leistungsrechnung